浙　江　省　统　计　局
国家统计局浙江调查总队
ZHEJIANG PROVINCIAL BUREAU OF STATISTICS
SURVEY OFFICE OF THE NATIONAL BUREAU OF STATISTICS IN ZHEJIANG

2021
浙江统计年鉴
ZHEJIANG STATISTICAL YEARBOOK

中国统计出版社
China Statistics Press

图书在版编目(CIP)数据

浙江统计年鉴. 2021 = Zhejiang Statistical Yearbook 2021 : 汉英对照 / 浙江省统计局, 国家统计局浙江调查总队编. —北京 : 中国统计出版社, 2021.9
ISBN 978-7-5037-9543-5

Ⅰ. ①浙… Ⅱ. ①浙… ②国… Ⅲ. ①统计资料—浙江—2021—年鉴—汉、英 Ⅳ. ①C832.55-54

中国版本图书馆CIP数据核字(2021)第139589号

浙江统计年鉴—2021

作　　者/ 浙江省统计局　国家统计局浙江调查总队
责任编辑/ 钟钰
校　　对/ 胡东
装帧设计/ 钱江琴
出版发行/ 中国统计出版社有限公司
地　　址/ 北京市丰台区西三环南路甲6号
邮政编码/ 100073
电　　话/ 邮购（010）63376909　书店（010）68783171
网　　址/ http://www.zgtjcbs.com
印　　刷/ 杭州奥斐思商务服务有限公司
经　　销/ 新华书店
开　　本/ 890mm×1240mm　1/16
字　　数/ 1300千字
印　　张/ 42
印　　数/ 1-1500册
版　　别/ 2021年9月第1版
版　　次/ 2021年9月第1次印刷
定　　价/ 498.00元　Price:498.00 yuan(RMB)

本书附同版本CD-ROM一张，光盘内容以书面文字为准。
如有印装差错，由本社发行部调换。

《浙江统计年鉴—2021》编辑委员会和编辑部

Editorial Board and Editorial Department of Zhejiang Statistical Yearbook 2021

·编辑说明·

一、《浙江统计年鉴—2021》是一部全面反映浙江国民经济和社会发展情况的资料性年刊，本年鉴收录了浙江及各市、县2020年经济和社会各方面大量的统计数据，以及改革开放以来浙江主要统计数据。

二、全书内容分为18部分，即：1.综合；2.人口和就业人员；3.固定资产投资；4.价格；5.人民生活；6.农业；7.工业和能源；8.建筑业；9.交通运输和邮电通信业；10.批发、零售贸易和餐饮业；11.对外经济贸易和旅游；12.财政、金融和保险；13.城市建设和生态环境；14.教育、科技、专利、测绘和标准计量；15.文化、体育和卫生；16.档案、司法、社会福利和工会组织；17.各市、县国民经济主要指标；18.附录（信心指数、投入产出表）。为便于读者使用，部分统计表下作了简要注释，每篇章后附有《主要统计指标解释》。

三、本年鉴对过去发表的统计资料重新予以核实，凡与本年鉴数据有出入的，以本年鉴为准。

四、本年鉴凡带续表的资料，如有注解均注在最后一张续表的下方。

五、本年鉴中符号使用说明："…"表示数据不足本表最小单位数；"#"表示其中主要项；"空格"表示该项统计指标数据不详或无该项数据。

《浙江统计年鉴》自公开出版以来，受到了社会各界的关心和支持，对年鉴编辑工作提出了许多宝贵意见，对此我们深表谢意。为进一步提高统计年鉴的编辑水平，欢迎读者继续对年鉴的不足之处给予批评和指正。

· Preface ·

Zhejiang Statistical Yearbook 2021 is an annual statistics publication,which contains very comprehensive statistics of Zhejiang's social and economic development in 2020 and selected data since China adopted the policy of reforming and opening to the outside world.

The yearbook is composed of 18 parts.1.General Survey 2.Population and Employment 3.Investment in Fixed Assets 4.Prices 5.People's Livelihood 6.Agriculture 7.Industry and Energy 8.Construction 9.Transportation,Posts and Telecommunications 10.Wholesale and Retail Sale Trade and Catering Trade 11.Foreign Economy and Trade， Tourism 12.Public Finance,Banking and Insurance 13.City Construction and Environment 14.Education,Science,Patent,Surveying and Mapping and Standard Calculating 15.Culture,Sports and Public Health 16.Archives,Judicature,Social Welfare and Labour Union 17.Major Indicators of National Economy by City and County 18.Appendix（Confidence Index,Input Output table）.In addition,brief notes are placed at lower part of some tables and explanatory notes on main indicators are provided at end of each part.

The statistics in former statistical yearbook have already been checked. The data in this yearbook shall be regarded as authentic ones.The footnotes are placed at the last page,if the table is a continued one.

Notations used in this yearbook:

"…"indicates that the figure is not large enough to be measured with the smallest unit in the table."#"indicates the major items of the total."blank"indicates that the data is unavailable.

Since published openly ,previous editions of *Zhejiang Statistics Yearbook* have enjoyed wide concern and support,all circles have made many valuable suggestions, and we express heartfelt thanks.In order to improve yearbook editorial level,we welcome all candid comments and criticism from our readers.

目录
CONIENTS

一、综合
Chapter 1 GENERAL SURVEY

二、人口和就业人员
Chapter 2 POPULATION AND EMPLOYMENT

三、固定资产投资
Chapter 3 INVESTMENT IN FIXED ASSETS

四、价格
Chapter 4 PRICE

五、人民生活
Chapter 5 PEOPLE'S LIVELIHOOD

六、农业
Chapter 6 AGRICULTURE

七、工业和能源
Chapter 7 INDUSTRY AND ENERGY

八、建筑业
Chapter 8 CONSTRUCTION

九、交通运输和邮电通信业
Chapter 9 TRANSPORT, POSTS AND TELECOMMUNICATIONS

十、批发、零售贸易和餐饮业
Chapter 10 WHOLESALE AND RETAIL SALE TRADE AND CATERING TRADE

十一、对外经济贸易和旅游
Chapter 11 FOREIGN ECONOMY AND TRADE, TOURISM

十二、财政、金融和保险
Chapter 12 PUBLIC FINANCE,BANKING AND INSURANCE

十三、城市建设和环境保护
Chapter 13 CITY CONSTRUCTION AND ENVIRONMENT

十四、教育、科技、专利、测绘和标准计量
Chapter 14 EDUCATION, SCIENCE, PATENT, SURVEYING AND MAPPING AND STANDARD CALCULATING

十五、文化、体育和卫生
Chapter 15 CULTURE, SPORTS AND PUBLIC HEALTH

十六、档案、司法、社会福利和工会组织
Chapter 16 ARCHIVES, JUDICATURE, SOCIAL WELFARE AND LABOUR UNION

十七、各市、县国民经济主要经济指标
Chapter 17 MAJOR INDICATORS OF NATIONAL ECONOMY BY CITY, PREFECTURE AND COUNTY

十八、附录
Chapter 18 Appendix

2021
浙江统计年鉴
ZHEJIANG STATISTICAL YEARBOOK

CHAPTER 1

综　合
General Survey

1-1 国民经济和社会发展总量与速度
Main Aggregate Indicators of National Economic and Social Development and Their Related Indices

指标		Item		1978	2011	2012	2013	2014
人口		**Population**						
年末常住人口	(万人)	Total Population with Permanent Residence	(10000 persons)		5570	5685	5784	5890
年末就业人员数	**(万人)**	**Year-end Employment**	**(10000 persons)**	**1795**	**3385**	**3407**	**3436**	**3459**
全省生产总值	**(亿元)**	**Gross Domestic Product**	**(100 million yuan)**	**123.72**	**31854.80**	**34382.39**	**37334.64**	**40023.48**
第一产业		Primary Industry		47.09	1535.20	1610.81	1718.74	1726.57
第二产业		Secondary Industry		53.52	16271.04	17040.53	18162.78	19580.72
第三产业		Tertiary Industry		23.11	14048.56	15731.05	17453.12	18716.19
人均生产总值	**(元)**	**Per Capital GDP**	**(yuan)**	**332**	**57828**	**61097**	**65105**	**68569**
交通运输		**Transportation**						
旅客周转量	(亿人公里)	Turnover Volume of Passenger Traffic	(100 million passenger-km)	66.68	1296.25	1317.58	1025.10	1056.99
货物周转量	(亿吨公里)	Turnover Volume of Freight Traffic	(100 million ton-kil)	164.19	8634.82	9183.30	8949.57	9548.09
固定资产投资总额	**(亿元)**	**Investment in Fixed Assets**	**(100 million yuan)**		**14077.25**	**17095.96**	**20194.07**	**23554.76**
财政收支		**Finance**						
财政总收入	(亿元)	Financial Revenue	(100 million yuan)	27.45	5925.00	6408.49	6908.41	7521.70
#地方财政收入	(亿元)	Local Financial Revenue	(100 million yuan)	27.45	3150.80	3441.23	3796.92	4122.02
财政支出	(亿元)	Financial Expenditure	(100 million yuan)	17.43	3842.59	4161.88	4730.47	5159.57

2015	2016	2017	2018	2019	2020	指数Indices(2020年为以下各年%) (2020 as Percentage of the Following Years)			1979-2020 年平均增长(%)Average Annual Growth Rate (%)	2016-2020 年平均增长(%)Average Annual Growth Rate (%)
						1978	2015	2019		
5985	6072	6170	6273	6375	6468		108.1	101.5		1.6
3505	**3552**	**3613**	**3691**	**3771**	**3857**	**214.9**	**110.0**	**102.3**	**1.8**	**1.9**
43507.72	**47254.04**	**52403.13**	**58002.84**	**62462.00**	**64613.34**	**10001.4**	**137.3**	**103.6**	**11.6**	**6.5**
1771.36	1890.43	1933.92	1975.89	2086.70	2169.23	399.1	110.3	101.3	3.4	2.0
20606.55	21571.25	23246.72	25308.13	26299.51	26412.95	19545.6	130.2	103.1	13.4	5.4
21129.81	23792.36	27222.48	30718.83	34075.77	36031.16	13911.1	146.4	104.1	12.5	7.9
73276	**78384**	**85612**	**93230**	**98770**	**100620**	**5826.8**	**126.9**	**102.0**	**10.2**	**4.9**
1092.53	1074.99	1096.04	1103.66	1128.60	674.09	1010.9	61.7	59.7	5.7	-9.2
9868.98	9788.76	10105.81	11537.91	12391.21	12323.41	7505.6	124.9	99.5	10.8	4.5
26664.72	**29571.00**	**31125.99**					**149.7**	**105.4**		**8.4**
8549.47	9225.07	10301.16	11705.95	12268.24	12421.49	45251.3	145.3	101.2	15.7	7.8
4809.94	5301.98	5804.38	6598.21	7048.58	7248.24	26405.2	150.7	102.8	14.2	8.5
6645.98	6974.25	7530.32	8629.53	10053.03	10082.01	57842.8	151.7	100.3	16.4	8.7

续表 Continued

指标		Item		1978	2011	2012	2013	2014
贸易		**Trade**						
社会消费品零售总额	(亿元)	Total Retail Sales of Consumer Goods	(100 million yuan)	46.86	12093.23	13667.59	15335.15	17078.11
进出口总额	(亿美元)	Total Imports and Exports Value	(USD100 million)	0.70	3093.78	3124.03	3357.89	3550.49
#出口总额	(亿美元)	Total Exports Value	(USD100 million)	0.52	2163.49	2245.19	2487.46	2733.29
价格指数		**Price Indices**						
居民消费价格指数(上年=100)		General Consumer Price Index			105.4	102.2	102.3	102.1
城乡居民收入		**Living Standard**						
城镇居民人均可支配收入	(元)	Per Capital Disposable Income of Urban Households	(yuan)	332	30971	34550	37080	40393
农村居民人均可支配收入	(元)	Per Capital Disposable Income of Rural Households	(yuan)	165	13071	14552	17494	19373
教育和文化		**Education and Culture**						
高等学校在校学生数	(万人)	Students Enrollment in Institutions of Higher Education	(10000 persons)	2.4	95.9	98.7	101.7	103.9
普通中学在校学生数	(万人)	Student Enrollment in Regular Secondary Schools	(10000 persons)	214.7	244.5	236.9	232.2	229.0
小学在校学生数	(万人)	Students Enrollment in Primary Schools	(10000 persons)	501.4	344.1	346.7	349.6	354.5
报纸出版数量	(万份)	Number of Newspapers Published	(10000 copies)	24080	359090	347100	346280	337367
杂志出版数量	(万份)	Number of Magazines Published	(10000 copies)	393	8001	8312	8149	7765
图书出版数量	(万份)	Number of Magazines Published	(10000 copies)	12033	32608	37250	38491	36971

注: 1.本表价值量指标按当年价格计算，发展速度按可比价格计算。
2.城镇居民人均可支配收入，农村居民人均可支配收入发展速度均已扣除价格变动因素。
3.2013年起交通运输指标按新口径统计。
4.从2013年起，国家统计局开展了城乡一体化住户收支与生活状况调查，与2013年前的分城镇和农村住户调查的调查范围、调查方法、指标口径有所不同(以后各表同)。农村居民人均可支配收入2013年前为农村居民人均纯收入。
5.2017年起固定资产投资总额增长按可比口径计算。
6.1993年起社会消费品零售总额已与第四次经济普查数据衔接。
7.2001年起常住人口按第七次人口普查口径调整 。

2015	2016	2017	2018	2019	2020	指数Indices(2020年为以下各年%) (2020 as Percentage of the Following Years)			1979-2020 年平均增长(%)Average Annual Growth Rate (%)	2016-2020 年平均增长(%)Average Annual Growth Rate (%)
						1978	2015	2019		
18910.74	20916.73	23121.32	25162.01	27343.81	26629.81	56828.5	140.8	97.4	16.3	7.1
3467.84	3365.76	3779.07	4323.60	4472.25	4879.34	697049.1	140.7	109.1	23.5	7.1
2763.32	2678.64	2867.93	3210.39	3346.05	3632.67	698591.2	131.5	108.6	23.5	5.6
101.4	101.9	102.1	102.3	102.9	102.3		112.0	102.3		2.3
43714	47237	51261	55574	60182	62699	2232.6	128.5	102.1	7.7	5.1
21125	22866	24956	27302	29876	31930	2730.1	134.2	104.0	8.2	6.1
105.5	106.3	107.7	110.2	116.7	125.9	5196.8	119.3	107.9	9.9	3.6
225.3	226.9	233.2	238.4	242.1	244.5	113.9	108.5	101.0	0.3	1.7
357.0	355.0	354.0	360.6	367.1	372.7	74.3	104.4	101.5	-0.7	0.9
283634	261658	230830	211181	200192	181008	751.7	63.8	90.4	4.9	-8.6
7719	7690	7534	7366	7010	6430	1636.1	83.3	91.7	6.9	-3.6
36663	39894	39919	41810	44892	41513	345.0	113.2	92.5	3.0	2.5

1.Figures in value terms are calculated at current price,while the indices and growth rates are calculated at comparable price.
2.Urban per capita disposable income and rural per capita disposable income growth factors have been deducted price change.
3.The data of transportation are adjusted since 2013.
4.National Bureau of Statistics of China strted an integrated households income and expenditure survey,including both urban and rural households since 2013.The coverage, the methodology and definitions used in the survey has been changed compared with before.The same applies to the relevant tables following.The data of per capita disposable income of rural households refer to the per capita net income of rural households before 2013.
5.The growth of investment in fixed assets has been calculated on a comparable basis since 2017.
6.The total retail sales of consumer goods have been linked up with the data of the fourth economic census since 1993.
7.The resident population has been adjusted according to the seventh population census since 2011.

1-2 国民经济社会发展结构指标
Structural Indicators on National Economic and Social Development

单位：%（%）

指标	Item	1978	2011	2012	2013	2014	2015	2016	2017	2018	2019	2020
人口	**Population**											
城乡结构	Urban and Rural Structure											
城镇	Urban	14.5	62.3	62.9	63.9	65.0	66.3	67.7	68.9	70.0	71.6	72.2
乡村	Rural	85.5	37.7	37.1	36.1	35.0	33.7	32.3	31.1	30.0	28.4	27.8
性别结构	Sexual											
男	Male	51.9	51.3	51.5	50.7	51.3	51.2	51.3	51.2	51.2	51.4	52.2
女	Female	48.1	48.7	48.5	49.3	48.7	48.8	48.7	48.8	48.8	48.6	47.8
就业	**Employment**											
产业结构	Industrial Structure											
第一产业	Primary Industry		15.8	14.7	13.4	12.3	11.1	9.9	8.8	7.5	6.5	5.4
第二产业	Secondary Industry		45.0	45.2	45.2	45.4	45.3	45.3	45.1	44.7	44.4	43.9
第三产业	Tertiary Industry		39.2	40.2	41.4	42.3	43.6	44.8	46.1	47.8	49.2	50.7
国民经济核算	**National Accounting**											
生产总值产业结构	Industrial Structure of GDP											
第一产业	Primary Industry	38.1	4.9	4.8	4.7	4.4	4.3	4.2	3.7	3.5	3.3	3.4
第二产业	Secondary Industry	43.3	50.5	48.9	47.8	47.7	46.0	44.8	43.0	41.8	42.1	40.9
第三产业	Tertiary Industry	18.7	44.6	46.3	47.5	47.9	49.8	51.0	53.3	54.7	54.6	55.8
居民消费结构	Structure of Resident Consumption											
农村居民	Rural Consumption	75.3	31.5	32.7	33.9	34.9	37.4	38.5	38.0	22.5	21.8	
城镇居民	Urban Consumption	24.7	68.5	67.3	66.1	65.1	62.6	61.5	62.0	77.5	78.2	
固定资产投资结构	**Structure of Investment in Fixed Assets**											
国有	State-owned		31.6	31.4	31.5	30.8	33.8	38.6	37.1			

续表1 Continued　　单位：% (%)

指标	Item	1978	2011	2012	2013	2014	2015	2016	2017	2018	2019	2020
非国有	Non-state-owend		68.4	68.6	68.5	69.2	66.2	61.4	62.9			
财政	**Government Finance**											
财政收入结构	Strucure of Government Revenue											
中央	Central Enterprises		46.8	46.3	45.0	45.2	43.7	42.8	43.7	43.6	42.5	41.6
地方	Local Governments		53.2	53.7	55.0	54.8	56.3	57.2	56.3	56.4	57.5	58.4
产业	**Industrial**											
农业	**Agriculture**											
农林牧副渔业产值结构	Structure of Gross Output Value of Agriculture											
农业	Farming	77.4	45.4	46.3	47.1	48.7	48.9	47.9	48.3	48.1	47.5	45.6
林业	Forestry	3.0	5.3	5.3	5.0	5.2	5.2	5.2	5.5	5.6	5.5	5.4
牧业	Animal Husbandry	14.3	21.6	20.7	19.3	16.6	14.5	15.0	12.0	10.5	11.8	13.5
渔业	Fishery	5.3	25.9	25.8	26.7	27.4	29.2	29.6	31.7	33.0	32.2	32.3
农林牧渔专业及辅助性活动产值	The Output Value of Professional and Support Activities in Agriculture, Forestry, Animal Husbandry and Fishery		1.8	1.9	1.9	2.1	2.2	2.3	2.5	2.8	3.0	3.2
工业	**Industry**											
规模以上工业总产值结构	Structure of Gross Output Value of Industry Above Designated Size											
轻工业	Light Industry	60.2	38.9	39.3	39.3	38.8	39.6	39.0	37.8	35.5	35.3	33.7
重工业	Heavy Industry	39.8	61.1	60.7	60.7	61.2	60.4	61.0	62.2	64.5	64.7	66.3
建筑业	**Construction**											
建筑业总产值结构	Structure of Gross Output Value of Construction											
国有企业	State-owned Enterprises		1.1	1.1	0.6	0.4	0.3	0.3	0.2	0.3	0.3	0.3
集体企业	Collective Owned Enterprises		1.0	1.1	0.9	0.8	0.9	0.9	0.9	1.0	0.5	0.4
其他	Others		97.9	97.8	98.5	98.8	98.8	98.8	98.9	98.7	99.2	99.3

续表2 Continued

单位：%（%）

指标	Item	1978	2011	2012	2013	2014	2015	2016	2017	2018	2019	2020
交通运输业	**Transportation**											
货运量结构	Structure of Freight Traffic											
按运输方式分	By Means of Transportation											
铁路	Railways	16.7	2.3	2.0	2.1	1.8	1.7	1.5	1.5	1.4	1.4	1.4
公路	Highways	31.8	58.5	59.4	57.1	60.1	61.1	62.3	62.8	62.0	61.6	63.2
水运	Waterways	51.5	39.2	38.6	40.8	38.1	37.3	36.2	35.7	36.6	37.0	35.4
国内商业	**Domestic Trade**											
社会消费品零售总额构成	Composition of Retail Sales of Comsumer Goods											
城镇	Urban		85.7	85.8	85.5	85.4	85.2	84.9	84.7	84.2	84.0	83.9
乡村	Rural		14.3	14.2	14.5	14.6	14.8	15.1	15.3	15.8	16.0	16.1
对外经济贸易	**Foreign Trade**											
出口商品结构	Structure of Exports											
初级产品	Primary Goods		4.1	4.5	4.2	3.4	3.0	2.9	2.9	3.2	2.9	2.6
工业制成品	Manufactured Goods		95.9	95.5	95.8	96.6	97.0	97.1	97.1	96.8	97.1	97.4
进口商品结构	Structure of Imports											
初级产品	Primary Goods		30.0	31.2	32.8	34.1	33.9	36.3	37.2	36.4	39.1	42.4
工业制成品	Manufactured Goods		70.0	68.8	67.2	65.9	66.1	63.7	62.8	63.6	60.9	57.6
国际旅游	**International Tourism**											
来华旅游人数结构	Structure of Tourists											
外国人	Foreigners		66.6	65.9	66.6	66.0	66.4	65.3	66.1	70.8	70.6	72.2
港澳台同胞	Hong Kong and Macao Compatriots Taiwan Compatriots		33.4	34.1	33.4	34.0	33.6	34.7	33.9	29.2	29.4	27.8
教育、科技、文化	**Education, Science and Culture**											
在校学生结构	Structure of Student Enrollment											
大学生	College and University Students		12.7	13.1	13.6	13.8	14.1	14.1	14.2	14.2	14.7	15.4
中学生	Secondary School Students		41.9	40.7	40.0	38.9	38.3	38.7	39.3	39.3	39.1	38.9
小学生	Primary School Students		45.4	46.2	46.4	47.3	47.6	47.2	46.6	46.5	46.2	45.7
专任教师结构	Full-time Teachers By Type											
大学	University	1.9	12.8	13.0	13.3	13.4	12.4	13.4	13.5	13.4	13.7	14.1
中学	Secondary School	36.3	44.6	44.0	43.3	42.6	47.1	42.2	42.1	42.0	41.7	41.4
小学	Primary School	61.8	42.6	43.0	43.4	44.0	40.5	44.4	44.4	44.6	44.5	44.5

续表3 Continued　　单位：%（%）

指标	Item	1978	2011	2012	2013	2014	2015	2016	2017	2018	2019	2020
生活	**People's Livelihood**											
城镇居民消费结构	Consumption Structure of Urban Residents											
食品	Food		34.6	35.1	28.2	28.3	28.2	28.2	27.9	27.1	27.1	27.4
衣着	Clothing		10.5	9.8	7.6	7.3	7.1	6.3	6.0	6.4	6.0	5.6
家庭设备用品及服务	Household Facilities, Articles and Service		5.4	5.4	5.1	4.9	4.8	4.7	5.1	5.7	5.5	5.7
医疗保健	Medical Services		6.1	5.7	5.3	5.6	5.4	5.6	5.9	6.6	6.1	6.0
交通和通讯	Transportation and Communications		18.2	19.2	15.0	16.5	16.6	17.0	15.5	14.5	14.3	13.8
娱乐教育、文化	Recreation, Education and Culture		13.8	13.9	9.9	9.7	10.3	11.5	11.0	10.6	11.6	9.5
居住	Residence		7.4	7.2	26.2	25.3	25.2	24.6	26.4	26.5	26.6	29.5
其他商品和服务	Others		4.0	3.7	2.7	2.3	2.4	2.1	2.2	2.6	2.7	2.5
农村居民消费结构	Consumption Structure of Rural Residents											
食品	Food		37.6	37.7	31.8	31.9	31.1	31.8	31.0	30.3	30.6	32.3
衣着	Clothing		6.9	7.1	6.3	6.1	5.9	5.5	5.3	5.2	5.3	4.8
家庭设备用品及服务	Household Facilities, Articles and Services		5.5	5.5	5.1	5.1	5.1	5.0	4.7	5.3	4.8	5.7
医疗保健	Medical Services		8.8	7.2	7.6	7.4	7.7	6.8	7.6	8.3	8.3	7.2
交通和通讯	Transportation and Communications		13.1	14.3	15.6	15.6	15.9	17.7	17.1	15.0	13.9	13.6
娱乐教育、文化	Recreation, Education and Culture		8.6	8.6	9.5	9.3	9.2	9.3	8.8	9.1	10.4	8.2
居住	Residence		17.2	17.3	22.1	22.8	23.2	22.3	24.1	25.3	25.0	26.5
其他商品和服务	Others		2.3	2.3	1.9	1.8	1.9	1.6	1.5	1.6	1.7	1.6

注：工业总产值1978年为乡及乡以上独立核算工业企业。
The gross industrial output value is calculated by industrial enterprises at township level and above in 1978.

1-3 人均主要工农业产品产量（1978-2020年）
Per Capita Output of Major Industrial and Agricultural Products(1978-2020)

年份	粮食 (公斤) Grain (kg)	棉花 (公斤) Cotton (kg)	油料 (公斤) Oil-bearing Crops (kg)	糖料 (公斤) Sugar Crops (kg)	茶叶 (公斤) Tea (kg)	水果 (公斤) Fruit (kg)	猪牛羊肉 (公斤) Pork,Beef and Mutton (kg)	水产品 (公斤) Aquatic Products (kg)
1978	393.44	1.95	5.92	17.20	1.57	3.92	11.33	23.47
1980	376.81	2.18	7.58	15.43	1.98	5.91	18.52	21.46
1985	404.18	2.03	11.02	27.43	2.32	11.12	19.10	26.13
1986	396.34	1.87	10.60	32.63	2.58	12.85	20.03	28.94
1987	387.97	1.60	9.68	26.56	2.83	17.32	18.60	30.52
1988	374.78	1.05	10.39	20.01	3.09	12.45	19.56	30.92
1989	371.01	1.00	9.14	16.74	2.81	23.57	19.67	30.84
1990	375.68	1.52	11.45	14.87	2.77	25.35	20.28	32.92
1991	386.05	1.77	10.72	16.19	2.69	31.66	20.13	35.57
1992	363.51	1.39	11.72	17.55	2.79	23.95	22.73	39.72
1993	334.03	1.35	8.97	18.43	2.84	34.63	22.74	44.02
1994	324.46	1.28	7.99	16.21	2.47	40.64	22.68	59.62
1995	328.53	1.43	11.48	15.11	2.34	49.28	23.61	73.03
1996	345.91	1.56	11.88	14.57	2.26	51.91	16.85	78.03
1997	338.58	1.08	11.08	13.61	2.31	61.07	18.44	90.61
1998	323.64	1.46	8.02	13.97	2.55	46.55	19.05	95.33
1999	312.52	0.91	12.14	15.94	2.64	62.64	19.27	99.33
2000	266.91	0.65	12.91	21.97	2.60	84.89	22.65	104.70
2001	228.64	0.67	12.38	22.53	2.56	109.82	23.65	100.51
2002	201.87	0.47	9.88	23.87	2.91	105.39	25.12	101.14
2003	168.01	0.44	9.09	25.73	2.76	118.00	25.37	100.24
2004	173.82	0.47	9.97	21.73	2.84	129.23	26.93	100.91
2005	167.49	0.44	10.11	18.15	2.91	116.57	26.31	97.57
2006	156.12	0.47	7.08	17.39	3.03	128.00	21.65	83.08
2007	140.35	0.46	6.44	17.01	3.13	135.00	22.39	81.19
2008	140.35	0.47	7.96	16.48	3.13	144.28	25.02	76.89
2009	137.06	0.43	8.25	15.52	3.19	135.85	24.97	81.92
2010	126.00	0.41	7.36	13.86	3.04	130.82	25.17	89.15
2011	121.44	0.41	7.15	12.77	3.05	127.89	24.92	92.61
2012	114.02	0.35	6.74	12.34	3.07	123.81	25.07	94.91
2013	103.94	0.30	6.53	11.05	2.91	123.73	26.26	95.23
2014	102.48	0.24	5.21	10.64	2.81	121.37	23.71	97.63
2015	97.57	0.18	5.24	10.39	2.88	123.79	18.62	100.58
2016	93.02	0.14	4.28	6.75	2.84	119.29	15.75	96.24
2017	94.03	0.10	4.36	6.08	2.89	121.76	14.10	96.35
2018	95.51	0.13	4.69	6.47	2.79	118.54	12.35	94.96
2019	92.89	0.13	5.01	7.01	2.78	116.72	10.00	94.18
2020	93.65	0.11	4.96	7.17	2.74	116.77	8.93	95.15

续表 Continued

年份	布 (米) Cloth (m)	纱 (公斤) Yarn (kg)	原煤 (公斤) Coal (kg)	发电量 (千瓦小时) Electricity (kw.h)	成品钢材 (公斤) Steel (kg)	水泥 (公斤) Cement (kg)
1978	9.28	1.95	42.71	135.66	8.58	48.54
1980	12.81	2.47	37.56	213.83	15.14	59.85
1985	21.79	3.93	37.55	329.14	15.80	199.44
1986	27.73	4.31	36.46	365.89	17.01	246.43
1987	27.64	4.89	35.23	422.43	18.70	296.90
1988	30.85	5.46	34.51	458.95	17.41	316.97
1989	29.91	5.15	34.30	478.23	18.36	307.44
1990	37.09	4.77	32.45	494.23	19.27	317.39
1991	31.85	4.78	32.76	570.41	21.80	381.81
1992	30.96	5.77	33.67	674.23	27.94	460.03
1993	41.03	5.53	32.24	717.55	32.15	517.72
1994	41.92	5.44	29.88	767.05	38.53	623.49
1995	74.55	6.51	28.76	921.77	61.13	749.64
1996	36.38	6.42	27.97	1022.52	53.47	808.92
1997	84.67	7.47	26.07	1101.22	61.53	777.57
1998	23.66	6.73	20.63	1109.71	57.33	771.21
1999	27.87	7.10	18.57	1185.80	59.92	851.53
2000	36.10	7.62	16.27	1393.36	65.15	944.64
2001	49.74	8.37	15.30	1516.66	78.78	1017.63
2002	67.21	10.14	15.47	1637.42	85.18	1208.35
2003	88.80	11.90	14.41	2060.89	109.42	1479.69
2004	178.84	18.76	11.51	2461.52	170.42	1788.19
2005	168.70	19.45	8.33	2728.81	144.61	1780.82
2006	193.73	23.02	2.68	3302.51	227.29	1977.02
2007	224.67	28.64	2.41	3688.68	310.70	2062.35
2008	263.29	32.44	2.53	3590.96	375.44	1960.54
2009	265.49	37.30	2.52	4182.48	449.93	2058.85
2010	296.57	40.08	2.81	4656.20	528.37	2103.21
2011	265.29	36.09	2.73	5036.40	570.24	2200.75
2012	254.50	41.09	2.67	4828.65	597.30	2050.57
2013	267.63	41.70		5028.51	666.74	2173.31
2014	267.69	39.40		4835.34	714.58	2118.81
2015	257.28	37.06		4893.07	681.72	1900.89
2016	247.49	35.80		5124.18	623.85	1790.92
2017	224.54	31.11		5324.29	514.33	1834.86
2018	128.75	25.71		5390.40	490.02	1968.70
2019	120.75	23.58		5298.89	548.43	2118.90
2020	101.21	21.33		5241.77	592.80	2061.22

注: 2003年起按常住人口计算。农产品产量已与三农普数据衔接。
Data in this table is calculated at permanent residence since 2003.The output of agricultural products has been linked to the three agricultural census data.

1-4 平均每天主要社会经济活动
Indicators of Average Daily Social and Economic Activities

指标		Item		1978	2012	2013	2014	2015
平均每天创造财富		**Daily Production**						
生产总值	(亿元)	Gross Domestic Product	(100 million yuan)	0.34	94.20	102.29	109.65	119.20
第一产业		Primary Industry		0.13	4.41	4.71	4.73	4.85
第二产业		Secondary Industry		0.15	46.69	49.76	53.65	56.46
第三产业		Tertiary Industry		0.06	43.10	47.82	51.28	57.89
工业		Industry		0.13	40.69	43.39	46.45	48.78
财政收入	(亿元)	Financial Revenue	(100 million yuan)	0.08	17.56	18.93	20.61	23.42
粮食	(万吨)	Grain	(10000 tons)	4.02	1.78	1.65	1.65	1.60
棉花	(万吨)	Cotton	(10000 tons)	0.02	0.01			
油料	(万吨)	Oil-bearing Crops	(10000 tons)	0.06	0.10	0.10	0.08	0.09
猪牛羊肉产量	(万吨)	Meat	(10000 tons)	0.12	0.39	0.42	0.38	0.31
水产品	(万吨)	Aquatic Products	(10000 tons)	0.24	1.48	1.51	1.58	1.65
发电量	(亿千瓦小时)	Electricity	(100 Million Watt Houses)	0.14	7.44	7.90	7.73	7.96
成品钢材	(万吨)	Steel Products	(10000 tons)	0.09	9.21	10.48	11.43	11.09
水泥	(万吨)	Cement	(10000 tons)	0.50	31.62	34.14	33.88	30.92
每天消费量		**Daily National Consumption**						
最终消费	(亿元)	Final Consumption Expenditure	(100 million yuan)	0.21	45.23	48.61	53.06	57.34
居民消费		Resident Consumption		0.20	34.24	37.24	40.53	43.45
#农村居民		Rural Residents		0.15	7.66	28.78	31.27	32.98
城镇居民		Urban Residents		0.05	26.57	8.46	9.27	10.47
政府消费		Government Consumption Expenditure		0.02	11.00	11.36	12.52	13.89
社会消费品零售总额	(亿元)	Total Retail Sales of Consumer Goods	(100 million yuan)	0.13	37.45	42.01	46.79	51.81

续表1 Continued

指标		Item		1978	2012	2013	2014	2015
每天其他经济活动								
资本形成总额	(亿元)	Gross Capital Formation	(100 million yuan)	0.09	42.36	45.75	48.43	53.44
固定资产形成		Fixed Capital Formation		0.06	40.02	43.05	46.17	51.62
存货增加		Changes in Stock		0.03	2.34	2.70	2.26	1.82
竣工住宅面积	(万平方米)	Residential Buildings Completed	(10000 sq.m)		11.44	12.86	14.75	15.33
客运量	(万人)	Passenger Traffic	(10000 persons)	56	642	375	361	346
货运量	(万吨)	Freight Traffic	(10000 tons)	23	523	515	534	550
沿海主要港口货物吞吐量	(万吨)	Cargo Handled at Principal Seaports	(10000 tons)	2.4	254.1	275.6	296.4	301.2
邮电业务量	(万元)	Business Volume of Postal and Telecom-munications Services	(10000 yuan)	19	28055	32290	46150	65537
进出口总额	(万美元)	Total Imports and Exports	(USD 10000)		85590	92013	97274	95009
出口总额		Exports			61512	68165	74885	75707
进口总额		Imports			24078	23847	22389	19302
实际利用外资额	(万美元)	Foreign Capital Actually Used	(USD 10000)		4445	3879	4328	4647
每天人口变动和婚姻								
出生	(人)	Births	(person)	1856	1517	1505	1584	1592
死亡	(人)	Deaths	(person)	596	827	819	830	833
结婚	(对)	Marriages	(couple)		1211	1157	1197	1075
离婚	(对)	Divorces	(couple)		269	296	304	315

续表2 Continued

指标		Item		2016	2017	2018	2019	2020
平均每天创造财富		**Daily Production**						
生产总值	(亿元)	Gross Domestic Product	(100 million yuan)	129.46	143.57	158.91	171.13	177.02
第一产业		Primary Industry		5.18	5.30	5.41	5.72	5.94
第二产业		Secondary Industry		59.10	63.69	69.34	72.05	72.36
第三产业		Tertiary Industry		65.18	74.58	84.16	93.36	98.72
工业		Industry		51.13	54.90	59.24	61.70	62.07
财政收入	(亿元)	Financial Revenue	(100 million yuan)	25.27	28.22	32.07	33.61	34.03
粮食	(万吨)	Grain	(10000 tons)	1.55	1.59	1.64	1.62	1.66
棉花	(万吨)	Cotton	(10000 tons)					
油料	(万吨)	Oil-bearing Crops	(10000 tons)	0.07	0.07	0.08	0.09	0.09
猪牛羊肉产量	(万吨)	Meat	(10000 tons)	0.26	0.24	0.21	0.17	0.16
水产品	(万吨)	Aquatic Products	(10000 tons)	1.60	1.63	1.63	1.64	1.69
发电量	(亿千瓦小时)	Electricity	(100 Million Watt Houses)	8.46	8.93	9.19	9.18	9.22
成品钢材	(万吨)	Steel Products	(10000 tons)	10.30	8.63	9.23	9.50	10.43
水泥	(万吨)	Cement	(10000 tons)	29.58	30.77	33.72	36.71	36.26
每天消费量		**Daily National Consumption**						
最终消费	(亿元)	Final Consumption Expenditure	(100 million yuan)	62.34	71.56	79.34	86.33	
居民消费		Resident Consumption		46.87	53.91	59.68	64.58	
#农村居民		Rural Residents		35.59	41.45	46.24	50.50	
城镇居民		Urban Residents		11.28	12.46	13.44	14.09	
政府消费		Government Consumption Expenditure		15.47	17.65	19.65	21.74	
社会消费品零售总额	(亿元)	Total Retail Sales of Consumer Goods	(100 million yuan)	57.31	63.35	68.94	74.91	72.96

续表3 Continued

指标		Item		2016	2017	2018	2019	2020
每天其他经济活动								
资本形成总额	(亿元)	Gross Capital Formation	(100 million yuan)	58.61	62.35	68.64	73.54	
固定资产形成		Fixed Capital Formation		56.65	59.30	64.32	69.78	
存货增加		Changes in Stock		1.96	3.05	4.32	3.76	
竣工住宅面积	(万平方米)	Residential Buildings Completed	(10000 sq.m)	17.48	15.82			
客运量	(万人)	Passenger Traffic	(10000 persons)	294	294	278	288	166
货运量	(万吨)	Freight Traffic	(10000 tons)	589	663	736	791	822
沿海主要港口货物吞吐量	(万吨)	Cargo Handled at Principal Seaports	(10000 tons)	312.9	344.5	365.8	370.9	387.5
邮电业务量	(万元)	Business Volume of Postal and Telecom-munications Services	(10000 yuan)	101791	96384	17604	1271072	345763
进出口总额	(万美元)	Total Imports and Exports	(USD 10000)	92191	103534	118487	122527	133681
出口总额		Exports		73387	78600	87988	91673	99525
进口总额		Imports		18804	24934	30499	30855	34155
实际利用外资额	(万美元)	Foreign Capital Actually Used	(USD 10000)	4816	4905	5107	3715	4325
每天人口变动和婚姻								
出生	(人)	Births	(person)	1710	1836	1721	1668	
死亡	(人)	Deaths	(person)	841	858	871	877	
结婚	(对)	Marriages	(couple)	1005	944	924	804	761
离婚	(对)	Divorces	(couple)	337	364	355	357	322

注: 1.本表价值量指标按当年价格计算。The data in Value terms in the table are calculated at current price.

2.邮电业务总量1978—2000年按1990年不变价计算，2001年开始按2000年不变价计算，2011年起按2010年不变价计算。电信业务总量2017年起按2015年不变价格计算。
Business volume of post and telecommunications from 1978 to 2000 were calculated at constant price of 1990,at constant price of 2000 from 2001 to 2010,at constant price of 2010 since 2011.Business volume of telecommunications from 2017 were calculated at constant price of 2015.

3.2013年起交通运输指标按新口径统计。The data of transportation are adjusted since 2013.

1-5 全省生产总值（1978-2020年）
Gross Domestic Product(1978-2020)

年份	全省生产总值(亿元) Gross Domestic Product	第一产业 Primary Industry	第二产业 Secondary Industry	第三产业 Tertiary Industry	工业 Industry	人均生产总值(元) Per capita GDP(yuan)
1978	123.72	47.09	53.52	23.11	46.97	332
1979	157.75	67.56	64.07	26.12	55.59	418
1980	179.92	64.61	84.07	31.24	73.71	472
1981	204.86	69.06	94.68	41.12	84.08	532
1982	234.01	84.88	98.44	50.69	87.21	600
1983	257.09	82.89	113.12	61.08	102.55	652
1984	323.25	104.40	141.48	77.37	127.91	813
1985	429.16	123.88	198.91	106.37	178.68	1070
1986	502.47	136.29	230.89	135.29	206.63	1241
1987	606.99	159.41	281.47	166.11	249.69	1482
1988	770.25	195.68	354.39	220.18	315.36	1858
1989	849.44	210.95	386.25	252.24	346.50	2028
1990	904.69	225.04	408.18	271.47	363.74	2143
1991	1089.33	245.22	494.11	350.00	438.36	2564
1992	1375.70	262.67	652.26	460.77	581.73	3209
1993	1925.91	315.97	982.19	627.75	876.26	4459
1994	2689.28	438.65	1395.61	855.02	1243.37	6183
1995	3563.90	549.95	1856.32	1157.63	1650.60	8144
1996	4195.76	594.93	2233.98	1366.85	1989.68	9534
1997	4695.93	618.90	2557.87	1519.16	2293.10	10615
1998	5065.50	609.30	2772.28	1683.92	2495.25	11395
1999	5461.27	606.32	2983.27	1871.68	2693.52	12229
2000	6164.79	630.97	3287.10	2246.72	2964.69	13467
2001	6927.70	659.78	3590.07	2677.85	3205.39	14726
2002	8040.66	685.20	4112.87	3242.59	3670.38	16918
2003	9753.37	717.85	5126.27	3909.25	4501.61	20249
2004	11482.11	803.83	6160.40	4517.87	5428.69	23476
2005	13028.33	881.47	6953.67	5193.19	6177.64	26277
2006	15302.68	913.16	8295.66	6093.87	7418.99	30415
2007	18639.95	969.27	10122.74	7547.94	9093.98	36453
2008	21284.58	1073.30	11512.68	8698.60	10317.04	41061
2009	22833.74	1134.68	11882.36	9816.70	10491.27	43543
2010	27399.85	1322.85	14140.90	11936.10	12432.05	51110
2011	31854.80	1535.20	16271.04	14048.56	14277.77	57828
2012	34382.39	1610.81	17040.53	15731.05	14853.27	61097
2013	37334.64	1718.74	18162.78	17453.12	15835.77	65105
2014	40023.48	1726.57	19580.72	18716.19	16955.25	68569
2015	43507.72	1771.36	20606.55	21129.81	17803.30	73276
2016	47254.04	1890.43	21571.25	23792.36	18661.48	78384
2017	52403.13	1933.92	23246.72	27222.48	20038.67	85612
2018	58002.84	1975.89	25308.13	30718.83	21621.19	93230
2019	62462.00	2086.70	26299.51	34075.77	22520.94	98770
2020	64613.34	2169.23	26412.95	36031.16	22654.39	100620

注：1.本表按当年价格计算。1992年以后人均生产总值均按常住人口计算。
The figures in this table are calculated at current price.The per capita GDP have calculated at permanent residence since 1992.
2.2020 年数据为初步统计数，后表同。
The data in 2020 are preliminary statistics. The same applies to the relevant tables following.

1-6 全省生产总值构成（1978-2020年）
Structure of Gross Domestic Product(1978-2020)

单位:%(%)

年份 Year	生产总值 Gross Domestic Product	第一产业 Primary Industry	第二产业 Secondary Industry	第三产业 Tertiary Industry	工业 Industry
1978	100	38.1	43.3	18.7	38.0
1979	100	42.8	40.6	16.6	35.2
1980	100	35.9	46.7	17.4	41.0
1981	100	33.7	46.2	20.1	41.0
1982	100	36.3	42.1	21.7	37.3
1983	100	32.2	44.0	23.8	39.9
1984	100	32.3	43.8	23.9	39.6
1985	100	28.9	46.3	24.8	41.6
1986	100	27.1	46.0	26.9	41.1
1987	100	26.3	46.4	27.4	41.1
1988	100	25.4	46.0	28.6	40.9
1989	100	24.8	45.5	29.7	40.8
1990	100	24.9	45.1	30.0	40.2
1991	100	22.5	45.4	32.1	40.2
1992	100	19.1	47.4	33.5	42.3
1993	100	16.4	51.0	32.6	45.5
1994	100	16.3	51.9	31.8	46.2
1995	100	15.4	52.1	32.5	46.3
1996	100	14.2	53.2	32.6	47.4
1997	100	13.2	54.5	32.4	48.8
1998	100	12.0	54.7	33.2	49.3
1999	100	11.1	54.6	34.3	49.3
2000	100	10.2	53.3	36.4	48.1
2001	100	9.5	51.8	38.7	46.3
2002	100	8.5	51.2	40.3	45.6
2003	100	7.4	52.6	40.1	46.2
2004	100	7.0	53.7	39.3	47.3
2005	100	6.8	53.4	39.9	47.4
2006	100	6.0	54.2	39.8	48.5
2007	100	5.2	54.3	40.5	48.8
2008	100	5.0	54.1	40.9	48.5
2009	100	5.0	52.0	43.0	45.9
2010	100	4.8	51.6	43.6	45.4
2011	100	4.8	51.1	44.1	44.8
2012	100	4.7	49.6	45.8	43.2
2013	100	4.6	48.6	46.7	42.4
2014	100	4.3	48.9	46.8	42.4
2015	100	4.1	47.4	48.6	40.9
2016	100	4.0	45.6	50.3	39.5
2017	100	3.7	44.4	51.9	38.2
2018	100	3.4	43.6	53.0	37.3
2019	100	3.3	42.1	54.6	36.1
2020	100	3.4	40.9	55.8	35.1

注: 本表按当年价格计算。The figures in this table are calculated at current price.

1-7 按行业和构成分的全省生产总值(2015-2020年)
Gross Domestic Product by Sector and Structure(2015-2020)

单位：亿元(100 million yuan)

指标	Item	2015	2016	2017	2018	2019	2020
全省生产总值	**Gross Domestic Product**	**43507.72**	**47254.04**	**52403.13**	**58002.84**	**62461.99**	**64613.34**
按行业分	By Sector						
农、林、牧、渔业	Farming,Forestry,Animal Husbandry and Fishery	1803.76	1925.48	1972.84	2019.32	2135.87	2224.56
工业	Industry	17803.30	18661.48	20038.67	21621.19	22520.94	22654.39
建筑业	Construction	2853.74	2959.38	3262.31	3737.56	3832.11	3812.20
批发和零售业	Wholesale and Retail Trade	5290.55	5828.61	6323.62	6852.98	7360.24	7502.42
交通运输、仓储和邮政业	Transport,Storage and Post	1499.48	1605.92	1742.57	1852.77	1980.11	1967.85
住宿和餐饮业	Hotels and Catering Services	813.82	889.41	941.31	991.89	1085.50	1019.18
信息传输、软件和信息技术服务业	Information Transmission Software and Information Technology Services	1630.54	2060.89	2599.47	2959.67	3613.82	
金融业	Banking	2956.28	3229.67	3770.57	4506.32	4903.95	5590.60
房地产业	Real Estate	2436.64	2785.18	3511.73	4117.13	4617.99	5053.47
租赁和商务服务业	Renting and Business Services	1146.73	1338.64	1482.28	1737.82	1941.91	
科学研究和技术服务业	Scientific Research and Technic Service	598.89	720.98	841.86	963.23	1145.24	
水利、环境和公共设施管理业	Water Conservancy，Environment and Public Facilities Management	281.16	320.80	309.28	343.14	378.74	
居民服务、修理和其他服务业	Service for the Residents, Repair and Others	506.24	532.18	546.37	577.76	676.52	
教育	Education	1272.39	1444.43	1662.18	1889.62	2078.13	
卫生和社会工作	Health Care and Social Work	881.86	991.86	1206.13	1389.50	1503.95	
文化、体育和娱乐业	Culture,Sports and Entertainment	333.77	368.50	405.80	468.79	516.07	
公共管理、社会保障和社会组织	Public Administration,Social Security and Social Organization	1398.58	1590.63	1786.14	1974.14	2170.91	
第一产业	Primary Industry	1771.36	1890.43	1933.92	1975.89	2086.70	2169.23
第二产业	Secondary Industry	20606.55	21571.25	23246.72	25308.13	26299.51	26412.95
第三产业	Tertiary Industry	21129.81	23792.36	27222.48	30718.82	34075.77	36031.16
按构成分	By Structure						
劳动者报酬	Remuneration of Laborers	21027.28	22669.93	25026.48	28552.75	30720.47	
生产税净额	Net-taxes on Production	5811.53	6244.79	7113.85	6887.49	8065.13	
固定资产折旧	Depreciation of Fixed Assets	6030.05	6231.82	6803.83	8632.14	8856.42	
营业盈余	Operating Surplus	10638.86	12107.50	13458.97	13930.47	14819.97	

注: 农、林、牧、渔业增加值2017年数据与三农普数据衔接。
The added value of agriculture,forestry,animal husbandry and Fisheries in 2017 is linked to the three agricultural census data.

1-8 全省生产总值指数（1978-2020年）（上年=100）
Indices of Gross Domestic Product (1978-2020)(Preceding year=100)

（上年=100）(preceding year=100)

年份	全省生产总值 Gross Domestic Product	第一产业 Primary Industry	第二产业 Secondary Industry	第三产业 Tertiary Industry	工业 Industry	人均生产总值 Percapita GDP
1978	121.9	118.7	128.6	113.5	126.5	120.5
1979	113.6	110.8	118.0	108.1	117.1	112.3
1980	116.4	97.3	132.0	112.9	133.3	115.2
1981	111.5	104.7	111.3	126.1	113.1	110.4
1982	111.4	116.5	104.9	118.1	104.9	110.0
1983	108.0	93.9	115.5	116.0	118.5	106.8
1984	121.7	119.3	124.0	120.3	124.4	120.7
1985	121.7	101.9	135.3	119.2	135.0	120.7
1986	112.1	104.0	114.0	116.8	114.2	111.0
1987	111.8	101.0	116.8	110.9	116.4	110.6
1988	111.2	99.0	116.3	109.8	117.5	109.9
1989	99.4	100.2	100.8	94.9	101.7	98.4
1990	103.9	102.7	105.2	101.4	105.4	103.1
1991	117.9	107.9	118.2	125.6	118.4	117.2
1992	118.8	100.6	125.2	122.7	126.6	118.1
1993	122.0	104.8	133.2	116.0	135.3	121.1
1994	120.0	104.4	127.5	115.8	128.0	119.2
1995	117.0	107.5	118.7	118.4	118.2	116.3
1996	112.7	104.4	115.5	111.1	115.8	112.0
1997	111.1	104.5	112.9	110.6	113.4	110.6
1998	110.2	103.2	110.8	111.7	111.2	109.7
1999	110.1	103.3	111.4	109.9	111.9	109.6
2000	111.1	104.5	111.8	111.9	112.1	108.4
2001	110.7	104.8	111.1	111.7	111.0	107.7
2002	112.7	104.5	113.4	113.7	113.7	111.5
2003	114.7	103.6	116.8	114.4	115.8	113.2
2004	113.1	103.8	114.9	112.4	115.5	111.4
2005	112.9	101.4	112.9	115.3	113.4	111.4
2006	114.0	103.2	114.6	115.0	114.9	112.3
2007	114.5	98.1	115.7	115.4	116.5	112.7
2008	110.1	104.7	109.4	111.7	110.1	108.6
2009	109.0	102.3	107.0	112.4	105.8	107.8
2010	111.9	103.1	112.4	112.1	112.2	109.4
2011	109.0	103.5	109.1	109.4	109.8	106.1
2012	108.1	101.7	107.3	109.7	106.9	105.8
2013	108.3	100.5	108.2	109.3	108.1	106.3
2014	107.7	101.3	107.8	108.1	107.5	105.8
2015	108.0	101.2	105.9	111.0	105.3	106.2
2016	107.5	102.3	105.9	109.6	106.1	105.9
2017	107.8	102.7	106.3	109.5	107.2	106.1
2018	107.1	101.8	106.3	108.3	107.0	105.4
2019	106.8	101.8	105.5	108.2	106.4	105.0
2020	103.6	101.3	103.1	104.1	103.6	102.0

注: 本表按可比价格计算。The figures in this table are caculated at comparable price.

1-9 全省生产总值指数（1978-2020年） (1978=100)
Indices of Gross Domestic Product(1978-2020)(1978=100)

(1978年=100) (1978=100)

年份	全省生产总值 Gross Domestic Product	第一产业 Primary Industry	第二产业 Secondary Industry	第三产业 Tertiary Industry	工业 Industry	人均生产总值 Percapita GDP
1978	100.0	100.0	100.0	100.0	100.0	100.0
1979	113.6	110.8	118.0	108.1	117.1	112.3
1980	132.2	107.9	155.7	122.1	156.0	129.4
1981	147.4	113.0	173.4	154.0	176.5	142.8
1982	164.2	131.6	182.0	181.9	185.1	157.1
1983	177.4	123.6	210.3	211.0	219.2	167.8
1984	216.0	147.5	260.8	253.8	272.6	202.5
1985	262.9	150.3	352.9	302.6	367.9	244.4
1986	294.6	156.2	402.1	353.4	420.2	271.3
1987	329.4	157.8	469.9	392.1	489.2	300.0
1988	366.4	156.3	546.6	430.6	574.9	329.6
1989	364.3	156.7	551.2	408.5	584.8	324.2
1990	378.6	160.9	579.9	414.1	616.7	334.4
1991	446.3	173.6	685.8	520.3	730.1	391.8
1992	530.3	174.7	858.8	638.5	924.3	462.8
1993	647.1	183.1	1143.8	740.8	1250.7	560.4
1994	776.4	191.1	1457.9	857.9	1601.1	667.8
1995	908.3	205.6	1730.2	1015.7	1891.8	776.4
1996	1023.5	214.7	1998.1	1128.7	2190.4	869.9
1997	1137.5	224.3	2255.4	1247.8	2483.0	961.9
1998	1253.8	231.5	2499.6	1394.3	2761.4	1055.0
1999	1380.5	239.1	2785.6	1533.1	3089.3	1156.4
2000	1533.9	249.9	3115.2	1715.4	3461.7	1253.5
2001	1697.8	261.9	3461.3	1916.7	3843.2	1350.1
2002	1913.1	273.6	3926.5	2179.8	4368.0	1505.8
2003	2195.1	283.5	4587.6	2493.5	5056.5	1704.8
2004	2482.8	294.4	5272.6	2803.6	5840.5	1899.0
2005	2804.0	298.5	5953.7	3232.5	6621.9	2115.6
2006	3195.3	308.0	6821.0	3716.2	7608.7	2375.7
2007	3658.3	302.2	7891.1	4288.0	8867.1	2676.3
2008	4026.9	316.3	8631.2	4790.1	9761.6	2906.0
2009	4389.7	323.6	9238.6	5384.4	10325.9	3131.4
2010	4910.1	333.5	10387.2	6036.1	11585.6	3426.2
2011	5350.2	345.1	11330.4	6605.6	12715.7	3633.7
2012	5781.9	351.0	12153.1	7245.6	13592.6	3843.8
2013	6263.8	352.8	13144.9	7918.8	14690.7	4086.4
2014	6744.6	357.5	14169.3	8561.0	15786.1	4322.8
2015	7286.6	361.8	15009.4	9503.7	16629.3	4591.2
2016	7834.8	370.1	15889.6	10414.0	17647.3	4862.1
2017	8444.0	380.2	16896.2	11406.2	18911.8	5160.9
2018	9047.2	387.2	17960.5	12353.7	20229.4	5440.3
2019	9658.0	394.1	18956.4	13363.8	21517.3	5713.5
2020	10001.4	399.1	19545.6	13911.1	22284.9	5826.8

注: 本表按可比价格计算。The figures in this table are calculated at comparable price.

1-10 按行业分的第三产业增加值指数（上年=100）
Indices of Value-added of the Tertiary Industry by Sector (Preceding year =100)

(上年=100)(preceding year=100)

行业	Sector	2015	2016	2017	2018	2019	2020
总计	**Total**	**111**	**109.6**	**109.5**	**108.3**	**108.2**	**104.1**
批发和零售业	Wholesale and Retail Trade	109	107.7	106.6	104.7	105.0	102.0
交通运输、仓储和邮政业	Transport,Storage and Post	107.1	105.6	106.6	105	107.0	100.6
住宿和餐饮业	Hotels and Catering Services	106.3	104.8	102.7	102.4	105.5	90.9
信息传输、软件和信息技术服务业	Information Transmission Software and Information Technology Services	122.8	123.3	120.6	112.4	117.6	
金融业	Banking	108.3	107	111.3	112.5	108.0	110.8
房地产业	Real Estate	111.8	110.7	112.6	110.3	109.2	105.1
租赁和商务服务业	Renting and Business Services	116.2	113.2	106.1	111.5	109.7	
科学研究和技术服务业	Scientific Research and Technic Service	111	116.5	110.6	110.5	115.3	
水利、环境和公共设施管理业	Water Conservancy，Environment and Public Utility	110.9	111	94.3	108	107.6	
居民服务、修理和其他服务业	Service for the Residents and Others	102.8	101.3	97.7	102.8	112.8	
教育	Education	114.2	109.1	111.6	109	107.2	
卫生和社会工作	Health Care and Social Work	116.7	111	115.5	109.1	104.8	
文化、体育和娱乐业	Culture,Sports and Entertainment	115.8	108.4	106.8	113.5	110.2	
公共管理、社会保障和社会组织	Public Security,Social Security and Social Organization	112.6	108.2	107.8	105.6	102.8	

1-11 按支出法计算的全省生产总值（2014-2019年）
Gross Domestic Product Calculated by Expenditure Approach(2014-2019)

指标	Item	2014	2015	2016	2017	2018	2019
全省生产总值	**Gross Domestic Product Calculated with Expenditure Approach**	**40023.48**	**43507.72**	**47254.04**	**52403.13**	**58002.84**	**62461.99**
最终消费	**Final Consumption**	**19365.73**	**20929.80**	**22754.33**	**26120.51**	**28957.75**	**31508.76**
居民消费	Resident Consumption	14794.82	15858.82	17109.35	19677.86	21784.20	23572.36
城镇居民	Urban	11412.81	12038.61	12991.17	15130.32	16879.41	18430.91
农村居民	Rural	3382.01	3820.21	4118.18	4547.54	4904.79	5141.45
政府消费	Government Consumption	4570.91	5070.98	5644.98	6442.65	7173.55	7936.40
资本形成总额	**Total Capital Formation**	**17677.39**	**19507.01**	**21393.84**	**22758.05**	**25052.98**	**26841.48**
固定资本形成总额	Fixed Capital Formation	16851.05	18841.00	20677.81	21645.68	23475.91	25470.30
存货变动	Changes in Inventories	826.34	666.01	716.03	1112.37	1577.07	1371.18
货物和服务净流出	**Net Export**	**2980.36**	**3070.91**	**3105.87**	**3524.57**	**3992.11**	**4111.75**

1-12 总产出（2015-2019年）
Total Output(2015-2019)

单位：亿元（100 million yuan）

指标	Item	2015	2016	2017	2018	2019
总产出	**Total Output**	**146094.66**	**149775.10**	**159183.25**	**168319.34**	180681.13
第一产业	Primary Industry	2780.50	2968.10	3015.22	3070.04	3256.53
第二产业	Secondary Industry	100216.29	99756.41	102746.39	103357.45	108417.45
第三产业	Tertiary Industry	43097.87	47050.59	53421.64	61891.85	69007.15
工业	Industry	85778.75	84615.20	86173.26	87124.65	92095.00

注：本表按当年价格计算。The figures in this table are calculated at current price.

1-13 居民消费水平和指数（1978-2019年）
Resident Consumption Level and Its Indices(1978-2019)

单位:%（%）

年份	居民总消费水平（元/人）Resident Consumption level (yuan/person)	农村居民总消费水平 Rural Resident	城镇居民总消费水平 Urban Resident	居民总消费水平指数 Indices of Resident Consumption Level	农村居民消费水平指数 Rural Resident	城镇居民消费水平指数 Urban Resident
1978	193	164	410	100.0	100.0	100.0
1979	218	183	466	112.1	111.1	110.6
1980	240	198	511	120.1	119.6	111.0
1981	317	271	595	156.2	161.6	127.0
1982	354	305	630	173.4	181.4	132.0
1983	383	328	672	184.3	192.8	137.0
1984	439	369	788	206.7	213.5	154.9
1985	580	472	1063	237.6	238.7	181.4
1986	702	558	1283	270.5	266.1	206.1
1987	828	655	1492	295.2	293.4	216.1
1988	1070	829	1959	314.6	309.8	229.9
1989	1186	914	2145	293.7	285.6	215.5
1990	1227	930	2235	297.5	285.2	220.0
1991	1353	1005	2493	317.7	303.4	232.5
1992	1528	1091	2882	335.6	314.5	245.9
1993	1850	1244	3608	351.2	325.1	253.6
1994	2536	1654	4920	389.0	348.7	282.4
1995	3217	2053	6141	423.2	374.0	301.9
1996	3906	2486	7268	473.5	423.7	325.4
1997	4233	2665	7649	496.8	444.8	330.0
1998	4397	2774	7607	515.1	466.5	326.6
1999	4539	2845	7566	534.7	485.6	326.6
2000	5099	3278	8020	587.5	547.9	339.1
2001	5551	3621	8404	641.2	605.3	356.8
2002	6098	4012	8839	711.6	675.3	379.8
2003	7033	4504	9907	810.6	737.4	423.5
2004	8174	4918	11772	912.3	769.7	489.6
2005	9558	5439	13843	1024.7	831.9	548.3
2006	11099	6999	14287	1160.8	1050.2	550.8
2007	12730	7202	16926	1295.1	1059.4	633.4
2008	14264	7881	19002	1413.4	1126.8	693.1
2009	15867	8571	21204	1588.6	1241.1	781.2
2010	18274	10273	23655	1755.0	1428.1	835.7
2011	21346	12371	26856	1942.6	1622.0	900.3
2012	22845	13724	20259	2050.5	1764.5	941.1
2013	24771	15458	30101	2211.4	1951.4	995.3
2014	26885	17281	32186	2373.0	2161.4	1051.6
2015	28712	19953	33359	2515.7	2398.5	1093.0
2016	30747	22028	35159	2651.0	2608.6	1133.2
2017	34992	24885	39858	2842.0	2733.6	1215.7
2018	38238	27291	43283	3052.9	2921.2	1300.8
2019	40688	29054	45804	3235.1	3090.8	1371.4

注：本表绝对数按当年价格计算，指数按可比价格计算。
The absolute figures in this table are calculated at current price, while the indices are calculated at comparable price.

1-14 按机构类型和登记注册类型分组的法人单位数
Number Of Corporation Units by Types of Organization and Registration

单位：个(unit)

指标名称	Item	法人单位数 Number Of Corporation Units		单产业法人 Containing Single Industrial Activity		多产业法人 Containing Multiple Industrial Activity	
		2019	2020	2019	2020	2019	2020
总计	**Total**	**1905546**	**2277238**	**1870514**	**2234950**	**35032**	**42288**
按机构类型分组	**by Type of Organization**						
企业	Enterprise	1719819	2087886	1686152	2046987	33667	40899
事业单位	Public Institution	28654	28492	28114	27965	540	527
机关	Office	7848	7824	7389	7361	459	463
社会团体	Social Group	20317	22336	20299	22317	18	19
民办非企业单位	Private Non-enterprise Unit	29712	33954	29701	33948	11	6
基金会	Foundation	547	594	547	594		
居委会	Neighborhood Committees	4492	4828	4463	4793	29	35
村委会	Villagers Committee	26250	23357	26092	23190	158	167
农民专业合作社	Farmer specialized cooperative	38008	38743	37897	38614	111	129
农村集体经济组织	Rural collective economic organization	17880	17916	17851	17887	29	29
其他组织机构	Others	12019	11308	12009	11294	10	14
按登记注册类型分组	**by Registered Type**						
内资	Domestic Funded Enterprises	1880666	2250627	1846762	2209714	33904	40913
国有	State-owned Enterprises	42063	41879	40795	40611	1268	1268
集体	Collective Owned Enterprises	27429	28381	27057	28003	372	378
股份合作	Cooperative Enterprises	8532	8356	8301	8132	231	224
联营	Joint Ownership Enterprises	394	444	392	441	2	3
国有联营	State Joint Ownership Enterprises	27	37	27	35		2
集体联营	Collective Joint Ownership Enterprises	103	112	102	112	1	
国有与集体联营	State-collective Joint Enterprises	40	66	40	66		
其他联营	Other Joint Ownership Enterprises	224	229	223	228	1	1
有限责任公司	Limited Liability Corporations	42282	51731	39076	48035	3206	3696
国有独资公司	State Sole Funded Corporations	4514	4661	4043	4150	471	511

续表 Continued　　单位：个(unit)

指标名称	Item	法人单位数 Number Of Corporation Units		单产业法人 Containing Single Industrial Activity		多产业法人 Containing Multiple Industrial Activity	
		2019	2020	2019	2020	2019	2020
其他有限责任公司	Other Limited Liability Corporations	37768	47070	35033	43885	2735	3185
股份有限公司	Share-holding Corporations Ltd.	3658	3450	2657	2396	1001	1054
私营	Private Enterprises	1639282	1998112	1611785	1964177	27497	33935
私营独资	Private Funded Enterprises	133744	141471	132611	140280	1133	1191
私营合伙	Private Partnership Corporations	49467	58491	49264	58287	203	204
私营有限责任公司	Private Limited Liability Corporations	1449185	1788651	1423578	1756893	25607	31758
私营股份有限公司	Private Share-holding Corporations Ltd.	6886	9499	6332	8717	554	782
其他内资	others	117026	118274	116699	117919	327	355
港、澳、台商投资企业	Funded by Enterpreneurs From Hong Kong Macao and Taiwan	9213	9640	8760	9102	453	538
与港澳台商合资经营	Joint-venture Enterprises	3527	3378	3349	3197	178	181
与港澳台商合作经营	Cooperation Enterprises From Hong Kong,Macao and Taiwan	61	78	59	75	2	3
港澳台商独资	Enterprises with Sole Hong Kong, Macao and Taiwan	5533	5972	5278	5663	255	309
港澳台商投资股份有限公司	Share-holding Corporations Ltd. with Funds From Hong Kong,Macao and Taiwan	64	169	51	125	13	44
其他港澳台商投资	Others	28	43	23	42	5	1
外商投资	Foreign Funded Enterprises	15667	16971	14992	16134	675	837
中外合资经营	Joint-venture Enterprises	4772	4779	4541	4540	231	239
中外合作经营	Cooperation Enterprises	68	109	63	98	5	11
外资企业	Enterprises With Sole Foreign Investment	9404	10584	8998	10041	406	543
外商投资股份有限公司	Foreign Investment Share-holding Corporations Ltd.	156	183	130	144	26	39
其他外商投资	Others	1267	1316	1260	1311	7	5

1-15 按地区和主要行业分法人单位数
Number of Legal Entities by Region and Sector

年份 地区 Year Region	合计 Total	农、林、牧、渔业 Agriculture, Forestry, Animal, Husbandry and Fishery	采矿业 Mining	制造业 Manufacturing	电力、热力、燃气及水生产和供应业 Electricity, Heating Power,Gas and Water Production and Supply	建筑业 Construction	批发和零售业 Wholesale and Retail, Trades	交通运输、仓储和邮政业 Transport, Storage, and Post	住宿和餐饮业 Hotels and Catering Services	信息传输、软件和信息技术服务业 Information Transmission, Software and Information Technology Services
2010	685506	21037	1526	276982	3944	17922	133479	12629	7548	14966
2011	778194	28996	1503	304763	4032	21087	165076	14217	8300	17386
2012	865154	38109	1508	323464	4058	24066	196799	15481	9072	13814
2013	1014357	49331	1279	365286	4336	23709	253573	16896	13879	16411
2014	1235664	62483	1387	417132	4633	32727	335289	20161	17271	25388
2015	1346364	64569	1339	423208	4856	37698	374159	22591	19122	36444
2016	1497168	67211	1257	434322	5208	44310	430889	25962	20961	51124
2017	1792469	71386	1308	473283	6483	57305	536211	31988	24856	76660
2018	1610874	68543	841	424775	5240	51730	465896	32135	24951	55067
2019	1905546	48825	856	454679	5678	68107	613474	39002	27954	80749
2020	2277238	52432	944	501768	6281	87745	754359	48213	33787	112541
杭州市	542215	6504	143	53912	753	24268	174168	10261	12289	60272
宁波市	381824	5953	92	100254	808	16112	110424	11486	4774	13619
温州市	297381	10803	84	94069	859	9199	85082	4932	3582	10002
嘉兴市	158334	2430		45211	500	6953	48400	3557	2075	4503
湖州市	104055	2428	108	24835	335	4829	24899	2541	2188	5054
绍兴市	180044	2830	78	49823	491	7458	66538	2894	2204	4535
金华市	298070	4512	88	58231	465	7164	153916	5193	2378	6894
衢州市	48393	4010	71	6669	385	2351	13385	1617	552	1512
舟山市	34226	602	41	4203	129	1931	10581	1806	613	1478
台州市	181346	8482	76	55822	657	5818	54760	3136	2298	2978
丽水市	51350	3878	163	8739	899	1662	12206	790	834	1694

注：2013年和2018年为经普年份，调查口径与非普查年份不同，后表同。2013 and 2018 are economic census years, and the survey caliber is different from that of non census years, the same as in the following table.

单位：个 (unit)

金融业 Financial Intermediation	房地产业 Real Estate	租赁和商务服务业 Leasing and Business Services	科学研究和技术服务业 Scientific Research and Technical Services	水利、环境和公共设施管理业 Management of Water Conservancy, Environment and Public Facilities	居民服务、修理和其他服务业 Service to Households, Repair and Other Services	教 育 Education	卫生和社会工作 Health and Social Service	文化、体育和娱乐业 Culture, Sports and Entertainment	公共管理、社会保障和社会组织 Public Management, Social Security and Social Organization
2484	16748	50299	16518	4024	7194	16018	6921	5274	69993
2607	19196	59494	19067	4476	8345	16742	6920	6044	69943
3492	20423	67680	22771	4968	10392	17827	6822	13077	71331
5478	25149	73363	25659	5497	12231	21277	7586	14669	78748
5498	28067	98892	35096	6565	15590	22464	8041	17680	81300
8005	29343	120968	43731	7155	17458	23549	8873	21071	82225
8853	32749	152078	53401	8191	18739	24772	9787	25203	82151
10786	41415	206463	67949	9869	23451	27584	11551	30861	83060
16946	46052	157725	61583	8556	26474	37929	12391	36470	77570
15771	54133	190751	78934	10103	33452	46239	14637	42741	79461
16626	63792	237068	103928	12567	41526	54244	16690	52742	79985
3522	19089	76952	40008	2725	12699	11406	4322	16427	12495
8398	9702	46685	16890	1609	6428	8621	2547	9034	8388
1656	7634	23211	9936	1451	4233	8763	2099	5051	14735
590	6866	13419	6448	1000	2870	3634	1503	3329	5046
366	3402	14521	5628	993	1631	2119	749	3768	3661
597	4930	13180	7496	966	2615	3405	883	2974	6147
431	5342	18744	7114	1146	4338	6742	1175	6505	7692
178	1124	5299	2185	511	949	1901	578	1087	4029
219	830	5150	1878	286	565	600	370	657	2287
437	3771	13903	4680	1303	4322	5107	1700	2582	9514
232	1102	6004	1665	577	876	1946	764	1328	5991

1-16 按地区和控股情况分企业法人单位数
Number of Corporate Enterprises by Region and the Status of Holdings

单位：个 (unit)

年份 地区	Year Region	企业单位数 Numbers of Enterprises	国有控股 State-holding	集体控股 Collective-holding	私人控股 Private-holding	港、澳、台商控股 Hong Kong, Macao and Taiwan-holding	外商控股 Foreign-holding	其他 Others
2010		570270	10192	19401	521951	7108	7943	3675
2011		659003	10538	19434	609010	7545	8509	3967
2012		739040	10950	19496	685171	7893	9910	5620
2013		865990	11279	20096	806800	6745	8220	12850
2014		1080452	11759	22088	1018207	7661	9178	11559
2015		1189601	12025	22328	1125279	8088	9592	12289
2016		1307847	12158	20802	1249190	8054	8896	8747
2017		1599314	12991	23365	1533690	8843	11026	9399
2018		1383840	12488	11986	1332943	5662	8181	12580
2019		1719819	12981	14759	1667626	7169	11704	5580
2020		2087886	14145	14125	2032689	7669	12876	6382
杭州市	Hangzhou	514618	3336	1540	502603	1967	2806	2366
宁波市	Ningbo	360369	2015	2180	350042	2163	2957	1012
温州市	Wenzhou	264268	1370	4229	257612	280	320	457
嘉兴市	Jiaxing	146764	1480	949	141025	1283	1606	421
湖州市	Huzhou	96460	984	478	93474	512	435	577
绍兴市	Shaoxing	165918	906	1032	161628	795	1107	450
金华市	Jinhua	278644	983	526	273377	308	3201	249
衢州市	Quzhou	38564	638	187	37551	49	77	62
舟山市	Zhoushan	30045	693	355	28555	103	103	236
台州市	Taizhou	154748	1097	2390	150548	181	189	343
丽水市	Lishui	37488	643	259	36274	28	75	209

1-17 按行业分的法人单位数（2020年）
Number Of Corporation Units by Sector(2020)

单位:个(unit)

行业	Sector	法人单位数 Number Of Corporation Units	单产业法人 Containing Single Industrial Activity	多产业法人 Containing Multiple Industrial Activity
总计	**Total**	**2277238**	**2234950**	**42288**
按国民经济行业分组	**By Sector**			
农、林、牧、渔业	Farming,Forestry,Animal Husbandry and Fishery	52432	52151	281
农业	Farming	31907	31782	125
林业	Forestry	5097	5069	28
畜牧业	Animal Husbandry	6035	5983	52
渔业	Fishery	5476	5431	45
农、林、牧、渔专业及辅助性活动	Services	3917	3886	31
采矿业	Ming and Quarrying	944	928	16
煤炭开采和洗选业	Coal Mining and Dressing	4	4	
石油和天然气开采业	Petroleum and Natural Gas Extraction	1	1	
黑色金属矿采选业	Ferrous Metals Mining and Dressing	33	32	1
有色金属矿采选业	Nonferrous Metals Mining and Dressing	53	52	1
非金属矿采选业	Nonmetal Minerals Mining and Dressing	832	819	13
开采专业及辅助性活动	Supplementary Activities for Mining	5	4	1
其他采矿业	Other Minerals Mining and Dressing	16	16	
制造业	Manufacturing	501768	495321	6447
农副食品加工业	Non-staple Food Processing	5218	5021	197
食品制造业	Food Manufacturing	3687	3520	167
酒、饮料和精制茶制造业	Wine, Soft Drinks and Refined Tea Manufacturing	2908	2791	117
烟草制品业	Tobacco Processing	2	1	1

续表1 Continued

单位:个(unit)

行业	Sector	法人单位数 Number Of Corporation Units	单产业法人 Containing Single Industrial Activity	多产业法人 Containing Multiple Industrial Activity
纺织业	Textile Industry	38867	38448	419
纺织服装、服饰业	Garments,Shoes and Hats Manufacturing	35969	35547	422
皮革、毛皮、羽毛及其制品和制鞋业	Leather, Furs, Down and Related Production, Shoes Manufacturing	21045	20777	268
木材加工和木、竹、藤、棕、草制品业	Timber Processing,Bamboo,Cane Palm Fiber and Straw Production	8134	8061	73
家具制造业	Furniture Manufacturing	9287	9161	126
造纸和纸制品业	Papermaking and Paper Products	15638	15547	91
印刷和记录媒介复制业	Printing and Record Medium Reproduction	12131	11947	184
文教、工美、体育和娱乐用品制造业	Cultural,Educational and Sports Goods	27293	27049	244
石油、煤炭及其他燃料加工业	Petroleum Processing,Cooking and Nuclear Fuel Processing	517	506	11
化学原料和化学制品制造业	Raw Chemical Materials and Chemical Production	9753	9548	205
医药制造业	Medical and Pharmaceutical Products	2233	2165	68
化学纤维制造业	Chemical Fiber	2082	2057	25
橡胶和塑料制品业	Rubber and Plastic Production	40431	40124	307
非金属矿物制品业	Nonmetal Mineral Production	15617	15371	246
黑色金属冶炼和压延加工业	Smelting and Pressing of Ferrous Metals	2524	2482	42
有色金属冶炼和压延加工业	Smelting and Pressing of Nonferrous Metals	3418	3373	45
金属制品业	Metal Products	47518	47050	468
通用设备制造业	Ordinary Machinery	61770	61010	760
专用设备制造业	For Special Purpose Equipment Manufacturing	32723	32329	394

续表2 Continued

单位:个(unit)

行业	Sector	法人单位数 Number Of Corporation Units	单产业法人 Containing Single Industrial Activity	多产业法人 Containing Multiple Industrial Activity
汽车制造业	Automotive Manufacturing	19130	18903	227
铁路、船舶、航空航天和其他运输设备制造业	Railway, shipbuilding, aerospace, and other transportation equipment manufacturing industry	4852	4771	81
电气机械和器材制造业	Electric Equipment and Machinery	46510	45830	680
计算机、通信和其他电子设备制造业	Telecommunications Equipment,Computer and Other Electronic Equipment Manufacturing	13508	13239	269
仪器仪表制造业	Instruments Manufacturing	7200	7052	148
其他制造业	Other Manufacturing	7925	7859	66
废弃资源综合利用业	Comprehensive Utilization of Waste Resources	988	972	16
金属制品、机械和设备修理业	Metal Products,Machinery and Equipment Repair Industry	2890	2810	80
电力、热力、燃气及水生产和供应业	Electricity,Heating Power,Gas and Water Production and Supply	6281	6065	216
电力、热力生产和供应业	Production and Supply of Electricity and Heating Power	4502	4416	86
燃气生产和供应业	Production and Supply of Gas	347	295	52
水的生产和供应业	Production and Supply of Water	1432	1354	78
建筑业	Construction	87745	84085	3660
房屋建筑业	Housing	13790	12518	1272
土木工程建筑业	Civil Engineering	19484	18162	1322
建筑安装业	Installation	9610	9237	373
建筑装饰、装修和其他建筑业	Building Decoration and Others	44861	44168	693
批发和零售业	Wholesale and Retail Trade	754359	744351	10008
批发业	Wholesale	444283	439501	4782
零售业	Retail Sale	310076	304850	5226
交通运输、仓储和邮政业	Transportation,Storage and Post	48213	46307	1906
铁路运输业	Railway Transpot	41	38	3
道路运输业	Highway Transport	29917	29086	831
水上运输业	Waterway Transport	1676	1567	109

续表3 Continued

单位:个(unit)

行业	Sector	法人单位数 Number Of Corporation Units	单产业法人 Containing Single Industrial Activity	多产业法人 Containing Multiple Industrial Activity
航空运输业	Air Transport	215	208	7
管道运输业	Pipeline Transport	9	9	
多式联运和运输代理业	Multimodal Transport and Transport Agent Industry	10501	10148	353
装卸搬运和仓储业	Handling and Warehousing Industry	4079	3969	110
邮政业	Postal Services	1775	1282	493
住宿和餐饮业	Hotels and Catering Services	33787	32002	1785
住宿业	Hotels	11264	10822	442
餐饮业	Catering Services	22523	21180	1343
信息传输、软件和信息技术服务业	Information Transmission,Software and Information Technology Services	112541	110958	1583
电信、广播电视和卫星传输服务	Telecommunication,Radio and Television , Satellite Transmission Services	1366	1208	158
互联网和相关服务	Internet and Related Services	10845	10684	161
软件和信息技术服务业	Software and Information Technology Services	100330	99066	1264
金融业	Banking	16626	15574	1052
货币金融服务	Monetary and Financial Services	2043	1548	495
资本市场服务	Capital Market Services	12262	12201	61
保险业	Insurance	840	391	449
其他金融业	Others	1481	1434	47

续表4 Continued

单位:个(unit)

行业	Sector	法人单位数 Number Of Corporation Units	单产业法人 Containing Single Industrial Activity	多产业法人 Containing Multiple Industrial Activity
房地产业	Real Estate	63792	61036	2756
房地产业	Real Estate	63792	61036	2756
租赁和商务服务业	Renting and Business Services	237068	232062	5006
租赁业	Leasing	17322	17021	301
商务服务业	Commercial Services	219746	215041	4705
科学研究和技术服务业	Scientific Research，Technic Service and Geological Prospecting	103928	101670	2258
研究和试验发展	Research and Experiment Development	16299	16139	160
专业技术服务业	Technical Services	46038	44335	1703
科技推广和应用服务业	Promotion and Application of Science and Technology Services	41591	41196	395
水利、环境和公共设施管理业	Water Conservancy，Environment and Public Utility	12567	12254	313
水利管理业	Water Conservancy	991	972	19
生态保护和环境治理业	Ecological Protection and Environmental Management	2209	2152	57
公共设施管理业	Public Facilities	8570	8353	217
土地管理业	Land management industry	797	777	20
居民服务、修理和其他服务业	Service for the Residents,Repair and Others	41526	40413	1113
居民服务业	Resident Services	21707	21043	664
机动车、电子产品和日用产品修理业	Motor Vehicles,Electronics and Household Goods Repair Industry	12834	12538	296
其他服务业	Other Services	6985	6832	153
教育	Education	54244	52613	1631
教育	Education	54244	52613	1631

续表5 Continued　单位:个(unit)

行业	Sector	法人单位数 Number Of Corporation Units	单产业法人 Containing Single Industrial Activity	多产业法人 Containing Multiple Industrial Activity
卫生和社会工作	Health Care,Sports and Social Welfare	16690	16031	659
卫生	Health Care	8663	8076	587
社会工作	Social work	8027	7955	72
文化、体育和娱乐业	Culture,Sports and Entertainment	52742	51862	880
新闻和出版业	News and Publishing	410	398	12
广播、电视、电影和影视录音制作业	Television,Radio,Film and Television Sound Recording Production	10784	10587	197
文化艺术业	Culture and Arts	13584	13472	112
体育	Sports	5534	5269	265
娱乐业	Recreation	22430	22136	294
公共管理、社会保障和社会组织	Public Administration,Social Security and Social Organization	79985	79267	718
中国共产党机关	Communist Party Agencies	919	906	13
国家机构	Government Agencies	15741	15258	483
人民政协、民主党派	The CPPCC,Democratic Parties	301	301	
社会保障	Social Security	230	230	
群众团体、社会团体和其它成员组织	Mass Organizations,Social Groups and Other Members of the Organization	32257	32237	20
基层群众自治组织	Mass Grassroot Organizations	30537	30335	202

1-18 按地区分组的法人单位数(2020年)
Number Of Corporation Units by Region(2020)

单位：个(unit)

指标名称	Region	法人单位数 Number Of Corporation Units	单产业法人 Containing Single Industrial Activity	多产业法人 Containing Multiple Industrial Activity
按地区分组	By Region			
杭州市	Hangzhou	542215	529066	13149
上城区	Shangcheng	16698	15862	836
下城区	Xiacheng	33222	32054	1168
江干区	Jianggan	67818	66068	1750
拱墅区	Gongshu	39800	38610	1190
西湖区	Xihu	56541	54611	1930
滨江区	Bingjiang	33523	32652	871
萧山区	Xiaoshan	103418	101684	1734
余杭区	Yuhang	95567	93618	1949
富阳区	Fuyang	32080	31531	549
临安区	Tonglu	17922	17594	328
桐庐县	Chunan	18711	18446	265
淳安县	Jiande	13862	13520	342
建德市	Linan	13053	12816	237
宁波市	Ningbo	381824	374917	6907
海曙区	Haishu	50378	49312	1066
江北区	Jiangbei	30568	29936	632
北仑区	Beilun	52119	51104	1015
镇海区	Zhenhai	20314	19979	335
鄞州区	Yinzhou	91938	89985	1953
奉化区	Xiangshan	18206	17919	287
象山县	Ninghai	18622	18346	276
宁海县	Yuyao	18820	18496	324
余姚市	Cixi	35345	34859	486
慈溪市	Fenhua	45514	44981	533
温州市	Wenzhou	297381	291604	5777
鹿城区	Lucheng	47529	46371	1158
龙湾区	Longwan	27949	27203	746
瓯海区	Ohai	23601	23009	592
洞头区	Dongtou	4122	4024	98
永嘉县	Yongjia	26352	25967	385
平阳县	Pingyang	24490	24131	359
苍南县	Cangnan	23012	22702	310

续表1 Continued 单位：个(unit)

指标名称	Region	法人单位数 Number Of Corporation Units	单产业法人 Containing Single Industrial Activity	多产业法人 Containing Multiple Industrial Activity
文成县	Wencheng	6331	6246	85
泰顺县	Taishun	6383	6278	105
瑞安市	Ruian	37472	36615	857
乐清市	Yueqing	53113	52299	814
龙港市	Longgang	17027	16759	268
嘉兴市	Jiaxing	158334	155106	3228
南湖区	Xuichen	30016	29166	850
秀洲区	Xuizhou	20035	19563	472
嘉善县	Jiashan	18401	18160	241
海盐县	Haiyan	12777	12526	251
海宁市	Haining	29046	28385	661
平湖市	Pinghu	18883	18562	321
桐乡市	Tongxiang	29176	28744	432
湖州市	Huzhou	104055	102385	1670
吴兴区	Wuxing	30618	29931	687
南浔区	NanXun	14416	14250	166
德清县	Deqing	14999	14678	321
长兴县	ChangXing	26129	25845	284
安吉县	Anji	17893	17681	212
绍兴市	Shaoxing	180044	177670	2374
越城区	Yuechen	33286	32567	719
柯桥区	keqiao	52489	52141	348
上虞区	Shangyu	29218	28871	347
新昌县	Xinchang	10648	10387	261
诸暨市	Zhuji	37385	36957	428
嵊州市	Shengzhou	17018	16747	271
金华市	Jinhua	298070	294773	3297
婺城区	Wuchen	27048	26168	880
金东区	JIndong	17380	17113	267
武义县	Wuyi	11091	10914	177
浦江县	Pujiang	15844	15719	125
磐安县	Panan	5272	5189	83
兰溪市	Lanxi	11951	11752	199
义乌市	Yiwu	147258	146290	968

续表2 Continued

单位：个(unit)

指标名称	Region	法人单位数 Number Of Corporation Units	单产业法人 Containing Single Industrial Activity	多产业法人 Containing Multiple Industrial Activity
东阳市	Dongyang	24843	24490	353
永康市	Yongkang	37383	37138	245
衢州市	Quzhou	48393	47431	962
柯城区	Kechen	14863	14398	465
衢江区	Qujiang	5909	5822	87
常山县	Changshan	5712	5633	79
开化县	Kaihua	4870	4776	94
龙游县	Longyou	7606	7519	87
江山市	Jiangshan	9433	9283	150
舟山市	Zhoushan	34226	33002	1224
定海区	Dinghai	22196	21522	674
普陀区	Putuo	6733	6355	378
岱山县	Daishan	3689	3590	99
嵊泗县	Shengsi	1608	1535	73
台州市	Taizhou	181346	178859	2487
椒江区	Jiaojiang	24570	23994	576
黄岩区	Huangyan	17582	17374	208
路桥区	Luqiao	20043	19774	269
玉环市	Yuhuan	20799	20579	220
三门县	Sanmen	9398	9285	113
天台县	Tiantai	19552	19394	158
仙居县	Xianju	10841	10665	176
温岭市	Wenling	32815	32358	457
临海市	Linhai	25746	25436	310
丽水市	Lishui	51350	50137	1213
莲都区	Liandu	12601	12181	420
青田县	Qingtian	7903	7730	173
缙云县	Jinyun	8142	8003	139
遂昌县	Suichang	4089	3977	112
松阳县	Songyang	4014	3928	86
云和县	Yunhe	3191	3155	36
庆元县	Qingyuan	3471	3413	58
景宁县	Jingning	2930	2848	82
龙泉市	Longquan	5009	4902	107

浙/江/统/计/年/鉴

主要统计指标解释

■ 生产总值

是按市场价格计算的国内生产总值的简称。它是一个国家（地区）所有常住单位在一定时期内生产活动的最终成果。生产总值有三种表现形态，即价值形态收入形态和产品形态。从价值形态看，它是所有常住单位在一定时期内所生产的全部货物和服务价值超过同期投入的全部非固定资产货物和服务价值的差额，即所有常住单位增加值之和；从收入形态看，它是所有常住单位在一定时期内所创造并分配给常住单位和非常住单位的初次分配收入之和；从产品形态看，它是最终使用的货物和服务减去进口货物和服务。在实际核算中，国内生产总值的三种表现形态表现为三种计算方法，即生产法、收入法和支出法。三种方法分别从不同的方面反映国内生产总值及其构成。

■ 三次产业

根据社会生产活动历史发展的顺序对产业结构的划分，产品直接取自自然界的部门称为第一产业，对初级产品进行再加工的部门称为第二产业，为生产和消费提供各种服务的部门称为第三产业。它是世界上通用的产业结构分类，但各国的划分不尽一致。我国的三次产业划分是：

第一产业：农林牧渔业（不含农、林、牧、渔专业及辅助性活动）。

第二产业：包括采矿业、制造业、电力、燃气、及水的生产和供应业、建筑业。

第三产业：除第一、第二产业以外的其他各业。

■ 支出法国内生产总值

指一个国家（或地区）所有常住单位在一定时期内用于最终消费、资本形成总额，以及货物和服务的净出口总额，它反映本期生产的国内生产总值的使用构成。

■ 最终消费

指常住单位在一定时期内对于货物和服务的全部消费支出，也就是常住单位为满足物质文化和精神生活的需要，从本国经济领土和国外购买的货物和服务的支出；不包括非常住单位在本国经济领土内的消费支出。最终消费分为居民消费和政府消费。

■ 居民消费

指常住住户对货物和服务的全部最终消费支出。居民消费按市场价格计算，既按居民支付的购买者价格计算。 购买者价格是购买者取得货物所支付的价格包括购买者支 付的运输和商业费用。居民消费除了直接以货币形式购买货物和服务的消费之外，还包括以其他方式获得的货物和服务的消费支出既所谓的虚拟消费支出。居民虚拟消费支出包括以下几种类型：单位以实物报酬及实物转移的形式提供给劳动者的货物和服务；住户生产并由本住户消费了的货物和服务，其中的服务仅指住户的自有住房服务; 金融机构提供的金融媒介服务; 保险公司提供的保险服务。

■ 政府消费

指政府部门为全社会提供公共服务的消费支出和免费或以较低价格向住户提供的货物和服务的净支出前者等于政府服务的产出价值减去政府单位所获得的经营收入的价值，政府服务的产出价值等于它的经常性业务支出加上固定资产折旧；后者等于政府部门免费或以较低价格向住户提供的货物和服务的市场减去向住户收取的价值。

■ 资本形成总额

指常住单位在一定时期内获得的减去处置的固定资产加存货的变动，包括固定资本形成总额和存货增加。

■ 固定资本形成总额

指常住单位购置、转入和自产自用的固定资产，扣除固定资产的销售和转让，分有形固定资产形成总额和无形固定资产形成总额。 有形固定资产形成总额包括一定时期内完成的建筑工程、安装工程和设备工器具（减处置）价值，以及土地改良、新增役种奶毛娱乐用牲畜和新增林木价值。无形固定资产总额包括矿藏的勘探、计算机软件、娱乐和文学艺术品原件等获得减处置。

主要统计指标解释

■ 存货增加

指常住单位存货实物量变动的市场价值，即期末价值减期初价值的差额。存货量增加可以是正值，也可以是负值；正值表示存货上升，负值表示存货下降。它包括生产单位购进的原材料燃料和储备物资等存货，以及生产单位生产的产成品在制品等存货等。

■ 货物和服务净出口

指货物和服务出口减货物和服务进口的差额。出口包括常住单位从非常住单位出售或无偿转让的各种货物和服务的价值；进口包括常住单位从非常住单位购买或无偿得到的各种货物和服务的价值。由于服务活动的提供与使用同时发生，因此服务的进出口业务并不发生出入境现象，一般把常住单位从国外得到的服务作为进口，非常住单位从本国得到的服务作为出口。货物的进口和出口都按离岸价格计算。

■ 劳动者报酬

指劳动者因从事生产活动所获得的全部报酬。包括劳动者获得的各种形式的工资，奖金和津贴，既包括货币形式的，也包括实物形式的；还包括劳动者所享受的公费医疗和医药卫生费上下班交通补贴和单位支付的社会保险费等。对于个体经济来说其所有者所获得的劳动报酬和经营利润不易区分，这两部分统一作为劳动者报酬处理。

■ 生产税净额

指生产税减生产补贴后的余额。生产税指政府对生产单位生产销售和从事经营活动以及因从事生产活动使用某些生产要素（如固定资产土地劳动力）所征收的各种税、附加费和规费。生产补贴和生产税相反，指政府对生产单位的单方面收入转移，因此视为负生产税，包括政策亏损补贴、粮食系统价格补贴、外贸企业出口退税收入等。

■ 固定资产折旧

在一定时期内为弥补固定资产损耗按照核定的固定资产损耗率提取的固定资产折旧，或按国民经济核算统一规定的折旧率虚拟计算的固定资产折旧。它反映了固定资产在当期生产中的转移价值。各类企业和企业化管理的事业单位的固定资产折旧是指实际计提并计入成本费中的折旧费；不计提折旧的政府机关非企业化管理的事业单位和居民住房的固定资产折旧是按照统一规定的折旧率和固定资产原值计算的虚拟折旧。原则上，固定资产折旧应按固定资产的重置价值计算，但是目前我国尚不具备对全社会固定资产进行重估价的基础，所以暂时只能采用上述方法。

■ 营业盈余

指常住单位创造的增加值扣除劳动者报酬生产税净额和固定资产折旧后的余额。它相当于企业的营业利润加上生产补贴，但要扣除从利润中开支的工资和福利等。

ZHEJIANG STATISTICAL YEARBOOK

Explanatory Notes on Main Statistical Indicators

□ Gross Domestic Product（GDP）

refers to gross domestic product calculated at market prices,which is the final products of all resident units in a country(or region)during a certain period of time. Gross domestic product is expressed in three different forms, i.e. value added, income, and products respectively. The form of value added refers to the total value of all products and services produced by all resident units during a certain period of time minus total value of input of materials and services of the nature of non-fixed assets or the summation of the value added of all resident units; the form of income includes all the income created by all resident units and distributed primarily to all resident and non-resident units; the form of products refers to all final goods and services minus imports of goods and services. In the practice of national accounting, gross domestic product is calculated with three approaches, i.e. product approach, income approach, and expenditure approach respectively to reflect gross domestic product and its composition from different aspects.

□ Three Industries

Industry structure has been classified according to the historical sequence of development. Primary industry refers to extraction of natural resources; secondary industry involves processing of primary products; and tertiary industry provides services of various kinds for production and consumption. The above classification is universal although it varies to some extent from country to country. Industry in China comprises:

Primary industry: agriculture, forestry,animal husbandry and fishery, (not including services in support of agriculture, forestry, animal husbandry and fishery industries).

Secondary industry: mining,manufacturing, power、steam and water production and supply, construction.

Tertiary industry: all other industries not included in primary or secondary industry.

□ GDP Calculated by Expenditure Approach

refers to total expenditure on final consumption, total capital formation and net export of goods and services by resident units of a country in a certain period of time. It reflects the composition of GDP by its use.

□ Final Consumption

refers to the total expenditure of resident units on final consumption of goods and services in a certain period, namely the expenditure of the resident units for perchases of good and services from domestic economic territory and abroad to meet the requirements of meterial, cultural and spritual life. It excludes the expenditure of non-resident units on consumption in the economic territory of the country. The final consumption is classified into household consumption and government consumption.

□ Households Consumption

refers to the total expenditure of resident households on the final consumption of goods and services. The households consumption is calculated at market prices, namely the purchaser's prices which the households pay; the purchaser's prices of goods are the prices the households pay when they obtain the goods including the transport and commercial expenses paid by the households. In addition to the consumption of goods and services bought by the households directly with money, the expenditure on goods and services obtained by the households in other ways, i.e. the so-called imputed expenditure on consumption, is also included in the households consumption. The imputation expenditure of the households on consumption includes the following types: (a) the goods and services privided to the households by the units in the form of payment in kind and transfer in kind; (b) the goods and services produced

EXPLANATORY NOTES ON MAIN STATISTICAL INDICATORS

and consumed by the households themselves, in which the services refer only to the services provided by the residential buildings owned by the households; (c) the services of financial intermediary provided by the financial institution; (d) the insurance services provided by the insurance companies.

□ Government Consumption

refers to the expenditure on the consumption of the public services provided by the government to the whole society and the net expenditure on the goods and services provided by the government to the households at free charge or lower prices. The former equals to the output value of the government services minus the value of operating income obtained by the government departments. (The output value of the government services equals to its current operating expenditure plus depreciation of fixed assets). The latter equals to the market value of the goods and services provided by the government free of charge or at low prices to the households minus the value received by the government from the households.

□ Total Capital Formation

refers to the fixed assets acquired minus those disposed and the change in inventory including the total fixed assets formation and the increase in inventory.

□ Total Fixed Capital Formation

refers to the value of fixed assets purchased, transferred in by the resident units and those produced and used by themselves deducting the value of fixed assets sold and transferred out. It can be classfied into total tangible assets formation and total intangible asset formation. The total tangible assets formation and total intangible assets formation. The total tangible assets formation include the value of construction projects, installation projects completed and the equipment apparatus and instruments purchasedas well as the value of land improved, the value of draught animals, breeding stock, milk, wool and recreational animals and the newly increased economic forest in a certain period. The total ingangible assets formation includesthe prospecting of minerals, the acquisition of computer software, the orginals of recreational works and works of literature and arts minus the disposal of them.

□ Increase in Inventory

refers to the market value of the change in inventory, i.e. the difference of value between the beginning and the end of the period. The increase in inventory can be positive or negative. A positive value indicates the increase in inventory while a negative value indicates the decrease in stock. The inventory includes the raw materials, fuels, and reserve materials purchased by the production units as well as the inventory of finished products, semifinished products work-in-progress, ect.

□ Net Export of Goods and Services

refers to the difference of the exports of goods and services minus the imports of goods and services. The imports include the value of various goods and services sold or gratuitously transferred by the resident units to the non-resident units. The imports include the value of various goods and services purchased or gratuitously acquired by the resident units from the non-resident units. Because the provision of services and the use of them happen simultaneously, the import and export of services do not appear to have the phenomena of crossing the border of the country. The acquisition of services by the resident units from abroad is usually treated as import while the acquisition of services by non-resident units in this country is usually treated as export. The export and import of goods are calculated at FOB.

□ Labourer's Remuneration

refers to the whole payment of various forms earned by the labourers from the productive activities they are engaged in. It includes wages, bonuses and allowances the labourers earned in monetary form and in kind. It also includes the free medical services provided to the labourers and the medicine expenses, traffic subsidies and social insurance free paid by the labourers' working units for them. As the individual economy is concerned, since the labourers' remuneration is not easily distingushed from the operating profit, both are treated as labourers remuneration.

EXPLANATORY NOTES ON MAIN STATISTICAL INDICATORS

□ Net Taxes on Production

refers to the residual of the taxes on production minus the subsidies on production. The taxes on production refer to the various taxes, extra charges and fees levied on the production units on their production, sail and business activities as well as on some factors of production, such as fixed assets, land and labour force, used in the production activities they are engaged in. In contrast to the taxes on production, the subsidies on production refer to the unilateral transfer of part of the government's revenue to the production units and is therefore regarded as negative taxes on production. They include sunsidies on the loss due to implementation of government policies, price subsidies to the grain institutions, foreign trade corporations' receipts from drawback, ect.

□ Depreciation of Fixed Assets

refers to the depreciation of fixed assets of a given period, drawn in accordance with the stipulated depreciation rate for purpose of compensating the wear loss of the fixed assets of the depreciation of fixed assets calculated in a fictitious way in accordance with the stipulated unified depreciation rate in the national economic accounting system. It reflects the value of transfer of the fixed assets in the production of the current period. The depreciation of fixed assets in various enterprises and institutions managed as enterprises refers to the depreciation expenses actually drawnand calculated as part of the cost. In government agencies and institutions not managed as enterprises which do not draw the depreciation expenses, as well as for the house of residents, the depreciation of fixed assets is the imputed depreciation, which is calculated in accordance with the stipulated unified depreciation rate. In principle,the depreciation of fixed assets should be calculated on the basis of the repurchased value of the fixed assets.However, there is no actual condition to revaluated all the fixed assets in China. Therefore, the abovementioned methods are temporarily adopted at present.

□ Operating Surplus

refers to the balance of the value added created by the resident units deducting the laboures' remuneration, net taxes on production and the depreciation of fixed assets. It is equivalent to the business profit of the enterprises plus subsidies on production, but the wages and welfare expenses paid from the profits should be deducted.

2021

浙江统计年鉴

ZHEJIANG STATISTICAL YEARBOOK

CHAPTER 2

人口和就业人员

Population and Employment

2-1 历年总户数和总人口数(年底数) Total Population and Households(year-end)

年份	总户数（万户） Total Households (10000households)	总人口数（万人） Total Population (10000households)	按性别分(By Sex) 男性 Male	女性 Female
1978	897.62	3750.96	1948.29	1802.67
1979	905.32	3792.33	1967.40	1824.93
1980	923.58	3826.58	1985.59	1840.99
1981	965.92	3871.51	2007.55	1863.96
1982	990.66	3924.32	2034.98	1889.34
1983	1014.03	3963.10	2056.06	1907.04
1984	1038.85	3993.09	2071.46	1921.63
1985	1081.20	4029.56	2090.69	1938.87
1986	1122.09	4070.07	2112.05	1958.02
1987	1167.30	4121.19	2137.38	1983.81
1988	1211.08	4169.85	2161.26	2008.59
1989	1240.41	4208.88	2180.83	2028.05
1990	1259.49	4234.91	2193.71	2041.20
1991	1276.80	4261.37	2206.65	2054.72
1992	1297.81	4285.91	2218.72	2067.19
1993	1311.07	4313.30	2232.72	2080.58
1994	1321.54	4341.20	2246.57	2094.63
1995	1339.82	4369.63	2259.54	2110.09
1996	1353.99	4400.09	2273.54	2126.55
1997	1369.79	4422.28	2282.85	2139.43
1998	1389.44	4446.86	2293.29	2153.57
1999	1410.25	4467.46	2302.64	2164.82
2000	1440.40	4501.22	2316.54	2184.68
2001	1447.67	4519.84	2323.87	2195.97
2002	1466.19	4535.98	2330.30	2205.68
2003	1485.72	4551.58	2335.61	2215.97
2004	1509.29	4577.22	2345.26	2231.96
2005	1534.16	4602.11	2354.19	2247.91
2006	1556.53	4629.43	2364.97	2264.46
2007	1578.85	4659.34	2377.12	2282.22
2008	1595.70	4687.85	2388.98	2298.87
2009	1604.17	4716.18	2400.16	2316.02
2010	1607.86	4747.95	2413.13	2334.83
2011	1618.04	4781.31	2426.93	2354.38
2012	1616.25	4799.34	2433.68	2365.66
2013	1622.44	4826.89	2445.04	2381.86
2014	1630.49	4859.18	2458.69	2400.49
2015	1642.42	4873.34	2462.76	2410.58
2016	1652.99	4910.85	2479.23	2431.62
2017	1672.00	4957.63	2499.50	2458.13
2018	1694.80	4999.84	2517.95	2481.89
2019	1715.29	5038.91	2535.05	2503.87
2020	1741.09	5069.00	2547.06	2521.94

注: 本表资料为公安年报数。
Data in this table refers to the data from the annual reports fo the Bureau of Public Security.

2-2 各市、县总户数和总人口数（2020年底数）
Total Households and Population by City and County(End of 2020)

地区	Region	总户数（户） Total Households (households)	总人口数（人） Total Population (person)	按性别分By Sex 男性 Male	女性 Female
合计	Zhejiang	17410891	50689996	25470558	25219438
杭州市	Hangzhou	2547517	8138304	4027248	4111056
市辖区	District	2074302	6753023	3330491	3422532
上城区	Shangcheng	112134	320793	158969	161824
下城区	Xiacheng	133053	432229	211281	220948
江干区	Jianggan	208671	676382	333644	342738
拱墅区	Gongshu	145541	413949	203445	210504
西湖区	Xihu	223272	793264	394705	398559
滨江区	Bingjiang	79616	292349	147170	145179
萧山区	Xiaoshan	398702	1373598	673119	700479
余杭区	Yuhang	363263	1219042	594615	624427
富阳区	Fuyang	220568	691114	345768	345346
临安区	Tonglu	189482	540303	267775	272528
桐庐县	Chunan	150102	419220	208131	211089
淳安县	Jiande	146913	456160	230578	225582
建德市	Linan	176200	509901	258048	251853
宁波市	Ningbo	2400404	6136558	3028613	3107945
市辖区	District	1226139	3063053	1497436	1565617
海曙区	Haishu	257050	637638	310682	326956
江北区	Jiangbei	113718	271024	131573	139451
北仑区	Beilun	175490	435425	210894	224531
镇海区	Zhenhai	115443	284262	139189	145073
鄞州区	Yinzhou	380827	955307	465068	490239
奉化区	Fenhua	183611	479397	240030	239367
象山县	Xiangshan	182530	544194	274944	269250
宁海县	Ninghai	242772	633255	326102	307153
余姚市	Yuyao	328730	834345	410357	423988
慈溪市	Cixi	420233	1061711	519774	541937
温州市	Wenzhou	2438028	8337457	4314085	4023372
市辖区	District	544933	1758923	880090	878833
鹿城区	Luchen	273466	793794	389015	404779
龙湾区	Longwan	85618	342348	176813	165535
瓯海区	Ohai	134089	468237	235207	233030
洞头区	Dongtou	51760	154544	79055	75489
永嘉县	Yongjia	301784	988348	525767	462581
平阳县	Pingyang	243581	883043	458298	424745
苍南县	Cangnan	241547	966300	506741	459559

续表1 Continued

地区	Region	总户数（户） Total Households (households)	总人口数（人） Total Population (person)	按性别分By Sex 男性 Male	女性 Female
文成县	Wenchen	143583	409489	216864	192625
泰顺县	Taishun	131577	371867	193193	178674
瑞安市	Ruian	341136	1259247	645134	614113
乐清市	Yueqing	393745	1318155	687514	630641
龙港市	Longgang	96142	382085	200484	181601
嘉兴市	Jiaxing	1159428	3673799	1790922	1882877
市辖区	District	329281	957170	465907	491263
南湖区	Xuichen	197329	537483	262229	275254
秀洲区	Xuizhou	131952	419687	203678	216009
嘉善县	Jiashan	134460	409822	199526	210296
海盐县	Haiyan	128747	383079	187822	195257
海宁市	Haining	204475	708038	344353	363685
平湖市	Pinghu	166302	508023	246736	261287
桐乡市	Tongxiang	196163	707667	346578	361089
湖州市	Huzhou	880116	2680587	1320220	1360367
市辖区	District	359643	1126394	550851	575543
吴兴区	Wuxing	216920	637423	311487	325936
南浔区	NanXun	142723	488971	239364	249607
德清县	Deqing	135049	443246	217534	225712
长兴县	ChangXing	229796	637710	318047	319663
安吉县	Anji	155628	473237	233788	239449
绍兴市	Shaoxing	1640050	4476427	2225506	2250921
市辖区	District	794289	2241824	1096941	1144883
越城区	Yuechen	275639	771693	376522	395171
柯桥区	keqiao	232513	692590	337914	354676
上虞区	Shangyu	286137	777541	382505	395036
新昌县	Xinchang	172325	432167	220827	211340
诸暨市	Zhuji	419717	1083000	540399	542601
嵊州市	Shengzhou	253719	719436	367339	352097
金华市	Jinhua	1964976	4939004	2498027	2440977
市辖区	District	406992	1000833	496690	504143
婺城区	Wuchen	262401	656263	325037	331226
金东区	JIndong	144591	344570	171653	172917
武义县	Wuyi	141276	345174	174677	170497
浦江县	Pujiang	140878	400818	208041	192777
磐安县	Panan	87208	211343	108963	102380
兰溪市	Lanxi	213360	654835	337819	317016
义乌市	Yiwu	377665	853378	426687	426691
东阳市	Dongyang	352545	851512	429550	421962

续表2 Continued

地区	Region	总户数（户） Total Households (households)	总人口数（人） Total Population (person)	按性别分By Sex 男性 Male	女性 Female
永康市	Yongkang	245052	621111	315600	305511
衢州市	Quzhou	968116	2568638	1308274	1260364
市辖区	District	347398	853387	430499	422888
柯城区	Kechen	181556	441760	220201	221559
衢江区	Qujiang	165842	411627	210298	201329
常山县	Changshan	124470	341567	176605	164962
开化县	Kaihua	123007	360584	185700	174884
龙游县	Longyou	168290	399794	201596	198198
江山市	Jiangshan	204951	613306	313874	299432
舟山市	Zhoushan	376073	962028	473521	488507
市辖区	District	269828	714644	351932	362712
定海区	Dinghai	158145	400968	197001	203967
普陀区	Putuo	111683	313676	154931	158745
岱山县	Daishan	76231	173733	85764	87969
嵊泗县	Shengsi	30014	73651	35825	37826
台州市	Taizhou	1942436	6069798	3095093	2974705
市辖区	District	507001	1639499	818817	820682
椒江区	Jiaojiang	177634	561847	280516	281331
黄岩区	Huangyan	196510	615849	307611	308238
路桥区	Luqiao	132857	461803	230690	231113
三门县	Sanmen	153416	446442	233437	213005
天台县	Tiantai	195681	601460	312879	288581
仙居县	Xianju	143775	521235	269240	251995
温岭市	Wenling	427969	1220723	617411	603312
临海市	Linhai	371470	1203312	622851	580461
玉环市	Yuhuan	143124	437127	220458	216669
丽水市	Lishui	1093747	2707396	1389049	1318347
市辖区	District	198997	421031	210275	210756
莲都区	Liandu	198997	421031	210275	210756
青田县	Qingtian	203637	572311	296267	276044
缙云县	Jinyun	208313	469576	241497	228079
遂昌县	Suichang	84852	229139	118153	110986
松阳县	Songyang	97526	240308	123900	116408
云和县	Yunhe	43136	113777	58429	55348
庆元县	Qingyuan	89648	202905	104827	98078
景宁自治县	Jingning	68127	169502	88636	80866
龙泉市	Longquan	99511	288847	147065	141782

注：本表资料为公安年报数。
Data in this table refers to the data from the annual reports fo the Bureau of Public Security.

2-3 各市、县户籍人口年龄构成（2020年底数）
Population by Age, City and County (End of 2020)

单位:人(person)

地区	Region	17岁以下Age -17		18 - 34岁Age 18-34		35 - 59岁Age 35-59		60岁及以上 Age 60 and over	
		人数 Population	占总人口% Percentage to Total	人数 Population	占总人口% Percentage to Total	人数 Population	占总人口% Percentage to Total	人数 Population	占总人口% Percentage to Total
浙江省	Zhejiang	8701957	17.17	10016698	19.76	20096105	39.65	11875236	23.43
杭州市	Hangzhou	1449655	17.81	1759081	21.61	3046950	37.44	1882618	23.13
杭州市区	District	1245987	18.45	1474743	21.84	2493805	36.93	1538488	22.78
上城区	Shangcheng	40494	12.62	60357	18.81	113804	35.48	106138	33.09
下城区	Xiacheng	56314	13.03	108064	25.00	148878	34.44	118973	27.53
江干区	Jianggan	151491	22.40	155973	23.06	243649	36.02	125269	18.52
拱墅区	Gongshu	76936	18.59	79376	19.18	153424	37.06	104213	25.18
西湖区	Xihu	160426	20.22	186721	23.54	300210	37.84	145907	18.39
滨江区	Bingjiang	67747	23.17	80715	27.61	103048	35.25	40839	13.97
萧山区	Xiaoshan	234789	17.09	291876	21.25	496909	36.18	350024	25.48
余杭区	Yuhang	267083	21.91	268326	22.01	438949	36.01	244684	20.07
富阳区	Fuyang	111799	16.18	138414	20.03	279176	40.40	161725	23.40
临安区	Tonglu	78908	14.60	104921	19.42	215758	39.93	140716	26.04
桐庐县	Chunan	64737	15.44	86099	20.54	163821	39.08	104563	24.94
淳安县	Jiande	66332	14.54	91552	20.07	189196	41.48	109080	23.91
建德市	Linan	72599	14.24	106687	20.92	200128	39.25	130487	25.59
宁波市	Ningbo	940229	15.32	1140919	18.59	2446588	39.87	1608822	26.22
宁波市区	District	508907	16.61	564299	18.42	1208554	39.46	781293	25.51
海曙区	Haishu	96933	15.20	114998	18.03	252751	39.64	172956	27.12
江北区	Jiangbei	45777	16.89	49321	18.20	105738	39.01	70188	25.90
北仑区	Beilun	77171	17.72	80892	18.58	169451	38.92	107911	24.78
镇海区	Zhenhai	54741	19.26	53146	18.70	107023	37.65	69352	24.40
鄞州区	Yinzhou	176736	18.50	179085	18.75	376059	39.37	223427	23.39
奉化区	Fenhua	57549	12.00	86857	18.12	197532	41.20	137459	28.67
象山县	Xiangshan	79741	14.65	94488	17.36	229771	42.22	140194	25.76
宁海县	Ninghai	108809	17.18	116632	18.42	265717	41.96	142097	22.44
余姚市	Yuyao	102021	12.23	159039	19.06	328604	39.38	244681	29.33
慈溪市	Cixi	140751	13.26	206461	19.45	413942	38.99	300557	28.31
温州市	Wenzhou	1637834	19.64	1728466	20.73	3369598	40.42	1601559	19.21
温州市区	District	341446	19.41	326208	18.55	713689	40.58	377580	21.47
鹿城区	Luchen	155344	19.57	135099	17.02	316667	39.89	186684	23.52
龙湾区	Longwan	68735	20.08	69070	20.18	140143	40.94	64400	18.81
瓯海区	Ohai	90197	19.26	92521	19.76	189572	40.49	95947	20.49
洞头区	Dongtou	27170	17.58	29518	19.10	67307	43.55	30549	19.77
永嘉县	Yongjia	196061	19.84	225955	22.86	385611	39.02	180721	18.29
平阳县	Pingyang	164076	18.58	177662	20.12	364966	41.33	176339	19.97
苍南县	Cangnan	194355	20.11	204778	21.19	396037	40.98	171130	17.71

续表1 Continued

单位:人(person)

地区	Region	17岁以下Age -17		18 - 34岁Age 18-34		35 - 59岁Age 35-59		60岁及以上 Age 60 and over	
		人数 Population	占总人口% Percentage to Total	人数 Population	占总人口% Percentage to Total	人数 Population	占总人口% Percentage to Total	人数 Population	占总人口% Percentage to Total
文成县	Wenchen	83496	20.39	81191	19.83	167707	40.96	77095	18.83
泰顺县	Taishun	76842	20.66	78985	21.24	150759	40.54	65281	17.55
瑞安市	Ruian	236252	18.76	253766	20.15	519092	41.22	250137	19.86
乐清市	Yueqing	266914	20.25	296382	22.48	513259	38.94	241600	18.33
龙港市	Longgang	78392	20.52	83539	21.86	158478	41.48	61676	16.14
嘉兴市	Jiaxing	560734	15.26	729835	19.87	1392889	37.91	990341	26.96
嘉兴市区	District	165556	17.30	191191	19.97	359016	37.51	241407	25.22
南湖区	Xuichen	92774	17.26	104218	19.39	202311	37.64	138180	25.71
秀洲区	Xuizhou	72782	17.34	86973	20.72	156705	37.34	103227	24.60
嘉善县	Jiashan	56819	13.86	81108	19.79	155161	37.86	116734	28.48
海盐县	Haiyan	51547	13.46	75235	19.64	150545	39.30	105752	27.61
海宁市	Haining	111589	15.76	136326	19.25	264008	37.29	196115	27.70
平湖市	Pinghu	69004	13.58	100462	19.78	194935	38.37	143622	28.27
桐乡市	Tongxiang	106219	15.01	145513	20.56	269224	38.04	186711	26.38
湖州市	Huzhou	383344	14.30	535499	19.98	1050401	39.19	711343	26.54
湖州市区	District	158817	14.10	223656	19.86	424047	37.65	319874	28.40
吴兴区	Wuxing	101955	15.99	127963	20.08	242561	38.05	164944	25.88
南浔区	NanXun	56862	11.63	95693	19.57	181486	37.12	154930	31.68
德清县	Deqing	60919	13.74	88967	20.07	171341	38.66	122019	27.53
长兴县	ChangXing	92783	14.55	129597	20.32	259748	40.73	155582	24.40
安吉县	Anji	70825	14.97	93279	19.71	195265	41.26	113868	24.06
绍兴市	Shaoxing	637815	14.25	864466	19.31	1768065	39.50	1206081	26.94
绍兴市区	District	323862	14.45	455081	20.30	862458	38.47	600423	26.78
越城区	Yuechen	114891	14.89	152124	19.71	297220	38.52	207458	26.88
柯桥区	keqiao	111593	16.11	148297	21.41	258992	37.39	173708	25.08
上虞区	Shangyu	97378	12.52	154660	19.89	306246	39.39	219257	28.20
新昌县	Xinchang	64623	14.95	75536	17.48	179620	41.56	112388	26.01
诸暨市	Zhuji	156499	14.45	205768	19.00	432631	39.95	288102	26.60
嵊州市	Shengzhou	92831	12.90	128081	17.80	293356	40.78	205168	28.52
金华市	Jinhua	903898	18.30	948693	19.21	1981547	40.12	1104866	22.37
金华市区	District	182125	18.20	175688	17.55	413059	41.27	229961	22.98
婺城区	Wuchen	121865	18.57	113114	17.24	271700	41.40	149584	22.79
金东区	JIndong	60260	17.49	62574	18.16	141359	41.02	80377	23.33
武义县	Wuyi	59529	17.25	63907	18.51	139447	40.40	82291	23.84
浦江县	Pujiang	66634	16.62	79760	19.90	164917	41.15	89507	22.33
磐安县	Panan	37181	17.59	37896	17.93	90161	42.66	46105	21.82
兰溪市	Lanxi	100850	15.40	126848	19.37	264945	40.46	162192	24.77
义乌市	Yiwu	181432	21.26	176347	20.66	325445	38.14	170154	19.94
东阳市	Dongyang	145448	17.08	165637	19.45	341847	40.15	198580	23.32

续表2 Continued

单位:人(person)

地区	Region	17岁以下Age -17		18 - 34岁Age 18-34		35 - 59岁Age 35-59		60岁及以上 Age 60 and over	
		人数 Population	占总人口% Percentage to Total	人数 Population	占总人口% Percentage to Total	人数 Population	占总人口% Percentage to Total	人数 Population	占总人口% Percentage to Total
永康市	Yongkang	130699	21.04	122610	19.74	241726	38.92	126076	20.30
衢州市	Quzhou	442490	17.23	473579	18.44	1049427	40.86	603142	23.48
衢州市区	District	145836	17.09	154703	18.13	345142	40.44	207706	24.34
柯城区	Kechen	77471	17.54	78436	17.76	179985	40.74	105868	23.97
衢江区	Qujiang	68365	16.61	76267	18.53	165157	40.12	101838	24.74
常山县	Changshan	62802	18.39	63174	18.50	141977	41.57	73614	21.55
开化县	Kaihua	63935	17.73	66556	18.46	149628	41.50	80465	22.32
龙游县	Longyou	60054	15.02	73166	18.30	165554	41.41	101020	25.27
江山市	Jiangshan	109863	17.91	115980	18.91	247126	40.29	140337	22.88
舟山市	Zhoushan	110732	11.51	156321	16.25	403862	41.98	291113	30.26
舟山市区	District	91676	12.83	116279	16.27	302383	42.31	204306	28.59
定海区	Dinghai	57842	14.43	66818	16.66	167477	41.77	108831	27.14
普陀区	Putuo	33834	10.79	49461	15.77	134906	43.01	95475	30.44
岱山县	Daishan	13225	7.61	27604	15.89	70063	40.33	62841	36.17
嵊泗县	Shengsi	5831	7.92	12438	16.89	31416	42.66	23966	32.54
台州市	Taizhou	1123397	18.51	1155081	19.03	2467006	40.64	1324314	21.82
台州市区	District	296774	18.10	307816	18.78	668019	40.75	366890	22.38
椒江区	Jiaojiang	109559	19.50	109210	19.44	227666	40.52	115412	20.54
黄岩区	Huangyan	104913	17.04	110235	17.90	250465	40.67	150236	24.39
路桥区	Luqiao	82302	17.82	88371	19.14	189888	41.12	101242	21.92
玉环市	Yuhuan	82868	18.96	75407	17.25	183705	42.03	95147	21.77
三门县	Sanmen	88792	19.89	80324	17.99	186942	41.87	90384	20.25
天台县	Tiantai	116468	19.36	126365	21.01	236252	39.28	122375	20.35
仙居县	Xianju	108498	20.82	107774	20.68	200364	38.44	104599	20.07
温岭市	Wenling	203523	16.67	232307	19.03	499027	40.88	285866	23.42
临海市	Linhai	226474	18.82	225088	18.71	492697	40.95	259053	21.53
丽水市	Lishui	511829	18.90	524758	19.38	1119772	41.36	551037	20.35
丽水市区	District	84905	20.17	80788	19.19	167321	39.74	88017	20.91
莲都区	Liandu	84905	20.17	80788	19.19	167321	39.74	88017	20.91
青田县	Qingtian	115714	20.22	125506	21.93	227403	39.75	103598	18.10
缙云县	Jinyun	89129	18.98	86744	18.47	191777	40.84	101926	21.71
遂昌县	Suichang	36180	15.79	41250	18.00	96768	42.23	54941	23.98
松阳县	Songyang	42901	17.85	45914	19.11	101435	42.21	50058	20.83
云和县	Yunhe	19972	17.55	20483	18.00	49137	43.19	24185	21.26
庆元县	Qingyuan	37923	18.69	38973	19.21	88338	43.54	37671	18.57
景宁自治县	Jingning	33431	19.72	29001	17.11	74437	43.92	32633	19.25
龙泉市	Longquan	51674	17.89	56099	19.42	123066	42.61	58008	20.08

注: 本表资料为公安年报数。
Data in this table refers to the data from the annual reports fo the Bureau of Public Security.

2-4 人口自然变动情况(1978-2020年)
Natural Population Changes(1978-2020)

年份	年末常住人口(万人) Total Population with Permanent Residence (10000 persons)	出生Brith 人数(万人) Population (10000 persons)	出生率(‰) Brith Rate (‰)	死亡Death 人数(万人) Population (10000 persons)	死亡率(‰) Death Rate (‰)	自然增长Natural Growth 人数(万人) Population (10000 persons)	自然增长率(‰) Natural Growth (‰)
1978		67.75	18.17	21.75	5.83	46.00	12.34
1979		67.82	17.98	22.23	5.89	45.59	12.09
1980		59.40	15.59	23.97	6.29	35.43	9.30
1981		69.00	17.93	24.12	6.27	44.89	11.66
1982		71.38	18.31	23.17	5.94	48.21	12.37
1983		62.66	15.89	25.13	6.37	37.53	9.52
1984		49.80	12.52	23.82	5.99	25.97	6.53
1985		50.59	12.61	24.25	6.05	26.34	6.56
1986		64.64	15.96	24.06	5.94	40.58	10.02
1987		69.67	17.01	28.34	6.92	41.33	10.09
1988		64.42	15.54	26.32	6.35	38.10	9.19
1989		63.68	15.20	26.85	6.41	36.83	8.79
1990	4238.00	64.75	15.33	26.65	6.31	38.10	9.02
1991	4269.50	61.59	14.48	27.18	6.39	34.41	8.09
1992	4304.40	63.10	14.72	28.17	6.57	34.93	8.15
1993	4334.80	58.79	13.61	28.42	6.58	30.37	7.03
1994	4363.70	56.67	13.24	28.25	6.64	28.42	6.60
1995	4389.00	54.52	12.66	29.07	6.75	25.45	5.91
1996	4413.00	53.21	12.09	28.96	6.58	24.25	5.51
1997	4434.80	50.47	11.41	28.66	6.48	21.81	4.93
1998	4456.20	49.57	11.15	28.14	6.33	21.43	4.82
1999	4475.40	47.51	10.64	28.36	6.35	19.15	4.29
2000	4679.91	48.09	10.30	28.63	6.13	19.46	4.17
2001	4728.80	46.14	10.02	28.78	6.25	17.39	3.77
2002	4776.40	46.19	9.98	28.65	6.19	17.54	3.79
2003	4856.80	44.96	9.66	29.70	6.38	15.26	3.28
2004	4925.20	50.12	10.71	26.95	5.76	23.16	4.95
2005	4990.90	54.37	11.10	29.78	6.08	24.59	5.02
2006	5071.80	50.78	10.29	26.75	5.42	24.03	4.87
2007	5154.90	52.11	10.38	27.96	5.57	24.15	4.81
2008	5212.40	51.92	10.20	28.61	5.62	23.31	4.58
2009	5275.50	52.63	10.22	28.79	5.59	23.84	4.63
2010	5446.51	55.08	10.27	29.70	5.54	25.38	4.73
2011	5570.00	51.66	9.47	29.46	5.40	22.20	4.07
2012	5685.00	55.36	10.12	30.20	5.52	25.16	4.60
2013	5784.00	54.93	10.01	29.91	5.45	25.02	4.56
2014	5890.00	57.80	10.51	30.30	5.51	27.50	5.00
2015	5985.00	58.10	10.52	30.40	5.50	27.70	5.02
2016	6072.00	62.40	11.22	30.70	5.52	31.70	5.70
2017	6170.00	67.00	11.92	31.30	5.56	35.70	6.36
2018	6273.00	62.80	11.02	31.80	5.58	31.00	5.44
2019	6375.00	60.90	10.51	32.00	5.52	28.90	4.99
2020	6468.00						

注: 1.本表为人口抽样调查数据。 Data in this table are obtained from the sample survey on population changes.
2.2001年至2009年末常住人口数据，根据2010年第六次全国人口普查数据进行了修正；2011年起年末常住人口数据，根据2020年第七次全国人口普查数据进行了修正。
The permanent resident population data from 2001 to the end of 2009 were revised according to the data of the sixth national census in 2010; The data of permanent resident population at the end of 2011 has been revised according to the data of the seventh national census in 2020.

2-5 各市人口自然变动情况
Population Natural Changes by City

单位:‰(‰)

地区	Region	年末常住人口(万人) Population with Permanent Residence (10000 persons)					自然增长率 Natural Growth Rate	
		2000	2010	2018	2019	2020	2019	2020
全省	**Zhejiang**	**4593.1**	**5442.7**	**6273**	**6375**	**6468**	**4.99**	
杭州市	Hangzhou	687.9	870	1125.4	1161.3	1196.5	6.0	
宁波市	Ningbo	596.3	760.6	911.5	929.4	942.0	4.7	
温州市	Wenzhou	755.8	912.2	952.2	956.1	958.7	5.6	
嘉兴市	Jiaxing	358.3	450.2	523.1	533.5	541.1	5.8	
湖州市	Huzhou	262.6	289.4	325.9	332.7	337.2	3.1	
绍兴市	Shaoxing	430.4	491.2	522.3	526.0	529.1	2.7	
金华市	Jinhua	457.2	536.2	678.0	691.1	706.2	5.7	
衢州市	Quzhou	212.9	212.3	224.2	226.3	227.8	4.2	
舟山市	Zhoushan	100.2	112.1	117.3	116.5	115.9	1.4	
台州市	Taizhou	515.4	596.9	648.8	654.8	662.7	4.8	
丽水市	Lishui	216.2	211.7	244.4	247.5	250.8	5.5	

续表 Continued

单位:‰(‰)

地区	Region	出生率 Brith Rate		死亡率 Death Rate		城镇人口比重(%) Percentage the urban population(%)			
		2019	2020	2019	2020	2010	2018	2019	2020
全省	**Zhejiang**	**10.51**		**5.52**		**61.6**	**70.02**	**71.58**	**72.17**
杭州市	Hangzhou	11.1		5.1		73.3	80.4	82.6	83.29
宁波市	Ningbo	9.5		4.8		68.3	75.7	77.5	78.00
温州市	Wenzhou	10.6		5.0		66.0	70.7	71.7	72.16
嘉兴市	Jiaxing	11.6		5.8		53.3	68.5	70.7	71.34
湖州市	Huzhou	9.7		6.6		52.9	64.1	65.1	65.64
绍兴市	Shaoxing	9.1		6.4		58.6	68.0	70.1	71.02
金华市	Jinhua	11.3		5.6		59.0	66.7	67.6	68.19
衢州市	Quzhou	10.6		6.4		44.1	55.6	57.0	57.57
舟山市	Zhoushan	8.1		6.7		63.6	70.1	71.2	71.89
台州市	Taizhou	10.7		5.9		55.5	61.1	61.7	61.98
丽水市	Lishui	11.6		6.1		48.4	60.0	61.2	61.82

注: 本表2000、2010及2020年数据为人口普查数据，其余为人口抽样调查数据。
Data in this table are obtained from Population Census in 2000，2010 and 2020,others are obtained from the sample survey on population changes.

2-6 七次人口普查基本情况
Basic Statistics on National Population Census

项目	Item	第一次 The First Time	第二次 The Second Time	第三次 The Third Time	第四次 The Fourth Time	第五次 The Fifth Time	第六次 The Sixth Time	第七次 The Seventh Time
总户数(万户)	Total Family Households (10000 Households)	579.16	656.63	960.36	1176.77	1444.97	1885.37	2688.09
平均每户人数(人)	Average Size of Family Households	3.87	4.31	3.96	3.46	2.99	2.62	2.41
总人口(万人)	Total Population (10000 persons)	2241.57	2831.86	3888.46	4144.59	4676.98	5442.69	6456.76
按性别分	By Gender							
男	Male	1178.00	1479.06	2016.70	2136.48	2401.86	2796.57	3368.00
女	Female	1063.00	1352.80	1871.76	2008.11	2275.12	2646.12	3088.76
按城乡分	By Residence							
市镇人口	Urban	289.27	306.86	999.69	1516.57	2276.51	3354.06	4659.85
乡村人口	Rural	1925.30	2525.00	2888.77	2628.02	2400.47	2088.63	1796.91
按民族分	By Nationality							
汉族	The Han Nationality	2233.22	2821.19	3872.30	4123.45	4637.01	5321.22	6234.99
少数民族	Minority Nationality	8.35	10.67	16.16	21.14	39.97	121.47	221.77
畲族	The She Nationality	5.27	10.06	14.83	17.27	17.10	16.63	18.25
苗族	The Miao Nationality	2.84	0.04	0.05	0.32	5.34	30.91	56.94
回族	The Hui Nationality	0.19	0.38	0.94	1.72	1.96	3.82	8.49
满族	The Man Nationality	0.04	0.09	0.12	0.27	0.51	1.13	3.22
蒙古族	The MengGu Nationality		0.02	0.02	0.06	0.36	0.69	2.01
壮族	The Zhuang Nationality		0.03	0.11	0.77	1.90	7.28	12.28
按文化程度分	By Eductional Level							
大学	University		8.05	18.21	48.50	149.16	507.78	1097.03
高中	Senior Secondary School		31.86	202.19	290.37	503.15	738.12	939.76
初中	Junior Secondary School		120.27	691.55	983.98	1559.12	1996.41	2111.73
小学	Primary School		809.63	1531.44	1643.92	1712.79	1568.54	1703.57
文盲、半文盲(15岁及15岁以上)	Illiterate and Semiliterate (15 years old and over)			930.67	723.64	330.22	306.10	175.44

2-7 按年龄和性别分人口数（2020年）
Population by Age and Gender (2020)

年　龄 Age	人口数(人) Population (person)	男 Male	女 Female	占总人口比重(%) Percentage to Total Population (%)	男 Male	女 Female	性别比(女=100) Sex Ratio (Female=100)
总计 Total	**64567588**	**33680008**	**30887580**	**100.00**	**52.16**	**47.84**	**109.04**
0-4	2951489	1550391	1401098	4.57	2.40	2.17	110.66
5-9	3025007	1612841	1412166	4.69	2.50	2.19	114.21
10-14	2705285	1446894	1258391	4.19	2.24	1.95	114.98
15-19	2809150	1519440	1289710	4.35	2.35	2.00	117.81
20-24	3689026	2023475	1665551	5.71	3.13	2.58	121.49
25-29	4842431	2628336	2214095	7.50	4.07	3.43	118.71
30-34	6138589	3271221	2867368	9.51	5.07	4.44	114.08
35-39	5108402	2689753	2418649	7.91	4.17	3.75	111.21
40-44	4886328	2548248	2338080	7.57	3.95	3.62	108.99
45-49	5669138	2930421	2738717	8.78	4.54	4.24	107.00
50-54	5809583	3006857	2802726	9.00	4.66	4.34	107.28
55-59	4860476	2503105	2357371	7.53	3.88	3.65	106.18
60-64	3506335	1794345	1711990	5.43	2.78	2.65	104.81
65-69	3249015	1615125	1633890	5.03	2.50	2.53	98.85
70-74	2283757	1125829	1157928	3.54	1.74	1.79	97.23
75-79	1280523	627673	652850	1.98	0.97	1.01	96.14
80-84	920049	435672	484377	1.42	0.67	0.75	89.94
85-89	596091	258805	337286	0.92	0.40	0.52	76.73
90-94	195271	77190	118081	0.30	0.12	0.18	65.37
95+	41643	14387	27256	0.06	0.02	0.04	52.78

2-8 分地区按性别、受教育程度分的3岁及以上人口(2020年)
Population Aged 3 and Over by Gender, Educational Attainment and Region(2020)

单位：人 (person)

地 区	Region	3岁及以上人口 Population Aged 3 and Over			未上过学 No Schooling		
		合计Total	男Male	女Female	小计 Subtotal	男Male	女Female
全 省	**Total**	**62972305**	**32843540**	**30128765**	**2466512**	**721329**	**1745183**
杭州市	Hangzhou	11615497	6049795	5565702	314083	87791	226292
宁波市	Ningbo	9193382	4795479	4397903	224014	69340	154674
温州市	Wenzhou	9330971	4946534	4384437	574020	178001	396019
嘉兴市	Jiaxing	5271934	2747169	2524765	174142	46436	127706
湖州市	Huzhou	3289703	1706065	1583638	91654	27769	63885
绍兴市	Shaoxing	5155348	2635617	2519731	130933	40011	90922
金华市	Jinhua	6857866	3614453	3243413	271321	74881	196440
衢州市	Quzhou	2216035	1130453	1085582	150179	39193	110986
舟山市	Zhoushan	1138204	601356	536848	32835	9141	23694
台州市	Taizhou	6460201	3356982	3103219	388129	112514	275615
丽水市	Lishui	2443164	1259637	1183527	115202	36252	78950

续表1 Continued

单位：人（person）

地 区	Region	学前Preschool			小学 Primary Schools		
		小计 Subtotal	男Male	女Female	小计 Subtotal	男Male	女Female
全 省	**Total**	**1984850**	**1025744**	**959106**	**17035699**	**8229110**	**8806589**
杭州市	Hangzhou	373790	193152	180638	2463875	1179557	1284318
宁波市	Ningbo	265914	137252	128662	2444451	1158676	1285775
温州市	Wenzhou	315585	167064	148521	2805725	1418161	1387564
嘉兴市	Jiaxing	160937	81725	79212	1505839	708170	797669
湖州市	Huzhou	95149	48071	47078	1022002	484124	537878
绍兴市	Shaoxing	141503	71551	69952	1358921	619904	739017
金华市	Jinhua	238877	126180	112697	1637838	803317	834521
衢州市	Quzhou	80540	40068	40472	644997	310559	334438
舟山市	Zhoushan	28078	13804	14274	341190	168103	173087
台州市	Taizhou	200310	104436	95874	2041228	997408	1043820
丽水市	Lishui	84167	42441	41726	769633	381131	388502

续表2 Continued 单位：人 (person)

地 区	Region	初中 Junior Secondary Schools			普通高中 Regular Senior Secondary Schools		
		小计 Subtotal	男Male	女Female	小计 Subtotal	男Male	女Female
全 省	**Total**	**21117295**	**11865837**	**9251458**	**9397637**	**5366119**	**4031518**
杭州市	Hangzhou	3130437	1763259	1367178	1834077	1033600	800477
宁波市	Ningbo	3283968	1829544	1454424	1297540	743494	554046
温州市	Wenzhou	3044455	1753136	1291319	1381490	799269	582221
嘉兴市	Jiaxing	1897890	1067785	830105	709506	416494	293012
湖州市	Huzhou	1148011	643117	504894	472567	269302	203265
绍兴市	Shaoxing	1916959	1040197	876762	803302	455087	348215
金华市	Jinhua	2662777	1488818	1173959	1102524	634022	468502
衢州市	Quzhou	717388	398878	318510	341444	192974	148470
舟山市	Zhoushan	379104	219329	159775	147293	78975	68318
台州市	Taizhou	2116025	1208229	907796	948583	544112	404471
丽水市	Lishui	820281	453545	366736	359311	198790	160521

续表3Continued 单位：人（person）

地 区	Region	大学专科 College Students			大学本科 Undergraduates			研究生Postgraduates		
		小计 Subtotal	男Male	女Female	小计 Subtotal	男Male	女Female	小计 Subtotal	男Male	女Female
全 省	**Total**	**5475328**	**2877746**	**2597582**	**4951134**	**2467073**	**2484061**	**543850**	**290582**	**253268**
杭州市	Hangzhou	1449316	755456	693860	1735551	868450	867101	314368	168530	145838
宁波市	Ningbo	832085	432263	399822	776482	387669	388813	68928	37241	31687
温州市	Wenzhou	707872	377918	329954	466329	234333	231996	35495	18652	16843
嘉兴市	Jiaxing	429471	232141	197330	370272	181430	188842	23877	12988	10889
湖州市	Huzhou	240942	126694	114248	205478	99547	105931	13900	7441	6459
绍兴市	Shaoxing	401635	211616	190019	379756	185285	194471	22339	11966	10373
金华市	Jinhua	564445	295700	268745	355713	179391	176322	24371	12144	12227
衢州市	Quzhou	148357	78815	69542	125663	65959	59704	7467	4007	3460
舟山市	Zhoushan	101572	56800	44772	100050	50987	49063	8082	4217	3865
台州市	Taizhou	442240	229979	212261	305269	150326	154943	18417	9978	8439
丽水市	Lishui	157393	80364	77029	130571	63696	66875	6606	3418	3188

2-9 按三次产业分的就业人员总数（年底数）
Number of Employed Persons by Type of Industry(Year-end)

年份	就业人员总数（万人）Employed Persons (10000 persons)	第一产业 Primary Industry	第二产业 Secondary Industry	第三产业 Tertiary Industry	构成（以合计为100）Composition(Total=100) 第一产业 Primary Industry	第二产业 Secondary Industry	第三产业 Tertiary Industry
1985	2318.56	1273.25	735.22	310.09	54.9	31.7	13.4
1986	2386.42	1275.22	765.13	346.07	53.4	32.1	14.5
1987	2444.73	1272.01	802.04	370.68	52.0	32.8	15.2
1988	2502.73	1282.16	803.67	416.90	51.2	32.1	16.7
1989	2522.86	1330.74	770.12	422.00	52.7	30.5	16.7
1990	2554.46	1358.28	762.48	433.70	53.2	29.8	17.0
1991	2579.36	1366.99	770.86	441.51	53.0	29.9	17.1
1992	2600.38	1359.49	770.81	470.08	52.3	29.6	18.1
1993	2615.89	1248.22	886.90	480.77	47.7	33.9	18.4
1994	2640.51	1193.56	917.87	529.08	45.2	34.8	20.0
1995	2621.47	1152.15	882.82	586.50	44.0	33.7	22.3
1996	2625.06	1129.34	886.02	609.70	43.0	33.8	23.2
1997	2619.66	1113.27	881.42	624.97	42.5	33.6	23.9
1998	2612.54	1108.81	854.14	649.59	42.4	32.7	24.9
1999	2625.17	1078.16	784.29	762.73	41.0	29.9	29.1
2000	2726.09	969.97	966.30	789.82	35.6	35.5	29.0
2001	2796.65	935.24	1009.55	851.86	33.4	36.1	30.5
2002	2858.56	885.29	1070.13	903.14	31.0	37.4	31.6
2003	2918.74	826.03	1201.30	891.41	28.3	41.2	30.5
2004	2991.95	779.65	1304.94	907.36	26.1	43.6	30.3
2005	3100.76	759.53	1397.69	943.54	24.5	45.1	30.4
2006	3172.38	717.81	1452.29	1002.28	22.6	45.8	31.6
2007	3220.29	680.23	1465.91	1074.15	21.1	45.5	33.4
2008	3252.35	645.02	1480.50	1126.83	19.8	45.5	34.7
2009	3288.29	610.32	1492.13	1185.84	18.6	45.4	36.1
2010	3352.00	573.83	1508.77	1269.40	17.1	45.0	37.9
2011	3385.00	535.77	1523.40	1325.83	15.8	45.0	39.2
2012	3407.00	498.99	1539.02	1368.99	14.7	45.2	40.2
2013	3436.00	460.98	1553.63	1421.39	13.4	45.2	41.4
2014	3459.00	425.50	1569.26	1464.24	12.3	45.4	42.3
2015	3505.00	387.66	1588.73	1528.61	11.1	45.3	43.6
2016	3552.00	351.64	1609.18	1591.18	9.9	45.3	44.8
2017	3613.00	319.22	1629.66	1664.12	8.8	45.1	46.1
2018	3691.00	278.13	1649.05	1763.82	7.5	44.7	47.8
2019	3771.00	244.41	1673.08	1853.51	6.5	44.4	49.2
2020	3857.00	208.00	1692.00	1957.00	5.4	43.9	50.7

注：2011年起就业人口数据按照人口普查和住户失业率调查数据测算。
Since 2011, the employed population data have been calculated according to the census and household unemployment rate survey data.

2-10 按行业和经济类型分的非私营单位就业人员总数(年末数)

Number of Employed Persons in Non Private Units by Sector and Type of Ownership(Year-end)

单位：万人（10000 persons）

行业	Sector	合计Total			国有单位 State-owned Units		
		2018	2019	2020	2018	2019	2020
总 计	**Total**	**1013.53**	**987.34**	**1025.84**	**212.76**	**224.79**	**233.44**
农、林、牧、渔业	Farming,Forestry,Animal Husbandry and Fishery	0.43	0.52	0.61	0.25	0.21	0.22
采矿业	Ming and Quarrying	0.42	0.45	0.46		0.03	0.06
制造业	Manufacturing	289.34	286.78	309.36	0.55	0.6	0.96
电力、热力、燃气及水生产和供应业	Electricity,Heat,Gas and Water Production and Supply	12.21	11.06	12.96	2.43	0.84	0.65
建筑业	Construction	279.92	212.36	198.04	1.73	1.69	1.12
批发和零售业	Wholesale and Retail Trade	36.82	39.67	41.42	1.12	1.15	1.86
交通运输、仓储及邮政业	Transport,Storage and Post	30.11	31.23	35.23	5.75	3.79	2.78
住宿和餐饮业	Hotels and Catering Services	13.8	14.6	14.73	0.78	0.8	0.81
信息传输、软件和信息技术服务业	Information Transmission Software and Information Technology Services	21.85	24.36	28.30	1.11	0.87	0.91
金融业	Banking	44.97	47.56	48.20	1.74	2.96	0.46
房地产业	Real Estate	22.42	26.8	28.81	0.73	0.8	0.73
租赁与商务服务业	Leasing and Commercial Services	29.08	35.62	37.50	5.65	5.94	5.21
科学研究和技术服务业	Scientific Research and Technic Service	16.64	18.03	19.58	5.6	5.66	5.44
水利、环境和公共设施管理业	Water Conservancy, Environment and Public Facilities Management	10.11	11.27	11.58	5.04	4.91	4.40
居民服务、修理和其他服务业	Resident Services,Repair and Other Services	2.4	3.68	4.24	0.49	0.49	0.49
教育	Education	75.25	87.64	90.91	63.7	70.39	74.52
卫生和社会工作	Health Care and Social Work	47.42	51.28	53.20	41.06	44.75	46.03
文化、体育与娱乐业	Culture,Sports and Recreation	7.11	8	7.85	4.44	4.16	3.99
公共管理、社会保障和社会组织	Public Security,Social Security and Social Organization	73.23	76.43	82.86	70.57	74.77	82.81

续表 Continued 单位：万人（10000 persons）

行业	Sector	集体单位 Collective Owned Units 2018	2019	2020	其它单位 Others 2018	2019	2020
总 计	**Total**	**14.88**	**8.63**	**7.61**	**785.89**	**753.93**	**784.80**
农、林、牧、渔业	Farming,Forestry,Animal Husbandry and Fishery	0.01	0.02	0.03	0.18	0.29	0.36
采矿业	Ming and Quarrying	0.01	0.01	0.01	0.41	0.41	0.39
制造业	Manufacturing	0.27	0.54	0.66	288.51	285.65	307.74
电力、热力、燃气及水生产和供应业	Electricity,Heat,Gas and Water Production and Supply	0.18	0.41	0.36	9.6	9.82	11.95
建筑业	Construction	8.24	3.5	2.82	269.95	207.17	194.10
批发和零售业	Wholesale and Retail Trade	0.28	0.35	0.24	35.43	38.16	39.31
交通运输、仓储及邮政业	Transport,Storage and Post	0.22	0.25	0.22	24.14	27.19	32.23
住宿和餐饮业	Hotels and Catering Services	0.13	0.16	0.12	12.89	13.64	13.81
信息传输、软件和信息技术服务业	Information Transmission Software and Information Technology Services	0.06	0.07	0.07	20.67	23.42	27.32
金融业	Banking	0.21	0.01		43.02	44.6	47.74
房地产业	Real Estate	0.16	0.28	0.26	21.53	25.72	27.82
租赁与商务服务业	Leasing and Commercial Services	1.44	1.13	0.68	21.99	28.55	31.61
科学研究和技术服务业	Scientific Research and Technic Service	0.17	0.13	0.15	10.87	12.24	14.00
水利、环境和公共设施管理业	Water Conservancy, Environment and Public Facilities Management	0.2	0.14	0.14	4.87	6.22	7.04
居民服务、修理和其他服务业	Resident Services,Repair and Other Services	0.16	0.21	0.21	1.74	2.98	3.54
教育	Education	1.33	1.01	1.22	10.22	16.25	15.16
卫生和社会工作	Health Care and Social Work	1.74	0.33	0.33	4.62	6.2	6.84
文化、体育与娱乐业	Culture,Sports and Recreation	0.02	0.05	0.05	2.64	3.8	3.81
公共管理、社会保障和社会组织	Public Security,Social Security and Social Organization	0.05	0.04	0.03	2.61	1.62	0.02

2-11 分行业非私营单位就业人员总数（2020年底数）
Number of Employed Persons in Non Private Units by Sector (End of 2020)

单位：万人(10000 persons)

行业	Sector	单位就业人员 Employed Persons	#女性 Female	在岗职工合计 Fully employed staff andWorkers	其他就业人员 Others
总计	**Total**	**1025.84**	**386.20**	**966.39**	**59.45**
农、林、牧、渔业	Farming,Forestry,Animal Husbandry and Fishery	0.61	0.16	0.55	0.05
采矿业	Ming and Quarrying	0.46	0.08	0.45	0.01
制造业	Manufacturing	309.36	119.59	304.48	4.88
电力、热力、燃气及水生产和供应业	Electricity,Heat,Gas and Water Production and Supply	12.96	3.05	12.75	0.21
建筑业	Construction	198.04	17.49	184.63	13.41
批发和零售业	Wholesale and Retail Trade	41.42	21.10	39.70	1.72
交通运输、仓储及邮政业	Transport,Storage and Post	35.23	9.13	34.38	0.85
住宿和餐饮业	Hotels and Catering Services	14.73	8.20	13.10	1.63
信息传输、软件和信息技术服务业	Information Transmission Software and Information Technology Services	28.30	10.51	27.91	0.40
金融业	Banking	48.20	29.46	29.79	18.42
房地产业	Real Estate	28.81	12.24	26.91	1.89
租赁与商务服务业	Leasing and Commercial Services	37.50	11.06	35.22	2.28
科学研究和技术服务业	Scientific Research and Technic Service	19.58	6.40	18.82	0.76
水利、环境和公共设施管理业	Water Conservancy, Environment and Public Facilities Management	11.58	4.29	10.47	1.12
居民服务、修理和其他服务业	Resident Services,Repair and Other Services	4.24	2.05	4.07	0.18
教育	Education	90.91	63.38	86.10	4.80
卫生和社会工作	Health Care and Social Work	53.20	37.09	50.92	2.28
文化、体育与娱乐业	Culture,Sports and Recreation	7.85	4.05	7.24	0.61
公共管理、社会保障和社会组织	Public Security,Social Security and Social Organization	82.86	26.88	78.91	3.95

注：在岗职工人数包含劳务派遣人数，以后各表同。
The number of employed staff workers include the labor dispatch staff,The same applies to the relevant tables following.

2-12 分行业国有单位就业人员总数（2020年底数）
Number of Employed Persons in State-owned Units by Sector(End of 2020)

单位：万人(10000 persons)

行业	Sector	单位就业人员 Employed Persons	#女性 Female	在岗职工合计 Fully employed Staff anf Workers	其他就业人员 Others
总计	**Total**	**233.44**	**120.55**	**221.94**	**11.49**
农、林、牧、渔业	Farming,Forestry,Animal Husbandry and Fishery	0.22	0.05	0.21	0.02
采矿业	Ming and Quarrying	0.06	0.01	0.06	0.01
制造业	Manufacturing	0.96	0.26	0.93	0.04
电力、热力、燃气及水生产和供应业	Electricity,Heat,Gas and Water Production and Supply	0.65	0.16	0.64	0.01
建筑业	Construction	1.12	0.10	1.10	0.02
批发和零售业	Wholesale and Retail Trade	1.86	0.60	1.83	0.03
交通运输、仓储及邮政业	Transport,Storage and Post	2.78	0.92	2.71	0.07
住宿和餐饮业	Hotels and Catering Services	0.81	0.43	0.74	0.06
信息传输、软件和信息技术服务业	Information Transmission Software and Information Technology Services	0.91	0.42	0.89	0.02
金融业	Banking	0.46	0.20	0.46	
房地产业	Real Estate	0.73	0.30	0.68	0.05
租赁与商务服务业	Leasing and Commercial Services	5.21	1.37	5.02	0.20
科学研究和技术服务业	Scientific Research and Technic Service	5.44	1.95	5.18	0.26
水利、环境和公共设施管理业	Water Conservancy, Environment and Public Facilities Management	4.40	1.68	3.88	0.51
居民服务、修理和其他服务业	Resident Services,Repair and Other Services	0.49	0.15	0.42	0.07
教育	Education	74.52	50.84	70.33	4.19
卫生和社会工作	Health Care and Social Work	46.03	32.23	44.19	1.84
文化、体育与娱乐业	Culture,Sports and Recreation	3.99	2.02	3.82	0.17
公共管理、社会保障和社会组织	Public Security,Social Security and Social Organization	82.81	26.86	78.86	3.95

2-13 分行业集体单位就业人员总数（2020年底数）

Number of Employed Persons in Collectively Owned Units by Sector(End of 2020)

单位：万人（10000 persons）

行业	Region	单位就业人员 Employed Persons	#女性 Female	在岗职工合计 Fully employed Staff anf Workers	其他就业人员 Others
总计	**Total**	**7.61**	**2.56**	**7.26**	**0.35**
农、林、牧、渔业	Farming,Forestry,Animal Husbandry and Fishery	0.03	0.01	0.03	
采矿业	Ming and Quarrying	0.01		0.01	
制造业	Manufacturing	0.66	0.26	0.64	0.02
电力、热力、燃气及水生产和供应业	Electricity,Heat,Gas and Water Production and Supply	0.36	0.09	0.34	0.02
建筑业	Construction	2.82	0.25	2.77	0.06
批发和零售业	Wholesale and Retail Trade	0.24	0.13	0.22	0.02
交通运输、仓储及邮政业	Transport,Storage and Post	0.22	0.05	0.20	0.02
住宿和餐饮业	Hotels and Catering Services	0.12	0.07	0.11	
信息传输、软件和信息技术服务业	Information Transmission Software and Information Technology Services	0.07	0.02	0.07	
金融业	Banking				
房地产业	Real Estate	0.26	0.08	0.24	0.01
租赁与商务服务业	Leasing and Commercial Services	0.68	0.22	0.64	0.04
科学研究和技术服务业	Scientific Research and Technic Service	0.15	0.05	0.14	0.01
水利、环境和公共设施管理业	Water Conservancy, Environment and Public Facilities Management	0.14	0.05	0.12	0.02
居民服务、修理和其他服务业	Resident Services,Repair and Other Services	0.21	0.07	0.20	0.01
教育	Education	1.22	0.94	1.15	0.07
卫生和社会工作	Health Care and Social Work	0.33	0.23	0.29	0.04
文化、体育与娱乐业	Culture,Sports and Recreation	0.05	0.03	0.05	
公共管理、社会保障和社会组织	Public Security,Social Security and Social Organization	0.03	0.01	0.03	

2-14 分行业其他单位就业人员总数（2020年底数）
Number of Employed Persons in Other Ownership Units by Sector(End of 2020)

单位：万人(10000 persons)

行业	Region	单位就业人员 Employed Persons	#女性 Female	在岗职工合计 Fully employed Staff and Workers	其他就业人员 Others
总计	Total	784.80	263.09	737.19	47.61
农、林、牧、渔业	Farming,Forestry,Animal Husbandry and Fishery	0.36	0.11	0.32	0.04
采矿业	Ming and Quarrying	0.39	0.06	0.38	0.01
制造业	Manufacturing	307.74	119.07	302.91	4.83
电力、热力、燃气及水生产和供应业	Electricity,Heat,Gas and Water Production and Supply	11.95	2.79	11.77	0.18
建筑业	Construction	194.10	17.14	180.76	13.34
批发和零售业	Wholesale and Retail Trade	39.31	20.36	37.64	1.67
交通运输、仓储及邮政业	Transport,Storage and Post	32.23	8.16	31.48	0.76
住宿和餐饮业	Hotels and Catering Services	13.81	7.70	12.25	1.56
信息传输、软件和信息技术服务业	Information Transmission Software and Information Technology Services	27.32	10.07	26.95	0.37
金融业	Banking	47.74	29.26	29.32	18.41
房地产业	Real Estate	27.82	11.85	25.99	1.84
租赁与商务服务业	Leasing and Commercial Services	31.61	9.46	29.56	2.04
科学研究和技术服务业	Scientific Research and Technic Service	14.00	4.40	13.50	0.49
水利、环境和公共设施管理业	Water Conservancy, Environment and Public Facilities Management	7.04	2.55	6.46	0.58
居民服务、修理和其他服务业	Resident Services,Repair and Other Services	3.54	1.83	3.44	0.10
教育	Education	15.16	11.60	14.62	0.54
卫生和社会工作	Health Care and Social Work	6.84	4.63	6.43	0.41
文化、体育与娱乐业	Culture,Sports and Recreation	3.81	2.00	3.37	0.44
公共管理、社会保障和社会组织	Public Security,Social Security and Social Organization	0.02	0.01	0.02	

2-15 分行业非私营单位女性就业人员（年末数）
Number of Female Employed Persons in Non Private Units by Sector (year-end)

单位：万人（10000 persons)

行业	Sector	合 计 Total			国有单位 State-owned Units		
		2018	2019	2020	2018	2019	2020
总 计	**Total**	**344.61**	**365.65**	**386.20**	**103.48**	**112.91**	**120.55**
农、林、牧、渔业	Farming,Forestry,Animal Husbandry and Fishery	0.12	0.14	0.16	0.05	0.04	0.05
采矿业	Ming and Quarrying	0.07	0.08	0.08		0.01	0.01
制造业	Manufacturing	115.8	113.34	119.59	0.13	0.15	0.26
电力、热力、燃气及水生产和供应业	Electricity,Heat,Gas and Water Production and Supply	2.84	2.64	3.05	0.55	0.22	0.16
建筑业	Construction	20.51	19.32	17.49	0.11	0.08	0.10
批发和零售业	Wholesale and Retail Trade	18.97	20.4	21.10	0.32	0.33	0.60
交通运输、仓储及邮政业	Transport,Storage and Post	7.86	8.2	9.13	1.9	1.31	0.92
住宿和餐饮业	Hotels and Catering Services	7.67	8.09	8.20	0.4	0.41	0.43
信息传输、软件和信息技术服务业	Information Transmission Software and Information Technology Services	8.23	9.34	10.51	0.49	0.41	0.42
金融业	Banking	26.83	28.33	29.46	0.93	1.6	0.20
房地产业	Real Estate	9.43	10.99	12.24	0.3	0.3	0.30
租赁与商务服务业	Leasing and Commercial Services	7.99	10.01	11.06	1.1	1.35	1.37
科学研究和技术服务业	Scientific Research and Technic Service	5.05	5.77	6.40	1.76	1.88	1.95
水利、环境和公共设施管理业	Water Conservancy, Environment and Public Facilities Management	3.86	4.05	4.29	2.05	1.8	1.68
居民服务、修理和其他服务业	Resident Services,Repair and Other Services	1.07	1.75	2.05	0.17	0.14	0.15
教育	Education	49.07	59.23	63.38	40.8	46.18	50.84
卫生和社会工作	Health Care and Social Work	32.6	35.44	37.09	28.28	31.03	32.23
文化、体育与娱乐业	Culture,Sports and Recreation	3.62	4.09	4.05	2.2	2.09	2.02
公共管理、社会保障和社会组织	Public Security,Social Security and Social Organization	23.03	24.43	26.88	21.95	23.57	26.86

续表 Continued 单位：万人（10000 persons）

行业	Sector	集体单位 Collective Owned Units			其他单位 Others		
		2018	2019	2020	2018	2019	2020
总 计	**Total**	**4.29**	**2.59**	**2.56**	**236.84**	**250.15**	**263.09**
农、林、牧、渔业	Farming,Forestry,Animal Husbandry and Fishery		0.01	0.01	0.07	0.09	0.11
采矿业	Ming and Quarrying				0.07	0.07	0.06
制造业	Manufacturing	0.11	0.21	0.26	115.56	112.98	119.07
电力、热力、燃气及水生产和供应业	Electricity,Heat,Gas and Water Production and Supply	0.05	0.1	0.09	2.24	2.32	2.79
建筑业	Construction	0.77	0.31	0.25	19.63	18.93	17.14
批发和零售业	Wholesale and Retail Trade	0.13	0.16	0.13	18.52	19.9	20.36
交通运输、仓储及邮政业	Transport,Storage and Post	0.05	0.05	0.05	5.91	6.84	8.16
住宿和餐饮业	Hotels and Catering Services	0.08	0.09	0.07	7.19	7.59	7.70
信息传输、软件和信息技术服务业	Information Transmission Software and Information Technology Services	0.02	0.03	0.02	7.71	8.91	10.07
金融业	Banking	0.09			25.81	26.73	29.26
房地产业	Real Estate	0.05	0.11	0.08	9.08	10.59	11.85
租赁与商务服务业	Leasing and Commercial Services	0.5	0.36	0.22	6.39	8.3	9.46
科学研究和技术服务业	Scientific Research and Technic Service	0.06	0.04	0.05	3.23	3.86	4.40
水利、环境和公共设施管理业	Water Conservancy, Environment and Public Facilities Management	0.08	0.05	0.05	1.73	2.2	2.55
居民服务、修理和其他服务业	Resident Services,Repair and Other Services	0.05	0.07	0.07	0.85	1.54	1.83
教育	Education	1	0.75	0.94	7.27	12.3	11.60
卫生和社会工作	Health Care and Social Work	1.21	0.23	0.23	3.11	4.18	4.63
文化、体育与娱乐业	Culture,Sports and Recreation	0.01	0.03	0.03	1.41	1.98	2.00
公共管理、社会保障和社会组织	Public Security,Social Security and Social Organization	0.01	0.01	0.01	1.06	0.85	0.01

2-16 按行业分的非私营单位工业、建筑业企业就业人员人数（年底数）
Number of Currently Employed Persons in Non private Industry and Construction Enterprises (Year-end)

单位：万人(10000 persons)

分类	Category	2018	2019	2020
总计	**Total**	**581.90**	**510.65**	**520.82**
采矿业	**Ming and Quarrying**	**0.43**	**0.45**	**0.46**
按行业分组	**By Sector**			
煤炭开采和洗选业	Coal Mining and Dressing			
石油和天然气开采业	Petroleum and Natural Gas Extraction		0.05	
黑色金属矿采选业	Ferrous Metals Mining and Dressing	0.08		
有色金属矿采选业	Nonferrous Metals Mining and Dressing	0.10	0.09	0.04
非金属矿采选业	Nonmetal Minerals Mining and Dressing	0.24	0.31	0.42
开采辅助活动	Supplementary Activies for Mining			
其他采矿业	Other Minerals Mining and Dressing			
制造业	**Manufacturing**	**289.34**	**286.78**	**309.36**
按行业分组	**By Sector**			
农副食品加工业	Non-staple Food Processing	3.27	3.22	3.43
食品制造业	Food Manufacturing	4.28	4.39	4.77
酒、饮料和精制茶制造业	Wine,Soft Drinks and Refined Tea Manufacturing	2.30	2.22	2.36
烟草制品业	Tobacco Processing	0.39	0.36	0.35
纺织业	Textile Industry	19.62	19.14	19.40
纺织服装、服饰业	Garments and Apparel Industry	20.71	20.05	18.99
皮革、毛皮、羽毛及其制品和制鞋业	Leather,Fur,Down and Related Production,Shoes Manufactring	6.77	6.35	5.36
木材加工及木、竹、藤、棕、草制品业	Timber Processing,Bamboo,Cane Palm Fiber and Straw Products	1.42	1.49	1.61
家具制造业	Furniture Manufacturing	8.30	7.66	8.32
造纸及纸制品业	Papermaking and Paper Products	4.46	4.11	4.25
印刷和记录媒介复制业	Printing and Record Medium Reproduction	2.80	2.87	3.05
文教、工美、体育和娱乐用品制造业	Cultural and Educational,Arts and Crafts, Sports and Entertainment Goods	7.55	7.45	8.00
石油加工、炼焦及核燃料加工业	Petroleum Processing,Cooking and Nuclear Fuel Processing	1.38	1.69	2.02

续表 Continued 单位：万人（10000 persons）

分类	Category	2018	2019	2020
化学原料及化学制品制造业	Raw Chemical Materials and Chemical Products	13.13	12.42	12.50
医药制造业	Medical and Pharmaceutical Products	10.44	10.52	11.53
化学纤维制造业	Chemical Fiber	5.19	6.00	6.60
橡胶和塑料制品业	Rubber and plastic products	13.24	13.51	14.25
非金属矿物制品业	Nonmetal Mineral Products	7.34	7.59	8.65
黑色金属冶炼及压延加工业	Smelting and Pressing of Ferrous Metals	2.41	1.89	2.09
有色金属冶炼及压延加工业	Smelting and Pressing of Nonferrous Metals	3.01	2.65	2.86
金属制品业	Metal Products	12.83	12.43	13.79
通用设备制造	Equipment in Common Use	27.72	28.52	31.23
专用设备制造业	Special Purpose Equipment	11.96	12.50	14.22
汽车制造业	Automotive Manufacturing	21.74	20.46	22.21
铁路、船舶、航空航天和其他运输设备制造业	Railway,Shipbuilding,Aerospace and other Transport Equipment	3.54	3.44	3.69
电气机械及器材制造业	Electric Equipment and Machinery	34.11	34.13	38.11
计算机、通信和其他电子设备制造业	Computers,Communications and Other Electronic Equipment Manufacturing	28.99	28.65	33.19
仪器仪表制造业	Instruments Manufacturing	7.43	7.86	9.16
其他制造业	Other Manufacturing	2.05	2.08	1.99
废弃资源综合利用业	Comprehensive Utilization of Waste Resources	0.53	0.55	0.66
金属制品、机械和设备修理业	Metal Products,Machinery and Equipment Repair Industry	0.43	0.57	0.72
电力、热力、燃气及水生产和供应业	**Electricity,Heating Power,Gas and Water Production and Supply**	**12.21**	**11.06**	**12.96**
按行业分组	**By Sector**			
电力、热力生产和供应业	Production and Supply of Electricity and Heating Power	8.40	6.74	8.26
燃气生产和供应业	Production and Supply of Gas	0.93	1.00	1.14
水的生产和供应业	Production and Supply of Water	2.88	3.32	3.56
建筑业	Construction	279.92	212.36	198.04

2-17 分行业规上私营单位就业人员人数（年底数）
Employed Persons in Private Owned Units Above Designated Size by Sector(Year-end)

行业	Sector	规上私营 Private Owned Units Above Designated Size		
		2018	2019	2020
总 计	Total	**998.11**	**945.80**	**874.54**
农、林、牧、渔业	Farming,Forestry,Animal Husbandry and Fishery			
采矿业	Ming and Quarrying	0.59	0.72	0.67
制造业	Manufacturing	365.43	387.48	389.04
电力、热力、燃气及水生产和供应业	Electricity,Heat,Gas and Water Production and Supply	0.70	0.78	0.77
建筑业	Construction	465.93	369.17	268.10
批发和零售业	Wholesale and Retail Trade	44.68	48.31	46.58
交通运输、仓储及邮政业	Transport,Storage and Post	16.79	14.96	22.89
住宿和餐饮	Hotels and Catering Services	14.10	15.85	16.04
信息传输、软件和信息技术服务业	Information Transmission Software and Information Technology Services	8.48	9.19	12.38
金融业	Banking			
房地产业	Real Estate	17.15	19.46	18.05
租赁与商务服务业	Leasing and Commercial Services	43.49	55.97	74.78
科学研究和技术服务业	Scientific Research and Technic Service	7.35	9.04	8.36
水利、环境和公共设施管理业	Water Conservancy, Environment and Public Facilities Management	3.49	4.12	4.74
居民服务、修理和其他服务业	Resident Services,Repair and Other Services	4.09	4.19	5.33
教育	Education	0.99	1.13	1.63
卫生和社会工作	Health Care and Social Work	3.09	3.61	3.56
文化、体育与娱乐业	Culture,Sports and Recreation	1.75	1.83	1.61
公共管理、社会保障和社会组织	Public Security,Social Security and Social Organization			

2-18 各市规模以上企业年末单位就业人员
Employed Persons in Enterprises Above Designated Sized by City(Year-end)

单位：万人(10000 persons)

城市	City	年末单位就业人员 Number of Employed Persons at the Year-end			#在岗职工 Fully Employed Staff anf Workers			#其他就业人员 Others		
		2018	2019	2020	2018	2019	2020	2018	2019	2020
全省	**Total**	**802.87**	**764.83**	**492.92**	**762.48**	**645.49**	**477.00**	**40.39**	**43.58**	**15.93**
杭州市	Hangzhou	231.24	236.35	148.08	218.59	194.01	142.19	12.65	13.16	5.89
宁波市	Ningbo	119.7	126.92	86.62	114.12	108.97	83.55	5.59	8.76	3.07
温州市	Wenzhou	79.79	68.86	33.04	74.31	62	32.00	5.48	2.52	1.04
嘉兴市	Jiaxing	59.73	58.42	47.89	57.61	51.81	46.61	2.12	58.5	1.28
湖州市	Huzhou	37.59	38.35	23.70	34.04	33.4	22.45	3.55	37.98	1.24
绍兴市	Shaoxing	98.72	87.12	77.22	96.47	72.26	75.86	2.25	2.16	1.36
金华市	Jinhua	67.81	48.52	25.64	65.8	35	24.46	2.01	3.21	1.18
衢州市	Quzhou	11.04	11.75	6.28	9.47	9.32	6.10	1.57	1.86	0.18
舟山市	Zhoushan	11.9	12.47	8.62	10.91	10.11	8.40	0.99	1.38	0.22
台州市	Taizhou	76.41	66.62	28.09	73.44	60.73	27.74	2.97	3.72	0.35
丽水市	Lishui	8.71	9.03	4.55	7.49	7.48	4.45	1.22	1.18	0.10

注：2020年度以前为各市全部非私营企业数据，从2020年度开始调整为各市规模以上非私营企业数据。
Before 2020, it is the data of all non private enterprises , which will be adjusted to the data of non private enterprises above Designated Size from 2020.

2-19 分行业规模以上单位年末单位专业技术人员
Specialized Technical Personnel in Units Above Designated Sized by Sector(Year-End)

单位：万人(10000 persons)

行业	Item	2019	2020
总 计	**Total**	**255.29**	**264.80**
农、林、牧、渔业	Farming,Forestry,Animal Husbandry and Fishery		
采矿业	Ming and Quarrying	0.13	0.12
制造业	Manufacturing	81.37	88.42
电力、热力、燃气及水生产和供应业	Electricity,Heat,Gas and Water Production and Supply	2.34	2.49
建筑业	Construction	102.52	95.30
批发和零售业	Wholesale and Retail Trade	10.25	11.22
交通运输、仓储及邮政业	Transport,Storage and Post	5.21	5.22
住宿和餐饮业	Hotels and Catering Services	2.19	2.36
信息传输、软件和信息技术服务业	Information Transmission Software and Information Technology Services	14.39	15.93
金融业	Banking		
房地产业	Real Estate	5.61	6.32
租赁和商务服务业	Leasing and Commercial Services	10.39	15.20
科学研究和技术服务业	Scientific Research and Technic Service	12.72	13.95
水利、环境和公共设施管理业	Water Conservancy, Environment and Public Facilities Management	0.89	0.91
居民服务、修理和其他服务业	Resident Services,Repair and Other Services	0.59	0.70
教育	Education	1.67	1.39
卫生和社会工作	Health Care and Social Work	3.78	4.00
文化、体育和娱乐业	Culture,Sports and Recreation	1.22	1.25
公共管理、社会保障和社会组织	Public Security,Social Security and Social Organization		

2-20 分行业规模以上单位职工素质情况（2020年底数）
The Education Level of the Staff and Workers in Units Above Designated Sized by Sector(End of 2020)

单位：万人(10000 persons)

行业	Sector	单位就业人员文化程度 The Education Level of the Employed Persons in Units					单位就业人员中专业技术人员 Professional and Technical Personnel	单位就业人员中技术工人 Skilled Workers
		研究生及以上 Graduate or Above	大学本科 Bachelor Degree	大专 College Degree	中专及高中 Technical Secondary School and High School	初中及以下 Junior High School and Below		
总 计	**Total**	**19.11**	**174.03**	**235.92**	**421.78**	**705.03**	**264.80**	**719.32**
农、林、牧、渔业	Farming,Forestry,Animal Husbandry and Fishery							
采矿业	Ming and Quarrying		0.05	0.09	0.31	0.57	0.12	0.26
制造业	Manufacturing	6.22	56.15	86.16	180.56	354.08	88.42	425.24
电力、热力、燃气及水生产和供应业	Electricity,Heat,Gas and Water Production and Supply	0.69	5.05	3.18	2.19	1.13	2.49	5.50
建筑业	Construction	1.37	31.28	60.19	138.65	223.91	95.30	182.97
批发和零售业	Wholesale and Retail Trade	1.24	18.24	24.90	24.66	15.52	11.22	13.04
交通运输、仓储及邮政业	Transport,Storage and Post	0.26	6.01	9.36	13.04	22.43	5.22	23.58
住宿和餐饮业	Hotels and Catering Services	0.07	2.43	5.50	10.02	12.05	2.36	6.26
信息传输、软件和信息技术服务业	Information Transmission Software and Information Technology Services	4.90	19.49	9.62	2.88	0.56	15.93	7.22
金融业	Banking							
房地产业	Real Estate	0.64	8.40	8.85	9.42	16.96	6.32	8.47
租赁和商务服务业	Leasing and Commercial Services	0.77	9.85	15.47	32.37	44.52	15.20	37.78
科学研究和技术服务业	Scientific Research and Technic Service	2.13	10.24	5.63	1.95	0.95	13.95	1.82
水利、环境和公共设施管理业	Water Conservancy, Environment and Public Facilities Management	0.08	1.19	1.51	1.35	5.96	0.91	3.40
居民服务、修理和其他服务业	Resident Services,Repair and Other Services	0.01	0.46	1.05	1.66	4.92	0.70	2.15
教育	Education	0.30	1.81	0.53	0.35	0.14	1.39	0.30
卫生和社会工作	Health Care and Social Work	0.21	1.83	2.83	1.30	0.72	4.00	0.70
文化、体育和娱乐业	Culture,Sports and Recreation	0.20	1.54	1.05	1.07	0.63	1.25	0.63
公共管理、社会保障和社会组织	Public Security,Social Security and Social Organization							

浙/江/统/计/年/鉴

主要统计指标解释

■ 人口数

指一定时点、一定地区范围内的有生命的个人的总和。

年度统计的年末人口数是指每年 12 月 31 日 24 时的人口数。

■ 出生率（又称粗出生率）

指一定时期内（通常为一年）平均每千人所出生的人数的比率，一般用千分率表示。计算公式：

$$出生率=\frac{年出生人数}{年平均人数}\times 1000‰$$

出生人数是指活产婴儿，即胎儿脱离母体时（不管怀孕月数），有过呼吸或其他生命现象。

年平均人数是年初、年底人口数的平均数，也可用年中人口数代替。

■ 死亡率（又称粗死亡率）

指一定时期内（通常为一年）一定地区的死亡人数与同期平均人数（或期中人数）之比，一般用千分率表示。计算公式：

$$死亡率=\frac{年死亡人数}{年平均人数}\times 1000‰$$

■ 人口自然增长率

指一定时期内（通常为一年）人口自然增加数（出生人数减死亡人数）与该时期内平均人数（或期中人数）之比，一般用千分率表示。计算公式：

$$人口自然增长率=\frac{本年出生人数-本年死亡人数}{年平均人数}\times 1000‰$$

$$人口自然增长率=人口出生率-人口死亡率$$

■ 就业人员

指从事一定社会劳动并取得劳动报酬或经营收入的人员。包括：

（1）在岗职工

（2）再就业的离退休人员

（3）私营业主

（4）个体户主

（5）私营和个体就业人员

（6）乡镇企业就业人员

（7）农村就业人员

（8）其他就业人员（包括民办教师、宗教职业者等）。

这一指标反映了一定时期内全部劳动力资源的实际利用情况，是研究我省基本省情省力的重要指标。

■ 各单位就业人员

指在各级国家机关、政党机关、社会团体及企业、事业单位中工作，并取得工资或其他劳动报酬的全部人员。包括：在岗职工、再就业的离退休人员、民办教师以及在各单位中工作的外方人员和港澳台方人员、兼职人员、借用的外单位人员和第二职业者。不包括离开本单位仍保留劳动关系的职工。各单位的就业人员反映了各单位实际参加生产或工作的全部劳动力。

■ 城镇私营和个体就业人员

城镇私营就业人员指在工商行政管理部门注册登记，其经营地址设在县城关镇（含城关镇）以上的私营企业就业人员；包括私营企业投资者和雇工。城镇个体就业的人员指在工商管理部门注册登记，并持有城镇户口或在城镇长期居住，经批准从事个体工商经营的就业人员；包括个体经营者和在个体工商户劳动的家庭帮工和雇工。

■ 城镇登记失业人员

指有非农业户口，在一定的劳动年龄内，有劳动能力，无业而要求就业，并在当地就业服务机构进行求职登记的人员。

■ 城镇登记失业率

指城镇登记失业人数同城镇单位从业人数、城镇私营企业及个体从业人数和城镇登记失业人数之和的比。计算公式为：

主要统计指标解释

$$城镇登记失业率=\frac{城镇登记失业人数}{城镇单位从业人数+城镇私营企业及个体从业人员+城镇登记失业人数}\times 100\%$$

■ 职工

指在国有经济、城镇集体经济、联营经济、股份制经济、外商和港、澳、台投资经济、其他经济单位及其附属机构工作，并由其支付工资的各类人员，不包括返聘的离退休人员、民办教师、在国有经济单位工作的外方人员和港、澳、台人员（1998 年以后的数据均为在岗职工数据，其他相关指标如职工工资总额，职工平均工资等指标也从 1998 年按此口径进行了相应的调整）。

■ 国有单位职工

指在国有经济单位及其附属机构工作，并由其支付工资的各类人员。

■ 城镇集体单位职工

指在城镇集体经济单位及其管理部门工作，并由其支付工资的各类人员。

■ 其他单位职工

指在联营经济、股份制经济、外商投资经济、港、澳、台投资经济单位工作，并由其支付工资的各类人员。

■ 在岗职工

指在本单位工作并由单位支付工资的人员，以及有工作岗位，但由于学习、病伤、产假等原因暂未工作，仍由单位支付工资的人员。

ZHEJIANG STATISTICAL YEARBOOK

Explanatory Notes on Main Statistical Indicators

☐ Total Population

refers to the total number of people alive at a certain point of time within a given area.

The annual statistics on total population is taken at midnight, the 3lst of December.

☐ Birth Rate (or Crude Birth Rate)

refers to the ratio of the number of births to the average population during a certain period of time (usually a year), which is often expressed in ‰. The following formula is used:

$$\text{Birth Rate}=\frac{\text{Number of Births}}{\text{Average Number of Population}}\times 1000‰$$

Number of Births refers to live births ,i.e. the births when babies had showed any vital phenomena regardless of the length of pregnancy.

Annual Average Number of Population is the average of the number of population at the beginning of the year and that at the end of the year. Sometimes it is substituted for with the mid-year population.

☐ Death Rate (or Crude Death Rate)

refers to the ratio of the number of deaths to the average population (or mid-year population) during a certain period of time (usually a year), which is often expressed in ‰. The following formula is uesd:

$$\text{Death Rate}=\frac{\text{Number of Deaths}}{\text{Annual Average Number of Population}}\times 1000‰$$

☐ Natural Growth Rate of Population

refers to the ratio of natural increase in population (number of births minus number of deaths) in a certain period of time (usually a year) to the average population (or mid-year population) of the same period, which is often expressed in ‰. The following formulas are applied:

$$\text{Natural Growth of Population}=\frac{\text{Number of Births-Number of Deaths}}{\text{Average Number of Population}}\times 1000‰$$

Natural Growth of Population =Birth Rate-Death Rate

☐ Employed Persons

refers to the persons who are engaged in social labour and receive remuneration payment or earn business income, including :

(1) total staff and workers,

(2) re-employed retirees,

(3) employers of private enterprises,

(4) self-employed workers,

(5) employees in private enterprises and individual economy,

(6) employees in town enterprises,

(7) employed persons in the rural areas,

(8) other employed persons (including teachers in the schools run by the local people, people engaged in religious profession, etc.).

This indicator reflacts the actual utilization of total labour force during a certain period of time and is often used for the research on provincial economic situation and power.

☐ Persons Employed in Various Units

refer to all the persons working in government agencies of various levels, political and party organizations, social organizations, enteprises and institutions, and receiving wages or other forms of payment. they include fully-employed staff and workers, reemployed retirees, teachers in schools run by local people, foreigners and Chinese compatriots from Hong Kong, Macao, Taiwan working in various units, parttime employees, employees of other units working temporarily at current posts, and employees holding the second job, but exclude staff and workers who have left their working units while keeping their labour contract(employment relation)unchanged. This indicator reflacts the total number of laborers actually engaged in production or other operations in various units.

EXPLANATORY NOTES ON MAIN STATISTICAL INDICATORS

□ Persons Employed in private Enterprrises and Selfemployed Individuals in Urban Areas

Persons employed in private enterprises refer to the persons employed in the private enterprises which have been registered at the departments of industrial and commercial administration and are situated at a country town(i.e. a town where the country government is located) for business operationor at urban areas with the level higher than a country town.The selfemployed individuals in urban areas refer to persons who hold the certificates of resience in urban areas or have resided in the urban areas for a long time and have been registered at the department of industrial and commercial administration and approved to be engaged in individual industrial or commercial business including selfemployed persons as well as helpers and hire labourers who work in the indvidual households engaged in industrial or commercial business.

□ Registered Urban Unemployed Persons

The registered unemployed persons in urban areas refer to persons who are registered as permanent residents in urban areas engaged in nonagricultural activities, aged within the range of working age, capable to labour, unemployed but desirous to be employed and have been registered at the local government service agencies to apply for a job.

□ Registered Urban Unemployment Rate

Registered unemployment rate in urban areas refers to the ratio of the number of the registered unemployed persons to the sum of the number of the person employed in various units and in private enterprises in urban areas,urban selfemployed individuals and the registered urban unemployed persons.The formula is as follows:

Registered urban unemployment rate=100%×(number of registered urban unemployed persons)/(number of persons employed in urban units+number of persons employed in urban private enterprises+and selfemployed individual in urban Areas+number of registered urban unemployed persons)

□ Staff and Workers

refer to the persons who work in (and receive payment therefrom) enterprises and institutions of state ownership, collective ownership, joint ownership, share holding, foreign ownership, and ownership by entrepreneurs from Hong Kong, Macao, and Taiwan, and other types of ownership and their affiliated units, excluding the retired persons invited to work in the units again, teachers in the schools run by the local people and foreigners and persons coming from Hong Kong, Macao and Taiwan and working in the state-owned economic units. (Number of staff and workers in this yearbook include only fully employed staff and worker, excluding those who have left their working units while keeping their labour contract employment relation unchanged).

□ Staff and Workers in State-owned Economic Units

refer to the person who work in the state-owned economic units or their attached units and are listed in their payrolls.

□ Staff and Workers in Collective Owned Units

refer to the persons who work in collective owned units in urban areas and their administration departments and recieve payment therefrom.

□ Staff and Workers in Units of Other types of Ownership

refer to those who work in(and receive payment therefrom) enterprises and institutions of joint ownership,share holding, foreign ownership, and ownership by enterpreneurs from Hong Kong, Macao and Taiwan.

□ Fully Employed Staff and Workers

refers to persons who work in, and receive wages from their working units, as well.

2021

浙江统计年鉴

ZHEJIANG STATISTICAL YEARBOOK

CHAPTER 3

固定资产投资

Investment in Fixed Assets

3-1 固定资产投资（1978-2020年）
Investment in Fixed Assets(1978-2020)

单位：亿元、%(100 million yuan、%)

年份 Year	全社会投资 Total Investment	固定资产投资 Investment in Fixed Assets	投资项目投资 Investment In projects	房地产开发投资 Real Estate Development
1978	23.23			
1979	26.11			
1980	33.25			
1981	34.16			
1982	41.72			
1983	44.04			
1984	64.89			
1985	102.20			
1986	127.39			
1987	156.20			
1988	188.95			
1989	179.49			
1990	186.96			9.54
1991	239.75			11.73
1992	361.18			24.23
1993	683.83			93.15
1994	1006.39			155.82
1995	1357.90			246.38
1996	1617.53			243.54
1997	1694.57			215.44
1998	1847.93			226.69
1999	1886.04			271.99
2000	2267.22			362.18
2001	2776.69			544.91
2002	3596.31			728.80
2003	4993.57	4180.38	3200.33	980.05
2004	6059.78	5384.38	4031.31	1353.07
2005	6696.25	6138.39	4681.90	1456.49
2006	7593.66	6964.28	5390.01	1574.28
2007	8420.43	7704.90	5883.23	1821.67
2008	9323.00	8550.71	6527.59	2023.12
2009	10742.32	9906.46	7652.19	2254.27
2010	12376.04	11451.98	8426.55	3025.43
2011		14077.25	9602.90	4474.35
2012		17095.96	11869.69	5226.27
2013		20194.07	13977.82	6216.25
2014		23554.76	16292.38	7262.38
2015		26664.72	19552.79	7111.93
2016		29571.00	22101.63	7469.37
2017		31125.99	22899.21	8226.78
2018比上年增长 Increased over the previous year in 2018		7.1	-1.7	20.9
2019比上年增长 Increased over the previous year in 2019		10.1	12.2	7.4
2020比上年增长 Increased over the previous year in 2020		5.4	4.4	6.8

注：固定资产投资口径范围为计划总投资500万元及以上的投资项目和全部房地产开发投资；2018年比上年增长按可比口径计算，以后各表同。
Investment in Fixed Assets are those with planned investment from investment in projects over 5 million yuan and total real estate development investment.Increased over the previous year in 2018 is calculated at comparable price .The same applies to the relevant tables following.

3-2 固定资产投资按产业划分及重点领域投资（2015-2020年）
Investment in Fixed Assets by Industrial Division and Investment in Key Areas(2015-2020)

单位：亿元(100 million yuan)

指标	Item	2015	2016	2017	2018比上年增长(%) Increased over the Previous Year in 2018 (%)	2019比上年增长(%) Increased over the Previous Year in 2019 (%)	2020比上年增长(%) Increased over the Previous Year in 2020 (%)
固定资产投资	Investment in Fixed Assets	26664.72	29571.00	31125.99	7.1	10.1	5.4
按投资主体划分	By Ownership						
国有投资	State-owned	9002.37	11425.04	11540.06	-7.7	17.2	8.7
非国有投资	Non-state-owned	17662.35	18145.96	19585.93	15.9	6.8	3.7
民间投资	Nongovernmental	16109.06	16441.16	18152.12	17.8	7.2	2.6
按项目划分	By Project						
项目投资	Project	19552.79	22101.63	22899.21	-1.7	12.2	4.4
基础设施投资	Infrastucture	7417.75	9365.48	10173.25	7.7	7.8	5.3
房地产开发投资	Real Estate Development	7111.93	7469.37	8226.78	20.9	7.4	6.8
住宅投资	Residential Building	4450.73	4806.64	5645.98	26.8	8.0	7.5
按产业划分	By Industrial Division						
农业投资	Primary Industry Investment	339.18	386.25	353.90	-60.4	-5.3	60.1
工业投资	Industry Investment	8747.33	9097.10	9301.94	-0.9	9.7	6.7
工业企业技术改造投资	Industrial Investment, Technical	6701.21	7126.14	7021.19	-16.0	6.3	2.6
制造业投资	Manufacturing Investment	7579.14	7822.10	7988.80	4.9	12.9	3.4
装备制造业投资	High Technology Industry Investment	3657.74	3857.61	3926.90	9.6	13.2	0.1
服务业投资	Investment in the Equipment Manufacturing Industry	17651.74	20075.62	21553.17	10.1	10.4	5.0
信息传输、软件和信息技术服务业	Strategic Emerging Industry Investment	275.18	318.79	336.91	2.8	11.4	10.5
重点领域投资	Investment in Service Industry						
重大基础设施投资	Investment in Information Transmission , Software and Information Technology Services	2954.65	3998.02	4472.89	24.4	12.8	8.5
重大产业项目投资	Investment in Key Areas	8158.88	9592.66	10650.39	10.5	17.8	7.9
水利、环境和公共设施管理业	Major Infrastructure Investment	3092.03	4361.45	4702.54	4.7	4.1	-2.0
生态保护和环境治理业	Investment in Major Industrial Projects	217.14	329.74	390.28	19.3	19.5	-1.1
高新技术产业投资	Water, Environmental and Public Facilities Management	2760.73	3156.79	3325.23	22.6	21.8	7.4
高新技术产业（制造业）投资	Ecological Protection and Environmental Governance	2162.41	2365.07	2464.26	25.0	18.3	7.6
高技术服务业投资	Investment in High and New Technology Industry	598.33	791.72	860.97	14.7	34.4	6.7
商品房销售面积（万平方米）	Investment in High and New Technology Industry (Manufacturing Industry	5985.30	8636.79	9599.67	1.6	-3.9	9.3
商品房销售额	High Technology Service Industry Investment	5519.27	8280.85	12339.99	14.2	1.9	19.5

注: 1、2018年起基础设施投资口径有调整，教育、卫生等公共服务领域投资不包含在内。
Infrastructure investment has been adjusted, and investment in public services such as education and health is not included since 2018.
2、2018年起工业企业技术改造投资口径变化。以后各表同。
The caliber of investment indicators for technological -webkit-transformation of industrial enterprises has changed since 2018.The same applies applies to the relevant tables following.

3-3 固定资产投资完成情况（2016-2020年）
Investment In Fixed Assets （2016-2020）

单位：亿元（100 million yuan）

指标	Item	2016	2017	2018年比上年增长（%） Increased over the Previous Year in 2018（%）	2019年比上年增长（%） Increased over the Previous Year in 2019（%）	2020年比上年增长（%） Increased over the Previous Year in 2020（%）
投资额	**Total Investment**	**29571.00**	**31125.99**	**7.1**	**10.1**	**5.4**
投资项目	Projects	22101.63	22899.21	-1.7	12.2	4.4
房地产开发	Real Estate Development	7469.37	8226.78	20.9	7.4	6.8
按登记注册类型分	**by Registered Type**					
内资	Domestic Funds	27358.92	29275.49	7.6	10.2	4.8
港澳台商投资	Investment from HongKong, Macao and Taiwan	1350.56	1159.16	-3.7	11.3	-1.1
外商投资	Investment from Foreign	783.09	621.74	12.5	6.0	45.7
个体经营	Individual	78.44	69.60	-68.9	-2.8	-30.6
按国有及非国有情况分	**by State and Non-state Owned**					
国有及国有控股企业投资	State-owned and State-holding	11425.04	11540.06	-7.7	17.2	8.7
非国有投资	Non-state-owned	18145.96	19585.93	15.9	6.8	3.7
#民间投资	Nongovernmental	16441.16	18152.12	17.8	7.2	2.6
按构成分	**by Structure**					
建筑安装工程	Construction and Installation	17849.82	18085.05	-5.9	20.9	5.7
设备工器具购置	Purchase of Equipment and Tools	4939.44	5172.47	-9.2	-7.3	21.0
购置旧设备	Purchase of Old Equipment	13.27	15.39	10.4	-11.9	-41.1
其他费用	Others	6781.75	7868.48	37.1	1.1	1.4
旧建筑物购置费	Purchase of Old Equipment	38.42	42.72	30.4	-19.6	30.4
建筑用地费	Construction land fee	4623.51	5995.47	49.0	-0.2	-6.9
资金来源合计	**Source of Funds**					
上年末结余资金	Surplus Funds Last Year	4294.91	4825.45	33.4	18.5	6.3
本年资金来源小计	Funds This Year	31406.97	34167.49	1.6	7.4	20.7
#国家预算内资金	State Budgetary Appropriations	1702.34	2736.25	-4.1	-11.4	7.0
国内贷款	Domestic Loans	3527.22	4172.44	22.0	9.7	22.0
债券	Debenture	59.13	36.86	128.0	17.6	31.9
利用外资	Foreign Investment	172.05	73.81	42.2	39.4	-0.3
自筹资金	Fundraising	18406.25	18657.81	-3.8	3.2	17.3
其他资金	Others	7539.98	8490.33	0.5	14.8	26.1

3-4 分行业项目建成情况
Construction of Projects by Sector

指标	Item	项目建成投产率（%） Rate of Projects Completed and Put Into Use(%)		
		2018	2019	2020
总计	**Total**	**27.0**	**27.5**	**25.5**
第一产业	Primary Industry	39.2	34.2	25.5
第二产业	Secondary Industry	30.9	31.5	30.1
第三产业	Tertiary Industry	22.9	23.6	20.9
按国民经济行业分组	**By Sector**			
农林牧渔业	**Farming,Forestry,Animal Husbandry and Fishery**	**36.9**	**31.5**	**26.0**
农业	Farming	34.5	27.7	24.8
林业	Forestry	31.3	30.0	10.0
畜牧业	Animal Husbandry	32.7	18.2	20.8
渔业	Fishery	97.1	105.6	62.5
农林牧渔专业及辅助性活动	Agriculture, Forestry, Animal Husbandry and Fisheries Professional and Supplementary Activities	25.8	21.1	27.6
采矿业	**Mining and Quarrying**	**44.4**	**14.6**	**40.0**
煤炭开采和洗选业	Coal Mining and Dressing			
石油和天然气开采业	Petroleum and Natural Gas Extraction			
黑色金属矿采选业	Ferrous Metals Mining and Dressing			
有色金属矿采选业	Nonferrous Metals Mining and Dressing			50.0
非金属矿采选业	Nonmetal Minerals Mining and Dressing	47.1	16.7	39.6
开采专业及辅助活动	Mining Professional and Auxiliary Activities			100.0
其他采矿业	Other Minerals Mining and Dressing			50.0
制造业	**Manufacturing**	**30.6**	**31.6**	**30.2**
农副食品加工业	Non-staple Food Processing	23.3	30.1	26.0
食品制造业	Food Manufacturing	19.4	26.7	22.8
酒、饮料和精制茶制造业	Wine,Soft Drinks and Refined Tea Manufactur	26.6	21.9	21.5
烟草制品业	Tobacco Processing		33.3	83.3
纺织业	Textile Industry	43.0	43.8	42.5
纺织服装、服饰业	Garments,Shoes and Hats Manufacturing	32.4	33.6	30.8

续表1 Continued

指标	Item	项目建成投产率（%） Rate of Projects Completed and Put Into Use(%)		
		2018	2019	2020
皮革、毛皮、羽毛及其制品和制鞋业	Leather,Furs,Down and Related Products	26.3	37.0	27.7
木材加工及木、竹、藤、棕、草制品业	Timber Processing,Bamboo,Cane Palm Fiber and Straw Products	27.8	32.5	28.2
家具制造业	Furniture Manufacturing	26.6	29.0	24.5
造纸及纸制品业	Papermaking and Paper Products	41.7	34.6	27.7
印刷和记录媒介复制业	Printing and Record Medium Reproduction	50.0	38.0	39.8
文教、工美、体育和娱乐用品制造业	Cultural and Educational,Arts and Crafts, Sports and Entertainment Goods	27.1	31.9	29.2
石油、煤炭及其他燃料加工业	Petroleum, Coal and Other Fuel Processing Industry	41.4	31.1	10.4
化学原料及化学制品制造业	Raw Chemical Materials and Chemical Products	27.3	20.6	20.3
医药制造业	Medical and Pharmaceutical Products	18.2	28.1	32.1
化学纤维制造业	Chemical Fiber	32.8	42.4	31.9
橡胶和塑料制品业	Rubber and plastic products	32.2	28.3	31.7
非金属矿物制品业	Nonmetal Mineral Products	34.8	36.7	28.7
黑色金属冶炼及压延加工业	Smelting and Pressing of Ferrous Metals	30.2	34.7	39.3
有色金属冶炼及压延加工业	Smelting and Pressing of Nonferrous Metals	28.5	38.6	25.9
金属制品业	Metal Products	32.3	29.9	29.8
通用设备制造业	Ordinary Machinery	29.0	29.4	29.7
专用设备制造业	For Special Purpose Equipment Manufacturing	26.4	30.4	29.0
汽车制造业	Automobile manufacturing industry	30.8	29.4	32.0
铁路、船舶、航空航天和其他运输设备制造业	Railway, shipbuilding, aerospace, and other transportation equipment manufacturing industry	24.0	21.9	27.4
电气机械及器材制造业	Electric Equipment and Machinery	30.3	33.4	28.6
计算机、通信和其他电子设备制造业	Telecommunications Equipment, Computer and Other Electronic Equipment Manufacturing	24.4	30.0	25.3

续表2 Continued

指标	Item	项目建成投产率（%）Rate of Projects Completed and Put Into Use(%)		
		2018	2019	2020
仪器仪表制造业	Instruments Manfactyring	23.4	28.3	25.2
其他制造业	Other Manufacturing	33.8	33.3	35.1
废弃资源综合利用业	Comprehensive Utilization of Waste Resources	28.1	36.4	20.8
金属制品、机械和设备修理业	Metal products, machinery and equipment repair	23.1	30.0	46.2
电力、热力、燃气及水生产和供应业	**Electricity,Gas and Water Production and Supply**	**33.9**	**29.8**	**27.8**
电力、热力生产和供应业	Production and Supply of Electricity and Heating Power	42.9	36.6	34.1
燃气生产和供应业	Production and Supply of Gas	9.1	21.2	21.6
水的生产和供应业	Production and Supply of Water	25.1	24.2	22.1
建筑业	**Construction**	**27.0**	**47.1**	**58.3**
房屋建筑业	Housing industry	25.0	14.3	20.0
土木工程建筑业	Civil engineering construction	26.0	37.5	57.1
建筑安装业	Installation	66.7	100.0	
建筑装饰、装修和其他建筑业	Architectural Decoration, Decoration and Other Construction Industries	20.0	300.0	
批发和零售业	**Wholesale and Retail Trade**	**31.1**	**26.9**	**25.3**
批发业	Wholesale	27.0	24.1	22.4
零售业	Retail Sale	33.5	28.5	26.0
交通运输、仓储和邮政业	**Transport,Storage and Post**	**21.1**	**26.3**	**26.1**
铁路运输业	Railway Transport	12.5	3.8	4.8
道路运输业	Highway Transport	19.6	27.3	28.4
水上运输业	Waterway Transport	41.6	34.6	23.4
航空运输业	Air Transport	25.0	13.6	12.5
管道运输业	Pipeline Transport		17.6	36.8
多式联运和运输代理业	Multimodal Transport and Transport Agent Industry	23.1	23.1	
装卸搬运和仓储业	Handling and Warehousing Industry	22.3	18.4	14.7
邮政业	Postal Services	41.2	36.4	6.7

续表3 Continued

指标	Item	项目建成投产率（%）Rate of Projects Completed and Put Into Use(%)		
		2018	2019	2020
住宿和餐饮业	**Hotels and Catering Services**	**21.1**	**23.6**	**16.8**
住宿业	Hotels	20.1	23.2	16.1
餐饮业	Catering Services	32.3	29.2	28.6
信息传输、软件和信息技术服务业	**Information Transmission Software and Information Technology Services**	**32.9**	**24.4**	**21.2**
电信、广播电视和卫星传输服务	Telcommunication,Radio and Television, Satellite Transmission Services	29.1	32.2	35.0
互联网和相关服务	The Internet and related services	13.3	18.5	22.4
软件和信息技术服务业	Software and Information Technology Services	43.8	22.2	11.1
金融业	**Banking**	**5.4**	**26.6**	**20.0**
货币金融服务	Monetary and financial services	4.2	25.9	20.4
资本市场服务	Capital market services	16.7	66.7	100.0
保险业	Insurance			
其他金融业	Other financial sector			
房地产业	**Real Estate**	**19.9**	**16.3**	**14.6**
房地产业	Real Estate	19.9	16.3	14.6
租赁和商务服务业	**Renting and Business Services**	**22.3**	**25.0**	**20.7**
租赁业	Leasing	130.8	75.0	225.0
商务服务业	Commercial Services	19.3	24.3	19.2
科学研究和技术服务业	**Scientific Research and Technic Service**	**20.0**	**19.3**	**17.0**
研究与试验发展	Research and Experiment Development	36.2	27.3	16.7
专业技术服务业	Technical Services	17.8	17.2	22.0
科技推广和应用服务业	Promotion and Application of Science and Technology Services	10.1	15.7	13.5
水利、环境和公共设施管理业	**Water Conservancy，Environment and Public Facilities Management**	**24.8**	**25.1**	**21.5**
水利管理业	Water Conservancy	19.5	18.8	16.8
生态保护和环境治理业	Ecological protection and environmental governance industry	22.6	26.2	25.2

续表4 Continued

指标	Item	项目建成投产率（%）Rate of Projects Completed and Put Into Use(%)		
		2018	2019	2020
公共设施管理业	Public Facilities	25.6	25.8	21.9
居民服务、修理和其他服务业	**Service for the Residents and Others**	**22.1**	**24.0**	**17.7**
居民服务业	Resident Services	22.9	25.2	15.4
机动车、电子产品和日用产品修理业	Motor Vehicle,Electronic and Household Goods Repair Industry	28.6	28.6	37.5
其他服务业	Other Services	17.4	13.3	28.6
教育	**Education**	**22.3**	**21.5**	**17.8**
教育	Education	22.3	21.5	17.8
卫生和社会工作	**Culture,Sports and Recreation**	**17.0**	**22.2**	**18.7**
卫生	Health Care	18.2	23.7	20.2
社会工作	Social work	14.1	19.0	15.7
文化、体育和娱乐业	**Culture,Sports and Entertainment**	**18.1**	**21.2**	**18.9**
新闻和出版业	News and Publishing			
广播、电视、电影和影视录音制作业	Television,Radion,Film and Television Sound Recording Production	28.9	34.9	16.0
文化艺术业	Culture and Arts	18.4	20.1	21.1
体育	Sports	14.0	22.7	18.0
娱乐业	Recreation	16.9	18.8	14.3
公共管理、社会保障和社会组织	**Public Administration,Social Security and Social Organization**	**18.0**	**16.7**	**17.3**
中国共产党机关	Communist Party Agencies			
国家机构	Government Agencies	17.5	13.9	18.8
人民政协、民主党派	The CPPSS,democratic Parties			
社会保障	Social security			
群众团体、社会团体和其他成员组织	Mass Origanizations,Social Groups and Other Members of the Organization	28.6	11.8	19.0
基层群众自治组织	Mass Grassroot Organizations	12.5	30.6	11.2

3-5 分行业固定资产投资
Investment in Fixed Assets by Sector

指标	Item	固定资产投资 Investment and Fixed Assets 2019比上年增长(%) Increased over the Previous Year in 2019 (%)	固定资产投资 Investment and Fixed Assets 2020年比上年增长(%) Increased over the Previous Year in 2020 (%)	固定资产交付使用率（%）Rate of Fixed Put into Use(%) 2019	固定资产交付使用率（%）Rate of Fixed Put into Use(%) 2020
总计	**Total**	**10.1**	**5.4**	**28.0**	**30.0**
第一产业	Primary Industry	-18.9	79.4	9.1	17.9
第二产业	Secondary Industry	9.5	6.7	25.6	25.3
#工业企业技术改造投资	Investment in Technological Renovation of Industrial Enterprises	6.3	2.6	30.4	31.6
#装备制造业投资	Investment in the equipment manufacturing industry	13.2	0.1	26.7	29.4
高新技术产业投资	High-tech industry investment	18.3	7.6	23.8	23.9
第三产业	Tertiary Industry	10.4	5.0	28.6	31.3
#高技术服务业投资	High technology service industry investment	34.4	6.7	20.1	36.9
按国民经济行业分组	**By Sector**				
农林牧渔业	**Farming,Forestry,Animal Husbandry and Fishery**	**-5.3**	**60.1**	**10.3**	**17.3**
农业	Farming	-32.3	19.6	7.3	11.1
林业	Forestry	-31.4	-11.3	11.1	
畜牧业	Animal Husbandry	49.8	418.2	5.0	21.5
渔业	Fishery	-17.3	-67.2	15.5	21.9
农林牧渔专业及辅助性活动	Agriculture, Forestry, Animal Husbandry and Fisheries Professional and Supplementary Activities	71.7	8.1	13.4	14.9
采矿业	**Ming and Quarrying**	**84.6**	**31.7**	**1.5**	**17.7**
煤炭开采和洗选业	Coal Mining and Dressing				
石油和天然气开采业	Petroleum and Natural Gas Extraction				
黑色金属矿采选业	Ferrous Metals Mining and Dressing				
有色金属矿采选业	Nonferrous Metals Mining and Dressing	7.1	-16.0		
非金属矿采选业	Nonmetal Minerals Mining and Dressing	84.2	23.1	1.5	19.3
开采专业及辅助活动	Mining Professional and Auxiliary Activities		-84.4		
其他采矿业	Other Minerals Mining and Dressing	210.6	400.5		
制造业	**Manufacturing**	**12.9**	**3.4**	**24.9**	**23.9**
农副食品加工业	Non-staple Food Processing	21.9	-36.3	29.6	30.5
食品制造业	Food Manufacturing	40.8	-4.3	16.3	17.7
酒、饮料和精制茶制造业	Wine,Soft Drinks and Refined Tea Manufacturing	-9.5	31.3	20.4	33.7
烟草制品业	Tobacco Processing	175.6	-3.3	20.8	14.8
纺织业	Textile Industry	-2.3	3.8	29.1	21.8

续表1 Continued

指标	Item	固定资产投资 Investment and Fixed Assets		固定资产交付使用率（%） Rate of Fixed Put into Use(%)	
		2019比上年增长(%) Increased over the Previous Year in 2019 (%)	2020年比上年增长(%) Increased over the Previous Year in 2020 (%)	2019	2020
纺织服装、服饰业	Garments,Shoes and Hats Manufacturing	4.6	-1.7	27.1	17.7
皮革、毛皮、羽毛及其制品和制鞋业	Leather,Furs,Down and Related Products	55.5	-14.6	23.9	26.8
木材加工及木、竹、藤、棕、草制品业	Timber Processing,Bamboo,Cane Palm Fiber and Straw Products	5.9	-29.8	27.6	18.4
家具制造业	Furniture Manufacturing	-1.8	9.1	14.1	12.2
造纸及纸制品业	Papermaking and Paper Products	-7.7	10.0	15.4	11.6
印刷和记录媒介复制业	Printing and Record Medium Reproduction	5.4	-12.2	6.8	23.7
文教、工美、体育和娱乐用品制造业	Cultural and Educational,Arts and Crafts, Sports and Entertainment Goods	6.7	-14.3	23.1	21.2
石油、煤炭及其他燃料加工业	Petroleum, Coal and Other Fuel Processing Industry	-15.1	107.4	75.3	7.7
化学原料及化学制品制造业	Raw Chemical Materials and Chemical Products	29.7	4.9	17.0	7.8
医药制造业	Medical and Pharmaceutical Products	26.2	49.7	28.1	17.8
化学纤维制造业	Chemical Fiber	9.5	25.3	25.9	47.8
橡胶和塑料制品业	Rubber and plastic products	1.0	1.0	24.4	26.3
非金属矿物制品业	Nonmetal Mineral Products	8.8	11.4	21.4	17.1
黑色金属冶炼及压延加工业	Smelting and Pressing of Ferrous Metals	8.4	-5.7	24.1	81.8
有色金属冶炼及压延加工业	Smelting and Pressing of Nonferrous Metals	20.9	-17.7	19.8	30.4
金属制品业	Metal Products	18.1	-3.3	17.4	18.4
通用设备制造业	Ordinary Machinery	28.6	-1.0	20.4	24.0
专用设备制造业	For Special Purpose Equipment Manufacturing	30.5	4.2	27.3	22.4
汽车制造业	Automobile manufacturing industry	-4.8	-8.0	23.1	41.1
铁路、船舶、航空航天和其他运输设备制造业	Railway, shipbuilding, aerospace, and other transportation equipment manufacturing industry	4.8	16.9	8.5	17.8

续表2 Continued

指标	Item	固定资产投资 Investment and Fixed Assets 2019比上年增长(%) Increased over the Previous Year in 2019 (%)	固定资产投资 Investment and Fixed Assets 2020年比上年增长(%) Increased over the Previous Year in 2020 (%)	固定资产交付使用率（%）Rate of Fixed Put into Use(%) 2019	固定资产交付使用率（%）Rate of Fixed Put into Use(%) 2020
电气机械及器材制造业	Electric Equipment and Machinery	10.6	1.6	23.5	27.5
计算机、通信和其他电子设备制造业	Telecommunications Equipment, Computer and Other Electronic Equipment Manufacturing	21.5	5.3	47.2	34.0
仪器仪表制造业	Instruments Manfactyring	-1.7	14.1	25.1	32.2
其他制造业	Other Manufacturing	-4.6	-25.9	32.4	17.0
废弃资源综合利用业	Comprehensive Utilization of Waste Resources	31.3	-9.1	23.2	35.9
金属制品、机械和设备修理业	Metal products, machinery and equipment repair	9.6	6.5	80.7	3.7
电力、热力、燃气及水生产和供应业	**Electricity,Gas and Water Production and Supply**	**-10.4**	**28.2**	**31.8**	**32.4**
电力、热力生产和供应业	Production and Supply of Electricity and HeatingPower	-10.7	33.0	33.2	34.4
燃气生产和供应业	Production and Supply of Gas	22.0	-3.9	27.3	27.7
水的生产和供应业	Production and Supply of Water	-16.3	19.6	27.7	24.9
建筑业	**Construction**	**-47.9**	**7.5**	**24.5**	**112.2**
房屋建筑业	Housing industry	-35.1	-37.8		79.0
土木工程建筑业	Civil engineering construction	-62.3	66.8	22.6	133.0
建筑安装业	Installation	-97.4	-100.0		
建筑装饰、装修和其他建筑业	Architectural Decoration, Decoration and Other Construction Industries	105.4	-58.0	61.4	
批发和零售业	**Wholesale and Retail Trade**	**1.3**	**55.7**	**36.3**	**32.7**
批发业	Wholesale	-14.1	-28.8	37.8	62.5
零售业	Retail Sale	11.7	99.6	35.6	27.2
交通运输、仓储和邮政业	**Transport,Storage and Post**	**15.2**	**6.1**	**16.3**	**21.9**
铁路运输业	Railway Transport	78.4	42.8	1.1	0.5
道路运输业	Highway Transport	11.0	0.1	17.7	28.5
水上运输业	Waterway Transport	-5.4	-9.3	35.2	18.2
航空运输业	Air Transport	32.3	23.2	5.7	7.0
管道运输业	Pipeline Transport	2.8	115.0	2.0	10.0

续表3 Continued

指标	Item	固定资产投资 Investment and Fixed Assets		固定资产交付使用率（%） Rate of Fixed Put into Use(%)	
		2019比上年增长(%) Increased over the Previous Year in 2019 (%)	2020年比上年增长(%) Increased over the Previous Year in 2020 (%)	2019	2020
多式联运和运输代理业	Multimodal Transport and Transport Agent Industry	14.8	-0.7	10.8	
装卸搬运和仓储业	Handling and Warehousing Industry	0.8	7.4	20.2	11.3
邮政业	Postal Services	-34.0	-20.1	68.6	0.4
住宿和餐饮业	**Hotels and Catering Services**	**-1.0**	**4.4**	**22.0**	**28.0**
住宿业	Hotels	5.4	4.5	21.4	26.1
餐饮业	Catering Services	-65.9	1.7	40.2	88.1
信息传输、软件和信息技术服务业	**Information Transmission Software and Information Technology Services**	**11.4**	**10.5**	**24.0**	**56.4**
电信、广播电视和卫星传输服务	Telcommunication,Radio and Television, Satellite Transmission Services	2.7	17.3	6.7	9.1
互联网和相关服务	The Internet and related services	11.3	3.3	26.3	103.8
软件和信息技术服务业	Software and Information Technology Services	30.3	14.2	48.6	46.7
金融业	**Banking**	**41.1**	**-31.1**	**68.5**	**28.8**
货币金融服务	Monetary and financial services	75.3	-35.8	75.6	37.2
资本市场服务	Capital market services	-46.7	-94.3	93.2	100.0
保险业	Insurance	19.5	59.4		
其他金融业	Other financial sector	-20.8	-1.3		
房地产业	**Real Estate**	**10.4**	**6.2**	**30.1**	**34.7**
房地产业	Real Estate	10.4	6.2	30.1	34.7
租赁和商务服务业	**Renting and Business Services**	**-8.1**	**2.0**	**54.6**	**26.8**
租赁业	Leasing	-81.2	-4.7	15.8	25.0
商务服务业	Commercial Services	-4.3	2.1	55.0	26.8
科学研究和技术服务业	**Scientific Research and Technic Service**	**99.1**	**12.7**	**11.1**	**19.1**
研究与试验发展	Research and Experiment Development	100.8	20.4	16.9	6.3
专业技术服务业	Technical Services	14.8	11.1	11.0	19.9
科技推广和应用服务业	Promotion and Application of Science and Technology Services	148.8	6.4	6.1	31.4

续表4 Continued

指标	Item	固定资产投资 Investment and Fixed Assets		固定资产交付使用率（%） Rate of Fixed Put into Use(%)	
		2019比上年增长(%) Increased over the Previous Year in 2019 (%)	2020年比上年增长(%) Increased over the Previous Year in 2020 (%)	2019	2020
水利、环境和公共设施管理业	**Water Conservancy，Environment and Public Facilities Management**	**4.1**	**-2.0**	**32.3**	**24.7**
水利管理业	Water Conservancy	15.8	-9.5	53.5	16.5
生态保护和环境治理业	Ecological protection and environmental governance industry	19.5	-1.1	24.6	25.5
公共设施管理业	Public Facilities	0.4	-0.5	28.1	26.4
居民服务、修理和其他服务业	**Service for the Residents and Others**	**11.1**	**-4.5**	**15.3**	**14.6**
居民服务业	Resident Services	-3.3	3.9	22.5	17.0
机动车、电子产品和日用产品修理业	Motor Vehicle,Electronic and Household Goods Repair Industry	72.0	-41.1		40.8
其他服务业	Other Services	43.4	-14.4	4.1	5.7
教育	**Education**	**11.5**	**-5.8**	**44.9**	**33.5**
教育	Education	11.5	-5.8	44.9	33.5
卫生和社会工作	**Culture,Sports and Recreation**	**-1.6**	**13.1**	**37.7**	**25.9**
卫生	Health Care	-6.1	17.7	38.5	25.7
社会工作	Social work	14.3	-0.4	35.3	26.7
文化、体育和娱乐业	**Culture,Sports and Entertainment**	**11.7**	**-14.5**	**18.1**	**22.6**
新闻和出版业	News and Publishing	65.9	-100.0		
广播、电视、电影和影视录音制作业	Television,Radion,Film and Television Sound Recording Production	-0.6	-39.8	5.5	78.1
文化艺术业	Culture and Arts	30.0	-8.9	27.4	37.3
体育	Sports	50.1	1.7	13.9	5.7
娱乐业	Recreation	-27.2	-36.8	10.8	4.7
公共管理、社会保障和社会组织	**Public Administration,Social Securi-ty and Social Organization**	**1.3**	**0.6**	**31.5**	**34.6**
中国共产党机关	Communist Party Agencies	-30.0	-75.3		
国家机构	Government Agencies	-4.5	0.8	40.1	44.8
人民政协、民主党派	The CPPSS,democratic Parties				
社会保障	Social security	-79.3	218.2		
群众团体、社会团体和其他成员组织	Mass Origanizations,Social Groups and Other Members of the Organization	-4.9	23.6	6.7	1.7
基层群众自治组织	Mass Grassroot Organizations	278.2	-32.2		

3-6 国有及国有控股经济分行业投资和资金来源
Investment and Sources of Funds in State-owned and State-holding Units by Sector

单位：亿元(100 million yuan)

指标	Item	2017	2018年比上年增长(%) Increased over the Previous Year in 2018 (%)	2019年比上年增长(%) Increased over the Previous Year in 2019 (%)	2020年比上年增长(%) Increased over the Previous Year in 2020 (%)
投资总计	**Total Investment**	**11540.06**	**-7.7**	**17.2**	**8.7**
第一产业	Primary Industry	118.47	-65.8	-58.5	88.0
第二产业	Secondary Industry	1329.60	-22.4	5.6	26.2
第三产业	Tertiary Industry	10091.99	-5.3	18.7	6.8
按国民经济行业分组	**By Sector**				
农林牧渔业	**Farming,Forestry,Animal Husbandry and Fishery**	**118.47**	**-75.2**	**-4.2**	**35.1**
农业	Farming	43.76	-65.1	-65.5	135.9
林业	Forestry	4.48	-86.4	-98.9	4218.2
牧业	Animal Husbandry	2.39	-68.4	-95.5	4829.1
渔业	Fishery	2.39	-41.2	27.8	-99.8
农林牧渔专业及辅助性活动	Agriculture, Forestry, Animal Husbandry and Fisheries Professional and Supplementary Activities	65.45	-83.8	99.6	14.1
采矿业	**Ming and Quarrying**	**1.60**	**-100.0**		**42.8**
煤炭开采和洗选业	Coal Mining and Dressing				
石油和天然气开采业	Petroleum and Natural Gas Extraction				
黑色金属矿采选业	Ferrous Metals Mining and Dressing				
有色金属矿采选业	Nonferrous Metals Mining and Dressing				
非金属矿采选业	Nonmetal Minerals Mining and Dressing	1.60	-100.0		33.8
开采专业及辅助活动	Mining Professional and Auxiliary Activities				
其他采矿业	Other Minerals Mining and Dressing				
制造业	**Manufacturing**	**483.91**	**-17.0**	**30.4**	**15.1**
农副食品加工业	Non-staple Food Processing	21.04	-60.0	141.5	-74.5
食品制造业	Food Manufacturing	5.28	-84.3	900.2	145.5
酒、饮料和精制茶制造业	Wine,Soft Drinks and Refined Tea Manufacturing	1.93	-99.1	7041.5	325.6
烟草制品业	Tobacco Processing	6.71	-81.0	174.5	-4.8
纺织业	Textile Industry	7.72	-9.6	699.4	-95.5
纺织服装、服饰业	Garments,Shoes and Hats Manufacturing	8.87	-57.1	43.4	-55.5
皮革、毛皮、羽毛(绒)及其制品业	Leather,Furs,Down and Related Products	5.61	-36.7	320.6	153.7
木材加工及木、竹、藤、棕、草制品业	Timber Processing,Bamboo,Cane Palm Fiber and Straw Products	0.47	109.3	49.6	24.5
家具制造业	Furniture Manufacturing	0.30			
造纸及纸制品业	Papermaking and Paper Products	0.58	60.4	-80.5	237.1
印刷业和记录媒介的复制	Printing and Record Medium Reproduction	1.43	33.7	23.9	25.6
文教、工美、体育和娱乐用品制造业	Cultural,Educational and Sports Goods	13.20	-83.8	-48.8	55.9

续表1 Continued 单位：亿元(100 million yuan)

指标	Item	2017	2018年比上年增长(%) Increased over the Previous Year in 2018 (%)	2019年比上年增长(%) Increased over the Previous Year in 2019 (%)	2020年比上年增长(%) Increased over the Previous Year in 2020 (%)
石油、煤炭及其他燃料加工业	Petroleum, Coal and Other Fuel Processing Industry	26.73	89.2	-56.1	-43.7
化学原料及化学制品制造业	Raw Chemical Materials and Chemical Products	17.05	20.4	247.1	109.1
医药制造业	Medical and Pharmaceutical Products	28.35	-37.6	-39.3	11.5
化学纤维制造业	Chemical Fiber	1.53	-88.6	-100.0	
橡胶和塑料制品业	Rubber and plastic products	11.27	-41.8	108.0	-24.8
非金属矿物制品业	Nonmetal Mineral Products	21.56	15.9	57.6	25.2
黑色金属冶炼及压延加工业	Smelting and Pressing of Ferrous Metals	9.21	-29.4	8.0	-57.9
有色金属冶炼及压延加工业	Smelting and Pressing of Nonferrous Metals	6.43			-42.6
金属制品业	Metal Products	11.23	-57.7	844.4	-59.5
通用设备制造业	Ordinary Machinery	20.35	-25.5	81.2	54.2
专用设备制造业	For Special Purpose Equipment Manufacturing	46.94	41.0	-27.7	19.9
汽车制造业	Automobile manufacturing industry	34.77	-33.2	71.5	-22.9
铁路、船舶、航空航天和其他运输设备制造业	Railway, shipbuilding, aerospace, and other transportation equipment manufacturing industry	34.17	-44.9	43.0	-27.6
电气机械及器材制造业	Electric Equipment and Machinery	31.71	41.6	40.3	4.1
计算机、通信和其他电子设备制造业	Telecommunications Equipment,Computer and Other Electronic Equipment Manufacturing	59.14	-30.8	7.5	46.7
仪器仪表制造业	Instruments,Meters,Cultural and Office Machinery	7.13	314.2	34.6	-12.7
其他制造业	Handicraft Article and Other Manufacturing Indust	34.47	-46.8	-0.4	-85.8
废弃资源综合利用业	Comprehensive Utilization of Waste Resources	3.68	-63.6	-24.2	40.4
金属制品、机械和设备修理业	Metal products, machinery and equipment repair	5.05	32.7	-62.2	-78.7
电力、燃气及水的生产和供应业	**Electricity,Gas and Water Production and Supply**	**834.56**	**-19.0**	**-7.5**	**31.9**
电力、热力的生产和供应业	Production and Supply of Electricity and Heating Power	529.33	-13.0	-6.6	35.6
燃气生产和供应业	Production and Supply of Gas	23.93	5.7	-15.5	33.9
水的生产和供应业	Production and Supply of Water	281.30	-35.6	-9.0	19.6
建筑业	**Construction**	**9.53**	**-86.5**	**-95.5**	**248.0**
房屋建筑业	Housing industry	0.46	-56.6	-100.0	
土木工程建筑业	Civil engineering construction	8.63	-86.0	-94.3	248.0
建筑安装业	Installation	0.16	-95.8	-100.0	
建筑装饰、装修和其他建筑业	Architectural Decoration, Decoration and Other Construction Industries	0.28	-91.4	-100.0	
批发和零售业	**Wholesale and Retail Trade**	**67.82**	**-42.3**	**-50.6**	**602.7**
批发业	Wholesale	37.88	-51.7	-50.2	-5.2
零售业	Retail Sale	29.93	-29.1	-51.0	1194.7
交通运输、仓储和邮政业	**Transport,Storage and Post**	**2539.72**	**17.1**	**12.9**	**8.2**

续表2 Continued　　　　单位：亿元(100 million yuan)

指标	Item	2017	2018年比上年增长(%) Increased over the Previous Year in 2018 (%)	2019年比上年增长(%) Increased over the Previous Year in 2019 (%)	2020年比上年增长(%) Increased over the Previous Year in 2020 (%)
铁路运输业	Railway Transport	189.24	-16.5	50.3	71.0
道路运输业	Highway Transport	2053.99	21.0	10.7	1.3
水上运输业	Waterway Transport	161.10	46.4	-2.7	-5.5
航空运输业	Air Transport	45.16	40.1	36.3	17.7
管道运输业	Pipeline Transport	3.39	207.0	-58.8	127.5
多式联运和运输代理业	Multimodal Transport and Transport Agent Industry	5.02	337.0	4.4	8.3
装卸搬运和仓储业	Handling and Warehousing Industry	81.33	-55.0	-5.7	28.2
邮政业	Postal Services	0.49	-5.7	190.0	56.2
住宿和餐饮业	**Hotels and Catering Services**	**25.51**	**-30.8**	**22.7**	**33.3**
住宿业	Hotels	22.85	-57.2	109.8	33.0
餐饮业	Catering Services	2.66	208.2	-86.8	40.4
信息传输、软件和信息技术服务业	**Information Transmission Software and Information Technology Services**	**85.46**	**-33.7**	**-10.6**	**-7.8**
电信、广播电视和卫星传输服务	Telcommunication,Radio and Television, Satellite Transmission Services	45.29	-33.8	-20.1	-17.8
互联网和相关服务	The Internet and related services	6.53	-65.6	124.5	51.8
软件和信息技术服务业	Software and Information Technology Services	33.65	-9.4	-32.2	-43.5
金融业	**Banking**	**24.16**	**-48.7**	**-4.9**	**-13.7**
货币金融服务	Monetary and financial services	17.42	-72.6	66.8	-38.1
资本市场服务	Capital market services	3.32	43.4	-100.0	
保险业	Insurance	3.41	-14.5	19.5	51.1
其他金融业	Other financial sector				-100.0
房地产业	**Real Estate**	**2163.87**	**-23.9**	**62.0**	**6.8**
房地产业	Real Estate	2163.87	-23.9	62.0	6.8
租赁和商务服务业	**Renting and Business Services**	**278.29**	**-37.7**	**-22.9**	**12.4**
租赁业	Leasing	0.81	107.4	-39.6	-48.3
商务服务业	Commercial Services	277.48	-38.2	-22.7	13.0
科学研究和技术服务业	**Scientific Research and Technic Service**	**64.56**	**-10.2**	**151.9**	**24.8**
研究与试验发展	Research and Experiment Development	28.25	-5.6	165.5	33.9
专业技术服务业	Technical Services	20.97	-29.5	0.3	9.5
科技推广和应用服务业	Promotion and Application of Science and Technology Services	15.34	10.6	274.7	19.5
水利、环境和公共设施管理业	**Water Conservancy, Environment and Public Utility**	**3868.32**	**-1.8**	**2.1**	**1.8**
水利管理业	Water Conservancy	589.04	-15.9	17.2	-7.5
生态保护和环境治理业	Ecological protection and environmental governance industry	331.58	-0.3	5.6	-8.8
公共设施管理业	Public Facilities	2947.71	1.7	-1.4	4.9

续表3 Continued　单位：亿元(100 million yuan)

指标	Item	2017	2018年比上年增长(%) Increased over the Previous Year in 2018 (%)	2019年比上年增长(%) Increased over the Previous Year in 2019 (%)	2020年比上年增长(%) Increased over the Previous Year in 2020 (%)
居民服务、修理和其他服务业	**Service for the Residents and Others**	**36.81**	**-77.2**	**-6.0**	**38.6**
居民服务业	Resident Services	26.11	-52.5	-6.7	51.5
机动车、电子产品和日用产品修理业	Motor vehicle repair industry, electronic products and daily products	0.43	-81.4	-100.0	
其他服务业	Other Services	10.27	-90.4	-2.7	5.5
教育	**Education**	**440.26**	**12.1**	**7.9**	**-7.3**
教育	Education	440.26	12.1	7.9	-7.3
卫生和社会工作	**Culture,Sports and Recreation**	**163.35**	**-3.4**	**-9.3**	**28.2**
卫生	Health Care	141.16	-2.2	-11.0	29.2
社会工作	Social work	22.19	-11.8	4.6	21.5
文化、体育和娱乐业	**Culture,Sports and Entertainment**	**220.62**	**-31.1**	**29.9**	**0**
新闻和出版业	News and Publishing	2.70	-86.8	65.9	-100.0
广播、电视、电影和影视录音制作业	Television,Radion,Film and Television Sound Recording Production	5.37	7.2	-21.5	15.8
文化艺术业	Culture and Arts	133.59	-38.7	25.1	-1.9
体育	Sports	63.03	-23.4	61.9	3.2
娱乐业	Recreation	15.93	-28.4	-45.5	-29.6
公共管理、社会保障和社会组织	**Public Administration,Social Security and Social Organization**	**113.25**	**-48.9**	**-4.5**	**-0.7**
中国共产党机关	Communist Party Agencies			-30.0	-75.3
国家机构	Government Agencies	102.78	-46.9	-6.0	4.0
人民政协、民主党派	The CPPSS,democratic Parties	0.29			
社会保障	Social security	0.04	9.4	-79.3	-82.9
群众团体、社会团体和其他成员组织	Mass Organizations,Social Groups and Other Members of the Organization	6.89	-78.5	-57.6	-76.8
基层群众自治组织	Mass Grassroot Organizations	3.25	-87.9	701.2	-61.9
自年初累计资金来源合计	**Source of Funds**				
上年末结余资金	Surplus Funds Last Year	1020.04	18.6	30.8	-6.8
本年资金来源小计	Funds This Year	10837.72	-11.9	10.3	19.3
#国家预算内资金	State Budgetary Appropriations	2611.23	-5.7	-11.1	9.9
国内贷款	Domestic Loans	1830.69	9.5	5.3	5.4
债券	Debenture	34.50	127.9	17.6	34.0
利用外资	Foreign Investment	4.76	469.6	33.8	-34.7
自筹资金	Fundraising	5238.85	-22.5	14.3	27.0
其他资金	Others	1117.70	-23.7	52.9	31.4

3-7 非国有经济分行业投资和资金来源
Investment and Sources of Funds in Non-state-owned Units by Sector

单位：亿元（100 millionyuna）

指标	Item	2017	2018年比上年增长(%) Increased over the Previous Year in 2018 (%)	2019年比上年增长(%) Increased over the Previous Year in 2019 (%)	2020年比上年增长(%) Increased over the Previous Year in 2020 (%)
投资总计	**Total Investment**	**19585.93**	**15.9**	**6.8**	**3.7**
第一产业	Primary Industry	235.43	-45.4	-7.1	78.3
第二产业	Secondary Industry	7991.03	3.4	10.3	3.0
第三产业	Tertiary Industry	11359.47	21.3	5.7	3.8
按国民经济行业分组	**By Sector**				
农林牧渔业	**Farming,Forestry,Animal Husbandry and Fishery**	**235.43**	**-46.9**	**-5.8**	**70.9**
农业	Farming	150.37	-59.3	-17.2	-2.5
林业	Forestry	5.49	-71.6	19.2	-41.8
牧业	Animal Husbandry	22.92	-47.1	64.4	406.1
渔业	Fishery	33.11	48.8	-21.7	-62.0
农林牧渔专业及辅助性活动	Agriculture, Forestry, Animal Husbandry and Fisheries Professional and Supplementary Activities	23.54	-61.8	11.3	-15.0
采矿业	**Ming and Quarrying**	**30.86**	**27.0**	**-11.9**	**19.5**
煤炭开采和洗选业	Coal Mining and Dressing	0.10			
石油和天然气开采业	Petroleum and Natural Gas Extraction				
黑色金属矿采选业	Ferrous Metals Mining and Dressing				
有色金属矿采选业	Nonferrous Metals Mining and Dressing	0.51	-24.0	7.1	-16.0
非金属矿采选业	Nonmetal Minerals Mining and Dressing	29.41	32.1	-13.6	11.0
开采专业及辅助活动	Mining Professional and Auxiliary Activities				-84.4
其他采矿业	Other Minerals Mining and Dressing	0.85	-80.7	210.6	-85.0
制造业	**Manufacturing**	**7504.89**	**6.7**	**11.9**	**2.5**
农副食品加工业	Non-staple Food Processing	108.31	0.8	6.1	-24.8
食品制造业	Food Manufacturing	73.46	-27.1	37.0	-9.2
酒、饮料和精制茶制造业	Wine,Soft Drinks and Refined Tea Manufacturing	52.00	-15.0	-11.0	26.4
烟草制品业	Tobacco Processing			1207.7	306.5
纺织业	Textile Industry	637.54	-3.2	-3.6	5.3
纺织服装、服饰业	Garments,Shoes and Hats Manufacturing	222.21	11.3	3.8	0
皮革、毛皮、羽毛(绒)及其制品业	Leather,Furs,Down and Related Products	130.73	-8.0	53.0	-19.0
木材加工及木、竹、藤、棕、草制品业	Timber Processing,Bamboo,Cane Palm Fiber and Straw Products	83.79	-34.9	5.1	-31.1
家具制造业	Furniture Manufacturing	146.19	4.5	-1.8	6.4
造纸及纸制品业	Papermaking and Paper Products	149.18	-21.7	-6.6	9.2
印刷业和记录媒介的复制	Printing and Record Medium Reproduction	86.44	26.1	4.6	-14.1
文教、工美、体育和娱乐用品制造业	Cultural,Educational and Sports Goods	183.87	-15.6	8.5	-15.4

续表1 Continued 单位：亿元（100 millionyuna）

指标	Item	2017	2018年比上年增长(%) Increased over the Previous Year in 2018（%）	2019年比上年增长(%) Increased over the Previous Year in 2019（%）	2020年比上年增长(%) Increased over the Previous Year in 2020（%）
石油、煤炭及其他燃料加工业	Petroleum, Coal and Other Fuel Processing Industry	55.98	-68.1	95.3	198.8
化学原料及化学制品制造业	Raw Chemical Materials and Chemical Products	508.99	41.7	23.4	-3.6
医药制造业	Medical and Pharmaceutical Products	168.63	5.1	37.9	52.8
化学纤维制造业	Chemical Fiber	157.00	-9.2	9.7	24.4
橡胶和塑料制品业	Rubber and plastic products	406.97	-19.9	-0.3	1.6
非金属矿物制品业	Nonmetal Mineral Products	357.70	17.2	3.9	9.3
黑色金属冶炼及压延加工业	Smelting and Pressing of Ferrous Metals	90.32	-37.4	8.6	7.5
有色金属冶炼及压延加工业	Smelting and Pressing of Nonferrous Metals	90.86	12.5	19.9	-17.5
金属制品业	Metal Products	380.23	-13.0	10.7	1.0
通用设备制造业	Ordinary Machinery	700.33	11.1	26.8	-3.7
专用设备制造业	For Special Purpose Equipment Manufacturing	389.11	19.4	36.6	3.4
汽车制造业	Automobile manufacturing industry	855.38	1.8	-7.3	-7.1
铁路、船舶、航空航天和其他运输设备制造业	Railway, shipbuilding, aerospace, and other transportation equipment manufacturing industry	95.44	-6.1	-1.9	28.2
电气机械及器材制造业	Electric Equipment and Machinery	813.95	8.0	9.7	1.5
计算机、通信和其他电子设备制造业	Telecommunications Equipment,Computer and Other Electronic Equipment Manufacturing	323.39	59.5	23.1	1.2
仪器仪表制造业	Instruments,Meters,Cultural and Office Machinery	110.91	36.6	-6.5	19.2
其他制造业	Handicraft Article and Other Manufacturing Indust	78.64	23.6	-5.6	-10.6
废弃资源综合利用业	Comprehensive Utilization of Waste Resources	39.64	-33.4	36.4	-11.7
金属制品、机械和设备修理业	Metal products, machinery and equipment repair	7.67	-9.5	123.4	29.4
电力、燃气及水的生产和供应业	**Electricity,Gas and Water Production and Supply**	**446.12**	**-37.3**	**-19.2**	**15.3**
电力、热力的生产和供应业	Production and Supply of Electricity and Heating Power	363.79	-38.5	-22.1	24.4
燃气生产和供应业	Production and Supply of Gas	30.26	-35.2	73.9	-29.3
水的生产和供应业	Production and Supply of Water	52.07	-29.6	-56.5	19.5
建筑业	**Construction**	**9.17**	**-38.8**	**35.1**	**-6.5**
房屋建筑业	Housing industry	2.66	6.7	5.8	-37.8
土木工程建筑业	Civil engineering construction	4.27	-49.6	41.0	43.1
建筑安装业	Installation	0.49	-64.4	-87.7	-100.0
建筑装饰、装修和其他建筑业	Architectural Decoration, Decoration and Other Construction Industries	1.75	-56.9	122.0	-58.0
批发和零售业	**Wholesale and Retail Trade**	**208.26**	**-27.4**	**18.7**	**-20.4**
批发业	Wholesale	97.64	-33.7	1.6	-33.8
零售业	Retail Sale	110.62	-23.0	28.9	-14.1
交通运输、仓储和邮政业	**Transport,Storage and Post**	**426.28**	**64.1**	**30.0**	**-5.9**

续表2 Continued　　　　单位：亿元（100 millionyuna）

指标	Item	2017	2018年比上年增长(%) Increased over the Previous Year in 2018 (%)	2019年比上年增长(%) Increased over the Previous Year in 2019 (%)	2020年比上年增长(%) Increased over the Previous Year in 2020 (%)
铁路运输业	Railway Transport	1.30	4563.7	152.2	-1.4
道路运输业	Highway Transport	179.50	106.2	13.8	-14.2
水上运输业	Waterway Transport	44.03	85.5	-11.7	-19.4
航空运输业	Air Transport	20.72	-60.2	-36.1	221.5
管道运输业	Pipeline Transport	5.89	-98.6	25449.8	106.6
多式联运和运输代理业	Multimodal Transport and Transport Agent Industry	21.58	10.6	35.1	-14.4
装卸搬运和仓储业	Handling and Warehousing Industry	129.91	-8.3	3.1	0.6
邮政业	Postal Services	23.35	-32.0	-43.3	-36.1
住宿和餐饮业	**Hotels and Catering Services**	**305.84**	**-14.6**	**-3.8**	**0.2**
住宿业	Hotels	270.20	-7.6	-1.6	0.4
餐饮业	Catering Services	35.64	-64.8	-44.8	-7.7
信息传输、软件和信息技术服务业	**Information Transmission Software and Information Technology Services**	**251.45**	**13.8**	**15.2**	**13.0**
电信、广播电视和卫星传输服务	Telcommunication,Radio and Television, Satellite Transmission Services	86.03	4.4	9.5	25.0
互联网和相关服务	The Internet and related services	96.97	42.3	7.6	0.1
软件和信息技术服务业	Software and Information Technology Services	68.45	-22.4	53.5	23.7
金融业	**Banking**	**33.50**	**-32.6**	**77.1**	**-38.3**
货币金融服务	Monetary and financial services	23.94	-31.3	78.3	-35.0
资本市场服务	Capital market services	5.38	-68.6	235.2	-94.3
保险业	Insurance				
其他金融业	Other financial sector	4.18	68.9	-46.9	47.3
房地产业	**Real Estate**	**8304.73**	**22.4**	**3.5**	**6.1**
房地产业	Real Estate	8304.73	22.4	3.5	6.1
租赁和商务服务业	**Renting and Business Services**	**389.99**	**-5.0**	**-0.7**	**-2.0**
租赁业	Leasing	24.92	-29.8	-84.9	10.5
商务服务业	Commercial Services	365.07	-2.4	5.5	-2.2
科学研究和技术服务业	**Scientific Research and Technic Service**	**67.29**	**117.4**	**66.1**	**1.2**
研究与试验发展	Research and Experiment Development	22.01	144.0	56.0	4.6
专业技术服务业	Technical Services	14.65	77.4	27.6	12.1
科技推广和应用服务业	Promotion and Application of Science and Technology Services	30.63	118.9	93.3	-4.7
水利、环境和公共设施管理业	**Water Conservancy, Environment and Public Utility**	**834.22**	**52.0**	**13.3**	**-17.8**
水利管理业	Water Conservancy	44.13	321.3	8.0	-22.0
生态保护和环境治理业	Ecological protection and environmental governance industry	58.71	121.0	52.0	11.5
公共设施管理业	Public Facilities	731.38	31.8	8.7	-23.8

续表3 Continued　　单位：亿元（100 millionyuna）

指标	Item	2017	2018年比上年增长(%) Increased over the Previous Year in 2018 (%)	2019年比上年增长(%) Increased over the Previous Year in 2019 (%)	2020年比上年增长(%) Increased over the Previous Year in 2020 (%)
居民服务、修理和其他服务业	**Service for the Residents and Others**	**48.70**	**-28.5**	**26.4**	**-33.1**
居民服务业	Resident Services	26.40	8.7	-0.2	-36.8
机动车、电子产品和日用产品修理业	Motor vehicle repair industry, electronic products and daily products	2.84	-64.0	82.0	-41.1
其他服务业	Other Services	19.46	-59.5	92.0	-24.9
教育	**Education**	**77.20**	**14.4**	**37.4**	**2.7**
教育	Education	77.20	14.4	37.4	2.7
卫生和社会工作	**Culture,Sports and Recreation**	**112.46**	**-8.1**	**13.8**	**-11.2**
卫生	Health Care	63.50	-21.3	9.5	-11.6
社会工作	Social work	48.96	18.2	19.5	-10.7
文化、体育和娱乐业	**Culture,Sports and Entertainment**	**263.97**	**-3.2**	**-2.2**	**-29.3**
新闻和出版业	News and Publishing				
广播、电视、电影和影视录音制作业	Television,Radion,Film and Television Sound Recording Production	16.80	-56.0	19.7	-75.0
文化艺术业	Culture and Arts	121.90	-30.3	35.6	-16.4
体育	Sports	29.91	-20.4	5.9	-6.9
娱乐业	Recreation	95.36	52.9	-25.1	-37.4
公共管理、社会保障和社会组织	**Public Administration,Social Security and Social Organization**	**35.58**	**-45.3**	**29.1**	**5.3**
中国共产党机关	Communist Party Agencies				
国家机构	Government Agencies	3.76	-4.5	41.2	-65.7
人民政协、民主党派	The CPPSS,democratic Parties				
社会保障	Social security				
群众团体、社会团体和其他成员组织	Mass Origanizations,Social Groups and Other Members of the Organization	13.52	-39.3	4.4	30.8
基层群众自治组织	Mass Grassroot Organizations	18.30	-75.8	186.2	-14.2
自年初累计资金来源合计	**Source of Funds**				
上年末结余资金	Surplus Funds Last Year	3807.21	36.9	15.9	9.4
本年资金来源小计	Funds This Year	23339.79	7.4	6.3	21.1
#国家预算内资金	State Budgetary Appropriations	125.48	42.6	-16.6	-54.1
国内贷款	Domestic Loans	2341.99	30.7	12.3	31.1
债券	Debenture	2.36	129.7	17.6	-4.0
利用外资	Foreign Investment	69.05	29.1	40.2	4.1
自筹资金	Fundraising	13425.64	4.3	-0.4	13.7
其他资金	Others	7375.27	3.6	11.3	25.4

3-8 港澳台经济分行业投资和资金来源
Investment and Sources of Funds in HongKong,Macao and Taiwan Units by Sector

单位：亿元 (100 million yuan)

指标	Item	2017	2018年比上年增长(%) Increased over the Previous Year in 2018 (%)	2019年比上年增长(%) Increased over the Previous Year in 2019 (%)	2020年比上年增长(%) Increased over the Previous Year in 2020 (%)
投资总计	**Total Investment**	**1159.16**	**-3.7**	**11.3**	**-1.1**
第一产业	Primary Industry	2.68	-40.9	9.0	-64.2
第二产业	Secondary Industry	520.42	-3.5	21.5	8.9
第三产业	Tertiary Industry	636.06	-3.6	6.4	-6.4
按国民经济行业分组	**By Sector**				
农林牧渔业	**Farming,Forestry,Animal Husbandry and Fishery**	**2.68**	**-42.1**	**9.0**	**-64.2**
农业	Farming	2.20	-39.2	2.8	-60.6
林业	Forestry				
牧业	Animal Husbandry				
渔业	Fishery	0.33	-66.5	178.1	-100.0
农林牧渔专业及辅助性活动	Agriculture, Forestry, Animal Husbandry and Fisheries Professional and Supplementary Activities	0.15	-100.0		
采矿业	**Ming and Quarrying**				
煤炭开采和洗选业	Coal Mining and Dressing				
石油和天然气开采业	Petroleum and Natural Gas Extraction				
黑色金属矿采选业	Ferrous Metals Mining and Dressing				
有色金属矿采选业	Nonferrous Metals Mining and Dressing				
非金属矿采选业	Nonmetal Minerals Mining and Dressing				
开采专业及辅助活动	Mining Professional and Auxiliary Activities				
其他采矿业	Other Minerals Mining and Dressing				
制造业	**Manufacturing**	**491.71**	**1.3**	**21.9**	**4.8**
农副食品加工业	Non-staple Food Processing	0.72	219.3	18.7	9.3
食品制造业	Food Manufacturing	5.38	-47.8	151.8	-7.6
酒、饮料和精制茶制造业	Wine,Soft Drinks and Refined Tea Manufacturing	2.03	-76.9	-9.1	-48.2
烟草制品业	Tobacco Processing				
纺织业	Textile Industry	46.29	-3.8	1.7	-11.7
纺织服装、服饰业	Garments,Shoes and Hats Manufacturing	34.62	56.2	-12.5	4.3
皮革、毛皮、羽毛(绒)及其制品业	Leather,Furs,Down and Related Products	2.58	-8.6	-61.7	-45.3
木材加工及木、竹、藤、棕、草制品业	Timber Processing,Bamboo,Cane Palm Fiber and Straw Products	0.46	245.6	-60.8	243.0
家具制造业	Furniture Manufacturing	8.51	-44.2	57.5	39.2
造纸及纸制品业	Papermaking and Paper Products	14.11	-43.5	-65.4	104.0
印刷业和记录媒介的复制	Printing and Record Medium Reproduction	1.18	114.5	-52.4	-52.5
文教、工美、体育和娱乐用品制造业	Cultural,Educational and Sports Goods	7.09	37.7	8.8	-44.4

续表1 Continued 单位：亿元（100 million yuan）

指标	Item	2017	2018年比上年增长(%) Increased over the Previous Year in 2018 (%)	2019年比上年增长(%) Increased over the Previous Year in 2019 (%)	2020年比上年增长(%) Increased over the Previous Year in 2020 (%)
石油、煤炭及其他燃料加工业	Petroleum, Coal and Other Fuel Processing Industry	2.94	253.4	-45.9	70.5
化学原料及化学制品制造业	Raw Chemical Materials and Chemical Products	63.01	-6.2	93.7	9.8
医药制造业	Medical and Pharmaceutical Products	7.21	-45.1	74.7	149.4
化学纤维制造业	Chemical Fiber	11.44	109.0	180.8	73.1
橡胶和塑料制品业	Rubber and plastic products	16.96	9.1	-4.4	-19.3
非金属矿物制品业	Nonmetal Mineral Products	14.68	-71.5	-36.1	207.0
黑色金属冶炼及压延加工业	Smelting and Pressing of Ferrous Metals	15.85	-73.8	-11.5	-96.6
有色金属冶炼及压延加工业	Smelting and Pressing of Nonferrous Metals	5.04	86.6	-62.8	152.9
金属制品业	Metal Products	17.17	7.3	-13.5	-5.0
通用设备制造业	Ordinary Machinery	35.45	6.2	17.1	-4.6
专用设备制造业	For Special Purpose Equipment Manufacturing	32.83	-14.4	-22.8	9.5
汽车制造业	Automobile manufacturing industry	62.07	-14.3	-20.7	1.7
铁路、船舶、航空航天和其他运输设备制造业	Railway, shipbuilding, aerospace, and other transportation equipment manufacturing industry	0.38	-24.8	256.8	-15.0
电气机械及器材制造业	Electric Equipment and Machinery	48.36	52.9	-2.2	-43.8
计算机、通信和其他电子设备制造业	Telecommunications Equipment,Computer and Other Electronic Equipment Manufacturing	26.90	62.7	77.9	-25.2
仪器仪表制造业	Instruments,Meters,Cultural and Office Machinery	4.20	-68.5	-62.5	1067.5
其他制造业	Handicraft Article and Other Manufacturing Indust	3.15	20.1	92.5	-79.7
废弃资源综合利用业	Comprehensive Utilization of Waste Resources	0.32	377.1	0.8	-47.9
金属制品、机械和设备修理业	Metal products, machinery and equipment repair	0.80	-76.6	-0.3	90.2
电力、燃气及水的生产和供应业	**Electricity,Gas and Water Production and Supply**	**28.52**	**-68.0**	**2.5**	**213.5**
电力、热力的生产和供应业	Production and Supply of Electricity and Heating Power	24.30	-79.5	18.8	332.6
燃气生产和供应业	Production and Supply of Gas	1.21	-13.6	66.3	47.7
水的生产和供应业	Production and Supply of Water	3.01	-5.6	-46.0	-17.6
建筑业	**Construction**	**0.19**			
房屋建筑业	Housing industry				
土木工程建筑业	Civil engineering construction				
建筑安装业	Installation	0.19			
建筑装饰、装修和其他建筑业	Architectural Decoration, Decoration and Other Construction Industries				
批发和零售业	**Wholesale and Retail Trade**	**6.89**	**-30.9**	**-4.6**	**0.3**
批发业	Wholesale	1.87	-49.7	-94.0	1953.2
零售业	Retail Sale	5.02	-24.2	16.5	-23.6
交通运输、仓储和邮政业	**Transport,Storage and Post**	**52.60**	**23.9**	**73.2**	**32.1**

续表2 Continued 单位：亿元（100 million yuan）

指标	Item	2017	2018年比上年增长(%) Increased over the Previous Year in 2018 (%)	2019年比上年增长(%) Increased over the Previous Year in 2019 (%)	2020年比上年增长(%) Increased over the Previous Year in 2020 (%)
铁路运输业	Railway Transport				
道路运输业	Highway Transport	7.10	88.8	28.4	45.6
水上运输业	Waterway Transport	4.10	-87.7	2534.4	-13.1
航空运输业	Air Transport	1.58	745.0	203.3	62.5
管道运输业	Pipeline Transport	0.43	-100.0		
多式联运和运输代理业	Multimodal Transport and Transport Agent Industry				
装卸搬运和仓储业	Handling and Warehousing Industry	39.40	-19.1	-8.8	-16.2
邮政业	Postal Services				
住宿和餐饮业	**Hotels and Catering Services**	**5.63**	**-29.8**	**24.8**	**-24.1**
住宿业	Hotels	5.42	-24.7	24.8	-38.7
餐饮业	Catering Services	0.21	-100.0		
信息传输、软件和信息技术服务业	**Information Transmission Software and Information Technology Services**	**192.02**	**21.6**	**4.9**	**-39.3**
电信、广播电视和卫星传输服务	Telcommunication,Radio and Television, Satellite Transmission Services	84.34	4.0	9.5	-98.1
互联网和相关服务	The Internet and related services	87.56	47.1	-5.7	-2.8
软件和信息技术服务业	Software and Information Technology Services	20.11	-32.1	110.0	32.8
金融业	**Banking**	**0.76**	**-100.0**		
货币金融服务	Monetary and financial services				
资本市场服务	Capital market services				
保险业	Insurance				
其他金融业	Other financial sector	0.76	-100.0		
房地产业	**Real Estate**	**345.96**	**-21.1**	**-9.1**	**10.1**
房地产业	Real Estate	345.96	-21.1	-9.1	10.1
租赁和商务服务业	**Renting and Business Services**	**10.43**	**-61.4**	**27.8**	**-21.5**
租赁业	Leasing	0.58	-100.0		32.2
商务服务业	Commercial Services	9.85	-60.2	27.1	-21.8
科学研究和技术服务业	**Scientific Research and Technic Service**	**0.41**	**1215.6**	**30.0**	**17.6**
研究与试验发展	Research and Experiment Development	0.17	2141.7	4.3	61.7
专业技术服务业	Technical Services				-45.5
科技推广和应用服务业	Promotion and Application of Science and Technology Services	0.24	651.0	61.6	-28.3
水利、环境和公共设施管理业	**Water Conservancy, Environment and Public Utility**	**16.85**	**85.8**	**30.5**	**0.6**
水利管理业	Water Conservancy				6.1
生态保护和环境治理业	Ecological protection and environmental governance industry	0.24	9.7	1221.8	129.1
公共设施管理业	Public Facilities	16.61	87.5	13.5	-19.9

续表3 Continued 单位：亿元（100 million yuan）

指标	Item	2017	2018年比上年增长(%) Increased over the Previous Year in 2018 (%)	2019年比上年增长(%) Increased over the Previous Year in 2019 (%)	2020年比上年增长(%) Increased over the Previous Year in 2020 (%)
居民服务、修理和其他服务业	**Service for the Residents and Others**	**2.31**	**250.8**	**-87.0**	**-12.9**
居民服务业	Resident Services	2.30	250.8	-87.0	-12.9
机动车、电子产品和日用产品修理业	Motor vehicle repair industry, electronic products and daily products				
其他服务业	Other Services				
教育	**Education**	**0.37**	**57.0**	**148.9**	**107.8**
教育	Education	0.37	57.0	148.9	107.8
卫生和社会工作	**Culture,Sports and Recreation**	**0.34**	**269.8**	**151.0**	**-22.1**
卫生	Health Care	0.34	269.8	151.0	-22.1
社会工作	Social work				
文化、体育和娱乐业	**Culture,Sports and Entertainment**	**1.49**	**27.9**	**176.9**	**-17.4**
新闻和出版业	News and Publishing				
广播、电视、电影和影视录音制作业	Television,Radion,Film and Television Sound Recording Production				-86.5
文化艺术业	Culture and Arts	0.64	-1.4	-51.3	-35.0
体育	Sports	0.07		213.5	86.0
娱乐业	Recreation	0.78	-19.6	228.6	-71.8
公共管理、社会保障和社会组织	**Public Administration,Social Security and Social Organization**				
中国共产党机关	Communist Party Agencies				
国家机构	Government Agencies				
人民政协、民主党派	The CPPSS,democratic Parties				
社会保障	Social security				
群众团体、社会团体和其他成员组织	Mass Origanizations,Social Groups and Other Members of the Organization				
基层群众自治组织	Mass Grassroot Organizations				
自年初累计资金来源合计	**Source of Funds**				
上年末结余资金	Surplus Funds Last Year	502.18	-18.3	-40.6	57.6
本年资金来源小计	Funds This Year	1406.98	-24.2	17.2	3.9
#国家预算内资金	State Budgetary Appropriations	3.03	48.9	-14.7	159.2
国内贷款	Domestic Loans	93.27	-43.9	82.0	26.4
债券	Debenture				
利用外资	Foreign Investment	13.77	93.7	-6.1	190.8
自筹资金	Fundraising	763.78	-14.2	50.3	-4.0
其他资金	Others	533.14	-33.6	-32.9	2.5

3-9 外商经济分行业投资和资金来源
Investment and Sources of Funds in Foreign-owned Units by Sector

单位：亿元（100 million yuan）

指标	Item	2017	2018年比上年增长(%) Increased over the Previous Year in 2018 (%)	2019年比上年增长(%) Increased over the Previous Year in 2019 (%)	2020年比上年增长(%) Increased over the Previous Year in 2020 (%)
投资总计	**Total Investment**	**621.74**	**12.5**	**6.0**	**45.7**
第一产业	Primary Industry	0.44	-77.7	25.2	1291.1
第二产业	Secondary Industry	457.11	10.1	7.0	10.0
第三产业	Tertiary Industry	164.19	17.8	4.1	110.1
按国民经济行业分组	**By Sector**				
农林牧渔业	**Farming,Forestry,Animal Husbandry and Fishery**	**0.44**	**-77.7**	**25.2**	**1291.1**
农业	Farming	0.25	-72.9	6.5	-100.0
林业	Forestry				-100.0
牧业	Animal Husbandry	0.19	-100.0		
渔业	Fishery				
农林牧渔专业及辅助性活动	Agriculture, Forestry, Animal Husbandry and Fisheries Professional and Supplementary Activities				
采矿业	**Ming and Quarrying**				
煤炭开采和洗选业	Coal Mining and Dressing				
石油和天然气开采业	Petroleum and Natural Gas Extraction				
黑色金属矿采选业	Ferrous Metals Mining and Dressing				
有色金属矿采选业	Nonferrous Metals Mining and Dressing				
非金属矿采选业	Nonmetal Minerals Mining and Dressing				
开采专业及辅助活动	Mining Professional and Auxiliary Activities				
其他采矿业	Other Minerals Mining and Dressing				
制造业	**Manufacturing**	**435.37**	**13.9**	**8.3**	**6.8**
农副食品加工业	Non-staple Food Processing	5.59	-26.5	-21.2	49.0
食品制造业	Food Manufacturing	8.74	-11.9	49.9	-17.7
酒、饮料和精制茶制造业	Wine,Soft Drinks and Refined Tea Manufacturing	5.59	15.1	-48.2	276.5
烟草制品业	Tobacco Processing				
纺织业	Textile Industry	16.93	72.9	7.8	21.9
纺织服装、服饰业	Garments,Shoes and Hats Manufacturing	7.97	10.4	-10.2	29.9
皮革、毛皮、羽毛及其制品和制鞋业	Leather,Furs,Down and Related Products	0.95	20.2	0.2	200.5
木材加工及木、竹、藤、棕、草制品业	Timber Processing,Bamboo,Cane Palm Fiber and Straw Products	3.17	-40.9	-18.8	-28.5
家具制造业	Furniture Manufacturing	6.47	-6.6	-15.3	-2.1
造纸及纸制品业	Papermaking and Paper Products	7.83	89.5	-30.9	-11.0
印刷和记录媒介复制业	Printing and Record Medium Reproduction	0.55	-2.7	128.7	113.6
文教、工美、体育和娱乐用品制造业	Cultural,Educational and Sports Goods	4.13	14.7	37.7	-24.5

续表1 Continued 单位：亿元（100 million yuan）

指标	Item	2017	2018年比上年增长(%) Increased over the Previous Year in 2018 (%)	2019年比上年增长(%) Increased over the Previous Year in 2019 (%)	2020年比上年增长(%) Increased over the Previous Year in 2020 (%)
石油、煤炭及其他燃料加工业	Petroleum, Coal and Other Fuel Processing Industry				
化学原料及化学制品制造业	Raw Chemical Materials and Chemical Products	24.04	22.1	2.1	34.1
医药制造业	Medical and Pharmaceutical Products	30.49	-25.8	-31.5	26.7
化学纤维制造业	Chemical Fiber	26.36	-8.7	-19.5	-57.5
橡胶和塑料制品业	Rubber and plastic products	16.36	8.8	-21.4	15.8
非金属矿物制品业	Nonmetal Mineral Products	6.87	-17.5	41.7	24.6
黑色金属冶炼及压延加工业	Smelting and Pressing of Ferrous Metals	1.79	-97.4	1861.7	-96.6
有色金属冶炼及压延加工业	Smelting and Pressing of Nonferrous Metals	7.71	-44.4	-59.9	114.7
金属制品业	Metal Products	12.76	-19.8	-10.8	-20.6
通用设备制造业	Ordinary Machinery	27.74	3.3	76.3	-21.2
专用设备制造业	For Special Purpose Equipment Manufacturing	10.54	139.2	1.8	62.2
汽车制造业	Automobile manufacturing industry	82.11	11.3	19.5	-5.3
铁路、船舶、航空航天和其他运输设备制造业	Railway, shipbuilding, aerospace, and other transportation equipment manufacturing industry	3.25	-60.1	-52.7	712.8
电气机械及器材制造业	Electric Equipment and Machinery	60.80	5.6	9.4	-22.9
计算机、通信和其他电子设备制造业	Telecommunications Equipment,Computer and Other Electronic Equipment Manufacturing	46.27	83.6	14.2	13.9
仪器仪表制造业	Instruments,Meters,Cultural and Office Machinery	6.27	-36.1	21.2	164.8
其他制造业	Handicraft Article and Other Manufacturing Indust	3.90	-85.2	196.0	51.7
废弃资源综合利用业	Comprehensive Utilization of Waste Resources	0.17	-66.0	-100.0	
金属制品、机械和设备修理业	Metal products, machinery and equipment repair	0.02	991.7	53.1	-5.4
电力、热力、燃气及水生产和供应业	**Electricity,Gas and Water Production and Supply**	**21.73**	**-48.6**	**-36.0**	**193.1**
电力、热力生产和供应业	Production and Supply of Electricity and Heating Power	18.49	-50.1	-45.8	270.4
燃气生产和供应业	Production and Supply of Gas	2.68	-61.0	48.4	-50.4
水的生产和供应业	Production and Supply of Water	0.56	115.6	56.6	390.2
建筑业	**Construction**				
房屋建筑业	Housing industry				
土木工程建筑业	Civil engineering construction				
建筑安装业	Installation				
建筑装饰、装修和其他建筑业	Architectural Decoration, Decoration and Other Construction Industries				
批发和零售业	**Wholesale and Retail Trade**	**6.20**	**-10.4**	**7.6**	**9.2**
批发业	Wholesale	1.79	-100.0		139.3
零售业	Retail Sale	4.42	25.9	-7.9	-12.6
交通运输、仓储和邮政业	**Transport,Storage and Post**	**12.53**	**-6.1**	**-5.8**	**98.1**

续表2 Continued

单位：亿元（100 million yuan）

指标	Item	2017	2018年比上年增长(%) Increased over the Previous Year in 2018 (%)	2019年比上年增长(%) Increased over the Previous Year in 2019 (%)	2020年比上年增长(%) Increased over the Previous Year in 2020 (%)
铁路运输业	Railway Transport				
道路运输业	Highway Transport	0.50			743.5
水上运输业	Waterway Transport	1.52	-71.0	376.2	48.3
航空运输业	Air Transport				
管道运输业	Pipeline Transport	0.13			15.8
多式联运和运输代理业	Multimodal Transport and Transport Agent Industry				
装卸搬运和仓储业	Handling and Warehousing Industry	10.39	5.3	-33.0	41.2
邮政业	Postal Services				
住宿和餐饮业	**Hotels and Catering Services**	**6.83**	**49.2**	**-18.0**	**70.3**
住宿业	Hotels	6.83	49.2	-18.0	70.3
餐饮业	Catering Services				
信息传输、软件和信息技术服务业	**Information Transmission Software and Information Technology Services**	**2.96**	**-47.8**	**165.1**	**4048.3**
电信、广播电视和卫星传输服务	Telcommunication,Radio and Television, Satellite Transmission Services	0.39		-11.2	32874.7
互联网和相关服务	The Internet and related services	0.43		4777.7	-52.8
软件和信息技术服务业	Software and Information Technology Services	2.14	-69.2	-59.7	515.6
金融业	**Banking**				
货币金融服务	Monetary and financial services				
资本市场服务	Capital market services				
保险业	Insurance				
其他金融业	Other financial sector				
房地产业	**Real Estate**	**121.00**	**8.5**	**-8.8**	**64.8**
房地产业	Real Estate	121.00	8.5	-8.8	64.8
租赁和商务服务业	**Renting and Business Services**	**4.64**	**-51.3**	**283.1**	**250.2**
租赁业	Leasing	0.65	-100.0		
商务服务业	Commercial Services	3.99	41.7	283.1	250.2
科学研究和技术服务业	**Scientific Research and Technic Service**	**1.22**	**67.6**	**840.0**	**-51.5**
研究与试验发展	Research and Experiment Development	0.24			-31.8
专业技术服务业	Technical Services	0.14	92.2	-19.2	2.0
科技推广和应用服务业	Promotion and Application of Science and Technology Services	0.85	-100.0		-87.3
水利、环境和公共设施管理业	**Water Conservancy，Environment and Public Utility**	**5.49**	**138.0**	**32.0**	**-47.7**
水利管理业	Water Conservancy				-61.2
生态保护和环境治理业	Ecological protection and environmental governance industry	2.09	36.9	504.9	-11.5
公共设施管理业	Public Facilities	3.41	163.5	-34.6	-90.7

续表3 Continued　　单位：亿元（100 million yuan）

指标	Item	2017	2018年比上年增长(%) Increased over the Previous Year in 2018 (%)	2019年比上年增长(%) Increased over the Previous Year in 2019 (%)	2020年比上年增长(%) Increased over the Previous Year in 2020 (%)
居民服务、修理和其他服务业	**Service for the Residents and Others**				**3.5**
居民服务业	Resident Services				
机动车、电子产品和日用产品修理业	Motor vehicle repair industry, electronic products and daily products				
其他服务业	Other Services				3.5
教育	**Education**			**81227.8**	**124.2**
教育	Education			81227.8	124.2
卫生和社会工作	**Culture,Sports and Recreation**	**0.92**	**57.8**	**312.8**	**-15.3**
卫生	Health Care	0.92	36.6	373.7	-31.4
社会工作	Social work			-79.2	2336.5
文化、体育和娱乐业	**Culture,Sports and Entertainment**	**2.39**	**513.8**	**47.8**	**-17.7**
新闻和出版业	News and Publishing				
广播、电视、电影和影视录音制作业	Television,Radion,Film and Television Sound Recording Production				
文化艺术业	Culture and Arts			-58.8	-100.0
体育	Sports	2.39	876.4	72.2	-20.0
娱乐业	Recreation		-100.0		
公共管理、社会保障和社会组织	**Public Administration,Social Security and Social Organization**				
中国共产党机关	Communist Party Agencies				
国家机构	Government Agencies				
人民政协、民主党派	The CPPSS,democratic Parties				
社会保障	Social security				
群众团体、社会团体和其他成员组织	Mass Origanizations,Social Groups and Other Members of the Organization				
基层群众自治组织	Mass Grassroot Organizations				
自年初累计资金来源合计	**Source of Funds**				
上年末结余资金	Surplus Funds Last Year	142.74	3.7	6.6	61.3
本年资金来源小计	Funds This Year	672.79	1.3	8.7	48.6
#国家预算内资金	State Budgetary Appropriations	1.38	14.9	-41.8	-94.6
国内贷款	Domestic Loans	58.76	-1.9	64.6	1.2
债券	Debenture				338.8
利用外资	Foreign Investment	35.43	33.6	62.5	-37.1
自筹资金	Fundraising	454.77	2.8	-8.0	69.6
其他资金	Others	122.45	-10.5	16.0	74.2

3-10 私营个体经济分行业投资和资金来源
Investment and Sources of Funds in Private-owned Units by Sector

单位：亿元（100 million yuan）

指标	Item	2017	2018年比上年增长(%) Increased over the Previous Year in 2018 (%)	2019年比上年增长(%) Increased over the Previous Year in 2019 (%)	2020年比上年增长(%) Increased over the Previous Year in 2020 (%)
投资总计	**Total Investment**	**11391.22**	**30.5**	**-5.6**	**-4.6**
第一产业	Primary Industry	142.60	-47.5	2.7	39.1
第二产业	Secondary Industry	5171.51	2.6	7.5	3.2
第三产业	Tertiary Industry	6077.11	42.6	-9.5	-7.4
按国民经济行业分组	**By Sector**				
农林牧渔业	**Farming,Forestry,Animal Husbandry and Fishery**	**142.60**	**-46.5**	**3.4**	**33.2**
农业	Farming	95.17	-59.5	-25.2	13.3
林业	Forestry	3.37	-63.3	-26.8	-22.1
牧业	Animal Husbandry	14.91	-34.8	83.2	194.3
渔业	Fishery	18.71	10.9	15.9	-64.4
农林牧渔专业及辅助性活动	Agriculture, Forestry, Animal Husbandry and Fisheries Professional and Supplementary Activities	10.43	-29.7	11.6	-34.7
采矿业	**Ming and Quarrying**	**22.89**	**22.8**	**-11.8**	**30.2**
煤炭开采和洗选业	Coal Mining and Dressing	0.10			
石油和天然气开采业	Petroleum and Natural Gas Extraction				
黑色金属矿采选业	Ferrous Metals Mining and Dressing				
有色金属矿采选业	Nonferrous Metals Mining and Dressing	0.19	-100.0		243.9
非金属矿采选业	Nonmetal Minerals Mining and Dressing	22.05	28.6	-14.0	32.8
开采专业及辅助活动	Mining Professional and Auxiliary Activities				-84.4
其他采矿业	Other Minerals Mining and Dressing	0.55	-80.7	210.6	-85.0
制造业	**Manufacturing**	**4903.35**	**5.0**	**9.3**	**3.7**
农副食品加工业	Non-staple Food Processing	75.95	8.6	15.6	-33.4
食品制造业	Food Manufacturing	51.08	-41.4	56.1	-13.7
酒、饮料和精制茶制造业	Wine,Soft Drinks and Refined Tea Manufacturing	28.31	-35.3	14.5	-3.1
烟草制品业	Tobacco Processing			1207.7	306.5
纺织业	Textile Industry	481.53	-1.0	-3.1	8.3
纺织服装、服饰业	Garments,Shoes and Hats Manufacturing	158.46	3.5	12.5	-13.2
皮革、毛皮、羽毛(绒)及其制品业	Leather,Furs,Down and Related Products	108.47	-0.9	57.5	-38.5
木材加工及木、竹、藤、棕、草制品业	Timber Processing,Bamboo,Cane Palm Fiber and Straw Products	69.02	-33.0	8.4	-42.3
家具制造业	Furniture Manufacturing	114.03	8.3	-4.4	1.6
造纸及纸制品业	Papermaking and Paper Products	99.10	-7.2	13.3	-8.2
印刷业和记录媒介的复制	Printing and Record Medium Reproduction	67.57	34.2	1.7	-18.1
文教、工美、体育和娱乐用品制造业	Cultural,Educational and Sports Goods	154.38	-18.1	5.7	-14.1

续表1 Continued　单位：亿元（100 million yuan）

指标	Item	2017	2018年比上年增长(%) Increased over the Previous Year in 2018 (%)	2019年比上年增长(%) Increased over the Previous Year in 2019 (%)	2020年比上年增长(%) Increased over the Previous Year in 2020 (%)
石油、煤炭及其他燃料加工业	Petroleum, Coal and Other Fuel Processing Industry	6.37	175.8	-4.4	-30.2
化学原料及化学制品制造业	Raw Chemical Materials and Chemical Products	221.80	-24.7	45.9	7.0
医药制造业	Medical and Pharmaceutical Products	81.14	19.2	20.7	87.4
化学纤维制造业	Chemical Fiber	75.98	9.6	-38.7	95.3
橡胶和塑料制品业	Rubber and plastic products	319.11	-23.8	-0.2	4.3
非金属矿物制品业	Nonmetal Mineral Products	272.75	-0.8	3.2	20.4
黑色金属冶炼及压延加工业	Smelting and Pressing of Ferrous Metals	59.02	-27.2	3.1	28.7
有色金属冶炼及压延加工业	Smelting and Pressing of Nonferrous Metals	61.07	1.9	11.0	5.6
金属制品业	Metal Products	307.18	-9.9	12.7	5.6
通用设备制造业	Ordinary Machinery	497.87	17.6	22.1	-1.1
专用设备制造业	For Special Purpose Equipment Manufacturing	283.80	21.8	42.4	-4.1
汽车制造业	Automobile manufacturing industry	481.34	12.8	-8.6	-12.1
铁路、船舶、航空航天和其他运输设备制造业	Railway, shipbuilding, aerospace, and other transportation equipment manufacturing industry	70.74	32.1	-9.4	24.1
电气机械及器材制造业	Electric Equipment and Machinery	456.47	14.6	0.9	19.4
计算机、通信和其他电子设备制造业	Telecommunications Equipment,Computer and Other Electronic Equipment Manufacturing	135.14	98.5	26.2	9.3
仪器仪表制造业	Instruments,Meters,Cultural and Office Machinery	77.90	54.2	-9.1	-0.6
其他制造业	Handicraft Article and Other Manufacturing Indust	50.94	-7.4	7.5	34.2
废弃资源综合利用业	Comprehensive Utilization of Waste Resources	30.37	-46.5	53.3	-2.8
金属制品、机械和设备修理业	Metal products, machinery and equipment repair	6.44	34.6	133.3	-52.0
电力、燃气及水的生产和供应业	**Electricity,Gas and Water Production and Supply**	**240.78**	**-30.1**	**-24.1**	**-23.0**
电力、热力的生产和供应业	Production and Supply of Electricity and Heating Power	213.85	-30.9	-27.0	-24.9
燃气生产和供应业	Production and Supply of Gas	3.44	75.1	146.6	-24.4
水的生产和供应业	Production and Supply of Water	23.50	-33.6	-38.9	1.0
建筑业	**Construction**	**4.49**	**-22.1**	**17.4**	**62.1**
房屋建筑业	Housing industry	1.68	-10.3	-11.5	-39.7
土木工程建筑业	Civil engineering construction	1.05	-50.4	267.8	194.2
建筑安装业	Installation	0.01	1065.2	-87.7	-100.0
建筑装饰、装修和其他建筑业	Architectural Decoration, Decoration and Other Construction Industries	1.75	-35.9	-38.1	-41.7
批发和零售业	**Wholesale and Retail Trade**	**131.48**	**-37.9**	**43.7**	**-39.3**
批发业	Wholesale	66.57	-34.5	11.9	-67.1
零售业	Retail Sale	64.91	-40.8	73.8	-22.4
交通运输、仓储和邮政业	**Transport,Storage and Post**	**203.03**	**44.4**	**-4.7**	**-13.0**

续表2 Continued 单位：亿元（100 million yuan）

指标	Item	2017	2018年比上年增长(%) Increased over the Previous Year in 2018 (%)	2019年比上年增长(%) Increased over the Previous Year in 2019 (%)	2020年比上年增长(%) Increased over the Previous Year in 2020 (%)
铁路运输业	Railway Transport	0.25	-100.0		
道路运输业	Highway Transport	65.44	225.5	-5.4	-33.0
水上运输业	Waterway Transport	26.90	-4.8	-21.1	27.9
航空运输业	Air Transport	19.24	-51.8	-87.2	676.5
管道运输业	Pipeline Transport	0.87	-100.0		108.2
多式联运和运输代理业	Multimodal Transport and Transport Agent Industry	17.90	-60.6	209.4	18.6
装卸搬运和仓储业	Handling and Warehousing Industry	56.60	5.1	-2.9	-10.4
邮政业	Postal Services	15.83	-39.5	-28.7	-40.3
住宿和餐饮业	**Hotels and Catering Services**	**230.65**	**-7.5**	**-5.9**	**-14.4**
住宿业	Hotels	207.25	-5.3	-3.9	-14.1
餐饮业	Catering Services	23.41	-35.0	-43.2	-23.3
信息传输、软件和信息技术服务业	**Information Transmission Software and Information Technology Services**	**37.64**	**-16.5**	**33.1**	**-2.8**
电信、广播电视和卫星传输服务	Telcommunication,Radio and Television, Satellite Transmission Services	0.55	-58.2	-100.0	
互联网和相关服务	The Internet and related services	3.74	7.3	108.4	30.3
软件和信息技术服务业	Software and Information Technology Services	33.35	-19.3	20.3	-19.7
金融业	**Banking**	**5.34**	**-11.0**	**164.8**	**-41.5**
货币金融服务	Monetary and financial services	2.08	-41.4	-2.5	390.0
资本市场服务	Capital market services	3.26	13.7	235.2	-94.3
保险业	Insurance				
其他金融业	Other financial sector				
房地产业	**Real Estate**	**4677.64**	**47.0**	**-11.1**	**-6.5**
房地产业	Real Estate	4677.64	47.0	-11.1	-6.5
租赁和商务服务业	**Renting and Business Services**	**204.49**	**-10.7**	**-11.2**	**9.6**
租赁业	Leasing	21.25	-45.7	-84.7	30.9
商务服务业	Commercial Services	183.24	-5.2	-4.6	9.2
科学研究和技术服务业	**Scientific Research and Technic Service**	**49.28**	**32.4**	**51.5**	**11.3**
研究与试验发展	Research and Experiment Development	18.25	31.3	12.5	120.1
专业技术服务业	Technical Services	9.73	83.4	28.7	-24.8
科技推广和应用服务业	Promotion and Application of Science and Technology Services	21.30	8.6	110.2	-30.6
水利、环境和公共设施管理业	**Water Conservancy, Environment and Public Utility**	**311.21**	**78.9**	**3.4**	**-23.9**
水利管理业	Water Conservancy	5.28	999.8	-33.9	-84.0
生态保护和环境治理业	Ecological protection and environmental governance industry	18.80	148.6	40.9	3.5
公共设施管理业	Public Facilities	287.14	45.4	6.5	-20.6

续表3 Continued 单位：亿元（100 million yuan）

指标	Item	2017	2018年比上年增长(%) Increased over the Previous Year in 2018 (%)	2019年比上年增长(%) Increased over the Previous Year in 2019 (%)	2020年比上年增长(%) Increased over the Previous Year in 2020 (%)
居民服务、修理和其他服务业	**Service for the Residents and Others**	**29.58**	**-25.1**	**46.7**	**-28.1**
居民服务业	Resident Services	10.73	-4.8	-47.0	-24.4
机动车、电子产品和日用产品修理业	Motor vehicle repair industry, electronic products and daily products	2.70	-63.8	92.5	-44.5
其他服务业	Other Services	16.14	-19.4	191.3	-24.8
教育	**Education**	**27.13**	**53.3**	**29.6**	**-1.4**
教育	Education	27.13	53.3	29.6	-1.4
卫生和社会工作	**Culture,Sports and Recreation**	**69.93**	**8.4**	**1.1**	**-23.3**
卫生	Health Care	36.55	0.1	-17.3	-13.8
社会工作	Social work	33.38	21.2	24.7	-31.5
文化、体育和娱乐业	**Culture,Sports and Entertainment**	**98.20**	**16.7**	**-11.2**	**-11.4**
新闻和出版业	News and Publishing				
广播、电视、电影和影视录音制作业	Television,Radion,Film and Television Sound Recording Production	9.10	-26.6	19.7	-60.9
文化艺术业	Culture and Arts	41.34	-22.9	33.6	-9.5
体育	Sports	21.00	-17.8	-14.5	-47.5
娱乐业	Recreation	26.77	91.1	-34.3	7.7
公共管理、社会保障和社会组织	**Public Administration,Social Security and Social Organization**	**1.50**	**11.8**	**-36.7**	**11.3**
中国共产党机关	Communist Party Agencies				
国家机构	Government Agencies				138.9
人民政协、民主党派	The CPPSS,democratic Parties				
社会保障	Social security				
群众团体、社会团体和其他成员组织	Mass Origanizations,Social Groups and Other Members of the Organization	1.22	39.2	-49.6	-0.1
基层群众自治组织	Mass Grassroot Organizations	0.29	-96.2	845.0	-33.3
自年初累计资金来源合计	**Source of Funds**				
上年末结余资金	Surplus Funds Last Year	1590.36	89.2	23.7	0.3
本年资金来源小计	Funds This Year	13325.42	25.4	-7.5	10.5
#国家预算内资金	State Budgetary Appropriations	29.49	108.5	14.0	-79.3
国内贷款	Domestic Loans	1612.09	16.9	-16.5	22.6
债券	Debenture	1.42	-90.0	677.0	47.9
利用外资	Foreign Investment	8.51	28.9	173.9	-89.0
自筹资金	Fundraising	8029.44	18.0	-17.8	3.1
其他资金	Others	3644.46	37.3	5.9	14.2

3-11 房地产开发投资主要指标（2015-2020年）
Main Indicators of Investment in Real Estate Development (2015-2020)

单位：亿元(100 million yuan)

指标	Item	2015	2016	2017	2018	2019	2020
开发投资额	**Development**	**7111.93**	**7469.37**	**8226.78**	**9944.93**	**10682.97**	**11413.66**
按登记注册类型分	**By Registered**						
内资	Domestic Funded Enterprises	6416.91	6677.85	7766.84	9553.22	10322.36	10952.24
国有	State-owned Enterprises	32.50	37.75	15.70	27.47	20.72	7.11
集体	Collective Owned Enterprises	2.90	4.37	0.19	0.02	7.50	1.21
股份合作	Cooperative Enterprises	15.34	6.24	2.27			
国有联营	State Joint Ownership Enterprises	4.77	2.92	0.65	0.07		1.54
集体联营	Collective Joint Ownership Enterprises						
国有与集体联营	State-collective Joint Enterprises	0.07					
其他联营	Other Joint Ownership Enterprises						
国有独资公司	State Sole Funded Corporations	207.55	245.30	226.43	200.55	472.45	553.82
其他有限责任公司	Other Limited Liability Corporations	3590.13	3369.51	2907.46	2568.77	3824.37	4790.08
股份有限公司	Share-holding Corporations Ltd.	52.37	68.40	123.35	124.73	100.60	32.15
私营	Private Enterprises	2504.58	2936.63	4479.42	6631.61	5893.60	5552.20
其他	others	6.69	6.73	11.37		3.13	14.13
港澳台商投资	Funded by Enterpreneurs From Hong Kong Macao and Taiwan	538.41	589.40	344.45	265.76	240.84	267.05
外商投资企业	Foreign Funded Enterprises	156.61	202.13	115.49	125.96	119.77	194.36
按构成分	**By Structure**						
建筑工程	Construction	3449.34	3572.40	3679.05	3327.23	4245.86	4887.83
安装工程	Installation	473.19	593.41	506.75	314.91	225.38	185.88
设备工器具购置	Purchase of Equipment and Instruments	62.38	86.69	82.45	73.68	76.95	56.00
其他费用	Others	3127.01	3216.87	3958.53	6229.12	6134.78	6283.94
旧建筑物购置费	Purchase of Old Buildings	1.34	1.98	6.43	9.15	6.40	16.35
土地购置费	Purchase of Land	2510.48	2634.37	3353.67	5597.85	5364.02	5192.07

续表 Continued 单位：亿元(100 million yuan)

指标	Item	2015	2016	2017	2018	2019	2020
按用途分	**By Purpose**						
住宅	Residential Buildings	4450.73	4806.64	5645.98	7156.45	7727.11	8089.57
#别墅、高档公寓	Villas and High-grade	352.44	273.58	386.80	566.50	400.25	
办公楼	Office Buildings	513.31	480.98	439.65	382.66	419.87	479.74
商业营业用房	Commercial Buildings	1021.09	984.91	942.08	788.19	783.79	802.22
其他	Others	1126.79	1196.84	1199.07	1617.63	1752.19	2042.12
新增固定资产	Newly Increased Fixed Assets	3162.39	4039.16	3891.39	2937.19	3290.07	4013.88
购置的土地面积(万平方米)	Land Space Purchased(10000 sq.m)	1012.58	1302.96	2248.87	3026.02	1686.48	2042.81
施工面积(万平方米)	Floor Space Under Construction (10000sq.m)	41687.33	41609.78	41236.24	44537.06	49604.61	56725.08
#住宅	Residential Building	25117.15	24709.37	24760.01	27437.16	31175.94	36070.35
竣工面积(万平方米)	Floor Space Completed(10000 sq.m)	5892.86	7925.40	6884.18	5189.67	5738.82	6692.70
#住宅	Residential Building	3938.03	5091.95	4338.91	3047.84	3551.11	4266.78
销售面积(万平方米)	Floor Space of Selling House (10000sq.m)	5985.30	8636.79	9599.67	9755.49	9378.31	10250.30
#住宅	Residential Building	5131.88	7234.19	7669.70	7936.17	7803.99	8832.38
资金来源情况	Source of Funds	12452.35	14068.63				
上年末结余资金	Surplus Funds Last Year	3776.77	3209.06	3979.72	5261.79	6234.72	7012.65
本年实际到位资金	Actual Funds in Place This Year	8675.58	10859.57	13034.21	14248.78	15343.55	19658.89
#国内贷款	Domestic Loans	1274.79	1541.37	2052.03	2279.24	2586.11	3428.99
利用外资	Foreign Investment	15.65	32.33	13.15	3.64	1.77	39.68
自筹资金	Fundraising	2659.44	2672.05	3485.93	4503.43	4273.43	5489.69
定金及预收款	Deposit and Advance			5124.46	5064.16	5984.85	7857.52
个人按揭贷款	Personal Mortgage Loan			2071.00	1904.43	2075.65	2421.88
其他到位资金	Other Funds in Place			287.64	493.87	421.75	421.13

3-12 按资质等级分的房地产开发投资(2020年)
Investment in Real Estate Development by Classification(2020)

单位：亿元(100 million yuan)

指标	Item	投资额 Investment	一级 The First Grade	二级 The Second Grade	三级 The Third Grade
开发投资额	**Development**	**11413.66**	**205.73**	**302.53**	**1157.85**
按登记注册类型分	**By Registered**				
内资	Domestic Funded Enterprises	10952.24	205.73	300.82	1070.31
国有	State-owned Enterprises	7.11		0.33	2.73
集体	Collective Owned Enterprises	1.21			1.21
股份合作	Cooperative Enterprises				
国有联营	State Joint Ownership Enterprises	1.54			1.54
集体联营	Collective Joint Ownership Enterprises				
国有与集体联营	State-collective Joint Enterprises				
其他联营	Other Joint Ownership Enterprises				
国有独资公司	State Sole Funded Corporations	553.82	4.66	58.96	31.83
其他有限责任公司	Other Limited Liability Corporations	4790.08	66.48	76.24	538.83
股份有限公司	Share-holding Corporations Ltd.	32.15	0.00	3.80	4.40
私营	Private Enterprises	5552.20	134.59	161.49	489.77
其他	others	14.13			
港澳台商投资	Funded by Enterpreneurs From Hong Kong Macao and Taiwan	267.05			36.80
外商投资	Foreign Funded Enterprises	194.36		1.71	50.75
按构成分	**By Structure**				
建筑工程	Construction	4887.83	86.60	157.83	598.97
安装工程	Installation	185.88	3.33	3.10	17.08
设备工器具购置	Purchase of Equipment and Instruments	56.00	0.99	1.76	5.87
其他费用	Others	6283.94	114.82	139.84	535.93
旧建筑物购置费	Purchase of Old Buildings	16.35	0.51	0.39	0.67
土地购置费	Purchase of Land	5192.07	97.33	111.65	422.64

续表 Continued 单位：亿元(100 million yuan)

指标	Item	投资额 Investment	一级 The First Grade	二级 The Second Grade	三级 The Third Grade
按用途分	**By Purpose**				
住宅	Residential Buildings	8089.57	134.97	207.75	797.34
别墅、高档公寓	Villas and High-grade				
办公楼	Office Buildings	479.74	3.25	21.76	44.52
商业营业用房	Commercial Buildings	802.22	10.92	29.65	96.72
其他	Others	2042.12	56.60	43.37	219.28
新增固定资产	Newly Increased Fixed Assets	4013.88	127.57	114.49	756.40
购置的土地面积（万平方米）	Land Space Purchased(10000sq.m)	2042.81	77.61	31.63	119.65
施工面积（万平方米）	Floor Space Under Construction (10000sq.m)	56725.08	1265.13	2357.37	7558.68
#住宅	Residential Buildings	36070.35	813.83	1526.21	4622.03
竣工面积（万平方米）	Floor Space Completed(10000sq.m)	6692.70	238.35	253.83	1520.52
#住宅	Residential Buildings	4266.78	162.68	182.35	980.02
销售面积（万平方米）	Floor Space of Selling House (10000sq.m)	10250.30	187.53	286.43	1109.74
#住宅	Residential Buildings	8832.38	158.12	251.97	901.72
资金来源情况	**Source of Funds**				
上年末结余资金	Surplus Funds Last Year	7012.65	142.75	137.00	733.93
本年实际到位资金	Actual Funds in Place This Year	19658.89	301.54	540.09	1749.58
#国内贷款	Domestic Loans	3428.99	35.54	68.20	256.36
利用外资	Foreign Investment	39.68			
自筹资金	Fundraising	5489.69	87.86	126.57	440.80
其他到位资金	Other Funds in Place	421.13	3.25	19.59	23.03

3-13 各市固定资产投资完成情况(2020年)
Investment In Fixed Assets by City(2020)

城市	City	投资额比上年增长(%) The Amount of Investment Increased over the Previous Year(%)	#投资项目比上年增长(%) The Amount of Projects Increased over the Previous Year(%)	#房地产开发比上年增长(%) Real Estate Development Increased over the Previous Year(%)
合计	**Total**	**5.4**	**4.4**	**6.8**
杭州市	Hangzhou	6.8	8.5	5.3
宁波市	Ningbo	5.5	4.4	6.8
温州市	Wenzhou	4.9	7.2	1.5
嘉兴市	Jiaxing	3.0	-3.0	12.3
湖州市	Huzhou	6.6	6.1	7.3
绍兴市	Shaoxing	6.7	5.1	9.1
金华市	Jinhua	4.2	5.2	2.4
衢州市	Quzhou	7.7	13.7	-5.6
舟山市	Zhoushan	1.5	0.1	6.0
台州市	Taizhou	4.2	-2.3	13.7
丽水市	Lishui	6.7	-3.4	26.8

3-14 各市按资质等级分的房地产开发企业个数
Number of Enterprises for Real Estate Development by Classification and by City

单位：个(unit)

城市	City	合计 Total		一级企业 The First Enterprises		二级企业 The Second Enterprises		三级企业 The Third Enterprises		四级企业 The Fourth Enterprises		暂定 Undefined Enterprises		其他 Others	
		2019	2020	2019	2020	2019	2020	2019	2020	2019	2020	2019	2020	2019	2020
合 计	Total	6824	7095	101	90	351	301	1112	1025	563	546	3099	3272	1557	1859
杭州市	Hangzhou	1631	1613	39	34	89	75	132	102	44	34	797	831	521	537
宁波市	Ningbo	870	968	17	14	29	22	371	388	38	36	238	259	171	249
温州市	Wenzhou	736	770	3	4	67	55	92	78	20	15	397	456	156	161
嘉兴市	Jiaxing	677	752	5	4	16	12	45	43	63	65	285	311	263	317
湖州市	Huzhou	499	552	1	4	15	15	28	29	153	165	200	222	97	117
绍兴市	Shaoxing	788	775	10	8	37	35	99	93	64	60	423	407	154	172
金华市	Jinhua	459	496	7	8	25	29	72	65	61	59	192	191	92	144
衢州市	Quzhou	237	236	7	6	21	15	36	32	64	55	103	106	6	22
舟山市	Zhoushan	196	178	1	1	16	11	103	87	14	9	39	45	23	25
台州市	Taizhou	550	557	6	5	28	25	109	85	30	31	333	339	36	71
丽水市	Lishui	181	198	5	2	8	7	25	23	12	17	92	105	38	44

3-15 各市按登记注册类型分的房地产开发企业个数
Number of Enterprises for Real Estate Development by Registered Type and by City

单位：个(unit)

城市	City	合计 Total		国有 State-owned		集体 Collective Owned		股份合作 Share-holding Corporations		国有独资公司 State Sole Funds	
		2019	2020	2019	2020	2019	2020	2019	2020	2019	2020
合 计	**合 计**	**6824**	**7095**	**27**	**23**	**10**	**7**	**2**	**3**	**166**	**172**
杭州市	Hangzhou	1631	1613	5	4	1				42	31
宁波市	Ningbo	870	968	1	1					31	29
温州市	Wenzhou	736	770	5	4	6	5	2	3	18	21
嘉兴市	Jiaxing	677	752	2	2					15	18
湖州市	Huzhou	499	552	3	4	1	1			7	8
绍兴市	Shaoxing	788	775	3	3	2	1			11	14
金华市	Jinhua	459	496	4	2					13	16
衢州市	Quzhou	237	236	2	1					5	8
舟山市	Zhoushan	196	178							6	5
台州市	Taizhou	550	557	2	1					17	19
丽水市	Lishui	181	198		1					1	3

续表 Continued

单位：个(unit)

城市	City	其他有限责任公司 Other Limited Liability Corporations Ltd.		股份有限公司 Share-holding Corporations Ltd.		私营 Private		港澳台商投资 Investment from Hong Kong, Macao and Taiwan		外商投资 Investment from Foreign	
		2019	2020	2019	2020	2019	2020	2019	2020	2019	2020
合 计	**合 计**	**2392**	**2030**	**89**	**27**	**3854**	**4514**	**188**	**175**	**93**	**141**
杭州市	Hangzhou	783	550	23	7	653	889	91	86	31	44
宁波市	Ningbo	316	311	16	6	436	534	42	36	28	50
温州市	Wenzhou	269	253	12	5	412	467	6	7	5	5
嘉兴市	Jiaxing	160	192	6	4	458	497	25	23	11	16
湖州市	Huzhou	173	145	9	4	291	370	10	10	5	10
绍兴市	Shaoxing	216	167	12		538	581	4	5	2	4
金华市	Jinhua	103	89	3	1	328	380	4	5	4	3
衢州市	Quzhou	29	30	2		199	197				
舟山市	Zhoushan	98	69	1		88	100	1	1	2	3
台州市	Taizhou	232	191	3		288	339	3	2	5	5
丽水市	Lishui	13	33	2		163	160	2			1

3-16 各市按资质等级分的房地产开发就业人员数
Number of Employed Persons In Real Estate Development by Classification Type and by City

单位：人(person)

城市	City	合计 Total		一级企业 The First Enterprises		二级企业 The Second Enterprises		三级企业 The Third Enterprises		四级企业 The Fourth Enterprises		暂定 Undefined Enterprises		其他 Others	
		2019	2020	2019	2020	2019	2020	2019	2020	2019	2020	2019	2020	2019	2020
合 计	**Total**	**116364**	**122356**	**5759**	**5414**	**9057**	**7875**	**19162**	**19411**	**7839**	**7635**	**49574**	**54596**	**24973**	**27425**
杭州市	Hangzhou	31708	30849	2804	2643	2106	1821	2323	2285	387	231	13786	14247	10302	9622
宁波市	Ningbo	15051	17582	1083	1089	751	594	6875	8398	357	428	3751	4415	2234	2658
温州市	Wenzhou	13048	15263	37	23	1588	1317	1730	1485	190	171	6911	8568	2592	3699
嘉兴市	Jiaxing	10270	10444	250	263	798	655	853	745	1283	1179	3875	4188	3211	3414
湖州市	Huzhou	7978	9137	3	3	827	814	507	566	2249	2632	2595	3239	1797	1883
绍兴市	Shaoxing	10633	11036	601	390	521	683	1178	1151	843	803	5630	5599	1860	2410
金华市	Jinhua	7694	7966	367	397	725	661	1356	991	820	817	3067	3194	1359	1906
衢州市	Quzhou	3072	2529	162	136	287	190	342	280	852	613	1383	1270	46	40
舟山市	Zhoushan	3305	3245	7	140	439	146	1638	1485	137	83	863	1019	221	372
台州市	Taizhou	10288	10603	260	239	831	834	1836	1560	490	413	6223	6934	648	623
丽水市	Lishui	3317	3702	185	91	184	160	524	465	231	265	1490	1923	703	798

3-17 各市按登记注册类型分的房地产开发就业人员数
Number of Employed Persons In Real Estate Development by Registered Type and by City

单位：人(person)

城市	City	合计 Total		国有 State-owned		集体 Collective Owned		股份合作 Share-holding Corporations		国有独资公司 State Sole Funds	
		2019	2020	2019	2020	2019	2020	2019	2020	2019	2020
合 计	**Total**	**116364**	**122356**	**1009**	**910**	**89**	**82**	**41**	**41**	**3980**	**4055**
杭州市	Hangzhou	31708	30849	117	39					910	875
宁波市	Ningbo	15051	17582							603	658
温州市	Wenzhou	13048	15263	134	147	76	72	41	41	787	863
嘉兴市	Jiaxing	10270	10444	14	19					268	218
湖州市	Huzhou	7978	9137	586	563	3	2			264	272
绍兴市	Shaoxing	10633	11036	41	37	10	8			267	341
金华市	Jinhua	7694	7966	83	55					360	419
衢州市	Quzhou	3072	2529	23	22					50	60
舟山市	Zhoushan	3305	3245							194	118
台州市	Taizhou	10288	10603	11	1					277	231
丽水市	Lishui	3317	3702		27					0	0

续表 Continued

单位：人(person)

城市	City	其他有限责任公司 Other Limited Liability Corporations Ltd.		股份有限公司 Share-holding Corporations Ltd.		私营 Private		港澳台商投资 Investment from Hong Kong, Macao and Taiwan		外商投资 Investment from Foreign	
		2019	2020	2019	2020	2019	2020	2019	2020	2019	2020
合 计	**Total**	**39978**	**35345**	**2357**	**1173**	**62522**	**73362**	**4472**	**4188**	**1898**	**3183**
杭州市	Hangzhou	15016	10478	850	638	11668	15513	2318	1927	811	1362
宁波市	Ningbo	5174	5087	522	187	7037	9379	932	962	783	1309
温州市	Wenzhou	4451	4619	288	209	7145	9174	104	122	22	16
嘉兴市	Jiaxing	1932	2366	94	64	7310	7139	580	482	72	156
湖州市	Huzhou	2089	2107	172	54	4608	5532	190	405	66	202
绍兴市	Shaoxing	3180	2703	170		6811	7791	115	130	39	26
金华市	Jinhua	1816	1579	82	21	5297	5789	27	54	29	49
衢州市	Quzhou	330	368	30		2639	2079				
舟山市	Zhoushan	1769	1851	55		1214	1219	70	54	3	3
台州市	Taizhou	4015	3500	27		5766	6764	119	52	73	55
丽水市	Lishui	206	687	67		3027	2983	17			5

3-18 各市按资质等级分的房地产开发投资额
Investment In Real Estate Development by Classification and by City

单位：亿元(100 million yuan)

城市	City	合计 Total		一级企业 The First Enterprises		二级企业 The Second Enterprises	
		2019	2020	2019	2020	2019	2020
合 计	**Total**	**10682.97**	**11413.66**	**185.99**	**205.73**	**262.74**	**302.53**
杭州市	Hangzhou	3396.75	3575.33	33.86	58.05	48.80	64.59
宁波市	Ningbo	1703.59	1818.88	68.09	48.79	22.98	35.40
温州市	Wenzhou	1199.85	1218.16		0.74	23.03	14.05
嘉兴市	Jiaxing	979.70	1100.65	17.41	9.78	40.79	53.80
湖州市	Huzhou	586.27	629.21	0.05	3.11	6.36	13.04
绍兴市	Shaoxing	825.23	900.31	16.65	10.88	41.92	31.98
金华市	Jinhua	553.78	566.92	9.77	16.71	21.16	9.24
衢州市	Quzhou	220.45	208.10	15.50	28.31	5.69	7.83
舟山市	Zhoushan	210.91	223.61		0.84	3.08	13.20
台州市	Taizhou	790.95	899.21	22.55	28.52	40.03	55.52
丽水市	Lishui	215.49	273.29	2.11	0.00	8.90	3.89

续表 Continued

单位：亿元(100 million yuan)

城市	City	三级企业 The Third Enterprises		四级企业 The Fourth Enterprises		暂定 Undefined Enterprises		其他 Others	
		2019	2020	2019	2020	2019	2020	2019	2020
合 计	**Total**	**1138.30**	**1157.85**	**263.54**	**268.85**	**5038.99**	**5200.86**	**3707.25**	**4276.91**
杭州市	Hangzhou	46.06	41.19	2.66	7.22	1470.49	1788.09	1772.33	1616.19
宁波市	Ningbo	863.67	761.61	11.15	21.84	372.73	348.41	352.29	602.83
温州市	Wenzhou	17.14	38.83	1.08	0.67	796.52	789.43	357.88	373.51
嘉兴市	Jiaxing	19.58	26.88	33.67	38.97	428.46	397.64	439.78	573.57
湖州市	Huzhou	21.66	25.53	119.32	93.52	279.73	323.64	149.11	170.36
绍兴市	Shaoxing	18.80	48.93	16.96	16.23	411.04	399.67	312.70	392.62
金华市	Jinhua	47.76	40.13	40.28	69.63	260.15	199.16	164.15	232.06
衢州市	Quzhou	3.23	5.68	14.47	5.16	181.57	111.50	0.00	49.62
舟山市	Zhoushan	38.60	85.09	12.74	1.95	110.75	77.07	45.74	45.46
台州市	Taizhou	45.84	61.66	9.87	6.53	620.24	617.63	34.22	129.35
丽水市	Lishui	15.96	22.33	1.35	7.12	107.30	148.60	79.04	91.34

3-19 各市按登记注册类型分的房地产开发投资额

Investment In Real Estate Development by Registered Type and by City

单位：亿元(100 million yuan)

城市	City	合计 Total		国有 State-owned		集体 Collective Owned		股份合作 Share-holding Corporations		国有独资公司 State Sole Funds	
		2019	2020	2019	2020	2019	2020	2019	2020	2019	2020
合 计	**Total**	**10683.0**	**11413.7**	**20.7**	**7.1**	**7.5**	**1.2**			**472.4**	**553.8**
杭州市	Hangzhou	3396.7	3575.3	0.4	2.8	7.5				118.5	138.8
宁波市	Ningbo	1703.6	1818.9		0.6					66.1	64.4
温州市	Wenzhou	1199.9	1218.2				1.2			22.2	96.9
嘉兴市	Jiaxing	979.7	1100.6							30.7	25.4
湖州市	Huzhou	586.3	629.2	2.4	2.8					46.2	18.8
绍兴市	Shaoxing	825.2	900.3	0.1	0.1					43.4	17.9
金华市	Jinhua	553.8	566.9	13.5	0.3					61.4	82.1
衢州市	Quzhou	220.5	208.1	0.1						9.8	13.4
舟山市	Zhoushan	210.9	223.6							18.9	18.7
台州市	Taizhou	791.0	899.2	4.2	0.1					29.9	45.8
丽水市	Lishui	215.5	273.3		0.4					25.4	31.5

续表 Continued

单位：亿元(100 million yuan)

城市	City	其他有限责任公司 Other Limited Liability Corporations Ltd.		股份有限公司 Share-holding Corporations Ltd.		私营 Private		港澳台商投资 Investment from Hong Kong, Macao and Taiwan		外商投资 Investment from Foreign	
		2019	2020	2019	2020	2019	2020	2019	2020	2019	2020
合 计	**Total**	**3824.4**	**4790.1**	**100.6**	**32.2**	**5893.6**	**5552.2**	**240.8**	**267.1**	**119.8**	**194.4**
杭州市	Hangzhou	1358.2	1570.2	26.8	10.5	1672.2	1611.4	130.7	168.9	82.3	58.5
宁波市	Ningbo	775.4	690.9	23.2	5.3	767.2	924.2	47.9	44.8	23.7	87.1
温州市	Wenzhou	525.8	567.9	7.1	2.9	624.0	535.4	16.8	13.8	1.1	
嘉兴市	Jiaxing	219.0	413.4	0.3	2.2	696.7	621.8	25.9	17.4	7.1	20.4
湖州市	Huzhou	175.6	267.9	22.5	11.2	332.9	303.4	4.1	8.1	2.5	17.0
绍兴市	Shaoxing	230.7	310.3	2.6		535.5	559.0	12.7	10.1	0.2	3.0
金华市	Jinhua	104.2	180.7	2.5	0.1	371.0	302.8		0.2	1.1	0.7
衢州市	Quzhou	18.1	44.6	0.7		191.8	150.0				
舟山市	Zhoushan	54.6	141.3	12.8		123.0	61.1	1.6	2.5		
台州市	Taizhou	333.0	531.9	0.0		421.0	312.6	1.1	1.2	1.8	7.6
丽水市	Lishui	29.7	70.9	2.2		158.2	170.4				

3-20 各市房地产开发企业建造的商品房屋面积和价格
Floor Space and Price of Building for Real Estate Development by City

城市	City	施工面积 (万平方米) Floor Space of Buildings Under Construction (10000 sq.m)		竣工面积 (万平方米) Floor Space of Buildings Completed (10000 sq.m)		房屋面积竣工率 (%) Rate of Floor Space of Buildings Completed(%)		竣工房屋价值 (万元) Value of Buildings Completed (10000 yuan)		竣工房屋造价 (元/平方米) Cost of Buildings Completed (yuan/sq.m)	
		2019	2020	2019	2020	2019	2020	2019	2020	2019	2020
合 计	**Total**	**49604.6**	**56725.1**	**5738.8**	**6692.7**	**11.6**	**11.8**	**25183191**	**31400783**	**4388**	**4692**
杭州市	Hangzhou	11996.1	13310.2	1727.6	1799.1	14.4	13.5	8125344	8998546	4703	5002
宁波市	Ningbo	8347.7	10575.6	712.1	1706.9	8.5	16.1	3607766	6758324	5066	3959
温州市	Wenzhou	5409.6	5871.4	604.0	434.3	11.2	7.4	2826572	1861445	4680	4286
嘉兴市	Jiaxing	5364.6	5688.1	626.8	787.8	11.7	13.9	2411000	3786990	3847	4807
湖州市	Huzhou	3680.0	4271.4	189.8	339.3	5.2	7.9	872538	1546498	4597	4558
绍兴市	Shaoxing	4056.8	4705.1	735.3	504.4	18.1	10.7	2679273	1979432	3644	3924
金华市	Jinhua	3020.7	3308.7	271.7	349.9	9.0	10.6	1783715	2790101	6566	7973
衢州市	Quzhou	1068.5	1109.9	338.8	182.2	31.7	16.4	818637	743482	2416	4082
舟山市	Zhoushan	797.0	926.2	63.0	64.7	7.9	7.0	227325	486336	3609	7516
台州市	Taizhou	4296.0	5032.5	272.5	368.8	6.3	7.3	1038846	1843097	3813	4997
丽水市	Lishui	1567.7	1925.9	197.3	155.3	12.6	8.1	792175	606532	4016	3906

3-21 各市房地产开发企业建造的住宅面积和价格
Floor Space and Price of Residential Buildings for Real Estate Development by City

城市	City	施工面积 (万平方米) Floor Space of Buildings Under Construction (10000 sq.m)		竣工面积 (万平方米) Floor Space of Buildings Completed (10000 sq.m)		房屋面积竣工率 (%) Rate of Floor Space of Buildings Completed(%)		竣工房屋价值 (万元) Value of Buildings Completed (10000 yuan)		竣工房屋造价 (元/平方米) Cost of Buildings Completed (yuan/sq.m)	
		2019	2020	2019	2020	2019	2020	2019	2020	2019	2020
合 计	**Total**	**31175.9**	**36070.4**	**3551.1**	**4266.8**	**11.4**	**11.8**	**16502660**	**21913036**	**4647**	**5136**
杭州市	Hangzhou	6263.1	6959.5	963.9	933.7	15.4	13.4	4651713	5354495	4826	5735
宁波市	Ningbo	4848.0	6231.1	421.3	1075.2	8.7	17.3	2398365	4614894	5692	4292
温州市	Wenzhou	3700.3	4182.8	393.0	300.0	10.6	7.2	1906048	1371913	4850	4573
嘉兴市	Jiaxing	3776.0	4113.5	426.1	577.3	11.3	14.0	1711076	3044698	4016	5274
湖州市	Huzhou	2742.1	3204.6	131.6	256.5	4.8	8.0	665821	1285852	5058	5013
绍兴市	Shaoxing	2678.9	3171.6	457.8	351.5	17.1	11.1	1777387	1468835	3882	4179
金华市	Jinhua	2034.9	2269.2	180.8	271.6	8.9	12.0	1420001	2232619	7855	8222
衢州市	Quzhou	790.1	816.2	245.5	130.2	31.1	15.9	589859	540431	2403	4152
舟山市	Zhoushan	602.4	701.0	36.1	55.9	6.0	8.0	130228	419118	3606	7500
台州市	Taizhou	2708.0	3177.9	151.8	216.0	5.6	6.8	665310	1178676	4381	5456
丽水市	Lishui	1032.3	1243.0	143.2	98.9	13.9	8.0	586852	401505	4099	4059

3-22 各市房地产开发企业商品房屋销售面积和销售额

Floor Space and Total Sales of Commercial for Real Estate Development Enterprises by City

城市	City	销售面积（万平方米）Floor Space Sold of Commercial House (10000 sq.m)				销售额（万元）Total Sales of Commercial Houses (10000 yuan)			
		2017	2018	2019	2020	2017	2018	2019	2020
合 计	**Total**	**9599.7**	**9755.5**	**9378.3**	**10250.3**	**123399916**	**140898480**	**143521133**	**171450135**
杭州市	Hangzhou	2053.7	1675.5	1513.6	1699.3	41801134	40077471	39236384	45954860
宁波市	Ningbo	1543.6	1624.4	1714.6	1858.2	20567739	24596399	25831170	30495157
温州市	Wenzhou	1070.3	1165.8	1139.9	1204.7	13172903	15609959	16251331	19055260
嘉兴市	Jiaxing	1058.8	1158.5	1069.2	1184.4	11390954	14914701	14309345	16675780
湖州市	Huzhou	743.9	809.0	823.8	896.2	6213955	8513888	9846081	11000865
绍兴市	Shaoxing	1038.7	1067.8	1104.9	1248.4	9345384	12100862	13382725	18158803
金华市	Jinhua	489.7	532.3	551.6	660.4	5512741	6761465	8029306	10441822
衢州市	Quzhou	287.5	271.1	209.3	214.7	2760648	2997205	2398274	2644275
舟山市	Zhoushan	218.3	201.1	150.0	129.7	2671510	2858913	2198121	1805884
台州市	Taizhou	829.4	933.4	850.8	858.4	7521414	9537741	9150292	11222340
丽水市	Lishui	265.7	316.8	250.5	296.0	2441534	2929876	2888104	3995089

3-23 各市房地产开发企业住宅销售面积和销售额

Floor Space and Total Sales of Residential Buildings for Real Estate Development Enterprises by City

城市	City	销售面积（万平方米）Floor Space Sold of Commercial House (10000 sq.m)				销售额（万元）Total Sales of Commercial Houses (10000 yuan)			
		2017	2018	2019	2020	2017	2018	2019	2020
合 计	**Total**	**7669.7**	**7936.2**	**7804.0**	**8832.4**	**103003358**	**120963133**	**127231045**	**155848192**
杭州市	Hangzhou	1519.7	1328.9	1284.3	1471.6	32257549	32377071	34061040	40392669
宁波市	Ningbo	1283.7	1299.2	1438.9	1571.4	18157835	21048633	22959242	27746630
温州市	Wenzhou	802.7	976.2	917.7	1045.0	11224935	14051280	14477504	17849368
嘉兴市	Jiaxing	890.9	1028.4	937.2	1068.9	9962503	13659041	13090544	15514131
湖州市	Huzhou	639.2	723.0	760.6	820.2	5405946	7694250	9216312	10323003
绍兴市	Shaoxing	849.4	843.6	824.4	1012.3	8008395	10607351	11496550	16298150
金华市	Jinhua	428.4	465.1	499.4	605.6	4726309	6059851	7424637	9812544
衢州市	Quzhou	220.4	235.5	175.4	179.3	2322201	2755231	2172165	2433719
舟山市	Zhoushan	203.5	180.3	134.7	116.8	2494459	2554911	2003110	1692236
台州市	Taizhou	622.8	612.3	629.9	668.1	6393626	7766052	7822897	9989725
丽水市	Lishui	209.0	243.6	201.5	273.2	2049520	2389462	2507044	3795714

3-24 主要年份基础设施和公共服务领域投资
Investment in Infrastructure and Public Services

单位：亿元、%(100 million yuan、%)

年份 Year	主要基础设施和公共服务领域投资合计 Investment in Infrastructure and Public Services	#水利、环境和公共设施 Water, Environment and Public Facilities	#电力、燃气及水的生产供应业 Production and Supply of Electricity Gas and Water	#交通运输 Transportation	#邮电通信 Post & Telecommunications	#教育设施 Education Facilities	#卫生设施 Sanitary Facilities
1990	37.58		15.67	10.18	2.96		
1995	230.39		72.03	68.40	23.75		
2000	876.33		214.22	221.65	127.53		
2001	999.28		191.84	223.18	155.60		
2002	1066.80		188.28	227.28	95.49		
2003	1360.40	558.85	239.25	295.54	88.09	114.66	26.76
2004	1724.69	521.36	429.63	476.16	102.98	122.98	30.34
2005	1981.97	518.81	544.79	641.36	94.18	102.21	31.63
2006	2226.57	608.49	533.97	777.44	97.64	95.82	50.03
2007	2215.00	643.73	568.29	673.05	119.25	93.29	42.56
2008	2373.06	816.69	501.74	740.80	125.91	101.54	49.38
2009	2894.97	952.06	579.61	979.63	139.63	120.72	63.17
2010	3038.58	1020.94	585.25	1040.68	144.58	123.00	72.48
2011	3359.09	1193.45	620.38	1102.93	123.31	150.06	79.19
2012	3963.35	1383.57	727.92	1330.30	58.22	199.83	102.52
2013	4718.09	1759.15	845.89	1450.34	62.35	253.33	118.52
2014	5741.56	2229.35	1012.27	1729.24	83.52	340.63	125.42
2015	7417.75	3092.03	1108.87	2311.40	93.20	400.91	167.00
2016	9365.48	4361.45	1216.37	2577.43	164.27	506.79	207.25
2017	10173.25	4702.54	1280.68	2966.00	131.32	517.47	204.65
2018年比上年增长 Increased over the Previous Year in 2018	6.2	4.8	-24.5	25.8	9.2	12.4	-7.6
2019年比上年增长 Increased over the Previous Year in 2019	8.3	4.0	-10.4	16.3	7.3	11.5	-6.1
2020年比上年增长 Increased over the Previous Year in 2020	4.4	-2.1	28.2	6.1	9.5	-5.8	17.7

注：2003年以前为城镇以上范围，2003年（含）以后为限额以上（2011年起更名为固定资产投资）范围，2018年起采用新的行业标准。
The figures in this table refer to the investment at town level and above before 2003, while above designated size since 2003(as those refer to investment in fixed assets since 2011). New industry standards have been adopted since 2018.

浙/江/统/计/年/鉴

主要统计指标解释

■ 全社会固定资产投资额

固定资产投资额是以货币表现的建造和购置固定资产活动的工作量，它是反映固定资产投资规模、速度、比例关系和使用方向的综合性指标。全社会固定资产投资包括国有经济单位投资、城乡集体经济单位投资、其他各种经济类型的单位投资和城乡居民个人投资。按照我国现行计划管理体制，全社会固定资产投资总额分为基本建设、更新改造、房地产开发投资和其他固定资产投资四个部分；城乡集体经济单位投资包括城镇集体所有制单位投资和农村集体所有制单位投资；其他各种经济类型单位投资包括联营经济、股份制经济、中外合资经营、中外合作经营、外资、与大陆合资经营、与大陆合作经营、港澳台独资及其他经济的单位投资。城乡居民个人投资包括城市、县城、镇、工矿区所辖范围内的个人建房和农村个人建房及购买生产性固定资产的投资。

■ 房地产开发投资

包括各种经济类型的房地产开发公司、商品房建设公司及其他房地产开发单位统一开发的包括统代建、拆迁还建的住宅、厂房、仓库、饭店、宾馆、度假村、写字楼、办公楼等房屋建筑物和配套的服务设施、土地开发工程，如道路、给水、排水、供电、供热、通讯、平整场地等基础设施工程的投资。包括非房地产企业实际从事房地产开发或经营活动，不包括单纯的土地交易活动。

■ 施工项目

指报告期内曾进行建筑或安装工程施工活动的建设项目。包括报告期内新开工项目、报告期以前开工跨入报告期继续施工的项目以及报告期施工过并在报告期内全部建设投产或停缓建的项目。

■ 全部建成投产项目

工业项目是指设计文件规定形成生产能力的主体工程及其相应配套的辅助设施全部建成，经负荷试运转，证明具备生产设计规定合格产品的条件，并经过验收鉴定合格或达到竣工验收标准，与生产性工程配套的生产福利设施可以满足近期正常生产的需要，正式移交生产的建设项目。非工业项目是指设计文件规定的主体工程和相应的配套工程全部建成，能够发挥设计规定的全部效益，经验收鉴定合格或达到竣工验收标准，正式移交使用的建设项目。

■ 施工和竣工房屋建筑面积

房屋建筑面积是从房屋外墙线算起的各层平面面积的总和，包括房屋结构（如柱、墙）占用的面积和地下室面积。多层建筑按各自然层面积总和计算，包括房屋内的楼隔层，突出墙面的眺望间、门斗、有柱雨罩的面积。不包括突出墙面结构的构件、艺术装饰等所占的面积，如台阶等。凹阳台、挑阳台按其水平投影面积一半计算建筑面积。

■ 新增固定资产

指通过投资活动所形成的新的固定资产价值。包括已经建成投入生产或交付使用的工程价值和达到固定资产标准的设备、工具、器具的价值及有关应摊入的费用。它是以价值形式表示的固定资产投资成果的综合性指标，可以综合反映不同时期、不同部门、不同地区的固定资产投资成果。

ZHEJIANG STATISTICAL YEARBOOK

Explanatory Notes on Main Statistical Indicators

Total Investmentin in Fixed Assets

Amount of investment in fixed assets refers to the volume of activities in construction and purchases of fixed assets in monetary terms. It is a comprehensive indicator which shows the size, pace, proportional relations and use orientation of the investment in fixed assets.Total investment in fixed assets in the whole country includes the investment by the state-owned units, the investment by the urban and rural collective units, the investment by the units of other types of ownership and the investment by the individuals in the urban and rural areas. According to China's current planning management system, the investment in fixed assets in the whole country is classified into the following four parts: investment in capital construction, investment in innovation, investment in real estates development and other investment in fixed assets. The investment by the urban and rural collective units includes the investment by the urban collective units and the investment by the rural collective units. The investment by the units of other types of ownership includes the investment by the units of joint-owned economy,share-holding economy, Sino-foreign joint economy, Sino-foreign cooperative economy, economy exclusively with foreign investment, Mainland-Hong kong or Mainland-Macao or Mainland-Taiwan joint economy, Mainland-Hong kong or Mainland-Macao or Mainland-Taiwan coope rative economy, and economy exclusively with investment of Hong Kong or Macao or Taiwan. The investment by the individuals in the urban and rural areas includes the investment in personal house building in the areas under the jurisdiction of city, county, town and special industrial and mining areas as well as the investment in personal house building and purchase of productive fixed assets in the rural areas.

Investment in Real Estate Development

It includes the investment by the real estate development companies, commercial buildings construction companies and other real estate development units of various types of ownership in the construction of house buildings, such as residential buildings, factory buildings, warehouses, hotels, guesthouses, holiday villages, office buildings, and the complementary service facilities and land development projects, such as roads, watersupply, water drainage, power supply, heating, telecommunications, land levelling and other projects of infrastructure. It covers the activities of the non-real estate companies in real estate development or management, but excludes the activities in simple land transactions.

Projects Under Construction

refer to projects having construction and installation activities undertaken in the reference period, including projects started in the reference period, or continued from the previous period, or completed and put into production or suspended in the reference period.

Projects Completed and Put into Use

Industrial projects refer to the major projects and accessory facilities completed which result in forming production capacity and have been checked and accepted while the living and welfare facilities have been completed and can ensure normal production and formally put into production. Non-industrial projects refer to the major projects and accessory facilities completed which possess the disigned capacity and have been checked, accepted and formally put into production.

Floor Space of Buildings Under Construction and Completed

refers to total floor space in each story of buildings calculated from the outside line of building walls, including the space occupied by constructions like pillars or walls and basements. The floor space of multi-story building includes the total floor space of each story, including area

EXPLANATORY NOTES ON MAIN STATISTICAL INDICATORS

occupied by separating walls, watching rooms, doorways, and pillars, but excluding protruding wall structures, artistic decoration, etc.(for example, flight of steps).The space of recessed verand and tantilevered balcony is counted by half of the projection area.

□ Newly Increased Fixed Assets

refer to the newly increased value of fixed assets through investment, including the value of projects completed and put into production, the value of equipment, tools, and vessels considered as fixed assets, as well as the relevant expenses as investment in fixed assets. This is a comprehensive indicator of investment in fixed assets, reflecting the achievements of investment in fixed assets in different periods, different sectors, and different regions.

2021
浙江统计年鉴
ZHEJIANG STATISTICAL YEARBOOK

CHAPTER 4

价 格
Prices

4-1 各种价格总指数（1978-2020年）（上年=100）
General Price Indices(1978-2020) (Preceding year =100)

(上年=100) (preceding year=100)

年份	居民消费价格指数 General Consumer Price Index	商品零售价格指数 Genera Retail Price Index of Commodities	农业生产资料价格指数 Price Indices of Agricultural Means of Production	农产品生产者价格指数 Producer Price Indices for Agriculture Products	工业生产者出厂价格指数 Producer Price Indices for Manufactured Goods	工业生产者购进价格指数 Producer Purchasing Price Indices
1978		100.1		103.6		
1979		102.1		126.7		
1980		108.0		106.9		
1981		101.5		99.8		
1982		100.9		103.9		
1983		102.0	103.2	103.9		
1984	103.0	103.4	108.5	108.1		
1985	114.8	114.0	108.7	110.8		
1986	106.2	106.0	105.3	100.6		
1987	108.8	109.5	111.1	119.1		
1988	121.5	122.1	121.0	133.1		
1989	118.2	117.8	117.4	113.6		
1990	102.1	101.6	104.0	98.7	100.4	104.7
1991	103.5	103.0	103.1	101.0	101.8	102.7
1992	107.5	106.6	103.7	106.4	104.8	106.3
1993	119.8	116.7	113.3	117.8	117.3	126.3
1994	124.8	121.7	126.5	136.8	117.5	124.8
1995	116.6	113.5	129.8	112.4	112.3	119.2
1996	107.9	105.8	106.7	104.2	99.5	98.2
1997	102.8	100.3	99.7	96.2	99.2	96.5
1998	99.7	98.4	92.4	94.0	95.6	92.6
1999	98.8	97.7	95.8	88.2	96.8	96.2
2000	101.0	99.0	100.4	100.8	101.1	107.2
2001	99.8	98.1	99.7		98.3	99.6
2002	99.1	98.7	99.5	101.7	96.9	97.5
2003	101.9	99.6	102.9	101.5	100.6	105.8
2004	103.9	102.7	113.2	119.0	105.0	113.4
2005	101.3	100.9	105.8	105.9	102.3	105.4
2006	101.1	100.8	99.6	102.7	103.8	105.6
2007	104.2	103.8	107.3	108.6	102.4	105.3
2008	105.0	106.3	118.9	112.9	104.3	110.6
2009	98.5	98.8	95.9	100.3	94.9	92.6
2010	103.8	103.9	102.9	114.8	106.2	112.0
2011	105.4	105.5	110.8	113.6	105.0	108.3
2012	102.2	101.9	104.2	104.3	97.3	96.7
2013	102.3	101.0	102.8	103.0	98.2	97.7
2014	102.1	100.9	99.8	99.5	98.8	98.2
2015	101.4	99.9	100.9	102.0	96.4	94.5
2016	101.9	101.0	99.5	104.5	98.3	97.8
2017	102.1	101.4	101.8	99.1	104.8	109.6
2018	102.3	102.1	101.8	100.8	103.4	105.1
2019	102.9	102.5	102.9	109.9	98.9	97.1
2020	102.3	101.2	106.1	107.3	96.9	95.9

注：农产品生产者价格指数2000年前称农副产品收购价格指数，口径有所不同。
The producer price index of agricultural products, which was called the purchasing price index of agricultural by-products before 2000, has different caliber.

4-2 居民消费和商品零售价格指数(1986-2020年)(1985年=100)
General Consumer Price Index and General Retail(1986-2020) (1985=100)

(1985年=100) (1985=100)

年份	居民消费价格指数 General Consumer Price Index			商品零售价格指数 General Retail Price Index of Commodities
	全省 Total	城市 Urban Areas	农村 Rural Areas	
1986	106.2	106.3	106.1	106.0
1987	115.5	117.9	112.9	116.1
1988	140.4	145.5	135.2	141.7
1989	165.9	169.9	161.8	166.9
1990	169.4	173.5	165.0	169.6
1991	175.4	183.2	167.5	174.7
1992	188.5	200.0	175.5	186.2
1993	225.8	242.9	206.0	217.3
1994	281.8	302.8	257.3	264.5
1995	328.6	354.3	299.5	300.2
1996	354.6	389.1	320.5	317.6
1997	364.5	405.0	327.2	318.6
1998	363.4	407.0	324.9	313.5
1999	359.1	405.0	320.1	306.3
2000	362.6	408.6	323.6	303.2
2001	361.9	407.0	323.6	297.4
2002	358.6	402.1	321.3	293.5
2003	365.4	404.1	330.6	292.3
2004	379.7	415.4	345.8	300.2
2005	384.6	421.6	349.9	302.9
2006	388.8	426.2	353.4	305.3
2007	405.1	442.8	368.9	316.9
2008	425.4	464.1	388.5	336.9
2009	419.0	458.1	381.5	332.9
2010	434.9	476.4	395.6	345.9
2011	458.4	501.6	417.8	364.9
2012	468.4	512.4	427.2	371.7
2013	479.2	524.0	437.4	375.4
2014	489.0	534.6	447.0	378.8
2015	495.9	542.1	453.4	378.5
2016	505.6	552.9	461.6	382.3
2017	516.3	564.7	471.1	387.7
2018	528.1	577.7	481.3	395.9
2019	543.3	593.9	496.6	406.0
2020	555.6	606.4	510.7	410.8

4-3 居民消费和商品零售定基价格指数(2020年)
Fixed Base Price Index for Consumer Price and Retail Price of Commodities (2020)

年份	居民消费价格指数 General Consumer Price Index			商品零售价格指数 General Retail Price Index of Commodities
	全省 Total	城市 Urban Areas	农村 Rural Areas	
1978=100		861.5		557.8
1980=100		771.5		506.0
1985=100	555.6	606.4	510.7	410.8
1990=100	328.0	350.0	309.4	242.1
1991=100	316.7	331.5	305.0	235.1
1992=100	294.6	303.6	291.0	220.6
1993=100	246.0	250.1	247.9	189.0
1994=100	197.1	200.5	198.4	155.3
1995=100	169.0	171.4	170.5	136.8
1996=100	156.7	155.9	159.4	129.4
1997=100	152.8	149.7	156.1	129.0
1998=100	153.1	149.0	157.5	131.2
1999=100	154.8	149.7	159.6	134.1
2000=100	153.4	148.4	158.1	135.5
2001=100	153.7	149.0	158.1	138.3
2002=100	155.0	150.9	158.9	139.9
2003=100	152.2	150.0	154.7	140.4
2004=100	146.4	146.1	147.6	136.8
2005=100	144.5	143.9	145.9	135.6
2006=100	142.9	142.3	144.7	134.5
2007=100	137.1	136.8	138.4	129.5
2008=100	130.6	130.6	131.4	121.9
2009=100	132.6	132.5	133.9	123.3
2010=100	127.7	127.4	129.1	118.8
2011=100	121.2	121.0	122.3	112.6
2012=100	118.6	118.3	119.5	110.5
2013=100	115.9	115.7	116.7	109.4
2014=100	113.6	113.4	114.2	108.4
2015=100	112.0	111.8	112.6	108.5
2016=100	109.9	109.7	110.6	107.5
2017=100	107.6	107.4	108.4	106.0
2018=100	105.2	105.0	106.1	103.8
2019=100	102.3	102.1	102.8	101.2

4-4 城乡居民消费价格分类指数(2020年)
Consumer Price Indices by Urban and Rural Areas (2020)

(上年=100) (preceding year=100)

项目	Item	全省 Total	城市 Urban Areas	农村 Rural Areas
居民消费价格总指数	**General Consumer Price Index**	**102.3**	**102.1**	**102.8**
服务价格指数	**Price Index of Services**	**101.0**	**101.1**	**100.8**
消费品价格指数	**Price Index of Consumer Goods**	**103.1**	**102.8**	**104.1**
食品烟酒	**Food,Tobacco and Liquor**	**107.4**	**106.9**	**109.0**
1.食品	Food	109.5	108.8	111.7
(1)粮食	Grain	101.7	101.7	101.5
(2)薯类	Tubers	105.2	101.9	114.7
(3)豆类	Beans	105.8	105.7	106.3
(4)食用油	Edible Oil	105.3	104.1	108.1
(5)菜	Vegetables	104.6	104.4	105.3
#鲜菜	Fresh Vegetables	105.1	104.8	106.0
(6)畜肉类	Livestock Meat	137.3	137.1	137.9
#猪肉	Pork	143.0	143.3	142.3
(7)禽肉类	Poultry	104.0	104.6	102.4
(8)水产品	Aquatic Production	102.1	101.9	102.8
(9)蛋类	Eggs	94.5	95.3	92.1
(10)奶类	Dairy	100.8	100.8	101.0
(11)干鲜瓜果类	Dried and Fresh,Melons and Fruits	93.3	93.1	94.3
#鲜瓜果	Fresh Melons and Fruits	90.1	89.6	92.2
(12)糖果糕点类	Candy and Pastry	102.7	103.1	101.3
(13)调味品	Condiment	102.4	102.9	101.2
(14)其他食品类	Other Foods and Foods Processing Services	102.9	103.1	102.2
2.茶及饮料	Tea and Beverage	100.7	100.4	101.8
3.烟酒	Tobacco and Liquor	100.8	100.5	101.4
(1)烟草	Tobacco	100.4	100.2	100.8
(2)酒类	Liquor	101.6	101.2	102.5
4.在外餐饮	Outside Catering	104.8	104.7	105.0
衣着	**Clothing**	**100.5**	**100.5**	**100.5**
1.服装	Garments	100.9	101.0	100.8

续表 Continued (上年=100) (preceding year=100)

项目	Item	全省 Total	城市 Urban Areas	农村 Rural Areas
2.服装材料	Clothing Materials	100.1	100.3	99.5
3.其他衣着及配件	Other Clothing and Accessories	101.0	101.4	99.7
4.衣着加工服务费	Clothing Processing Service Fee	103.2	103.0	103.7
5.鞋类	Shoes	98.5	98.3	99.4
居住	**Residence**	**99.9**	**100.0**	**99.6**
1.租赁房房租	Rent	99.9	99.9	99.4
2.住房保养维修及管理	Housing Maintenance and Management	101.6	101.4	101.9
3.水电燃料	Water,Electricity and Fuels	98.9	99.0	98.8
4.自有住房	Personal Housing	99.8	100.0	99.2
生活用品及服务	**Articles for Daily Use and Services**	**101.6**	**101.8**	**100.8**
1.家具及室内装饰品	Furniture and Interior Decorations	101.1	101.2	100.8
2.家用器具	Home Appliances	98.7	98.3	99.8
3.家用纺织品	Home Textiles	102.4	102.1	103.5
4.家庭日用杂品	Daily Groceries	102.2	102.9	100.3
5.个人护理用品	Personal Care Pr	102.9	103.1	101.1
6.家庭服务	Home Service	105.3	105.5	104.0
交通和通信	**Transportation and Communication**	**96.5**	**96.3**	**97.0**
1.交通	Transportation	94.9	94.9	95.3
2.通信	Communication	99.8	99.6	100.4
教育文化和娱乐	**Education,Culture and Recreational Articles**	**101.8**	**101.8**	**101.8**
1.教育	Education	103.6	103.9	102.5
2.文化娱乐	Culture and Recreational Articles	99.1	99.0	99.9
医疗保健	**Health Care**	**101.5**	**101.4**	**101.9**
1.药品及医疗器具	Drugs and Medical Devices	98.5	98.0	100.5
2.医疗服务	Medical Service	103.5	103.9	102.5
其他用品和服务	**Other Supplies and Services**	**104.2**	**104.3**	**103.9**
1.其他用品类	Other Supplies	110.2	110.2	110.3
2.其他服务类	Other Services	100.2	100.4	99.6

4-5 城乡商品零售价格分类指数(2020年)
General Retail Price Index of Commodities by Urban and Rural Areas (2020)

(上年=100) (prceding year=100)

项目	Item	全省 Total	城市 Urban Areas	农村 Rural Areas
商品零售价格指数	**General Retail Price Indices**	**101.2**	**101.0**	**102.1**
食品	**Food**	**108.1**	**107.8**	**109.5**
粮食	Grain	101.5	101.5	101.4
食用油	Edible Oil	104.8	103.9	107.9
菜	Vegetable	104.7	104.5	105.7
畜肉类	Livestock Meat	137.6	137.3	139.0
禽肉类	Poultry	104.4	105.0	102.0
水产品	Aquatic Production	102.1	102.0	102.7
蛋类	Eggs	94.6	95.0	92.6
饮料、烟酒	**Beverages,Tobacco and Liquor**	**100.7**	**100.6**	**101.3**
茶及饮料	Beverages	100.7	100.5	101.6
烟草	Tobacco	100.3	100.2	100.8
酒类	Liquor	101.4	101.2	102.1
服装、鞋帽	**Garments,Shoes and Hats**	**100.4**	**100.3**	**100.8**
服装	Garments	100.8	100.8	101.1
鞋袜帽	Shoes,Stockings and Hats	98.9	98.6	100.0
其他衣着配件	Other	101.1	101.2	100.5
纺织品	**Textiles**	**102.1**	**102.2**	**101.8**
服装材料	Clothing Materials	100.1	100.3	99.3
床上用品	Bed Articles	102.8	102.8	102.7
家用电器及音像器材	**Household Appliances and Audio-visual Equipment**	**98.9**	**98.8**	**99.6**
家庭设备	Household Facilities	98.6	98.3	99.6
文娱用耐用消费品	Durable Consumer Goods for Recreation Use	99.5	99.5	99.3
专业音像器材	Audiovisual Equipment	99.3	99.2	99.8
文化办公用品	**Culture and Official Articles**	**99.8**	**99.2**	**103.1**
日用品	Articles for Daily Use	101.2	101.5	99.7
日用百货	General Merchandise	100.8	101.0	99.7
厨具餐具茶具	Kitchenware, Tableware, Tea Set	102.3	102.9	99.4
清洗用品	Cleaning Supplies	102.0	102.3	100.3
其它日用品	Others for Daily Use	100.5	100.7	99.5

续表 Continued　　(上年=100) (prceding year=100)

项目	Item	全省 Total	城市 Urban Areas	农村 Rural Areas
体育娱乐用品	**Sports and Recreation**	**101.3**	**101.3**	**101.0**
体育户外用品	Sports Outdoor Products	102.2	102.5	100.3
娱乐用品	Recreation Goods	100.9	100.8	101.3
交通、通信用品	**Transportation and Communication Articles**	**98.5**	**98.5**	**98.7**
交通运输机械	Transportation Mechanism	97.9	97.8	98.0
通信器材	Communication Appliance	101.6	101.7	100.8
家具	**Furniture**	**101.2**	**101.3**	**100.8**
化妆品	**Cosmetics**	**103.3**	**103.7**	**101.1**
金银饰品	**Jewelry**	**116.6**	**116.4**	**117.6**
中西药品及医疗保健用品	**Traditional Chinese-Westen Medicines and Medical Health Articles**	**98.5**	**98.0**	**101.0**
医疗卫生器具	Medical Appliance	105.6	103.3	117.8
中药	Traditional Chinese Medicine	100.4	100.2	101.2
西药	Western Medicine	96.1	95.3	100.1
保健器具及用品	Health Care Appliances and Articles	100.4	100.5	99.8
书报杂志及电子出版物	**Newspaper,Magazines and Electronic Publication**	**101.0**	**101.0**	**101.3**
教材及参考书	Teaching Materials and Reference Books	101.7	102.0	100.2
书报杂志	Newspaper and Magazines	101.2	101.0	102.4
计算机办公软件	Office Software	99.0	98.9	100.0
燃料	**Fuels**	**90.4**	**90.3**	**91.1**
煤炭及制品	Coal and Its Products	100.1	99.9	100.9
石油及制品	Petroleum and Its Products	89.2	89.2	89.5
建筑材料及五金电料	**Building Materials and Hardware and Electric Materials**	**100.3**	**100.1**	**100.8**
建筑装璜材料	Building Decoration Materials	99.9	99.8	100.5
五金水暖	**Hardware and Plumbing Materials**	**101.1**	**101.0**	**101.3**

4-6 农业生产资料价格分类指数（2011-2020年）
Price Index of Agricultural Means of Production by Category（2011-2020）

(上年=100)(prceding year=100)

项目		2011	2012	2013	2014	2015	2016	2017	2018	2019	2020
农业生产资料价格指数	**Price Indices of Agricultural Means of Production**	**110.8**	**104.2**	**102.8**	**99.8**	**100.9**	**99.5**	**101.8**	**101.8**	**102.9**	**106.1**
农用手工工具	Small Farm Tools	106.3	103.1	104.1	101.3	100.6	100.6	105.7	105.8	105.5	105.5
饲料	Forage	107.5	107.6	105.2	100.6	97.6	94.1	100.3	101.1	98.1	106.8
仔畜幼禽及产品畜	Livestock Products	160.4	89.5	101.8	93.3	118.6	116.8	97.0	87.1	139.0	154.5
半机械化农具	Semi-mechanized Farm Tools	104.6	104.1	101.1	100.5	99.9	99.8	101.2	102.2	102.7	100.3
机械化农具	Mechanized Farm Tools	104.1	101.3	100.3	100.1	99.9	100.1	100.6	102.9	101.3	99.9
化学肥料	Chemical Fertilizer	113.4	103.5	98.3	94.6	99.7	98.1	103.9	105.2	101.1	99.2
农药及农药器械	Pesticide and Its Appliances	100.8	100.4	100.7	101.1	100.9	100.8	101.7	102.9	102.4	102.1
化学农药	Chemical Pesticide	100.9	100.3	100.6	101.1	100.9	100.8	101.8	103.1	102.5	102.1
农药器械	Pesticide Appliances	100.3	101.5	101.5	100.3	100.7	100.3	99.6	100.2	101.1	102.0
农用机油	Oil for Farm Machinery	109.4	103.2	99.8	98.3	89.4	99.2	107.9	113.0	94.2	85.6
其它农业生产资料	Others	106.1	101.5	102.8	102.0	100.8	102.2	103.3	101.8	100.3	100.4
农业生产服务	Agricultural Production Service	105.1	111.0	106.7	106.4	104.1	102.3	102.4	102.1	103.0	99.1

注：该表中"仔畜幼禽及产品畜"类在2015年及以前年份称"产品畜"，与2016年（含）后不可比。
The definition of livestock production has been changed since 2016.

4-7 各市、县居民消费价格指数(2020年)
Residents Consumer Price Indices by City and County (2020)

(上年=100) (prceding year=100)

市（县）名称	City(County)	居民消费价格指数 Consumer Price Index	食品烟酒 Food Or Smoke Wine	食品 Food	粮食 Grain	菜 Vegetables	畜肉类 Livestock Meat
杭州市	Hangzhou District	102.1	106.9	108.9	101.7	101.5	136.7
宁波市	Ningbo District	101.9	106.2	107.8	101.7	103.3	137.6
温州市	Wenzhou District	102.0	106.4	108.5	102.7	106.9	136.0
嘉兴市	Jiaxing District	102.4	108.6	108.8	100.8	115.3	132.0
湖州市	Huzhou District	102.3	107.8	109.4	99.4	107.9	139.9
绍兴市	Shaoxing District	102.4	107.7	109.8	101.5	105.7	137.3
金华市	Jinhua District	102.4	107.2	109.0	100.4	100.7	139.0
衢州市	Quzhou District	101.9	106.9	108.3	99.8	105.3	131.8
舟山市	Zhoushan District	101.9	106.3	108.4	100.4	102.4	136.7
台州市	Taizhou District	102.1	106.5	108.9	101.6	104.5	137.1
丽水市	Lishui District	102.0	108.3	111.3	107.4	105.9	141.4
萧山区	Xiaoshan	102.2	109.0	110.6	101.2	104.5	138.5
建德市	Jiande	102.4	107.9	110.8	100.6	105.2	135.4
宁海县	Ninghai	102.9	109.0	112.0	103.1	113.3	134.4
瑞安市	Ruian	102.7	108.0	110.2	102.2	103.4	131.5
海宁市	Haining	103.3	109.2	112.8	101.8	107.7	144.9
桐乡市	Tongxiang	103.0	108.8	111.4	99.6	107.8	139.5
安吉县	Anji	103.0	110.9	115.0	101.3	109.9	144.4
新昌县	Xinchang	103.0	107.7	110.6	100.6	100.0	134.9
兰溪市	Lanxi	103.0	109.6	111.4	100.0	102.0	141.2
义乌市	Yiwu	103.3	109.4	112.7	101.8	106.3	140.1
江山市	Jiangshan	102.5	109.1	111.7	101.5	106.3	136.4
临海市	Linhai	103.2	109.4	112.6	101.0	101.7	140.4
龙泉市	Longquan	102.6	106.9	109.3	101.7	103.5	132.7

续表1 Continued (上年=100) (prceding year=100)

市（县）名称	City(County)	禽肉类 Poultry	水产品 Aquatic Production	蛋类 Eggs	奶类 Dairy	衣着 Clothing	居住 Residence
杭州市	Hangzhou District	108.8	102.6	97.4	99.9	100.1	99.7
宁波市	Ningbo District	102.1	100.3	97.4	98.8	99.9	100.9
温州市	Wenzhou District	102.6	103.1	95.3	102.3	102.5	100.0
嘉兴市	Jiaxing District	98.4	99.4	93.8	98.4	102.0	98.6
湖州市	Huzhou District	104.6	102.4	93.4	104.0	99.5	100.0
绍兴市	Shaoxing District	105.3	103.0	94.3	101.0	99.2	99.5
金华市	Jinhua District	103.7	100.8	91.4	102.9	100.3	99.6
衢州市	Quzhou District	103.4	105.1	93.9	100.2	100.4	100.5
舟山市	Zhoushan District	109.0	105.6	93.1	102.9	99.5	99.2
台州市	Taizhou District	109.7	99.7	90.8	101.0	101.4	100.0
丽水市	Lishui District	96.7	99.9	89.2	103.5	97.5	99.3
萧山区	Xiaoshan	99.0	104.4	90.6	100.6	100.0	98.4
建德市	Jiande	104.1	100.6	91.7	102.3	100.5	100.2
宁海县	Ninghai	102.5	103.7	94.0	104.5	100.6	100.4
瑞安市	Ruian	99.5	101.0	91.4	102.9	98.7	99.6
海宁市	Haining	99.6	101.9	89.0	100.3	104.2	100.0
桐乡市	Tongxiang	100.3	101.7	98.5	97.9	99.9	99.6
安吉县	Anji	107.3	105.4	98.0	100.6	99.9	99.0
新昌县	Xinchang	107.9	101.8	93.0	102.6	100.7	99.9
兰溪市	Lanxi	107.2	99.2	90.4	95.5	104.2	99.0
义乌市	Yiwu	101.3	101.6	93.7	101.1	102.0	100.3
江山市	Jiangshan	102.3	103.9	89.4	100.5	99.3	99.8
临海市	Linhai	104.7	104.0	90.8	102.1	101.0	100.8
龙泉市	Longquan	102.0	103.7	90.3	100.4	99.3	100.6

续表2 Continued　　(上年=100) (prceding year=100)

市（县）名称	City(County)	生活用品及服务 Articles for Daily Use and Services	交通和通信 Transportation and Communication	教育文化和娱乐 Education, Culture and Recreational Articles	医疗保健 Health Care Articles	其他用品和服务 Other Supplies and Services
杭州市	Hangzhou District	103.1	96.6	101.7	103.1	103.8
宁波市	Ningbo District	101.5	94.6	103.1	98.9	105.3
温州市	Wenzhou District	101.5	97.1	101.5	99.7	104.9
嘉兴市	Jiaxing District	101.5	96.0	101.4	101.5	104.6
湖州市	Huzhou District	101.9	96.7	102.0	99.1	103.9
绍兴市	Shaoxing District	99.9	97.6	99.9	106.6	105.0
金华市	Jinhua District	101.7	96.2	101.3	105.1	103.4
衢州市	Quzhou District	100.6	96.2	100.4	100.1	103.1
舟山市	Zhoushan District	101.5	96.8	101.4	104.0	104.5
台州市	Taizhou District	102.0	97.0	101.9	100.2	102.7
丽水市	Lishui District	99.0	95.8	101.7	100.3	103.8
萧山区	Xiaoshan	99.7	96.7	100.6	101.8	103.9
建德市	Jiande	100.2	96.5	99.7	103.1	103.6
宁海县	Ninghai	100.7	97.3	102.1	100.1	104.0
瑞安市	Ruian	103.3	97.8	102.4	103.1	103.2
海宁市	Haining	101.4	96.3	104.3	100.2	103.7
桐乡市	Tongxiang	99.5	95.9	102.7	105.8	103.5
安吉县	Anji	99.9	96.5	100.6	99.8	104.7
新昌县	Xinchang	102.0	98.0	100.8	106.4	105.0
兰溪市	Lanxi	99.4	96.8	100.6	100.8	104.5
义乌市	Yiwu	100.3	97.5	100.7	102.6	102.6
江山市	Jiangshan	99.7	96.9	99.7	100.6	104.8
临海市	Linhai	100.0	95.6	103.8	99.4	104.7
龙泉市	Longquan	100.1	98.4	102.7	101.0	104.3

4-8 各市、县商品零售价格指数和农业生产资料价格指数(2020年)

General Price Index of Commodities and Agricultural Means of Production by City and County (2020)

(上年=100) (prceding year=100)

市(县)名称	City(County)	商品零售价格指数 General Retail Price Index of Commodities	食品 Food	饮料、烟酒 Beverages, Tobacco and Liquor	服装、鞋帽 Garments, Shoes and Hats	纺织品 Textiles	家用电器及音响器材 Household Appliances and Audio Eqiupment
杭州市	Hangzhou District	100.9	107.5	100.0	99.9	103.4	97.5
宁波市	Ningbo District	100.2	107.2	99.9	99.8	100.1	98.0
温州市	Wenzhou District	101.2	107.6	100.3	102.6	100.4	97.5
嘉兴市	Jiaxing District	101.5	108.8	99.7	101.9	100.7	100.0
湖州市	Huzhou District	101.4	108.4	101.2	99.4	108.0	100.4
绍兴市	Shaoxing District	101.4	108.3	101.2	99.1	98.2	99.4
金华市	Jinhua District	101.2	107.3	102.8	100.3	104.4	101.1
衢州市	Quzhou District	100.6	107.3	102.3	100.3	100.4	99.3
舟山市	Zhoushan District	100.9	107.6	101.5	99.5	104.9	100.3
台州市	Taizhou District	101.6	107.7	101.6	101.4	101.7	102.0
丽水市	Lishui District	100.9	108.8	99.6	97.3	99.1	96.1
萧山区	Xiaoshan	101.6	109.7	101.5	99.9	99.0	98.4
建德市	Jiande	101.6	108.5	99.4	100.4	104.1	99.2
宁海县	Ninghai	101.9	109.7	101.2	100.6	103.6	98.9
瑞安市	Ruian	102.2	107.9	103.3	98.6	108.0	104.3
海宁市	Haining	102.0	109.4	101.4	104.1	100.0	100.8
桐乡市	Tongxiang	102.3	108.6	101.9	99.8	100.0	96.4
安吉县	Anji	102.2	111.2	101.0	99.8	102.3	100.0
新昌县	Xinchang	102.3	107.9	101.7	100.6	103.8	99.9
兰溪市	Lanxi	102.3	108.9	101.2	104.1	103.4	96.1
义乌市	Yiwu	102.4	109.6	100.1	101.8	100.0	100.5
江山市	Jiangshan	101.4	109.3	100.9	99.3	97.4	97.0
临海市	Linhai	101.3	109.4	101.2	101.0	104.8	98.7
龙泉市	Longquan	101.7	106.7	101.3	99.3	99.0	100.5

续表1 Continued (上年=100)(prceding year=100)

市（县）名称	City(County)	文化办公用品 Culture and Official Articles	日用品 Articles for Daily Use	体育娱乐用品 Sports and Recreation	交通、通信用品 Transportation and Communication Articles	家具 Furniture	化妆品 Cosmetics
杭州市	Hangzhou District	97.9	102.4	102.2	98.1	102.7	106.3
宁波市	Ningbo District	100.6	102.1	102.6	97.1	101.2	102.2
温州市	Wenzhou District	98.3	101.3	101.0	99.9	101.4	105.7
嘉兴市	Jiaxing District	98.2	100.9	100.4	97.9	105.9	100.6
湖州市	Huzhou District	99.0	102.2	98.1	99.5	99.9	102.5
绍兴市	Shaoxing District	98.9	99.1	98.9	100.8	97.8	101.3
金华市	Jinhua District	100.0	99.6	102.8	98.4	97.6	103.0
衢州市	Quzhou District	97.4	100.9	99.8	98.0	99.1	101.3
舟山市	Zhoushan District	100.0	100.6	102.3	97.8	100.4	100.1
台州市	Taizhou District	102.7	101.3	102.0	98.7	101.9	102.5
丽水市	Lishui District	99.8	99.4	99.6	98.4	97.2	104.3
萧山区	Xiaoshan	102.6	99.0	101.7	99.2	100.9	100.2
建德市	Jiande	101.6	99.1	98.3	98.1	100.9	100.0
宁海县	Ninghai	102.8	101.6	100.9	100.3	100.9	99.9
瑞安市	Ruian	111.1	100.4	102.1	99.4	100.0	102.1
海宁市	Haining	102.6	98.2	100.1	97.8	104.5	102.9
桐乡市	Tongxiang	101.0	100.2	102.5	97.1	101.7	101.2
安吉县	Anji	100.0	98.9	98.6	99.8	99.4	101.0
新昌县	Xinchang	104.3	101.8	100.2	98.2	100.6	101.1
兰溪市	Lanxi	100.8	100.9	103.2	98.7	96.1	100.6
义乌市	Yiwu	101.3	99.7	100.7	99.1	99.9	100.1
江山市	Jiangshan	100.5	99.8	100.1	97.9	100.0	100.4
临海市	Linhai	102.9	99.7	100.4	95.7	100.7	102.3
龙泉市	Longquan	104.1	99.6	100.7	101.3	100.7	100.7

续表2 Continued (上年=100)(prceding year=100)

市（县）名称	City(County)	金银饰品 Jewelry	中西药品及医疗保健用品 Traditional Chinese Westen Medicines and Medical and Health Care	书报杂志及电子出版物 Newspaper, Magazines and Electronic Publication	燃料 Fuels	建筑材料及五金电料 Building Materials and Hardware and Electric Materials	农业生产资料价格指数 Retail Price Index of Agricultural Means of Production
杭州市	Hangzhou District	111.3	99.2	102.2	90.8	100.1	
宁波市	Ningbo District	121.0	95.5	100.5	89.1	100.4	
温州市	Wenzhou District	119.2	96.4	100.2	90.3	99.7	
嘉兴市	Jiaxing District	119.7	97.3	100.0	90.8	100.4	
湖州市	Huzhou District	116.5	97.8	100.1	90.1	100.2	
绍兴市	Shaoxing District	115.7	100.6	99.9	91.5	99.1	
金华市	Jinhua District	117.2	99.9	100.3	89.3	100.0	
衢州市	Quzhou District	114.6	96.9	100.2	89.3	100.3	
舟山市	Zhoushan District	117.8	96.5	100.2	90.7	101.6	
台州市	Taizhou District	114.1	100.5	101.7	89.9	100.8	
丽水市	Lishui District	117.9	98.6	102.5	91.7	101.0	
萧山区	Xiaoshan	116.2	96.1	100.9	91.6	101.7	104.2
建德市	Jiande	118.3	101.4	100.9	91.0	100.5	109.5
宁海县	Ninghai	115.6	95.7	100.9	91.0	99.3	102.6
瑞安市	Ruian	117.1	100.4	101.2	89.1	102.1	105.7
海宁市	Haining	117.7	100.4	102.0	91.6	100.3	104.3
桐乡市	Tongxiang	115.4	112.0	100.9	91.3	98.4	110.3
安吉县	Anji	112.7	99.5	101.3	91.3	99.6	101.4
新昌县	Xinchang	116.9	107.3	101.2	91.1	100.6	107.2
兰溪市	Lanxi	123.0	102.2	101.4	91.4	99.5	106.5
义乌市	Yiwu	113.5	103.7	101.7	90.5	101.9	105.5
江山市	Jiangshan	113.2	99.7	101.0	89.9	100.6	106.4
临海市	Linhai	122.8	97.1	101.1	90.8	100.6	109.0
龙泉市	Longquan	119.1	100.3	101.3	91.4	102.2	105.8

4-9 分月消费和零售价格指数(2020年)
Consumer Price Index and Retail Price Index of Commodities by Month (2020)

(上年同期=100)(preceding period=100)

项目	Item	1月	2月	3月	4月	5月	6月
居民消费价格指数	**Consumer Price Index**	**104.7**	**104.6**	**104.2**	**103.8**	**103.4**	**103.2**
城市	Urban Areas	104.6	104.4	104.0	103.6	103.2	103.0
农村	Rural Areas	105.2	105.2	104.8	104.3	103.9	103.8
#服务项目价格指数	**Services Price Index**	**102.1**	**101.4**	**101.5**	**101.4**	**101.3**	**101.2**
城市	Urban Areas	102.3	101.6	101.7	101.6	101.5	101.4
农村	Rural Areas	101.2	100.7	100.7	100.6	100.6	100.6
商品零售价格指数	**Retail Price Index of Commodities**	**104.2**	**104.0**	**103.4**	**102.8**	**102.3**	**102.0**
城市	Urban Areas	104.1	103.9	103.2	102.6	102.1	101.9
农村	Rural Areas	104.6	104.6	104.0	103.6	103.1	102.9
农业生产资料价格指数	**Price Index of Agricultural Means of Production**	**107.0**	**107.1**	**106.9**	**106.9**	**106.8**	**106.7**

续表 Continued

(上年同期=100)(preceding period=100)

项目	Item	7月	8月	9月	10月	11月	12月
居民消费价格指数	**Consumer Price Index**	**103.1**	**102.9**	**102.8**	**102.6**	**102.4**	**102.3**
城市	Urban Areas	102.9	102.7	102.6	102.4	102.2	102.1
农村	Rural Areas	103.7	103.6	103.5	103.3	103.0	102.8
#服务项目价格指数	**Services Price Index**	**101.1**	**101.0**	**101.0**	**101.0**	**101.0**	**101.0**
城市	Urban Areas	101.3	101.1	101.1	101.1	101.1	101.1
农村	Rural Areas	100.6	100.6	100.7	100.7	100.7	100.8
商品零售价格指数	**Retail Price Index of Commodities**	**101.9**	**101.9**	**101.7**	**101.5**	**101.3**	**101.2**
城市	Urban Areas	101.8	101.7	101.5	101.3	101.1	101.0
农村	Rural Areas	102.8	102.8	102.6	102.5	102.2	102.1
农业生产资料价格指数	**Price Index of Agricultural Means of Production**	**106.8**	**106.9**	**106.8**	**106.5**	**106.3**	**106.1**

4-10 工业生产者出厂价格指数（2011-2020年）
Producer Price Indices for Manufactured Goods(2011-2020)

(上年=100)(prceding year=100)

项目	Item	2011	2012	2013	2014	2015	2016	2017	2018	2019	2020
全 省	**Zhejiang**	**105.0**	**97.3**	**98.2**	**98.8**	**96.4**	**98.3**	**104.8**	**103.4**	**98.9**	**96.9**
轻工业	**Light Industry**	**105.1**	**98.1**	**99.2**	**99.4**	**98.2**	**99.1**	**103.5**	**102.3**	**99.5**	**96.6**
以农产品为原料	Using Farm Products as Raw Materials	105.5	99.5	99.9	99.7	99.2	99.6	102.8	102.0	99.9	98.0
以非农产品为原料	Using Non-farm Products as Raw Materials	104.6	96.0	98.1	98.8	96.7	98.4	104.4	102.7	98.9	94.6
重工业	**Heavy Industry**	**104.9**	**96.7**	**97.5**	**98.5**	**95.1**	**97.8**	**105.6**	**104.2**	**98.6**	**97.2**
采掘	Mining and Quarrying Industry	115.3	99.5	100.0	102.8	94.2	97.0	106.5	110.5	109.5	104.6
原料	Raw Material Industry	106.9	97.8	97.6	98.2	92.5	96.3	107.4	106.4	96.7	93.0
加工	Manufacturing Industry	104.0	96.3	97.4	98.6	96.2	98.4	104.9	103.1	99.3	98.9
生产资料	**Means of Production**	**105.5**	**96.3**	**97.6**	**98.5**	**95.2**	**97.6**	**106.2**	**104.2**	**98.3**	**96.2**
采掘	Mining and Quarrying Industry	115.3	99.5	100.0	102.8	94.2	97.0	106.5	110.5	109.5	104.6
原料	Raw Material Industry	108.3	95.8	97.3	97.5	91.9	95.9	109.1	106.2	95.9	91.2
加工	Manufacturing Industry	104.5	96.4	97.8	98.8	96.5	98.3	105.1	103.4	99.2	98.1
生活资料	**Means of Subsistence**	**103.5**	**100.0**	**99.6**	**99.8**	**99.6**	**100.2**	**100.7**	**101.2**	**100.6**	**98.9**
食品	Food	105.6	100.9	100.1	100.3	99.4	100.7	100.6	100.4	102.5	101.2
衣着	Clothing	104.6	101.1	100.5	99.8	100.5	100.6	100.8	101.3	100.6	97.8

续表 Continued (上年=100)(prceding year=100)

项目	Item	2011	2012	2013	2014	2015	2016	2017	2018	2019	2020
一般日用品	Articles for Daily Use	102.6	98.9	98.6	99.5	98.8	100.2	100.7	101.5	99.9	98.8
耐用消费品	Durable Consumer Goods	101.2	99.6	99.4	99.8	99.6	99.3	100.7	100.9	100.5	99.2
分部门	**Subsector**										
冶金工业	Metallurgical Industry	107.2	92.5	94.6	96.1	91.4	99.0	117.4	105.4	97.5	100.2
电力工业	Power Industry	102.9	103.3	100.8	100.6	98.5	97.8	99.5	98.9	99.6	95.6
煤炭及炼焦工业	Coal Industry	108.2	102.0	90.6	85.9	82.5					
石油工业	Petroleum Industry	115.0	102.1	97.4	96.5	77.1	90.6	109.3	112.3	100.2	85.6
化学工业	Chemical Industry	107.5	93.6	96.5	97.8	93.7	96.4	108.4	106.9	96.0	91.8
机械工业	Machinery Industry	101.8	97.6	98.1	99.0	98.3	98.6	100.6	100.2	99.1	98.3
建筑材料工业	Building Materials Industry	111.7	94.0	98.8	102.6	93.6	98.3	109.6	122.3	105.1	101.9
森林工业	Timber Industry	102.7	101.1	100.3	101.7	99.9	99.8	101.3	101.6	100.5	99.9
食品工业	Food Industry	106.0	101.3	100.4	100.3	99.2	100.4	100.5	100.5	102.6	102.0
纺织工业	Textile Industry	106.9	97.6	99.8	99.7	98.5	98.2	102.9	102.5	99.9	96.2
缝纫工业	Tailoring Industry	105.0	100.8	100.3	99.6	100.6	100.6	100.8	101.9	100.7	97.3
皮革工业	Leather Industry	103.8	102.7	101.8	100.5	100.0	100.2	100.8	99.3	100.0	99.2
造纸工业	Paper Industry	102.4	96.6	96.4	98.2	97.3	99.9	115.5	105.4	91.7	99.1
文教艺术品工业	Cultural,Educational & Handicrafts Articles Industry	102.2	100.0	99.4	100.2	100.4	99.8	101.8	101.1	100.5	99.2
其他工业	Others	103.3	100.2	100.2	98.8	98.8	102.3	102.0	101.9	101.7	99.5

4-11 按行业分的工业生产者出厂价格指数（2017-2020年）
Producer Price Indices for Manufactured Goods by Sector(2017-2020)

(上年=100)(prceding year=100)

项目	Item	2017	2018	2019	2020
总指数	**Zhejiang**	**104.8**	**103.4**	**98.9**	**96.9**
黑色金属矿采选业	Ferrous Metals Mining and Dressing	114.9	104.9	125.5	127.3
有色金属矿采选业	Nonferrous Metals Mining and Dressing	113.6	105.8	87.3	87.5
非金属矿采选业	Nonmetal Minerals Mining and Dressing	104.5	111.9	111.7	104.8
农副食品加工业	Non-staple Food Processing	100.7	101.4	104.9	105.7
食品制造业	Food Manufacturing	101.4	100.6	101.0	99.9
酒、饮料和精制茶制造业	Beverage Manufacturing	100.2	98.9	99.2	96.7
烟草制品业	Tobacco Processing	100.0	100.4	102.5	100.7
纺织业	Textile Industry	102.8	102.9	100.1	95.8
纺织服装、服饰业	Garments,Shoes and Hats Manufacturing	99.9	100.5	100.7	99.1
皮革、毛皮、羽毛及其制品和制鞋业	Leather,Furs,Down and Related Products	101.2	100.5	100.4	98.3
木材加工和木、竹、藤、棕、草制品业	Timber Processing,Bamboo,Cane Palm Fiber and Straw Products	101.1	102.1	100.2	99.1
家具制造业	Furniture Manufacturing	101.7	100.7	101.3	100.0
造纸和纸制品业	Papermaking and Paper Products	115.5	105.4	91.7	99.1
印刷和记录媒介复制业	Printing and Record Medium Reproduction	101.6	100.3	98.0	97.9
文教、工美、体育和娱乐用品制造业	Cultural,Educational and Sports Goods	102.0	101.4	102.4	102.0

续表 Continued　　(上年=100)(prceding year=100)

项目	Item	2017	2018	2019	2020
石油、煤炭及其他燃料加工业	Petroleum Processing,Cooking and Nuclear Fuel Processing	112.6	114.4	98.6	84.4
化学原料和化学制品制造业	Raw Chemical Materials and Chemical Products	111.6	109.8	94.1	89.7
医药制造业	Medical and Pharmaceutical Products	98.6	106.8	100.2	99.5
化学纤维制造业	Chemical Fiber	114.7	107.2	93.7	85.3
橡胶和塑料制品业	Rubber Products	102.7	102.0	99.1	96.8
非金属矿物制品业	Nonmetal Mineral Products	109.2	121.5	104.3	101.3
黑色金属冶炼和压延加工业	Smelting and Pressing of Ferrous Metals	123.5	108.4	96.4	98.6
有色金属冶炼和压延加工业	Smelting and Pressing of Nonferrous Metals	123.3	103.8	95.6	102.7
金属制品业	Metal Products	105.8	103.6	99.8	99.2
通用设备制造业	Ordinary Machinery	101.5	102.0	100.3	98.9
专用设备制造业	For Special Purpose Equipment Manufacturing	100.0	100.6	99.8	98.8
汽车制造业	Automotive Manufacturing	99.5	99.5	99.2	99.1
铁路、船舶、航空航天和其他运输设备制造业	Railway,Shipbuilding,Aerospace and other Transport Equipment	101.3	100.9	99.7	99.6
电气机械和器材制造业	Electric Equipment and Machinery	101.6	99.8	97.6	97.6
计算机、通信和其他电子设备制造业	Computers,Communications and Other Electronic Equipment Manufacturing	98.5	98.2	98.1	96.4
仪器仪表制造业	Instruments Manufacturing	98.1	99.4	100.1	99.2
其他制造业	Other Manufacturing	101.9	100.8	100.5	99.5
废弃资源综合利用业	Recovery of Resource Discarded and Useless Material	116.0	103.8	98.9	101.0
金属制品、机械和设备修理业	Metal Products,Machinery and Equipment Repair Industry	99.5	99.7	107.5	104.1
电力、热力生产和供应业	Production and Supply of Electricity and Heating Power	99.3	98.9	99.9	95.5
燃气生产和供应业	Production and Supply of Gas	96.6	100.9	109.6	91.2
水的生产和供应业	Production and Supply of Water	102.8	100.6	100.2	95.5

4-12 工业生产者购进价格分类指数（2011-2020年）
Producer Purchasing Price Indices by Category(2011-2020)

(上年=100)(prceding year=100)

项目		2011	2012	2013	2014	2015	2016	2017	2018	2019	2020
总指数	**General Purchasing Price Index**	**108.3**	**96.7**	**97.7**	**98.2**	**94.5**	**97.8**	**109.6**	**105.1**	**97.1**	**95.9**
燃料、动力类	Fuels and Motive Power	107.6	99.5	97.4	98.4	91.6	96.4	114.9	108.0	98.6	89.8
黑色金属材料类	Ferrous Metal Material	107.1	94.1	95.5	95.3	89.5	98.6	117.8	106.4	97.9	98.6
有色金属材料和电线类	Nofferrous Metal Materials and Electric Wire	111.7	92.6	94.3	96.4	92.1	97.0	117.5	104.0	95.3	101.6
化工原料类	Chemical Raw Materials	111.1	95.4	97.4	97.7	91.8	96.5	111.9	107.3	91.7	88.6
木材及纸浆类	Logging and Paper Pulp	103.8	96.9	98.1	98.8	99.4	99.8	109.0	105.4	95.3	97.7
建筑材料类及非金属矿类	Building Materials and Nonmetal Minerals	109.2	98.2	98.6	100.9	96.3	95.7	117.0	122.1	100.9	98.6
其他工业原材料及半成品类	Other Industrial Raw Materials	106.5	97.2	98.0	98.0	96.4	98.6	104.0	101.6	98.2	98.7
农副产品类	Farm Products	110.1	98.5	99.5	101.1	99.5	98.6	102.6	101.0	100.6	102.5
纺织原料类	Textile Raw Materials	109.7	97.1	100.3	99.9	98.3	98.9	102.6	101.6	98.6	96.4

浙/江/统/计/年/鉴

主要统计指标解释

■ 居民消费价格

是指城乡居民购买并用于日常生活消费的商品和服务项目的价格。按用途划分为食品烟酒、衣着、居住、生活用品及服务、交通和通信、教育文化和娱乐、医疗保健、其他用品和服务等 8 个大类的居民消费价格。居民消费价格调查的任务是调查、搜集和整理这些商品和服务项目的价格，并编制居民消费价格指数（英文名称：Consumer Price Index 缩写：CPI），旨在反映一定时期内居民所消费商品及服务项目的价格水平变动趋势和变动程度。居民消费价格水平的变动率在一定程度上反映了通货膨胀（或紧缩）的程度。编制居民消费价格指数的目的，是了解全国各地价格变动的基本情况，分析研究价格变动对社会经济和居民生活的影响，满足各级政府制定政策和计划、进行宏观调控的需要，以及为国民经济核算提供参考依据。

■ 商品零售价格

是商品在流通过程中最后一个环节的价格，是工业、商业、餐饮业和其他零售企业向城乡居民、机关团体出售生活消费品和办公用品的价格。包括食品、饮料烟酒、服装鞋帽、纺织品、家用电器及音像器材、文化办公用品、日用品、体育娱乐用品、交通通信用品、家具、化妆品、金银饰品、中西药品及医疗保健用品、书报杂志及电子出版物、燃料、建筑材料及五金电料等 16 个大类，197 个基本分类的商品零售价格。商品零售价格调查的任务是系统地调查、搜集和整理市场商品零售价格资料，编制商品零售价格指数（RPI），以此反映市场商品零售价格的变动趋势和变动程度。其目的在于掌握商品价格的变动趋势，为国家宏观调控和国民经济核算提供参考依据。

■ 农业生产资料价格

是农业生产资料在流通领域最后一个环节的价格，是工业、商业及其他单位和个人向农民出售农业生产资料（包括主要生产性服务，下同）的价格。包括农用手工工具、饲料、仔畜幼禽及产品畜、半机械化农具、机械化农具、化学肥料、农药及农药器械、农机用油、其他农用生产资料、农业生产服务等 10 个大类。农业生产资料价格调查的任务是系统地调查、搜集和整理市场上农业生产资料的价格，编制农业生产资料价格指数（AMPI），据此测定全国市场农业生产资料价格变动趋势和变动程度。其目的在于掌握农业生产资料的平均价格水平，为国家制定经济政策提供依据；同时，为研究城乡市场流通状况和国民经济核算提供参考依据。

■ 工业生产者价格

包括工业企业产品第一次出售时的出厂价格和企业作为中间投入的原材料、燃料、动力购进价格。工业生产者出厂价格调查 37 个工业行业大类，涵盖 656 个基本分类的 3300 多种工业产品的价格；工业生产者购进价格统计调查涵盖 547 个基本分类的 2600 多种工业产品的价格。工业生产者价格调查的任务是系统地调查、搜集各工业行业产品出厂价格和原材料购进价格，编制工业生产者出厂价格指数（PPI）和工业生产者购进价格指数(IPI),反映工业生产者价格变动趋势和变动程度。其目的在于及时、准确、科学地为国民经济核算、计算工业发展速度、宏观经济分析和调控、理顺价格体系等提供科学、准确的依据。

■ 固定资产投资价格

固定资产投资价格是构成固定资产投资额实体的实际购进价格或结算价格。包括构成当年建筑工程实体的钢材、木材、水泥、地方建筑材料、电料、化工材料等主要建筑材料价格；作为活劳动投入的劳动力价格（单位工资）和各种施工机械使用价格；设备工器具购置和其他费用投资价格。固定资产投资价格调查的任务是搜集全社会及各类工程固定资产投资经济活动中涉及的各种价格资料和费用资料，并掌握各种平均价格水平和费用标准。编制固定资产投资价格指数，其目的在于及时、准确地反映全社会及各类工程固定资产投资中涉及的各类投资品和取费项目价格的变动趋势和变动幅度，消除按现价计算的固定资产投资指标中的价格变动因素，真实地反映全社会及各类工程固定资产投资的规模、速度、结构和效益，为国家及各部门科学地制定、检查固定资产投资计划和进行国民经济核算提供科学的、可靠的依据。

主要统计指标解释

住宅销售价格指数

分为新建商品住宅销售价格指数和二手住宅销售价格指数。编制住宅销售价格指数其目的在于全面了解和掌握相关城市新建住宅和二手住宅销售价格及其变动情况，为做好国民经济核算和房地产市场调控工作、满足社会公众需要提供基础统计信息。

农产品生产者价格

是指农产品生产者第一手（直接）出售其产品时实际获得的单位产品价格。全面收集农产品生产者价格资料，编制农产品生产者价格指数，其目的是客观反映农产品生产者价格水平和结构变动情况，满足农业与国民经济核算需要，为各级政府制定农业保护与农产品流通政策提供决策依据，向社会各界提供优质的农产品价格信息服务。

ZHEJIANG STATISTICAL YEARBOOK

Explanatory Notes on Main Statistical Indicators

□ Consumer Price

It refers to the price of goods and services purchased by urban and rural residents and used for daily consumption. Consumer prices are classified into eight categories by use: food, tobacco, wine, clothing, housing, household goods and services, transportation and communication, education, culture and entertainment, medical care, other goods and services. The task of the consumer price survey is to investigate, collect and sort out the prices of these goods and services, and to compile a consumer price index (CPI) to reflect the trend and degree of price changes of the goods and services consumed by the residents over a certain period of time. The rate of change in consumer prices reflects to a certain extent the extent of inflation (or contraction). The purpose of compiling the consumer price index is to understand the basic situation of price changes in various parts of the country, to analyze the impact of price changes on social economy and residents' lives, to meet the needs of governments at all levels in formulating policies and plans, and to carry out macro-control, and to provide a reference for national economic accounting

□ Retail Price of Commodities

It is the price of the last link in the circulation of commodities. it is the price of consumer goods and office supplies sold to urban and rural residents and government organizations by industry, commerce, catering and other retail enterprises. including food, beverage, tobacco and alcohol, clothing, shoes and hats, textiles, household appliances and audio-visual equipment, cultural office supplies, daily necessities, sports and entertainment products, traffic and communications supplies, furniture, cosmetics, gold and silver jewelry, Chinese and Western medicines and medical and health care supplies, books, newspapers, magazines and electronic publications, fuel, building materials and hardware electricity and so on 16 broad categories, 197 basic classification commodity retail price. the task of commodity retail price survey is to systematically investigate, collect and collate the data of commodity retail price in the market, and compile the commodity retail price index (RPI), so as to reflect the changing trend and degree of commodity retail price in the market. its purpose is to grasp the changing trend of commodity prices, and to provide a reference for national macro-control and national economic accounting.

□ Price of Agricultural Means of Production

It is the price of the last link in the circulation of agricultural means of production, and the price of the means of agricultural production (including the main productive services, the same below) sold to farmers by industrial, commercial and other units and individuals. it includes 10 categories, such as agricultural hand tools, feed, young poultry and livestock products, semi-mechanized farm tools, mechanized farm tools, chemical fertilizers, pesticides and pesticide appliances, agricultural machinery oil, other means of agricultural production, agricultural production services and so on. the task of the price survey of agricultural means of production is to systematically investigate, collect and sort out the prices of agricultural means of production in the market, compile the price index of agricultural means of production (AMPI), and then measure the trend and degree of change of the prices of agricultural means of production in the national market. the purpose is to grasp the average price level of agricultural means of production, to provide a basis for the state to formulate economic policies; at the same time, to provide a reference for the study of urban and rural market circulation and national economic accounting.

□ Industrial Producer PriceProducts

The price of industrial producers including industrial products for the first time at the time of the sale price and

EXPLANATORY NOTES ON MAIN STATISTICAL INDICATORS

the enterprise as raw materials, fuel and power purchase price of intermediate inputs.industrial producer price survey of 37 industry categories, covering 656 basic classification of more than 3300 kinds of industrial product prices; producer price survey covers 547 basic classification of more than 2600 kinds of industrial products price. industrial producer price survey is the task of systematically investigating and collecting the industrial product prices and raw material purchase price, factory price index of industrial producer (PPI) and industrial producer price index (IPI), reflecting the industrial producer prices trend and degree of changes. its purpose is to timely, accurately and scientifically for the national economic accounting, the calculation speed of industrial development, economic analysis and regulation, rationalize the price system so as to provide scientific and accurate basis.

Fixed Asset Investment Price Products

It constitutes the actual purchase price or settlement price of the entity of fixed assets investment. It includes the prices of the main building materials, such as steel, timber, cement, local building materials, electrical and chemical materials, which constitute the entity of the construction project in that year; the labor price (unit wage) as input of living labor and the use price of various construction machinery; the purchase price of equipment and appliances and the investment price of other expenses. the task of the fixed assets investment price survey is to collect all kinds of price data and expense data involved in the whole society and all kinds of Engineering fixed assets investment economic activities, and to grasp all kinds of average price level and expense standard. the purpose of compiling the fixed assets investment price index is to reflect the changing trend and range of the prices of all kinds of investment products and fee-collecting items involved in the fixed assets investment of the whole society and all kinds of projects in a timely and accurate manner, to eliminate the price variation factors in the fixed assets investment index calculated according to the present price, and to truly reflect the whole society. the scale, speed, structure and benefits of investment in fixed assets of various projects will provide a scientific and reliable basis for the state and various departments to formulate and examine investment plans for fixed assets and conduct national economic accounting.

Residential Sales Price Index

It is divided into newly built commercial housing sales price index and second-hand housing sales price index. the purpose of compiling housing sales price index is to fully understand and grasp the sales prices and their changes of new and second-hand housing in relevant cities, and to provide basic statistical information for national economic accounting, real estate market regulation and control, and meeting the needs of the public.

Producer Price of Agricultural Products

It refers to the actual unit price of a farm product producer who sells the product first hand (directly). The purpose of collecting price data of producers of agricultural products and compiling price index of producers of agricultural products is to objectively reflect the price level and structural changes of producers of agricultural products, to meet the needs of agricultural and national economic accounting, to provide decision-making basis for governments at all levels to formulate policies on agricultural protection and circulation of agricultural products, and to provide decision-making basis for all sectors of society. To provide quality information service for agricultural products.

2021 浙江统计年鉴

ZHEJIANG STATISTICAL YEARBOOK

CHAPTER 5

人民生活

People's Livelihood

5-1 人民物质文化生活
People's Material and Cultural Life

项目		Item		2013	2014	2015	2016	2017	2018	2019	2020
城乡居民收入与支出	(元)	**Income and Expenditure of Urban and Rual Residents**	(yuan)								
农村居民人均可支配收入		Annual Per Capita Disposable Income of Rural Residents		17494	19373	21125	22866	24956	27302	29876	31930
农村居民人均消费支出		Annual Per Capita Living Expenditure of Rural Residents		12803	14498	16108	17359	18093	19707	21352	21555
城镇居民人均可支配收入		Annual Per Capita Disposable Income of Urban Residents		37080	40393	43714	47237	51261	55574	60182	62699
城镇居民人均消费支出		Annual Per Capita Expenditure of Urban Residents		25254	27242	28661	30068	31924	34598	37508	36197
居民消费水平	(元)	**Per Capita Consumption**	(yuan)	**24771**	**26885**	**28712**	**30747**	**34992**	**38238**	**40688**	
农村居民		Rural Residents		15458	17281	19953	22028	24885	27291	29054	
城镇居民		Urban Residents		30101	32186	33359	35159	39858	43283	45804	
居民生活质量		**Quality of Living**									
居民人均住房面积	(平方米)	Per Capita Floor Space of Residents Buildings	(sq.m)								
农村居民		Rural Areas		60.82	61.53	61.28	60.27	60.43	65.44	67.31	66.87
城镇居民		Urban Areas		38.82	40.89	40.53	40.87	41.51	45.35	48.45	46.71
交通		**Traffic**									
农村每百户拥有家用汽车	(辆)	Number of Household Cars Per 100 Households in Rural Areas	(Suit)	18.86	19.18	25.41	30.17	33.35	28.78	28.90	33.00
城镇每百户拥有家用汽车	(辆)	Number of Household Cars Per 100 Households in Urban Areas	(Suit)	38.87	43.45	47.90	53.29	55.54	52.43	52.80	55.60
储蓄											
城乡居民储蓄存款年末余额	(亿元)	Balance of Savings Deposit of Rural and Urban Residents	(100 million yuan)	28923	30666	34219	38077	40192	45812	53133	60970
平均每人储蓄存款余额	(元)	Per Capita Balance of Savings Deposits	(yuan)	50005	52065	57174	62709	65142	73031	83345	94264

续表 Continued

项目		Item		2013	2014	2015	2016	2017	2018	2019	2020
文化、教育及卫生											
农村每百户拥有彩色电视机	(台)	Number of Color Tv Sets Per 100 Households in Rural Areas	(Set)	151	157	161	170	176	176	176	176
城镇每百户拥有彩色电视机	(台)	Number of Color Tv Sets Per 100 Households in Urban Areas	(Set)	165	173	174	174	179	172	175	176
农村每百户拥有家用电脑	(台)	Number of Computer Per 100 Households in Rural Areas	(Set)	35.65	39.68	45.47	49.31	52.24	45.54	46.10	48.20
城镇每百户拥有家用电脑	(台)	Number of Computer Per 100 Households in Urban Areas	(Set)	89.56	96.01	95.68	93.01	95.60	86.43	85.20	86.00
每百人每天有报纸杂志	(份)	Daily Newspapers and Magazines Per 100 persons	(Copies)	16.9	16.2	13.4	12.2	10.7	9.6	9.0	8.0
学龄儿童入学率	(%)	Enrollment Percentage of School age Children	(%)	99.99	99.99	99.99	99.99	99.99	99.99	99.99	99.99
每千人口拥有在校大学生数	(人)	Students Enrollment in University Per 1000 Persons	(person)	17.59	17.64	17.62	17.51	17.45	17.57	18.31	19.50
每千人口拥有医疗床位数	(张)	Number of Hospital Beds Per 1000 Persons	(Piece)	3.98	4.17	4.55	4.78	5.09	5.29	5.49	5.59
每千人口拥有医生数	(人)	Number of Doctors Per 1000 Persons	(person)	2.40	2.48	2.64	2.77	2.91	3.05	3.22	3.37
就业											
城镇登记失业率	(%)	Registered Unemployment Rate in Urban Areas	(%)	3.01	2.96	2.93	2.87	2.73	2.60	2.52	2.79
农村居民家庭每一劳动力负担人数	(人)	Number of Dependents Per Rural Laborer in Rural Households	(person)	1.54	1.56	1.58	1.57	1.58	1.59	1.62	1.66
城镇每一就业者负担人数	(人)	Number of Dependents Per Urban Employee	(person)	1.72	1.74	1.77	1.79	1.80	1.85	1.86	1.91
邮电通信											
电话普及率	(部/百人)	Telephone Popularization Rate	(pars/hundred person)	161.1	164.6	162.8	153.6	157.5	169.2	175.1	168.4
固定电话	(部/百人)	Fixed Telephones	(pars/hundred person)	32.4	30.0	27.2	23.2	21.7	20.6	22.8	21.6
移动电话	(部/百人)	Mobile Telephones	(pars/hundred person)	128.7	134.6	135.6	130.4	135.8	148.6	152.3	146.8

注：1、从2013年起，国家统计局开展了城乡一体化住户收支与生活状况调查，与2013年前的分城镇和农村住户调查的调查范围、调查方法、指标口径有所不同(以后各表同)。农村居民人均可支配收入2013年前为农村居民人均纯收入。
National Bureau of Statistics of China strted an integrated households income and expenditure survey,including both urban and rural households since 2013.The coverage, the methodology and definitions used in the survey has been changed compared with before.The same applies to the relevant tables following.The data of per capita disposable income of rural households refer to the per capita net income of rural households before 2013.

2、每百人每天拥有报纸、每千人口拥有医疗床位和拥有医生数均按常住人口计算。
Daily Newspapers and Magazines Per 100 Persons, Number of Hospital Beds and Number of Doctors Per 1000 Persons are calculated at permanent residence.

5-2 分行业全社会单位就业人员年平均工资
Average Wage of Employed Persons in the units By Sector

单位：元(yuan)

行业		全部单位 Average Wage of Employed Persons In Urban Units		非私营单位 Average Wage of Employed Persons In Urban Units without the Private		私营单位 Average Wage of Employed Persons In Urban Private Units	
		2018	2019	2018	2019	2018	2019
总计	**Total**	**65898**	**71523**	**88883**	**99654**	**52564**	**56383**
农、林、牧、渔业	Farming,Forestry,Animal Husbandry and Fishery	47160	48672	69217	79112	46465	47583
采矿业	Ming and Quarrying	62848	71653	72427	87460	56095	61860
制造业	Manufacturing	57274	61990	73055	80483	50886	55071
电力、热力、燃气及水生产和供应业	Electricity,Gas and Water Production and Supply	123422	113841	135779	129352	58523	58696
建筑业	Construction	53846	58135	56265	61899	52474	56226
批发和零售业	Wholesale and Retail Trade	56363	59803	87315	94838	50237	53117
交通运输、仓储及邮政业	Transport,Storage and Post	75854	75883	94562	96986	60016	60639
住宿和餐饮业	Hotels and Catering Services	46219	49190	51433	54896	43881	46853
信息传输、软件和信息技术服务业	Information Transmission, Computer Services and Software	114814	129395	190839	223499	70882	76820
金融业	Banking	140409	147964	142951	151017	95588	97403
房地产业	Real Estate	66400	72760	77868	84757	58776	63882
租赁和商务服务业	Renting and Business Services	61072	65221	73894	79585	57591	61431
科学研究和技术服务业	Scientific Research, Technic Service and Geological Prospecting	88833	91659	142811	154576	63972	66801
水利、环境和公共设施管理业	Water Conservancy, Environment and Public Utility	63232	67690	73390	82758	47088	49375
居民服务、修理和其他服务业	Service for the Residents and Other	46675	48599	68146	69723	43759	45907
教育	Education	116432	117504	123681	127038	49605	54271
卫生和社会工作	Health Care,Sports and Social Welfare	134370	139630	143804	154261	65701	67636
文化、体育和娱乐业	Culture,Sports and Entertainment	75202	72584	114343	116297	49722	49924
公共管理、社会保障和社会组织	Public Administration and Social Organization	136641	148439	136641	148439		

5-3 非私营单位就业人员工资总额(1985-2020年)
Total Wages of Employed Persons in Non Private Units(1985-2020)

单位：亿元 (100 million yuan)

年份 Year	工资总额 Total Wages of Staff and Worker	国有单位 State-owned Units	集体单位 Collective Owned Units	其他单位 Units of Other Types of Ownership
1985	47.85	28.69	18.91	0.25
1986	58.01	35.45	22.23	0.33
1987	66.62	40.68	25.44	0.50
1988	85.04	52.71	31.50	0.83
1989	94.46	59.08	34.17	1.21
1990	102.76	66.10	35.33	1.33
1991	115.98	74.42	39.39	2.17
1992	138.04	90.82	43.44	3.78
1993	192.98	123.08	58.80	11.10
1994	274.27	175.09	76.99	22.19
1995	324.25	201.67	90.46	32.12
1996	361.84	222.18	98.06	41.60
1997	402.01	251.85	100.13	50.03
1998	422.51	257.01	74.83	90.67
1999	456.04	273.77	66.23	116.04
2000	501.07	293.83	56.99	150.25
2001	589.48	351.40	47.61	190.47
2002	664.01	397.69	47.24	219.08
2003	797.54	469.63	49.68	278.23
2004	1016.42	573.10	60.76	382.56
2005	1311.93	676.28	59.54	576.11
2006	1591.84	762.03	61.34	768.47
2007	1937.41	886.50	67.71	983.20
2008	2359.05	990.08	72.33	1296.64
2009	2752.31	1128.21	82.18	1541.92
2010	3305.34	1269.78	97.32	1938.24
2011	4039.88	1398.77	110.22	2530.88
2012	5138.49	1590.88	114.86	3432.75
2013	5985.13	1715.04	116.95	4153.14
2014	6666.84	1874.46	113.39	4679.00
2015	7110.25	2116.96	85.49	4907.80
2016	7673.11	2371.38	83.90	5217.83
2017	8319.08	2670.84	84.54	5563.70
2018	8938.52	2826.47	93.98	6018.06
2019	9719.41	3216.42	55.60	6447.39
2020	10923.92	3690.57	52.19	7181.15

注：本表1985-2012年为单位在岗职工工资总额。
The data of this table refers to wages of currently employed staff and workers in units between 1985 and 2012.

5-4 非私营单位就业人员平均工资(1985-2020年)
Average Wage of Employed Persons in Non Private Units(1985-2020)

单位:元（yuan）

年份 Year	平均工资 Average Wage	国有单位 State-owned Units	集体单位 Collective Owned Units	其他单位 Units of Other Types of Ownership
1985	1159	1226	1071	1247
1986	1346	1442	1271	1455
1987	1493	1584	1365	1635
1988	1841	1961	1667	2014
1989	2031	2158	1838	2209
1990	2220	2383	1964	2412
1991	2422	2583	2152	2831
1992	2884	3088	2507	3368
1993	3932	4168	3439	4544
1994	5597	6034	4671	6334
1995	6619	6952	5702	7813
1996	7413	7734	6414	8672
1997	8386	8847	7026	9584
1998	9259	10012	7230	9432
1999	10632	11684	8229	10167
2000	12414	13775	9479	11539
2001	15770	18926	11281	13508
2002	18227	22195	13281	14650
2003	20853	26651	15174	16036
2004	23101	32736	17265	16653
2005	25572	38313	19659	18813
2006	27567	42258	21856	20823
2007	30854	48130	25005	23597
2008	34146	53476	29137	26963
2009	37395	59550	31653	29618
2010	41505	65440	36038	33689
2011	46660	72383	41817	39165
2012	50813	76150	47562	44112
2013	56571	81157	52070	50390
2014	61572	87609	56684	55124
2015	66668	96633	55333	58989
2016	73326	109064	57061	64078
2017	80750	122415	59295	69739
2018	88883	134000	69033	77046
2019	99654	144495	65529	86632
2020	108645	160069	69286	93581

注: 本表1985-2012年为单位在岗职工平均工资。
The data of this table refers to the average wage of currently employed staff and workers between 1985 and 2012.

5-5 按行业和经济类型分非私营单位就业人员工资总额
Total Wages of Employed Persons in Non Private Units by Sector and Type of Ownership

单位：亿元(100 million yuan)

行业	Sector	工资总额 Total Wages of staff and Works		国有单位 State-owned Units		集体单位 Collective Owned Units		其他单位 Units of Other Types of Ownership	
		2019	2020	2019	2020	2019	2020	2019	2020
总计	**Total**	**9719.41**	**10923.92**	**3216.42**	**3690.57**	**55.60**	**52.19**	**6447.39**	**7181.15**
农、林、牧、渔业	Farming,Forestry,Animal Husbandry and Fishery	4.09	5.04	2.39	2.93	0.10	0.13	1.61	1.97
采矿业	Ming and Quarrying	3.87	3.66	0.21	0.42	0.05	0.03	3.61	3.21
制造业	Manufacturing	2321.64	2592.09	5.33	8.88	3.12	4.89	2313.19	2578.31
电力、热力、燃气及水生产和供应业	Electricity,Gas and Water Production and Supply	143.40	201.53	11.94	10.40	2.81	2.31	128.65	188.82
建筑业	Construction	1272.88	1226.03	10.26	7.53	20.95	16.60	1241.68	1201.91
批发和零售业	Wholesale and Retail Trade	376.42	434.91	20.88	34.84	2.13	1.80	353.40	398.27
交通运输、仓储及邮政业	Transport,Storage and Post	302.71	384.15	45.19	33.85	1.52	1.46	256.00	348.83
住宿和餐饮业	Hotels and Catering Services	79.47	79.15	5.96	5.66	0.84	0.64	72.68	72.85
信息传输、软件和信息技术服务业	Information Transmission Software and Information Technology Services	535.48	656.09	12.84	13.92	0.59	0.66	522.04	641.52
金融业	Banking	696.61	746.26	53.82	10.15	0.04	0.03	642.75	736.08
房地产业	Real Estate	224.41	259.48	7.29	7.09	2.32	1.81	214.80	250.58
租赁和商务服务业	Renting and Business Services	271.34	295.87	42.23	39.18	7.37	5.11	221.73	251.57
科学研究和技术服务业	Scientific Research and Technic Service	276.97	310.16	91.72	94.19	1.32	1.48	183.93	214.49
水利、环境和公共设施管理业	Water Conservancy, Environment and Public Facilities Management	91.79	97.95	43.15	40.04	0.69	0.77	47.95	57.14
居民服务、修理和其他服务业	Resident Services,Repair and Other Services	24.48	27.16	5.26	4.96	1.23	1.25	18.00	20.94
教育	Education	1100.34	1270.75	972.21	1144.02	7.25	9.78	120.88	116.94
卫生和社会工作	Health Care and Social Work	777.03	854.63	718.62	790.75	2.66	2.63	55.75	61.25
文化、体育和娱乐业	Culture,Sports and Recreation	89.77	96.62	56.71	59.99	0.24	0.45	32.82	36.19
公共管理、社会保障和社会组织	Public Security,Social Security and Social Organization	1126.72	1382.40	1110.42	1381.78	0.37	0.35	15.93	0.27

5-6 分行业非私营单位就业人员平均工资
Average Wages of Employed Persons in Non Private Units by Sector

单位：元(yuan)

行业	Sector	平均工资 Average Wages of Employed Persons in Urban Units		国有单位 State-owned Units		集体单位 Collective Owned Units		其他单位 Units of Other Types of Ownership	
		2019	2020	2019	2020	2019	2020	2019	2020
总计	**Total**	**99654**	**108645**	**144495**	**160069**	**65529**	**69286**	**86632**	**93581**
农、林、牧、渔业	Farming,Forestry,Animal Husbandry and Fishery	79112	80641	115356	130805	40390	46936	56168	53023
采矿业	Ming and Quarrying	87460	81803	62003	64606	57952	39025	90180	85684
制造业	Manufacturing	80483	84810	88511	92371	57989	74564	80509	84809
电力、热力、燃气及水生产和供应业	Electricity,Heat,Gas and Water Production and Supply	129352	155978	141523	160054	69561	64353	130767	158514
建筑业	Construction	61899	66094	60281	75864	62403	59843	61905	66136
批发和零售业	Wholesale and Retail Trade	94838	104158	180273	187017	59490	73560	92578	100454
交通运输、仓储及邮政业	Transport,Storage and Post	96986	110340	118861	122129	58746	64943	94286	109635
住宿和餐饮业	Hotels and Catering Services	54896	54847	73472	69603	51870	51376	53817	53989
信息传输、软件和信息技术服务业	Information Transmission Software and Information Technology Services	223499	235430	147620	151641	81396	98472	226817	238630
金融业	Banking	151017	145804	184106	221470	54354	54771	148796	145129
房地产业	Real Estate	84757	91873	91129	97473	80924	68777	84599	91947
租赁和商务服务业	Renting and Business Services	79585	82139	73630	78882	64809	75649	81457	82816
科学研究和技术服务业	Scientific Research and Technic Service	154576	163113	162075	174040	104884	98131	151594	159447
水利、环境和公共设施管理业	Water Conservancy，Environment and Public Facilities Management	82758	85935	87431	90905	48801	53378	79724	83422
居民服务、修理和其他服务业	Resident Services,Repair and Other Services	69723	67141	109097	98113	58754	58541	63812	62984
教育	Education	127038	141852	139588	155523	74015	82138	75610	78845
卫生和社会工作	Health Care and Social Work	154261	164473	163440	176006	80711	80909	91801	91294
文化、体育和娱乐业	Culture,Sports and Recreation	116297	125984	135994	148710	53998	88261	93641	100947
公共管理、社会保障和社会组织	Public Security,Social Security and Social Organization	148439	167848	149559	167878	92187	131618	98420	108981

5-7 分行业非私营单位就业人员工资总额
Total Wages of Employed Persons in Non Private Units by Sector

单位：亿元(100 million yuan)

行业	Sector	单位就业人员工资总额 The Total Wages		在岗职工工资总额 Wages of Staff and Workers at Work		其他就业人员工资总额 Wages of Other Employed Persons	
		2019	2020	2019	2020	2019	2020
总计	**Total**	**9719.41**	**10923.92**	**9409.41**	**10546.11**	**310.00**	**377.81**
农、林、牧、渔业	Farming,Forestry,Animal Husbandry and Fishery	4.09	5.04	3.91	4.82	0.18	0.22
采掘业	Ming and Quarrying	3.87	3.66	3.83	3.60	0.04	0.06
制造业	Manufacturing	2321.64	2592.09	2289.33	2557.96	32.31	34.13
电力、燃气及水的生产和供应业	Electricity,Heat,Gas and Water Production and Supply	143.40	201.53	140.50	199.96	2.91	1.57
建筑业	Construction	1272.88	1226.03	1209.50	1150.58	63.38	75.45
批发和零售业	Wholesale and Retail Trade	376.42	434.91	368.28	425.35	8.14	9.56
交通运输、仓储和邮政业	Transport,Storage and Post	302.71	384.15	298.09	379.98	4.62	4.16
住宿和餐饮业	Hotels and Catering Services	79.47	79.15	74.95	75.41	4.51	3.74
信息传输、软件和信息技术服务业	Information Transmission Software and Information Technology Services	535.48	656.09	532.87	652.50	2.60	3.59
金融业	Banking	696.61	746.26	604.10	609.90	92.51	136.35
房地产业	Real Estate	224.41	259.48	216.98	251.71	7.43	7.77
租赁和商务服务业	Renting and Business Services	271.34	295.87	260.64	281.91	10.70	13.96
科学研究和技术服务业	Scientific Research and Technic Service	276.97	310.16	270.82	303.93	6.14	6.23
水利、环境和公共设施管理业	Water Conservancy，Environment and Public Utility	91.79	97.95	88.06	93.70	3.73	4.24
居民服务、修理和其他服务业	Resident Services,Repair and Other Services	24.48	27.16	23.56	26.37	0.92	0.79
教育	Education	1100.34	1270.75	1076.47	1243.47	23.87	27.28
卫生和社会工作	Health Care and Social Work	777.03	854.63	756.79	834.11	20.24	20.52
文化、体育和娱乐业	Culture,Sports and Recreation	89.77	96.62	85.06	93.47	4.70	3.16
公共管理、社会保障和社会组织	Public Security, Social Security and Social Organization	1126.72	1382.40	1105.65	1357.37	21.06	25.04

注：在岗职工工资总额包含劳务派遣人员工资总额。
Wages of Staff and workers at work include wages of dispatched workers.

5-8 分行业国有单位就业人员工资总额
Total Wages of Employed Persons in State-owned Units by Sector

单位：亿元(100 million yuan)

行业	Sector	单位就业人员工资总额 The Total Wages		在岗职工工资总额 Wages of Staff and Workers at Work		其他就业人员工资总额 Wages of Other Employed Persons	
		2019	2020	2019	2020	2019	2020
总计	**Total**	**3216.42**	**3690.57**	**3148.59**	**3616.78**	**67.82**	**73.79**
农、林、牧、渔业	Farming,Forestry,Animal Husbandry and Fishery	2.39	2.93	2.34	2.84	0.04	0.09
采掘业	Ming and Quarrying	0.21	0.42	0.20	0.40	0.01	0.02
制造业	Manufacturing	5.33	8.88	5.18	8.71	0.15	0.17
电力、燃气及水的生产和供应业	Electricity,Heat,Gas and Water Production and Supply	11.94	10.40	11.25	10.36	0.68	0.04
建筑业	Construction	10.26	7.53	8.60	7.37	1.66	0.16
批发和零售业	Wholesale and Retail Trade	20.88	34.84	20.53	34.70	0.35	0.14
交通运输、仓储和邮政业	Transport,Storage and Post	45.19	33.85	44.60	33.61	0.60	0.25
住宿和餐饮业	Hotels and Catering Services	5.96	5.66	5.67	5.40	0.29	0.26
信息传输、软件和信息技术服务业	Information Transmission Software and Information Technology Services	12.84	13.92	12.79	13.67	0.05	0.25
金融业	Banking	53.82	10.15	53.44	10.13	0.38	0.02
房地产业	Real Estate	7.29	7.09	7.04	6.90	0.25	0.20
租赁和商务服务业	Renting and Business Services	42.23	39.18	41.45	38.36	0.78	0.81
科学研究和技术服务业	Scientific Research and Technic Service	91.72	94.19	89.55	92.28	2.16	1.91
水利、环境和公共设施管理业	Water Conservancy，Environment and Public Facilities Management	43.15	40.04	41.68	38.05	1.47	1.99
居民服务、修理和其他服务业	Resident Services,Repair and Other Services	5.26	4.96	4.96	4.67	0.30	0.29
教育	Education	972.21	1144.02	953.45	1120.30	18.77	23.72
卫生和社会工作	Health Care and Social Work	718.62	790.75	701.41	773.42	17.20	17.33
文化、体育和娱乐业	Culture,Sports and Recreation	56.71	59.99	54.61	58.88	2.10	1.11
公共管理、社会保障和社会组织	Public Security,Social Security and Social Organization	1110.42	1381.78	1089.84	1356.75	20.58	25.03

注：在岗职工工资总额包含劳务派遣人员工资总额。
Wages of Staff and Workers at work include wages of dispatched workers.

5-9 分行业集体单位就业人员工资总额
Total Wages of Employed Persons in Collectively Owned Units by Sector

单位：亿元(100 million yuan)

行业	Sector	单位就业人员工资总额 The Total Wages		在岗职工工资总额 Wages of Staff and Workers at Work		其他就业人员工资总额 Wages of Other Employed Persons	
		2019	2020	2019	2020	2019	2020
总计	**Total**	**55.60**	**52.19**	**53.09**	**50.56**	**2.51**	**1.63**
农、林、牧、渔业	Farming,Forestry,Animal Husbandry and Fishery	0.10	0.13	0.09	0.13	0.01	
采矿业	Ming and Quarrying	0.05	0.03	0.05	0.03		
制造业	Manufacturing	3.12	4.89	3.05	4.82	0.07	0.07
电力、热力、燃气及水生产和供应业	Electricity,Heat,Gas and Water Production and Supply	2.81	2.31	2.72	2.23	0.09	0.08
建筑业	Construction	20.95	16.60	20.16	16.15	0.79	0.45
批发和零售业	Wholesale and Retail Trade	2.13	1.80	2.01	1.74	0.13	0.06
交通运输、仓储及邮政业	Transport,Storage and Post	1.52	1.46	1.44	1.39	0.08	0.08
住宿和餐饮业	Hotels and Catering Services	0.84	0.64	0.81	0.61	0.03	0.02
信息传输、软件和信息技术服务业	Information Transmission Software and Information Technology Services	0.59	0.66	0.59	0.65		
金融业	Banking	0.04	0.03	0.04	0.03		
房地产业	Real Estate	2.32	1.81	2.26	1.74	0.06	0.08
租赁和商务服务业	Renting and Business Services	7.37	5.11	7.02	4.96	0.35	0.15
科学研究和技术服务业	Scientific Research and Technic Service	1.32	1.48	1.28	1.44	0.04	0.05
水利、环境和公共设施管理业	Water Conservancy，Environment and Public Facilities Management	0.69	0.77	0.60	0.72	0.09	0.05
居民服务、修理和其他服务业	Service for the Residents and Other Services	1.23	1.25	1.18	1.20	0.05	0.05
教育	Education	7.25	9.78	6.91	9.52	0.34	0.26
卫生和社会工作	Health Care and Social Work	2.66	2.63	2.28	2.43	0.38	0.21
文化、体育和娱乐业	Culture,Sports and Entertainment	0.24	0.45	0.22	0.43	0.02	0.02
公共管理、社会保障和社会组织	Public Security,Social Security and Social Organization	0.37	0.35	0.37	0.35		

注：在岗职工工资总额包含劳务派遣人员工资总额。
Wages of Staff and Workers at work include wages of dispatched workers.

5-10 分行业其他单位就业人员工资总额
Total Wages of Employed Persons in Other Ownership Units by Sector

单位：亿元(100 million yuan)

行业	Sector	单位就业人员工资总额 The Total Wages		在岗职工工资总额 Wages of Staff and Workers at Work		其他就业人员工资总额 Wages of Other Employed Persons	
		2019	2020	2019	2020	2019	2020
总计	**Total**	**6447.39**	**7181.15**	**6207.73**	**6878.76**	**239.67**	**302.39**
农、林、牧、渔业	Farming,Forestry,Animal Husbandry and Fishery	1.61	1.97	1.48	1.84	0.13	0.13
采矿业	Ming and Quarrying	3.61	3.21	3.58	3.17	0.03	0.04
制造业	Manufacturing	2313.19	2578.31	2281.10	2544.43	32.09	33.89
电力、燃气及水的生产和供应业	Electricity,Heat,Gas and Water Production and Supply	128.65	188.82	126.52	187.37	2.14	1.44
建筑业	Construction	1241.68	1201.91	1180.74	1127.07	60.93	74.84
批发和零售业	Wholesale and Retail Trade	353.40	398.27	345.74	388.91	7.66	9.36
交通运输、仓储和邮政业	Transport,Storage and Post	256.00	348.83	252.06	344.99	3.94	3.84
住宿和餐饮业	Hotels and Catering Services	72.68	72.85	68.48	69.40	4.20	3.45
信息传输、软件和信息技术服务业	Information Transmission Software and Information Technology Services	522.04	641.52	519.49	638.18	2.55	3.34
金融业	Banking	642.75	736.08	550.63	599.75	92.13	136.33
房地产业	Real Estate	214.80	250.58	207.68	243.08	7.11	7.50
租赁和商务服务业	Renting and Business Services	221.73	251.57	212.16	238.59	9.57	12.99
科学研究和技术服务业	Scientific Research and Technic Service	183.93	214.49	179.99	210.22	3.94	4.27
水利、环境和公共设施管理业	Water Conservancy，Environment and Public Facilities Management	47.95	57.14	45.78	54.93	2.17	2.21
居民服务、修理和其他服务业	Service for the Residents and Other Services	18.00	20.94	17.41	20.49	0.58	0.45
教育	Education	120.88	116.94	116.11	113.65	4.77	3.29
卫生和社会工作	Health Care and Social Work	55.75	61.25	53.10	58.26	2.65	2.99
文化、体育和娱乐业	Culture,Sports and Entertainment	32.82	36.19	30.23	34.16	2.59	2.03
公共管理、社会保障和社会组织	Public Security,Social Security and Social Organization	15.93	0.27	15.44	0.27	0.49	

注：在岗职工工资总额包含劳务派遣人员工资总额。
Wages of Staff and Workers at work include wages of dispatched workers.

5-11 各市规模以上单位就业人员工资总额和平均工资（2016-2020年）
Total Wages and Average Wage of Employed Persons in Units Above Designated Sized by City(2016-2020)

地区	Region	2016	2017	2018	2019	2020
工资总额(万元)	**Total Wages**	**71102468**	**83190835**	**89385195**	**97194070**	**114344578**
杭州市	Hangzhou	24176045	26467155	28646933	32985194	32303795
宁波市	Ningbo	11911980	13639931	14751902	16252072	23763401
嘉兴市	Jiaxing	5695926	6310640	6757411	7142126	10047373
湖州市	Huzhou	3182692	3388758	3639519	4198262	4618818
绍兴市	Shaoxing	8319735	7996955	8547526	8180404	13016094
舟山市	Zhoushan	1429354	1628088	1692368	1879436	1666461
温州市	Wenzhou	6884737	7926666	7999181	8719249	9405590
金华市	Jinhua	5847270	5441588	6518889	6101676	7311096
衢州市	Quzhou	1620174	1782380	1821465	2192033	2015885
台州市	Taizhou	5842063	6657745	7064896	7372454	7500426
丽水市	Lishui	1492882	1679487	1877588	2046749	1918997
平均工资(元)	**Average Wage**	**73326**	**80750**	**88883**	**99654**	**76959**
杭州市	Hangzhou	85022	93891	103798	117339	103596
宁波市	Ningbo	79963	86540	96250	104146	77758
嘉兴市	Jiaxing	71880	79823	89346	96680	74691
湖州市	Huzhou	62887	68135	77507	86545	69568
绍兴市	Shaoxing	61003	67033	74715	80020	61751
舟山市	Zhoushan	77723	89671	94647	101486	79895
温州市	Wenzhou	67951	72403	78528	89134	63836
金华市	Jinhua	62631	71006	74491	88212	64784
衢州市	Quzhou	78350	87732	94711	106509	62469
台州市	Taizhou	63139	68496	75416	83975	67408
丽水市	Lishui	82057	89224	98701	106361	66382

注：2020年度以前为各市全部非私营单位数据，从2020年度开始调整为各市规模以上单位数据。Before 2020, it is the data of all non private units, which will be adjusted to the data of units above Designated Size from 2020.

5-12 城乡居民家庭收入情况（1978-2020年）
Income of Urban and Rural Households (1978-2020)

年份	全体居民家庭 Urban and Rural House		城镇居民家庭 Urban Households		农村居民家庭 Rural Households	
	人均可支配收入(元) Per Capita Disposable Income(yuan)	人均可支配收入指数(上年=100) Growth Rate of Per Capita Disposable Income (Preceding year = 100)	人均可支配收入(元) Per Capita Disposable Income(yuan)	人均可支配收入指数(上年=100) Growth Rate of Per Capita Disposable Income (Preceding year = 100)	人均可支配收入(元) Per Capita Disposable Income(yuan)	人均可支配收入指数(上年=100) Growth Rate of Per Capita Disposable Income (Preceding year = 100)
1978			332		165	
1980			488		219	103.3
1981			523	105.4	286	129.0
1982			530	99.4	346	120.4
1983			551	101.2	359	102.3
1984			669	117.1	446	123.5
1985			904	117.4	549	112.5
1986			1104	114.9	609	105.0
1987			1228	100.3	725	113.6
1988			1589	104.9	902	108.1
1989			1797	96.8	1011	97.4
1990			1932	105.3	1099	102.7
1991			2143	105.0	1211	108.9
1992			2619	111.9	1359	108.8
1993			3626	114.0	1746	110.2
1994			5066	112.0	2225	104.1
1995			6221	105.0	2966	105.3
1996			6956	101.8	3463	106.1
1997			7359	101.6	3684	103.8
1998			7837	105.3	3815	104.7
1999			8428	108.0	3948	105.6
2000			9279	109.1	4254	107.8
2001			10465	113.3	4582	106.9
2002			11716	113.4	4940	108.4
2003			13180	111.9	5431	107.8
2004			14546	107.4	6096	107.4
2005			16294	110.4	6660	106.4
2006			18265	110.9	7335	109.3
2007			20574	108.4	8265	108.2
2008			22727	105.4	9258	106.2
2009			24611	109.7	10007	109.5
2010			27359	106.9	11303	108.6
2011			30971	107.5	13071	109.5
2012			34550	109.2	14552	108.8
2013	29775	107.7	37080	107.1	17494	108.1
2014	32658	107.4	40393	106.8	19373	108.3
2015	35537	107.3	43714	106.7	21125	107.5
2016	38529	106.4	47237	106.0	22866	106.3
2017	42046	106.9	51261	106.3	24956	107.0
2018	45840	106.5	55574	106.0	27302	107.0
2019	49899	105.8	60182	105.4	29876	106.0
2020	52397	102.6	62699	102.1	31930	104.0

注: 2012年为单位在岗职工工资总额和平均工资。
The data of this table refers to the data of total wages and average wage of currently employed staff and works in 2012.

5-13 城乡居民家庭人均生活消费支出(1978-2020年)

Per Capita Annual Consumption Expenditures and Floor Space of Urban and Rural Households (1978-2020)

年份	全体居民 Urban and Rural House		城镇居民家庭 Urban Households		农村居民家庭 Rural Households	
	人均消费性支出(元) Per Capital Annual Expenditure (yuan)	比上年增长(%) Increase over the Previous Year(%)	人均消费性支出(元) Per Capital Annual Expenditure (yuan)	比上年增长(%) Increase over the Previous Year(%)	人均消费性支出(元) Per Capital Annual Expenditure (yuan)	比上年增长(%) Increase over the Previous Year(%)
1978			301		157	
1980			428		192	9.7
1981			476	11.2	267	39.1
1982			471	-1.1	302	13.1
1983			484	2.8	326	7.9
1984			562	16.1	369	13.2
1985			795	41.5	474	28.5
1986			969	21.9	561	18.4
1987			1100	13.5	659	17.5
1988			1453	32.1	839	27.3
1989			1556	7.1	927	10.5
1990			1604	3.1	946	2.0
1991			1806	12.6	1027	8.6
1992			2154	19.3	1112	8.3
1993			2856	32.6	1263	13.6
1994			4079	42.8	1680	33.0
1995			5263	29.0	2378	41.5
1996			5764	9.5	2702	13.6
1997			6170	7.0	2839	5.1
1998			6218	0.8	2891	1.8
1999			6522	4.9	2806	-2.9
2000			7020	7.6	3231	15.1
2001			7952	13.3	3479	7.7
2002			8713	9.6	3693	6.2
2003			9713	11.5	4287	16.1
2004			10636	9.5	4659	8.7
2005			12254	15.2	5215	11.9
2006			13349	8.9	5762	10.5
2007			14091	5.6	6442	11.8
2008			15158	7.6	7072	9.8
2009			16683	10.1	7375	4.3
2010			17858	7.0	8390	13.8
2011			20437	14.4	9644	14.9
2012			21545	5.4	10208	5.8
2013	20610		25254	7.9	12803	10.4
2014	22552	9.4	27242	7.9	14498	13.2
2015	24117	6.9	28661	5.2	16108	11.1
2016	25527	5.8	30068	4.9	17359	7.8
2017	27079	6.1	31924	6.2	18093	4.2
2018	29471	8.8	34598	8.4	19707	8.9
2019	32026	8.7	37508	8.4	21352	8.3
2020	31295	-2.3	36197	-3.5	21555	1.0

5-14 城乡居民家庭基本情况(2018-2020年)
Basic Statistics in Urban and Rural Households(2018-2020)

项目	Item	全体居民 Urban and Rural House			城镇常住居民 Urban Households			农村常住居民 Rural Households		
		2018	2019	2020	2018	2019	2020	2018	2019	2020
基本情况	**Basic Statistics**									
常住人口（人/户）	Average Number of Permanent Residents（person/household)	2.89	2.89	2.93	2.87	2.85	2.89	2.93	2.98	2.99
#在校学生人数（人）	The number of students in school (person)	0.41	0.43	0.45	0.40	0.42	0.45	0.42	0.44	0.45
常住就业人口（人/户）	Average Employed Persons (person/household)	1.65	1.63	1.61	1.55	1.53	1.52	1.84	1.84	1.80
常住人口就业面（%）	Percentage of Employed Persons (%)	57.07	56.52	54.98	54.01	53.79	52.39	62.90	61.83	60.13
就业者负担人数(包括就业者本人)(人/户)	Number of Persons Supported by Each Employed Person(person/household)	1.75	1.77	1.82	1.85	1.86	1.91	1.59	1.62	1.66
性别	**Sex**									
男性	Male	49.84	49.75	49.73	49.30	49.20	49.29	50.87	50.80	50.59
女性	Female	50.16	50.25	50.27	50.70	50.80	50.71	49.13	49.20	49.41
15岁及以上常住成员受教育程度	**Members at the age of 15 and above**									
未上过学	Has not been to school	5.12	4.42	4.37	3.61	3.04	3.14	7.94	7.05	6.79
小学	Primary School	28.01	28.33	28.03	23.13	23.61	23.53	37.15	37.40	36.86
初中	Junior Secondary School	31.86	32.43	31.94	30.28	31.28	30.64	34.80	34.64	34.50
高中	Senior Secondary School	16.47	15.95	16.13	18.48	17.80	17.95	12.70	12.40	12.55
大学专科	University	9.33	9.76	9.93	11.69	11.83	11.84	4.91	5.80	6.19
大学本科	University and College Students	8.57	8.50	8.98	11.81	11.56	12.02	2.50	2.60	3.01
研究生	Postgraduates	0.65	0.62	0.62	1.00	0.87	0.89	0.00	0.12	0.09
常住从业人员就业类型	**Households Employed Persons by Type of Employment**									
雇主	employer	1.72	1.30	1.05	2.13	1.83	1.29	1.04	0.41	0.65
公职人员	public employee	1.89	1.60	1.41	2.88	2.51	2.12	0.27	0.06	0.17
事业单位人员	Public Institution	4.73	4.14	3.81	7.13	6.33	5.80	0.80	0.43	0.36
国有企业雇员	abc	2.61	2.49	2.25	4.04	3.79	3.47	0.27	0.29	0.14
其他雇员	Others	67.27	69.75	71.44	68.55	70.45	71.88	65.17	68.56	70.69
农业自营	Agricultural proprietary	9.30	8.08	7.12	2.08	1.88	1.83	21.10	18.59	16.28
非农自营	Non-agricultural proprietary	12.49	12.64	12.91	13.20	13.22	13.61	11.34	11.65	11.71
常住从业人员从事主要行业	**Households Employed Persons by Sector**									
第一产业	Primary Industry	11.05	10.06	8.98	2.84	2.63	2.60	24.47	22.64	20.02
第二产业	Secondary Industry	39.62	39.45	40.71	35.10	35.30	35.57	47.00	46.48	49.60
第三产业	Tertiary Industry	49.33	50.49	50.31	62.05	62.07	61.82	28.53	30.88	30.39

5-15 城乡居民人均可支配收入情况(2018-2020年)
Per Capita Disposable Income of Urban Households and Rural Households(2018-2020)

单位:元(yuan)

项目	Item	全体居民 Urban and Rural House			城镇常住居民 Urban Households			农村常住居民 Rural Households		
		2018	2019	2020	2018	2019	2020	2018	2019	2020
可支配收入	**Disposable Income**	**45840**	**49899**	**52397**	**55574**	**60182**	**62699**	**27302**	**29876**	**31930**
工资性收入	**Wages Income**	**26242**	**28511**	**30059**	**31148**	**33663**	**35370**	**16898**	**18480**	**19510**
工资	Wage	24918	27210	28570	29460	31977	33428	16267	17928	18920
实物福利	Benefit in Kind	132	143	131	167	179	167	67	74	60
其他	others	1192	1158	1358	1521	1507	1774	564	478	529
经营净收入	**Net Business Income**	**7752**	**8498**	**8313**	**8316**	**9115**	**8672**	**6677**	**7296**	**7601**
第一产业净收入	The First Industry Net Income	1054	1207	1153	440	554	522	2222	2477	2404
第二产业净收入	The Second Industry Net Income	2074	2000	1799	2273	2120	1824	1693	1765	1749
第三产业净收入	The Third Industry Net Income	4624	5292	5362	5602	6441	6325	2762	3055	3447
财产净收入	**Net Property Income**	**5244**	**5708**	**6136**	**7586**	**8202**	**8747**	**784**	**852**	**949**
利息净收入	Net Interest Income	-21	53	99	-55	68	114	44	24	70
红利收入	Dividend Income	839	846	776	1188	1178	1043	174	200	244
储蓄性保险净收益	Deposit Sex Net Income Insurance	5	8	7	8	11	10	1	4	
转让承包土地经营权租金净收入	The Transfer of Contracted land Management Rights Rent Net Income	81	72	98	57	38	55	126	136	185
出租房屋净收入	Rental Housing Net Income	1531	1803	1865	2115	2487	2591	419	472	421
出租其它资产净收入	Net Income from Other Assets	31	14	32	36	14	38	20	14	19
自有住房折算净租金	Home Ownership Convert Net Rents	2684	2921	3208	4093	4421	4823			
其他财产净收入	Net Income from Other Property	94	-9	52	144	-14	73	-1	2	10

续表 Continued　　单位:元(yuan)

项目	Item	全体居民 Urban and Rural House			城镇常住居民 Urban Households			农村常住居民 Rural Households		
		2018	2019	2020	2018	2019	2020	2018	2019	2020
转移净收入	**Transfer of Net Income**	**6602**	**7182**	**7888**	**8524**	**9202**	**9910**	**2943**	**3248**	**3871**
转移性收入	**Transfer Income**	**9456**	**10143**	**10788**	**11828**	**12507**	**13259**	**4939**	**5540**	**5878**
养老金或离退休金	Pensions and Retirement Pay	7283	7822	8499	9648	10297	11072	2779	3004	3386
社会救济和补助	Social Relief and Aid	91	104	98	64	67	63	143	176	168
惠农补贴	Corresponding Subsidy	22	20	38	6	8	15	51	42	85
政策性生活补贴	Policy Allowance	70	81	104	71	97	110	70	50	91
报销医疗费	Reimbursement	481	521	499	597	601	580	262	367	337
外出从业人员寄回带回收入	Send Out Practitioners to Income	467	591	528	469	570	478	462	631	627
赡养收入	Maintenance Income	859	893	914	764	739	811	1041	1191	1117
其他经常转移收入	Other Often Transfer Income	183	112	109	210	128	130	131	79	69
转移性支出	**Transfer Expenditure**	**2854**	**2962**	**2900**	**3304**	**3305**	**3349**	**1996**	**2292**	**2007**
个人所得税	Income Tax	233	137	145	338	200	211	32	15	14
社会保障支出	Social Security Expenditure	2340	2558	2536	2610	2761	2876	1826	2162	1860
外来从业人员寄给家人的支出	Foreign Employees Sent to Family Spending	17	15	17	19	20	12	14	6	26
赡养支出	Support Spending	172	163	125	224	210	154	74	73	67
其他经常转移支出	Other Often Transfer Spending	92	88	78	113	114	96	50	36	41

5-16 城乡居民人均生活消费支出情况(2018-2020年)
Per Capita Consumption Expenditure of Urban Households and Rural Households(2018-2020)

项目	Item	全体居民 Urban and Rural House			城镇常住居民 Urban Households			农村常住居民 Rural Households		
		2018	2019	2020	2018	2019	2020	2018	2019	2020
居民生活消费支出	**Residents living Consumption Expenditure**	**29471**	**32026**	**31295**	**34598**	**37508**	**36197**	**19707**	**21352**	**21555**
食品烟酒	**Food or Smoke Wine**	**8198**	**8929**	**8922**	**9371**	**10162**	**9914**	**5966**	**6529**	**6952**
食品	Food	5309	5695	6171	5896	6251	6716	4190	4613	5088
烟酒	Liquor & Tobacco	863	899	877	861	896	841	869	905	951
饮料	Beverage	150	169	170	173	193	190	106	121	130
饮食服务	Catering Services	1876	2166	1704	2441	2821	2167	801	889	784
衣着	**Clothing**	**1814**	**1877**	**1703**	**2232**	**2259**	**2036**	**1018**	**1134**	**1043**
衣类	Clothes	1481	1526	1376	1833	1845	1654	812	904	823
鞋类	Shoes	332	351	328	399	413	382	206	230	220
居住	**Residence**	**7721**	**8403**	**9009**	**9154**	**9977**	**10665**	**4993**	**5339**	**5720**
租赁房房租	Rental Housing Rent	589	575	453	837	807	606	117	125	151
住房维修及管理	Housing Maintenance and Management	740	923	1327	817	1025	1466	593	723	1049
水电燃料及其他	Water,Electricity and Fuels	977	1021	1012	1063	1099	1101	814	868	836
自有住房折算租金	Home Ownership Reduced Rents	5415	5885	6217	6437	7047	7492	3470	3622	3685
生活用品及服务	**Supplies and Services**	**1652**	**1716**	**1789**	**1967**	**2075**	**2073**	**1053**	**1016**	**1225**
家具及室内装饰品	Furniture and Interior Decoration	262	272	325	302	343	370	186	134	236
家用器具	Household Utensils	420	418	457	468	486	496	330	285	380
家用纺织品	Home Textiles	137	166	139	168	204	172	77	93	74
家庭日用杂品	Articles for Daily Use	364	362	369	409	400	400	280	290	307
个人用品	Personal Items	363	401	409	475	515	511	151	181	206
家庭服务	Domestic Service	105	96	90	145	129	124	29	32	22
交通通信	**Transportation Communication**	**4302**	**4553**	**4301**	**5010**	**5368**	**4988**	**2953**	**2965**	**2937**
交通	Transportation	3284	3564	3284	3847	4263	3851	2212	2202	2157
通信	Communication	1018	989	1017	1164	1105	1136	741	763	780
教育文化娱乐	**Education Culture And Entertainment**	**3031**	**3624**	**2889**	**3684**	**4342**	**3450**	**1788**	**2226**	**1776**
教育	Education	1772	2257	2022	2032	2561	2365	1278	1667	1341
文化娱乐	Entertainment	1259	1367	867	1652	1782	1084	510	559	435
医疗保健	**Medicine and Medical Services**	**2059**	**2123**	**1956**	**2287**	**2300**	**2162**	**1627**	**1777**	**1546**
医疗器具及药品	Medical Equipment and Drugs	669	628	605	743	693	679	527	503	457
医疗服务	Medical Service	1391	1494	1351	1543	1608	1483	1100	1274	1089
其他用品及服务	**Other Goods and Services**	**693**	**801**	**724**	**893**	**1024**	**910**	**310**	**367**	**355**
其他用品	Other Items	353	414	424	454	507	525	160	231	225
其他服务	Other Services	340	388	300	439	517	386	150	135	130

5-17 城乡居民家庭耐用消费品拥有量(2018-2020年)
Number of Durable Consumer Goods Owned Urban Households and Rural Households(2018-2020)

项目		Item		全体居民 Urban and Rural House			城镇常住居民 Urban Households			农村常住居民 Rural Households		
				2018	2019	2020	2018	2019	2020	2018	2019	2020
每百户耐用消费品拥有量		**Every Hundred Households Durable Consumer Goods Ownership**										
家用汽车	(辆)	Family Car	(unit)	44.4	44.9	48.2	52.4	52.8	55.6	28.8	28.9	33.0
摩托车	(辆)	Motorcycle	(unit)	12.7	11.6	11.5	7.8	7.7	7.2	22.2	19.6	20.3
电冰箱(柜)	(台)	Refrigerator (Ark)	(unit)	104.0	105.6	106.5	103.2	104.5	105.2	105.6	107.7	109.2
洗衣机	(台)	Wash Machine	(unit)	90.6	92.9	93.7	93.9	95.4	96.5	84.2	87.9	87.8
热水器	(个)	Water Heater	(unit)	101.9	104.0	105.9	105.3	107.2	109.2	95.4	97.5	99.1
#太阳能热水器	(个)	#The Solar Water Heater	(unit)	33.7			27.8			45.2		
空调	(台)	Air Conditioner	(unit)	193.1	195.8	198.5	220.5	220.6	222.5	139.6	145.4	149.0
彩色电视机	(台)	Colour Tv Set	(unit)	173.2	175.5	176.1	171.9	175.1	176.2	175.7	176.3	175.9
照相机	(架)	Camera	(unit)	17.3	17.6	17.0	23.2	23.7	22.9	5.8	5.1	4.9
计算机	(台)	Computer	(unit)	72.6	72.3	73.7	86.4	85.2	86.0	45.5	46.1	48.2
#接入互联网的计算机	(台)	Computer Access To The Internet	(unit)	64.7	62.5	65.7	78.3	75.1	78.2	38.3	36.9	39.9
中高档乐器	(架)	High grade Instruments	(unit)	7.6	8.5	8.5	10.6	11.8	11.6	1.9	1.9	2.1
固定电话	(部)	Fixed Telephone	(unit)	27.8	20.9	19.4	28.2	21.5	19.7	27.2	19.6	18.7
移动电话	(部)	Moble Telephone	(unit)	243.6	245.0	247.9	243.1	242.8	245.4	244.5	249.6	253.1
#接入互联网的移动电话	(部)	#Mobile Phone Access To The Internet	(unit)	178.8	188.3	211.5	193.1	200.2	221.6	151.2	164.1	190.9

5-18 城乡居民住房情况(2018-2020年)
Housing Conditions of Urban and Rural Residents(2018-2020)

项目	Item	全体居民 Urban and Rural House			城镇常住居民 Urban Households			农村常住居民 Rural Households		
		2018	2019	2020	2018	2019	2020	2018	2019	2020
住房情况	**Housing Conditions**									
人均住房建筑面积（平方米）	Per Capita Housing Area (m2)	52.27	54.85	53.50	45.35	48.45	46.70	65.44	67.31	66.90
按居住空间样式分的户数比重（%）	**According To The Style Of Living Space Points and The Number Of Proportion (%)**	**100**	**100**	**100**	**100**	**100**	**100**	**100**	**100**	**100**
单栋楼房	The Pavilions Buildings	51.6	51.8	51.8	33.2	33.4	33.2	87.5	89.4	90.0
单栋平房	Pavilions Bungalow	4.7	3.5	3.2	2.2	1.5	1.4	9.5	7.7	7.0
单元房	Apartment	42.3	43.2	43.6	62.9	63.2	63.5	2.2	2.4	2.5
筒子楼或连片平房	Tube-Shaped Apartment Or Shall Bungalow	1.2	1.3	1.3	1.6	1.8	1.9	0.4	0.4	0.3
其他	Else	0.2	0.1	0.1	0.1			0.5	0.2	0.2
按主要建筑材料分的户数比重（%）	**According To The Main Points And The Proportion Of The Number Of Building Materials (%)**	**100.0**	**100.0**	**100.0**	**100.0**	**100.0**	**100.0**	**100.0**	**100.0**	**100.0**
钢筋混凝土	Reinforced Concrete	55.4	56.0	56.3	68.1	68.2	68.3	30.6	31.3	31.7
砖混材料	Brick Material	36.0	35.9	35.9	28.4	28.6	28.6	50.6	50.8	51.0
砖瓦砖木	Brick And Tile Brick	8.1	7.7	7.5	3.0	3.0	2.9	17.9	17.3	16.8
竹草土坯	Bamboo Grass Adobe	0.1						0.1	0.1	0.1
其他	Else	0.5	0.3	0.2	0.3	0.3	0.2	0.7	0.5	0.4
按房屋来源分的户数比重（%）	**By Building The Proportion Of The Number Of Source Points (%)**	**100.0**	**100.0**	**100.0**	**100.0**	**100.0**	**100.0**	**100.0**	**100.0**	**100.0**
租赁住房	Rental Housing	10.3	10.3	9.9	14.7	14.7	13.9	1.7	1.5	1.8
自建住房	Aided Private Housing	52.6	52.6	52.3	31.2	31.8	32.0	94.4	94.9	94.0
购买商品房	Buy Commercial Housing	24.9	24.9	24.8	37.4	36.9	36.5	0.5	0.4	0.7
购买房改住房	Purchase Of Housing Reform Housing	3.9	3.7	3.9	5.9	5.4	5.8	0.1	0.3	0.2
购买保障性住房	Purchase Of Affordable Housing	0.4	0.5	0.5	0.6	0.7	0.7			0.1
拆迁安置房	Dismantling And Settling Building	4.8	5.4	5.8	7.1	7.7	8.4	0.3	0.6	0.6
继承或获赠住房	Inheritance Or Gift Of Housing	1.2	1.1	1.2	0.8	0.7	0.7	2.0	1.9	2.2
其他	Else	1.9	1.6	1.5	2.4	2.1	2.0	0.9	0.4	0.4

续表 Continued

项目	Item	全体居民 Urban and Rural House			城镇常住居民 Urban Households			农村常住居民 Rural Households		
		2018	2019	2020	2018	2019	2020	2018	2019	2020
生活设施状况	**Living Facilities Condition**									
主要饮用水来源（%）	The Main Source Of Drinking Water (%)	100.0	100.0	100.0	100.0	100.0	100.0	100.0	100.0	100.0
经过净化处理的自来水	After purification treatment of tap water	93.3	94.8	94.9	98.8	99.2	99.4	82.6	85.9	85.6
受保护的井水和泉水	Protected well water and spring water	3.7	3.2	3.4	0.3	0.1	0.1	10.4	9.6	10.3
不受保护的井水和泉水	Unprotected Wells and springs	0.7	0.6	0.5	0.1	0.1	0.1	1.9	1.8	1.4
江河湖泊水	Rivers And Lakes Water	0.9	0.5	0.3	0.3	0.3	0.1	1.9	1.0	0.7
其他饮用水来源	Other Drinking Water Sources	1.4	0.8	0.9	0.5	0.3	0.4	3.3	1.8	1.9
住宅内厕所状况（%）	**The Toilet Inside The Residence Status (%)**	**100.0**	**100.0**	**100.0**	**100.0**	**100.0**	**100.0**	**100.0**	**100.0**	**100.0**
水冲式卫生厕所	Health Toilet Flush	96.7	98.6	98.5	98.6	99.4	99.5	93.0	96.8	96.6
水冲式非卫生厕所	Flush The Sanitary Toilets	0.7	0.2	0.2	0.1			1.2	0.6	0.4
卫生旱厕	Health Dry	0.5	0.5	0.5		0.4	0.3	1.5	0.9	0.8
普通旱厕	Ordinary Dry	0.8	0.5	0.5	0.2	0.1		2.0	1.4	1.4
无厕所	No Lavatory	1.3	0.2	0.4	0.8	0.1	0.1	2.2	0.3	0.9
主要炊用能源（%）	**The Main Cook In Energy (%)**	**100.0**	**100.0**	**100.0**	**100.0**	**100.0**	**100.0**	**100.0**	**100.0**	**100.0**
天然气、煤气、液化石油气	Natgas、Gas、Liquefied Petroleum Gas	87.8	89.2	90.8	91.7	92.6	93.1	80.4	82.2	86.0
煤炭	Coal	0.1	0.1		0.1			0.1	0.2	
电	Electrism	7.2	7.0	6.0	6.3	6.1	5.6	8.8	9.0	6.9
沼气	Marsh Gas	0.0	0.0	0.0	0.0	0.0	0.0	0.1	0.0	0.0
其他	Else	4.9	3.7	3.2	2.0	1.3	1.3	10.6	8.6	7.0

5-19 城乡居民人均收支情况(2018-2020年)
Per Capita Income and Consumption Expenditure of Urban and Rural Households(2018-2020)

项目	Item	全体居民			城镇常住居民			农村常住居民		
		2018	2019	2020	2018	2019	2020	2018	2019	2020
可支配收入（元）	**Disposable Income (Yuan)**	**45840**	**49899**	**52397**	**55574**	**60182**	**62699**	**27302**	**29876**	**31930**
工资性收入	Income From Wage And Salary	26242	28511	30059	31148	33663	35370	16898	18480	19510
经营净收入	Net Income From Operations	7752	8498	8313	8316	9115	8672	6677	7296	7601
财产净收入	Net Property Income	5244	5708	6136	7586	8202	8747	784	852	949
转移净收入	Transfer Of net Income	6602	7182	7888	8524	9202	9910	2943	3248	3871
生活消费支出（元）	**Life In Consumer Spending (Yuan)**	**29471**	**32026**	**31295**	**34598**	**37508**	**36197**	**19707**	**21352**	**21555**
食品烟酒	Food Or Smoke Wine	8198	8929	8922	9371	10162	9914	5966	6529	6952
衣着	Clothing	1814	1877	1703	2232	2259	2036	1018	1134	1043
居住	Dwell	7721	8403	9009	9154	9977	10665	4993	5339	5720
生活用品及服务	Supplies And Services	1652	1716	1789	1967	2075	2073	1053	1016	1225
交通通信	Transportation Communication	4302	4553	4301	5010	5368	4988	2953	2965	2937
教育文化娱乐	Education Entertainment	3031	3624	2889	3684	4342	3450	1788	2226	1776
医疗保健	Medical Care	2059	2123	1956	2287	2300	2162	1627	1777	1546
其他用品和服务	Other Goods And Services	693	801	724	893	1024	910	310	367	355

5-20 各市城乡居民人均可支配收入情况(2018-2020年)
Per Capita Disposable Income of Urban and Rural Households by City(2018-2020)

单位：元(yuan)

城市	City	全体居民 Urban and Rural House			城镇常住居民 Urban Households			农村常住居民 Rural Households		
		2018	2019	2020	2018	2019	2020	2018	2019	2020
杭州市	Hangzhou	54348	59261	61879	61172	66068	68666	33193	36255	38700
宁波市	Ningbo	52402	56982	59952	60134	64886	68008	33633	36632	39132
温州市	Wenzhou	46920	51490	54025	56097	60957	63481	27478	30211	32428
嘉兴市	Jiaxing	47380	51615	54667	57437	61940	64124	34279	37413	39801
湖州市	Huzhou	44487	48673	51800	54393	59028	61743	31767	34803	37244
绍兴市	Shaoxing	49389	53839	56600	59049	63935	66694	33097	36120	38696
金华市	Jinhua	44326	48155	50580	54883	59348	61545	26218	28511	30365
衢州市	Quzhou	32269	35412	37935	43126	46933	49300	22255	24426	26290
舟山市	Zhoushan	49217	53568	55830	56622	61479	63702	33812	36784	39096
台州市	Taizhou	43973	47988	50643	55705	60351	62598	27631	30221	32188
丽水市	Lishui	32245	35450	37744	42557	46437	48532	19922	21931	23637

5-21 各市城乡居民人均生活消费支出情况(2018-2020年)
Per Capita Annual Consumption Expenditures of Urban and Rural Households by City(2018-2020)

单位：元(yuan)

城市	City	全体居民 Urban and Rural House			城镇常住居民 Urban Households			农村常住居民 Rural Households		
		2018	2019	2020	2018	2019	2020	2018	2019	2020
杭州市	Hangzhou	37369	40016	38235	41615	44076	41916	24203	26296	25664
宁波市	Ningbo	32200	33944	34455	36712	38274	38702	21248	22797	23481
温州市	Wenzhou	31213	34107	34283	36709	39804	39860	19568	21301	21544
嘉兴市	Jiaxing	27738	30547	31756	32366	35435	36384	21708	23824	24482
湖州市	Huzhou	26964	29657	30413	31829	34916	35488	20718	22613	22984
绍兴市	Shaoxing	28691	31109	31613	33319	35925	36392	20888	22658	23135
金华市	Jinhua	28628	30911	30949	34503	37166	36828	18550	19933	20112
衢州市	Quzhou	18736	20635	21029	24273	26535	26801	13629	15009	15115
舟山市	Zhoushan	29989	32347	32459	33826	36333	36478	22007	23891	23915
台州市	Taizhou	29421	31768	30969	35100	37616	36131	21510	23364	23001
丽水市	Lishui	23508	25718	25940	29271	31876	31756	16623	18141	18335

浙/江/统/计/年/鉴

主要统计指标解释

常住人口

指住户成员中，经常在家居住、或者调查期内居住时间超过一半的人员，以及本住户供养的学生。

可支配收入

指调查户在调查期内获得的、可用于最终消费支出和储蓄的总和，即调查户可以用来自由支配的收入。可支配收入既包括现金，也包括实物收入。按照收入的来源，可支配收入包含四项，分别为：工资性收入、经营净收入、财产净收入和转移净收入。

工资性收入

指就业人员通过各种途径得到的全部劳动报酬和各种福利，包括受雇于单位或个人、从事各种自由职业、兼职和零星劳动得到的全部劳动报酬和福利。

经营净收入

指住户或住户成员从事生产经营活动所获得的净收入，是全部经营收入中扣除经营费用、生产性固定资产折旧和生产税之后得到的净收入。

财产净收入

指住户或住户成员将其所拥有的金融资产、住房等非金融资产和自然资源交由其他机构单位、住户或个人支配而获得的回报并扣除相关的费用之后得到的净收入。财产净收入包括利息净收入、红利收入、储蓄性保险净收益、转让承包土地经营权租金净收入、出租房屋净收入、出租其他资产净收入和自有住房折算净租金等。财产净收入不包括转让资产所有权的溢价所得。

转移净收入

转移净收入 = 转移性收入 - 转移性支出

转移性收入

指国家、单位、社会团体对住户的各种经常性转移支付和住户之间的经常性收入转移。包括养老金或退休金、社会救济和补助、政策性生产补贴、政策性生活补贴、经常性捐赠和赔偿、报销医疗费、住户之间的赡养收入，以及本住户非常住成员寄回带回的收入等。转移性收入不包括住户之间的实物馈赠。

转移性支出

指调查户对国家、单位、住户或个人的经常性或义务性转移支付。包括缴纳的税款、各项社会保障支出、赡养支出、经常性捐赠和赔偿支出以及其他经常转移支出等。

消费支出

指住户用于满足家庭日常生活消费需要的全部支出，包括用于消费品的支出和用于服务性消费的支出。根据用途不同，消费支出可划分为食品烟酒、衣着、居住、生活用品及服务、交通通信、教育文化娱乐、医疗保健、其他用品及服务八大类。根据来源不同，消费支出可划分为现金消费支出、实物消费支出（含自产自用、来自单位、来自政府和其他社会组织）。

城乡一体化住户调查

从 2013 年度起，国家统计局实施了城乡一体化住户调查改革，统一了原分别组织的城镇住户调查和农村住户调查，规范了统计名称、统计分类和统计标准，并据此获得居民有关数据。实行城乡一体化住户调查，是全面、准确、及时了解全国和各地区城乡居民收入和消费及其他生活状况，监测居民收入分配格局和不同收入层次居民的生活质量，更好地满足研究制定城乡统筹政策和民生政策的客观需要，是调整国家收入分配格局，制定收入分配政策，构建和谐社会的必然要求，是提高住户调查数据质量的基本保障。是为国民经济核算和居民消费价格指数权重制定提供基础数据。

ZHEJIANG STATISTICAL YEARBOOK

Explanatory Notes on Main Statistical Indicators

□ Permanent Resident Population

It refers to members of household , those who often live at home, or more than half of the time spent in the survey period, as well as the students supported by the household.

□ Disposable Income

It refers to the sum of the final consumption expenditures and savings obtained by the households during the survey period, i.e. the households' discretionary income.disposable income includes both cash and physical income. according to the source of income, disposable income includes four items: wage income, net operating income, net property income and net transfer income.

□ Wage Income

It refers to the full remuneration and various benefits obtained by the employee through various means, including all the remuneration and benefits obtained by employing the unit or individual, engaging in various freelance occupations, part-time and sporadic work.

□ Net Operating Income

It refers to the net income of households or household members engaged in production and operation activities. It is the net income of all operating income after deducting operating expenses, depreciation of productive fixed assets and production tax.

□ Net Income of Property

It refers to the net income obtained by a household or a household member after the financial assets, housing and other non-financial assets and natural resources are transferred to the disposal of other institutional units, households or individuals and the relevant fees are deducted. Net property income includes net interest income, dividends income, net savings insurance income, net rental income from the transfer of contracted land management rights, net income from rental housing, net income from rental other assets and net rental of converted private housing. Net income does not include the premium of transferring assets ownership.

□ Net Income from Transfer

Net income from transfer = transfer income - transfer expenditure

□ Transfer Income

It refers to various kinds of recurrent transfer payments and income transfers between households by the state, units and social organizations. These include pensions or pensions, social relief and subsidies, policy-based production subsidies, policy-based subsistence allowances, recurrent donations and compensation, reimbursement of medical expenses, maintenance income between households, and income returned by non-resident members of the household. Transfer income does not include physical gifts among households.

□ Transfer Expenditure

It refers to the regular or obligatory transfer payments made by the investigating households to the state, units, households or individuals. Including tax payment, social security expenditure, maintenance expenditure, recurrent donations and compensation expenditure and other recurrent transfer expenditure.

□ Consumption Expenditure

It refers to the total expenditure of households to meet their daily consumption needs, including expenditure on consumer goods and expenditure on service consumption.according to different uses, consumer spending can be divided into food, tobacco and alcohol, clothing, living goods and services, transportation and

EXPLANATORY NOTES ON MAIN STATISTICAL INDICATORS

communications, education, culture and entertainment, health care, other goods and services. according to different sources, consumption expenditure can be divided into cash consumption expenditure, physical consumption expenditure (including self-produced, from the unit, from the government and other social organizations).

□ Integrated Household Survey

Since 2013, the National Bureau of Statistics has implemented the reform of urban-rural integrated household survey, unified the urban household survey and rural household survey, standardized the statistical name, statistical classification and statistical standards, and obtained the relevant data of residents. implementing the urban-rural integrated household survey is to comprehensively, accurately and timely understand the income, consumption and other living conditions of urban and rural residents throughout the country and regions, to monitor the pattern of income distribution and the quality of life of residents at different income levels, and to better meet the objective needs of formulating urban-rural integrated policies and livelihood policies. the basic guarantee for improving the quality of household survey data is to rectify the national income distribution pattern, formulate income distribution policies and build a harmonious society. it provides basic data for national economic accounting and the establishment of consumer price index weights.

2021
浙江统计年鉴
ZHEJIANG STATISTICAL YEARBOOK

CHAPTER 6

农 业
Agriculture

6-1 农、林、牧、渔业总产值（1978-2020年）
Gross Output Value of Farming, Forestry, Animal Husbandry and Fishery (1978-2020)

单位：亿元(100 million yuan)

年份 Year	农林牧渔业总产值 Total	农业产值 Farming	#种植业产值 Planting	林业产值 Forestry	牧业产值 Animal Husbandry	渔业产值 Fishery	农林牧渔专业及辅助性活动产值 The Output Value of Professional and Support Activities in Agriculture, Forestry, Animal Husbandry and Fishery
1978	65.71	50.82	48.86	1.99	9.42	3.48	
1979	91.84	69.47	67.29	2.75	15.55	4.07	
1980	92.67	64.23	60.52	3.61	19.39	5.44	
1981	95.56	69.21	64.48	3.79	16.45	6.11	
1982	118.04	84.61	77.91	4.42	22.88	6.13	
1983	118.68	83.65	74.87	4.77	23.41	6.85	
1984	147.49	102.80	89.93	6.67	27.01	11.01	
1985	174.05	111.20	92.85	8.87	37.84	16.14	
1986	192.04	122.97	101.00	9.26	40.09	19.72	
1987	227.18	141.09	113.91	11.61	48.57	25.91	
1988	280.94	162.80	129.89	14.40	70.33	33.41	
1989	304.50	181.26	145.97	13.60	75.68	33.96	
1990	331.56	199.48	163.92	16.00	75.18	40.90	
1991	363.22	217.21	180.00	17.42	76.78	51.81	
1992	396.93	226.46	179.94	21.01	85.23	64.23	
1993	490.13	274.85	218.01	29.80	92.11	93.37	
1994	690.20	372.97	305.58	41.92	134.78	140.53	
1995	868.76	481.90	407.24	50.02	142.03	194.81	
1996	932.85	517.29	431.90	54.77	155.88	204.92	
1997	1004.88	516.21	426.56	59.26	190.03	239.38	
1998	1003.66	522.98	434.22	59.46	165.85	255.37	
1999	1005.22	519.00	431.57	62.31	157.00	266.91	
2000	1057.07	521.31	446.15	54.48	183.94	297.36	
2001	1053.57	488.59	471.52	60.20	195.94	308.84	
2002	1101.86	511.42	495.72	60.84	205.09	324.51	
2003	1184.04	529.44	515.24	65.67	233.01	337.11	18.81
2004	1332.27	592.59	578.22	78.36	277.89	361.99	21.44
2005	1428.28	654.81	640.20	83.51	285.95	380.81	23.20
2006	1422.60	684.00	669.44	86.04	279.01	347.53	26.03
2007	1597.15	735.92	721.63	95.47	367.60	369.90	28.27
2008	1780.01	813.10	796.12	106.95	418.86	407.82	33.28
2009	1873.40	879.05	864.47	117.64	404.88	435.48	36.35
2010	2172.86	1041.30	1041.30	119.35	448.42	522.18	41.61
2011	2534.90	1152.04	1152.04	134.07	546.33	655.75	46.71
2012	2658.66	1229.36	1229.36	142.14	549.04	687.05	51.08
2013	2837.39	1336.79	1336.79	141.54	546.18	757.97	54.91
2014	2844.59	1385.96	1385.96	147.00	472.23	779.36	60.04
2015	2933.44	1434.71	1434.71	151.63	426.18	855.86	65.06
2016	3038.49	1455.29	1455.29	158.15	455.60	899.07	70.39
2017	3093.36	1494.49	1494.49	170.16	371.29	979.28	78.14
2018	3157.25	1517.96	1517.96	177.01	331.80	1043.27	87.21
2019	3355.25	1594.96	1594.96	185.48	395.16	1080.93	98.71
2020	3496.94	1593.96	1593.96	189.56	472.63	1130.63	110.15

注：1.本表按当年价格计算。The data in this table are calculated at current price.
2.2003年起农林牧渔业总产值中包括服务业产值。Gross output value includes services for agriculture since 2003.

6-2 农、林、牧、渔业总产值指数（1979-2020年）
Indices of Gross Output Value of Farming, Forestry, Animal Husbandry and Fishery(1979-2020)

（1978年=100）（1978=100）

年份 Year	农林牧渔业总产值 Total	农业产值 Farming	#种植业产值 Planting	林业产值 Forestry	牧业产值 Animal Husbandry	渔业产值 Fishery	农林牧渔专业及辅助性活动产值 The Output Value of Professional and Support Activities in Agriculture, Forestry, Animal Husbandry and Fishery
1979	112.26	109.58	110.04	109.95	131.12	93.69	
1980	109.85	105.62	103.41	115.71	133.27	94.59	
1981	110.78	107.65	104.36	115.71	128.88	96.69	
1982	128.98	127.88	123.64	113.26	148.37	102.71	
1983	124.88	122.05	114.82	116.93	149.42	99.70	
1984	145.51	145.51	132.39	149.29	156.79	116.48	
1985	151.17	146.44	125.92	155.09	176.43	136.74	
1986	159.30	152.77	126.90	149.90	185.83	162.85	
1987	164.65	158.47	125.65	161.50	181.27	184.84	
1988	168.39	162.26	122.63	157.53	189.10	182.79	
1989	170.76	166.71	124.53	152.65	185.44	182.16	
1990	175.37	170.34	128.84	166.08	187.23	198.14	
1991	186.67	181.51	137.66	185.57	192.05	217.84	
1992	193.70	179.20	129.00	198.03	209.41	251.91	
1993	202.65	184.90	127.48	240.93	203.50	286.54	
1994	221.50	191.86	127.47	283.27	204.03	383.96	
1995	242.72	205.46	135.15	302.47	202.14	482.07	
1996	258.08	221.62	142.54	319.98	203.38	516.58	
1997	270.66	223.18	142.51	340.13	222.24	570.26	
1998	280.94	223.98	143.15	328.23	230.46	640.51	
1999	294.15	233.77	153.57	351.75	242.33	669.03	
2000	307.67	230.70	150.09	391.15	265.45	741.95	
2001	322.75	240.16	160.75	414.23	288.28	769.40	
2002	336.31	155.05	171.36	417.96	300.39	787.87	
2003	348.29	267.73	180.78	429.21	306.42	811.56	
2004	363.75	171.10	190.00	458.00	310.38	848.84	109.84
2005	372.48	175.72	195.13	463.04	326.52	847.99	117.53
2006	385.52	183.80	202.34	488.51	311.42	870.04	125.87
2007	394.39	188.58	207.60	509.03	314.53	884.83	135.69
2008	412.57	198.08	217.73	554.03	323.49	918.72	152.16
2009	422.43	203.15	224.26	555.03	333.19	932.87	164.56
2010	434.76	204.96	226.26	527.72	344.92	1007.97	179.37
2011	448.24	208.75	230.45	542.39	350.06	1076.41	191.03
2012	456.49	211.11	233.05	538.97	356.64	1110.86	204.40
2013	458.36	212.71	234.82	545.22	344.48	1136.85	214.17
2014	462.76	220.37	243.27	553.67	314.92	1166.98	229.16
2015	468.13	227.84	251.52	577.15	273.16	1223.35	247.22
2016	479.79	235.56	260.05	584.25	255.92	1286.96	266.08
2017	490.77	245.78	271.33	622.57	228.83	1334.23	289.28
2018	499.11	252.91	279.20	659.30	210.52	1362.25	315.60
2019	507.84	259.24	286.18	674.66	198.48	1392.79	347.16
2020	516.42	265.46	293.05	675.54	187.27	1433.04	378.68

注:本表按可比价格计算。
The data in this table are calculated at comparable price.

6-3 农、林、牧、渔业分项产值（2014-2020年）
Gross Output Value of Farming, Forestry, Animal Husbandry and Fishery by Branch(2014-2020)

单位：亿元(100 million yuan)

指标	Item	2014	2015	2016	2017	2018	2019	2020
农林牧渔业总产值	**Total**	**2844.59**	**2933.44**	**3038.49**	**3093.36**	**3157.25**	**3355.25**	**3496.94**
农业产值	Farming	1385.96	1434.71	1455.29	1494.49	1517.96	1594.96	1593.96
农作物种植业产值	Planting	1385.96	1434.71	1455.29	1494.49	1517.96	1594.96	1593.96
#粮食	Grain	242.04	241.66	185.10	188.43	194.20	195.85	213.85
谷物	Gereal	204.90	202.83	156.75	160.11	167.41	167.12	179.77
豆类	Beans	20.16	20.70	15.98	16.15	16.43	17.99	22.81
薯类	Tubers	16.98	18.13	12.37	12.17	10.36	10.75	11.27
油料	Oil bearing Grops	21.34	21.95	21.08	21.35	23.45	25.86	25.04
棉花	Cotten	3.01	2.44	2.02	1.68	1.02	1.02	0.86
麻类	Fiber Crops	0.01	0.01	0.01	0.01			
糖料	Suger Corps	9.03	9.20	6.07	5.59	6.45	7.10	7.38
蔬菜	Vegetables	436.27	461.69	527.67	517.37	521.18	563.42	553.89
茶、桑、果	Tea,Mullberrry,Fruit	400.78	412.13	416.57	456.07	456.16	471.49	465.58
其他农业产值	Other Farming	12.96	12.16	9.63	9.29	9.93	9.90	9.86
林业产值	**Forestry**	**147.00**	**151.63**	**158.15**	**170.16**	**177.01**	**185.48**	**189.56**
人造林木生长	Man made Forestry Growing	8.08	8.71	7.78	6.69	6.37	5.88	6.03
林产品	Forestry Production	70.65	74.11	86.07	106.43	111.88	120.55	125.60
竹木采运	Lumbering	52.49	53.04	47.38	40.40	41.74	42.03	40.43
牧业产值	**Animal Husbandry**	**472.23**	**426.18**	**455.60**	**371.29**	**331.80**	**395.16**	**472.63**
牲畜繁殖、增长增重	Breeding and Growthing of Domestic Animals	337.97	295.67	308.89	237.81	195.72	236.42	316.90
家禽饲养	Poultry Raising	44.42	44.30	54.01	45.14	49.20	57.55	57.23
活的畜禽产品	Live Livestock Production	44.44	41.50	43.12	38.22	40.10	44.13	42.67
其他动物饲养	Other Animals Rasing	43.54	42.72	47.14	47.64	44.21	53.47	53.46
渔业产值	**Fishery**	**779.36**	**855.86**	**899.07**	**979.28**	**1043.27**	**1080.93**	**1130.63**
海水产品	Seawater Aquatic Prouductiona	566.38	633.42	664.14	734.56	788.90	809.82	840.79
淡水产品	Freshwater Aquatic Prouductiona	212.98	222.44	234.93	244.72	254.37	271.11	289.84
农林牧渔专业及辅助性活动产值	**The Output Value of Professional and Supp-ort Activities in Agriculture,Forestry, Animal Husbandry and Fishery**	**60.04**	**65.06**	**70.39**	**78.14**	**87.21**	**98.71**	**110.15**

注：1.本表按当年价格计算。The data in this table are calculated at current price.
2.总产值中包括服务业产值。Total gross output value includes services for agriculture.

6-4 农业机械年末拥有量（2014-2020年）
Possession of Major Agricultural Machinery(2014-2020)

指标		Item		2014	2015	2016	2017	2018	2019	2020
农业机械总动力	**(万千瓦)**	**The Power of Agricultural Machinery**	**(10000 kw)**	**2436.95**	**2392.61**	**2327.00**	**2095.00**	**2039.02**	**1946.40**	**1813.16**
耕作机械动力	**(万千瓦)**	**Mechanical Power of Cultivation**	**(10000 kw)**	**215.98**	**221.82**	**230.97**	**233.38**	**234.61**	**227.90**	**236.24**
大中型拖拉机	(台)	Large and Medium Sized Tractors	(unit)	11967	12650	13974	14434	15166	14468	20568
	(万千瓦)		(10000 kw)	51.21	56.15	63.88	67.13	71.62	73.73	114.85
农用小型拖拉机	(万台)	Mini tractors for Agricultural	(10000 units)	12.97	11.86	11.72	10.86	10.05	5.65	5.05
	(万千瓦)		(10000 kw)	118.22	110.05	106.89	98.74	90.62	57.90	51.61
收获机械动力	**(万千瓦)**	**Mechanical Power of Harvesting**	**(10000 kw)**	**171.34**	**179.33**	**157.79**	**141.44**	**126.56**	**110.47**	**88.07**
联合收割机	(台)	Combine Harvesters	(unit)	18116	17829	18075	18069	17883	17129	16843
	(万千瓦)		(10000 kw)	67.60	69.60	72.71	74.72	76.30	79.33	79.37
机动收割机(割晒机)	(台)	Motorized Harvesters	(unit)	399	375	360	360	430	463	457
机动脱粒机	(万台)	Motorized Thresher	(10000 units)	61.88	50.47	36.33	25.37	17.47	12.61	9.58
植保机械动力	**(万千瓦)**	**Mechanical Power of Plant Protection**	**(10000 kw)**	**51.32**	**51.10**	**51.60**	**52.56**	**52.44**	**52.46**	**53.63**
机动植保机械	(万架)	Mechanical Plant Protection Machinery	(10000 units)	21.46	20.70	20.53	21.19	21.19	15.22	12.56
排灌机械动力	**(万千瓦)**	**Mechanical Power of Drainage and Irrigation**	**(10000 kw)**	**288.63**	**286.82**	**284.79**	**281.36**	**273.69**	**267.41**	**267.35**
柴油机	(万台)	Diesel Engines	(10000 units)	8.71	8.47	8.37	8.16	8.08	7.32	7.39
	(万千瓦)		(10000 kw)	41.11	41.61	40.95	40.27	39.10	35.42	34.73
电动机	(万台)	Electric Engines	(10000 units)	84.00	83.07	82.14	80.55	76.34	73.22	72.31
	(万千瓦)		(10000 kw)	236.41	234.55	233.14	230.27	223.72	220.18	220.65
农副产品加工机械动力	**(万千瓦)**	**Mechanical Power of Farm Sideline Production Manufacturing**	**(10000 kw)**	**132.85**	**131.45**	**130.34**	**126.70**	**123.17**	**116.75**	**114.11**
粮食加工机械	(万台)	Mechanical Power for Grain	(10000 units)	12.48	12.21	12.01	11.65	11.32	11.01	10.62
棉花加工机械	(万台)	Mechanical Power for Cotton	(10000 units)	0.39	0.44	0.42	0.40	0.39	0.36	0.35
油料加工机械	(万台)	Mechanical Power for Oil bearing	(10000 units)	0.88	0.87	0.87	0.86	0.85	0.82	0.80
运输机械动力	**(万千瓦)**	**Mechanical Power of Transportstion**	**(10000 kw)**	**482.05**	**438.17**	**394.80**	**204.53**	**176.59**	**128.65**	**52.22**
渔业机械动力	**(万千瓦)**	**Mechanical Power of Fishery**	**(10000 kw)**	**469.73**	**467.37**	**466.84**	**450.80**	**450.15**	**448.57**	**398.45**
机动船	(万艘)	Motorized Boats	(10000 units)	4.40	4.11	3.97	3.40	3.18	2.96	2.86
	(万吨)		(10000 tons)	291.12	296.40	303.41	300.20	300.69	299.68	305.81
	(万千瓦)		(10000 kw)	469.73	467.37	466.84	450.80	450.15	448.57	455.04
其他农业机械动力	**(万千瓦)**	**Others Mechanical Power**	**(10000 kw)**	**625.05**	**616.55**	**609.87**	**604.23**	**601.81**	**594.19**	**603.10**

6-5 各市主要农业机械拥有量(2020年)
Possession of Major Agricultural Machinery by City(2020)

地区	Region	农业机械总动力(万千瓦) Total Power of Agricultural Machinery (10000 kw)	耕作机械动力(万千瓦) Mechanical Power of Cultivation (10000 kw)	大中型拖拉机(台) Large and Medium Sized Tractors (unit)	农用小型拖拉机 Mini Tractors		收获机械动力(万千瓦) Mechanical Power of Harvesting (10000 kw)
					万台 (10000 units)	万千瓦 (10000 kw)	
全省合计	**Total**	**1812.41**	**236.24**	**15867**	**5.05**	**51.61**	**88.07**
杭州市	Hangzhou	195.88	20.09	1365	0.53	4.99	5.05
宁波市	Ningbo	245.48	27.50	2894	0.42	4.50	11.83
温州市	Wenzhou	181.35	29.58	1489	0.57	5.48	12.18
嘉兴市	Jiaxing	116.67	21.40	2059	0.43	4.17	6.42
湖州市	Huzhou	143.05	20.41	1006	1.03	12.10	8.70
绍兴市	Shaoxing	173.43	20.44	1979	0.31	3.72	10.85
金华市	Jinhua	188.29	37.12	2289	0.82	7.90	8.53
衢州市	Quzhou	132.51	18.76	955	0.11	1.01	8.38
舟山市	Zhoushan	119.55	1.50	113	0.01	0.16	0.68
台州市	Taizhou	220.59	23.55	1624	0.53	5.38	14.12
丽水市	Lishui	95.61	15.88	94	0.28	2.19	1.34

续表1 Continued

地区	Region	机动脱粒(打稻)机 Motorized Thresher (10000 kw)		植保机械动力(万千瓦) Mechanical Power of Plant Protection (10000 kw)	机动植保机械 Mechanical Plant Protection Machinery		排灌机械动力(万千瓦) Mechanical Power of Drainage and Irrigation (10000 kw)
		(万台) (10000 units)	(万千瓦) (10000 kw)		(架) (unit)	(千瓦) (1000 kw)	
全省合计	**Total**	**9.58**	**17.71**	**53.63**	**125552**	**204672**	**267.35**
杭州市	Hangzhou	0.71	1.47	5.04	26131	38785	33.80
宁波市	Ningbo	0.00	0.01	6.31	23521	40093	29.71
温州市	Wenzhou	0.91	2.12	2.29	5696	7819	12.76
嘉兴市	Jiaxing	4.67	6.75	2.73	8158	14743	33.85
湖州市	Huzhou	0.09	0.12	2.90	7252	15046	41.22
绍兴市	Shaoxing	0.26	0.35	3.05	11918	18985	20.41
金华市	Jinhua	1.08	2.70	5.87	13421	21737	32.25
衢州市	Quzhou	0.57	1.19	13.17	5771	11375	27.65
舟山市	Zhoushan	0.01	0.02	0.18	770	893	2.44
台州市	Taizhou	0.34	0.63	8.53	18440	27194	24.14
丽水市	Lishui	0.93	2.35	3.55	4474	8000	9.14

续表2 Continued

地区	Region	农副产品加工机械动力(万千瓦) Mechanical Power of Farm Sideline Production Manufacturing (10000 kw)	运输机械动力(万千瓦) Mechanical Power of Transportation (10000 kw)	渔业机械动力(万千瓦) Mechanical Power of Fishery (10000 kw)	其他机械动力(万千瓦) Other Mechanical Power (10000 kw)
全省合计	**Total**	**114.11**	**52.22**	**398.45**	**136.27**
杭州市	Hangzhou	13.39	0.71	12.16	12.37
宁波市	Ningbo	11.76	15.01	71.72	30.05
温州市	Wenzhou	11.95	0.40	70.48	17.68
嘉兴市	Jiaxing	6.59	2.58	8.90	10.47
湖州市	Huzhou	6.13	1.85	23.27	12.51
绍兴市	Shaoxing	11.77	8.81	6.59	24.49
金华市	Jinhua	15.62	5.10	1.58	8.21
衢州市	Quzhou	11.56	13.96	1.16	1.47
舟山市	Zhoushan	0.78	0.23	107.49	1.09
台州市	Taizhou	10.61	0.60	94.61	12.72
丽水市	Lishui	13.95	2.97	0.49	5.21

6-6 农业机械化、电气化及化肥施用量（2014-2020年）
Agricultural Mechanization, Electrification, Chemical Fertilizer Applied (2014-2020)

指标		Item		2014	2015	2016	2017	2018	2019	2020
农业机械化		**Agricultural Mechanization**								
当年机耕地面积	(千公顷)	Area Sown by Machine at Current Year	(1000 hectares)	979.45	960.22	930.36	933.45	919.97	904.83	917.31
当年机械收获面积	(千公顷)	Mechaincal Harvest Area at Current Year	(1000 hectares)	919.96	869.75	869.95	844.85	768.53	758.25	789.60
农村能源	**(万吨)**	**Energy in Rural Areas**								
农村用电量	(亿千瓦时)	Electricity Consumed	(100 Million kw.h)	905.34	905.56	926.09	976.65	1008.31	1026.73	1038.14
农业化肥施用量		**Agricultural Consumption of Chemical Fertilizers**								
按折纯量计算	(万吨)	Calculated by 100 % Effective Component	(10000 tons)	89.62	87.52	84.48	82.63	77.76	72.5	69.61
每公顷播种面积施用量	(公斤)	Fertilizer Used per Hectare Sown Aera	(kg)	370	359	401	386	364	335	346
农用塑料薄膜使用量	**(万吨)**	**Plastic Film Used for Agriculture**	**(10000 tons)**	**6.57**	**6.75**	**6.73**	**6.79**	**6.87**	**6.67**	**6.69**
农用柴油使用量	**(万吨)**	**Diesel Used for Agriculture**	**(10000 tons)**	**200.72**	**203.24**	**203.25**	**201.6**	**198.8**	**190.48**	**188.60**
农药使用量	**(万吨)**	**Pesticide Used**	**(10000 tons)**	**5.87**	**5.65**	**4.95**	**4.63**	**4.37**	**3.86**	**3.66**

6-7 各市农业机械化、农村能源及农业物资消耗情况(2020年)
Agricultural Mechanization,Energy and Material Consumption by City (2020)

地区	Region	农业机械化情况(千公顷) Conditions of Agricultural Mechanization(1000 ha)		农村用电量 (亿千瓦小时) Electricity Consumed in Rural Areas (100 millon kw.h)	农用塑料薄膜使用量 (吨) Plsatic Film Used for Agriculture (tons)	农用柴油使用量 (吨) Disel Used for Agriculture (ton)	农药使用量 (吨) Pesticide Used (ton)
		机耕面积 Area Cultivated by Machine	机械收获面积 Aera Harvested by Machine				
全省合计	**Total**	**1369.88**	**789.60**	**1038.14**	**66892**	**1885981**	**36561**
杭州市	Hangzhou	148.27	69.82	108.06	7640	22865	5459
宁波市	Ningbo	231.08	91.28	192.90	13408	298466	4569
温州市	Wenzhou	149.11	77.51	95.07	4245	250395	3239
嘉兴市	Jiaxing	160.46	144.67	152.06	6038	13326	4343
湖州市	Huzhou	81.08	75.59	38.53	5308	24018	2649
绍兴市	Shaoxing	144.49	105.51	232.48	5147	13605	4674
金华市	Jinhua	121.77	59.37	58.63	6557	21652	4005
衢州市	Quzhou	111.67	78.00	11.94	2145	15791	2415
舟山市	Zhoushan	8.57	3.58	17.43	456	609084	368
台州市	Taizhou	138.96	69.17	123.83	11895	607964	2623
丽水市	Lishui	74.42	15.09	7.20	4053	8815	2217

6-8 各市农用化肥施用量
Chemical Fertilizer Applied by City

单位:万吨 (10000 tons)

地区	Region	氮肥 Nitrogenous Fertilizer		磷肥 Phosphate Fertilizer		钾肥 Potash Fertilizer		复合肥 Compound Fertilizer	
		2019	2020	2019	2020	2019	2020	2019	2020
全省合计	**Total**	**35.43**	**29.51**	**7.83**	**6.47**	**5.86**	**5.16**	**23.38**	**28.46**
杭州市	Hangzhou	3.40	3.23	0.93	0.85	0.70	0.71	3.34	3.28
宁波市	Ningbo	3.59	3.24	0.97	0.81	0.64	0.62	3.60	3.87
温州市	Wenzhou	3.62	3.39	1.12	1.03	0.82	0.74	1.79	1.97
嘉兴市	Jiaxing	5.80	2.57	0.78	0.19	0.44	0.07	1.74	5.36
湖州市	Huzhou	2.28	2.18	0.36	0.29	0.21	0.20	0.88	1.06
绍兴市	Shaoxing	4.60	4.50	0.56	0.56	0.37	0.37	1.98	1.96
金华市	Jinhua	3.19	3.05	0.94	0.82	0.90	0.85	3.32	3.13
衢州市	Quzhou	2.79	2.45	0.65	0.69	0.63	0.53	1.39	1.62
舟山市	Zhoushan	0.23	0.18	0.04	0.04	0.01	0.01	0.13	0.17
台州市	Taizhou	3.92	2.83	0.76	0.53	0.57	0.50	3.37	4.18
丽水市	Lishui	2.01	1.90	0.72	0.67	0.58	0.57	1.83	1.86

6-9 农田水利建设（2014-2020年）
Water Conservancy Facilities of Farmland(2014-2020)

指标		Item		2014	2015	2016	2017	2018	2019	2020
水库年末累计	**(座)**	**Total Number of Reservoirs**	**(set)**	**4336**	**4334**	**4339**	**4326**	**4308**	**4278**	**4282**
#大、中型水库(1000万立方米以上)(座)	(座)	Large and Medium-sized Reservoirs (above 10 million cu.m level)	(set)	189	191	193	194	192	192	193
总库容量	(亿立方米)	Capacity	(100 million m)	444.00	444.17	444.59	446.90	445.63	445.26	445.53
塘坝	**(处)**	**Small Reservoirs**	**(place)**	**88474**	**88883**	**88596**	**88540**	**88474**	**88423**	**87618**
机电井	**(眼)**	**Motor-electric -pumped Well**	**(unit)**	**2958**	**2926**	**2926**	**2633**	**2634**	**2632**	**2632**
水闸	**(座)**	**Sluice**	**(place(set))**	**13115**	**13226**	**13272**	**13333**	**13385**	**13535**	**13609**

6-10农田水利、除涝和治理水土流失情况（2014-2020年）
Water Conservation, Waterlogging and Soil Erosion Prevention and Limitation(2014-2020)

指标		Item		2014	2015	2016	2017	2018	2019	2020
有效灌溉面积	(千公顷)	Effective Irrigated Areas	(1000 ha)	1425.37	1432.15	1446.31	1444.70	1440.80	1405.43	1415.69
除涝面积	(千公顷)	Flooded or Water Logged Areas under Control	(1000 ha)	523.52	537.65	548.33	554.56	556.40	557.59	567.39
治理水土流失面积	(千公顷)	Aera of Soil Erosion under Control	(1000 ha)	3644.48	3655.40	3669.86	3721.06	3692.54	3611.39	3659.68
堤塘长度	(公里)	Total Length of Dikes	(km)	18012.00	18686.00	19179.00	19427.00	19745.00	19933.00	20023.62

6-11 各市水利设施和除涝及农田灌溉面积
Water Conservancy Facilities,Waterlogging Area under Control and Farmland Irrigated Areas by City

地区	Region	年末水库数（座）Number of Reservoirs (year end) (set)		水库总库容（亿立方米）Capacity of Reservoirs (100 milliom cu.m)		除涝面积（千公顷）Waterlogging Area under Control (1000 ha)		有效灌溉面积（千公顷）Effective Irrigated Areas(1000 ha)	
		2019	2020	2019	2020	2019	2020	2019	2020
全省合计	**Total**	**4278**	**4282**	**445.26**	**445.53**	**557.59**	**567.39**	**1405.43**	**1415.70**
杭州市	Hangzhou	633	633	236.69	236.69	59.67	59.67	157.02	157.10
宁波市	Ningbo	404	404	18.66	18.66	78.27	84.80	175.18	175.53
温州市	Wenzhou	322	325	26.77	26.89	72.56	72.59	115.23	115.47
嘉兴市	Jiaxing					133.89	136.11	167.38	167.38
湖州市	Huzhou	154	154	8.94	8.94	99.18	99.18	128.69	135.00
绍兴市	Shaoxing	553	553	15.53	15.51	42.06	42.06	154.91	154.91
金华市	Jinhua	806	807	18.74	18.74	12.36	12.36	170.00	169.00
衢州市	Quzhou	463	461	34.85	34.84	3.95	3.95	104.74	104.74
舟山市	Zhoushan	209	209	1.41	1.41	6.23	6.23	14.56	14.56
台州市	Taizhou	346	348	18.59	18.82	40.01	41.01	123.31	127.60
丽水市	Lishui	388	388	65.08	65.02	9.41	9.43	94.41	94.41

6-12 主要农作物播种面积（2014-2020年）
Total Sown Area of Major Farm Crops(2014-2020)

单位：千公顷(1000 hectares)

指标	Item	2014	2015	2016	2017	2018	2019	2020
农作物播种面积	**Sown Area of Farm Crops**	**2005.44**	**1996.00**	**1946.45**	**1981.12**	**1978.68**	**1999.62**	**2014.50**
粮食作物	Grain Crops	1005.59	989.70	951.36	977.19	975.73	977.44	993.40
#春粮	Spring Grain	156.09	161.13	145.32	162.28	129.75	127.38	138.62
秋粮	Autumn Grain	757.13	738.65	719.50	728.48	748.88	751.24	753.56
谷物	Cereal	815.99	800.90	757.99	784.86	789.90	791.27	804.25
稻谷	Rice	654.20	634.24	613.09	620.68	651.07	627.52	636.02
早稻	Early Rice	92.37	89.91	86.53	86.43	97.10	98.81	101.22
晚稻及单季稻	Late Rice and Single Cropping Rice	561.83	544.32	526.56	534.25	553.97	528.71	534.80
#单季晚稻	Single Season Rice	466.48	450.47	433.94	439.58	454.94	425.73	445.21
小麦	Wheat	89.53	98.96	85.32	103.67	85.36	82.66	93.36
大(元)麦	Barley	14.71	10.81	5.76	5.12	0.38	0.41	2.01
玉米	Corn	51.07	51.63	49.94	51.88	49.34	76.42	63.28
其他谷物	Other Cereal	6.48	5.26	3.88	3.50	3.75	4.27	9.57
豆类	Beans	114.78	114.92	114.38	108.25	113.14	118.73	115.81
大豆	Soybeans	85.10	86.27	83.82	80.41	85.21	90.16	82.75
其他豆类	Other Beans	29.68	28.65	30.55	27.84	27.93	28.57	33.05
薯类	Yam	74.81	73.88	78.99	84.08	72.68	67.44	73.35
马铃薯	Potato	39.99	39.38	41.87	44.99	34.29	32.81	23.54
油料	Oil bearing Crops	145.00	146.09	126.00	122.29	128.45	140.38	137.27
油菜籽	Repeseeds	126.37	122.33	99.33	96.15	104.87	116.76	113.73
花生	Peanuts	14.21	18.24	17.33	17.14	15.84	16.63	17.01
棉花（皮棉）	Cotton	9.92	7.38	5.62	4.53	5.71	5.62	4.81
麻类	Fiber Crops	0.09	0.07	0.06	0.04	0.04	0.03	0.02
糖类	Suger Crops	10.10	9.96	6.27	5.71	6.15	6.92	7.17
烟叶	Tobacco	0.73	0.67	0.63	0.61	0.54	0.51	0.50
药材类	Medicinal Material	36.57	38.61	43.01	48.60	50.32	53.49	50.41
蔬菜	Vegetables	606.00	618.07	633.21	644.09	638.98	645.83	659.62
瓜果类	Melon as Fruit	95.74	100.20	101.85	102.13	99.76	98.80	96.66
#西瓜	Watermelon	70.78	72.36	70.47	69.73	66.34	64.96	63.96
其他农作物	Other Farm Crops	95.70	85.26	78.46	75.90	73.00	70.61	64.64

注：粮食、棉花、油料、糖类数据已与三农普数据衔接。后面各表同。
The data of rain,cotton,oil and suger have been linked to three agricultural census data.The same applies to the tables following.

6-13 历年主要农作物播种面积（1978-2020年）
Total Sown Area of Major Farm Crops over the Years(1978-2020)

单位:千公顷(1000 hectares)

年份 Year	农作物 播种面积 Total Sown Aera	#粮食作物 Grain Crops	油料 Oil-bearing Crops	棉花 Cotton	蔬菜 Vegetables
1978	4760.13	3472.20	207.20	85.13	126.80
1979	4731.60	3456.19	221.20	90.07	122.73
1980	4685.71	3424.40	245.60	107.27	129.33
1981	4644.13	3375.07	298.87	107.93	116.47
1982	4626.00	3437.47	253.73	106.73	124.67
1983	4578.07	3480.00	237.93	105.47	132.00
1984	4526.87	3482.53	223.93	104.80	148.40
1985	4451.70	3271.23	286.00	93.07	180.25
1986	4361.80	3166.25	294.20	80.53	199.26
1987	4374.27	3235.37	276.93	70.73	214.97
1988	4300.50	3209.85	273.40	69.00	226.61
1989	4312.87	3222.65	280.93	60.40	236.27
1990	4384.69	3266.00	302.05	68.67	248.39
1991	4379.53	3267.21	306.61	68.19	249.07
1992	4275.05	3164.20	304.08	71.09	250.02
1993	3926.16	2844.46	235.95	60.94	283.41
1994	3802.42	2741.04	235.42	61.66	298.85
1995	3923.04	2814.39	309.32	64.53	297.81
1996	3963.82	2877.17	295.71	66.71	313.12
1997	3944.16	2873.00	275.75	61.97	329.05
1998	3919.60	2799.51	281.88	62.84	368.04
1999	3899.49	2751.91	289.44	37.85	412.49
2000	3554.33	2300.26	315.58	26.58	568.86
2001	3245.93	1939.08	306.62	27.66	627.97
2002	3064.54	1718.39	289.07	18.73	696.99
2003	2834.39	1482.97	250.90	17.63	700.77
2004	2778.41	1505.37	237.25	18.77	661.02
2005	2837.94	1562.56	249.25	17.91	666.73
2006	2516.21	1304.52	175.28	18.05	647.70
2007	2444.23	1223.37	151.34	17.55	660.62
2008	2398.95	1189.26	190.78	17.71	617.36
2009	2385.26	1170.56	210.14	16.33	618.86
2010	2324.22	1115.40	208.75	15.70	610.59
2011	2458.88	1070.31	195.99	15.36	624.46
2012	2234.90	1043.07	189.38	13.80	623.27
2013	2198.99	1016.85	183.42	12.09	619.13
2014	2005.44	1005.59	145.00	9.92	606.00
2015	1996.00	989.70	146.09	7.38	618.07
2016	1946.45	951.36	126.00	5.62	633.21
2017	1981.12	977.19	122.29	4.53	644.09
2018	1978.68	975.73	128.45	5.71	638.98
2019	1999.62	977.44	140.38	5.62	645.83
2020	2014.50	993.40	137.27	4.81	659.62

6-14 主要农作物产量（1978-2020年）
Output of Major Farm Crops(1978-2020)

单位：万吨(10000 tons)

年份 Year	粮食 Grain	棉花 Cereal	油料 Oil-bearing Crops	蔬菜及食用菌 Vegetables and Edible Fungi	茶叶 Tea	水果 Fruit	#柑桔 Orange
1978	1467.20	7.26	22.06		5.87	14.61	6.78
1979	1611.30	6.69	27.03		6.55	22.45	11.24
1980	1435.50	8.29	28.86		7.54	22.50	9.14
1981	1419.20	6.81	39.99		8.93	22.79	12.06
1982	1712.10	9.76	38.62		10.71	25.80	12.85
1983	1583.70	9.37	29.76		10.20	28.30	17.18
1984	1817.15	13.29	33.89		9.56	30.66	17.85
1985	1621.29	8.13	44.19	100.26	9.31	135.38	28.54
1986	1605.09	7.56	42.94	753.99	10.43	52.05	36.15
1987	1588.99	6.54	39.66	756.29	11.59	70.95	54.91
1988	1553.64	4.37	43.06	761.63	12.82	51.60	28.60
1989	1554.28	4.19	38.28	776.85	11.78	98.75	72.47
1990	1586.10	6.42	48.35	736.63	11.70	180.91	79.73
1991	1640.00	7.53	45.56	740.15	11.41	134.49	106.42
1992	1553.50	5.96	50.08	689.38	11.94	102.37	73.85
1993	1436.18	5.79	38.57	771.46	12.23	273.55	113.52
1994	1404.00	5.54	34.59	819.60	10.69	295.40	139.27
1995	1430.90	6.25	50.00	823.51	10.21	335.39	170.03
1996	1516.77	6.84	52.11	888.17	9.90	342.18	180.41
1997	1493.53	4.76	48.88	895.04	10.17	388.95	210.51
1998	1435.20	6.49	35.55	1009.52	11.32	359.93	149.69
1999	1392.96	4.04	54.06	1127.45	11.77	428.55	212.01
2000	1217.00	2.92	57.88	1470.04	11.64	380.67	97.19
2001	1075.61	3.16	58.22	1634.13	12.06	516.64	163.81
2002	959.41	2.24	46.97	1765.28	13.85	500.90	164.28
2003	809.23	2.10	43.77	1780.19	13.27	568.38	176.66
2004	850.17	2.28	48.77	1749.76	13.87	632.07	200.99
2005	830.42	2.16	50.14	1741.82	14.44	577.96	148.11
2006	785.50	2.38	35.61	1716.61	15.24	644.00	180.35
2007	723.48	2.37	32.95	1718.06	16.02	690.28	198.56
2008	731.54	2.45	41.27	1755.87	16.23	747.92	238.36
2009	723.09	2.28	43.24	1764.76	16.74	712.41	197.54
2010	686.24	2.23	39.47	1788.81	16.27	701.31	190.78
2011	676.41	2.29	39.85	1815.61	16.97	712.36	194.44
2012	648.22	1.97	38.30	1819.81	17.48	703.84	193.56
2013	601.17	1.72	37.78	1764.29	16.86	715.65	193.03
2014	603.61	1.43	30.66	1762.79	16.54	714.84	200.93
2015	583.97	1.07	31.35	1806.94	17.25	740.86	207.79
2016	564.84	0.83	25.98	1865.09	17.22	724.32	178.69
2017	580.14	0.60	26.90	1910.45	17.83	751.29	186.79
2018	599.14	0.81	29.43	1888.37	17.52	743.62	183.72
2019	592.15	0.81	31.93	1903.09	17.72	744.11	183.40
2020	605.70	0.69	32.09	1945.50	17.72	755.27	191.75

6-15 主要农作物单位面积产量（1978-2020年）
Output of Major Farm Crops Per Hectare(1978-2020)

单位：公斤/公顷(kg/hectare)

年份 Year	粮食 Grain	谷物 Cereal	油料 Oil-bearing Crops	#油菜籽 Rapeseed	棉花 Cotton	糖类 Suger Crops
1978	4226	4268	1065	1050		
1979	4662	4758	1222	1213		
1980	4192	4239	1175	1179		
1981	4205	4283	1338	1346		
1982	4981	5105	1522	1540		
1983	4551	4618	1251	1260		
1984	5218	5338	1513	1529		
1985	4956	5065	1545	1556		
1986	5069	5221	1460	1468		
1987	4911	5032	1432	1430		
1988	4840	4965	1575	1588		
1989	4823	4952	1363	1363		
1990	4856	5000	1601	1608	935	53796
1991	5020	5176	1486	1485	1104	55164
1992	4910	5062	1647	1647	838	52404
1993	5049	5253	1635	1623	950	54498
1994	5122	5369	1469	1440	898	52896
1995	5084	5299	1617	1599	968	55848
1996	5272	5517	1762	1748	1025	56349
1997	5199	5453	1772	1754	768	54564
1998	5127	5407	1261	1205	1033	57824
1999	5062	5330	1869	1844	1068	59073
2000	5294	5735	1834	1808	1100	60289
2001	5547	6082	1899	1869	1143	60956
2002	5583	6223	1625	1565	1195	61644
2003	5475	6166	1744	1682	1193	64529
2004	5648	6313	2056	2016	1213	58703
2005	5314	5920	2012	1967	1204	57278
2006	6021	6582	2032	1958	1300	60455
2007	5914	6406	2177	2111	1351	60352
2008	6151	6721	2163	2110	1385	61283
2009	6177	6736	2058	1993	1397	62013
2010	6152	6630	1890	1803	1412	61690
2011	6320	6798	2033	1958	1489	62759
2012	6215	6721	2022	1938	1429	63737
2013	5912	6424	2060	1984	1423	61955
2014	6003	6544	2115	2049	1438	62049
2015	5901	6428	2146	2053	1446	62432
2016	5937	6582	2062	1950	1470	65394
2017	5937	6542	2200	2101	1324	65636
2018	6140	6782	2291	2225	1422	65994
2019	6058	6680	2275	2198	1449	64582
2020	6097	6665	2286	2205	1221	67043

6-16 主要农作物产量
Output of Major Farm Crops

指标	Item	2017		2018	
		公顷产量(公斤) Output pe Hectare (kg)	总产量(万吨) Total Output (10000 tons)	公顷产量(公斤) Output pe Hectare (kg)	总产量(万吨) Total Output (10000 tons)
粮食作物	Grain Crops	5937	580.14	6140	599.14
#春粮	Spring Grain	3975	64.50	3937	51.08
秋粮	Autumn Grain	6354	462.87	6489	485.92
谷物	Cereal	6542	513.43	6782	535.74
稻谷	Rice	7168	444.91	7333	477.40
早稻	Early Rice	6105	52.77	6399	62.13
晚稻及单季稻	Late Rice & Single Season Rice	7340	392.15	7496	415.27
#单季晚稻	Single Season Rice	7590	333.64	7756	352.85
小麦	Wheat	4043	41.92	4193	35.79
大(元)麦	Barley	3853	1.97	4365	0.17
玉米	Corn	4440	23.04	4183	20.64
其他谷物	Other Cerael	4536	1.59	4639	1.74
豆类	Beans	2529	27.38	2495	28.22
大豆	Soybeans	2535	20.38	2518	21.46
其他豆类	Other Beans	2513	7.00	2424	6.77
薯类	Yams	4677	39.32	4838	35.17
马铃薯	Potato	4148	18.66	3848	13.20
油料	Oil bearing Crops	2200	26.90	2291	29.43
油菜籽	Rapeseeds	2101	20.20	2225	23.34
花生	Peanuts	2975	5.10	2992	4.74
棉花（皮棉)	Cotton	1324	0.60	1422	0.81
麻类	Fiber Crops	3512	0.02	3243	0.01
糖类	Suger Crops	65636	37.50	65994	40.59
烟叶	Tobacco	2217	0.14	2172	0.12
蔬菜	Vegetables and Edible Fungi	29661	1910.45	29553	1888.37
瓜果类	Melon as Fruit	28718	293.30	28638	285.70
#西瓜	Watermelon	31066	216.62	31296	207.63

续表 Continued

指标	Item	2019		2020	
		公顷产量（公斤）Output per Hectare (kg)	总产量（万吨）Total Output (10000 tons)	公顷产量（公斤）Output pe Hectare (kg)	总产量（万吨）Total Output (10000 tons)
粮食作物	Grain Crops	6058	592.15	6097	605.70
#春粮	Spring Grain	3729	47.50	4015	55.66
秋粮	Autumn Grain	6447	484.33	6466	487.27
谷物	Cereal	6680	528.57	6665	536.05
稻谷	Rice	7363	462.06	7313	465.12
早稻	Early Rice	6104	60.32	6202	62.78
晚稻及单季稻	Late Rice & Single Season Rice	7599	401.74	7523	402.35
#单季晚稻	Single Season Rice	7930	337.62	7700	342.82
小麦	Wheat	3917	32.38	4370	40.79
大(元)麦	Barley	3759	0.15	4416	0.89
玉米	Corn	4229	32.32	4094	25.91
其他谷物	Other Ceræl	3886	1.66	3485	3.33
豆类	Beans	2576	30.58	2663	30.84
大豆	Soybeans	2590	23.36	2628	21.75
其他豆类	Other Beans	2528	7.22	2752	9.10
薯类	Yams	4894	33.00	5291	38.81
马铃薯	Potato	3847	12.62	3810	8.97
油料	Oil bearing Crops	2275	31.93	2286	32.09
油菜籽	Rapeseeds	2198	25.66	2205	25.75
花生	Peanuts	3023	5.03	3113	5.18
棉花（皮棉）	Cotton	1449	0.81	1221	0.69
麻类	Fiber Crops	3633	0.01	3333	0.01
糖类	Suger Crops	64582	44.68	67043	46.39
烟叶	Tobacco	2159	0.11	2171	0.11
蔬菜	Vegetables and Edible Fungi	29468	1903.09	30124	1945.50
瓜果类	Melon as Fruit	28714	283.70	28439	280.98
#西瓜	Watermelon	31334	203.56	31112	202.11

6-17 各市粮食播种面积和产量
Sown Area and Output of Grain by City

地区	Region	2018			2019			2020		
		播种面积(千公顷) Sown Aera (1000 ha)	公顷产(公斤) Output per Hectare (kg)	总产量(万吨) Total Output (1000 tons)	播种面积(千公顷) Sown Aera (1000 ha)	公顷产(公斤) Output per Hectare (kg)	总产量(万吨) Total Output (1000 tons)	播种面积(千公顷) Sown Aera (1000 ha)	公顷产(公斤) Output per Hectare (kg)	总产量(万吨) Total Output (1000 tons)
全省合计	**Total**	**975.73**	**6140**	**599.14**	**977.44**	**6058**	**592.15**	**993.40**	**6097**	**605.70**
杭州市	Hangzhou	88.50	5604	49.60	88.73	5595	49.64	90.84	5599	50.86
宁波市	Ningbo	109.40	6087	66.59	109.87	6037	66.33	111.29	6059	67.44
温州市	Wenzhou	107.09	6065	64.95	108.00	5896	63.68	108.64	6042	65.64
嘉兴市	Jiaxing	150.74	6197	93.42	147.89	6470	95.68	150.54	6478	97.52
湖州市	Huzhou	78.55	6597	51.82	78.61	6602	51.90	79.11	6638	52.51
绍兴市	Shaoxing	119.71	6481	77.58	120.87	6476	78.28	121.94	6478	78.99
金华市	Jinhua	77.71	5853	45.49	77.51	5612	43.50	78.15	5783	45.20
其中:义乌市	Yiwu	7.15	5786	4.14	7.19	5892	4.24	7.42	5925	4.39
衢州市	Quzhou	87.95	6513	57.28	87.93	6146	54.04	89.26	6172	55.09
舟山市	Zhoushan	4.88	5090	2.48	4.97	5333	2.65	5.26	5461	2.87
台州市	Taizhou	82.03	6227	51.08	82.58	6085	50.25	85.50	6092	52.09
丽水市	Lishui	69.18	5182	35.85	70.48	5136	36.20	72.88	5145	37.50

6-18 商品粮基地粮食播种面积和产量
Sown Area and Output of Grain in Commodity Grain Bases

地区	Region	2018			2019			2020		
		播种面积(千公顷) Sown Aera (1000 ha)	公顷产(公斤) Output per Hectare (kg)	总产量(万吨) Total Output (1000 tons)	播种面积(千公顷) Sown Aera (1000 ha)	公顷产(公斤) Output per Hectare (kg)	总产量(万吨) Total Output (1000 tons)	播种面积(千公顷) Sown Aera (1000 ha)	公顷产(公斤) Output per Hectare (kg)	总产量(万吨) Total Output (1000 tons)
全省合计	**Zhejiang**	**975.73**	**6140.00**	**599.14**	**977.44**	**6058.17**	**592.15**	**993.40**	**6097.25**	**605.70**
国家级小计	**Country Level**	**329.32**	**6335.00**	**208.62**	**326.46**	**6347.05**	**207.21**	**330.62**	**6364.09**	**210.41**
萧山区	Xiaoshan	17.63	5194.00	9.15	17.89	5147.90	9.21	18.60	5317.16	9.89
富阳区	Fuyang	15.61	6377.00	9.95	15.11	6414.04	9.69	15.30	6407.83	9.80
余杭区	Yuhang	16.21	6587.00	10.68	17.05	6632.25	11.31	17.30	6503.12	11.25
余姚市	Yuyao	24.91	6509.00	16.22	27.07	6438.07	17.43	27.08	6328.39	17.14
奉化区	Fenhua	10.17	6424.00	6.53	9.96	6396.12	6.37	9.96	6414.21	6.39
宁海县	Ninghai	15.80	5520.00	8.72	15.55	5393.33	8.38	15.55	5502.30	8.56
鄞州区	Yinzhou	12.91	6710.00	8.66	12.50	6620.60	8.28	12.88	6625.18	8.53
秀洲区	Xuizhou	21.32	6462.00	13.78	20.88	6888.70	14.39	21.45	6897.52	14.79
嘉善县	Jiashan	21.11	6233.00	13.16	21.13	6621.34	13.99	21.67	6648.66	14.41
海盐县	Haiyan	22.43	6107.00	13.70	22.28	6248.52	13.92	22.63	6223.05	14.08
桐乡市	Tongxiang	20.33	6286.00	12.78	20.17	6603.17	13.32	20.35	6482.90	13.19
德清县	Deqing	7.39	6315.00	4.67	7.40	6315.86	4.67	7.46	6424.55	4.79
长兴县	ChangXing	30.41	6417.00	19.51	30.44	6418.94	19.54	30.76	6577.35	20.23
诸暨市	Zhuji	35.09	6700.00	23.51	33.88	6586.97	22.32	33.91	6664.57	22.60
柯桥区	keqiao	13.74	6751.00	9.27	12.43	6709.73	8.34	12.51	6537.81	8.18
金东区	JIndong	2.26	5698.00	1.29	2.50	4656.91	1.16	2.52	5348.27	1.35
衢江区	Qujiang	20.26	6621.00	13.41	20.28	6287.26	12.75	20.55	6296.70	12.94
龙游县	Longyou	21.76	6263.00	13.63	19.95	6086.21	12.14	20.15	6098.37	12.29
省级小计	**Province Level**	**135.64**	**6187.00**	**83.92**	**136.27**	**6137.50**	**83.64**	**138.87**	**6116.21**	**84.94**
桐庐县	Tonglu	7.82	6036.00	4.72	7.88	5953.86	4.69	8.17	5699.81	4.66
瑞安市	Ruian	14.83	6171.00	9.15	15.73	6259.13	9.85	16.43	6202.67	10.19
海宁市	Haining	19.11	6220.00	11.88	19.14	6208.08	11.88	19.37	6284.03	12.17
安吉县	Anji	13.89	5786.00	8.03	13.90	5793.59	8.05	13.99	5825.02	8.15
嵊州市	Shengzhou	20.66	6390.00	13.20	20.43	6553.01	13.39	20.72	6426.19	13.32
武义县	Wuyi	9.62	5794.00	5.57	9.29	5976.39	5.55	9.37	6225.54	5.84
江山市	Jiangshan	23.95	6829.00	16.35	24.31	6393.19	15.54	24.51	6360.59	15.59
温岭市	Wenling	18.61	6093.00	11.34	18.19	6147.12	11.18	18.64	6142.53	11.45
松阳县	Songyang	7.16	5110.00	3.66	7.40	4729.99	3.50	7.67	4664.66	3.58

6-19 各市油菜籽播种面积和产量
Sown Area and Output of Rapeseeds by City

地区	Region	2018			2019			2020		
		播种面积(千公顷) Sown Aera (1000 ha)	公顷产(公斤) Output per Hectare (kg)	总产量(万吨) Total Output (1000 tons)	播种面积(千公顷) Sown Aera (1000 ha)	公顷产(公斤) Output per Hectare (kg)	总产量(万吨) Total Output (1000 tons)	播种面积(千公顷) Sown Aera (1000 ha)	公顷产(公斤) Output per Hectare (kg)	总产量(万吨) Total Output (1000 tons)
全省合计	**Total**	**104.87**	**2225**	**23.34**	**116.76**	**2198**	**25.66**	**113.73**	**2264**	**25.75**
杭州市	Hangzhou	20.04	2774	5.56	22.55	2639	5.95	23.07	2661	6.14
宁波市	Ningbo	8.16	2360	1.93	7.39	2430	1.80	7.31	2480	1.81
温州市	Wenzhou	5.40	1849	1.00	6.64	1946	1.29	6.90	1958	1.35
嘉兴市	Jiaxing	6.11	2657	1.62	4.79	2667	1.28	4.65	2690	1.25
湖州市	Huzhou	8.23	2460	2.02	10.25	2372	2.43	9.26	2493	2.31
绍兴市	Shaoxing	6.69	2220	1.49	9.73	2245	2.18	9.95	2271	2.26
金华市	Jinhua	17.47	1995	3.49	17.31	2028	3.51	16.16	2063	3.33
衢州市	Quzhou	24.62	1906	4.69	28.86	1891	5.46	27.24	2023	5.51
舟山市	Zhoushan	0.77	2302	0.18	1.02	2165	0.22	0.92	2152	0.20
台州市	Taizhou	5.16	1838	0.95	5.83	1863	1.09	5.59	1947	1.09
丽水市	Lishui	2.23	1873	0.42	2.39	1907	0.46	2.69	1863	0.50

注: 油菜籽已与三农普数据衔接。
The data of rapeseed has been linked to the three agricultural census data.

6-20 主要茶叶产区茶园面积和茶叶产量
Area of Tea Plantation and Output of Tea in Major Producing Regions

地区	Region	2018		2019		2020	
		茶园面积(公顷) Area of Tea Plantations (ha)	茶叶总产量(吨) Output of Tea (ton)	茶园面积(公顷) Area of Tea Plantations (ha)	茶叶总产量(吨) Output of Tea (ton)	茶园面积(公顷) Area of Tea Plantations (ha)	茶叶总产量(吨) Output of Tea (ton)
全省合计	**Total**	**200504**	**175170**	**201355**	**177184**	**206598**	**177154**
22个主产区小计	**22 Producing Regions**	**129258**	**134315**	**130208**	**137029**	**133455**	**135718**
杭州市区	Hangzhou District	14010	18855	14544	19543	14701	17947
建德市	Jiande	3892	6777	3932	7060	4066	7070
桐庐县	Tonglu	3605	2531	3618	2633	3643	2579
富阳区	Fujiang	4136	3095	4212	3110	4265	3105
临安区	Linan	3918	3466	4095	3713	4061	3813
淳安县	Tunan	12447	4675	12404	4976	12582	4710
宁波市区	Ningbo District	3118	3838	3130	3835	3029	3573
余姚市	Yuyao	732	1062	737	1038	753	1034
奉化区	Fenghua	3659	4014	3610	3989	3900	3497
安吉县	Anji	13634	3916	13579	3943	13855	4032
诸暨市	Zhuji	6173	8043	6187	8207	6422	8586
上虞区	Shangyu	4528	7523	4526	7597	4419	7702
嵊州市	Shengzhou	1805	2446	1769	2392	1763	2419
柯桥区	Keqiao	11523	17394	11379	17311	11523	17518
新昌县	Xinchang	6689	5277	6891	5454	8004	5398
金华市区	Jinhua District	1749	2170	1642	2373	1814	2384
东阳市	Dongyang	3421	2049	3430	2073	3426	2161
武义县	Wuyi	6947	13255	7071	14089	7106	14384
浦江县	Pujjiang	2056	1055	1943	1020	1954	1020
衢州市区	Quzhou District	1656	1412	1664	1429	1929	1659
开化县	Kaihua	6685	2128	6841	2177	6993	2351
龙游县	Longyou	1781	3663	1927	3283	1775	2094
临海市	Linhai	2590	1228	2546	1224	2567	1325
松阳县	Songyang	8526	13020	8512	13025	8878	13308
遂昌县	Suichang	8207	11793	8306	12266	8489	12732

6-21 主要蚕茧产区桑园面积和蚕茧产量
Area of Mulberry Field and Output of Silk worm Cocoons in Major Producing Regions

地区	Region	2018		2019		2020	
		桑园面积(公顷) Area of Mulberry Field (ha)	蚕茧总产量(吨) Output of Silk -worm Cocoons (tons)	桑园面积(公顷) Area of Mulberry Field (ha)	蚕茧总产量(吨) Output of Silk -worm Cocoons (tons)	桑园面积(公顷) Area of Mulberry Field (ha)	蚕茧总产量(吨) Output of Silk -worm Cocoons (tons)
全省合计	**Total**	**42158**	**21677**	**37272**	**19720**	**32663**	**15825**
20个主产区小计	**20 Producing Regions**	**40354**	**21386**	**35582**	**19517**	**31016**	**15692**
杭州市区	Hangzhou District	1786	1479	1257	920	1010	646
其中：富阳区	Fuyang	201	548	150	251	117	24
临安区	Linan	964	883	751	623	747	606
建德市	Jiande	1371	400	216	264	203	280
桐庐县	Tonglu	596	695	579	669	426	74
淳安县	Chunan	5678	1990	4621	1601	4305	1304
嘉兴市区	Jiaxing District	1426	466	1350	321	1017	276
海宁市	Haining	3585	2846	3322	2755	2809	2740
海盐县	Haiyan	1455	700	1375	548	1181	363
桐乡市	Tongxiang	6449	6805	6270	6930	5812	5517
湖州市区	Huzhou District	9343	2857	8946	2800	7606	2325
德清县	Deqing	3361	1396	3124	1162	3072	881
长兴县	Changxing	1124	712	1111	662	940	688
安吉县	Anji	704	290	624	269	557	171
诸暨市	Zhuji	474	17	431	18	133	48
上虞区	Shangyu	313	86	201	52	261	16
嵊州市	Shengzhou	500	177	495	140	200	36
新昌县	Xinchang	449	72	100	51	67	44
兰溪市	Lanxi	587	1	493	1	380	5
浦江县	Pujiang	23	17	23	18	24	0
临海市	Linhai	84	4	84	6	84	5
缙云县	Jinyun	1046	376	960	330	929	275

6-22 林业生产（2014-2020年）
Basic Indicators on Forestry(2014-2020)

指标		Item		2014	2015	2016	2017	2018	2019	2020
造林面积	(千公顷)	Afforestation Area	(1000 ha)	39.4	32.02	15.8	9.6	8.09	6.48	43.26
用材林		Timber Forest		4.93	3.87	2.17	1.99	1.43	1.17	9.21
经济林		Economic Forest		9.04	6.94	4.02	3.3	2.39	1.99	17.58
防护林		Shelter Forest		25.33	20.97	8.79	4.03	4.16	3.06	15.00
特种用途林		Forest for Special Use		0.1	0.23	0.68	0.27	0.12	0.06	1.47
迹地更新面积	(千公顷)	Area of Forest Updating	(1000 ha)	14.34	11.94	10.63	8.45	7.42	6.52	5.34
主要林产品产量	(吨)	Output of Major Forest Production	(tons)							
油茶籽		Tea oil seeds		58444	64353	51421	61039	68523	74022	81759
竹笋干		Tallow-seeds		159644	160779	159305	186580	197434	191223	195355
山核桃		Walnuts		18602	17968	20635	21141	23950	25974	27221
板 栗		Chestnut		91219	86827	69574	69720	66673	71164	61267

6-23 水果生产
Basic Indicators on Fruits

指标	Item	2018		2019		2020	
		果园面积（千公顷）Area of Orchards (1000 Hectares)	产量（万吨）Total Output (10000 tons)	果园面积（千公顷）Area of Orchards (1000 Hectares)	产量（万吨）Total Output (10000 tons)	果园面积（千公顷）Area of Orchards (1000 Hectares)	产量（万吨）Total Output (10000 tons)
合计	**Total**	**323.48**	**743.62**	**321.52**	**744.11**	**318.85**	**755.27**
柑桔	Orange	88.23	183.72	88.56	183.40	88.86	191.75
梨	Pear	21.44	38.27	20.32	38.09	19.70	35.20
桃子	Peach	31.24	46.67	31.16	47.75	31.24	48.18
杨梅	Red Bayberry	88.99	60.73	88.77	61.84	88.00	65.50
枇杷	Loquat	13.87	8.72	14.30	9.16	14.66	10.26
柿子	Persimmon	6.76	5.65	6.50	5.71	6.21	5.65
瓜果类	Melons and Fruits		285.70		283.70		280.98
其他	Others	72.95	114.16	71.91	114.45	70.18	117.75

6-24 农产品人均产量（1978-2020年）
Per Capital Output of Agricultural Products(1978-2020)

年份	粮食 Grain	棉花 Cotton	油料 Oil-bearing Crops	糖料 Suger Crops	茶叶 Tea	水果 Fruit	猪牛羊肉 Pork,Beef and Mutton	水产品 Aquatic Production
1978	393.44	1.95	5.92	17.20	1.57	3.92	11.33	23.47
1980	376.81	2.18	7.58	15.43	1.98	5.91	18.52	21.46
1985	404.18	2.03	11.02	27.43	2.32	11.12	19.10	26.13
1986	396.34	1.87	10.60	32.63	2.58	12.85	20.03	28.94
1987	387.97	1.60	9.68	26.56	2.83	17.32	18.60	30.52
1988	374.78	1.05	10.39	20.01	3.09	12.45	19.56	30.92
1989	371.01	1.00	9.14	16.74	2.81	23.57	19.67	30.84
1990	375.68	1.52	11.45	14.87	2.77	25.35	20.28	32.92
1991	386.05	1.77	10.72	16.19	2.69	31.66	20.13	35.57
1992	363.51	1.39	11.72	17.55	2.79	23.95	22.73	39.72
1993	334.03	1.35	8.97	18.43	2.84	34.63	22.74	44.02
1994	324.46	1.28	7.99	16.21	2.47	40.64	22.68	59.62
1995	328.53	1.43	11.48	15.11	2.34	49.28	23.61	73.03
1996	345.91	1.56	11.88	14.57	2.26	51.91	16.85	78.03
1997	338.58	1.08	11.08	13.61	2.31	61.07	18.44	90.61
1998	323.64	1.46	8.02	13.97	2.55	46.55	19.05	95.33
1999	312.52	0.91	12.14	15.94	2.64	62.64	19.27	99.33
2000	266.91	0.65	12.91	21.97	2.60	84.89	22.65	104.70
2001	228.64	0.67	12.38	22.53	2.56	109.82	23.65	100.51
2002	201.87	0.47	9.88	23.87	2.91	105.39	25.12	101.14
2003	168.01	0.44	9.09	25.73	2.76	118.00	25.37	100.24
2004	173.82	0.47	9.97	21.73	2.84	129.23	26.93	100.91
2005	167.49	0.44	10.11	18.15	2.91	116.57	26.31	97.57
2006	156.12	0.47	7.08	17.39	3.03	128.00	21.65	83.08
2007	140.35	0.46	6.44	17.01	3.13	135.00	22.39	81.19
2008	140.35	0.47	7.96	16.48	3.13	144.28	25.02	76.89
2009	137.06	0.43	8.25	15.52	3.19	135.85	24.97	81.92
2010	126.00	0.41	7.36	13.86	3.04	130.82	25.17	89.15
2011	121.44	0.41	7.15	12.77	3.05	127.89	24.92	92.61
2012	114.02	0.35	6.74	12.34	3.07	123.81	25.07	94.91
2013	103.94	0.30	6.53	11.05	2.91	123.73	26.26	95.23
2014	102.48	0.24	5.21	10.64	2.81	121.37	23.71	97.63
2015	97.57	0.18	5.24	10.39	2.88	123.79	18.62	100.58
2016	93.02	0.14	4.28	6.75	2.84	119.29	15.75	96.24
2017	94.03	0.10	4.36	6.08	2.89	121.76	14.10	96.35
2018	95.51	0.13	4.69	6.47	2.79	118.54	12.35	94.96
2019	92.89	0.13	5.01	7.01	2.78	116.72	10.00	94.18
2020	93.65	0.11	4.96	7.17	2.74	116.77	8.93	95.15

6-25 牲畜饲养和畜产品产量（1978-2020年）
Number of Livestock and Output of Livestock Products(1978-2020)

年份	大牲畜年底头数(万头) Large Animals (Year end) (10000 heads)	#牛(万头) Cattle and Buffaloes (10000 heads)	生猪年末存栏头数(万头) Numbers of Hogs (10000 heads)	羊年末存栏头数(万只) Numbers of Sheep and Goats (10000 heats)	猪、牛、羊肉产量(万吨) Output of Pork,beef and Mutton (10000 tons)	#猪肉产量(万吨) Pork (10000 tons)
1978	82.6	82.6	1334.7	294.9	42.3	41.6
1979	84.8	84.8	1550.0	345.6	56.9	56.0
1980	83.0	83.0	1403.8	324.0	70.6	69.5
1981	82.7	82.7	1344.6	288.6	62.8	62.0
1982	82.7	82.7	1383.2	262.6	67.1	66.2
1983	80.6	80.6	1387.3	229.3	68.5	67.6
1984	78.4	78.4	1326.2	197.9	68.9	67.8
1985	76.1	76.1	1368.8	176.2	76.6	75.6
1986	75.8	75.8	1403.3	172.2	81.1	80.0
1987	74.7	74.7	1278.7	176.0	76.2	75.0
1988	71.1	71.1	1228.1	180.0	78.5	77.1
1989	69.3	69.3	1213.2	187.5	77.2	75.9
1990	68.0	68.0	1170.0	185.1	77.9	76.3
1991	65.1	65.1	1135.5	181.4	78.1	76.4
1992	60.5	60.5	1189.0	183.3	83.1	81.0
1993	54.1	54.1	1061.0	191.4	80.6	78.9
1994	50.7	50.7	989.8	206.0	79.0	76.5
1995	50.3	50.3	964.3	218.6	80.2	77.4
1996	49.5	49.5	892.7	221.3	76.3	73.5
1997	46.4	46.4	1010.1	214.6	81.3	78.4
1998	43.5	43.5	1040.6	207.6	84.5	81.4
1999	40.6	40.6	1024.4	219.0	85.9	82.6
2000	39.0	39.0	1146.9	233.5	101.6	98.0
2001	39.3	39.3	1175.1	245.0	111.3	107.4
2002	39.6	39.6	1139.2	258.6	119.4	115.1
2003	38.9	38.9	1132.4	262.9	122.2	117.2
2004	39.3	39.3	1125.3	256.7	131.7	126.4
2005	35.5	35.5	1213.2	222.4	130.4	125.1
2006	23.0	23.0	1003.0	123.9	108.9	105.6
2007	20.7	20.7	1039.1	111.9	114.5	111.4
2008	20.7	20.7	1161.9	111.4	129.7	126.9
2009	20.4	20.4	1225.8	111.6	131.0	128.2
2010	19.9	19.9	1248.4	111.7	134.9	131.9
2011	19.1	19.1	1281.9	109.5	138.8	135.8
2012	17.7	17.7	1338.3	107.2	142.5	139.7
2013	18.8	18.8	1287.5	129.1	151.9	148.7
2014	17.1	17.1	964.6	133.9	139.7	136.4
2015	16.4	16.4	730.2	139.4	111.5	108.0
2016	16.1	16.1	568.1	142.2	95.6	91.8
2017	14.9	14.9	542.6	133.8	87.0	83.3
2018	13.7	13.7	516.8	125.9	77.5	74.0
2019	13.2	13.2	427.3	117.5	63.7	60.2
2020	15.0	15.0	627.6	140.1	57.8	54.2

注: 2013年及以后年份数据已与三农普数衔接。
The data of this tablle has been linked to the three agricultural census data since 2013.

6-26 畜牧业生产（2014-2020年）
Basic Indicators on Animal Husbandry(2014-2020)

指标		Item		2014	2015	2016	2017	2018	2019	2020
生猪年末存栏头数(含未断奶小猪)	(万头)	Pigs(year-end)	(10000 heads)	964.64	730.19	568.14	542.55	516.79	427.30	627.58
#能繁殖的母猪	(万头)	Reproducable	(10000 heads)	78.52	61.07	49.60	47.55	43.31	40.20	58.07
年内肥猪出栏头数	(万头)	Slaughtered Fattened Hogs	(10000 heads)	1724.53	1315.63	1157.64	1022.42	911.62	756.05	665.42
生猪出栏率	(%)	Rate of Slaughtered Fattened Hogs	(%)	133.94	136.39	158.54	179.96	168.03	146.30	155.73
全年饲养量	(万头)	Number of Hogs Raised	(10000 heads)	2689.17	2045.82	1725.78	1564.97	1428.41	1183.35	1293.00
牛年末存栏头数	(万头)	Cattles(year-end)	(10000 heads)	17.08	16.42	16.05	14.90	13.71	13.24	14.95
良种及改良种乳牛	(万头)	Milch Cows of Fine Breed and Improved Varieties	(10000 heads)	4.37	4.12	3.68	3.27	3.19	3.08	4.04
牛年内出栏头数	(万只)	Slaughtered Cattles	(10000 heads)	8.71	8.95	9.52	8.79	8.15	8.61	8.84
牛奶产量	(万吨)	Milk	(10000 tons)	15.39	15.97	14.81	14.31	15.73	15.48	18.33
羊年末存栏只数	(万只)	Sheep and Goats (year-end)	(10000 heads)	133.86	139.37	142.24	133.80	125.88	117.46	140.14
羊年内出栏只数	(万只)	Slaughtered Sheep	(10000 heads)	124.84	137.35	150.23	141.95	135.06	134.46	129.94
猪、牛、羊肉产量	(万吨)	Output of Pork, Beef and Mutton	(10000 tons)	139.67	111.46	95.64	86.99	77.48	63.73	57.77
猪肉产量	(万吨)	Pork	(10000 tons)	136.39	107.96	91.84	83.31	73.95	60.16	54.20
兔年末存栏只数	(万只)	Rabbits(year-end)	(10000 heads)	266.84	237.50	181.95	157.40	173.02	146.64	123.37
兔年内出栏只数	(万只)	Slaughtered Rabbits	(10000 heads)	427.23	399.81	342.40	285.98	271.56	271.48	224.94
家禽年末存栏只数	(万只)	Poultry(year-end)	(10000 heads)	9888.70	9020.68	8071.80	7820.03	8320.64	8616.65	8740.08
家禽年内出栏只数	(万只)	Slaughtered Poultry	(10000 heads)	20434.20	18240.37	18294.39	17319.88	17195.93	19501.16	20979.21
全年饲养量	(万只)	Poultry Raised	(10000 heads)	30322.90	27261.05	26366.19	25139.91	25516.57	28117.81	29719.29
禽蛋产量	(万只)	Poultry Eggs	(10000 heads)	45.89	39.95	37.77	35.85	31.49	33.57	33.17
养蜂年末箱数	(万箱)	Number of Beehives	(10000 boxs)	88.39	93.29	94.46	102.04	100.02	101.71	100.61
蜂蜜产量	(万吨)	Honey	(10000 tons)	8.77	8.79	9.17	9.13	6.63	6.56	5.02
蜂皇浆产量	(吨)	Royal Jelly	(tons)	2264	2187	2148	2202	2189	2263	1977
蚕茧产量	(万吨)	Output of Silkworm Cocoon	(10000 tons)	2.96	2.38	1.86	1.63	2.17	1.97	1.58

注: 2013年及以后年份数据已与三农普数衔接。
The data of this tablle has been linked to the three agricultural census data since 2013.

6-27 水产品产量（1978-2020年）
Output of Aquatic Products(1978-2020)

单位：万吨(10000 tons)

年份 Year	水产品产量 Total Aquatic Production	海水产品产量 Seawater Aquatic Production	#养殖 Artificially Cultured	淡水产品产量 Fishwater Aquatic Production	#养殖 Artificially Cultured	远洋渔业产量 Deepsea Fishing Products
1978	87.52	81.69	3.56	5.83	4.90	
1979	81.13	74.77	3.90	6.36	5.19	
1980	81.79	75.03	6.60	6.76	6.67	
1981	84.28	76.85	4.13	7.43	6.17	
1982	87.69	78.91	4.82	8.78	7.43	
1983	83.25	73.46	6.21	9.79	8.32	
1984	95.28	83.26	7.86	12.02	10.29	
1985	104.82	89.04	9.60	15.78	13.73	
1986	117.21	97.36	10.57	19.85	17.74	
1987	124.98	102.84	11.86	22.14	19.65	
1988	128.20	104.31	12.33	23.89	21.28	
1989	129.20	104.50	13.13	24.70	22.08	
1990	138.98	113.17	13.81	25.80	23.00	
1991	151.09	123.53	15.20	27.56	24.75	
1992	169.75	140.20	17.34	29.54	26.68	
1993	189.29	156.06	19.05	33.23	29.92	
1994	258.02	222.30	24.68	35.72	32.07	
1995	318.07	278.70	31.69	39.37	34.43	
1996	342.14	299.23	39.51	42.91	37.00	
1997	377.68	331.97	38.90	45.71	38.66	
1998	422.73	372.80	46.49	49.93	42.62	
1999	442.73	389.41	58.17	53.32	45.61	
2000	469.51	410.46	70.88	59.05	51.42	
2001	472.85	406.96	77.66	65.89	58.17	
2002	480.68	409.33	85.15	71.35	63.21	
2003	482.82	406.00	91.85	76.82	68.26	
2004	493.53	414.98	92.94	78.55	69.45	
2005	483.77	402.37	88.11	81.40	72.07	
2006	433.85	360.80	76.32	73.05	65.03	15.84
2007	433.87	356.36	86.13	77.51	68.90	18.74
2008	418.79	337.60	83.08	81.19	73.09	20.20
2009	440.31	353.81	76.46	86.51	77.47	10.71
2010	477.95	381.23	82.57	96.72	87.50	16.56
2011	515.81	410.98	84.49	104.83	94.98	23.47
2012	539.58	431.24	86.14	108.34	98.38	29.09
2013	550.82	443.19	87.17	107.63	98.05	36.80
2014	575.06	468.22	89.79	106.84	97.74	54.15
2015	602.00	491.20	93.34	110.80	101.95	61.17
2016	584.35	470.08	97.19	114.27	105.13	41.44
2017	594.45	472.37	116.26	122.08	110.73	46.79
2018	595.71	469.34	120.90	126.37	113.30	61.05
2019	600.41	467.30	127.04	133.11	117.13	67.90
2020	615.41	476.79	137.24	138.61	121.63	82.69

注：2016年及以后年份水产品产量已与三农普数据衔接。
The data of this tablle has been linked to the three agricultural census data since 2016.

6-28 渔业生产（2015-2020年）
Basic Indicators on Fishery(2015-2020)

单位:万吨(10000 tons)

指标	Item	2015	2016	2017	2018	2019	2020
水产品总产量	**Total Aquaic Production**	**602.00**	**584.35**	**594.45**	**595.71**	**600.41**	**615.41**
其中：远洋渔业产量	Among them:the pelagic fishery yield	61.17	41.44	46.79	61.05	67.90	82.69
海水产品产量	**Seawater Aquatic Production**	**491.20**	**470.08**	**472.37**	**469.34**	**467.30**	**476.79**
按生产性质分	By Production Character						
海洋捕捞（含远洋）	Catching in Ocean	397.85	372.89	356.13	348.45	340.26	339.55
海水养殖	Seawater Aquiculture	93.34	97.19	116.25	120.90	127.04	137.24
按类别分	By Category						
鱼类	Fishes	233.76	235.14	221.91	209.57	200.38	190.03
虾蟹类	Shrimps,Prawns and Crabs	103.94	99.32	92.24	86.39	83.48	79.40
贝类	Shell-fish	77.00	79.50	94.13	98.01	102.51	109.31
藻类	Algae	5.15	5.34	7.69	8.93	9.96	11.93
头足类	Shrimps，Prawns and crabs	63.36	40.51	46.07	50.20	53.15	64.55
其他海水产品	others	7.99	10.27	10.33	16.24	17.82	21.57
淡水产品产量	**Freshwater Aquatic Production**	**110.80**	**114.26**	**122.08**	**126.37**	**133.11**	**138.61**
按生产性质分	By Production Character						
天然生产	Naturally Grown	8.84	9.13	11.35	13.06	15.98	16.98
淡水养殖	Freshwater Aquiculture	101.95	105.13	110.73	113.30	117.13	121.63
按类别分	By Category						
鱼类	Fishes	78.02	83.26	91.64	95.91	99.80	104.69
虾蟹类	Shrimps,Prawns and Crabs	13.34	13.20	13.87	14.57	16.66	16.93
贝类	Shell-fish	3.03	3.10	3.36	3.38	3.79	3.85
其它类	Others	16.40	14.70	13.21	12.51	12.86	13.14
在海水捕捞产品中	**Among Marine Fishing Production**						
大黄鱼	Big Yellow Croaker	0.04	0.05	0.04	0.06	0.11	0.99
小黄鱼	Small Yellow Croaker	10.40	10.19	10.17	10.34	11.78	12.61
带鱼	Hairtail	43.88	42.23	40.45	38.80	37.61	36.50
墨鱼	Cuttle Fish	2.87	3.10	3.82	3.38	3.42	3.40
海水养殖面积	Seawater Aquiculture Area	85.88	78.72	75.95	80.92	82.02	82.54
淡水养殖面积	**Freshwater Aquiculture Area**	**213.07**	**202.14**	**198.04**	**179.76**	**173.04**	**172.29**

注：2016年及以后年份水产品产量已与三农普数据衔接。
The data of this tablle has been linked to the three agricultural census data since 2016.

6-29 各市水产品产量
Output of Aquatic Products by City

单位：万吨(10000 tons)

地区	Region	水产品总产量 Total Output of Aquatic Production		海水产品产量 Seawater Aquatic Production		#鱼类 Fishes		淡水产品产量 Freshwater Aquatic Production		#鱼类 Fishes		远洋渔业产量 Deepsea Fishing Production	
		2019	2020	2019	2020	2019	2020	2019	2020	2019	2020	2019	2020
全省合计	**Total**	**600.40**	**615.41**	**467.01**	**394.10**	**187.47**	**178.64**	**133.48**	**138.61**	**100.09**	**104.70**	**67.90**	**82.69**
杭州市	Hangzhou	20.30	19.33	3.50				16.81	17.22	10.50	10.79	3.50	2.11
宁波市	Ningbo	99.47	102.51	90.72	83.01	41.22	38.82	8.74	8.70	5.87	6.00	7.40	10.80
温州市	Wenzhou	61.97	64.05	58.37	58.54	31.00	29.14	3.60	4.60	2.95	3.86		0.9
嘉兴市	Jiaxing	16.15	16.72	0.05	0.05	0.02	0.03	16.09	16.67	8.02	8.22		
湖州市	Huzhou	50.75	53.28					50.75	53.28	42.22	44.15		
绍兴市	Shaoxing	11.93	12.31	0.07	0.07	0.04	0.04	11.59	12.20	8.07	8.73	0.27	0.03
金华市	Jinhua	8.71	9.00					8.71	9.01	7.71	8.15		
衢州市	Quzhou	7.13	7.34					7.13	7.34	6.45	6.63		
舟山市	Zhoushan	175.55	179.16	175.06	115.95	57.57	54.39	0.50	0.16	0.17	0.09	54.20	63.05
台州市	Taizhou	145.90	149.04	139.24	136.47	57.62	56.22	6.65	6.76	5.46	5.58	2.53	5.81
丽水市	Lishui	2.54	2.67					2.54	2.67	2.37	2.50		

注：全省水产品总产量为国家核定数；各市水产品总产量为省海洋与渔业局统计年报数（包括远洋）。
Data of total output of aquitic production is verified by national bureau of statistics of china; Regional figures in this table are taken from the annual report of the bureau of seas and oceans and fishery(including deepsen fishing production).

6-30 平均每个农业劳动力提供的主要农产品产量（2014-2020年）
Output of Major Farm Products Provided by Per Rural Labour(2014-2020)

指标		Item		2014	2015	2016	2017	2018	2019	2020
粮食	(公斤)	Grain	(kg)	1041.5	1009.0	978.9	1022.9	1078.6	1095.8	1144.0
棉花	(公斤)	Cotton	(kg)	2.5	1.8	1.4	1.1	1.5	1.5	1.3
油料	(公斤)	Rapaseeds	(kg)	52.9	54.2	45.0	47.4	53.0	59.1	60.6
蔬菜及食用菌	(公斤)	Vegetables and Edible Fungi	(kg)	3041.4	3122.1	3232.2	3368.4	3399.5	3521.7	3674.4
茶叶	(公斤)	Teas	(kg)	28.5	29.8	29.8	31.4	31.5	32.8	33.5
柑桔	(公斤)	Oranges	(kg)	346.7	359.0	309.7	329.3	330.7	339.4	362.2
生猪	(头)	Hogs	(head)	3.0	2.3	2.0	1.8	1.6	1.4	1.3
猪牛羊肉	(公斤)	Prok,Beef and Mutton	(kg)	241.0	192.6	165.7	153.4	139.5	117.9	109.1
禽蛋	(公斤)	Poultry	(kg)	79.2	69.0	65.5	63.2	56.7	62.1	62.6
水产品	(公斤)	Aquatic Production	(kg)	992.2	1040.2	1012.7	1048.1	1072.4	1111.0	1162.3

6-31 农业事业机构和服务组织（2014-2020年）
Institutions Rendering Agricultural Services(2014-2020)

指标		Item		2014	2015	2016	2017	2018	2019	2020
农业事业机构	**(个)**	**Institutions Engaged in Agricultural Undertaking**	**(unit)**							
乡镇农技服务站		Agricultural Technical service Stations		1231	1339	1278	1290	1421	1279	1275
乡镇畜牧兽医站		Veterinary Stations		605	594	541	530	498	470	342
农业服务组织		**Agricultural Service**								
县（市）农技推广中心	(个)	Centres for Spreading Agricultural Technical	(unit)	87	83	86	85	85	90	106
乡镇农技站农业技术人员	(人)	Agricultural Technical Persons	(person)	10090	10313	10487	9512	9576	9639	9535
配有农技员的村数	(万个)	Villages with Agricultural Technical persons	(10000 units)	2.08	2.13	2.14	2.10	1.99	1.69	1.63
村不脱产农民技术人员	(万人)	Technical Peasants Unreleased from Agricultural Productionin in Village	(10000 persons)	7.23	6.87	4.97	4.75	4.66	4.55	4.51
科技户	(万户)	Scientific and Teachnological Households	(10000 households)	7.12	6.78	6.09	4.75	4.81	4.51	4.00

浙 / 江 / 统 / 计 / 年 / 鉴

主要统计指标解释

农林牧渔业总产值

是以货币表现的农、林、牧、渔业全部产品的总量，它反映一定时期内农业生产总规模和总成果。

农、林、牧、渔业的统计范围包括国有经济的各种专业农（农、林、牧、渔）场以及国家各级机关团体学校、部队；集体所有制的乡、镇、村各级办农场；工矿企业经营的农、林、牧、渔业，农村各种经济组织和农户经营的农林牧渔业和农民家庭兼营的商品性工业等。

粮食产量

指全社会的产量。包括国有经济经营的、集体统一经营的和农民家庭经营的粮食产量，还包括工矿企业办的农场和其他生产单位的产量。粮食除包括稻、小麦、玉米、高粱、谷子及其他杂粮外，还包括薯类和豆类。其产量计算方法，豆类按去豆荚后的干豆计算；薯类（包括马铃薯）1963 年以前按每 4 公斤鲜薯折 1 公斤粮食计算，从 1964 年开始及以后改为按 5 公斤鲜薯折 1 公斤粮食计算。其他粮食一律按脱粒后的原粮计算。

油料产量

指全部油料作物的生产量。包括花生、油菜籽、芝麻、向日葵籽、胡麻籽（亚麻籽）和其他油料。不包括大豆，也不包括木本油料和野生油料。花生以带壳干花生计算。

水产品产量

指人工养殖的水产品和天然生长的水产品的捕捞量。包括海水的鱼类、虾蟹类、贝类和藻类以及内陆水域的鱼类、虾蟹类和贝类，不包括淡水生植物。

猪、牛、羊肉产量

指当年出栏并已屠宰后除去头蹄下水后带骨肉（即胴体重）的重量。

谷物

指籽实主要供作粮食的作物。这类作物包括稻谷、小麦、玉米、谷子、高粱和其他谷物，不包括豆类和薯类作物。

ZHEJIANG STATISTICAL YEARBOOK

Explanatory Notes on Main Statistical Indicators

□ Gross Output Value of Farming, Forestry, Animal Husbandry and Fishery

refers to the total volume of products of farming, forestry, animal husbandry and fishery in value terms, which reflects the total scale and total result of agricultural production during a given period of time.

The statistical coverage of farming, forestry, animal husbandry and fishery are as follows: In terms of ownership, agriculture includes specialized state farms (farming, forestry, animal husbandry, fishery), farms managed by various government agencies, organazations, schools, research institutions, and army; farms managed by rural collective organizations at levels of township, town, and village; farming, forestry, animal husbandry, fishery run by mining and industrial enterprises; farming, forestry, animal husbandry and fishery and some commodity industries run by various rural collective organizations and individual farmers.

□ Grain Yield

refers to the yield in the whole country including grains produced by state farms, collective units, industrial enterprises and mines. Grain includes rice, wheat, corn, sorghum, millet and other miscellaneous grains as well as tubers and beans. Output of beans refers to dry beans without pods. The output of tubers was converted into that of grain at the ratio 4:1, I.e. Four kilograms of fresh tubers was equivalent to one kilogram of grain up to 1963. Since 1964 the ratio for conversion has been 5:1.Output of all other grains refers to husked grain.

□ Yield of Oil-bearing Crops

refers to the total yield of oil-bearing crops of various kinds, including peanuts, (dry, in shell) rapeseeds, sesame, sunflower seeds, flax seeds, and other oil-bearing crops. Soybeans, oil-bearing woody plants, and wild oil-bearing crops are not included.

□ Output of Aquatic Products

refers to catches of both artificially cultured and naturally grown aquatic products, including fish, shrimps, crabs and shellfish in sea and inland water as well as seaweed. Freshwater plants are not included.

□ Output of Pork, Beef, and Mutton

refers to the meat of slaughtered hogs, cattle, sheep and goats with head, feet, and offal taken away.

□ Cereals

refer to seeds of various kinds of crops which are used mainly for grain. Cereals include paddy, wheat,maize, millet, Chinese sorghum, etc., except beans and tubers.

2021
浙江统计年鉴
ZHEJIANG STATISTICAL YEARBOOK

CHAPTER 7

工业和能源
Industry and Energy

7-1 规模以上工业企业数（2015-2020年）
Number of Industrial Enterprises Above Designated Size(2015-2020)

单位:个(unit)

指标	Item	2015	2016	2017	2018	2019	2020
工业企业单位数	**Number of Industrial Enterprises**	**41167**	**40128**	**39933**	**41541**	**45695**	**47956**
按轻重工业分	**By Light and Heavy Industry**						
轻工业	Light Industry	20244	19736	20407	20697	22434	22960
重工业	Heavy Industry	20923	20392	19526	20844	23261	24996
按登记注册类型分	**By Registered Type**						
国有企业	State-owned Enterprises	105	91	74	43	33	46
集体企业	Collective Owned Enterprises	55	43	32	29	24	23
股份合作企业	Cooperative Enterprises	354	326	283	289	319	319
外商及港澳台商投资企业	Foreign Funded Enterprises and Enterprises Funded by Entrepreneurs from Hong Kong,Macao & Taiwan	5803	5322	4851	4484	4433	4315
私营企业	Private	28050	27502	27995	30113	36792	40038
其他企业	Others	6800	6844	6698	6583	4094	3215
在总计中:国有及国有控股	**State-owend and State-holding Enterprises**	**750**	**763**	**806**	**815**	**832**	**844**
按规模分	**By size**						
大型企业	Large-sized Industrial Enterprises	593	596	569	570	576	594
中型企业	Medium-sized Industrial Enterprises	4199	4149	4171	3905	3752	3832
小型企业	Small-sized Enterprises	34449	33571	33432	34541	38438	40275
微型企业	Micro enterprises	1926	1812	1761	2525	2929	3255

注: 规模以上工业为主营业务收入为2000万及以上工业企业,后面各表同。
Industrial enterprises above designated size refer to those with annual revenue from principal business over 20 millon yuan.The same applies to the tables following.

7-2 规模以上工业企业总产值（2015-2020年）
Gross Output Value of Industrial Enterprises Above Designated Size(2015-2020)

单位：亿元(100 millon yuan)

指标	Item	2015	2016	2017	2018	2019	2020
工业总产值	**Gross Industrial Output Value**	**66819.0**	**68953.4**	**66328.0**	**69775.4**	**73766.2**	**75684.8**
按轻重工业分	**By Light and Heavy Industry**						
轻工业	Light Industry	26442.1	26915.7	25062.4	24747.9	26072.6	25476.2
重工业	Heavy Industry	40376.8	42037.7	41265.6	45027.5	47693.7	50208.6
按注册登记注册类型分	**By Registered Type**						
国有企业	State-owned Enterprises	3180.3	3254.3	2865.8	505.7	349.1	495.7
集体企业	Collective Owned Enterprises	35.8	33.7	26.6	24.8	24.4	22.8
股份合作企业	Cooperative Enterprises	187.9	181.7	167.5	166.1	177.5	165.9
外商及港澳台商投资企业	Foreign Funded Enterprises and Enterprises Funded by Entrepreneurs from Hong Kong,Macao & Taiwan	14978.4	15032.2	14898.4	14257.1	14906.5	15174.6
私营企业	Private Enterprises	27789.1	28399.1	26430.1	28277.9	34938.5	38248.1
其他企业	Others	20647.5	22052.3	21939.6	26543.7	23370.2	21577.7
在总计中：国有及国有控股	**State-owend and State-holding Enterprises**	**9158.8**	**9431.5**	**10100.6**	**11048.1**	**10993.6**	**9972.5**
按规模分	**By Size**						
大型企业	Large-sized Industrial Enterprises	15815.6	16544.2	15868.0	18097.1	18218.0	21168.7
中型企业	Medium-sized Industrial Enterprises	20956.9	21781.3	20957.8	21588.3	22194.8	20520.7
小型企业	Small-sized Enterprises	28344.1	28812.1	27891.3	28737.9	31618.9	32117.0
微型企业	Micro enterprises	1702.4	1815.8	1611.0	1352.0	1734.6	1878.4

7-3 按行业分的规模以上工业企业总产值
Gross Output Value of Industrial Enterprises by Sector Above Designated Size

单位：亿元(100 millon yuan)

行业	Sector	工业总产值(亿元) Gross Industrial Output Value 2018	2019	2020
总计	**Total**	**69775.4**	**73766.2**	**75684.8**
按工业行业分	**By Sector**			
煤炭开采和洗选业	Coal Mining and Dressing	0.2	0.3	0.5
黑色金属矿采选业	Ferrous Metals Mining and Dressing	2.8	1.5	1.1
有色金属矿采选业	Nonferrous Metals Mining and Dressing	7.8	8.1	6.5
非金属矿采选业	Nonmetal Minerals Mining and Dressing	128.3	159.5	188.6
农副食品加工业	Non-staple Food Processing	830.0	866.3	881.2
食品制造业	Food Manufacturing	493.1	521.0	558.1
酒、饮料和精制茶制造业	Beverage Manufacturing	420.8	437.0	393.6
烟草制品业	Tobacco Processing	524.1	535.9	557.9
纺织业	Textile Industry	4319.7	4494.6	4231.8
纺织服装、服饰业	Garments,Shoes and Hats Manufacturing	2064.6	2176.6	1905.6
皮革、毛皮、羽毛及其制品和制鞋业	Leather,Furs,Down and Related Products	1103.8	1129.6	844.4
木材加工和木、竹、藤、棕、草制品业	Timber Processing,Bamboo,Cane Palm Fiber and Straw Products	439.1	454.0	434.4
家具制造业	Furniture Manufacturing	972.7	988.3	1017.9
造纸和纸制品业	Papermaking and Paper Products	1607.8	1480.6	1432.6
印刷和记录媒介复制业	Printing and Record Medium Reproduction	447.9	500.5	515.1
文教、工美、体育和娱乐用品制造业	Cultural,Educational and Sports Goods	1228.4	1308.5	1378.8
石油加工、炼焦和核燃料加工业	Petroleum Processing,Cooking and Nuclear Fuel Processing	1676.1	1973.7	2247.1
化学原料和化学制品制造业	Raw Chemical Materials and Chemical Products	6154.8	5750.5	5349.2
医药制造业	Medical and Pharmaceutical Products	1505.5	1621.6	1845.9
化学纤维制造业	Chemical Fiber	2558.2	2926.1	2344.4

续表 Continued 单位：亿元(100 millon yuan)

行业	Sector	工业总产值(亿元) Gross Industrial Output Value		
		2018	2019	2020
橡胶和塑料制品业	Rubber and plastic products	2534.5	2686.3	2799.4
非金属矿物制品业	Nonmetal Mineral Products	2654.4	3323.3	3702.6
黑色金属冶炼和压延加工业	Smelting and Pressing of Ferrous Metals	1944.6	1784.3	1838.3
有色金属冶炼和压延加工业	Smelting and Pressing of Nonferrous Metals	2398.8	2386.9	2322.5
金属制品业	Metal Products	2772.8	3186.4	3473.7
通用设备制造业	Ordinary Machinery	4685.4	5026.2	5486.9
专用设备制造业	For Special Purpose Equipment Manufacturing	1897.3	2048.5	2381.7
汽车制造业	Automotive Manufacturing	5230.8	5050.5	5109.5
铁路、船舶、航空航天和其他运输设备制造业	Railway, Shipbuilding, Aerospace and other Transport Equipment	679.5	718.0	814.0
电气机械和器材制造业	Electric Equipment and Machinery	6710.6	7225.4	8154.7
计算机、通信和其他电子设备制造业	Telecommunications Equipment, Computer and Other Electronic Equipment Manufacturing	4387.7	4920.2	5836.5
仪器仪表制造业	Instruments,Meters,Cultural and Office Machinery	901.5	1086.0	1239.2
其他制造业	Handicraft Article and Other Manufacturing Indust	217.4	240.8	234.3
废弃资源综合利用业	Comprehensive Utilization of Waste Resources	234.6	275.6	312.0
金属制品、机械和设备修理业	Metal Products,Machinery and Equipment Repair Industry	53.3	75.1	138.8
电力、热力的生产和供应业	Electricity,Gas and Water Production and Supply	5191.0	5439.8	4832.9
燃气生产和供应业	Production and Supply of Gas	593.1	724.9	631.9
水的生产和供应业	Production and Supply of Water	202.1	233.9	241.3

注: 2017年起行业分类采用2017年国民经济行业分类。后面各表同。
The industry classification is based on the 2017 national economic classification since 2017. The same applies to the tables following.

7-4 主要工业产品产量（2014-2020年）
Output of Major Industrial Products(2014-2020)

产品名称		Item		2014	2015	2016	2017	2018	2019	2020
配混合饲料	(万吨)	Forage	(10000 tons)	464.75	396.93	399.23	360.74	262.58	242.55	373.72
食用植物油	(万吨)	Edible Vegetables Oil	(10000 tons)	46.48	58.73	52.18	46.32	55.27	81.22	81.75
罐头	(万吨)	Canned Food	(10000 tons)	61.44	57.93	53.59	49.49	45.23	45.89	50.29
啤酒	(万千升)	Beer	(10000 kilotiter)	267.46	251.02	246.58	254.41	237.31	226.81	259.64
黄酒	(万千升)	Millet Wine	(10000 kilotiter)	71.01	64.73	61.33	55.64	57.34	55.03	41.42
软饮料	(万吨)	Soft Drink	(10000 tons)	859.97	769.46	842.63	793.92	759.06	897.78	898.93
卷烟	(万箱)	Cigarettes	(10000 cases)	931.02	948.33	915.80	957.02	939.47	933.69	920.43
纱	(万吨)	Yarn	(10000 tons)	229.98	220.04	215.80	190.42	159.97	149.09	136.98
布	(亿米)	Cloth	(100 million m)	156.25	152.76	149.20	137.44	80.10	76.36	64.99
毛线（绒线）	(吨)	Kniting Wool	(ton)	42888	36206	34842	36428	37046	26619	20916
呢绒	(万米)	Woolen Goods	(10000 m)	8536	8463	7107	3909	3718	10794	6148
丝	(吨)	Silk	(ton)	15505	16060	14000	10570	6326	5579	4073
丝织品	(亿米)	Silk-knit Goods	(100 million m)	2.16	2.15	2.05	1.87	1.57	1.52	1.07
机制纸	(万吨)	Machine-made Paper and Paperboard	(10000 tons)	1693.70	1739.59	1889.76	1911.21	1869.05	1768.40	1452.75
汽油	(万吨)	Gasoline	(10000 tons)	308.46	333.27	307.69	352.08	338.83	351.70	440.08
煤油	(万吨)	Kerosene	(10000 tons)	218.77	226.26	213.31	246.55	273.34	293.65	524.17
柴油	(万吨)	Diesel Oil	(10000 tons)	713.93	685.23	630.50	671.51	633.35	641.52	724.41
燃料油	(万吨)	Fuel Oil	(10000 tons)	98.85	110.50	108.74	139.63	139.83	483.31	364.41
焦炭	(万吨)	Coke	(10000 tons)	297.21	293.88	227.51	228.55	203.02	208.88	213.23
硫酸	(万吨)	Sulphuric Acid	(10000 tons)	176.55	165.24	168.36	267.31	306.19	303.99	274.33

续表1 Continued

产品名称		Item		2014	2015	2016	2017	2018	2019	2020
烧碱	(万吨)	Caustic Soda	(10000 tons)	151.23	153.19	159.92	188.83	189.96	200.77	208.35
纯碱	(万吨)	Soda Ash	(10000 tons)	26.97	29.35	30.71	32.28	33.61	31.74	29.59
电石（碳化钙）	(万吨)	Calcium Carbide	(10000 tons)	0.40						
合成氨	(万吨)	Synthetic Ammonia	(10000 tons)	64.52	75.07	68.89	62.11	60.24	61.21	61.07
纯苯	(吨)	Pure Benzene	(ton)	346035	384443	376562	460620	431616	360912	688479
合成洗涤剂	(吨)	Synthetic Detergents	(ton)	812524	695274	774037	941467	892203	965406	947788
化学原料药	(吨)	Chemical Raw Medicine	(ton)	308113	279809	270201	241628	228033	250666	244896
中成药	(吨)	Traditional Chinese Medicine	(ton)	25950	33217	36352	25323	22706	26291	24250
化学纤维	(万吨)	Chemical Fiber	(10000 tons)	1987.97	2186.42	2106.42	2055.70	2282.30	2822.84	2968.18
#粘胶纤维	(万吨)	Glutinous Fiber	(10000 tons)	13.80	14.59	12.20	15.59	14.12	1.97	
合成纤维	(万吨)	Synthetic Fiber	(10000 tons)	1972.93	2170.83	2093.22	2038.40	2268.18	2820.05	2959.39
轮胎外胎	(万条)	Outer Cover of Type	(10000 units)	8925.94	6684.14	7577.77	7967.32	8480.78	8881.95	8575.77
塑料制品	(万吨)	Plastic Products	(10000 tons)	1054.85	1041.17	1072.97	1035.52	803.47	1307.59	1280.17
水泥	(万吨)	Cement	(10000 tons)	12367.51	11286.51	10796.54	11231.18	12248.26	13399.94	13236.14
平板玻璃	(万重量箱)	Plate Glass	(10000 wt.case)	3978.01	5317.89	5034.09	4480.29	4336.85	4494.92	4253.33
生铁	(万吨)	Pig Iron	(10000 tons)	1140.28	1072.49	847.98	855.54	873.75	835.48	852.84
钢	(万吨)	Steel	(10000 tons)	1748.30	1594.92	1299.59	1090.68	1266.75	1350.68	1457.03
成品钢材	(万吨)	Steel Products	(10000 tons)	4170.99	4047.72	3760.90	3148.24	3048.69	3468.25	3806.68
十种有色金属	(万吨)	Ten Nonferrous Metal	(10000 tons)	35.61	42.08	42.62	40.75	56.44	63.06	54.16
#铜	(吨)	Copper	(tons)	298790	364041	374843	375704	539284	588438	497415
锌	(吨)	Zinc	(tons)	51112	55327	49466	28959	17904	32750	28157
铝	(吨)	Alumminium	(tons)	4240						

续表2 Continued

产品名称		Item		2014	2015	2016	2017	2018	2019	2020
内燃机	(万千瓦)	Internal Combustion Engines (Commodity)	(10000 kw)	4712.31	5125.82	7024.83	12040.39	11222.00	6083.00	7356.00
数控机床	(台)	Numerically Controlled Machine Tools	(unit)	50976	42555	46288	57173	42811	45432	52466
大中型拖拉机	(台)	Large and Medium-sized Tractor	(unit)	34320	36084	26639	12905	20104	19832	17880
小型拖拉机	(台)	Small-size Tractor	(unit)	77978	67707	58105	49428	43662	37750	33705
汽车	(辆)	Motor Vehicle	(unit)	327238	428703	586495	845387	1191370	991944	884456
#轿车	(辆)	Car	(unit)	221312	326899	527748	618837	877218	719270	670603
微型计算机设备	(万台)	Microcomputer equipment	(10000 Set)	191.03	151.43	182.82	186.41	204.07	277.72	139.21
集成电路	(亿块)	Integrated circuit	(Billion block)	60.85	63.42	74.02	79.88	65.36	143.45	174.10
摩托车	(万辆)	Motorcycles	(10000 units)	192.06	156.90	137.47	108.41	100.67	114.36	136.61
自行车	(万辆)	Bicycles	(10000 units)	1502.24	1028.82	958.24	720.13	417.00	407.00	304.00
发电设备	(万千瓦)	Generating Equipment	(10000 kw)	486.36	525.62	514.21	516.00	536.00	584.00	757.00
交流电动机	(万千瓦)	Alternating Current Motor	(10000 kw)	5622.90	5914.93	6124.00	5607.00	5884.00	6851.00	7120.00
变压器	(万千伏安)	Transformer	(10000 kev)	11371.45	12796.09	11515.84	10307.00	8640.00	8472.00	10253.00
家用洗衣机	(万台)	Household Washing Machines	(10000 units)	1592.39	1526.56	1396.80	1227.00	1153.00	1118.00	907.00
家用电冰箱	(万台)	Household Refriger-ators	(10000 units)	757.78	713.66	797.74	677.00	618.00	568.00	593.00
电风扇	(万台)	Electric Fan	(10000 units)	639.09	649.56	785.09	959.00	809.00	1138.00	1622.00
房间空气调节器	(万台)	House Air Conditioner	(10000 units)	679.62	634.82	953.76	1485.00	1613.00	1939.00	1583.00
灯泡	(亿只)	Bulb	(100000 millionm units)	32.52	28.35	42.88	21.58	57.85	1.04	0.90
彩色电视机	(万台)	Color TV Set	(10000 units)	456.89	641.36	658.22	610.00	722.00	193.00	1.11
表	(万只)	Watch	(10000 units)	106.01	101.86	80.94	65.00	63.00	66.00	60.00
发电量	(亿千瓦小时)	Electricity	(100 Million kw.h)	2822.39	2905.26	3089.11	3259.00	3353.64	3351.02	3366.00

注: 本表统计范围为规模以上工业企业。
The data in this table refer to industrial enterprises above designated size.

7-5 规模以上工业企业主要指标（2017-2020年）
Main Indicators of Industrial Enterprises Above Designated Sized(2017-2020)

单位：亿元(100 million yuan)

指标	Item
企业单位数(个)	Number of Enterprises(Unit)
#亏损企业单位数	Loss Enterprises
工业总产值（当年价）	Gross Industrial Output Value(Current Price)
出口交货值	Export delivery value
平均用工人数(万人)	Average Number of Staff and Workers(10000 persons)
资产总计	Total Assets
流动资产合计	Circulating Funds
固定资产净额	Net fixed assets
固定资产原值	Original Value of Fixed Assets
固定资产净值	Net Value of fixed assets
负债合计	Total Liabilities
流动负债合计	Circulating Liabilities
非流动负债合计	non-circulating liabilities
所有者权益	Creditors’Equity
实收资本	Total Capital Hold
营业收入	Operating income
营业成本	Opreating costs
营业税金及附加	Business tariff and annex
利润总额	Total Profits
本年应交增值税	Value Added Taxes Payable
利税总额	Total Profits and Taxes

单位：亿元(100 million yuan)

合计 Total				#国有及国有控股 State-owned and State-holding				#私营 Private Units			
2017	2018	2019	2020	2017	2018	2019	2020	2017	2018	2019	2020
39933	41541	45695	47956	806	815	832	844	27995	30113	36792	40038
4559	5560	6236	7409	141	139	135	128	2815	3716	4652	5903
66328.04	69775.41	73766.22	75684.78	10100.55	11048.09	10993.61	9972.46	26430.14	28277.94	34938.49	38248.11
10934.64	11834.95			323.03	442.21			4724.42	5249.44		
670.51	669.45	678.93	683.75	30.01	29.70	29.57	26.13	354.35	366.55	428.04	456.55
71263.09	77623.44	85415.16	95819.43	11672.33	13101.93	13858.84	14230.96	23253.84	25882.90	33553.53	40123.56
39320.70	42685.40	46939.95	53512.57	4186.34	4831.92	4969.29	5238.40	14394.09	16239.02	20819.98	25242.34
18337.58	18653.92	19789.66	21741.62	5597.26	5937.60	6025.61	5980.36	5359.60	5601.37	7191.20	8465.14
31522.26	34118.42	36624.49	40322.20	10557.47	11615.95	12245.43	12510.82	8698.42	9723.98	12439.02	14740.21
17643.89	18895.93	20061.05	22252.65	5464.54	5986.09	6082.09	6098.99	5172.96	5677.08	7295.58	8665.44
39123.28	43093.24	47127.38	52453.20	6416.93	7355.22	7449.13	7660.78	14635.69	16292.39	20304.90	24257.59
33707.22	36813.75	39975.42	44669.10	4121.78	4618.77	4553.17	4703.26	13626.39	15200.11	18699.13	22462.87
4848.15	5992.95			2231.42	2718.76			701.25	939.70		
32080.14	34530.11	38231.03	43291.32	5263.01	5746.70	6386.53	6543.71	8595.61	9590.42	13228.63	15834.98
15624.27	16424.16	18040.20	19269.09	2904.61	3022.02	3401.64	3319.81	4530.69	5014.94	6505.85	7356.91
65760.08	72342.96	76020.21	78625.03	10916.12	11736.86	11519.82	10401.44	25814.26	28588.06	35064.89	38801.77
54851.25	60548.84	63351.79	64917.35	8944.30	9713.47	9534.55	8516.86	22149.63	24495.45	29575.59	32521.21
922.24	934.37	931.01	943.61	568.76	567.35	568.64	583.97	151.46	157.28	183.91	179.06
4605.41	4649.59	5003.04	5807.04	844.19	817.89	826.28	750.93	1307.97	1318.33	1871.13	2186.30
2097.42	2111.07	1926.65	1832.79	445.53	411.34	343.46	311.55	755.72	814.28	920.37	920.74
7637.42	7695.04	7860.71	8583.44	1858.48	1796.58	1738.38	1646.44	2219.18	2289.89	2975.41	3286.10

7-6 按行业分的规模以上工业企业主要经济指标（2020年）
Main Indicators of Industrial Enterprises Above Designated Size by Sector (2020)

单位：亿元(100 million yuan)

行业	Sector	企业单位数(个) Number of Enterprises (unit)	#亏损企业(个) Loss (unit)	工业总产值 Gross Industrial Output Value
总计	**Total**	**47956**	**7409**	**75684.78**
按登记注册类型分	**By Registered Type**			
#国有	State-owned Enterprises	46	6	495.65
集体	Collective Owned Enterprises	23	7	22.77
私营	Private Enterprises	40038	5903	38248.11
港澳台商投资	Funded by Entrepreneurs From Hong Kong Macao and Taiwan	1936	461	6648.45
外商投资	Foreign Funded Enterprises	2379	497	8526.18
在总计中：轻工业	Light Industry	22960	4262	25476.15
重工业	Heavy Industry	24996	3147	50208.62
按工业行业分	**By Sector**			
煤炭开采和洗选业	Coal Mining and Dressing	1		
黑色金属矿采选业	Ferrous Metals Mining and Dressing	3		1.07
有色金属矿采选业	Nonferrous Metals Mining and Dressing	12	3	6.47
非金属矿采选业	Nonmetal Minerals Mining and Dressing	150	23	188.64
农副食品加工业	Non-staple Food Processing	683	175	881.20
食品制造业	Food Manufacturing	379	88	558.08
酒、饮料和精制茶制造业	Beverage Manufacturing	199	31	393.64
烟草制品业	Tobacco Processing	2	1	557.85
纺织业	Textile Industry	4987	997	4231.77
纺织服装、服饰业	Garments,Shoes and Hats Manufacturing	2305	666	1905.60
皮革、毛皮、羽毛及其制品和制鞋业	Leather,Furs,Down and Related Products	1577	320	844.40
木材加工和木、竹、藤、棕、草制品业	Timber Processing,Bamboo,Cane Palm Fiber and Straw Products	716	110	434.36
家具制造业	Furniture Manufacturing	1030	218	1017.86
造纸和纸制品业	Papermaking and Paper Products	977	194	1432.57
印刷和记录媒介复制业	Printing and Record Medium Reproduction	747	121	515.14
文教、工美、体育和娱乐用品制造业	Cultural,Educational and Sports Goods	1426	223	1378.83

续表1 Continued

单位：亿元(100 million yuan)

行业	Sector	企业单位数(个) Number of Enterprises (unit)	#亏损企业(个) Loss (unit)	工业总产值 Gross Industrial Output Value
石油加工、炼焦和核燃料加工业	Petroleum Processing,Cooking and Nuclear Fuel Processing	81	17	2247.12
化学原料和化学制品制造业	Raw Chemical Materials and Chemical Products	1703	209	5349.18
医药制造业	Medical and Pharmaceutical Products	533	91	1845.90
化学纤维制造业	Chemical Fiber	626	156	2344.38
橡胶和塑料制品业	Rubber and plastic products	3071	395	2799.40
非金属矿物制品业	Nonmetal Mineral Products	2193	270	3702.58
黑色金属冶炼和压延加工业	Smelting and Pressing of Ferrous Metals	620	84	1838.31
有色金属冶炼和压延加工业	Smelting and Pressing of Nonferrous Metals	735	89	2322.53
金属制品业	Metal Products	3590	415	3473.72
通用设备制造业	Ordinary Machinery	5528	542	5486.95
专用设备制造业	For Special Purpose Equipment Manufacturing	2365	309	2381.70
汽车制造业	Automotive Manufacturing	2308	345	5109.50
铁路、船舶、航空航天和其他运输设备制造业	Railway, Shipbuilding, Aerospace and other Transport Equipment	656	110	814.00
电气机械和器材制造业	Electric Equipment and Machinery	4791	609	8154.73
计算机、通信和其他电子设备制造业	Telecommunications Equipment, Computer and Other Electronic Equipment Manufacturing	1864	338	5836.53
仪器仪表制造业	Instruments,Meters,Cultural and Office Machinery	772	71	1239.16
其他制造业	Handicraft Article and Other Manufacturing Indust	382	57	234.33
废弃资源综合利用业	Comprehensive Utilization of Waste Resources	144	30	311.96
金属制品、机械和设备修理业	Metal Products,Machinery and Equipment Repair Industry	56	6	138.77
电力、热力的生产和供应业	Electricity,Gas and Water Production and Supply	429	36	4832.92
燃气生产和供应业	Production and Supply of Gas	121	9	631.86
水的生产和供应业	Production and Supply of Water	194	51	241.27

续表2 Continued　　单位：亿元(100 million yuan)

行业	Sector	资产总计 Total Assets	年末负债合计 Total Liabilities	所有者权益合计 Creditors' Equity	实收资本 Total Capital Hold
总计	**Total**	**95819.43**	**52453.20**	**43291.32**	**19269.09**
按登记注册类型分	**By Registered Type**				
#国有	State-owned Enterprises	433.04	237.17	193.74	123.45
集体	Collective Owned Enterprises	564.96	420.05	144.02	3.83
私营	Private Enterprises	40123.56	24257.59	15834.98	7356.91
港澳台商投资	Funded by Enterpreneurs From Hong Kong Macao and Taiwan	8654.16	4238.36	4408.57	2165.81
外商投资	Foreign Funded Enterprises	10669.81	5310.47	5355.97	2622.66
在总计中：轻工业	Light Industry	30625.18	16521.49	14065.25	6043.30
重工业	Heavy Industry	65194.25	35931.71	29226.07	13225.79
按工业行业分	**By Sector**				
煤炭开采和洗选业	Coal Mining and Dressing				
黑色金属矿采选业	Ferrous Metals Mining and Dressing	1.87	0.75	1.12	0.62
有色金属矿采选业	Nonferrous Metals Mining and Dressing	17.91	9.69	8.22	3.41
非金属矿采选业	Nonmetal Minerals Mining and Dressing	444.17	289.66	154.52	72.14
农副食品加工业	Non-staple Food Processing	969.87	568.00	401.74	206.51
食品制造业	Food Manufacturing	774.21	365.55	407.51	195.37
酒、饮料和精制茶制造业	Beverage Manufacturing	584.84	266.56	318.28	147.29
烟草制品业	Tobacco Processing	609.62	172.26	437.36	10.43
纺织业	Textile Industry	4676.21	2916.16	1754.43	933.81
纺织服装、服饰业	Garments,Shoes and Hats Manufacturing	2304.48	1286.58	1017.14	478.35
皮革、毛皮、羽毛及其制品和制鞋业	Leather,Furs,Down and Related Products	920.50	572.19	346.97	181.43
木材加工和木、竹、藤、棕、草制品业	Timber Processing,Bamboo,Cane Palm Fiber and Straw Products	478.64	306.64	171.71	92.99
家具制造业	Furniture Manufacturing	1186.04	709.08	477.83	228.18
造纸和纸制品业	Papermaking and Paper Products	1778.50	985.18	790.91	359.64
印刷和记录媒介复制业	Printing and Record Medium Reproduction	653.50	354.29	299.19	148.91
文教、工美、体育和娱乐用品制造业	Cultural,Educational and Sports Goods	1293.20	783.93	508.96	228.43

续表3 Continued　　　　单位：亿元(100 million yuan)

行业	Sector	资产总计 Total Assets	年末负债合计 Total Liabilities	所有者权益合计 Creditors' Equity	实收资本 Total Capital Hold
石油加工、炼焦和核燃料加工业	Petroleum Processing,Cooking and Nuclear Fuel Processing	2940.30	1756.94	1183.31	881.70
化学原料和化学制品制造业	Raw Chemical Materials and Chemical Products	7238.44	3034.56	4194.33	1543.67
医药制造业	Medical and Pharmaceutical Products	3088.47	1143.11	1945.36	565.13
化学纤维制造业	Chemical Fiber	3535.98	1976.80	1555.37	730.54
橡胶和塑料制品业	Rubber and plastic products	2909.86	1521.46	1386.05	616.38
非金属矿物制品业	Nonmetal Mineral Products	3880.77	2397.34	1483.76	695.43
黑色金属冶炼和压延加工业	Smelting and Pressing of Ferrous Metals	1396.71	782.71	612.97	356.98
有色金属冶炼和压延加工业	Smelting and Pressing of Nonferrous Metals	1489.94	916.78	566.25	257.71
金属制品业	Metal Products	3204.21	1830.74	1371.66	645.67
通用设备制造业	Ordinary Machinery	7009.37	3661.16	3344.33	1319.62
专用设备制造业	For Special Purpose Equipment Manufacturing	3222.48	1677.98	1544.69	614.80
汽车制造业	Automotive Manufacturing	8490.59	5177.97	3308.98	1342.19
铁路、船舶、航空航天和其他运输设备制造业	Railway, Shipbuilding, Aerospace and other Transport Equipment	1198.33	912.58	285.72	368.32
电气机械和器材制造业	Electric Equipment and Machinery	9658.97	5213.86	4422.09	1771.31
计算机、通信和其他电子设备制造业	Telecommunications Equipment, Computer and Other Electronic Equipment Manufacturing	7556.16	3955.39	3612.82	1430.64
仪器仪表制造业	Instruments,Meters,Cultural and Office Machinery	1917.03	815.63	1101.40	294.59
其他制造业	Handicraft Article and Other Manufacturing Indust	251.23	149.73	101.17	46.96
废弃资源综合利用业	Comprehensive Utilization of Waste Resources	308.54	183.69	124.84	61.92
金属制品、机械和设备修理业	Metal Products,Machinery and Equipment Repair Industry	221.56	148.54	73.02	55.41
电力、热力的生产和供应业	Electricity,Gas and Water Production and Supply	7205.29	4102.51	3101.69	1871.94
燃气生产和供应业	Production and Supply of Gas	739.23	438.26	282.10	188.15
水的生产和供应业	Production and Supply of Water	1662.00	1068.58	593.42	322.51

续表4 Continued 单位：亿元(100 million yuan)

行业	Sector	营业收入 Operating income	营业成本 Opreating costs	营业税金及附加 Business tariff and annex	销售费用 Selling Expenses
总计	**Total**	**78625.03**	**64917.35**	**943.61**	**2380.64**
按登记注册类型分	**By Registered Type**				
#国有	State-owned Enterprises	503.31	478.61	1.13	3.71
集体	Collective Owned Enterprises	24.40	20.41	0.13	1.58
私营	Private Enterprises	38801.77	32521.21	179.06	1163.78
港澳台商投资	Funded by Enterpreneurs From Hong Kong Macao and Taiwan	6870.26	5661.39	38.07	207.28
外商投资	Foreign Funded Enterprises	9104.07	7481.70	45.65	381.64
在总计中：轻工业	Light Industry	26520.17	21422.34	484.81	1112.51
重工业	Heavy Industry	52104.86	43495.01	458.79	1268.12
按工业行业分	**By Sector**				
煤炭开采和洗选业	Coal Mining and Dressing				
黑色金属矿采选业	Ferrous Metals Mining and Dressing	1.27	0.99	0.03	0.04
有色金属矿采选业	Nonferrous Metals Mining and Dressing	5.68	3.80	0.18	0.15
非金属矿采选业	Nonmetal Minerals Mining and Dressing	184.73	108.62	5.22	5.66
农副食品加工业	Non-staple Food Processing	972.64	883.25	2.26	23.22
食品制造业	Food Manufacturing	601.09	470.11	2.90	42.68
酒、饮料和精制茶制造业	Beverage Manufacturing	445.85	322.60	9.93	42.43
烟草制品业	Tobacco Processing	936.13	478.38	356.34	11.95
纺织业	Textile Industry	4117.77	3503.37	18.52	76.12
纺织服装、服饰业	Garments,Shoes and Hats Manufacturing	1893.67	1583.73	10.20	84.95
皮革、毛皮、羽毛及其制品和制鞋业	Leather,Furs,Down and Related Products	800.91	688.34	3.74	23.43
木材加工和木、竹、藤、棕、草制品业	Timber Processing,Bamboo,Cane Palm Fiber and Straw Products	465.49	382.60	3.06	17.97
家具制造业	Furniture Manufacturing	1043.67	852.30	5.27	52.44
造纸和纸制品业	Papermaking and Paper Products	1461.43	1220.76	7.00	42.22
印刷和记录媒介复制业	Printing and Record Medium Reproduction	523.03	433.98	2.29	15.24
文教、工美、体育和娱乐用品制造业	Cultural,Educational and Sports Goods	1330.09	1113.42	5.70	47.89

续表5 Continued 单位：亿元(100 million yuan)

行业	Sector	营业收入 Operating income	营业成本 Opreating costs	营业税金及附加 Business tariff and annex	销售费用 Selling Expenses
石油加工、炼焦和核燃料加工业	Petroleum Processing,Cooking and Nuclear Fuel Processing	1971.19	1504.41	197.27	7.80
化学原料和化学制品制造业	Raw Chemical Materials and Chemical Products	5598.60	4571.19	21.15	146.36
医药制造业	Medical and Pharmaceutical Products	1797.16	964.09	13.60	300.12
化学纤维制造业	Chemical Fiber	2769.57	2582.06	5.29	17.21
橡胶和塑料制品业	Rubber and plastic products	2881.43	2367.43	12.90	100.10
非金属矿物制品业	Nonmetal Mineral Products	3759.16	3069.84	19.72	150.67
黑色金属冶炼和压延加工业	Smelting and Pressing of Ferrous Metals	2000.76	1827.85	4.55	16.98
有色金属冶炼和压延加工业	Smelting and Pressing of Nonferrous Metals	2754.06	2593.15	3.98	15.31
金属制品业	Metal Products	3527.36	3011.09	14.71	93.14
通用设备制造业	Ordinary Machinery	5631.34	4503.88	27.13	195.20
专用设备制造业	For Special Purpose Equipment Manufacturing	2392.51	1820.78	13.34	89.15
汽车制造业	Automotive Manufacturing	5331.90	4441.89	72.84	99.33
铁路、船舶、航空航天和其他运输设备制造业	Railway, Shipbuilding, Aerospace and other Transport Equipment	823.87	694.65	6.35	20.99
电气机械和器材制造业	Electric Equipment and Machinery	8656.29	7241.76	36.51	304.71
计算机、通信和其他电子设备制造业	Telecommunications Equipment, Computer and Other Electronic Equipment Manufacturing	6172.65	4998.18	20.72	224.43
仪器仪表制造业	Instruments,Meters,Cultural and Office Machinery	1254.18	878.82	6.90	72.15
其他制造业	Handicraft Article and Other Manufacturing Indust	240.12	200.77	1.17	7.95
废弃资源综合利用业	Comprehensive Utilization of Waste Resources	357.93	324.33	2.78	3.17
金属制品、机械和设备修理业	Metal Products,Machinery and Equipment Repair Industry	145.22	112.95	1.07	2.37
电力、热力的生产和供应业	Electricity,Gas and Water Production and Supply	4854.28	4362.61	24.97	3.48
燃气生产和供应业	Production and Supply of Gas	656.98	575.96	1.42	10.95
水的生产和供应业	Production and Supply of Water	264.50	222.97	2.60	12.66

续表6 Continued 单位：亿元(100 million yuan)

行业	Sector	管理费用 Administrative Expenses	财务费用 Financial Expenses	利润总额 Total Profits
总计	**Total**	**2872.83**	**875.19**	**5807.04**
按登记注册类型分	**By Registered Type**			
#国有	State-owned Enterprises	6.94	2.54	12.17
集体	Collective Owned Enterprises	1.49	0.36	3.41
私营	Private Enterprises	1617.04	466.01	2186.30
港澳台商投资	Funded by Enterpreneurs From Hong Kong Macao and Taiwan	234.75	61.46	537.03
外商投资	Foreign Funded Enterprises	345.17	70.04	786.07
在总计中：轻工业	Light Industry	1163.31	340.90	1740.84
重工业	Heavy Industry	1709.51	534.30	4066.20
按工业行业分	**By Sector**			
煤炭开采和洗选业	Coal Mining and Dressing			
黑色金属矿采选业	Ferrous Metals Mining and Dressing	0.08	0.01	0.13
有色金属矿采选业	Nonferrous Metals Mining and Dressing	0.96	0.21	0.75
非金属矿采选业	Nonmetal Minerals Mining and Dressing	14.25	9.52	38.93
农副食品加工业	Non-staple Food Processing	26.14	14.30	38.50
食品制造业	Food Manufacturing	30.41	3.37	52.35
酒、饮料和精制茶制造业	Beverage Manufacturing	18.44	3.06	59.55
烟草制品业	Tobacco Processing	20.27	-3.15	67.58
纺织业	Textile Industry	171.54	65.09	222.62
纺织服装、服饰业	Garments,Shoes and Hats Manufacturing	110.51	28.45	61.77
皮革、毛皮、羽毛及其制品和制鞋业	Leather,Furs,Down and Related Products	43.76	13.32	16.47
木材加工和木、竹、藤、棕、草制品业	Timber Processing,Bamboo,Cane Palm Fiber and Straw Products	19.58	7.95	28.88
家具制造业	Furniture Manufacturing	57.64	16.61	60.67
造纸和纸制品业	Papermaking and Paper Products	46.15	25.96	109.68
印刷和记录媒介复制业	Printing and Record Medium Reproduction	27.26	6.82	28.27
文教、工美、体育和娱乐用品制造业	Cultural,Educational and Sports Goods	64.36	16.65	70.17

续表7 Continued　　单位：亿元(100 million yuan)

行业	Sector	管理费用 Administrative Expenses	财务费用 Financial Expenses	利润总额 Total Profits
石油加工、炼焦和核燃料加工业	Petroleum Processing,Cooking and Nuclear Fuel Processing	30.38	11.72	202.63
化学原料和化学制品制造业	Raw Chemical Materials and Chemical Products	178.82	45.54	618.53
医药制造业	Medical and Pharmaceutical Products	124.74	23.91	330.19
化学纤维制造业	Chemical Fiber	38.44	36.60	80.10
橡胶和塑料制品业	Rubber and plastic products	127.89	32.16	193.87
非金属矿物制品业	Nonmetal Mineral Products	124.01	34.91	341.88
黑色金属冶炼和压延加工业	Smelting and Pressing of Ferrous Metals	31.41	4.40	99.35
有色金属冶炼和压延加工业	Smelting and Pressing of Nonferrous Metals	34.06	14.42	70.60
金属制品业	Metal Products	141.28	41.20	175.95
通用设备制造业	Ordinary Machinery	284.67	56.35	444.43
专用设备制造业	For Special Purpose Equipment Manufacturing	138.73	24.52	241.37
汽车制造业	Automotive Manufacturing	218.10	42.43	514.33
铁路、船舶、航空航天和其他运输设备制造业	Railway, Shipbuilding, Aerospace and other Transport Equipment	41.08	18.17	16.05
电气机械和器材制造业	Electric Equipment and Machinery	321.76	92.86	542.61
计算机、通信和其他电子设备制造业	Telecommunications Equipment, Computer and Other Electronic Equipment Manufacturing	192.21	36.88	487.95
仪器仪表制造业	Instruments,Meters,Cultural and Office Machinery	69.18	10.64	185.15
其他制造业	Handicraft Article and Other Manufacturing Indust	13.37	3.27	10.59
废弃资源综合利用业	Comprehensive Utilization of Waste Resources	7.21	3.59	20.60
金属制品、机械和设备修理业	Metal Products,Machinery and Equipment Repair Industry	10.05	2.56	16.66
电力、热力的生产和供应业	Electricity,Gas and Water Production and Supply	60.61	106.54	290.38
燃气生产和供应业	Production and Supply of Gas	12.31	6.81	51.86
水的生产和供应业	Production and Supply of Water	21.11	17.51	15.64

续表8 Continued 单位：亿元(100 million yuan)

行业	Sector	利税总额 Total Profits and Taxes	本年应交增值税 Value Added Taxes Payable	平均用工人数(万人) Average Number of Employed Persons
总计	**Total**	**8583.44**	**1832.79**	**683.75**
按登记注册类型分	**By Registered Type**			
#国有	State-owned Enterprises	20.80	7.50	1.25
集体	Collective Owned Enterprises	3.98	0.44	0.27
私营	Private Enterprises	3286.10	920.74	456.55
港澳台商投资	Funded by Enterpreneurs From Hong Kong Macao and Taiwan	718.97	143.87	53.50
外商投资	Foreign Funded Enterprises	981.28	149.56	63.93
在总计中：轻工业	Light Industry	2915.70	690.05	325.10
重工业	Heavy Industry	5667.74	1142.75	358.65
按工业行业分	**By Sector**			
煤炭开采和洗选业	Coal Mining and Dressing			
黑色金属矿采选业	Ferrous Metals Mining and Dressing	0.23	0.08	0.02
有色金属矿采选业	Nonferrous Metals Mining and Dressing	1.48	0.55	0.16
非金属矿采选业	Nonmetal Minerals Mining and Dressing	51.19	7.05	0.95
农副食品加工业	Non-staple Food Processing	51.46	10.70	6.76
食品制造业	Food Manufacturing	71.08	15.83	6.52
酒、饮料和精制茶制造业	Beverage Manufacturing	84.89	15.41	3.24
烟草制品业	Tobacco Processing	479.93	56.00	0.35
纺织业	Textile Industry	353.68	112.53	57.72
纺织服装、服饰业	Garments,Shoes and Hats Manufacturing	123.68	51.72	37.63
皮革、毛皮、羽毛及其制品和制鞋业	Leather,Furs,Down and Related Products	44.32	24.11	20.96
木材加工和木、竹、藤、棕、草制品业	Timber Processing,Bamboo,Cane Palm Fiber and Straw Products	43.29	11.35	6.42
家具制造业	Furniture Manufacturing	93.47	27.53	18.12
造纸和纸制品业	Papermaking and Paper Products	160.81	44.12	11.20
印刷和记录媒介复制业	Printing and Record Medium Reproduction	43.33	12.78	7.57
文教、工美、体育和娱乐用品制造业	Cultural,Educational and Sports Goods	105.70	29.83	21.05

续表9 Continued　　单位：亿元(100 million yuan)

行业	Sector	利税总额 Total Profits and Taxes	本年应交增值税 Value Added Taxes Payable	平均用工人数(万人) Average Number of Employed Persons
石油加工、炼焦和核燃料加工业	Petroleum Processing,Cooking and Nuclear Fuel Processing	433.94	34.04	2.03
化学原料和化学制品制造业	Raw Chemical Materials and Chemical Products	759.87	120.19	20.67
医药制造业	Medical and Pharmaceutical Products	417.66	73.87	15.31
化学纤维制造业	Chemical Fiber	119.09	33.70	12.22
橡胶和塑料制品业	Rubber and plastic products	271.19	64.42	34.53
非金属矿物制品业	Nonmetal Mineral Products	486.54	124.94	21.21
黑色金属冶炼和压延加工业	Smelting and Pressing of Ferrous Metals	130.35	26.45	6.37
有色金属冶炼和压延加工业	Smelting and Pressing of Nonferrous Metals	106.70	32.13	7.28
金属制品业	Metal Products	267.03	76.36	44.19
通用设备制造业	Ordinary Machinery	614.08	142.51	69.63
专用设备制造业	For Special Purpose Equipment Manufacturing	322.64	67.93	30.53
汽车制造业	Automotive Manufacturing	703.44	116.27	43.40
铁路、船舶、航空航天和其他运输设备制造业	Railway, Shipbuilding, Aerospace and other Transport Equipment	37.45	15.05	9.62
电气机械和器材制造业	Electric Equipment and Machinery	738.57	159.44	82.06
计算机、通信和其他电子设备制造业	Telecommunications Equipment, Computer and Other Electronic Equipment Manufacturing	615.55	106.89	51.87
仪器仪表制造业	Instruments,Meters,Cultural and Office Machinery	227.09	35.04	14.01
其他制造业	Handicraft Article and Other Manufacturing Indust	17.08	5.33	4.94
废弃资源综合利用业	Comprehensive Utilization of Waste Resources	44.28	20.90	1.24
金属制品、机械和设备修理业	Metal Products,Machinery and Equipment Repair Industry	20.13	2.40	1.90
电力、热力的生产和供应业	Electricity,Gas and Water Production and Supply	458.38	143.04	8.14
燃气生产和供应业	Production and Supply of Gas	58.86	5.58	1.18
水的生产和供应业	Production and Supply of Water	24.91	6.67	2.78

7-7 按行业分的规模以上工业企业主要经济效益指标（2020年）
Main Economic Beneficial Indicators of Industrial Enterprises Above Designated Size by Sector（2020）

行业	Sector
总计	**Total**
按登记注册类型分	**By Registered Type**
#国有	State-owned Enterprises
集体	Collective Owned Enterprises
私营	Private Enterprises
港澳台商投资	Funded by Enterpreneurs From Hong Kong,Macao and Taiwan
外商投资	Foreign Funded Enterprises
在总计中：轻工业	Light Industry
重工业	Heavy Industry
按工业行业分	**By Sector**
煤炭开采和洗选业	Coal Mining and Dressing
黑色金属矿采选业	Ferrous Metals Mining and Dressing
有色金属矿采选业	Nonferrous Metals Mining and Dressing
非金属矿采选业	Nonmetal Minerals Mining and Dressing
农副食品加工业	Non-staple Food Processing
食品制造业	Food Manufacturing
酒、饮料和精制茶制造业	Beverage Manufacturing
烟草制品业	Tobacco Processing
纺织业	Textile Industry
纺织服装、服饰业	Garments,Shoes and Hats Manufacturing
皮革、毛皮、羽毛及其制品和制鞋业	Leather,Furs,Down and Related Products
木材加工和木、竹、藤、棕、草制品业	Timber Processing,Bamboo,Cane Palm Fiber and Straw Products
家具制造业	Furniture Manufacturing
造纸和纸制品业	Papermaking and Paper Products
印刷和记录媒介复制业	Printing and Record Medium Reproduction

资产负债率 (%) Asset Liability Ratio (%)	成本费用利润率 (%) Profit Margin of the Cost and Expense (%)	每百元固定资产原值实现利税 (元) Pre tax Profits per 100 Yuan Original Value of Fixed Assets (yuan)	每百元营业收入实现利税 (元) Pre tax Profits per 100 Yuan Revenues in Main Business (yuan)	新产品产值率 (%) New product ratio (%)
54.74	**7.94**	**21.29**	**10.92**	**38.94**
54.77	2.47	5.01	4.13	3.99
74.35	13.94	14.28	16.33	16.20
60.46	5.93	22.29	8.47	36.71
48.97	8.44	21.24	10.46	37.67
49.77	9.25	22.36	10.78	43.20
53.95	7.04	25.02	10.99	37.26
55.11	8.40	19.77	10.88	39.79
40.22	11.09	17.69	18.31	
54.10	14.51	27.87	26.00	9.21
65.21	27.86	60.91	27.71	11.70
58.56	4.01	17.64	5.29	14.79
47.22	9.39	20.36	11.83	22.69
45.58	15.23	25.01	19.04	20.97
28.26	13.30	323.83	51.27	
62.36	5.67	14.89	8.59	35.15
55.83	3.35	17.45	6.53	37.35
62.16	2.09	15.53	5.53	41.03
64.07	6.58	30.86	9.30	36.90
59.79	6.02	28.49	8.96	43.64
55.39	7.98	20.62	11.00	36.16
54.21	5.68	13.99	8.29	28.25

续表 Continued

行业	Sector
文教、工美、体育和娱乐用品制造业	Cultural,Educational and Sports Goods
石油加工、炼焦和核燃料加工业	Petroleum Processing,Cooking and Nuclear Fuel Processing
化学原料和化学制品制造业	Raw Chemical Materials and Chemical Products
医药制造业	Medical and Pharmaceutical Products
化学纤维制造业	Chemical Fiber
橡胶和塑料制品业	Rubber and plastic products
非金属矿物制品业	Nonmetal Mineral Products
黑色金属冶炼和压延加工业	Smelting and Pressing of Ferrous Metals
有色金属冶炼和压延加工业	Smelting and Pressing of Nonferrous Metals
金属制品业	Metal Products
通用设备制造业	Ordinary Machinery
专用设备制造业	For Special Purpose Equipment Manufacturing
汽车制造业	Automotive Manufacturing
铁路、船舶、航空航天和其他运输设备制造业	Railway, Shipbuilding, Aerospace and other Transport Equipment
电气机械和器材制造业	Electric Equipment and Machinery
计算机、通信和其他电子设备制造业	Telecommunications Equipment,Computer and Other Electronic Equipment Manufacturing
仪器仪表制造业	Instruments,Meters,Cultural and Office Machinery
其他制造业	Handicraft Article and Other Manufacturing Indust
废弃资源综合利用业	Comprehensive Utilization of Waste Resources
金属制品、机械和设备修理业	Metal Products,Machinery and Equipment Repair Industry
电力、热力的生产和供应业	Electricity,Gas and Water Production and Supply
燃气生产和供应业	Production and Supply of Gas
水的生产和供应业	Production and Supply of Water

资产负债率 (%) Asset Liability Ratio (%)	成本费用利润率 (%) Profit Margin of the Cost and Expense (%)	每百元固定资产原值实现利税 (元) Pre tax Profits per 100 Yuan Original Value of Fixed Assets (yuan)	每百元营业收入实现利税 (元) Pre tax Profits per 100 Yuan Revenues in Main Business (yuan)	新产品产值率 (%) New product ratio (%)
60.62	5.50	22.54	7.95	37.21
59.75	12.80	29.79	22.01	42.34
41.92	12.19	25.98	13.57	38.38
37.01	21.98	42.79	23.24	43.74
55.91	2.94	8.53	4.30	43.99
52.29	7.16	19.67	9.41	31.79
61.77	9.95	35.87	12.94	23.11
56.04	5.18	18.61	6.52	29.62
61.53	2.63	27.57	3.87	32.54
57.14	5.22	22.27	7.57	34.95
52.23	8.48	27.87	10.90	46.67
52.07	11.10	32.69	13.49	48.10
60.98	10.36	30.35	13.19	59.11
76.15	2.00	7.99	4.55	44.25
53.98	6.59	31.06	8.53	53.05
52.35	8.47	35.98	9.97	58.09
42.55	16.78	57.26	18.11	52.09
59.60	4.58	18.38	7.11	29.37
59.54	6.02	49.14	12.37	15.92
67.04	12.91	17.75	13.86	3.99
56.94	6.37	4.80	9.44	1.24
59.29	8.54	11.40	8.96	5.98
64.29	5.66	2.25	9.42	3.63

7-8 按行业分的国有及国有控股工业企业主要指标（2020年）
Main Indicators of State-owned and State Holding Industrial Enterprises by Sector (2020)

单位：亿元(100 million yuan)

行业	Sector	企业单位数(个) Number of Enterprises (unit)	#亏损企业(个) Loss (unit)	工业总产值 Gross Industrial Output Value
总计	**Total**	**844**	**128**	**9972.46**
按登记注册类型分	**By Registered Type**			
#国有	State-owned Enterprises	46	6	495.65
集体	Collective Owned Enterprises			
私营	Private Enterprises	9	1	28.28
港澳台商投资	Funded by Enterprepreneurs From Hong Kong Macao and Taiwan	17	3	488.17
外商投资	Foreign Funded Enterprises	33	5	276.72
在总计中：轻工业	Light Industry	126	35	899.91
重工业	Heavy Industry	718	93	9072.55
按工业行业分	**By Sector**			
煤炭开采和洗选业	Coal Mining and Dressing			
黑色金属矿采选业	Ferrous Metals Mining and Dressing			
有色金属矿采选业	Nonferrous Metals Mining and Dressing	1	1	
非金属矿采选业	Nonmetal Minerals Mining and Dressing	20		36.62
农副食品加工业	Non-staple Food Processing	19	6	47.51
食品制造业	Food Manufacturing	15	6	30.12
酒、饮料和精制茶制造业	Beverage Manufacturing	6		16.42
烟草制品业	Tobacco Processing	1		
纺织业	Textile Industry	6	1	15.67
纺织服装、服饰业	Garments,Shoes and Hats Manufacturing	15	6	20.33
皮革、毛皮、羽毛及其制品和制鞋业	Leather,Furs,Down and Related Products			
木材加工和木、竹、藤、棕、草制品业	Timber Processing,Bamboo,Cane Palm Fiber and Straw Products			
家具制造业	Furniture Manufacturing	1		
造纸和纸制品业	Papermaking and Paper Products	3	1	16.11
印刷和记录媒介复制业	Printing and Record Medium Reproduction	14	3	11.97
文教、工美、体育和娱乐用品制造业	Cultural,Educational and Sports Goods	3	2	1.03

续表1 Continued

单位：亿元(100 million yuan)

行业	Sector	企业单位数(个) Number of Enterprises (unit)	#亏损企业(个) Loss (unit)	工业总产值 Gross Industrial Output Value
石油加工、炼焦和核燃料加工业	Petroleum Processing,Cooking and Nuclear Fuel Processing	6	2	1260.56
化学原料和化学制品制造业	Raw Chemical Materials and Chemical Products	49	5	515.69
医药制造业	Medical and Pharmaceutical Products	22	3	127.26
化学纤维制造业	Chemical Fiber	2		8.14
橡胶和塑料制品业	Rubber and plastic products	9	4	14.73
非金属矿物制品业	Nonmetal Mineral Products	102	3	478.57
黑色金属冶炼和压延加工业	Smelting and Pressing of Ferrous Metals	7		253.68
有色金属冶炼和压延加工业	Smelting and Pressing of Nonferrous Metals	4	1	31.29
金属制品业	Metal Products	18	1	47.90
通用设备制造业	Ordinary Machinery	31	3	196.92
专用设备制造业	For Special Purpose Equipment Manufacturing	14	3	33.57
汽车制造业	Automotive Manufacturing	18	6	365.98
铁路、船舶、航空航天和其他运输设备制造业	Railway, Shipbuilding, Aerospace and other Transport Equipment	10	4	61.53
电气机械和器材制造业	Electric Equipment and Machinery	31	3	365.93
计算机、通信和其他电子设备制造业	Telecommunications Equipment, Computer and Other Electronic Equipment Manufacturing	23	4	372.56
仪器仪表制造业	Instruments,Meters,Cultural and Office Machinery	5		17.52
其他制造业	Handicraft Article and Other Manufacturing Indust			
废弃资源综合利用业	Comprehensive Utilization of Waste Resources	4	1	5.00
金属制品、机械和设备修理业	Metal Products,Machinery and Equipment Repair Industry	4		28.22
电力、热力的生产和供应业	Electricity,Gas and Water Production and Supply	200	14	4412.81
燃气生产和供应业	Production and Supply of Gas	51	4	422.37
水的生产和供应业	Production and Supply of Water	130	41	198.04

续表2 Continued　　单位：亿元(100 million yuan)

行业	Sector	资产总计 Total Assets	年末负债合计 Total Liabilities	所有者权益合计 Creditors' Equity	实收资本 Total Capital Hold
总计	**Total**	**14230.96**	**7660.78**	**6543.71**	**3319.81**
按登记注册类型分	**By Registered Type**				
#国有	State-owned Enterprises	433.04	237.17	193.74	123.45
集体	Collective Owned Enterprises				
私营	Private Enterprises	46.81	16.76	30.05	6.58
港澳台商投资	Funded by Enterpreneurs From Hong Kong Macao and Taiwan	387.17	216.73	170.44	162.24
外商投资	Foreign Funded Enterprises	256.75	126.51	130.24	99.34
在总计中：轻工业	Light Industry	1358.48	485.44	873.05	179.89
重工业	Heavy Industry	12872.48	7175.34	5670.66	3139.92
按工业行业分	**By Sector**				
煤炭开采和洗选业	Coal Mining and Dressing				
黑色金属矿采选业	Ferrous Metals Mining and Dressing				
有色金属矿采选业	Nonferrous Metals Mining and Dressing				
非金属矿采选业	Nonmetal Minerals Mining and Dressing	154.93	96.67	58.26	27.71
农副食品加工业	Non-staple Food Processing	61.37	33.77	27.59	13.15
食品制造业	Food Manufacturing	29.57	13.62	15.95	6.58
酒、饮料和精制茶制造业	Beverage Manufacturing	52.97	9.50	43.47	13.24
烟草制品业	Tobacco Processing				
纺织业	Textile Industry	29.01	19.60	9.41	5.65
纺织服装、服饰业	Garments,Shoes and Hats Manufacturing	62.53	15.15	47.38	4.35
皮革、毛皮、羽毛及其制品和制鞋业	Leather,Furs,Down and Related Products				
木材加工和木、竹、藤、棕、草制品业	Timber Processing,Bamboo,Cane Palm Fiber and Straw Products				
家具制造业	Furniture Manufacturing				
造纸和纸制品业	Papermaking and Paper Products	36.02	18.18	17.83	9.02
印刷和记录媒介复制业	Printing and Record Medium Reproduction	21.20	9.53	11.67	6.97
文教、工美、体育和娱乐用品制造业	Cultural,Educational and Sports Goods	2.53	0.50	2.03	1.38

续表3 Continued 单位：亿元(100 million yuan)

行业	Sector	资产总计 Total Assets	年末负债合计 Total Liabilities	所有者权益合计 Creditors' Equity	实收资本 Total Capital Hold
石油加工、炼焦和核燃料加工业	Petroleum Processing,Cooking and Nuclear Fuel Processing	729.95	283.63	446.32	312.25
化学原料和化学制品制造业	Raw Chemical Materials and Chemical Products	734.99	176.65	552.58	160.33
医药制造业	Medical and Pharmaceutical Products	340.54	150.99	189.56	63.49
化学纤维制造业	Chemical Fiber	14.11	0.58	13.53	6.97
橡胶和塑料制品业	Rubber and plastic products	43.93	12.29	31.64	24.08
非金属矿物制品业	Nonmetal Mineral Products	446.80	256.98	189.82	82.51
黑色金属冶炼和压延加工业	Smelting and Pressing of Ferrous Metals	210.04	66.57	143.47	139.49
有色金属冶炼和压延加工业	Smelting and Pressing of Nonferrous Metals	23.00	11.25	11.75	8.44
金属制品业	Metal Products	70.27	42.07	26.28	13.92
通用设备制造业	Ordinary Machinery	347.40	197.62	149.78	40.30
专用设备制造业	For Special Purpose Equipment Manufacturing	45.06	29.76	15.30	10.64
汽车制造业	Automotive Manufacturing	706.46	687.44	19.02	112.51
铁路、船舶、航空航天和其他运输设备制造业	Railway, Shipbuilding, Aerospace and other Transport Equipment	85.85	58.68	27.17	42.74
电气机械和器材制造业	Electric Equipment and Machinery	427.01	274.20	152.81	57.53
计算机、通信和其他电子设备制造业	Telecommunications Equipment, Computer and Other Electronic Equipment Manufacturing	851.58	213.23	638.36	144.52
仪器仪表制造业	Instruments,Meters,Cultural and Office Machinery	23.50	9.70	13.80	1.29
其他制造业	Handicraft Article and Other Manufacturing Indust				
废弃资源综合利用业	Comprehensive Utilization of Waste Resources	11.30	4.87	6.43	2.58
金属制品、机械和设备修理业	Metal Products,Machinery and Equipment Repair Industry	64.16	47.60	16.56	14.05
电力、热力的生产和供应业	Electricity,Gas and Water Production and Supply	5964.36	3464.70	2499.46	1553.70
燃气生产和供应业	Production and Supply of Gas	490.48	286.27	185.62	140.18
水的生产和供应业	Production and Supply of Water	1539.07	996.54	542.53	290.40

续表4 Continued

单位：亿元(100 million yuan)

行业	Sector	营业收入 Operating income	营业成本 Opreating costs	营业税金及附加 Business tariff and annex	销售费用 Selling Expenses
总计	**Total**	**10401.44**	**8516.86**	**583.97**	**153.83**
按登记注册类型分	**By Registered Type**				
#国有	State-owned Enterprises	503.31	478.61	1.13	3.71
集体	Collective Owned Enterprises				
私营	Private Enterprises	30.17	24.47	0.16	0.79
港澳台商投资	Funded by Enterpreneurs From Hong Kong Macao and Taiwan	467.24	408.11	8.49	3.77
外商投资	Foreign Funded Enterprises	285.97	254.22	1.09	6.13
在总计中：轻工业	Light Industry	1316.58	755.72	359.89	47.69
重工业	Heavy Industry	9084.87	7761.14	224.08	106.15
按工业行业分	**By Sector**				
煤炭开采和洗选业	Coal Mining and Dressing				
黑色金属矿采选业	Ferrous Metals Mining and Dressing				
有色金属矿采选业	Nonferrous Metals Mining and Dressing				
非金属矿采选业	Nonmetal Minerals Mining and Dressing	35.78	18.78	1.57	0.79
农副食品加工业	Non-staple Food Processing	64.93	61.08	0.21	0.83
食品制造业	Food Manufacturing	29.02	24.33	0.16	1.54
酒、饮料和精制茶制造业	Beverage Manufacturing	13.88	8.15	1.06	1.65
烟草制品业	Tobacco Processing				
纺织业	Textile Industry	16.03	13.74	0.18	0.24
纺织服装、服饰业	Garments,Shoes and Hats Manufacturing	21.19	13.25	0.24	0.15
皮革、毛皮、羽毛及其制品和制鞋业	Leather,Furs,Down and Related Products				
木材加工和木、竹、藤、棕、草制品业	Timber Processing,Bamboo,Cane Palm Fiber and Straw Products				
家具制造业	Furniture Manufacturing				
造纸和纸制品业	Papermaking and Paper Products	16.76	13.24	0.19	0.77
印刷和记录媒介复制业	Printing and Record Medium Reproduction	13.12	11.51	0.09	0.40
文教、工美、体育和娱乐用品制造业	Cultural,Educational and Sports Goods	1.19	0.99		0.05

续表5 Continued　　单位：亿元(100 million yuan)

行业	Sector	营业收入 Operating income	营业成本 Opreating costs	营业税金及附加 Business tariff and annex	销售费用 Selling Expenses
石油加工、炼焦和核燃料加工业	Petroleum Processing,Cooking and Nuclear Fuel Processing	1099.85	860.52	168.51	4.48
化学原料和化学制品制造业	Raw Chemical Materials and Chemical Products	538.68	424.16	2.55	9.59
医药制造业	Medical and Pharmaceutical Products	133.90	72.87	1.08	28.10
化学纤维制造业	Chemical Fiber	8.30	5.18	0.09	0.23
橡胶和塑料制品业	Rubber and plastic products	16.82	14.14	0.07	0.36
非金属矿物制品业	Nonmetal Mineral Products	483.31	359.94	3.19	13.41
黑色金属冶炼和压延加工业	Smelting and Pressing of Ferrous Metals	267.14	244.63	1.14	0.54
有色金属冶炼和压延加工业	Smelting and Pressing of Nonferrous Metals	30.99	27.62	0.12	0.23
金属制品业	Metal Products	58.22	50.15	0.30	1.31
通用设备制造业	Ordinary Machinery	227.79	191.15	0.88	4.81
专用设备制造业	For Special Purpose Equipment Manufacturing	33.14	25.38	0.21	0.68
汽车制造业	Automotive Manufacturing	351.76	301.54	15.45	4.17
铁路、船舶、航空航天和其他运输设备制造业	Railway, Shipbuilding, Aerospace and other Transport Equipment	62.08	53.01	0.53	2.09
电气机械和器材制造业	Electric Equipment and Machinery	397.50	346.81	0.81	18.64
计算机、通信和其他电子设备制造业	Telecommunications Equipment, Computer and Other Electronic Equipment Manufacturing	397.15	194.22	3.33	27.19
仪器仪表制造业	Instruments,Meters,Cultural and Office Machinery	17.56	11.70	0.03	0.62
其他制造业	Handicraft Article and Other Manufacturing Indust				
废弃资源综合利用业	Comprehensive Utilization of Waste Resources	9.20	6.79	0.07	0.16
金属制品、机械和设备修理业	Metal Products,Machinery and Equipment Repair Industry	28.92	25.05	0.13	0.10
电力、热力的生产和供应业	Electricity,Gas and Water Production and Supply	4427.61	4059.95	22.17	1.81
燃气生产和供应业	Production and Supply of Gas	444.74	405.84	0.93	5.38
水的生产和供应业	Production and Supply of Water	218.56	192.62	2.29	11.54

续表6 Continued 单位：亿元(100 million yuan)

行业	Sector	管理费用 Administrative Expenses	财务费用 Financial Expenses	利润总额 Total Profits
总计	**Total**	**229.73**	**117.27**	**750.93**
按登记注册类型分	**By Registered Type**			
#国有	State-owned Enterprises	6.94	2.54	12.17
集体	Collective Owned Enterprises			
私营	Private Enterprises	1.17	0.44	3.03
港澳台商投资	Funded by Enterpreneurs From Hong Kong Macao and Taiwan	7.65	3.27	24.26
外商投资	Foreign Funded Enterprises	6.60	1.70	13.17
在总计中：轻工业	Light Industry	52.16	2.74	91.08
重工业	Heavy Industry	177.57	114.53	659.85
按工业行业分	**By Sector**			
煤炭开采和洗选业	Coal Mining and Dressing			
黑色金属矿采选业	Ferrous Metals Mining and Dressing			
有色金属矿采选业	Nonferrous Metals Mining and Dressing			
非金属矿采选业	Nonmetal Minerals Mining and Dressing	1.50	2.57	10.29
农副食品加工业	Non-staple Food Processing	1.47	0.57	1.49
食品制造业	Food Manufacturing	1.61	0.09	1.27
酒、饮料和精制茶制造业	Beverage Manufacturing	1.21	-0.11	2.05
烟草制品业	Tobacco Processing			
纺织业	Textile Industry	0.87	0.25	0.27
纺织服装、服饰业	Garments,Shoes and Hats Manufacturing	10.89	-0.07	-0.05
皮革、毛皮、羽毛及其制品和制鞋业	Leather,Furs,Down and Related Products			
木材加工和木、竹、藤、棕、草制品业	Timber Processing,Bamboo,Cane Palm Fiber and Straw Products			
家具制造业	Furniture Manufacturing			
造纸和纸制品业	Papermaking and Paper Products	1.24	0.27	0.34
印刷和记录媒介复制业	Printing and Record Medium Reproduction	1.12	0.03	0.05
文教、工美、体育和娱乐用品制造业	Cultural,Educational and Sports Goods	0.16	0.01	-0.05

续表7 Continued 单位：亿元(100 million yuan)

行业	Sector	管理费用 Administrative Expenses	财务费用 Financial Expenses	利润总额 Total Profits
石油加工、炼焦和核燃料加工业	Petroleum Processing,Cooking and Nuclear Fuel Processing	25.54	-0.65	52.51
化学原料和化学制品制造业	Raw Chemical Materials and Chemical Products	14.61	0.91	85.34
医药制造业	Medical and Pharmaceutical Products	10.00	4.16	18.17
化学纤维制造业	Chemical Fiber	0.31	-0.04	2.48
橡胶和塑料制品业	Rubber and plastic products	1.64	0.18	0.20
非金属矿物制品业	Nonmetal Mineral Products	12.34	3.41	92.50
黑色金属冶炼和压延加工业	Smelting and Pressing of Ferrous Metals	3.34	-1.39	11.78
有色金属冶炼和压延加工业	Smelting and Pressing of Nonferrous Metals	1.05	0.36	1.11
金属制品业	Metal Products	1.90	0.50	3.29
通用设备制造业	Ordinary Machinery	9.69	1.63	16.60
专用设备制造业	For Special Purpose Equipment Manufacturing	1.33	0.28	1.13
汽车制造业	Automotive Manufacturing	13.09	-0.42	-2.21
铁路、船舶、航空航天和其他运输设备制造业	Railway, Shipbuilding, Aerospace and other Transport Equipment	2.19	1.20	0.69
电气机械和器材制造业	Electric Equipment and Machinery	6.90	0.54	9.36
计算机、通信和其他电子设备制造业	Telecommunications Equipment, Computer and Other Electronic Equipment Manufacturing	12.84	-2.62	143.82
仪器仪表制造业	Instruments,Meters,Cultural and Office Machinery	0.64	0.02	3.72
其他制造业	Handicraft Article and Other Manufacturing Indust			
废弃资源综合利用业	Comprehensive Utilization of Waste Resources	0.25	0.15	1.78
金属制品、机械和设备修理业	Metal Products,Machinery and Equipment Repair Industry	2.11	0.30	1.31
电力、热力的生产和供应业	Electricity,Gas and Water Production and Supply	45.68	88.12	193.44
燃气生产和供应业	Production and Supply of Gas	5.66	4.52	24.48
水的生产和供应业	Production and Supply of Water	18.16	15.64	6.16

续表8 Continued　　　　单位：亿元(100 million yuan)

行业	Sector	利税总额 Total Profits and Taxes	本年应交增值税 Value Added Taxes Payable	平均用工人数(万人) Average Number of Employed Persons
总计	**Total**	**1646.44**	**311.55**	**26.13**
按登记注册类型分	**By Registered Type**			
#国有	State-owned Enterprises	20.80	7.50	1.25
集体	Collective Owned Enterprises			
私营	Private Enterprises	4.27	1.08	0.15
港澳台商投资	Funded by Enterpreneurs From Hong Kong Macao and Taiwan	43.50	10.75	0.59
外商投资	Foreign Funded Enterprises	17.05	2.78	1.38
在总计中：轻工业	Light Industry	516.47	65.50	4.50
重工业	Heavy Industry	1129.97	246.05	21.63
按工业行业分	**By Sector**			
煤炭开采和洗选业	Coal Mining and Dressing			
黑色金属矿采选业	Ferrous Metals Mining and Dressing			
有色金属矿采选业	Nonferrous Metals Mining and Dressing			
非金属矿采选业	Nonmetal Minerals Mining and Dressing	13.53	1.67	0.15
农副食品加工业	Non-staple Food Processing	1.88	0.18	0.41
食品制造业	Food Manufacturing	2.04	0.60	0.37
酒、饮料和精制茶制造业	Beverage Manufacturing	3.98	0.86	0.30
烟草制品业	Tobacco Processing			
纺织业	Textile Industry	0.91	0.46	0.29
纺织服装、服饰业	Garments,Shoes and Hats Manufacturing	1.72	1.52	0.71
皮革、毛皮、羽毛及其制品和制鞋业	Leather,Furs,Down and Related Products			
木材加工和木、竹、藤、棕、草制品业	Timber Processing,Bamboo,Cane Palm Fiber and Straw Products			
家具制造业	Furniture Manufacturing			
造纸和纸制品业	Papermaking and Paper Products	0.83	0.30	0.17
印刷和记录媒介复制业	Printing and Record Medium Reproduction	0.43	0.30	0.20
文教、工美、体育和娱乐用品制造业	Cultural,Educational and Sports Goods	-0.05		0.02

续表9 Continued 单位：亿元(100 million yuan)

行业	Sector	利税总额 Total Profits and Taxes	本年应交增值税 Value Added Taxes Payable	平均用工人数(万人) Average Number of Employed Persons
石油加工、炼焦和核燃料加工业	Petroleum Processing,Cooking and Nuclear Fuel Processing	249.94	28.92	0.81
化学原料和化学制品制造业	Raw Chemical Materials and Chemical Products	102.62	14.73	1.42
医药制造业	Medical and Pharmaceutical Products	23.29	4.04	1.10
化学纤维制造业	Chemical Fiber	3.05	0.48	0.03
橡胶和塑料制品业	Rubber and plastic products	0.62	0.35	0.17
非金属矿物制品业	Nonmetal Mineral Products	112.97	17.28	1.23
黑色金属冶炼和压延加工业	Smelting and Pressing of Ferrous Metals	17.23	4.31	0.45
有色金属冶炼和压延加工业	Smelting and Pressing of Nonferrous Metals	1.64	0.41	0.13
金属制品业	Metal Products	5.43	1.83	0.38
通用设备制造业	Ordinary Machinery	20.78	3.30	1.40
专用设备制造业	For Special Purpose Equipment Manufacturing	2.19	0.85	0.43
汽车制造业	Automotive Manufacturing	17.91	4.67	0.75
铁路、船舶、航空航天和其他运输设备制造业	Railway, Shipbuilding, Aerospace and other Transport Equipment	1.76	0.54	0.26
电气机械和器材制造业	Electric Equipment and Machinery	14.16	3.99	1.27
计算机、通信和其他电子设备制造业	Telecommunications Equipment, Computer and Other Electronic Equipment Manufacturing	172.76	25.60	3.34
仪器仪表制造业	Instruments,Meters,Cultural and Office Machinery	3.93	0.18	0.13
其他制造业	Handicraft Article and Other Manufacturing Indust			
废弃资源综合利用业	Comprehensive Utilization of Waste Resources	2.14	0.29	0.02
金属制品、机械和设备修理业	Metal Products,Machinery and Equipment Repair Industry	1.50	0.06	0.48
电力、热力的生产和供应业	Electricity,Gas and Water Production and Supply	345.35	129.74	6.30
燃气生产和供应业	Production and Supply of Gas	28.39	2.99	0.61
水的生产和供应业	Production and Supply of Water	13.50	5.05	2.42

7-9 按行业分的国有及国有控股工业企业主要经济效益指标（2020年）
Main Economic Beneficial Indicators of State-owned and State Holding Industrial Enterprises by Sector (2020)

行业	Sector
总计	**Total**
按登记注册类型分	**By Registered Type**
#国有	State-owned Enterprises
集体	Collective Owned Enterprises
私营	Private Enterprises
港澳台商投资	Funded by Enterpreneurs From Hong Kong Macao and Taiwan
外商投资	Foreign Funded Enterprises
在总计中：轻工业	Light Industry
重工业	Heavy Industry
按工业行业分	**By Sector**
煤炭开采和洗选业	Coal Mining and Dressing
黑色金属矿采选业	Ferrous Metals Mining and Dressing
有色金属矿采选业	Nonferrous Metals Mining and Dressing
非金属矿采选业	Nonmetal Minerals Mining and Dressing
农副食品加工业	Non-staple Food Processing
食品制造业	Food Manufacturing
酒、饮料和精制茶制造业	Beverage Manufacturing
烟草制品业	Tobacco Processing
纺织业	Textile Industry
纺织服装、服饰业	Garments,Shoes and Hats Manufacturing
皮革、毛皮、羽毛及其制品和制鞋业	Leather,Furs,Down and Related Products
木材加工和木、竹、藤、棕、草制品业	Timber Processing,Bamboo,Cane Palm Fiber and Straw Products
家具制造业	Furniture Manufacturing
造纸和纸制品业	Papermaking and Paper Products
印刷和记录媒介复制业	Printing and Record Medium Reproduction
文教、工美、体育和娱乐用品制造业	Cultural,Educational and Sports Goods

资产负债率 (%) Asset Liability Ratio (%)	成本费用利润率 (%) Profit Margin of the Cost and Expense (%)	每百元固定资产原值实现利税 (元) Pre tax Profits per 100 Yuan Original Value of Fixed Assets (yuan)	每百元营业收入实现利税 (元) Pre tax Profits per 100 Yuan Revenues in Main Business (yuan)	新产品产值率 (%) New product ratio (%)
53.83	**8.19**	**13.16**	**15.83**	**16.52**
54.77	2.47	5.01	4.13	3.99
35.81	11.13	13.67	14.16	0.22
55.98	5.71	13.16	9.31	22.80
49.27	4.80	6.52	5.96	22.41
35.73	10.46	101.02	39.23	14.93
55.74	7.95	9.42	12.44	16.68
62.39	42.38	76.98	37.82	13.83
55.03	2.31	8.79	2.89	21.97
46.05	4.56	15.19	7.01	21.48
17.93	18.45	16.27	28.64	8.03
67.56	1.70	5.08	5.68	54.78
24.23	-0.20	4.94	8.10	8.80
50.49	2.10	2.16	4.93	39.52
44.96	0.35	2.69	3.31	0.27
19.75	-3.60	-4.26	-3.82	0.58

续表 Continued

行业	Sector
石油加工、炼焦和核燃料加工业	Petroleum Processing,Cooking and Nuclear Fuel Processing
化学原料和化学制品制造业	Raw Chemical Materials and Chemical Products
医药制造业	Medical and Pharmaceutical Products
化学纤维制造业	Chemical Fiber
橡胶和塑料制品业	Rubber and plastic products
非金属矿物制品业	Nonmetal Mineral Products
黑色金属冶炼和压延加工业	Smelting and Pressing of Ferrous Metals
有色金属冶炼和压延加工业	Smelting and Pressing of Nonferrous Metals
金属制品业	Metal Products
通用设备制造业	Ordinary Machinery
专用设备制造业	For Special Purpose Equipment Manufacturing
汽车制造业	Automotive Manufacturing
铁路、船舶、航空航天和其他运输设备制造业	Railway, Shipbuilding, Aerospace and other Transport Equipment
电气机械和器材制造业	Electric Equipment and Machinery
计算机、通信和其他电子设备制造业	Telecommunications Equipment,Computer and Other Electronic Equipment Manufacturing
仪器仪表制造业	Instruments,Meters,Cultural and Office Machinery
其他制造业	Handicraft Article and Other Manufacturing Indust
废弃资源综合利用业	Comprehensive Utilization of Waste Resources
金属制品、机械和设备修理业	Metal Products,Machinery and Equipment Repair Industry
电力、热力的生产和供应业	Electricity,Gas and Water Production and Supply
燃气生产和供应业	Production and Supply of Gas
水的生产和供应业	Production and Supply of Water

资产负债率(%) Asset Liability Ratio (%)	成本费用利润率(%) Profit Margin of the Cost and Expense (%)	每百元固定资产原值实现利税(元) Pre tax Profits per 100 Yuan Original Value of Fixed Assets (yuan)	每百元营业收入实现利税(元) Pre tax Profits per 100 Yuan Revenues in Main Business (yuan)	新产品产值率(%) New product ratio (%)
38.86	5.90	43.57	22.72	7.11
24.03	18.47	26.25	19.05	45.54
44.34	14.88	14.95	17.40	62.81
4.10	43.07	33.36	36.77	6.29
27.98	1.15	3.37	3.69	32.51
57.52	23.58	50.46	23.37	12.75
31.69	4.64	6.90	6.45	11.48
48.92	3.74	19.31	5.29	34.94
59.87	5.95	20.12	9.32	55.50
56.88	7.70	27.88	9.12	68.53
66.04	3.51	20.79	6.61	27.22
97.31	-0.67	8.61	5.09	81.21
68.35	1.13	3.29	2.83	58.69
64.21	2.43	22.91	3.56	77.46
25.04	50.75	160.45	43.50	74.86
41.28	26.87	354.06	22.38	5.37
43.12	23.75	40.03	23.22	56.87
74.19	4.70	5.66	5.19	17.55
58.09	4.59	4.03	7.80	0.32
58.36	5.81	7.72	6.38	1.14
64.75	2.58	1.31	6.18	1.44

7-10 按行业分的规模以上私营工业企业主要指标（2020年）
Main Indicators of Private Industrial Enterprises Above Designated Size by Sector (2020)

单位：亿元(100 million yuan)

行业	Sector	企业单位数(个) Number of Enterprises (unit)	#亏损企业(个) Loss (unit)	工业总产值 Gross Industrial Output Value
总计	**Total**	**40038**	**5903**	**38248.11**
按登记注册类型分	**By Registered Type**			
#国有	State-owned Enterprises			
集体	Collective Owned Enterprises			
私营	Private Enterprises	40038	5903	38248.11
港澳台商投资	Funded by Enterpreneurs From Hong Kong Macao and Taiwan			
外商投资	Foreign Funded Enterprises			
在总计中：轻工业	Light Industry	19845	3507	16152.01
重工业	Heavy Industry	20193	2396	22096.10
按工业行业分	**By Sector**			
煤炭开采和洗选业	Coal Mining and Dressing	1		
黑色金属矿采选业	Ferrous Metals Mining and Dressing	3		1.07
有色金属矿采选业	Nonferrous Metals Mining and Dressing	10	1	5.59
非金属矿采选业	Nonmetal Minerals Mining and Dressing	117	21	127.99
农副食品加工业	Non-staple Food Processing	552	142	545.51
食品制造业	Food Manufacturing	253	65	214.65
酒、饮料和精制茶制造业	Beverage Manufacturing	124	21	150.53
烟草制品业	Tobacco Processing	1		
纺织业	Textile Industry	4472	859	3340.27
纺织服装、服饰业	Garments,Shoes and Hats Manufacturing	1896	508	955.55
皮革、毛皮、羽毛及其制品和制鞋业	Leather,Furs,Down and Related Products	1466	283	704.73
木材加工和木、竹、藤、棕、草制品业	Timber Processing,Bamboo,Cane Palm Fiber and Straw Products	671	101	345.95
家具制造业	Furniture Manufacturing	902	188	652.14
造纸和纸制品业	Papermaking and Paper Products	859	174	848.73
印刷和记录媒介复制业	Printing and Record Medium Reproduction	671	107	417.38
文教、工美、体育和娱乐用品制造业	Cultural,Educational and Sports Goods	1231	168	979.45

续表1 Continued　　单位：亿元(100 million yuan)

行业	Sector	企业单位数(个) Number of Enterprises (unit)	#亏损企业(个) Loss (unit)	工业总产值 Gross Industrial Output Value
石油加工、炼焦和核燃料加工业	Petroleum Processing,Cooking and Nuclear Fuel Processing	60	11	202.04
化学原料和化学制品制造业	Raw Chemical Materials and Chemical Products	1246	149	2002.39
医药制造业	Medical and Pharmaceutical Products	333	55	691.22
化学纤维制造业	Chemical Fiber	541	132	1299.65
橡胶和塑料制品业	Rubber and plastic products	2709	342	1859.50
非金属矿物制品业	Nonmetal Mineral Products	1821	230	2528.16
黑色金属冶炼和压延加工业	Smelting and Pressing of Ferrous Metals	552	71	1272.07
有色金属冶炼和压延加工业	Smelting and Pressing of Nonferrous Metals	646	75	1433.06
金属制品业	Metal Products	3156	355	2529.36
通用设备制造业	Ordinary Machinery	4669	417	3519.48
专用设备制造业	For Special Purpose Equipment Manufacturing	1935	242	1446.66
汽车制造业	Automotive Manufacturing	1831	248	2191.43
铁路、船舶、航空航天和其他运输设备制造业	Railway, Shipbuilding, Aerospace and other Transport Equipment	571	81	568.14
电气机械和器材制造业	Electric Equipment and Machinery	4063	469	4594.61
计算机、通信和其他电子设备制造业	Telecommunications Equipment, Computer and Other Electronic Equipment Manufacturing	1405	239	1705.81
仪器仪表制造业	Instruments,Meters,Cultural and Office Machinery	585	49	500.55
其他制造业	Handicraft Article and Other Manufacturing Indust	345	53	173.30
废弃资源综合利用业	Comprehensive Utilization of Waste Resources	110	22	155.56
金属制品、机械和设备修理业	Metal Products,Machinery and Equipment Repair Industry	39	6	68.06
电力、热力的生产和供应业	Electricity,Gas and Water Production and Supply	141	11	171.13
燃气生产和供应业	Production and Supply of Gas	20	2	30.68
水的生产和供应业	Production and Supply of Water	31	5	15.00

续表2 Continued 单位：亿元(100 million yuan)

行业	Sector	资产总计 Total Assets	年末负债合计 Total Liabilities	所有者权益合计 Creditors' Equity	实收资本 Total Capital Hold
总计	**Total**	**40123.56**	**24257.59**	**15834.98**	**7356.91**
按登记注册类型分	**By Registered Type**				
#国有	State-owned Enterprises				
集体	Collective Owned Enterprises				
私营	Private Enterprises	40123.56	24257.59	15834.98	7356.91
港澳台商投资	Funded by Enterpreneurs From Hong Kong Macao and Taiwan				
外商投资	Foreign Funded Enterprises				
在总计中：轻工业	Light Industry	16092.66	9899.24	6181.80	2938.62
重工业	Heavy Industry	24030.90	14358.35	9653.18	4418.29
按工业行业分	**By Sector**				
煤炭开采和洗选业	Coal Mining and Dressing				
黑色金属矿采选业	Ferrous Metals Mining and Dressing	1.87	0.75	1.12	0.62
有色金属矿采选业	Nonferrous Metals Mining and Dressing	14.43	7.34	7.09	3.36
非金属矿采选业	Nonmetal Minerals Mining and Dressing	235.21	168.01	67.21	36.43
农副食品加工业	Non-staple Food Processing	570.82	332.44	238.26	109.49
食品制造业	Food Manufacturing	313.42	170.02	143.40	54.07
酒、饮料和精制茶制造业	Beverage Manufacturing	158.38	92.97	65.41	44.77
烟草制品业	Tobacco Processing				
纺织业	Textile Industry	3327.33	2259.65	1063.46	578.52
纺织服装、服饰业	Garments,Shoes and Hats Manufacturing	975.14	676.47	298.16	177.64
皮革、毛皮、羽毛及其制品和制鞋业	Leather,Furs,Down and Related Products	673.05	454.43	217.73	132.35
木材加工和木、竹、藤、棕、草制品业	Timber Processing,Bamboo,Cane Palm Fiber and Straw Products	329.53	222.88	106.36	61.78
家具制造业	Furniture Manufacturing	615.85	414.18	202.54	116.06
造纸和纸制品业	Papermaking and Paper Products	754.80	499.99	252.40	152.77
印刷和记录媒介复制业	Printing and Record Medium Reproduction	439.45	274.92	164.51	85.45
文教、工美、体育和娱乐用品制造业	Cultural,Educational and Sports Goods	881.38	588.14	292.95	127.37

续表3 Continued　　单位：亿元(100 million yuan)

行业	Sector	资产总计 Total Assets	年末负债合计 Total Liabilities	所有者权益合计 Creditors' Equity	实收资本 Total Capital Hold
石油加工、炼焦和核燃料加工业	Petroleum Processing,Cooking and Nuclear Fuel Processing	312.33	209.38	102.95	66.45
化学原料和化学制品制造业	Raw Chemical Materials and Chemical Products	2771.52	1311.87	1457.99	454.41
医药制造业	Medical and Pharmaceutical Products	1000.72	393.73	606.99	202.38
化学纤维制造业	Chemical Fiber	1293.43	786.27	506.05	305.79
橡胶和塑料制品业	Rubber and plastic products	1763.95	1056.17	705.78	356.12
非金属矿物制品业	Nonmetal Mineral Products	2331.60	1535.68	796.25	390.82
黑色金属冶炼和压延加工业	Smelting and Pressing of Ferrous Metals	778.80	536.84	240.93	147.74
有色金属冶炼和压延加工业	Smelting and Pressing of Nonferrous Metals	766.29	527.26	232.19	124.54
金属制品业	Metal Products	2202.26	1367.76	835.10	410.29
通用设备制造业	Ordinary Machinery	3958.94	2226.33	1730.26	726.45
专用设备制造业	For Special Purpose Equipment Manufacturing	1705.27	1010.93	691.57	299.34
汽车制造业	Automotive Manufacturing	3073.97	1944.28	1128.12	480.09
铁路、船舶、航空航天和其他运输设备制造业	Railway, Shipbuilding, Aerospace and other Transport Equipment	651.44	460.32	191.11	105.07
电气机械和器材制造业	Electric Equipment and Machinery	4370.41	2566.87	1802.92	826.38
计算机、通信和其他电子设备制造业	Telecommunications Equipment, Computer and Other Electronic Equipment Manufacturing	2152.50	1163.17	985.83	453.40
仪器仪表制造业	Instruments,Meters,Cultural and Office Machinery	630.68	327.11	303.57	127.51
其他制造业	Handicraft Article and Other Manufacturing Indust	176.99	121.33	55.35	27.42
废弃资源综合利用业	Comprehensive Utilization of Waste Resources	163.46	114.01	49.45	28.90
金属制品、机械和设备修理业	Metal Products,Machinery and Equipment Repair Industry	76.29	49.66	26.63	7.33
电力、热力的生产和供应业	Electricity,Gas and Water Production and Supply	582.96	343.90	239.07	121.81
燃气生产和供应业	Production and Supply of Gas	23.90	12.08	11.55	5.03
水的生产和供应业	Production and Supply of Water	43.69	29.53	14.15	8.28

续表4 Continued　　单位：亿元(100 million yuan)

行业	Sector	营业收入 Operating income	营业成本 Opreating costs	营业税金及附加 Business tariff and annex	销售费用 Selling Expenses
总计	**Total**	**38801.77**	**32521.21**	**179.06**	**1163.78**
按登记注册类型分	**By Registered Type**				
#国有	State-owned Enterprises				
集体	Collective Owned Enterprises				
私营	Private Enterprises	38801.77	32521.21	179.06	1163.78
港澳台商投资	Funded by Enterpreneurs From Hong Kong Macao and Taiwan				
外商投资	Foreign Funded Enterprises				
在总计中：轻工业	Light Industry	16004.83	13359.48	70.87	554.75
重工业	Heavy Industry	22796.94	19161.73	108.18	609.03
按工业行业分	**By Sector**				
煤炭开采和洗选业	Coal Mining and Dressing				
黑色金属矿采选业	Ferrous Metals Mining and Dressing	1.27	0.99	0.03	0.04
有色金属矿采选业	Nonferrous Metals Mining and Dressing	5.11	3.34	0.15	0.14
非金属矿采选业	Nonmetal Minerals Mining and Dressing	124.44	76.91	3.12	4.04
农副食品加工业	Non-staple Food Processing	575.93	521.52	1.36	14.41
食品制造业	Food Manufacturing	224.21	177.60	1.17	13.04
酒、饮料和精制茶制造业	Beverage Manufacturing	156.10	120.75	1.52	8.44
烟草制品业	Tobacco Processing				
纺织业	Textile Industry	3204.81	2750.21	12.96	59.10
纺织服装、服饰业	Garments,Shoes and Hats Manufacturing	958.67	823.11	4.47	31.28
皮革、毛皮、羽毛及其制品和制鞋业	Leather,Furs,Down and Related Products	677.16	585.53	3.03	18.41
木材加工和木、竹、藤、棕、草制品业	Timber Processing,Bamboo,Cane Palm Fiber and Straw Products	357.30	303.59	2.02	12.75
家具制造业	Furniture Manufacturing	655.28	543.44	3.32	26.60
造纸和纸制品业	Papermaking and Paper Products	849.29	742.00	3.91	21.32
印刷和记录媒介复制业	Printing and Record Medium Reproduction	418.53	349.79	1.66	12.15
文教、工美、体育和娱乐用品制造业	Cultural,Educational and Sports Goods	958.16	805.70	3.90	35.69

续表5 Continued 单位：亿元(100 million yuan)

行业	Sector	营业收入 Operating income	营业成本 Opreating costs	营业税金及附加 Business tariff and annex	销售费用 Selling Expenses
石油加工、炼焦和核燃料加工业	Petroleum Processing,Cooking and Nuclear Fuel Processing	183.72	166.33	0.61	1.77
化学原料和化学制品制造业	Raw Chemical Materials and Chemical Products	2152.35	1769.59	7.22	59.36
医药制造业	Medical and Pharmaceutical Products	718.63	383.94	5.61	120.10
化学纤维制造业	Chemical Fiber	1242.48	1148.11	2.52	6.79
橡胶和塑料制品业	Rubber and plastic products	1865.75	1552.09	8.12	55.97
非金属矿物制品业	Nonmetal Mineral Products	2526.05	2124.98	12.49	105.56
黑色金属冶炼和压延加工业	Smelting and Pressing of Ferrous Metals	1376.68	1269.28	2.55	11.95
有色金属冶炼和压延加工业	Smelting and Pressing of Nonferrous Metals	1667.00	1578.54	2.26	9.58
金属制品业	Metal Products	2543.81	2170.42	10.84	71.42
通用设备制造业	Ordinary Machinery	3535.44	2842.61	17.01	118.53
专用设备制造业	For Special Purpose Equipment Manufacturing	1435.59	1117.23	7.41	51.94
汽车制造业	Automotive Manufacturing	2273.01	1918.55	23.46	51.57
铁路、船舶、航空航天和其他运输设备制造业	Railway, Shipbuilding, Aerospace and other Transport Equipment	570.13	477.64	4.49	13.91
电气机械和器材制造业	Electric Equipment and Machinery	4639.15	3891.79	18.77	131.58
计算机、通信和其他电子设备制造业	Telecommunications Equipment, Computer and Other Electronic Equipment Manufacturing	1762.98	1426.30	7.00	57.59
仪器仪表制造业	Instruments,Meters,Cultural and Office Machinery	498.13	362.60	2.74	26.97
其他制造业	Handicraft Article and Other Manufacturing Indust	180.33	153.32	0.77	6.42
废弃资源综合利用业	Comprehensive Utilization of Waste Resources	170.68	154.30	1.05	1.51
金属制品、机械和设备修理业	Metal Products,Machinery and Equipment Repair Industry	71.16	56.83	0.34	2.05
电力、热力的生产和供应业	Electricity,Gas and Water Production and Supply	174.13	114.45	0.98	0.11
燃气生产和供应业	Production and Supply of Gas	31.08	25.04	0.07	1.51
水的生产和供应业	Production and Supply of Water	16.51	12.18	0.09	0.17

续表6 Continued 单位：亿元(100 million yuan)

行业	Sector	管理费用 Administrative Expenses	财务费用 Financial Expenses	利润总额 Total Profits
总计	**Total**	**1617.04**	**466.01**	**2186.30**
按登记注册类型分	**By Registered Type**			
#国有	State-owned Enterprises			
集体	Collective Owned Enterprises			
私营	Private Enterprises	1617.04	466.01	2186.30
港澳台商投资	Funded by Enterpreneurs From Hong Kong Macao and Taiwan			
外商投资	Foreign Funded Enterprises			
在总计中：轻工业	Light Industry	713.72	218.59	839.87
重工业	Heavy Industry	903.32	247.42	1346.43
按工业行业分	**By Sector**			
煤炭开采和洗选业	Coal Mining and Dressing			
黑色金属矿采选业	Ferrous Metals Mining and Dressing	0.08	0.01	0.13
有色金属矿采选业	Nonferrous Metals Mining and Dressing	0.82	0.15	0.79
非金属矿采选业	Nonmetal Minerals Mining and Dressing	9.48	5.97	22.92
农副食品加工业	Non-staple Food Processing	16.80	8.20	30.42
食品制造业	Food Manufacturing	12.05	1.78	17.04
酒、饮料和精制茶制造业	Beverage Manufacturing	5.61	1.68	17.81
烟草制品业	Tobacco Processing			
纺织业	Textile Industry	126.47	52.11	149.34
纺织服装、服饰业	Garments,Shoes and Hats Manufacturing	55.03	15.57	21.71
皮革、毛皮、羽毛及其制品和制鞋业	Leather,Furs,Down and Related Products	35.94	10.77	13.77
木材加工和木、竹、藤、棕、草制品业	Timber Processing,Bamboo,Cane Palm Fiber and Straw Products	14.05	5.68	14.68
家具制造业	Furniture Manufacturing	35.88	11.08	24.59
造纸和纸制品业	Papermaking and Paper Products	30.17	9.27	38.20
印刷和记录媒介复制业	Printing and Record Medium Reproduction	21.15	5.62	19.51
文教、工美、体育和娱乐用品制造业	Cultural,Educational and Sports Goods	43.79	12.54	49.83

续表7 Continued

单位：亿元(100 million yuan)

行业	Sector	管理费用 Administrative Expenses	财务费用 Financial Expenses	利润总额 Total Profits
石油加工、炼焦和核燃料加工业	Petroleum Processing,Cooking and Nuclear Fuel Processing	2.75	3.41	5.36
化学原料和化学制品制造业	Raw Chemical Materials and Chemical Products	78.21	22.10	200.48
医药制造业	Medical and Pharmaceutical Products	48.27	7.15	122.63
化学纤维制造业	Chemical Fiber	20.22	13.55	34.70
橡胶和塑料制品业	Rubber and plastic products	89.12	24.69	96.64
非金属矿物制品业	Nonmetal Mineral Products	85.08	20.17	160.86
黑色金属冶炼和压延加工业	Smelting and Pressing of Ferrous Metals	20.27	4.65	49.06
有色金属冶炼和压延加工业	Smelting and Pressing of Nonferrous Metals	22.95	12.04	30.44
金属制品业	Metal Products	110.07	33.16	104.95
通用设备制造业	Ordinary Machinery	180.91	41.13	240.28
专用设备制造业	For Special Purpose Equipment Manufacturing	84.76	17.55	107.66
汽车制造业	Automotive Manufacturing	100.09	27.11	118.84
铁路、船舶、航空航天和其他运输设备制造业	Railway, Shipbuilding, Aerospace and other Transport Equipment	26.26	8.40	23.92
电气机械和器材制造业	Electric Equipment and Machinery	196.19	49.81	241.64
计算机、通信和其他电子设备制造业	Telecommunications Equipment, Computer and Other Electronic Equipment Manufacturing	85.72	17.84	110.79
仪器仪表制造业	Instruments,Meters,Cultural and Office Machinery	32.29	5.12	51.18
其他制造业	Handicraft Article and Other Manufacturing Indust	9.02	2.70	5.23
废弃资源综合利用业	Comprehensive Utilization of Waste Resources	4.28	2.12	7.74
金属制品、机械和设备修理业	Metal Products,Machinery and Equipment Repair Industry	4.43	0.63	6.84
电力、热力的生产和供应业	Electricity,Gas and Water Production and Supply	6.23	11.21	41.42
燃气生产和供应业	Production and Supply of Gas	1.37	0.20	2.97
水的生产和供应业	Production and Supply of Water	1.15	0.84	1.92

续表8 Continued

单位：亿元(100 million yuan)

行业	Sector	利税总额 Total Profits and Taxes	本年应交增值税 Value Added Taxes Payable	平均用工人数(万人) Average Number of Employed Persons
总计	**Total**	**3286.10**	**920.74**	**456.55**
按登记注册类型分	**By Registered Type**			
#国有	State-owned Enterprises			
集体	Collective Owned Enterprises			
私营	Private Enterprises	3286.10	920.74	456.55
港澳台商投资	Funded by Enterpreneurs From Hong Kong Macao and Taiwan			
外商投资	Foreign Funded Enterprises			
在总计中：轻工业	Light Industry	1316.65	405.91	233.26
重工业	Heavy Industry	1969.45	514.84	223.29
按工业行业分	**By Sector**			
煤炭开采和洗选业	Coal Mining and Dressing			
黑色金属矿采选业	Ferrous Metals Mining and Dressing	0.23	0.08	0.02
有色金属矿采选业	Nonferrous Metals Mining and Dressing	1.40	0.46	0.10
非金属矿采选业	Nonmetal Minerals Mining and Dressing	30.65	4.60	0.69
农副食品加工业	Non-staple Food Processing	38.24	6.45	4.71
食品制造业	Food Manufacturing	24.83	6.62	3.24
酒、饮料和精制茶制造业	Beverage Manufacturing	23.94	4.62	1.13
烟草制品业	Tobacco Processing			
纺织业	Textile Industry	247.76	85.46	44.61
纺织服装、服饰业	Garments,Shoes and Hats Manufacturing	53.44	27.26	22.77
皮革、毛皮、羽毛及其制品和制鞋业	Leather,Furs,Down and Related Products	36.98	20.19	18.01
木材加工和木、竹、藤、棕、草制品业	Timber Processing,Bamboo,Cane Palm Fiber and Straw Products	25.38	8.67	5.21
家具制造业	Furniture Manufacturing	48.19	20.27	12.13
造纸和纸制品业	Papermaking and Paper Products	69.89	27.77	8.23
印刷和记录媒介复制业	Printing and Record Medium Reproduction	30.85	9.68	6.23
文教、工美、体育和娱乐用品制造业	Cultural,Educational and Sports Goods	77.47	23.73	15.50

续表9 Continued　　单位：亿元(100 million yuan)

行业	Sector	利税总额 Total Profits and Taxes	本年应交增值税 Value Added Taxes Payable	平均用工人数(万人) Average Number of Employed Persons
石油加工、炼焦和核燃料加工业	Petroleum Processing,Cooking and Nuclear Fuel Processing	10.24	4.27	0.36
化学原料和化学制品制造业	Raw Chemical Materials and Chemical Products	247.80	40.09	11.53
医药制造业	Medical and Pharmaceutical Products	160.14	31.90	7.05
化学纤维制造业	Chemical Fiber	53.30	16.08	6.80
橡胶和塑料制品业	Rubber and plastic products	148.97	44.21	25.99
非金属矿物制品业	Nonmetal Mineral Products	260.08	86.73	15.58
黑色金属冶炼和压延加工业	Smelting and Pressing of Ferrous Metals	69.21	17.61	4.77
有色金属冶炼和压延加工业	Smelting and Pressing of Nonferrous Metals	45.94	13.24	5.16
金属制品业	Metal Products	177.81	62.01	36.21
通用设备制造业	Ordinary Machinery	353.12	95.83	50.30
专用设备制造业	For Special Purpose Equipment Manufacturing	157.49	42.43	20.86
汽车制造业	Automotive Manufacturing	191.88	49.58	26.94
铁路、船舶、航空航天和其他运输设备制造业	Railway, Shipbuilding, Aerospace and other Transport Equipment	41.10	12.69	7.97
电气机械和器材制造业	Electric Equipment and Machinery	349.84	89.43	57.21
计算机、通信和其他电子设备制造业	Telecommunications Equipment, Computer and Other Electronic Equipment Manufacturing	151.31	33.52	23.75
仪器仪表制造业	Instruments,Meters,Cultural and Office Machinery	69.59	15.67	7.07
其他制造业	Handicraft Article and Other Manufacturing Indust	9.90	3.89	3.58
废弃资源综合利用业	Comprehensive Utilization of Waste Resources	16.89	8.10	0.73
金属制品、机械和设备修理业	Metal Products,Machinery and Equipment Repair Industry	8.59	1.42	0.96
电力、热力的生产和供应业	Electricity,Gas and Water Production and Supply	47.45	5.06	0.89
燃气生产和供应业	Production and Supply of Gas	3.54	0.50	0.11
水的生产和供应业	Production and Supply of Water	2.59	0.57	0.15

7-11 按行业分的规模以上私营工业企业主要经济效益指标（2020年）
Main Economic Beneficial Indicators of Private Industrial Enterprises Above Designated Size by Sector (2020)

行业	Sector
总计	**Total**
按登记注册类型分	**By Registered Type**
#国有	State-owned Enterprises
集体	Collective Owned Enterprises
私营	Private Enterprises
港澳台商投资	Funded by Enterpreneurs From Hong Kong Macao and Taiwan
外商投资	Foreign Funded Enterprises
在总计中：轻工业	Light Industry
重工业	Heavy Industry
按工业行业分	**By Sector**
煤炭开采和洗选业	Coal Mining and Dressing
黑色金属矿采选业	Ferrous Metals Mining and Dressing
有色金属矿采选业	Nonferrous Metals Mining and Dressing
非金属矿采选业	Nonmetal Minerals Mining and Dressing
农副食品加工业	Non-staple Food Processing
食品制造业	Food Manufacturing
酒、饮料和精制茶制造业	Beverage Manufacturing
烟草制品业	Tobacco Processing
纺织业	Textile Industry
纺织服装、服饰业	Garments,Shoes and Hats Manufacturing
皮革、毛皮、羽毛及其制品和制鞋业	Leather,Furs,Down and Related Products
木材加工和木、竹、藤、棕、草制品业	Timber Processing,Bamboo,Cane Palm Fiber and Straw Products
家具制造业	Furniture Manufacturing
造纸和纸制品业	Papermaking and Paper Products
印刷和记录媒介复制业	Printing and Record Medium Reproduction
文教、工美、体育和娱乐用品制造业	Cultural,Educational and Sports Goods

资产负债率 (%) Asset Liability Ratio (%)	成本费用利润率 (%) Profit Margin of the Cost and Expense (%)	每百元固定资产原值实现利税 (元) Pre tax Profits per 100 Yuan Original Value of Fixed Assets (yuan)	每百元营业收入实现利税 (元) Pre tax Profits per 100 Yuan Revenues in Main Business (yuan)	新产品产值率 (%) New product ratio (%)
60.46	**5.93**	**22.29**	**8.47**	**36.71**
60.46	5.93	22.29	8.47	36.71
61.51	5.49	19.65	8.23	34.99
59.75	6.25	24.50	8.64	37.96
40.22	11.09	17.69	18.31	
50.85	17.63	35.73	27.34	10.65
71.43	23.57	56.04	24.63	9.71
58.24	5.34	21.73	6.64	15.98
54.25	8.11	22.50	11.07	30.89
58.70	12.84	26.98	15.34	26.46
67.91	4.86	14.33	7.73	33.05
69.37	2.30	14.58	5.57	29.70
67.52	2.07	15.92	5.46	37.24
67.64	4.28	24.90	7.10	32.73
67.25	3.88	23.10	7.35	34.98
66.24	4.64	22.20	8.23	31.27
62.56	4.88	13.40	7.37	28.26
66.73	5.41	23.92	8.09	34.19

续表 Continued

行业	Sector
石油加工、炼焦和核燃料加工业	Petroleum Processing,Cooking and Nuclear Fuel Processing
化学原料和化学制品制造业	Raw Chemical Materials and Chemical Products
医药制造业	Medical and Pharmaceutical Products
化学纤维制造业	Chemical Fiber
橡胶和塑料制品业	Rubber and plastic products
非金属矿物制品业	Nonmetal Mineral Products
黑色金属冶炼和压延加工业	Smelting and Pressing of Ferrous Metals
有色金属冶炼和压延加工业	Smelting and Pressing of Nonferrous Metals
金属制品业	Metal Products
通用设备制造业	Ordinary Machinery
专用设备制造业	For Special Purpose Equipment Manufacturing
汽车制造业	Automotive Manufacturing
铁路、船舶、航空航天和其他运输设备制造业	Railway, Shipbuilding, Aerospace and other Transport Equipment
电气机械和器材制造业	Electric Equipment and Machinery
计算机、通信和其他电子设备制造业	Telecommunications Equipment,Computer and Other Electronic Equipment Manufacturing
仪器仪表制造业	Instruments,Meters,Cultural and Office Machinery
其他制造业	Handicraft Article and Other Manufacturing Indust
废弃资源综合利用业	Comprehensive Utilization of Waste Resources
金属制品、机械和设备修理业	Metal Products,Machinery and Equipment Repair Industry
电力、热力的生产和供应业	Electricity,Gas and Water Production and Supply
燃气生产和供应业	Production and Supply of Gas
水的生产和供应业	Production and Supply of Water

资产负债率 (%) Asset Liability Ratio (%)	成本费用利润率 (%) Profit Margin of the Cost and Expense (%)	每百元固定资产原值实现利税 (元) Pre tax Profits per 100 Yuan Original Value of Fixed Assets (yuan)	每百元营业收入实现利税 (元) Pre tax Profits per 100 Yuan Revenues in Main Business (yuan)	新产品产值率 (%) New product ratio (%)
67.04	2.98	7.01	5.57	55.14
47.33	10.09	30.37	11.51	40.61
39.34	20.52	43.45	22.28	43.29
60.79	2.86	8.41	4.29	38.42
59.88	5.45	18.69	7.98	31.27
65.86	6.77	34.95	10.30	21.28
68.93	3.70	19.46	5.03	26.69
68.81	1.86	21.65	2.76	29.94
62.11	4.29	21.53	6.99	31.96
56.24	7.25	25.01	9.99	43.72
59.28	8.08	27.62	10.97	48.90
63.25	5.49	19.89	8.44	42.33
70.66	4.39	18.47	7.21	45.33
58.73	5.47	25.99	7.54	44.75
54.04	6.63	24.46	8.58	52.98
51.87	11.28	41.90	13.97	47.75
68.55	2.98	16.46	5.49	23.43
69.75	4.72	38.65	9.89	9.89
65.09	10.63	24.38	12.08	0.82
58.99	30.74	11.16	27.25	9.13
50.56	10.52	27.91	11.39	
67.60	13.02	11.88	15.69	10.91

7-12 按行业分的外商投资和港澳台商投资工业企业主要指标（2020年）

Main Indicators of Foreign Funded Enterprises and Enterprises Funded by Entrepreneurs from Hong Kong, Macao and Taiwan by Sector (2020)

单位：亿元(100 million yuan)

行业	Sector	企业单位数(个) Number of Enterprises (unit)	#亏损企业(个) Loss (unit)	工业总产值 Gross Industrial Output Value
总计	**Total**	**4315**	**958**	**15174.63**
按登记注册类型分	**By Registered Type**			
#国有	State-owned Enterprises			
集体	Collective Owned Enterprises			
私营	Private Enterprises			
港澳台商投资	Funded by Enterprepreneurs From Hong Kong Macao and Taiwan	1936	461	6648.45
外商投资	Foreign Funded Enterprises	2379	497	8526.18
在总计中：轻工业	Light Industry	2016	543	4881.24
重工业	Heavy Industry	2299	415	10293.40
按工业行业分	**By Sector**			
煤炭开采和洗选业	Coal Mining and Dressing			
黑色金属矿采选业	Ferrous Metals Mining and Dressing			
有色金属矿采选业	Nonferrous Metals Mining and Dressing			
非金属矿采选业	Nonmetal Minerals Mining and Dressing	3		8.35
农副食品加工业	Non-staple Food Processing	57	11	164.65
食品制造业	Food Manufacturing	79	12	261.69
酒、饮料和精制茶制造业	Beverage Manufacturing	45	5	136.52
烟草制品业	Tobacco Processing			
纺织业	Textile Industry	385	114	639.96
纺织服装、服饰业	Garments,Shoes and Hats Manufacturing	327	130	624.68
皮革、毛皮、羽毛及其制品和制鞋业	Leather,Furs,Down and Related Products	76	29	85.18
木材加工和木、竹、藤、棕、草制品业	Timber Processing,Bamboo,Cane Palm Fiber and Straw Products	28	7	45.19
家具制造业	Furniture Manufacturing	82	21	179.90
造纸和纸制品业	Papermaking and Paper Products	68	14	331.39
印刷和记录媒介复制业	Printing and Record Medium Reproduction	31	7	59.69
文教、工美、体育和娱乐用品制造业	Cultural,Educational and Sports Goods	154	49	264.14

续表1 Continued 单位：亿元(100 million yuan)

行业	Sector	企业单位数(个) Number of Enterprises (unit)	#亏损企业(个) Loss (unit)	工业总产值 Gross Industrial Output Value
石油加工、炼焦和核燃料加工业	Petroleum Processing,Cooking and Nuclear Fuel Processing	12	3	333.28
化学原料和化学制品制造业	Raw Chemical Materials and Chemical Products	242	37	1681.77
医药制造业	Medical and Pharmaceutical Products	66	12	478.11
化学纤维制造业	Chemical Fiber	51	16	496.88
橡胶和塑料制品业	Rubber and plastic products	203	38	352.55
非金属矿物制品业	Nonmetal Mineral Products	98	18	244.34
黑色金属冶炼和压延加工业	Smelting and Pressing of Ferrous Metals	29	8	152.22
有色金属冶炼和压延加工业	Smelting and Pressing of Nonferrous Metals	37	9	486.75
金属制品业	Metal Products	243	38	484.37
通用设备制造业	Ordinary Machinery	511	96	960.01
专用设备制造业	For Special Purpose Equipment Manufacturing	247	39	572.78
汽车制造业	Automotive Manufacturing	307	65	1378.81
铁路、船舶、航空航天和其他运输设备制造业	Railway, Shipbuilding, Aerospace and other Transport Equipment	34	12	88.00
电气机械和器材制造业	Electric Equipment and Machinery	374	79	1125.17
计算机、通信和其他电子设备制造业	Telecommunications Equipment, Computer and Other Electronic Equipment Manufacturing	284	62	2643.84
仪器仪表制造业	Instruments,Meters,Cultural and Office Machinery	86	12	349.05
其他制造业	Handicraft Article and Other Manufacturing Indust	29	3	41.66
废弃资源综合利用业	Comprehensive Utilization of Waste Resources	9	4	15.69
金属制品、机械和设备修理业	Metal Products,Machinery and Equipment Repair Industry	8		45.92
电力、热力的生产和供应业	Electricity,Gas and Water Production and Supply	48	3	232.61
燃气生产和供应业	Production and Supply of Gas	47	4	199.25
水的生产和供应业	Production and Supply of Water	15	1	10.24

续表2 Continued 单位：亿元(100 million yuan)

行业	Sector	资产总计 Total Assets	年末负债合计 Total Liabilities	所有者权益合计 Creditors' Equity	实收资本 Total Capital Hold
总计	**Total**	**19323.96**	**9548.82**	**9764.54**	**4788.47**
按登记注册类型分	**By Registered Type**				
#国有	State-owned Enterprises				
集体	Collective Owned Enterprises				
私营	Private Enterprises				
港澳台商投资	Funded by Enterpreneurs From Hong Kong Macao and Taiwan	8654.16	4238.36	4408.57	2165.81
外商投资	Foreign Funded Enterprises	10669.81	5310.47	5355.97	2622.66
在总计中：轻工业	Light Industry	6225.21	3046.02	3172.89	1739.45
重工业	Heavy Industry	13098.75	6502.80	6591.64	3049.02
按工业行业分	**By Sector**				
煤炭开采和洗选业	Coal Mining and Dressing				
黑色金属矿采选业	Ferrous Metals Mining and Dressing				
有色金属矿采选业	Nonferrous Metals Mining and Dressing				
非金属矿采选业	Nonmetal Minerals Mining and Dressing	15.28	4.62	10.66	4.59
农副食品加工业	Non-staple Food Processing	164.74	84.33	80.41	53.15
食品制造业	Food Manufacturing	306.00	139.15	165.70	106.87
酒、饮料和精制茶制造业	Beverage Manufacturing	202.96	83.18	119.78	68.53
烟草制品业	Tobacco Processing				
纺织业	Textile Industry	1010.76	458.51	550.96	298.10
纺织服装、服饰业	Garments,Shoes and Hats Manufacturing	747.43	403.21	343.97	167.11
皮革、毛皮、羽毛及其制品和制鞋业	Leather,Furs,Down and Related Products	115.87	68.62	46.85	30.62
木材加工和木、竹、藤、棕、草制品业	Timber Processing,Bamboo,Cane Palm Fiber and Straw Products	55.10	36.51	18.59	15.03
家具制造业	Furniture Manufacturing	189.79	114.70	75.09	50.82
造纸和纸制品业	Papermaking and Paper Products	506.19	278.18	228.01	124.49
印刷和记录媒介复制业	Printing and Record Medium Reproduction	129.96	42.58	87.38	43.90
文教、工美、体育和娱乐用品制造业	Cultural,Educational and Sports Goods	300.83	141.21	159.62	81.95

续表3 Continued 单位：亿元(100 million yuan)

行业	Sector	资产总计 Total Assets	年末负债合计 Total Liabilities	所有者权益合计 Creditors' Equity	实收资本 Total Capital Hold
石油加工、炼焦和核燃料加工业	Petroleum Processing,Cooking and Nuclear Fuel Processing	173.01	85.85	87.15	41.96
化学原料和化学制品制造业	Raw Chemical Materials and Chemical Products	2097.53	826.69	1268.70	630.30
医药制造业	Medical and Pharmaceutical Products	492.17	199.25	292.93	69.77
化学纤维制造业	Chemical Fiber	611.85	344.89	264.58	187.25
橡胶和塑料制品业	Rubber and plastic products	417.14	167.26	249.58	127.60
非金属矿物制品业	Nonmetal Mineral Products	403.42	233.45	169.97	89.27
黑色金属冶炼和压延加工业	Smelting and Pressing of Ferrous Metals	113.33	49.68	63.65	54.60
有色金属冶炼和压延加工业	Smelting and Pressing of Nonferrous Metals	498.98	253.61	245.31	85.14
金属制品业	Metal Products	526.66	253.11	273.05	139.85
通用设备制造业	Ordinary Machinery	1378.49	639.39	737.65	318.96
专用设备制造业	For Special Purpose Equipment Manufacturing	864.97	347.49	520.46	201.20
汽车制造业	Automotive Manufacturing	2546.10	1251.90	1292.29	529.45
铁路、船舶、航空航天和其他运输设备制造业	Railway, Shipbuilding, Aerospace and other Transport Equipment	102.95	49.38	53.58	108.41
电气机械和器材制造业	Electric Equipment and Machinery	1346.82	698.53	647.16	319.53
计算机、通信和其他电子设备制造业	Telecommunications Equipment, Computer and Other Electronic Equipment Manufacturing	2579.36	1630.07	948.66	451.42
仪器仪表制造业	Instruments,Meters,Cultural and Office Machinery	496.61	199.40	297.21	70.11
其他制造业	Handicraft Article and Other Manufacturing Indust	37.79	14.81	22.96	10.71
废弃资源综合利用业	Comprehensive Utilization of Waste Resources	32.80	15.93	16.87	11.40
金属制品、机械和设备修理业	Metal Products,Machinery and Equipment Repair Industry	80.35	55.58	24.77	33.45
电力、热力的生产和供应业	Electricity,Gas and Water Production and Supply	436.42	194.33	242.09	165.82
燃气生产和供应业	Production and Supply of Gas	299.47	162.22	137.25	83.65
水的生产和供应业	Production and Supply of Water	42.83	21.19	21.64	13.46

续表4 Continued 单位：亿元(100 million yuan)

行业	Sector	营业收入 Operating income	营业成本 Opreating costs	营业税金及附加 Business tariff and annex	销售费用 Selling Expenses
总计	**Total**	**15974.33**	**13143.09**	**83.72**	**588.92**
按登记注册类型分	**By Registered Type**				
#国有	State-owned Enterprises				
集体	Collective Owned Enterprises				
私营	Private Enterprises				
港澳台商投资	Funded by Enterpreneurs From Hong Kong Macao and Taiwan	6870.26	5661.39	38.07	207.28
外商投资	Foreign Funded Enterprises	9104.07	7481.70	45.65	381.64
在总计中：轻工业	Light Industry	5045.85	4003.81	32.57	297.88
重工业	Heavy Industry	10928.48	9139.28	51.15	291.04
按工业行业分	**By Sector**				
煤炭开采和洗选业	Coal Mining and Dressing				
黑色金属矿采选业	Ferrous Metals Mining and Dressing				
有色金属矿采选业	Nonferrous Metals Mining and Dressing				
非金属矿采选业	Nonmetal Minerals Mining and Dressing	8.33	3.81	0.25	0.14
农副食品加工业	Non-staple Food Processing	187.72	169.19	0.46	4.83
食品制造业	Food Manufacturing	289.92	228.04	1.26	24.22
酒、饮料和精制茶制造业	Beverage Manufacturing	170.58	116.88	6.11	21.09
烟草制品业	Tobacco Processing				
纺织业	Textile Industry	637.38	526.48	4.16	11.85
纺织服装、服饰业	Garments,Shoes and Hats Manufacturing	648.31	550.66	3.87	35.67
皮革、毛皮、羽毛及其制品和制鞋业	Leather,Furs,Down and Related Products	83.65	71.48	0.36	3.03
木材加工和木、竹、藤、棕、草制品业	Timber Processing,Bamboo,Cane Palm Fiber and Straw Products	50.05	39.81	0.66	2.10
家具制造业	Furniture Manufacturing	183.48	153.84	0.78	8.41
造纸和纸制品业	Papermaking and Paper Products	344.40	262.67	1.55	14.44
印刷和记录媒介复制业	Printing and Record Medium Reproduction	62.16	48.80	0.37	1.88
文教、工美、体育和娱乐用品制造业	Cultural,Educational and Sports Goods	244.93	195.99	1.49	9.91

续表5 Continued

单位：亿元(100 million yuan)

行业	Sector	营业收入 Operating income	营业成本 Opreating costs	营业税金及附加 Business tariff and annex	销售费用 Selling Expenses
石油加工、炼焦和核燃料加工业	Petroleum Processing,Cooking and Nuclear Fuel Processing	304.91	279.30	11.66	2.55
化学原料和化学制品制造业	Raw Chemical Materials and Chemical Products	1705.82	1371.90	6.78	53.54
医药制造业	Medical and Pharmaceutical Products	406.56	224.63	2.55	77.10
化学纤维制造业	Chemical Fiber	513.72	473.09	1.50	5.74
橡胶和塑料制品业	Rubber and plastic products	354.96	286.30	2.02	11.85
非金属矿物制品业	Nonmetal Mineral Products	281.98	212.66	1.60	16.96
黑色金属冶炼和压延加工业	Smelting and Pressing of Ferrous Metals	161.39	147.55	0.46	1.78
有色金属冶炼和压延加工业	Smelting and Pressing of Nonferrous Metals	678.64	631.45	0.91	3.50
金属制品业	Metal Products	501.57	430.73	2.01	9.78
通用设备制造业	Ordinary Machinery	1045.22	827.97	4.94	37.76
专用设备制造业	For Special Purpose Equipment Manufacturing	601.01	449.55	3.50	24.05
汽车制造业	Automotive Manufacturing	1474.02	1238.27	6.42	27.67
铁路、船舶、航空航天和其他运输设备制造业	Railway, Shipbuilding, Aerospace and other Transport Equipment	81.82	76.83	0.34	1.26
电气机械和器材制造业	Electric Equipment and Machinery	1249.61	1013.72	6.76	65.53
计算机、通信和其他电子设备制造业	Telecommunications Equipment, Computer and Other Electronic Equipment Manufacturing	2793.86	2426.13	5.68	88.07
仪器仪表制造业	Instruments,Meters,Cultural and Office Machinery	345.35	239.80	1.74	16.76
其他制造业	Handicraft Article and Other Manufacturing Indust	39.64	31.91	0.25	1.05
废弃资源综合利用业	Comprehensive Utilization of Waste Resources	22.12	21.43	0.18	0.29
金属制品、机械和设备修理业	Metal Products,Machinery and Equipment Repair Industry	47.30	32.64	0.66	0.27
电力、热力的生产和供应业	Electricity,Gas and Water Production and Supply	233.65	180.73	1.84	0.10
燃气生产和供应业	Production and Supply of Gas	210.07	172.63	0.48	5.73
水的生产和供应业	Production and Supply of Water	10.21	6.21	0.10	

续表6 Continued 单位：亿元(100 million yuan)

行业	Sector	管理费用 Administrative Expenses	财务费用 Financial Expenses	利润总额 Total Profits
总计	**Total**	**579.92**	**131.49**	**1323.10**
按登记注册类型分	**By Registered Type**			
#国有	State-owned Enterprises			
集体	Collective Owned Enterprises			
私营	Private Enterprises			
港澳台商投资	Funded by Enterpreneurs From Hong Kong Macao and Taiwan	234.75	61.46	537.03
外商投资	Foreign Funded Enterprises	345.17	70.04	786.07
在总计中：轻工业	Light Industry	240.22	66.47	359.60
重工业	Heavy Industry	339.70	65.02	963.50
按工业行业分	**By Sector**			
煤炭开采和洗选业	Coal Mining and Dressing			
黑色金属矿采选业	Ferrous Metals Mining and Dressing			
有色金属矿采选业	Nonferrous Metals Mining and Dressing			
非金属矿采选业	Nonmetal Minerals Mining and Dressing	1.00	0.01	2.86
农副食品加工业	Non-staple Food Processing	5.45	0.94	3.82
食品制造业	Food Manufacturing	13.07	1.07	24.28
酒、饮料和精制茶制造业	Beverage Manufacturing	7.13	0.75	22.70
烟草制品业	Tobacco Processing			
纺织业	Textile Industry	32.61	9.63	47.20
纺织服装、服饰业	Garments,Shoes and Hats Manufacturing	30.45	11.20	17.40
皮革、毛皮、羽毛及其制品和制鞋业	Leather,Furs,Down and Related Products	3.91	2.28	0.53
木材加工和木、竹、藤、棕、草制品业	Timber Processing,Bamboo,Cane Palm Fiber and Straw Products	2.46	1.19	3.00
家具制造业	Furniture Manufacturing	11.23	2.98	6.34
造纸和纸制品业	Papermaking and Paper Products	8.56	11.60	37.24
印刷和记录媒介复制业	Printing and Record Medium Reproduction	3.48	0.63	6.20
文教、工美、体育和娱乐用品制造业	Cultural,Educational and Sports Goods	17.09	2.98	14.16

续表7 Continued　　单位：亿元(100 million yuan)

行业	Sector	管理费用 Administrative Expenses	财务费用 Financial Expenses	利润总额 Total Profits
石油加工、炼焦和核燃料加工业	Petroleum Processing,Cooking and Nuclear Fuel Processing	3.23	1.70	7.98
化学原料和化学制品制造业	Raw Chemical Materials and Chemical Products	51.44	11.03	199.99
医药制造业	Medical and Pharmaceutical Products	24.27	3.02	65.65
化学纤维制造业	Chemical Fiber	9.29	5.19	10.47
橡胶和塑料制品业	Rubber and plastic products	18.49	3.81	30.29
非金属矿物制品业	Nonmetal Mineral Products	11.07	3.52	31.54
黑色金属冶炼和压延加工业	Smelting and Pressing of Ferrous Metals	2.67	0.60	3.93
有色金属冶炼和压延加工业	Smelting and Pressing of Nonferrous Metals	5.95	0.13	29.48
金属制品业	Metal Products	18.73	4.69	38.17
通用设备制造业	Ordinary Machinery	58.78	6.06	98.91
专用设备制造业	For Special Purpose Equipment Manufacturing	35.59	3.19	77.47
汽车制造业	Automotive Manufacturing	59.05	2.88	209.39
铁路、船舶、航空航天和其他运输设备制造业	Railway, Shipbuilding, Aerospace and other Transport Equipment	3.06	0.68	-1.49
电气机械和器材制造业	Electric Equipment and Machinery	55.07	14.33	73.29
计算机、通信和其他电子设备制造业	Telecommunications Equipment, Computer and Other Electronic Equipment Manufacturing	51.32	11.34	122.75
仪器仪表制造业	Instruments,Meters,Cultural and Office Machinery	17.34	2.75	58.87
其他制造业	Handicraft Article and Other Manufacturing Indust	2.19	0.44	3.12
废弃资源综合利用业	Comprehensive Utilization of Waste Resources	0.69	0.28	0.64
金属制品、机械和设备修理业	Metal Products,Machinery and Equipment Repair Industry	2.96	2.11	8.89
电力、热力的生产和供应业	Electricity,Gas and Water Production and Supply	5.51	5.68	40.17
燃气生产和供应业	Production and Supply of Gas	6.07	2.14	24.75
水的生产和供应业	Production and Supply of Water	0.70	0.65	3.10

续表8 Continued

单位：亿元(100 million yuan)

行业	Sector	利税总额 Total Profits and Taxes	本年应交增值税 Value Added Taxes Payable	平均用工人数(万人) Average Number of Employed Persons
总计	**Total**	**1700.25**	**293.43**	**117.43**
按登记注册类型分	**By Registered Type**			
#国有	State-owned Enterprises			
集体	Collective Owned Enterprises			
私营	Private Enterprises			
港澳台商投资	Funded by Entrepreneurs From Hong Kong Macao and Taiwan	718.97	143.87	53.50
外商投资	Foreign Funded Enterprises	981.28	149.56	63.93
在总计中：轻工业	Light Industry	511.85	119.67	54.57
重工业	Heavy Industry	1188.41	173.76	62.85
按工业行业分	**By Sector**			
煤炭开采和洗选业	Coal Mining and Dressing			
黑色金属矿采选业	Ferrous Metals Mining and Dressing			
有色金属矿采选业	Nonferrous Metals Mining and Dressing			
非金属矿采选业	Nonmetal Minerals Mining and Dressing	3.35	0.24	0.04
农副食品加工业	Non-staple Food Processing	7.12	2.83	0.96
食品制造业	Food Manufacturing	33.12	7.58	2.37
酒、饮料和精制茶制造业	Beverage Manufacturing	35.87	7.06	1.04
烟草制品业	Tobacco Processing			
纺织业	Textile Industry	71.40	20.05	9.54
纺织服装、服饰业	Garments,Shoes and Hats Manufacturing	34.48	13.20	11.76
皮革、毛皮、羽毛及其制品和制鞋业	Leather,Furs,Down and Related Products	2.96	2.07	1.45
木材加工和木、竹、藤、棕、草制品业	Timber Processing,Bamboo,Cane Palm Fiber and Straw Products	4.63	0.98	0.61
家具制造业	Furniture Manufacturing	10.81	3.69	2.94
造纸和纸制品业	Papermaking and Paper Products	46.06	7.27	1.52
印刷和记录媒介复制业	Printing and Record Medium Reproduction	8.74	2.16	0.67
文教、工美、体育和娱乐用品制造业	Cultural,Educational and Sports Goods	20.34	4.69	4.48

续表9 Continued　　单位：亿元(100 million yuan)

行业	Sector	利税总额 Total Profits and Taxes	本年应交增值税 Value Added Taxes Payable	平均用工人数(万人) Average Number of Employed Persons
石油加工、炼焦和核燃料加工业	Petroleum Processing,Cooking and Nuclear Fuel Processing	24.44	4.81	0.21
化学原料和化学制品制造业	Raw Chemical Materials and Chemical Products	247.49	40.72	4.24
医药制造业	Medical and Pharmaceutical Products	82.24	14.05	2.26
化学纤维制造业	Chemical Fiber	21.04	9.08	2.40
橡胶和塑料制品业	Rubber and plastic products	40.98	8.67	3.79
非金属矿物制品业	Nonmetal Mineral Products	39.96	6.81	1.95
黑色金属冶炼和压延加工业	Smelting and Pressing of Ferrous Metals	5.67	1.29	0.45
有色金属冶炼和压延加工业	Smelting and Pressing of Nonferrous Metals	35.53	5.13	1.16
金属制品业	Metal Products	44.84	4.66	4.61
通用设备制造业	Ordinary Machinery	128.30	24.45	10.17
专用设备制造业	For Special Purpose Equipment Manufacturing	95.14	14.17	5.72
汽车制造业	Automotive Manufacturing	241.96	26.14	10.32
铁路、船舶、航空航天和其他运输设备制造业	Railway, Shipbuilding, Aerospace and other Transport Equipment	0.28	1.43	0.68
电气机械和器材制造业	Electric Equipment and Machinery	96.69	16.64	11.28
计算机、通信和其他电子设备制造业	Telecommunications Equipment, Computer and Other Electronic Equipment Manufacturing	150.89	22.47	15.05
仪器仪表制造业	Instruments,Meters,Cultural and Office Machinery	68.41	7.80	3.32
其他制造业	Handicraft Article and Other Manufacturing Indust	3.85	0.48	0.70
废弃资源综合利用业	Comprehensive Utilization of Waste Resources	1.91	1.08	0.09
金属制品、机械和设备修理业	Metal Products,Machinery and Equipment Repair Industry	10.20	0.65	0.51
电力、热力的生产和供应业	Electricity,Gas and Water Production and Supply	50.44	8.43	0.52
燃气生产和供应业	Production and Supply of Gas	27.47	2.24	0.56
水的生产和供应业	Production and Supply of Water	3.64	0.43	0.07

7-13 按行业分的外商投资和港澳台商投资工业企业主要经济效益指标（2020年）

Main Economic Beneficial Indicators of Foreign Funded Enterprises and Enterprises Funded by Entrepreneurs from Hong Kong,Macao and Taiwan by Sector (2020)

行业	Sector
总计	**Total**
按登记注册类型分	**By Registered Type**
#国有	State-owned Enterprises
集体	Collective Owned Enterprises
私营	Private Enterprises
港澳台商投资	Funded by Entrepreneurs From Hong Kong Macao and Taiwan
外商投资	Foreign Funded Enterprises
在总计中：轻工业	Light Industry
重工业	Heavy Industry
按工业行业分	**By Sector**
煤炭开采和洗选业	Coal Mining and Dressing
黑色金属矿采选业	Ferrous Metals Mining and Dressing
有色金属矿采选业	Nonferrous Metals Mining and Dressing
非金属矿采选业	Nonmetal Minerals Mining and Dressing
农副食品加工业	Non-staple Food Processing
食品制造业	Food Manufacturing
酒、饮料和精制茶制造业	Beverage Manufacturing
烟草制品业	Tobacco Processing
纺织业	Textile Industry
纺织服装、服饰业	Garments,Shoes and Hats Manufacturing
皮革、毛皮、羽毛及其制品和制鞋业	Leather,Furs,Down and Related Products
木材加工和木、竹、藤、棕、草制品业	Timber Processing,Bamboo,Cane Palm Fiber and Straw Products
家具制造业	Furniture Manufacturing
造纸和纸制品业	Papermaking and Paper Products
印刷和记录媒介复制业	Printing and Record Medium Reproduction
文教、工美、体育和娱乐用品制造业	Cultural,Educational and Sports Goods

资产负债率 (%) Asset Liability Ratio (%)	成本费用利润率 (%) Profit Margin of the Cost and Expense (%)	每百元固定资产原值实现利税 (元) Pre tax Profits per 100 Yuan Original Value of Fixed Assets (yuan)	每百元营业收入实现利税 (元) Pre tax Profits per 100 Yuan Revenues in Main Business (yuan)	新产品产值率 (%) New product ratio (%)
49.41	**8.90**	**21.87**	**10.64**	**40.77**
48.97	8.44	21.24	10.46	37.67
49.77	9.25	22.36	10.78	43.20
48.93	7.60	18.67	10.14	36.70
49.64	9.51	23.61	10.87	42.71
30.22	55.37	77.82	40.19	54.83
51.19	2.10	11.14	3.79	9.28
45.47	9.02	17.91	11.42	9.79
40.98	15.48	23.41	21.03	12.18
45.36	7.86	14.36	11.20	43.15
53.95	2.74	13.55	5.32	37.48
59.22	0.64	9.08	3.54	59.29
66.25	6.35	27.82	9.26	43.67
60.43	3.50	18.32	5.89	55.25
54.96	12.13	18.01	13.37	29.47
32.76	10.96	22.23	14.05	31.56
46.94	6.08	16.21	8.31	40.55

续表 Continued

行业	Sector
石油加工、炼焦和核燃料加工业	Petroleum Processing,Cooking and Nuclear Fuel Processing
化学原料和化学制品制造业	Raw Chemical Materials and Chemical Products
医药制造业	Medical and Pharmaceutical Products
化学纤维制造业	Chemical Fiber
橡胶和塑料制品业	Rubber and plastic products
非金属矿物制品业	Nonmetal Mineral Products
黑色金属冶炼和压延加工业	Smelting and Pressing of Ferrous Metals
有色金属冶炼和压延加工业	Smelting and Pressing of Nonferrous Metals
金属制品业	Metal Products
通用设备制造业	Ordinary Machinery
专用设备制造业	For Special Purpose Equipment Manufacturing
汽车制造业	Automotive Manufacturing
铁路、船舶、航空航天和其他运输设备制造业	Railway, Shipbuilding, Aerospace and other Transport Equipment
电气机械和器材制造业	Electric Equipment and Machinery
计算机、通信和其他电子设备制造业	Telecommunications Equipment,Computer and Other Electronic Equipment Manufacturing
仪器仪表制造业	Instruments,Meters,Cultural and Office Machinery
其他制造业	Handicraft Article and Other Manufacturing Indust
废弃资源综合利用业	Comprehensive Utilization of Waste Resources
金属制品、机械和设备修理业	Metal Products,Machinery and Equipment Repair Industry
电力、热力的生产和供应业	Electricity,Gas and Water Production and Supply
燃气生产和供应业	Production and Supply of Gas
水的生产和供应业	Production and Supply of Water

资产负债率 (%) Asset Liability Ratio (%)	成本费用利润率 (%) Profit Margin of the Cost and Expense (%)	每百元固定资产原值实现利税 (元) Pre tax Profits per 100 Yuan Original Value of Fixed Assets (yuan)	每百元营业收入实现利税 (元) Pre tax Profits per 100 Yuan Revenues in Main Business (yuan)	新产品产值率 (%) New product ratio (%)
49.62	2.78	16.09	8.02	23.93
39.41	13.20	23.12	14.51	26.30
40.48	19.21	71.08	20.23	26.84
56.37	2.07	4.98	4.10	46.72
40.10	9.26	15.23	11.54	24.05
57.87	12.56	27.59	14.17	46.91
43.84	2.50	5.27	3.52	14.75
50.83	4.54	31.87	5.24	44.35
48.06	8.06	23.17	8.94	36.49
46.38	10.31	30.09	12.27	45.49
40.17	14.55	35.27	15.83	40.45
49.17	15.08	35.85	16.41	62.36
47.96	-1.78	0.40	0.35	27.86
51.87	6.17	21.12	7.74	51.29
63.20	4.59	25.20	5.40	51.48
40.15	19.85	43.51	19.81	53.38
39.20	8.56	23.99	9.72	41.40
48.58	2.81	26.54	8.62	0.01
69.17	23.06	17.14	21.57	6.50
44.53	20.73	9.10	21.59	5.80
54.17	13.21	15.02	13.08	6.92
49.48	40.59	14.93	35.66	

7-14 大中型工业企业主要指标（2020年）
Main Indicators of Large and Medium-sized Industrial Enterprises (2020)

单位：亿元(100 million yuan)

行业	Sector	企业单位数(个) Number of Enterprises (unit)	#亏损企业(个) Loss (unit)	工业总产值 Gross Industrial Output Value
总计	**Total**	**4426**	**496**	**41689.38**
按登记注册类型分	**By Registered Type**			
#国有	State-owned Enterprises	12		211.84
集体	Collective Owned Enterprises	4		16.49
私营	Private Enterprises	2627	286	13534.97
港澳台商投资	Funded by Enterpreneurs From Hong Kong Macao and Taiwan	433	60	4886.56
外商投资	Foreign Funded Enterprises	506	67	6093.93
在总计中：轻工业	Light Industry	2140	298	12856.17
重工业	Heavy Industry	2286	198	28833.22
按工业行业分	**By Sector**			
煤炭开采和洗选业	Coal Mining and Dressing			
黑色金属矿采选业	Ferrous Metals Mining and Dressing			
有色金属矿采选业	Nonferrous Metals Mining and Dressing			
非金属矿采选业	Nonmetal Minerals Mining and Dressing	1		
农副食品加工业	Non-staple Food Processing	39	6	175.29
食品制造业	Food Manufacturing	64	9	307.30
酒、饮料和精制茶制造业	Beverage Manufacturing	18		174.22
烟草制品业	Tobacco Processing	1		
纺织业	Textile Industry	415	65	1593.46
纺织服装、服饰业	Garments,Shoes and Hats Manufacturing	230	54	1049.62
皮革、毛皮、羽毛及其制品和制鞋业	Leather,Furs,Down and Related Products	119	21	282.73
木材加工和木、竹、藤、棕、草制品业	Timber Processing,Bamboo,Cane Palm Fiber and Straw Products	27	1	151.20
家具制造业	Furniture Manufacturing	136	21	567.95
造纸和纸制品业	Papermaking and Paper Products	56	4	621.30
印刷和记录媒介复制业	Printing and Record Medium Reproduction	43	3	147.57
文教、工美、体育和娱乐用品制造业	Cultural,Educational and Sports Goods	131	10	673.72

续表1 Continued　　单位：亿元(100 million yuan)

行业	Sector	企业单位数(个) Number of Enterprises (unit)	#亏损企业(个) Loss (unit)	工业总产值 Gross Industrial Output Value
石油加工、炼焦和核燃料加工业	Petroleum Processing,Cooking and Nuclear Fuel Processing	6	1	2152.20
化学原料和化学制品制造业	Raw Chemical Materials and Chemical Products	157	10	3051.27
医药制造业	Medical and Pharmaceutical Products	139	11	1416.47
化学纤维制造业	Chemical Fiber	77	21	1803.56
橡胶和塑料制品业	Rubber and plastic products	155	13	1006.59
非金属矿物制品业	Nonmetal Mineral Products	94	5	708.53
黑色金属冶炼和压延加工业	Smelting and Pressing of Ferrous Metals	34	1	1119.67
有色金属冶炼和压延加工业	Smelting and Pressing of Nonferrous Metals	43	3	1118.28
金属制品业	Metal Products	271	18	1311.77
通用设备制造业	Ordinary Machinery	418	24	2483.77
专用设备制造业	For Special Purpose Equipment Manufacturing	187	14	989.16
汽车制造业	Automotive Manufacturing	328	31	3220.60
铁路、船舶、航空航天和其他运输设备制造业	Railway, Shipbuilding, Aerospace and other Transport Equipment	69	11	420.98
电气机械和器材制造业	Electric Equipment and Machinery	583	64	5112.09
计算机、通信和其他电子设备制造业	Telecommunications Equipment, Computer and Other Electronic Equipment Manufacturing	350	51	4558.72
仪器仪表制造业	Instruments,Meters,Cultural and Office Machinery	101	5	719.19
其他制造业	Handicraft Article and Other Manufacturing Indust	32	6	93.09
废弃资源综合利用业	Comprehensive Utilization of Waste Resources	8	3	69.41
金属制品、机械和设备修理业	Metal Products,Machinery and Equipment Repair Industry	18	1	110.54
电力、热力的生产和供应业	Electricity,Gas and Water Production and Supply	51	2	3758.21
燃气生产和供应业	Production and Supply of Gas	5	2	69.85
水的生产和供应业	Production and Supply of Water	20	5	88.43

续表2 Continued　　单位：亿元(100 million yuan)

行业	Sector	资产总计 Total Assets	年末负债合计 Total Liabilities	所有者权益合计 Creditors' Equity	实收资本 Total Capital Hold
总计	**Total**	**56621.35**	**28998.62**	**27622.73**	**10338.30**
按登记注册类型分	**By Registered Type**				
#国有	State-owned Enterprises	213.03	90.72	122.31	68.81
集体	Collective Owned Enterprises	553.86	414.33	139.54	3.38
私营	Private Enterprises	15610.05	8569.52	7040.53	2495.71
港澳台商投资	Funded by Enterpreneurs From Hong Kong Macao and Taiwan	6205.05	2984.43	3220.62	1237.71
外商投资	Foreign Funded Enterprises	7109.32	3650.86	3458.46	1505.85
在总计中：轻工业	Light Industry	17687.76	8355.06	9332.70	3021.17
重工业	Heavy Industry	38933.59	20643.56	18290.03	7317.13
按工业行业分	**By Sector**				
煤炭开采和洗选业	Coal Mining and Dressing				
黑色金属矿采选业	Ferrous Metals Mining and Dressing				
有色金属矿采选业	Nonferrous Metals Mining and Dressing				
非金属矿采选业	Nonmetal Minerals Mining and Dressing				
农副食品加工业	Non-staple Food Processing	327.97	140.16	187.80	53.39
食品制造业	Food Manufacturing	364.39	164.86	199.53	74.45
酒、饮料和精制茶制造业	Beverage Manufacturing	270.36	109.64	160.72	44.97
烟草制品业	Tobacco Processing				
纺织业	Textile Industry	1940.61	1058.82	881.79	356.26
纺织服装、服饰业	Garments,Shoes and Hats Manufacturing	1403.71	675.35	728.35	270.51
皮革、毛皮、羽毛及其制品和制鞋业	Leather,Furs,Down and Related Products	369.74	188.54	181.20	64.31
木材加工和木、竹、藤、棕、草制品业	Timber Processing,Bamboo,Cane Palm Fiber and Straw Products	207.01	116.47	90.53	31.81
家具制造业	Furniture Manufacturing	754.91	410.30	344.60	122.45
造纸和纸制品业	Papermaking and Paper Products	1051.07	503.64	547.42	174.14
印刷和记录媒介复制业	Printing and Record Medium Reproduction	258.29	98.97	159.32	63.76
文教、工美、体育和娱乐用品制造业	Cultural,Educational and Sports Goods	691.84	386.07	305.77	101.45

续表3 Continued　　单位：亿元(100 million yuan)

行业	Sector	资产总计 Total Assets	年末负债合计 Total Liabilities	所有者权益合计 Creditors' Equity	实收资本 Total Capital Hold
石油加工、炼焦和核燃料加工业	Petroleum Processing,Cooking and Nuclear Fuel Processing	2834.01	1695.09	1138.92	849.76
化学原料和化学制品制造业	Raw Chemical Materials and Chemical Products	4792.13	1847.04	2945.10	927.57
医药制造业	Medical and Pharmaceutical Products	2475.10	853.24	1621.86	399.59
化学纤维制造业	Chemical Fiber	2852.18	1577.97	1274.21	571.18
橡胶和塑料制品业	Rubber and plastic products	1146.64	481.99	664.66	178.44
非金属矿物制品业	Nonmetal Mineral Products	1110.05	573.43	536.63	207.80
黑色金属冶炼和压延加工业	Smelting and Pressing of Ferrous Metals	962.01	494.64	467.37	253.19
有色金属冶炼和压延加工业	Smelting and Pressing of Nonferrous Metals	881.78	503.54	378.24	138.49
金属制品业	Metal Products	1400.99	698.23	702.76	225.94
通用设备制造业	Ordinary Machinery	3620.15	1767.44	1852.71	522.76
专用设备制造业	For Special Purpose Equipment Manufacturing	1481.99	696.47	785.51	226.17
汽车制造业	Automotive Manufacturing	4989.67	3007.78	1981.89	720.40
铁路、船舶、航空航天和其他运输设备制造业	Railway, Shipbuilding, Aerospace and other Transport Equipment	644.22	546.43	97.79	237.67
电气机械和器材制造业	Electric Equipment and Machinery	6316.83	3271.50	3045.33	957.41
计算机、通信和其他电子设备制造业	Telecommunications Equipment, Computer and Other Electronic Equipment Manufacturing	5904.83	3083.28	2821.55	993.13
仪器仪表制造业	Instruments,Meters,Cultural and Office Machinery	1225.29	458.19	767.10	144.87
其他制造业	Handicraft Article and Other Manufacturing Indust	119.82	59.04	60.78	19.42
废弃资源综合利用业	Comprehensive Utilization of Waste Resources	95.45	59.43	36.03	12.51
金属制品、机械和设备修理业	Metal Products,Machinery and Equipment Repair Industry	181.49	118.15	63.34	40.25
电力、热力的生产和供应业	Electricity,Gas and Water Production and Supply	4481.94	2626.96	1854.98	1149.47
燃气生产和供应业	Production and Supply of Gas	115.62	55.36	60.26	46.89
水的生产和供应业	Production and Supply of Water	736.34	494.74	241.61	147.98

续表4 Continued 单位：亿元(100 million yuan)

行业	Sector	营业收入 Operating income	营业成本 Opreating costs	营业税金及附加 Business tariff and annex	销售费用 Selling Expenses
总计	**Total**	**43579.56**	**35356.65**	**763.91**	**1438.11**
按登记注册类型分	**By Registered Type**				
#国有	State-owned Enterprises	214.89	204.92	0.52	1.46
集体	Collective Owned Enterprises	16.98	14.21	0.08	1.32
私营	Private Enterprises	13708.28	11225.84	61.27	475.92
港澳台商投资	Funded by Enterpreneurs From Hong Kong Macao and Taiwan	4981.06	4086.01	27.39	162.24
外商投资	Foreign Funded Enterprises	6487.63	5342.16	27.62	295.65
在总计中：轻工业	Light Industry	13798.02	10627.27	426.42	719.53
重工业	Heavy Industry	29781.54	24729.37	337.48	718.58
按工业行业分	**By Sector**				
煤炭开采和洗选业	Coal Mining and Dressing				
黑色金属矿采选业	Ferrous Metals Mining and Dressing				
有色金属矿采选业	Nonferrous Metals Mining and Dressing				
非金属矿采选业	Nonmetal Minerals Mining and Dressing				
农副食品加工业	Non-staple Food Processing	200.25	174.36	0.72	8.12
食品制造业	Food Manufacturing	331.65	252.62	1.45	29.72
酒、饮料和精制茶制造业	Beverage Manufacturing	210.08	143.70	4.18	31.12
烟草制品业	Tobacco Processing				
纺织业	Textile Industry	1499.84	1223.22	8.21	28.95
纺织服装、服饰业	Garments,Shoes and Hats Manufacturing	1025.50	828.41	6.18	64.54
皮革、毛皮、羽毛及其制品和制鞋业	Leather,Furs,Down and Related Products	254.60	207.47	1.29	10.81
木材加工和木、竹、藤、棕、草制品业	Timber Processing,Bamboo,Cane Palm Fiber and Straw Products	176.03	129.00	1.53	10.78
家具制造业	Furniture Manufacturing	586.52	466.38	3.02	34.78
造纸和纸制品业	Papermaking and Paper Products	636.05	496.72	3.59	20.01
印刷和记录媒介复制业	Printing and Record Medium Reproduction	154.96	119.14	0.84	5.88
文教、工美、体育和娱乐用品制造业	Cultural,Educational and Sports Goods	647.30	531.45	2.76	27.25

续表5 Continued 单位：亿元(100 million yuan)

行业	Sector	营业收入 Operating income	营业成本 Opreating costs	营业税金及附加 Business tariff and annex	销售费用 Selling Expenses
石油加工、炼焦和核燃料加工业	Petroleum Processing,Cooking and Nuclear Fuel Processing	1833.49	1383.17	191.80	4.89
化学原料和化学制品制造业	Raw Chemical Materials and Chemical Products	3173.84	2593.99	11.63	64.54
医药制造业	Medical and Pharmaceutical Products	1374.64	701.57	10.60	250.25
化学纤维制造业	Chemical Fiber	2230.72	2086.47	4.10	12.47
橡胶和塑料制品业	Rubber and plastic products	1077.46	854.17	5.18	46.97
非金属矿物制品业	Nonmetal Mineral Products	758.18	558.27	4.91	33.08
黑色金属冶炼和压延加工业	Smelting and Pressing of Ferrous Metals	1215.24	1106.69	2.87	8.81
有色金属冶炼和压延加工业	Smelting and Pressing of Nonferrous Metals	1291.54	1199.87	2.18	9.00
金属制品业	Metal Products	1337.31	1104.80	6.07	47.34
通用设备制造业	Ordinary Machinery	2607.17	2043.61	12.49	103.92
专用设备制造业	For Special Purpose Equipment Manufacturing	986.85	724.35	5.87	37.53
汽车制造业	Automotive Manufacturing	3338.23	2725.03	47.38	57.22
铁路、船舶、航空航天和其他运输设备制造业	Railway, Shipbuilding, Aerospace and other Transport Equipment	431.57	361.01	4.36	11.20
电气机械和器材制造业	Electric Equipment and Machinery	5468.60	4554.63	24.45	215.94
计算机、通信和其他电子设备制造业	Telecommunications Equipment, Computer and Other Electronic Equipment Manufacturing	4842.26	3902.47	15.94	187.42
仪器仪表制造业	Instruments,Meters,Cultural and Office Machinery	728.91	493.84	4.14	46.20
其他制造业	Handicraft Article and Other Manufacturing Indust	103.46	84.24	0.54	3.37
废弃资源综合利用业	Comprehensive Utilization of Waste Resources	76.76	66.59	0.42	0.36
金属制品、机械和设备修理业	Metal Products,Machinery and Equipment Repair Industry	115.49	89.04	0.89	1.97
电力、热力的生产和供应业	Electricity,Gas and Water Production and Supply	3751.28	3510.13	16.56	1.36
燃气生产和供应业	Production and Supply of Gas	75.69	68.25	0.18	2.10
水的生产和供应业	Production and Supply of Water	97.32	90.10	1.14	8.26

续表6 Continued 单位：亿元(100 million yuan)

行业	Sector	管理费用 Administrative Expenses	财务费用 Financial Expenses	利润总额 Total Profits
总计	**Total**	**1315.83**	**402.05**	**3887.62**
按登记注册类型分	**By Registered Type**			
#国有	State-owned Enterprises	4.78	0.07	4.46
集体	Collective Owned Enterprises	0.93	0.26	3.18
私营	Private Enterprises	488.69	139.19	1073.03
港澳台商投资	Funded by Entrepreneurs From Hong Kong Macao and Taiwan	141.04	35.29	439.01
外商投资	Foreign Funded Enterprises	204.65	47.55	507.30
在总计中：轻工业	Light Industry	537.73	156.35	1261.66
重工业	Heavy Industry	778.10	245.70	2625.96
按工业行业分	**By Sector**			
煤炭开采和洗选业	Coal Mining and Dressing			
黑色金属矿采选业	Ferrous Metals Mining and Dressing			
有色金属矿采选业	Nonferrous Metals Mining and Dressing			
非金属矿采选业	Nonmetal Minerals Mining and Dressing			
农副食品加工业	Non-staple Food Processing	7.74	3.06	27.54
食品制造业	Food Manufacturing	15.28	1.20	33.89
酒、饮料和精制茶制造业	Beverage Manufacturing	7.76	0.37	32.73
烟草制品业	Tobacco Processing			
纺织业	Textile Industry	65.20	23.90	124.31
纺织服装、服饰业	Garments,Shoes and Hats Manufacturing	52.93	13.51	51.24
皮革、毛皮、羽毛及其制品和制鞋业	Leather,Furs,Down and Related Products	13.95	4.60	11.48
木材加工和木、竹、藤、棕、草制品业	Timber Processing,Bamboo,Cane Palm Fiber and Straw Products	7.18	3.47	19.08
家具制造业	Furniture Manufacturing	28.76	8.59	48.06
造纸和纸制品业	Papermaking and Paper Products	15.43	16.26	81.56
印刷和记录媒介复制业	Printing and Record Medium Reproduction	8.20	1.63	16.61
文教、工美、体育和娱乐用品制造业	Cultural,Educational and Sports Goods	29.16	5.91	49.74

续表7 Continued 单位：亿元(100 million yuan)

行业	Sector	管理费用 Administrative Expenses	财务费用 Financial Expenses	利润总额 Total Profits
石油加工、炼焦和核燃料加工业	Petroleum Processing,Cooking and Nuclear Fuel Processing	26.96	11.07	197.83
化学原料和化学制品制造业	Raw Chemical Materials and Chemical Products	76.05	22.23	418.42
医药制造业	Medical and Pharmaceutical Products	93.28	18.56	277.17
化学纤维制造业	Chemical Fiber	25.36	28.25	67.85
橡胶和塑料制品业	Rubber and plastic products	37.94	6.85	113.07
非金属矿物制品业	Nonmetal Mineral Products	26.69	11.38	122.80
黑色金属冶炼和压延加工业	Smelting and Pressing of Ferrous Metals	16.14	-1.17	76.77
有色金属冶炼和压延加工业	Smelting and Pressing of Nonferrous Metals	16.20	5.23	44.94
金属制品业	Metal Products	46.07	14.34	102.82
通用设备制造业	Ordinary Machinery	111.16	18.41	273.38
专用设备制造业	For Special Purpose Equipment Manufacturing	48.30	8.53	141.10
汽车制造业	Automotive Manufacturing	122.99	16.66	356.74
铁路、船舶、航空航天和其他运输设备制造业	Railway, Shipbuilding, Aerospace and other Transport Equipment	19.67	12.10	5.79
电气机械和器材制造业	Electric Equipment and Machinery	164.36	47.68	423.62
计算机、通信和其他电子设备制造业	Telecommunications Equipment, Computer and Other Electronic Equipment Manufacturing	118.37	21.71	440.43
仪器仪表制造业	Instruments,Meters,Cultural and Office Machinery	34.28	5.18	129.59
其他制造业	Handicraft Article and Other Manufacturing Indust	6.36	0.95	7.13
废弃资源综合利用业	Comprehensive Utilization of Waste Resources	1.41	1.30	6.56
金属制品、机械和设备修理业	Metal Products,Machinery and Equipment Repair Industry	7.16	1.89	15.28
电力、热力的生产和供应业	Electricity,Gas and Water Production and Supply	34.11	63.66	101.38
燃气生产和供应业	Production and Supply of Gas	2.75	0.83	2.79
水的生产和供应业	Production and Supply of Water	8.11	6.69	-2.10

续表8 Continued 单位：亿元(100 million yuan)

行业	Sector	利税总额 Total Profits and Taxes	本年应交增值税 Value Added Taxes Payable	平均用工人数(万人) Average Number of Employed Persons
总计	**Total**	**5646.55**	**995.02**	**313.86**
按登记注册类型分	**By Registered Type**			
#国有	State-owned Enterprises	9.35	4.36	0.76
集体	Collective Owned Enterprises	3.49	0.23	0.16
私营	Private Enterprises	1450.40	316.09	154.59
港澳台商投资	Funded by Enterpreneurs From Hong Kong Macao and Taiwan	567.65	101.25	36.29
外商投资	Foreign Funded Enterprises	635.21	100.29	42.10
在总计中：轻工业	Light Industry	2081.16	393.08	146.31
重工业	Heavy Industry	3565.39	601.95	167.55
按工业行业分	**By Sector**			
煤炭开采和洗选业	Coal Mining and Dressing			
黑色金属矿采选业	Ferrous Metals Mining and Dressing			
有色金属矿采选业	Nonferrous Metals Mining and Dressing			
非金属矿采选业	Nonmetal Minerals Mining and Dressing			
农副食品加工业	Non-staple Food Processing	32.39	4.13	2.04
食品制造业	Food Manufacturing	44.16	8.82	3.59
酒、饮料和精制茶制造业	Beverage Manufacturing	44.61	7.70	1.57
烟草制品业	Tobacco Processing			
纺织业	Textile Industry	187.87	55.34	25.27
纺织服装、服饰业	Garments,Shoes and Hats Manufacturing	85.17	27.75	17.67
皮革、毛皮、羽毛及其制品和制鞋业	Leather,Furs,Down and Related Products	21.45	8.68	7.03
木材加工和木、竹、藤、棕、草制品业	Timber Processing,Bamboo,Cane Palm Fiber and Straw Products	25.63	5.02	2.28
家具制造业	Furniture Manufacturing	66.51	15.43	9.89
造纸和纸制品业	Papermaking and Paper Products	105.11	19.97	3.52
印刷和记录媒介复制业	Printing and Record Medium Reproduction	21.57	4.12	1.90
文教、工美、体育和娱乐用品制造业	Cultural,Educational and Sports Goods	66.79	14.28	8.91

续表9 Continued　　单位：亿元(100 million yuan)

行业	Sector	利税总额 Total Profits and Taxes	本年应交增值税 Value Added Taxes Payable	平均用工人数(万人) Average Number of Employed Persons
石油加工、炼焦和核燃料加工业	Petroleum Processing,Cooking and Nuclear Fuel Processing	421.30	31.67	1.74
化学原料和化学制品制造业	Raw Chemical Materials and Chemical Products	495.14	65.10	9.06
医药制造业	Medical and Pharmaceutical Products	346.52	58.75	10.68
化学纤维制造业	Chemical Fiber	99.25	27.30	8.66
橡胶和塑料制品业	Rubber and plastic products	141.13	22.88	10.82
非金属矿物制品业	Nonmetal Mineral Products	152.63	24.92	5.31
黑色金属冶炼和压延加工业	Smelting and Pressing of Ferrous Metals	97.32	17.69	2.83
有色金属冶炼和压延加工业	Smelting and Pressing of Nonferrous Metals	67.94	20.82	3.05
金属制品业	Metal Products	136.34	27.45	15.77
通用设备制造业	Ordinary Machinery	346.70	60.82	26.22
专用设备制造业	For Special Purpose Equipment Manufacturing	173.03	26.05	10.89
汽车制造业	Automotive Manufacturing	477.60	73.49	22.73
铁路、船舶、航空航天和其他运输设备制造业	Railway, Shipbuilding, Aerospace and other Transport Equipment	15.72	5.57	4.11
电气机械和器材制造业	Electric Equipment and Machinery	543.61	95.54	43.96
计算机、通信和其他电子设备制造业	Telecommunications Equipment, Computer and Other Electronic Equipment Manufacturing	539.85	83.48	36.36
仪器仪表制造业	Instruments,Meters,Cultural and Office Machinery	153.02	19.30	7.26
其他制造业	Handicraft Article and Other Manufacturing Indust	9.96	2.29	2.02
废弃资源综合利用业	Comprehensive Utilization of Waste Resources	10.40	3.41	0.37
金属制品、机械和设备修理业	Metal Products,Machinery and Equipment Repair Industry	17.58	1.41	1.32
电力、热力的生产和供应业	Electricity,Gas and Water Production and Supply	214.59	96.66	5.17
燃气生产和供应业	Production and Supply of Gas	3.47	0.51	0.24
水的生产和供应业	Production and Supply of Water	1.60	2.56	1.22

7-15 按行业分的大中型工业企业主要经济效益指标（2020年）
Main Economic Beneficial Indicators of Large and Medium-sized Industrial Enterprises by Sector (2020)

行业	Sector
总计	**Total**
按登记注册类型分	**By Registered Type**
#国有	State-owned Enterprises
集体	Collective Owned Enterprises
私营	Private Enterprises
港澳台商投资	Funded by Enterpreneurs From Hong Kong Macao and Taiwan
外商投资	Foreign Funded Enterprises
在总计中：轻工业	Light Industry
重工业	Heavy Industry
按工业行业分	**By Sector**
煤炭开采和洗选业	Coal Mining and Dressing
黑色金属矿采选业	Ferrous Metals Mining and Dressing
有色金属矿采选业	Nonferrous Metals Mining and Dressing
非金属矿采选业	Nonmetal Minerals Mining and Dressing
农副食品加工业	Non-staple Food Processing
食品制造业	Food Manufacturing
酒、饮料和精制茶制造业	Beverage Manufacturing
烟草制品业	Tobacco Processing
纺织业	Textile Industry
纺织服装、服饰业	Garments,Shoes and Hats Manufacturing
皮革、毛皮、羽毛及其制品和制鞋业	Leather,Furs,Down and Related Products
木材加工和木、竹、藤、棕、草制品业	Timber Processing,Bamboo,Cane Palm Fiber and Straw Products
家具制造业	Furniture Manufacturing
造纸和纸制品业	Papermaking and Paper Products
印刷和记录媒介复制业	Printing and Record Medium Reproduction
文教、工美、体育和娱乐用品制造业	Cultural,Educational and Sports Goods

资产负债率 (%) Asset Liability Ratio (%)	成本费用利润率 (%) Profit Margin of the Cost and Expense (%)	每百元固定资产原值实现利税 (元) Pre tax Profits per 100 Yuan Original Value of Fixed Assets (yuan)	每百元营业收入实现利税 (元) Pre tax Profits per 100 Yuan Revenues in Main Business (yuan)	新产品产值率 (%) New product ratio (%)
51.21	**9.78**	**23.62**	**12.96**	**47.96**
42.59	2.11	4.53	4.35	6.62
74.81	18.34	18.20	20.57	21.58
54.90	8.41	26.05	10.58	51.73
48.10	9.57	25.35	11.40	42.25
51.35	8.38	22.04	9.79	48.98
47.24	10.15	34.07	15.08	47.38
53.02	9.61	20.03	11.97	48.21
42.74	13.98	40.15	16.17	18.34
45.24	11.16	23.93	13.32	21.61
40.55	17.78	29.42	21.24	24.64
54.56	8.90	17.68	12.53	48.28
48.11	5.24	24.04	0.30	47.97
50.99	4.68	23.25	8.42	58.14
56.27	12.21	46.71	14.56	67.07
54.35	8.62	37.36	11.34	58.79
47.92	14.34	23.07	16.53	48.94
38.32	11.85	25.84	13.92	48.52
55.80	8.16	32.48	10.32	47.42

续表 Continued

行业	Sector
石油加工、炼焦和核燃料加工业	Petroleum Processing,Cooking and Nuclear Fuel Processing
化学原料和化学制品制造业	Raw Chemical Materials and Chemical Products
医药制造业	Medical and Pharmaceutical Products
化学纤维制造业	Chemical Fiber
橡胶和塑料制品业	Rubber and plastic products
非金属矿物制品业	Nonmetal Mineral Products
黑色金属冶炼和压延加工业	Smelting and Pressing of Ferrous Metals
有色金属冶炼和压延加工业	Smelting and Pressing of Nonferrous Metals
金属制品业	Metal Products
通用设备制造业	Ordinary Machinery
专用设备制造业	For Special Purpose Equipment Manufacturing
汽车制造业	Automotive Manufacturing
铁路、船舶、航空航天和其他运输设备制造业	Railway, Shipbuilding, Aerospace and other Transport Equipment
电气机械和器材制造业	Electric Equipment and Machinery
计算机、通信和其他电子设备制造业	Telecommunications Equipment,Computer and Other Electronic Equipment Manufacturing
仪器仪表制造业	Instruments,Meters,Cultural and Office Machinery
其他制造业	Handicraft Article and Other Manufacturing Indust
废弃资源综合利用业	Comprehensive Utilization of Waste Resources
金属制品、机械和设备修理业	Metal Products,Machinery and Equipment Repair Industry
电力、热力的生产和供应业	Electricity,Gas and Water Production and Supply
燃气生产和供应业	Production and Supply of Gas
水的生产和供应业	Production and Supply of Water

资产负债率 (%) Asset Liability Ratio (%)	成本费用利润率 (%) Profit Margin of the Cost and Expense (%)	每百元固定资产原值实现利税 (元) Pre tax Profits per 100 Yuan Original Value of Fixed Assets (yuan)	每百元营业收入实现利税 (元) Pre tax Profits per 100 Yuan Revenues in Main Business (yuan)	新产品产值率 (%) New product ratio (%)
59.81	13.60	29.60	22.98	43.78
38.54	14.80	26.39	15.60	41.67
34.47	24.48	47.00	25.21	45.39
55.33	3.10	8.87	4.45	50.63
42.03	11.54	25.16	13.10	39.65
51.66	18.92	33.81	20.13	48.41
51.42	6.64	18.43	8.01	31.45
57.11	3.60	31.80	5.26	45.87
49.84	8.21	30.27	10.19	50.59
48.82	11.53	35.54	13.30	60.54
47.00	16.41	42.84	17.53	57.01
60.28	11.77	31.37	14.31	73.48
84.82	1.38	4.92	3.64	54.12
51.79	8.22	37.69	9.94	63.13
52.22	9.83	43.63	11.15	62.59
37.39	20.78	66.52	20.99	56.77
49.28	7.30	24.41	9.63	45.05
62.26	9.20	36.49	13.55	40.94
65.10	15.17	18.78	15.22	4.48
58.61	2.79	3.28	5.72	0.44
47.88	3.78	4.18	4.59	
67.19	-1.85	0.28	1.64	

7-16 规模以上工业企业能源购进、消费及库存（2020年）
Purchasing,Consuming and Stocking of Energy in Industrial Enterprises Above Designated Size（2020）

单位：亿元(100 million yuan)

能源名称		Item		年初库存 Stock at the Beginning of the Year	购进量 实物量 Number of purchasing	消费量 Consumption	#工业生产消费 Industry	年末库存 Stock at the End of the Year
原煤	(吨)	Coal	(ton)	6030085	126063856	125951049	125951049	5567332
洗精煤	(吨)	Coal Washing	(ton)	195522	2831769	2690226	2690226	337065
其他洗煤	(吨)	Other Coal Washing	(ton)	5320	1064977	1019647	1019647	50180
煤制品	(吨)	Coal Puoducts	(ton)	22913	1105162	1107057	1107057	21021
焦炭	(吨)	Coke	(ton)	51043	1057408	3124787	3124787	101839
其他焦化产品	(吨)	Other Coking Products	(ton)	63	3337	175530	175530	332
焦炉煤气	(万立方米)	Coking Coal	(10000 cu.m)			43323	43323	
高炉煤气	(万立方米)	Blast Furnace Gas	(10000 cu.m)		51524	1218366	1218366	
转炉煤气	(万立方米)	Converter Furnace Gas	(10000 cu.m)		790	108017	108017	
天然气	(万立方米)	Natural Gas	(10000 cu.m)	1453	990421	988436	988436	1084
原油	(吨)	Crude Oil	(ton)	4121687	49803373	50826961	50826961	3095223
汽油	(吨)	Gasoline	(ton)	2120	192505	154537	154537	2215
煤油	(吨)	Kerosene	(ton)	295	9525	9661	9661	261
柴油	(吨)	Diesel Oil	(ton)	27586	670367	640603	640603	32270
燃料油	(吨)	Fuel Oil	(ton)	143173	1844159	3429272	3429272	99303
液化石油气	(吨)	LPG	(ton)	28565	199263	4751585	4751585	26124
其他石油制品	(吨)	Other Petroleum Products	(ton)	57009	1132562	9685866	9685866	72875
热力	(百万千焦)	Heat	(100 Million coke)		441249191	499749356	499749356	
电力	(万千瓦小时)	Electricity	(10000 kw.h)		21600457	23826042	23826042	
其他燃料	(吨标准煤)	Other Fuel	(Ton of SCE)	1419	65084	112013	112013	785

7-17 能源生产弹性系数（1990-2020年）
Elasticity Ratio of Energy Production(1990-2020)

年份	全省能源生产量(万吨标准煤) Output of Energy Production (10000 tons of SCE)	全省电力生产量(亿千瓦小时) Output of Electricity Production (10000 million kw.h)	能源生产比上年增长(%) Growth Rate of Energy Production Over Preceding year(%)	电力生产比上年增长(%) Growth Rate of Electricity Production Over Preceding year(%)	生产总值比上年增长(%) Growth Rate of GDP Over Preceding year (%)	能源生产弹性系数 Elasticity Ratio of Energy Production	电力生产弹性系数 Elasticity Ratio of Electricity Production
1990	317.18	208.58			3.93		
1991	324.10	242.25	2.18	16.14	17.83	0.12	0.91
1992	355.57	284.13	9.71	17.29	19.02	0.51	0.91
1993	388.80	308.52	9.35	8.58	22.02	0.42	0.39
1994	402.53	340.90	3.53	10.50	19.97	0.18	0.53
1995	460.70	407.11	14.45	19.42	16.78	0.86	1.16
1996	379.17	448.36	-17.70	10.13	12.69	-1.39	0.80
1997	392.16	485.77	3.43	8.34	11.10	0.31	0.75
1998	494.04	539.16	25.98	10.99	10.17	2.55	1.08
1999	454.81	597.26	-7.94	10.78	10.03	-0.79	1.07
2000	439.24	696.59	-3.42	16.63	11.04	-0.31	1.51
2001	516.41	790.35	17.57	13.46	10.65	1.65	1.26
2002	745.64	887.82	44.39	12.33	12.64	3.51	0.98
2003	945.58	1090.86	26.81	22.87	14.70	1.82	1.56
2004	1091.63	1258.81	15.45	15.40	14.48	1.07	1.06
2005	1273.02	1456.42	16.62	15.70	12.76	1.30	1.23
2006	1216.21	1765.93	-4.46	21.25	13.88	-0.32	1.53
2007	1169.43	2080.41	-3.85	17.81	14.67	-0.26	1.21
2008	1228.75	2133.87	5.07	2.57	10.05	0.50	0.26
2009	1238.39	2250.71	0.78	5.48	8.94	0.10	0.61
2010	1489.94	2567.51	20.31	14.08	11.94	1.70	1.18
2011	1354.08	2790.24	-9.12	8.67	9.00	-1.01	0.96
2012	1709.98	2846.91	26.28	2.03	8.00	3.29	0.25
2013	1537.52	2922.88	-5.97	3.29	8.20	-0.73	0.40
2014	1554.58	2878.28	1.11	-1.53	7.60	0.15	-0.20
2015	2133.49	3010.84	37.24	4.61	8.00	4.65	0.58
2016	2337.52	3197.60	9.56	6.20	7.60	1.26	0.82
2017	2150.88	3312.33	-7.98	3.59	7.80	-1.02	0.46
2018	2407.37	3438.44	11.92	3.81	7.10	1.68	0.54
2019	2937.00	3538.00	22.00	1.00	6.80	3.23	0.15
2020	3080.00	3531.30	4.90	-0.20	3.60	1.40	-0.06

注: 1.2018年数据根据经济普查进行了调整。
Data of the table are adjusted according to the economic census since 2018.
2.本表2020年数据为初步统计数，后表同。
The data in this table in 2020 are preliminary statistics, the same as the following table.

7-18 能源消费弹性系数（1990-2020年）
Elasticity Ratio of Energy Consumption(1990-2020)

年份	全省能源消费量(万吨标准煤) Total Energy Consumption (10000 tons of SCE)	全省电力消费量(亿千瓦小时) Total Electricity Consumption (100 million kwh)	能源消费比上年增长(%) Growth Rate of Energy Consumption Over Preceding year (%)	电力消费比上年增长(%) Growth Rate of Electricity Consumption Over Preceding year (%)	生产总值比上年增长(%) Growth Rate of GDP Over Preceding year (%)	能源消费弹性系数 Elasticity Ratio of Energy Consumption	电力消费弹性系数 Elasticity Ratio of Electricity Consumption
1990	2732.86	230.29			3.93		
1991	3123.17	263.07	14.28	14.23	17.83	0.80	0.80
1992	3484.22	303.28	11.56	15.28	19.02	0.61	0.80
1993	4044.22	346.75	16.07	14.33	22.02	0.73	0.65
1994	4496.67	396.74	11.19	14.42	19.97	0.56	0.72
1995	4851.26	439.59	7.89	10.80	16.78	0.47	0.64
1996	5165.43	479.34	6.48	9.04	12.69	0.51	0.71
1997	5446.74	511.45	5.45	6.70	11.10	0.49	0.60
1998	5656.96	547.78	3.86	7.10	10.17	0.38	0.70
1999	5960.14	611.67	5.36	11.66	10.03	0.53	1.16
2000	6560.37	742.89	10.07	21.45	11.04	0.91	1.94
2001	7253.11	855.29	10.56	15.13	10.65	0.99	1.42
2002	8279.64	1015.84	14.15	18.77	12.64	1.12	1.49
2003	9522.56	1240.35	15.01	22.10	14.70	1.02	1.50
2004	10824.69	1419.53	13.67	14.45	14.48	0.94	1.00
2005	12031.67	1642.32	11.15	15.69	12.76	0.87	1.23
2006	13218.85	1909.23	9.87	16.25	13.88	0.71	1.17
2007	14524.13	2189.37	9.87	14.67	14.67	0.67	1.00
2008	15106.88	2322.87	4.01	6.10	10.05	0.40	0.61
2009	15566.89	2471.44	3.05	6.40	8.94	0.34	0.72
2010	16865.29	2820.93	8.34	14.14	11.94	0.70	1.18
2011	17827.27	3116.91	5.70	10.49	9.00	0.63	1.16
2012	18076.18	3210.55	1.40	3.00	8.00	0.18	0.38
2013	18640.00	3453.05	4.11	7.55	8.20	0.50	0.92
2014	18826.00	3506.39	1.00	1.54	7.60	0.13	0.20
2015	19610.00	3554.00	4.20	1.40	8.00	0.53	0.18
2016	20275.60	3873.19	3.39	8.98	7.60	0.45	1.18
2017	21030.01	4192.63	3.72	8.25	7.80	0.48	1.06
2018	21674.56	4532.82	3.06	8.11	7.10	0.43	1.14
2019	22393.00	4706.20	3.30	3.80	6.80	0.49	0.56
2020	24660.00	4829.70	10.10	2.60	3.60	2.80	0.70

7-19 全社会用电情况(2015-2020年)
The Total Electricit Consumption(2015-2020)

单位：亿千瓦时(100 million kw.h)

指标	Item	2015	2016	2017	2018	2019	2020
全社会用电总计	**Total**	**3553.90**	**3873.19**	**4192.63**	**4532.82**	**4706.22**	**4829.68**
全行业用电合计	**Total by sector**	**3110.02**	**3356.59**	**3645.41**	**3930.01**	**4065.27**	**4142.23**
第一产业	Primary Industry	23.81	26.07	28.00	21.17	20.84	21.19
第二产业	Secondary Industry	2638.11	2815.13	3044.83	3243.83	3327.86	3389.97
第三产业	Teriary Industry	448.10	515.39	572.58	665.01	716.57	731.06
全行业用电按行业分	**By Sector**						
农、林、牧、渔业	Farming,Forestry,Animal Husbandry and Fishery	23.81	26.07	28.00	29.03	29.09	28.71
工业	Industry	2584.30	2761.36	2985.79	3176.55	3243.50	3300.37
采矿业	Mining and Quarrying	15.78	14.51	15.25	16.47	16.83	16.99
制造业合计	Manufacturing	2177.54	2292.96	2483.45	2647.95	2717.36	2752.10
电力燃气及水的生产和供应业	Electicity,Gas and Water Production and Suppiy	390.99	453.89	487.09	512.13	509.30	531.28
建筑业	Construction	53.81	53.77	59.04	71.76	87.99	92.43
交通运输、仓储、邮政业	Transport,Storage and Post	51.24	60.96	66.63	74.17	82.58	83.49
信息传输计算机服务软件业	Information Transmission, Computer Services and Software	37.20	43.56	47.16	52.86	57.51	66.61
商业、住宿和餐饮业	Commerce,Hotels and Catering Services	146.98	163.37	179.41	205.15	218.02	215.83
金融房地产商务及居民服务业	Finace,Real Estate, Business and Service for the Residents	86.24	103.74	122.45	124.53	139.84	148.10
公共事业及管理组织	Public Administration	126.45	143.76	156.93	195.97	206.74	206.68
城乡居民生活用电合计	**Total Electricity Consumption by Urban and Rural Residents**	**443.88**	**516.60**	**547.22**	**602.82**	**640.95**	**687.45**
城镇居民	Urban Residents	237.55	277.59	292.79	328.86	350.98	373.16
乡村居民	Rural Residents	206.33	239.02	254.42	273.96	289.97	314.29

7-20 规模以下工业主要指标
Basic Indicators on Total Industry Below Designated Size

指标名称		Item		2016	2017	2018	2019
企业（单位）数	（万家）	Number of Enterprises	(10000 unit)	82.34	77.76	77.34	76.75
年末从业人数	（万人）	Number of Employed Persons at the Year-end	(10000 persons)	594.48	572.81	535.37	529.01
主营业务收入	（亿元）	Revenues in Main Business	(100 million yuan)	16932.37	18820.77	18678.03	19673.35

注: 1.规模以下工业企业抽样调查范围2011年起为主营业务收入2000万元以下企业。 Under scale industrial enterprise sampling scope for enterprises in main business income is 20 million yuan. 2.2014年起规模以下企业单位数含停产企业。Industrial enterprises below designated size include discontinued enterprises.

7-21 规模以下工业企业主要指标
Basic Indicators on Industry Enterprise Below Designated Size

单位：亿元(100 million yuan)

指标		Item		2017	2018	2019	2020
企业数	（万家）	Number of Enterprises	(10000 unit)	25.17	25.63	27.07	35.14
年末从业人数	（万人）	Number of Employed Persons at the Year-end	(10000 persons)	287.58	269.66	279.29	338.18
资产总计		Total Assets		10914.64	11532.32	12795.20	14484.31
负债合计		Total Liabilities		7112.03	7867.42	7815.36	9838.47
营业收入		Revenues in Business		9134.00	9386.39	10412.78	10931.39
营业成本		Costs in Business		7806.69	8046.09	8837.75	9346.83
税金总额		Total Taxes		396.25	400.70	388.92	370.67
利润总额		Sales Profits		220.91	226.58		291.84
应付职工薪酬		Expense of Payment，Benefits and Insurance		1094.84	1089.12	1273.91	1570.22

注：2019年及以前营业收入为主营业务收入，营业成本为主营业务成本。The operating income data of 2019 and before is the main business income data.

7-22 个体工业主要指标
Basic Indicators on Individual Industry

单位：亿元(100 million yuan)

指标		Item		2016	2017	2018	2019
单位数	（万家）	Number	(10000 unit)	57.68	52.59	51.71	49.68
年末从业人数	（万人）	Number of Employed Persons at the Year-end	(10000 persons)	307.85	285.23	265.71	249.72
工资总额		Total Salary of Employees		1381.34	1237.42	1099.27	1017.85

浙/江/统/计/年/鉴

主要统计指标解释

■ 工业增加值

是指工业行业在报告期内以货币表现的工业生产活动的最终成果。

■ 固定资产原价

固定资产原值指企业在建造、购置、安装、改建、扩建、技术改造某项固定资产时所支出的全部货币总额。它一般包括买价、包装费、运杂费和安装费等。

■ 固定资产净值

是指固定资产原价减去历年已提折旧额后的净额。

■ 流动资产

流动资产是指可以在一年或者超过一年的一个营业周期内变现或者耗用的资产，包括现金及各种存款、短期投资、应收及预付货款、存货等。

■ 利税总额

指企业利润总额、产品销售税金及附加和应交增值税之和。

■ 主营业务收入

指企业在销售商品（不一定是本企业生产）、提供劳务及让渡资产使用权等日常活动中所产生的收入。

■ 主营业务成本

指企业在销售商品、提供劳务及让渡资产使用权等日常活动而发生的实际成本。

■ 主营业务税金及附加

指企业日常活动应负担的税金及附加，包括营业税、消费税、城市维护建设税、资源税、土地增值税和教育费附加等。

■ 产品销售利润

指企业销售产品和提供工业性劳务等主要经营业务收入扣除其成本、费用、税金后的利润。

■ 利润总额

指企业实现的利润。

■ 应交增值税

指企业在报告期内应交纳的增值税额。

■ 资本金

指企业在工商行政管理部门登记的注册资金合计。企业资本金按投资主体可分为国家资本金、法人资本金、个人资本金和外商资本金等。资本金合计包括企业各种投资主体注册的全部资本金。

■ 总资产

指企业拥有或控制的全部资产。包括流动资产、长期投资、固定资产、无形及递延资产、其他长期资产、递延税项等，即为企业资产负债表的资产总计项。

(1) 流动资产指企业可以在一年内或者超过一年的一个生产周期内变现或耗用的资产合计。包括现金及各种存款、短期投资、应收及预付款项、存货等。

(2) 固定资产指企业固定资产净值、固定资产清理、在建工程、待处理固定资产损失所占用的资金合计。

(3) 无形资产指企业长期使用而没有实物形态的资产。包括专利权、非专利技术、商标权、著作权、土地使用权、商誉等。

■ 总负债

指企业承担并需要偿还的全部债务。包括流动负债和长期负债、递延税项等，即为企业资产负债表的负债合计项。

(1) 流动负债指企业在一年内或者超过一年的一个营业周期内需要偿还的债务合计，其中包括短期借款、应付及预收款项、应付工资、应交税金和应交利润等。

(2) 长期负债指企业在一年以上或者超过一年的一个生产周期以上需要偿还的债务合计，其中包括长期借款、应付债务、长期应付款项等。

主要统计指标解释

■ 所有者权益

指企业投资人对企业净资产的所有权。企业净资产等于企业全部资产减去全部负债后的余额，其中包括投资者对企业的最初投入，以及资本公积金、盈余公积金和未分配利润，对股份制企业即为股东权益。

■ 流动资产周转次数

指在一定时间内流动资产完成的周转次数，反映流动资产的周转速度。计算公式为：

流动资金周转次数 = 产品销售收入 / 全部流动资产平均余额。

■ 全员劳动生产率

指根据产品的价值量指标计算的平均每一从业人员在单位时间内的产品生产量。计算公式为：

全员劳动生产率 = 工业增加值 ÷ 全部从业人员数。

■ 能源生产总量

指一定时期内某地区一次能源生产量的总和。该指标是观察全国能源生产水平、规模、构成和发展速度的总量指标。一次能源生产量包括原煤、原油、天然气、水电、核能及其他动力能（如风能、地热能等）发电量，不包括低热值燃料生产值、生物能、太阳能等的利用和由一次能源加工转换而成的二次能源产量。

■ 能源消费总量

指一定时期内某地区物质生产部门、非物质生产部门和生活消费的各种能源的总和。该指标是观察能源消费水平、构成和增长速度的总量指标。能源消费总量包括原煤和原油及其制品、天然气、电力，不包括低热值燃料、生物质能和太阳能等的利用。能源消费总量分为终端能源消费量、能源加工转换损失量和能源损失量三部分。

（1）终端能源消费量：指一定时期内生产和生活消费的各种能源在扣除了用于加工转换二次能源消费量和损失量以后的数量。

（2）能源加工转换损失量：指一定时期内投入加工转换的各种能源数量之和与产出各种能源产品之和的差额。该指标是观察能源在加工转换过程中损失量变化的指标。

（3）能源损失量：指一定时期内能源在输送、分配、储存过程中发生的损失和由客观原因造成的各种损失量，不包括各种气体能源放空、放散量。

■ 能源生产弹性系数

研究能源生产增长速度与国民经济增长速度之间关系的指标。计算公式为：

$$\text{能源生产弹性系数}=\frac{\text{能源生产总量年平均增长速度}}{\text{生产总值年平均增长速度}}$$

■ 电力生产弹性系数

研究电力生产增长速度与国民经济增长速度之间关系的指标。一般来说，电力的发展应当快于国民经济的发展，也就是说电力应超前发展。计算公式为：

$$\text{电力生产弹性系数}=\frac{\text{电力生产量年平均增长速度}}{\text{生产总值年平均增长速度}}$$

■ 能源消费弹性系数

反映能源消费增长速度与国民经济增长速度之间比例关系的指标。计算公式为：

$$\text{能源消费弹性系数}=\frac{\text{能源消费量年平均增长速度}}{\text{生产总值年平均增长速度}}$$

■ 电力消费弹性系数

反映电力消费增长速度与国民经济增长速度之间比例关系的指标。计算公式为：

$$\text{电力消费弹性系数}=\frac{\text{电力消费量年平均增长速度}}{\text{生产总值年平均增长速度}}$$

ZHEJIANG STATISTICAL YEARBOOK

Explanatory Notes on Main Statistical Indicators

□ Value Added of Industry

refers to the final results of industrial production of the industrial trade in money terms during the reference period.

□ Original Value of Fixed Assets

refers to the original value of all fixed assets owned by industrial enterprises, calculated at the cost paid at the time of purchase, installation, reconstruction, expansion, and technical innovation and transformation of the said assets, which includes expenses on purchase, package, transportation, and installation, etc.

□ Net Value of Fixed Assets

is obtained by deducting depreciation over years from the original value of fixed assets.

□ Circulating Assets

refers to assets which can be cashed in or spent or consumed in an operating cycle of one year or over one year,which includes cash, various deposits, short term investment, and receivable payments,and advance payments,stock,etc.

□ Total Value of Profit and Tax(Pre-tax Profits)

refers to the sum of the total profits, products sales tax and surcharges and the value added tax payable of industrial enterprises. It is also called pre-tax profits.

□ Revenue on Main Business

refers to revenues from the sales of products,labor services provided,alienation of using asset right and etc.

□ Cost on Main Business

refers to real costs from the sales of products,labor services provided,alienation of using asset right and etc.

□ Tax and Extra Charges on Main Business

refer to the tax the business tax, consumption tax, city maintenance and construction, resources tax, land increasing value tax and extra charges for education and etc.

□ Sales Profit of Products

refers to the profit gained by the enterprises by deducting cost, charges and taxes from the business income of the enterprises obtained in selling products and providing industrial services.

□ Total Profits

refer to the profits gained by the enterprises.

□ Value Added Tax Payable

refers to the amount of the value added tax which should be paid by the enterprises in the reporting period.

□ Capital

refers to the corporation's capital registered in the departments of administration for industry and commerce. According to the different nature of investors, corporations' capital can be divided into state capital, legal person's capital,personal capital, foreign capital, etc. Total capital includes total registered capital of all investors in the corporation.

□ Total Assets

refer to all assets which are owned or controlled by enterprises, including circulating assets, long-term investment, fixed assets, intangible assets and deferred assets, other long-term assets, and deferred taxes, etc. The summation of above items is equal to total assets shown in the balance sheets of the enterprises.

(1) Circulating assets (working capital) refer to assets which can be cashed in or spent or consumed in an

EXPLANATORY NOTES ON MAIN STATISTICAL INDICATORS

operating cycle of one year or over one year, including cash, all kinds of deposits, short term investment, receivables, advance payment, stock, etc.

(2) Fixed assets refer to the net value of fixed assets, clearance of fixed assets, project under construction, fixed assets losses in suspense. These are corporations' fund holdings.

(3) Intangible assets refer to the assets without material form used by enterprises over a long time, such as patents,non-patent technologies, trade marks, copyright, land use right, business reputation, etc.

□ Total Liabilities

refer to the debts that enterprises are responsible for repayment, including liquid liabilities, long-term liabilities and deferred taxes,etc. Total liabilities correspond to the summation item of liabilities shown in the balance sheets of the enterprises.

(1) Liquid liabilities (also called quick liabilities or immediate liabilities) refer to enterprises total debt payable within an operating cycle of one year or over one year, including short term loans, payables and advance payments, wages payables, taxes payable and profit payable, etc.

(2)Long-term liabilities refers to total debt payable within an operating cycle of one year or over one year, including long-term loans, payable liabilities, long-term payables, etc.

□ Creditors' Equity

refers to investors' ownership of net assets of the enterprise. It is equal to the total assets of the enterprise minus its total liabilities, including the primary input from investors, capital accumulation fund, surplus accumulation fund and undistributed profit. It is the stock holders' equity in stock companies.

□ Turnover of Working Capital

refers to the number of times of turnover of working capital in a given period of time, which reflects the speed of the turnover of working capital and is calculated as follows:

Turnover of Working Capital(%)=100%×(Sales Revenue of Products)/(Average Balance of Total Working Capital)

□ Overall Labour Productivity of Industrial Enterprises

refers to the average output per employed person in industrial enterprises in value terms. At present, the value added and the average number of staff and worders of an industrial enterprises in a given period are used to calculate the overall labour productivity. The formula used is:

Overall Labour Productivity=Value Added of Industry/ Average Number of Staff and Worders

□ Total Energy Production

refers to the total production of primary energy by all energy producing enterprises in the region in a given period of time. It is a comprehensive indicator to show the capacity, scale, composition and development of energy production of the country. The production of primary energy includes that of coal, crude oil, natural gas, hydro-power and electricity generated by nuclear energy and other means such as wind power and geothermal power.However, it excludes the production of fuels of low calorific value, bio-energy, solar energy and the secondary energy converted from the primary energy.

□ Total Domestic Energy Consumption

refers to the total consumption of energy of various kinds by material production sectors, non material production sectors and households in the region in a given period of time. It is a comprehensive indicator to show the scale, composition and development of energy consumption. The total energy consumption includes that of coal, crude oil and their products, natural gas and electricity. However, it excludes the consumption of fuel of low calorific value, bioenergy and solar energy. Total domestic energy consumption can be divided into three parts:final energy consumption, loss during the process of energy conversion, and energy loss.

(1)Final Energy Consumption: It refers to the total energy consumption by material production sectors, non material production sectors and households in the region in a given period of time, but excludes the consumption in

EXPLANATORY NOTES ON MAIN STATISTICAL INDICATORS

conversion of the primary energy into the secondary energy and the loss in the process of energy conversion.

(2) Loss During the Process of Energy Conversion: It refers to the total input of various kinds of energy for conversion, minus the total output of various kinds of energy in the region in a given period of time. It is an indicator to show the loss that occurs during the process of energy conversion.

(3) Energy Loss: It refers to the total of the loss of energy during the course of energy transport, distribution and storage and the loss caused by any objective reason in a given period of time.The loss of various kinds of gas due to gas discharges and stocktaking is excluded.

☐ Elasticity Ratio of Energy Production

is an indicator to show the relationship between the growth rate of energy production and the growth rate of the national economy.The formula is:

Elasticity Ratio of the Energy Production=Average Annual Growth Rate of Energy Production/Average Annual Growth Rate of GDP.

☐ Elasticity Ratio of Electricity Production

is an indicator to show the relationship between the growth rate of electricity production and the growth rate of electricity production should be higher than that of the national economy.

Its formula is:

Elasticity Ratio of Electricity Production=Average Annual Growth Rate of Electricity Production/Average Annual Growth Rate of GDP.

☐ Elasticity Ratio of Energy Consumption

is an indicator to show the relationship between the growth rate of energy consumption and the growth rate of the national economy.The formula is:

Elasticity Ratio of Energy Consumption=Average Annual Growth Rate of Energy Consumption/Average Annual Growth Rate of GDP.

☐ Elasticity Ratio of Electricity Consumption

is an indicator to show the relationship between the growth rate of electricity consumption and the growth rate of the national economy. The formula is:

Elasticity Ratio of Electricity Consumption=Average Annual Growth Rate of Electricity Consumption/Average Annual Growth Rate of GDP.

2021

浙江统计年鉴

ZHEJIANG STATISTICAL YEARBOOK

CHAPTER 8

建筑业

Construction

8-1 国有和私营建筑企业主要经济指标
Major Economic Indicators of State-Owned and Private Construction Enterprises

指标		Item		国有建筑企业 State-owned Consruction Enterprises		私营建筑企业 Private Construction Enterprises	
				2019	2020	2019	2020
建筑业总产值	(亿元)	Cross Output Value of Construction	(100 million yuan)	64.1	63.8	12860.6	13726.6
实现利润总额	(亿元)	Total Profits	(100 million yuan)	1.8	1.8	270.3	256.2
上缴税金	(亿元)	Taxes Turned over to State	(100 million yuan)	1.5	1.5	343.1	346.2
房屋建筑施工面积	(万平方米)	Floor Space of Buildings under Construction	(10000 sq.m)	39.5	37.5	104210.9	109425.3
房屋建筑竣工面积	(万平方米)	Floor Space of Buildings Completed	(10000 sq.m)	18.0	29.2	27250.5	27350.4
计算劳动生产率的平均人数	(万人)	Average Staff and Workers to Calculate Labor Productivity	(10000 persons)	1.5	1.1	421.0	398.8
年末拥有机械设备总功率	(万千瓦)	Total Power of Machinery and Equipment Owned(year end)	(10000 kw)	9.6	7.7	1230.1	1117.8
年末拥有机械设备净值	(亿元)	Net Value of Machinery and Equipment Owned(year end)	(100 million yuan)	2.1	1.6	257.1	239.1
全员劳动生产率		Overall Labor Productivity					
按总产值计算	(元/人)	Calculated by Gross Output Value	(yuan/person)	429977	578472	305482	344232
技术装备率	(元/人)	Value of Machines per Labourer	(yuan/person)	13964	14247	6108	5996
动力装备率	(千瓦/人)	Power of Machines per Labourer	(kw/person)	6.5	7.0	2.9	2.8
产值利润率	(%)	Ratio of Profit to Gross Output Value	(%)	2.9	2.8	2.1	1.9

注: 1.8—1至8—16各表数据为资质以上总承包、专业承包建筑业企业，不包括劳务分包企业。The data in table 8-1 to 8-16 include enterprises of labor contracting which having qualificates.
2.机械设备为年末施工机械设备。 The number of Machinery and Equipment Owned refer to the machinery and equipment under construction(year end).
3.2018年为经济普查数据。The data in 2018 are economic census data.

8-2 各地建筑业企业基本情况
Basic Information of Construction Enterprises by Region

地区	Region	建筑业企业单位数（个）Number of Construction Enterprises by Region (unit)		建筑业企业年末就业人员（万人）Employed Persons in Construction Enterprises by Region (10000 persons)		建筑业企业总产值（亿元）Gross Output Value of Construction Enterprises By Region (100 million yuan)	
		2019	2020	2019	2020	2019	2020
合 计	Total	7256	8004	602.5	543.7	20390	20939
杭州市	Hangzhou	1548	1674	115.0	117.5	4577	4924
宁波市	Ningbo	1103	1171	79.6	69.0	2962	3055
温州市	Wenzhou	854	957	57.3	53.9	1463	1608
嘉兴市	Jiaxing	380	416	24.4	25.1	1135	1221
湖州市	Huzhou	349	400	18.7	18.2	830	841
绍兴市	Shaoxing	812	920	154.8	141.0	4682	4526
金华市	Jinhua	865	941	80.9	49.5	2647	2596
衢州市	Quzhou	368	411	13.1	12.8	374	401
舟山市	Zhoushan	180	188	7.9	7.1	239	212
台州市	Taizhou	498	586	39.1	38.5	1089	1155
丽水市	Lishui	299	340	11.6	11.2	392	399

8-3 各地区按登记注册类型分的建筑业企业单位数（2020年）
Number of Construction Enterprises by Registration Status and Region(2020)

单位：个(unit)

地区	Region	建筑业企业单位数 Number of Construction Enterprises	内资企业 Domestic Funded Enterprises	#国有企业 State-owned Enterprises	#集体企业 Collective Owned Enterprises	#有限责任公司 Company with Limited Liability	#私营企业 Private Enterprises	港澳台商投资企业 Enterprises Funded by Entrepreneurs From Hong Kong Macao and Taiwan	外商投资企业 Foreign Funded Enterprises
合 计	Total	8004	7986	20	45	571	7296	13	5
杭州市	Hangzhou	1674	1669	5	4	130	1509	3	2
宁波市	Ningbo	1171	1165			66	1090	5	1
温州市	Wenzhou	957	957	2	22	64	858		
嘉兴市	Jiaxing	416	415			30	382	1	
湖州市	Huzhou	400	400	3	2	33	360		
绍兴市	Shaoxing	920	916	3	1	87	821	3	1
金华市	Jinhua	941	941	4	7	51	877		
衢州市	Quzhou	411	411			15	396		
舟山市	Zhoushan	188	187		1	20	166	1	
台州市	Taizhou	586	585	3	5	52	523		1
丽水市	Lishui	340	340		3	23	314		

8-4 各地区按登记注册类型分的建筑业企业年末就业人员(2020年底数)

Number of Employed Persons in Construction Enterprises by Registration Status and Region(End of 2020)

单位：人(person)

地区	Region	年末就业人员 Average Number of Employed Persons	内资企业 Domestic Funded Enterprises	#国有企业 State-owned Enterprises	#集体企业 Collective Owned Enterprises	#有限责任公司 Cooperative Enterprises	#私营企业 Private Enterprises	港澳台商投资企业 Enterprises Funded by Entrepre-neurs From Hong Kong Macao and Taiwan	外商投资企业 Foreign Funded Enterprises
合 计	**Total**	**5437337**	**5383149**	**11758**	**29157**	**1208191**	**3964347**	**38872**	**15316**
杭州市	Hangzhou	1174973	1172422	5375	196	403622	712854	642	1909
宁波市	Ningbo	689829	680453			67945	606974	9316	60
温州市	Wenzhou	539255	539255	428	16760	65603	442211		
嘉兴市	Jiaxing	250761	232113			15981	190344	18648	
湖州市	Huzhou	182225	182225	2558	394	49660	126331		
绍兴市	Shaoxing	1409502	1386019	901	1	435328	880498	10263	13220
金华市	Jinhua	494915	494915	311	1585	103534	389076		
衢州市	Quzhou	128279	128279		2	8464	119813		
舟山市	Zhoushan	70669	70666		109	10211	60346	3	
台州市	Taizhou	384505	384378	2185	9984	43867	327578		127
丽水市	Lishui	112424	112424		126	3976	108322		

8-5 各地区建筑业总产值的构成

Total Construction Output Value by Structure and Region

单位：亿元(100 million yuan)

地区	Region	建筑业总产值 Cross Output Value of Construction		建筑工程产值 Output Value of Construction		安装工程产值 Output Value of Installation		其他产值 Others	
		2019	2020	2019	2020	2019	2020	2019	2020
合 计	**Total**	**20390**	**20939**	**18036**	**18576**	**1802**	**1874**	**552**	**488**
杭州市	Hangzhou	4577	4924	3947	4302	492	524	138	98
宁波市	Ningbo	2962	3055	2538	2629	331	338	93	89
温州市	Wenzhou	1463	1608	1377	1517	83	84	4	7
嘉兴市	Jiaxing	1135	1221	1023	1099	77	88	35	34
湖州市	Huzhou	830	841	730	729	77	70	22	42
绍兴市	Shaoxing	4682	4526	4119	3988	423	445	140	93
金华市	Jinhua	2647	2596	2411	2358	187	198	49	40
衢州市	Quzhou	374	401	321	347	30	29	23	26
舟山市	Zhoushan	239	212	215	193	19	14	5	4
台州市	Taizhou	1089	1155	1011	1059	57	55	21	41
丽水市	Lishui	392	399	344	356	26	28	22	15

8-6 各地区按登记注册类型分的建筑业总产值（2020年）
Total Construction Output Value by Registration Status and Region(2020)

单位：亿元(100 million yuan)

地区	Region	建筑业总产值 Gross Output Valueof Construction	内资企业 Domestic Funded Enterprises	#国有企业 State-owned Enterprises	#集体企业 Collective Owned Enterprises	#有限责任公司 Cooperative Enterprises	#私营企业 Private Enterprises	港澳台商投资企业 Enterprises Funded by Enterpre-neurs From Hong Kong Macao and Taiwan	外商投资企业 Foreign Funded Enterprises
合 计	**Total**	**20939**	**20682**	**64**	**80**	**6052**	**13727**	**213**	**44**
杭州市	Hangzhou	4924	4915	24		2022	2638	3	5
宁波市	Ningbo	3055	3025			606	2293	26	4
温州市	Wenzhou	1608	1608	4	42	255	1264		
嘉兴市	Jiaxing	1221	1112			91	935	109	
湖州市	Huzhou	841	841	14	1	285	534		
绍兴市	Shaoxing	4526	4421	14		1327	2815	75	30
金华市	Jinhua	2596	2596	2	5	1205	1383		
衢州市	Quzhou	401	401			46	355		
舟山市	Zhoushan	212	212			43	169		
台州市	Taizhou	1155	1150	6	30	147	966		5
丽水市	Lishui	399	399			24	374		

8-7 各地区按所含专业分的建筑业总产值（2020年）
Total Construction Output Value by Sector And Region(2020)

单位：亿元(100 million yuan)

地区	Region	建筑业总产值 Gross Output Value of Construction	房屋工程建筑 Housing	土木工程建筑 Civil Engineering	#铁路、道路、隧道和桥梁工程建筑 Railways, Tunnels,Roads and Bridges	建筑安装业 Installation	建筑装饰业和其他建筑业 Building Decoration and Others
合 计	**Total**	**20939**	**14051**	**4829**	**3262**	**921**	**1137**
杭州市	Hangzhou	4924	2691	1471	985	282	480
宁波市	Ningbo	3055	1931	820	495	120	184
温州市	Wenzhou	1608	1010	491	156	38	69
嘉兴市	Jiaxing	1221	909	220	160	49	42
湖州市	Huzhou	841	530	254	216	37	20
绍兴市	Shaoxing	4526	3454	536	443	307	229
金华市	Jinhua	2596	2183	346	270	36	31
衢州市	Quzhou	401	183	200	169	9	10
舟山市	Zhoushan	212	136	55	25	5	16
台州市	Taizhou	1155	770	311	263	34	40
丽水市	Lishui	399	254	125	79	4	16

8-8 各地区建筑业企业房屋建筑面积（2020年）
Floor Space of Building Construction Enterprises by Region (2020)

单位：万平方米(10000 sq.m)

地区	Region	房屋建筑施工面积 Floor Space Under Construction				房屋建筑施工面积 Floor Space Under Construction			
		合计 Total	#国有企业 State-owned Enterprises	#集体企业 Collective Owned Enterprises	#私营企业 Private Enterprises	合计 Total	#国有企业 State-owned Enterprises	#集体企业 Collective Owned Enterprises	#私营企业 Private Enterprises
合 计	**Total**	**180786**	**38**	**1084**	**109425**	**40744**	**29**	**244**	**27350**
杭州市	Hangzhou	32204		2	17821	6419			4194
宁波市	Ningbo	24182			20454	4670			4066
温州市	Wenzhou	12215		729	9750	2002		186	1550
嘉兴市	Jiaxing	9040			7060	2914			2323
湖州市	Huzhou	4880		8	3814	1952		2	1542
绍兴市	Shaoxing	41473		6	20472	11991			7265
金华市	Jinhua	39877		27	14979	6691		15	2687
衢州市	Quzhou	1776			1733	734			733
舟山市	Zhoushan	1230		1	1011	181		1	116
台州市	Taizhou	11999	38	310	10423	2684	29	39	2369
丽水市	Lishui	1911			1909	506			506

8-9 各地区建筑业企业劳动生产率（2020年）
Labor Productivity of Construction Enterprises by Region(2020)

单位：亿元(100 million yuan)

地区	Region	按建筑业总产值计算的劳动生产率 Overall Labor Productivity Calculated by Gross Output Value of Construction	#国有企业 State-owned Enterprises	#集体企业 Collective owned Enterprises
合 计	**Total**	**359590**	**578472**	**274129**
杭州市	Hangzhou	394880	485545	195316
宁波市	Ningbo	359222		
温州市	Wenzhou	312945	966998	254961
嘉兴市	Jiaxing	450069		
湖州市	Huzhou	439193	515116	184301
绍兴市	Shaoxing	329384	1822877	447917
金华市	Jinhua	367870	553708	329752
衢州市	Quzhou	306759		
舟山市	Zhoushan	321814		172331
台州市	Taizhou	318427	310824	302857
丽水市	Lishui	364043		274612

8-10 各地区建筑业企业技术装备情况（2020年）
Technology and Equipment Owned by Construction Enterprises by Region(2020)

地区	Region	自有机械设备总台数(台) Number of Machinery and Equipment Owned (unit)	自有机械设备总功率(万千瓦) Total Power of Machinery and Equipment Owned (10000 kw)	自有机械设备净值(万元) Net Value of Machinery and Equipment Owned (10000 yuan)	技术装备率(元/人) Value of Machines per Labourer (yuan/person)	动力装备率(千瓦/人) Power of Machines per Labourer (kw/person)
合 计	**Total**	**672058**	**1562**	**3392576**	**5836**	**2.68**
杭州市	Hangzhou	145649	335	645089	5173	2.68
宁波市	Ningbo	75051	234	513938	6043	2.75
温州市	Wenzhou	47335	110	318381	6194	2.15
嘉兴市	Jiaxing	36579	77	174607	6438	2.82
湖州市	Huzhou	22377	45	119222	6225	2.35
绍兴市	Shaoxing	181083	364	776931	5654	2.65
金华市	Jinhua	70015	153	349869	4957	2.17
衢州市	Quzhou	19838	56	116162	8876	4.26
舟山市	Zhoushan	9756	23	29653	4501	3.55
台州市	Taizhou	50795	134	261142	7201	3.69
丽水市	Lishui	13580	31	87584	7999	2.87

8-11 各地区按资质等级分总承包建筑业企业总产值（2020年）
Total Output Value of Construction Enterprises of General Contractors by Qualification Criteria and by Region(2020)

单位：亿元(100 million yuan)

地区	Region	合计 Total	特级 Special Grade	一级 First Grade	二级 Second Grade	三级及以下 Third Grade and Below
合 计	**Total**	**18772**	**6804**	**7890**	**2443**	**1636**
杭州市	Hangzhou	4063	1436	1976	381	270
宁波市	Ningbo	2715	1256	968	239	252
温州市	Wenzhou	1447	125	731	384	207
嘉兴市	Jiaxing	1138	224	505	242	168
湖州市	Huzhou	729	182	357	127	63
绍兴市	Shaoxing	4169	1632	2070	333	134
金华市	Jinhua	2496	1481	664	192	158
衢州市	Quzhou	390		145	145	99
舟山市	Zhoushan	194		93	69	33
台州市	Taizhou	1065	469	272	192	133
丽水市	Lishui	365		109	137	120

8-12 各地区按资质等级分专业承包建筑业企业总产值
Total Output Value of Construction Enterprises of Professional Contractors by Qualification Criteria and by Region

单位：亿元(100 million yuan)

地区	Region	合计 Total		一级 First Grade		二级 Second Grade		三级及以下 Third Grade and Below	
		2019	2020	2019	2020	2019	2020	2019	2020
合计	**Total**	**2055**	**2167**	**1287**	**1369**	**529**	**565**	**239**	**233**
杭州市	Hangzhou	807	861	584	626	174	193	50	42
宁波市	Ningbo	299	340	170	198	93	100	36	42
温州市	Wenzhou	155	162	67	70	63	69	24	23
嘉兴市	Jiaxing	83	82	36	36	25	25	22	21
湖州市	Huzhou	112	112	30	32	71	69	11	11
绍兴市	Shaoxing	357	357	279	286	47	39	31	32
金华市	Jinhua	96	100	52	53	25	32	19	15
衢州市	Quzhou	10	11	3	3	5	6	1	2
舟山市	Zhoushan	21	18	8	7	4	5	9	6
台州市	Taizhou	83	90	43	44	16	19	24	27
丽水市	Lishui	31	33	16	13	6	8	10	12

8-13 各地区建筑业企业资产与负债（2020年）
Assets and Liabilities of Construction Enterprises by Region(2020)

单位：亿元(100 million yuan)

地区	Region	资产合计 Total Assets	#流动资产 Circulating Assets	流动负债 Liquid Liabilities	非流动负债 Non-current Liabilities	所有者权益 Creditors' Equity
合 计	**Total**	**16044.22**	**13494.26**	**10448.96**	**358.63**	**5148.71**
杭州市	Hangzhou	4610.56	3782.38	3165.54	150.33	1272.47
宁波市	Ningbo	2857.22	2362.83	1921.45	49.05	877.29
温州市	Wenzhou	1021.33	847.20	661.77	21.21	332.12
嘉兴市	Jiaxing	752.52	655.33	522.73	12.74	213.30
湖州市	Huzhou	549.81	466.55	382.88	6.96	158.82
绍兴市	Shaoxing	2348.71	2022.59	1289.82	52.33	982.64
金华市	Jinhua	2157.24	1889.17	1360.66	45.93	734.45
衢州市	Quzhou	279.65	232.20	162.80	2.31	112.72
舟山市	Zhoushan	259.31	217.32	191.24	2.98	64.95
台州市	Taizhou	919.29	771.07	595.41	11.53	309.78
丽水市	Lishui	288.60	247.63	194.66	3.27	90.17

8-14 各地区建筑业企业总收入（2020年）
Total Income of Construction Enterprises by Region(2020)

单位：亿元 (100 million yuan)

地区	Region	企 业 总收入 Total Income	工程结算收入 Revenue of Project Settlement Accounts	#工程结算成本 Costs of Project Settlement Accounts	#工程结算利润 Profits of Project Settlement Accounts	其他业务收入 Other Revenue from Business	#其他业务利润 Other Profits from Business
合 计	**Total**	**17948.88**	**17777.88**	**16595.13**	**409.17**	**171.00**	**17.34**
杭州市	Hangzhou	4847.03	4798.31	4419.25	92.86	48.72	10.68
宁波市	Ningbo	2593.66	2576.06	2379.99	80.40	17.60	2.29
温州市	Wenzhou	1445.47	1400.19	1324.23	29.42	45.28	0.39
嘉兴市	Jiaxing	1043.19	1039.83	985.48	16.68	3.36	0.83
湖州市	Huzhou	666.46	646.77	610.41	10.44	19.69	0.41
绍兴市	Shaoxing	3282.64	3270.90	3077.79	75.24	11.74	1.11
金华市	Jinhua	2308.07	2294.01	2160.10	67.76	14.06	0.72
衢州市	Quzhou	321.61	317.37	295.24	5.76	4.24	0.14
舟山市	Zhoushan	202.51	201.39	186.84	2.88	1.12	0.52
台州市	Taizhou	963.86	961.03	902.99	21.56	2.83	0.25
丽水市	Lishui	274.38	272.02	252.81	6.17	2.36	

8-15 各地区建筑业企业利税总额（2020年）
Profit and Taxes of Construction Enterprises by Region(2020)

单位：亿元 (100 million yuan)

地区	Region	利税总额（亿元）Total Pretax Profits (100 million yuan)	利润总额 Total Profits	工程结算税金及附加 Taxes and Extra Charges on Project Settlement Accounts	应交增值税 Value Added Taxes Payable	产值利税率(%) Ratio of Pretax Profits to Output Value (%)	资产利税率(%) Ratio of Pre-tax Profits to Assets (%)
合 计	**Zhejiang**	**941.13**	**437.64**	**80.68**	**422.81**	**4.49**	**5.87**
杭州市	Hangzhou	215.21	106.87	13.79	94.55	4.37	4.67
宁波市	Ningbo	137.55	83.43	8.84	45.28	4.50	4.81
温州市	Wenzhou	83.01	35.10	6.68	41.24	5.16	8.13
嘉兴市	Jiaxing	46.57	17.69	3.51	25.37	3.81	6.19
湖州市	Huzhou	28.33	11.06	2.20	15.07	3.37	5.15
绍兴市	Shaoxing	191.00	75.12	25.77	90.11	4.22	8.13
金华市	Jinhua	135.87	69.32	9.71	56.84	5.23	6.30
衢州市	Quzhou	18.21	6.19	2.52	9.50	4.54	6.51
舟山市	Zhoushan	9.91	3.12	0.87	5.92	4.67	3.82
台州市	Taizhou	54.73	22.12	4.33	28.28	4.74	5.95
丽水市	lishui	20.74	7.64	2.45	10.65	5.20	7.19

8-16 建筑业企业财务状况（2020年）
Financial Indicators of Construction Enterprises (2020)

指标	Item	资产合计 Total Assets	流动资产小计 Liquid Assets	流动负债小计 Total Liquid Liabilities	非流动负债 Non-Current Liabilities	负债合计 Total Liabilities
总计	**Total**	**16044.22**	**13494.26**	**10448.96**	**358.63**	**10895.51**
#国有及国有控股	State-owend and State-holding Enterprises	2565.20	2071.09	1914.67	136.42	2059.55
#特、一、二级企业	The First Enterprises	14189.96	11937.44	9351.08	316.04	9741.59
按登记注册类型分组	**Group by registration type**					
内资企业	Domestic Funded Enterprises	15924.50	13395.36	10368.45	357.61	10813.98
#国有企业	State-owned Enterprises	82.47	67.73	61.15	2.21	63.37
集体企业	Cooperative Enterprises	64.89	56.45	44.61	0.16	44.81
股份合作企业	Limited Liability Corporations	19.92	16.77	12.63	0.03	12.66
私营企业	Private Enterprises	9571.17	8114.08	5925.58	158.22	6160.24
港、澳、台商投资企业	Funded by Entrepreneurs From Hong Kong Macao and Taiwan	102.52	83.04	70.16	1.02	71.18
外商投资企业	Foreign Funded Enterprises	17.21	15.86	10.35		10.35
按国民经济行业分组	**Group by national economy industry**					
房屋建筑业	Housing	9282.64	7957.00	6151.39	200.52	6401.52
土木工程建筑业	Civil Engineering	4980.68	4019.97	3144.23	135.79	3308.95
建筑安装业	Installation	788.16	670.39	502.10	8.68	512.75
建筑装饰和其他建筑业	Building Decoration and Others	992.74	846.91	651.25	13.63	672.30

续表1 Continued 单位：亿元(100 million yuan)

指标	Item	所有者权益合计 Creditors' Equity	工程结算收入 Revenue of Project Settled Accounts	工程结算成本 Costs of Project Settled Accounts	工程结算税金及附加 Taxes and Extra Charges on Project Settled Accounts	管理费用 Management Expenses
总计	**Total**	**5148.71**	**17777.88**	**16595.13**	**80.68**	**469.07**
#国有及国有控股	State-owend and State-holding Enterprises	505.66	2013.27	1884.88	4.06	55.46
#特、一、二级企业	The First Enterprises	4448.37	15959.74	14936.40	71.23	369.92
按登记注册类型分组	**Group by registration type**					
内资企业	Domestic Funded Enterprises	5110.51	17580.08	16409.12	80.07	465.17
#国有企业	State-owned Enterprises	19.10	64.29	59.38	0.24	2.59
集体企业	Cooperative Enterprises	20.08	61.02	58.30	0.45	1.49
股份合作企业	Limited Liability Corporations	7.25	20.22	18.85	0.08	0.78
私营企业	Private Enterprises	3410.93	11338.48	10638.60	58.13	315.39
港、澳、台商投资企业	Funded by Enterpreneurs From Hong Kong Macao and Taiwan	31.34	171.69	160.84	0.53	3.42
外商投资企业	Foreign Funded Enterprises	6.86	26.11	25.17	0.08	0.49
按国民经济行业分组	**Group by national economy industry**					
房屋建筑业	Housing	2881.12	11243.94	10596.40	50.26	197.20
土木工程建筑业	Civil Engineering	1671.74	4612.55	4260.02	23.54	177.72
建筑安装业	Installation	275.41	890.90	805.58	3.33	44.84
建筑装饰和其他建筑业	Building Decoration and Others	320.44	1030.49	933.13	3.55	49.31

续表2 Continued 单位：亿元(100 million yuan)

指标	Item	财务费用 Financial Expenses	营业利润 Business Profits	利润总额 Total Profits	所得税费用 Income Tax Expense	应付职工薪酬 Employee Benefits Payable	应交增值税 VAT Payable
总计	**Total**	**91.47**	**426.51**	**437.64**	**97.77**	**3345.01**	**422.81**
#国有及国有控股	State-owend and State-holding Enterprises	9.57	58.02	58.63	12.19	287.72	28.79
#特、一、二级企业	The First Enterprises	83.71	383.70	393.19	87.32	3048.95	373.02
按登记注册类型分组	**Group by registration type**						
内资企业	Domestic Funded Enterprises	90.38	423.26	434.28	97.04	3302.24	417.98
#国有企业	State-owned Enterprises	0.07	1.72	1.77	0.39	7.98	1.28
集体企业	Cooperative Enterprises	0.09	1.12	1.24	0.35	16.99	2.02
股份合作企业	Limited Liability Corporations	0.11	0.34	0.36	0.10	4.82	0.51
私营企业	Private Enterprises	63.26	246.67	256.15	55.97	2093.96	283.39
港、澳、台商投资企业	Funded by Enterpreneurs From Hong Kong Macao and Taiwan	1.06	2.88	2.99	0.64	31.65	4.13
外商投资企业	Foreign Funded Enterprises	0.03	0.37	0.37	0.09	11.11	0.70
按国民经济行业分组	**Group by national economy industry**						
房屋建筑业	Housing	58.24	256.36	261.61	58.91	2431.08	283.90
土木工程建筑业	Civil Engineering	23.75	118.96	123.30	28.42	618.84	101.20
建筑安装业	Installation	3.18	29.66	30.54	5.95	124.08	16.05
建筑装饰和其他建筑业	Building Decoration and Others	6.31	21.53	22.19	4.48	171.01	21.65

浙/江/统/计/年/鉴

主要统计指标解释

建筑业增加值

指建筑业企业在报告期内以货币表现的建筑业生产经营活动的最终成果。目前建筑业增加值采用分配法计算，即从收入的角度出发，根据生产要素在生产过程中应得的收入份额计算。具体计算公式为：

建筑业企业增加值＝本年提取的固定资产折旧＋应付工资＋应付福利费＋管理费用中的劳动待业保险金、税金＋工程结算税金及附加＋营业利润－转作奖金的利润。

房屋建筑施工面积

指在报告期内施工的全部房屋建筑面积。包括本期内新开工的、上期施工跨入本期继续施工、上期停建本期复工的房屋建筑面积；不包括上期开工后又停工，本期未施工的房屋建筑面积。

房屋建筑竣工面积

指在报告期内，按照设计所规定的工程内容全部完成，达到了设计规定的交工条件，经有关部门检查验收鉴定合格的房屋建筑面积。

自有施工机械设备年末总台数

指年末本企业（或单位）自有的直接用于工程施工的各种机械设备的台数。但不包括附属辅助生产机械设备、运输机械设备、生产试验机械设备的台数。

自有施工机械设备年末总功率

指年末本企业（或单位）自有的直接用于工程施工的各种机械备年末总功率，按设定能力或查定能力计算。包括施工机械本身的动力和为该机械服务的单独动力设备，如电动机等。但不包括附属辅助生产机械设备、运输机械设备、生产试验机械设备的功率。计量单位用千瓦，动力换算可按 1 马力 =0.735 千瓦折合成千瓦数。电焊机、变压器、锅炉不计算动力。

工程结算收入

指企业（或单位）按工程的分部分项自行完成的建筑产品价值并已与甲方在报告期内办理结算手续的工程价款收入，以及向甲方收取的除工程价款以外的按规定列作营业收入的各种款项，如临时设施费、劳动保险费、施工机械调迁费等以及向甲方收取的各种索赔款。

工程结算利润

指已结算工程实现的利润。如为亏损以“-”号表示。其计算公式为：

工程结算利润＝工程结算收入－工程结算成本－工程结算税金及附加－经营费用

企业总收入

指与企业生产经营直接有关的各项收入，包括工程结算收入和其他业务收入，即：

企业总收入＝工程结算收入＋其他业务收入

ZHEJIANG STATISTICAL YEARBOOK

Explanatory Notes on Main Statistical Indicators

□ Value Added of Construction

refers to the final result of the activities of production and management of construction in monetary terms in the reference period. At present, the value added of construction is calculated with the method of distribution. In other words, it is the sum of incomes of various production factors in the production process. The formula is as follows:

Value added of construction=depreciation of fixed assets in the year+wages payable+welfare expenses payable+insurance premium and tax for waiting for employment in the administrative expenses+taxes and surcharges on project settlement+profit gained from project settlement-profit used as bonus.

□ Floor Space of Buildings Under Construction

refers to floor space of buildings under construction during the reference period, including newly started buildings, buildings started earlier and continued during the reference period, and buildings suspended earlier but restarted during the reference period. Excluded are buildings started and then suspended earlier that have not been restarted during the reference time.

□ Floor Space of Buildings Completed

refers to the floor space of buildings that are completed in the reference period in accordance with the requirements of the design, up to the standard for putting them into use, and have been checked and accepted by concerned departments as qualified ones.

□ Total Number of Machinery and Equipment Owned by the Construction Enterprises（or Units）by the End of Year

refers to the number of machines and equipment which are used directly in constraction owned by the enterprises (or units) it does not include the number of ancilary machinery and equipment for construction, production and transportation.

□ Total Power of Machinery and Equipment Owned by the Construction Enterprises（or Units）by the End of Year

refer to the total power of machinery and equipment owned by the enterprises(or units), used directly in construction by the end of the year, including machinery and equipment for construction, production and transportation. The power of the machinery is calculated on basis of the designed or verified capacity, covering the power of the machinery/equipment and the separate power equipment serving the machinery/equipment (such as electric motors), but excluding welders, transformers and boilers. The unit use for the calculation of power is kilowatt, with horsepower converted to kilowatt by 1horsepower=0.735 kilowatt.

□ Income from Settlement of Projects

refers to the income received by the construction enterprise/unit from the completed portion of the project through settlement procedures with the contractee during the reference period, and other charges to the contractee as operational costs, such as facility fee, labour insurance premium, moving cost of construction unit, as well as various types of claims to the contractee.

□ Profit from Settlement of Projects

refers to profit realized through settled projects. It is calculated with the following formula:

Profit from Settlement of Projects = Income from Settlement of projects − Settled Cost − Settled Taxes and Other Cost − Business Expense

□ Total Revenue of Enterprises

refers to the sum of income from production and operation of enterprises, including income from settlement of projects and other operational incomes, namely:

Total Revenue of Enterprises = Income from settlement of Projects + Other Operational Incomes

2021

浙江统计年鉴

ZHEJIANG STATISTICAL YEARBOOK

CHAPTER 9

交通运输和邮电通信业

Transportation,Posts and Telecommunications

9-1 运输线路长度（2013-2020年）
Length of Transportation Routes(2013-2020)

单位:公里(km)

指标	Item	2013	2014	2015	2016	2017	2018	2019	2020
铁路营业里程	**Railway Business Mileage**	**2031**	**2310**	**2527**	**2577**	**2624**	**2814**	**2842**	**3160**
#复线里程	Mileage of Double Track Railway	1453	1744	1969	2006	2095	2280	2280	2330
#高铁里程	Operating Mileage of High Speed Railway				1011	1290	1484	1484	1533
公路通车里程	**Highway Mileage**	**115426**	**116367**	**118015**	**119053**	**120101**	**120662**	**121813**	**123080**
#高速公路	Expresswayg	3787	3884	3917	4062	4154	4421	4643	5096
一级公路	First Class Highways	5310	5679	6018	6359	6765	7046	7383	7760
二级公路	Second Class Highways	9610	9819	10041	10162	10263	10374	10673	10680
内河通航里程	**Length of Navigable Inland Waterways**	**9747**	**9769**	**9769**	**9769**	**9766**	**9766**	**9772**	**9758**
民用航空通航点（个）	**Navigation Point of Civil Aviation**	**334**	**389**	**392**	**481**	**586**	**402**	**467**	**442**
#国内通航点	Navigation Point of Domestic Civil Aviation	285	319	322	389	482	322	365	384

注：1、2016年起铁路营业里程数据来源于中国国家铁路集团有限公司。
The data of railway business mileage since 2016 comes from China National Railway Group Co. Ltd.
2、公路通车里程包含村道。Road mileage includes village road.
3、2018年前民用航空通航点为民用航空航线口径。
Before 2018,civil aviation navigable point is civil aviation route caliber.

9-2 主要港口货物吞吐量（2014-2020年）
Cargo Handled at Principal Ports(2014-2020)

单位:万吨(10000 tons)

港口名称	Port	2014	2015	2016	2017	2018	2019	2020
沿海港口合计	**Total**	**108177**	**109930**	**114202**	**125744**	**133534**	**135364**	**141447**
宁波 - 舟山港	Ningbo-zhoushan	87346	88929	92209	100933	108439	112009	117240
温州港	Wenzhou	7001	8490	8406	8926	8239	7541	7401
台州港	Taizhou	6049	6237	6771	7057	7167	4901	5091
嘉兴港	Jiaxing	6880	6273	6817	8829	9689	10913	11715
内河港口合计	**Total**	**30894**	**28206**	**26664**	**33088**	**35676**	**39681**	**44009**
其中:	Include							
杭州港	Hangzhou	10084	9372	7279	10714	11812	13881	15414
湖州港	Huzhou	8487	8052	8664	10540	10486	11621	12215
嘉兴港	Jiaxing	10110	8586	8423	9432	10696	11428	13111

9-3 民用车辆拥有量 Number of Civil Vehicles Owned

单位：辆(unit)

指标	Item	合计 Total			#个人 Individuals		
		2018	2019	2020	2018	2019	2020
总计	**Total**	**17758902**	**18778927**	**19840680**	**15794241**	**16644282**	**17560099**
汽车	**Vehicles**	**15337276**	**16619897**	**17740428**	**13472127**	**14599122**	**15599909**
载客汽车	Passenger Vehicles	13913234	15083021	16059633	12621778	13680734	14608379
#大型	Large-Sized	73546	74983	73907	837	701	621
中型	Medium-Sized	34237	31984	30640	7103	6155	5571
小型	Small-Sized	13696371	14875509	15862679	12525536	13591653	14526598
微型	Mincar	109080	100545	92407	88302	82225	75589
#轿车	Cars	9637372		10883952	8918063		10098371
载货汽车	Trucks	1367849	1474716	1614079	831107	897193	969327
#重型	Heavy-Sized	232815	258393	301777	33600	32865	31612
中型	Medium-Sized	41370	38975	37079	12879	12153	11007
轻型	Light-Sized	1086609	1172328	1272053	778364	847671	923833
微型	Mincar	7055	5020	3170	6264	4504	2875
#普通载货	Ordinary	802356		857447	600690		652388
其它汽车	Others	56193	62160	66716	19242	21195	22203
摩托车	**Motorcycles**	**2154397**	**1950544**	**1911418**	**2128463**	**1922161**	**1879116**
普通	Ordinary	2095630	1888438	1776047	2070037	1860503	1744653
轻便	Ligthweigh	58767	62106	135371	58426	61658	134463
拖拉机	**Tractors**	**188647**	**117677**	**75996**	**188647**	**117677**	**75996**
挂车	**Trailers**	**78514**	**90748**	**112789**	**5001**	**5319**	**5078**
其它类型车	**Others**	**33**	**26**	**14**	**3**	**3**	**0**
机动车驾驶员(人)	**Motor Divers(person)**	**22017418**	**23286000**	**24290870**			
#汽车驾驶员	Total	20975217	22310633	23316801			

9-4 水路运输工具年末实有数
Number of Means Waterway of Transportation(Year-end)

指标	Item	合计 Total 2018	2019	2020	#私人 Individuals 2018	2019	2020
机动船 (艘)	**Motor Vessels (Strip)**	**14284**	**13912**	**13479**	**8003**	**7910**	**7596**
净载重量 (吨位)	Dead Weight Tonnage (tons)	30276211	30800144	31264297	3689703	3811613	3923925
载客量 (客位)	Passenger Capacity (Class)	87364	89186	90138			
货船 (艘)	**Cargo Ships (Strip)**	**12934**	**12595**	**12150**	**7999**	**7908**	**7594**
净载重量 (吨位)	Dead Weight Tonnage (tons)	30265656	30789921	31254274	3689703	3811613	3923925
客货船 (艘)	**Passenger cargoVessel (Strips)**	**7**	**7**	**7**			
载客量 (客位)	Dead Weight Tonnage (Class)	1441	1441	1441			
客船 (艘)	**Passenger Ships (Strip)**	**1290**	**1260**	**1270**			
载客量 (客位)	Passenger Capacity (Class)	85923	87745	88697			
拖船 (艘)	**Tugboats (Strip)**	**53**	**50**	**52**	**4**	**2**	**2**
驳船 (艘)	**Barges (Strip)**	**3**	**1**				
净载重量 (吨位)	Dead Weight Tonnage (tons)	13370	10498				

9-5 客运量和旅客周转量（1978-2020年）
Passenger Traffic and Turnover Volume of Passenger Traffic(1978-2020)

年份	客运量合计（万人）Passenger Traffic Total (10000 persons)	铁路 Railway	公路 Highway	水路 Waterways	民用航空 Civil Aviation	旅客周转量合计（亿人公里）Turnover Volume of Freight Traffic Total (100 million ton-km)	铁路 Railway	公路 Highway	水路 Waterways
1978	20535	1889	12815	5828	3	66.68	29.75	27.60	9.33
1979	23781	2068	15543	6166	4	68.22	24.77	33.26	10.19
1980	28454	2421	19326	6702	5	96.74	43.55	41.70	11.49
1981	32458	2677	22864	6909	8	111.40	49.05	50.25	12.10
1982	35988	2735	26150	7094	9	120.66	50.73	57.28	12.65
1983	37856	2919	28468	6461	8	134.73	57.46	64.54	12.73
1984	40827	3252	30882	6683	10	157.81	66.74	76.86	14.21
1985	52776	3225	39375	10163	13	201.35	75.26	107.23	18.86
1986	57973	3126	45759	9066	22	220.38	78.43	124.91	17.04
1987	61403	3258	49589	8526	30	246.98	83.94	145.85	17.19
1988	64571	3595	52560	8382	34	269.43	93.12	158.81	17.50
1989	59477	3453	48726	7275	23	257.28	87.63	153.87	15.78
1990	60347	3018	51083	6214	32	257.29	75.94	166.87	14.48
1991	64906	3040	56495	5286	85	285.85	80.91	190.95	13.99
1992	71017	3051	62767	5087	112	322.40	87.83	220.68	13.89
1993	91553	3249	83606	4560	138	398.87	98.05	288.10	12.72
1994	100068	3559	92090	4269	150	435.15	108.35	314.95	11.85
1995	109139	3566	101370	3968	235	483.06	109.80	360.09	13.17
1996	114098	3071	107317	3446	264	500.98	98.11	391.65	11.22
1997	115141	2990	108654	3231	266	529.79	101.20	417.77	10.82
1998	118329	3169	111847	3034	279	552.35	106.57	436.34	9.44
1999	118819	3750	111771	3034	264	582.71	140.01	433.50	9.20
2000	124133	3909	116996	2938	290	606.73	148.33	449.51	8.89
2001	132881	4193	126008	2371	309	651.79	164.48	479.53	7.78
2002	135995	4511	128980	2122	382	706.85	180.95	519.20	6.70
2003	140699	4338	133968	1983	410	718.39	181.03	531.63	5.73
2004	150254	5195	142177	2311	571	795.32	216.41	571.50	7.41
2005	160669	5274	152222	2510	663	848.49	222.95	617.87	7.67
2006	174626	5588	165441	2792	805	929.15	241.05	681.39	6.71
2007	189658	5931	179501	3164	1062	1026.50	258.52	761.07	6.91
2008	217209	6448	206111	3494	1156	1118.62	289.76	821.57	7.29
2009	222130	6508	210584	3680	1358	1152.38	291.30	853.63	7.45
2010	228017	7634	215708	3155	1520	1250.74	362.67	882.04	6.03
2011	231900	8439	218415	3466	1580	1296.25	381.66	908.15	6.44
2012	234366	8725	220517	3454	1670	1317.58	390.25	921.18	6.16
2013	136790	10579	121185	3111	1915	1025.10	437.02	582.99	5.09
2014	131486	12821	112915	3581	2169	1056.99	493.37	558.06	5.56
2015	113315	14806	92304	3841	2364	1092.53	541.93	544.76	5.84
2016	107377	17766	83033	3950	2628	1074.99	604.03	465.12	5.84
2017	107293	19870	80099	4284	3040	1096.04	658.17	431.56	6.31
2018	101516	21630	72013	4497	3375	1103.66	694.56	402.80	6.30
2019	105259	24074	72799	4785	3600	1128.60	743.26	378.39	6.95
2020	60463	15719	38861	3360	2523	674.09	464.73	204.84	4.53

注：1、民用航空客运量指发送量。
Passenger traffic of civil aviation refers to volume of transmitting passenger.
2、2008年始公路按新的调查方法进行统计；2013年起公路、水路按新的口径统计。
The data of highway is adjusted since 2008,The data of highway and waterway are adjuste since 2013.

9-6 货运量和货物周转量（1978-2020年）
Freight Traffic and Turnover Volume of Freight Traffic(1978-2020)

年份	货运量合计(万吨) Freight Traffic Total (10000 ton)	铁路 Railway	公路 Highway	水路 Waterways	民用航空 Civil Aviation	货物周转量合计(亿吨公里) Turnover Volume of Freight Traffic Total (100 million ton-km)	铁路 Railway	公路 Highway	水路 Waterways
1978	8460	1415	2690	4355		164.19	112.77	6.69	44.73
1979	9202	1461	2998	4743		181.29	121.50	7.62	52.17
1980	9577	1523	3012	5042		190.76	126.23	8.25	56.28
1981	9608	1495	3042	5071		192.29	121.27	9.25	61.77
1982	10746	1609	3616	5521		201.83	120.49	11.49	69.85
1983	10877	1681	3728	5468		212.49	123.02	13.58	75.89
1984	11781	1736	3988	6057		232.67	127.59	16.67	88.41
1985	22385	1781	9397	11207		293.54	132.54	33.45	127.55
1986	31775	1893	17680	12202		341.20	135.18	68.14	137.88
1987	32346	1924	19426	10996		369.21	138.07	82.52	148.62
1988	37502	1877	24128	11497		403.96	136.50	96.25	171.21
1989	36358	1911	24354	10093		408.99	146.51	92.75	169.73
1990	33474	1691	22879	8904		400.65	144.43	100.75	155.47
1991	35198	1773	24162	9263		456.00	144.95	136.25	183.80
1992	41115	1915	28957	10243		546.81	167.52	158.83	220.46
1993	49867	1989	36439	11439		617.69	179.58	160.48	277.63
1994	54765	1841	40593	12331		685.41	181.55	171.63	332.23
1995	62287	1914	45052	15321		874.29	186.75	245.16	442.38
1996	63875	1928	47400	14547		900.80	178.92	266.22	455.66
1997	60956	1721	45224	14011		914.54	172.22	262.32	480.00
1998	60369	1726	45338	13305		897.88	173.28	257.11	467.49
1999	64004	1710	45754	16540		1004.10	171.80	256.90	575.40
2000	74884	1955	55008	17921		1199.74	187.16	280.02	732.56
2001	77832	2181	55706	19945		1371.60	206.48	282.53	882.59
2002	90507	2411	63532	24564		1616.61	230.41	293.60	1092.60
2003	103173	2658	70907	29598	10	2047.48	252.92	313.70	1480.86
2004	117312	2887	78540	35871	14	2701.48	288.22	353.62	2059.64
2005	126192	2960	81448	41768	16	3416.90	282.85	372.66	2761.39
2006	140110	3231	89342	47522	15	4363.71	300.74	431.07	3631.90
2007	153334	3447	98742	51129	16	4962.38	336.06	493.64	4132.68
2008	146654	3398	91625	51614	17	5476.25	339.74	1114.50	4022.01
2009	151258	3435	95802	52002	19	5659.78	323.30	1188.70	4147.78
2010	170563	3888	103394	63258	23	7117.04	342.08	1298.71	5476.24
2011	185717	4166	108654	72872	25	8634.82	312.24	1434.82	6887.75
2012	191084	3847	113393	73817	27	9183.30	291.26	1525.59	7366.45
2013	187915	4037	107186	76662	30	8949.57	270.44	1322.13	7357.00
2014	194918	3548	117070	74267	33	9548.09	223.02	1419.43	7905.64
2015	200711	3332	122547	74797	35	9868.98	212.42	1513.92	8142.64
2016	215018	3332	133999	77646	40	9788.76	211.39	1626.78	7950.58
2017	241993	3513	151920	86513	47	10105.81	215.39	1821.21	8069.22
2018	268530	3728	166533	98219	49	11537.91	221.30	1964.10	9352.50
2019	288550	3936	177683	106878	53	12391.21	235.40	2082.11	10073.71
2020	299919	4083	189583	106194	59	12323.41	230.32	2209.95	9883.14

注: 2008年始公路按新的调查方法进行统计；2013年起公路、水路按新的口径统计。
The data of highway is adjusted since 2008,The data of highway and waterway are adjusted since 2013.

9-7 邮电业务基本情况（1978-2020年）
Post and Telecommunications Services(1978-2020)

年份 Year	邮电业务总量(亿元) Business Volume of Post and Telecommunications (100 million yuan)	邮政业务总量 Business volume of post	电信业务总量 Business volume of telecommunications	函件(万件) Number of Letters (10000 cases)	订销报刊累计份数(万份) Total Number of Newapsper and Magazine Subscribed (10000 copies)	快递业务量(万件) Express Business (10000 pieces)	固定电话年末户数(万户) Number of Fixed Telephone Users (10000 users)
1978	0.69			11663	52264		7.49
1979	0.78			14236	52264		8.02
1980	0.90			16466	58538		8.80
1981	1.00			18039	64945		9.63
1982	1.08			19123	67993		10.74
1983	1.25			23155	7373		12.00
1984	1.49			28517	89384		14.03
1985	1.88			33742	101657		16.24
1986	2.06			34729	103759		18.41
1987	2.49			39847	116953		21.88
1988	3.13			42035	116694		27.72
1989	3.70			36577	64557		34.10
1990	4.54			34879	67183		40.60
1991	11.46			32219	68849		51.15
1992	16.58			33649	80349		70.85
1993	27.51			39190	77457		112.92
1994	42.92			38617	81515		177.38
1995	63.02			38678	85226		260.33
1996	86.53			37785	90955		321.77
1997	112.97			34186	98207		402.42
1998	157.72			33133	102761		502.34
1999	219.00			29439	107683		665.93
2000	324.08			30643	106807		884.28
2001	279.90			34839	116156		1121.60
2002	363.43			37862	114707		1381.78
2003	504.72			74901	116953		1656.53
2004	677.17			73462	110417		1974.77
2005	830.39			69844	112417	5835	2231.65
2006	972.08			73349	117573	7274	2390.75
2007	1327.06			74475	124782	8441	2405.85
2008	1545.42			75528	131296	9860	2297.59
2009	1666.37			83625	137328	14765	2118.59
2010	1971.96			84869	147074	24898	1998.54
2011	897.97	150.89	747.08	84741	154043	49661	1947.88
2012	1024.02	215.20	808.81	77656	164608	81987	1882.49
2013	1178.60	327.94	850.66	65746	183014	141953	1781.35
2014	1684.46	538.75	1145.70	59209	175418	245745	1641.91
2015	2392.11	811.01	1581.10	45208	174641	383146	1499.76
2016	3715.39	1250.75	2464.64	33786	140344	598770	1287.23
2017	3518.01	1728.40	1789.61	30471	136453	793231	1211.07
2018	6425.51	2326.20	4099.31	26194	112101	1011051	1153.49
2019	9894.11	3177.67	6716.44	18219	107553	1326252	1309.75
2020	12620.36	4310.94	8309.42	11274	106671	1794621	1264.75

注：邮电业务总量1978—2000年按1990年不变价计算，2001-2010年按2000年不变价计算,2011年起按2010年不变价计算；邮政业务总量和电信业务总量2011年起按2010年不变价计算,电信业务总量2017年起按2015年不变价格计算。

Bussiness volume of post and telecommunications from 1978 to 2000 were caculated at constant price of 1990, at constant price of 2000 from 20001 to 2010,at constant price of since 20111.Bussiness volume of post and Business volume of telecommunications from 2011 were calculated at constant price of 2010.Bussiness volume of telecommunications from 2017 were calculated at constant price of 2015.

9-8 邮电企业主要指标（2016-2020年）
Principal Indicators of Post and Telecommunications Enterprises(2016-2020)

指标		Item		2016	2017	2018	2019	2020
邮电线路长度		**Length of Postal Routes**						
邮路总长度	(公里)	Length of Postal Routes	(km)	2535220	6088543	5856383	6027177	8577085
农村投递路线总长度	(公里)	Rural Delivery Routes	(km)	184694	188093	200106	251448	229269
邮运通信工具		**Telecommunications Facilities**						
邮政汽车	(辆)	Postal Cars	(vehicle)	35913	37893	41446	44302	46915
移动电话交换机	(万户)	Mobile Switchboard	(10000 users)	11699	12269	12127	13432	13432
固定电话用户数	(万户)	Number of Fixed Telephone Users	(10000 users)	1287	1211	1153	1310	1265
移动电话用户数	(万户)	Number of Mobile Phone Users	(10000 users)	7225	7590	8309	8736	8585
5G用户数	(万户)	Number of 5g Phone Users	(10000 users)				39	1597
固定互联网宽带接入用户	(万户)	Fixed Internet Broadband Access Users	(10000 users)	2160	2464	2648	2782	2939
移动互联网用户	(万户)	Mobile Internet Users	(10000 users)	6366	7456	8136	7047	7041
移动互联网接入流量	(万G)	Mobile Internet Access Traffic	(10000G)	63279	150825	430080	762038	1011058
长途光缆线路长度	(公里)	Length of Long Distance Optical Fibre Cable	(km)	24040	27714	29002	26585	27024

注：1、2017年起邮路总长度计算方式变化。The data of Length of Postal Routes are adjusted since 2017.
2、2019年起移动互联网用户口径调整。Mobile Internet Users have been adjusted since 2019.
3、5G用户数据从2019年起开始统计。5g Telephone User data has been counted since 2019.

9-9 邮电通信水平（2016-2020年）
Level of Post and Telecommunications Services(2016-2020)

指标		Item		2016	2017	2018	2019	2020
每百人平均函件量	(件/百人)	Average amount per one hundred courier business	(Piece/hundred People)	607	539	456	311	175
每百人平均累计订阅报刊量	(份/百人)	Popularization Rate of Fixed Telephone	(piece/hundred People)	2621	2478	1954	1839	1100
每百人平均快递业务量	(件/百人)	Popularization Rate of Mobile Telephone	(Piece/hundred People)	10761	14022	17623	22671	27794
固定电话普及率	(部/百人)	Per Capital Expenditure of Telecommunications	(pars/hundred person)	23.2	21.7	20.6	22.8	21.6
移动电话普及率	(部/百人)	Number of Townships with Telephone Communication	(pars/hundred person)	130.4	135.8	148.6	152.3	146.8
人均邮政、电信费用支出(按合计总量算)	(元/人)	Number of Villages with Posal Communication	(yuan/person)	2325	2521	2840	3030	3307
已通电话的乡镇	(个)	Percentage of Townships with Postal Offices	(Number)	1378	1378	1375	1360	1365
已通邮的行政村比重	(%)	Average amount per one hundred courier business	(Percentage)	100	100	100	100	100
设有局所的乡(镇)比重	(%)	Popularization Rate of Fixed Telephone	(Percentage)	100	100	100	100	100

注：人均邮政、电信费用支出因常住人口调整，从2015年起重新计算。
Due to the adjustment of permanent population, the per capita postal and telecommunication expenses are recalculated from 2015.

9-10 互联网主要指标发展情况（2016-2020年）
Main Indicators on Internet Development (2016-2020)

指　标		Item	2016	2017	2018	2019	2020
域名数	(万个)	Number of Domain Names Actually Used (10000)		208	149	184	168
网站数	(万个)	Number of Websites (10000)		26	24	21	22
互联网宽带接入端口	(万个)	Broadband Subscribers Port of Internet (10 000 ports)	4695	5455	6115	6284	6032
移动互联网用户	(万户)	Mobile Internet Subscribers (10 000 subscribers)	6366	7456	8136	7047	7041
移动互联网接入流量	(万GB)	Flow Accessed to Mobile Internet (10 000 GB)	63279	150825	430080	762038	1011058
互联网宽带接入用户	(万户)	Broadband Subscribers Port of Internet (10 000 ports)	2160	2465	2648	2782	2939
# 城市宽带接入用户		Urban Broadband Subscribers	1664	1860	1746	1860	2046
农村宽带接入用户		Rural Broadband Subscribers	495	604	902	922	893
# 家庭宽带接入用户		Household Broadband Subscribers	1776	2014	2172	2282	2366
政企宽带接入用户		Government and Enterprise Broadband Subscribers	383	451	476	500	573

9-11 按地区分互联网主要指标发展情况(2020年)
Main Indicators on Internet Development by Region(2020)

地 区	Region	固定互联网宽带接入端口(万个) Fixed Broadband Subscribers Port of Internet (10000 ports)	移动互联网户(万户) Mobile Internet Subscribers (10000 subscribers)	移动互联网接入流量(万GB) Flow Accessed to Mobile Internet (10000 GB)	(固定) 互联网宽带接入用户(万户) Fixed Broadband Subscribers of Internet (10000 Subscribers)
杭州市	Hangzhou	1189	1464	206936	634
宁波市	Ningbo	929	1080	161702	438
温州市	Wenzhou	846	1058	153546	420
嘉兴市	Jiaxing	466	565	88522	233
湖州市	Huzhou	301	327	46079	146
绍兴市	Shaoxing	514	518	70550	229
金华市	Jinhua	670	769	121650	314
衢州市	Quzhou	206	198	21770	98
舟山市	Zhoushan	137	127	18089	60
台州市	Taizhou	573	719	98495	266
丽水市	Lishui	203	215	23719	100

9-12 按行业分企业信息化及电子商务情况（2020年）
Informatization and E-Commerce of Enterprises by Industrial Sector (2020)

行 业	Sector	企业数 (个) Number of Enterprises (unit)	期末使用计算机数 (台) Computers Used at the End of Period (unit)	每百人使用计算机数 (台) Computers Used Per 100 Persons (unit)	企业拥有网站数 (个) Websites of All Enterprises (unit)
总　计	**Total**	**103362**	**4719793**	**32**	**49142**
采矿业	Mining	160	1968	20	33
制造业	Manufacturing	46594	2148813	32	29001
电力、热力、燃气及水生产和供应业	Production and Supply of Electricity, Heat, Gas and Water	726	143870	119	312
建筑业	Construction	8205	406841	10	2679
批发和零售业	Wholesale and Retail Trades	24621	557622	66	7514
交通运输、仓储和邮政业	Transport, Storage and Post	3297	175988	35	1188
住宿和餐饮业	Hotels and Catering Services	3741	85797	30	1215
信息传输、软件和信息技术服务业	Information Transmission, Softwareand InformationTechnology	1652	586371	160	1543
房地产业	Real Estate	7841	162040	37	2224
租赁和商务服务业	Leasing and Business Services	2836	114814	13	1391
科学研究和技术服务业	Scientific Research and Technical Services	1449	184015	91	954
水利、环境和公共设施管理业	Management of Water Conservancy,Environment and Public Facilities	413	15748	16	159
居民服务、修理和其他服务业	Service to Households , Repair and Other Services	478	15268	20	173
教育	Education	173	32771	108	118
卫生和社会工作	Health and Social Service	432	47611	71	326
文化、体育和娱乐业	Culture, Sports and Entertainment	744	40256	92	312

续表 Continued

行 业	Sector	每百家企业拥有网站数（个） Websites Per 100 Enterprises (unit)	有电子商务交易活动 With E-Commerce Transactions		电子商务销售额（万元） Sales Through E-commerce (10000 yuan)	电子商务采购额（万元） Purchases Through E-commerce (10000 yuan)
			企业数（个） Enterprises (unit)	比重（%） Proportion (%)		
总 计	**Total**	**48**	**12563**	**12.2**	**121245428.2**	**43771403.1**
采矿业	Mining	21	10	6.3	8350.0	379.5
制造业	Manufacturing	62	5869	12.6	28467010.7	5865518.4
电力、热力、燃气及水生产和供应业	Production and Supply of Electricity, Heat, Gas and Water	43	41	5.6	66199.1	222317.8
建筑业	Construction	33	336	4.1	14563.6	7635096.0
批发和零售业	Wholesale and Retail Trades	31	3234	13.1	73107844.2	27639952.4
交通运输、仓储和邮政业	Transport, Storage and Post	36	191	5.8	3126544.5	1239364.2
住宿和餐饮业	Hotels and Catering Services	32	1659	44.3	813343.9	17997.6
信息传输、软件和信息技术服务业	Information Transmission, Softwareand InformationTechnology	93	369	22.3	12433025.5	691384.5
房地产业	Real Estate	28	179	2.3	39166.0	6287.9
租赁和商务服务业	Leasing and Business Services	49	250	8.8	2503223.2	379872.2
科学研究和技术服务业	Scientific Research and Technical Services	66	98	6.8	49874.9	15816.5
水利、环境和公共设施管理业	Management of Water Conservancy,Environment and Public Facilities	38	43	10.4	60596.0	676.4
居民服务、修理和其他服务业	Service to Households , Repair and Other Services	36	41	8.6	79969.5	12686.0
教育	Education	68	23	13.3	223038.2	1507.0
卫生和社会工作	Health and Social Service	75	46	10.6	23559.1	3560.0
文化、体育和娱乐业	Culture, Sports and Entertainment	42	174	23.4	229120.0	38986.9

注：1.分行业企业数根据《信息化和电子商务应用情况》2020年度调查结果汇总。
The number of enterprises by sector is summarized according to the survey result of DATA on informatization and e-commerce in 2020.
2.有电子商务交易活动的企业是指通过互联网开展电子商务销售或电子商务采购的企业(下表同)。
Enterprises with E-commerce transactions refers to those enterprises which carry out sales or purchases through internet.The same applies to the following tables

9-13 按地区分企业信息化及电子商务情况（2020年）
Informatization and E-Commerce of Enterprises by Region (2020)

地 区	Region	企业数（个）Number of Enterprises (unit)	期末使用计算机数（台）Computers Used at the End of Period (unit)	每百人使用计算机数（台）Computers Used Per 100 Persons (unit)	企业拥有网站数（个）Websites of All Enterprises (unit)	每百家企业拥有网站数（个）Websites Per 100 Enterprises (unit)	有电子商务交易活动 With E-Commerce Transactions		电子商务销售额（万元）Sales Through E-commerce (10000 yuan)	电子商务采购额（万元）Purchases Through E-commerce (10000 yuan)
							企业数（个）Enterprises (unit)	比重（%）Proportion (%)		
合计	**Zhejiang**	**103362**	**4719793**	**32**	**49142**	**48**	**12563**	**12.2**	**121245428.2**	**43771403.1**
杭州市	Hangzhou	20512	1654595	53	10657	52	3124	15.2	56029715.37	16299025.22
宁波市	Ningbo	19984	916203	30	10713	54	2436	12.2	22456844.8	5797718.4
温州市	Wenzhou	12583	382637	26	4614	37	1345	10.7	9640639.9	4288445.9
嘉兴市	Jiaxing	10425	381473	28	4780	46	1043	10.0	3124090.0	1593506.5
湖州市	Huzhou	6318	182875	28	3057	48	646	10.2	4057179.3	2569130.5
绍兴市	Shaoxing	9872	362261	17	4364	44	948	9.6	3904100.0	1482377.7
金华市	Jinhua	8690	303942	27	3765	43	1022	11.8	3559067.5	8468478.9
衢州市	Quzhou	2731	84137	26	1165	43	380	13.9	1688867.8	558413.1
舟山市	Zhoushan	1841	61724	30	530	29	263	14.3	700123.1	387962.6
台州市	Taizhou	7940	267282	24	4307	54	917	11.5	3359262.6	1834408.9
丽水市	Lishui	2463	72011	25	1184	48	438	17.8	2953965.2	491935.3

注：全省合计包含省直属企业数据。
The total of the whole province includes the data of enterprises directly under the province.

浙 / 江 / 统 / 计 / 年 / 鉴

主要统计指标解释

■ 铁路营业里程

又称营业长度，指办理客货运输业务的铁路正线总长度。凡是全线或部分建成双线及以上的线路，以第一线的实际长度计算；复线、站线、段管线、岔线和特殊用途线以及不计算运费的联络线都不计算营业里程。铁路营业里程是反映铁路运输业基础设施发展水平的重要指标，也是计算客货周转量、运输密度和机车车辆运用效率等指标的基础资料。

■ 公路里程

指在一定时期内实际达到《公路工程技术标准JTJ01-88》规定的等级公路，并经公路主管部门正式验收交付使用的公路里程数。其计算单位为：km。它包括大中城市的郊区公路以及通过小城镇街道部分的公路里程，也包括桥梁、渡口的长度，但不包括大中城市的街道、厂矿、林区生产用道和农业生产用道的里程。两条或多条公路共同经由同一路段，只计算一次，不得重复计算里程长度。公路里程是反映公路建设发展规模的重要指标，也是计算运输网密度等指标的基础资料。

■ 内河航道里程

也称“内河通航里程”，是反映内河水运网规模、水平和发展情况的主要指标；是指在一定时期内，能通航运输船舶及排筏的天然河流、湖泊水库、运河及通航渠道的长度。包括全年季节性通航累计三个月以上的航道，但不包括仅供零散流放竹、木排的河道。

■ 货(客)运量

指在一定时期内，各种运输工具实际运送的货物(旅客)数量。是反映运输业为国民经济和人民生活服务的数量指标，也是制定和检查运输生产计划，研究运输发展规模和速度的重要指标。货运按吨计算，客运按人计算。货物不论运输距离长短，货物类别，均按实际重量统计；旅客不论行程远近或票价多少，均按一人一次作为客运量统计。半价票、小孩票也按一人统计。

■ 货物(旅客)周转量

指在一定时期内，由各种运输工具运送的货物(旅客)数量与其相应运输距离的乘积之总和，是反映运输业生产总成果的重要指标，也是编制和检查运输生产计划，计算运输效率、劳动生产率以及核算运输单位成本的主要基础资料。通常以吨公里和人公里为计算单位。计算货物周转量通常按发出站与到达站之间的最短距离，也就是计费距离计算。

■ 沿海主要港口货物吞吐量

指由水运进出沿海主要港区范围，并经过装卸的货物数量，包括邮件及办理托运手续的行李、包裹以及补给运输船舶的燃、物料和淡水。其计量单位为吨。货物吞吐量的货种分类及其主要流向流量，反映了港口在国内外物资交流和对外贸易运输中的地位和作用。吞吐量可以分为进口、出口，又可以分为国内贸易和对外贸易。

■ 邮电业务总量

指以货币表现的邮电部门用于传递信息和提供其他邮电服务的总数量。它综合反映了一定时期邮电工作的总成果，是研究邮电业务量构成和发展趋势的重要指标。它用各种邮电分类业务量，如函件件数、长途电话业务量、市内电话和农村电话的年均户数、订销报刊累计份数等，分别乘以相应的平均单价(不变价)，加总后再加上出租电路和设备的收入、代用户维护电话交换机和线路等设备的收入、其他业务收入求得。

ZHEJIANG STATISTICAL YEARBOOK

Explanatory Notes on Main Statistical Indicators

□ Length of Railways in Operation

refers to the total length of the trunk line under passenger and freight transportation. The calculation is based on the actual length of the first line even if this line has a full or partial double track or more tracks, excluding double tracks, stationsidings, tracks under the charge of stations;branch lines, specialpurpose lines and the non-payable connecting lines. The length of railways in operation is an important indicator to show the development of the intra-structure for the railway transport,and also the essential data to calculate volume of passenger freight transport,traffic density and utilization efficiency of the locomotives and carriages.

□ Length of Highways

refers to the length of highways which are built in conformity with the grades specified by the highway engineering standard formulated by the Ministry of Communications, and have been formally checked and accepted by the departments of highways and put into use. The length of highways includes that of the suburb highways at large and medium-sized cities, highways passing through streets at small cities and towns, and also the length of bridges and ferries. It does not include the length of streets in big and medium-sized cities and highways built for the production purpose at factories, mines, forest areas and agricultural areas. If two or more highways go the same section of the way, the length of the section is only calculated for once and no duplication is allowed. The length of highways is an important indicator to show the development of the highway construction and to provide essential information to calculate the transport network density.

□ Length of Navigable Inland Waterways

refers to the length of the natural rivers, lakes, reservoirs, canals, and ditches open to navigation during a given period, which enables the transport by ships and rafts. It includes the channels open to navigation for over 3 months accumulatively in a year, yet this does not include the river courses which are only used to float odd logs and bamboo rafts.

□ Length of Civil Aviation Routes

refers to the length of all routes for regular civil aviation flights. There are usually two ways to calculate the distance between airports connected by the route length: One is to put the length of all air routes together, called duplicated calculation of the length of the routes; the other is not to allow the duplication in calculation when two or more routes passing the same section. The latter is usually used, as it can precisely show the size of the civil aviation network and indicate the extent of civil aviation serving the national economy and the people.

□ Freight (Passenger) Traffic

refers to the volume of freight (passenger) transported with various means. Freight transport is calculated in tons and passenger traffic is calculated in the number of persons. Despite the type of freight and travelling distance, the freight transport is calculated by the principle that one person can be counted only once in one travel. The passenger who travel with a half-price ticket or a child ticket is also calculated as one person. The freight (passenger) traffic provides a quantitative measure to show how the transport industry serves the national economy and people, and is also an important indicator for planning the transport industry and for studying the development scale and speed of the transport industry.

□ Freight Ton-kilometers(Passenger-kilometers)

refer to the sum of the products of the volume of transported cargo(passengers) multiplying by the transport

EXPLANATORY NOTES ON MAIN STATISTICAL INDICATORS

distance, usually using ton-kilometre and passenger-kilometre as units for measurement. Normally, the shortest distance between the departure station and the destination station (i.e., the payable distance) is the basis to calculate the freight ton-kilometres. This is an important indicator to show the total results of the transport industry, to prepare and examine the transport plan and to measure the efficiency, the labour productivity and the unit cost of transport.

□ Volume of Freight Handled in Major Coastal Ports

refers to the volume of cargo passing in and out the harbor area of the major coastal ports and having been loaded and unloaded. The volume includes that of the postal matters, registered luggages and fuels, materials and fresh water as supplies of the ships. The volume of freight handled may be classfied as import, export, or as domestic trade and foreign trade. The volume of freight handled by type of cargo and by main flow direction reflects the position and function of the ports in the inflow of Chinese and foreign commodities and in the transportation for foreign trade.

□ Business Volume of Post and Telecommunications

refers to the total amount of the imformation delivered and other post and telecommunications services provided by the post and telecommunications departments for the customers. It is derived by first multiplying the business volume of different types, such as number of letters, telegrams, long distance calls, city and rural telephone subscribers and accumulated number of newspapers and journals subscribed and sold, etc.by their respective average unit price (fixed price) and then adding these products together: plus the income from maintenance of telephone exchanges and lines, and the income from other business operations. The business volume of post and telecommunications indicates the total achievements made by the post and telecommunications department during a given period of time in a comprehensive way, and is an important indicator to study the composition and development of the post and telecommunications business.

2021
浙江统计年鉴
ZHEJIANG STATISTICAL YEARBOOK

CHAPTER 10

批发、零售贸易和餐饮业
Wholesale and Retail Trade and Catering Trade

10-1 社会消费品零售总额（1978-2020年）

Total Retail Sales of Consumer Goods by Region(1978-2020)

单位：亿元（100 million yuan）

年份	社会消费品零售总额 Total Retail Sales of Consumer Goods	按地区分 By Region			按行业分 By Sector		
		市 City	县 County	县以下 County Level	批发和零售业 Wholesale and Retail Trade	餐饮业 Catering Services	其他 Others
1978	46.86	9.75	14.46	22.65	43.57	1.84	1.45
1979	58.97	11.56	17.68	29.73	55.06	2.28	1.63
1980	74.87	14.99	21.68	38.20	69.62	2.86	2.39
1981	85.99	23.76	17.59	44.64	79.98	3.21	2.80
1982	93.77	25.01	19.57	49.19	86.78	3.45	3.54
1983	104.24	28.06	23.10	53.08	96.93	3.87	3.44
1984	125.82	35.66	27.96	62.20	116.37	4.98	4.47
1985	172.27	55.99	40.74	75.54	157.44	6.56	8.27
1986	203.49	67.15	44.71	91.63	185.26	7.90	10.33
1987	242.58	87.80	45.29	109.49	220.40	9.73	12.45
1988	325.88	132.28	51.23	142.37	298.19	12.55	15.14
1989	346.01	141.80	51.91	152.30	316.71	14.06	15.24
1990	353.75	153.27	48.55	151.93	321.45	15.90	16.40
1991	404.00	184.56	55.79	163.65	366.65	19.07	18.28
1992	493.87	230.23	73.72	189.92	442.64	25.04	26.19
1993	770.58	370.85	112.50	287.23	721.37	40.01	9.19
1994	1128.68	612.96	114.69	401.03	1009.16	55.02	64.50
1995	1463.91	786.75	141.88	535.28	1351.93	85.41	26.57
1996	1762.60	943.27	180.24	639.09	1598.18	114.11	50.31
1997	1932.66	1044.47	191.49	696.70	1742.47	128.60	61.59
1998	2095.64	1137.17	201.50	756.97	1874.45	147.56	73.64
1999	2274.00	1240.12	220.45	813.43	2013.23	185.71	75.07
2000	2513.31	1372.30	246.41	894.60	2199.76	233.92	79.63
2001	2789.25	1566.09	270.22	952.94	2434.11	273.04	82.09
2002	3103.85	1780.48	309.32	1014.05	2682.26	333.64	87.95
2003	3435.33	2176.13	358.50	900.70	2934.07	390.51	110.75
2004	3976.46	2523.08	444.06	1009.32	3456.43	443.96	76.07
2005	4547.59	2991.39	452.23	1103.98	3948.01	523.54	76.05
2006	5234.70	3459.10	510.58	1265.01	4579.76	599.51	55.42
2007	6115.27	4051.80	595.12	1468.36	5351.86	706.02	57.39
2008	7332.87	4887.84	716.41	1728.61	6500.68	782.70	49.50
2009	8415.17	5632.07	818.96	1964.13	7484.78	879.51	50.87
2010	10056.56	8592.77		1463.79	8937.53	1038.34	80.69
2011	12093.23	10364.79		1728.44			
2012	13667.59	11729.22		1938.36			
2013	15335.15	13110.33		2224.82			
2014	17078.11	14576.32		2501.79			
2015	18910.74	16104.99		2805.75			
2016	20916.73	17759.17		3157.56			
2017	23121.32	19502.40		3538.92			
2018	25162.01	21178.48		3983.52			
2019	27343.81	22971.72		4372.10			
2020	26629.81	22336.42		4293.40			

注：1、2010年起社会消费品零售总额由于口径变化，分为"城镇"和"乡村"两部分，分别列入原口径中的"市"和"县以下"中，并与第四次经济普查数据衔接。
Since 2010, due to the change of caliber, the total retail sales of social consumer goods have been divided into "urban" and "rural", which have been included in the "city" and "below county" in the original caliber respectively, and connected with the data of the fourth economic census.

2、1993年起社会消费品零售总额已与第四次经济普查数据衔接。
The total retail sales of consumer goods have been linked up with the data of the fourth economic census since 1993。

10-2 按登记注册类型分限额以上批发零售贸易业基本情况
Basic Information of Enterprises Above Designated Size in Wholesale and Retail Trades by Types of Registration

指标		法人企业(个) Number of Corporation (unit)		从业人员(人) Persons Employed (person)	
		2019	2020	2019	2020
总计	**Total**	**22841**	**25167**	**837933**	**845634**
批发业合计	**Wholesale Trade**	**16545**	**19039**	**463805**	**495085**
#国有及国有控股企业	State-owend and State Holding Enterprises	533	611	47429	49105
内资企业	Domestic Funded Enterprises	16104	18534	431600	456864
国有企业	State-owned Enterprises	27	48	9694	16579
集体企业	Collective Owned Enterprises	8	6	347	152
股份合作企业	Cooperative Enterprises	21	21	430	435
有限责任公司	Limited Liability Corporations	1623	1555	76553	89180
国有独资公司	State Sole Funded Corporations	124	130	6535	5606
其他有限责任公司	Other Limited Liability Corporations	1499	1425	70018	83574
股份有限公司	Share-holding Corporations Ltd.	163	122	33874	19426
私营企业	Private Enterprises	14235	16765	310118	330895
私营独资企业	Private Funded Enterprises	46	69	426	931
私营合伙企业	Private Partnership Corporations	10	5	168	107
私营有限责任公司	Private Limited Liability Corporations	14051	16510	304629	322348
私营股份有限公司	Private Share-holding Corporations Ltd.	128	181	4895	7509
港、澳、台商投资企业	Enterprises With Funds From Hong Kong, Macao and Taiwan	162	177	13271	21242
合资经营企业	Joint-venture Enterprises	42	50	2991	2720
独资经营企业	Enterprises with Sole Hong Kong,Macao and Taiwan	116	119	10043	8956
外商投资企业	Foreign Funded Enterprises	279	328	18934	16979
中外合资经营企业	Joint-venture Enterprises	75	84	9374	5080
中外合作经营企业	Cooperation Enterprises	1	3	79	56
外资企业	Enterprises With Sole Foreign Investment	190	235	9139	10189
外商投资股份有限公司	Foreign Invesment Share-holding Corporations Ltd.	9	4	277	1147

续表 Continued

指标		法人企业(个) Number of Corporation (unit)		从业人员(人) Persons Employed (person)	
		2019	2020	2019	2020
零售业合计	**Retail Sale**	**6296**	**6128**	**374128**	**350549**
#国有及国有控股	State-owend and State Holding Enterprises	465	461	33731	28270
内资企业	Domestic Funded Enterprises	6045	5853	325678	300329
国有企业	State-owned Enterprises	21	27	699	888
集体企业	Collective Owned Enterprises	29	22	1174	971
股份合作企业	Cooperative Enterprises	55	51	1186	958
联营企业	Joint Ownership Enterprises	10	11	138	177
国有联营企业	State Joint Ownership Enterprises	2	3	42	67
国有与集体联营企业	Joint State-collective Enterprises	4	3	49	49
其他联营企业	Other Joint Ownership Enterprises	4	5	47	61
有限责任公司	Limited Liability Corporations	1108	999	85299	74317
国有独资公司	State Sole Funded Corporations	89	86	5697	4797
其他有限责任公司	Other Limited Liability Corporations	1019	913	79602	69520
股份有限公司	Share-holding Corporations Ltd.	60	45	7930	8808
私营企业	Private Enterprises	4729	4681	228765	214043
私营独资企业	Private Funded Enterprises	149	141	1924	1945
私营合伙企业	Private Partnership Corporations	34	30	493	426
私营有限责任公司	Private Limited Liability Corporations	4487	4463	213126	201539
私营股份有限公司	Private Share-holding Corporations Ltd.	59	47	13222	10133
港、澳、台商投资企业	Funded by Enterpreneurs From Hong Kong Macao and Taiwan	102	100	22035	23338
合资经营企业	Joint-venture Enterprises From Hong Kong, Macao and Taiwan	20	20	2841	3426
合作经营企业	Cooperation Enterprises From Hong Kong, Macao and Taiwan	1	1	241	265
港、澳、台商独资经营企业	Enterprises with Sole Hong Kong,Macao and Taiwan	75	76	17345	18398
港、澳、台商投资股份有限公司	Share-holding Corporations Ltd. with Funds From Hong Kong,Macao and Taiwan	3	2	531	68
外商投资企业	Foreign Funded Enterprises	149	175	26415	26882
中外合资经营企业	Joint-venture Enterprises	45	54	11911	8325
中外合作经营企业	Cooperation Enterprises	4	3	635	347
外资企业	Enterprises With Sole Foreign Investment	96	118	13607	18210

10-3 分行业限额以上批发零售贸易基本情况
Basic Conditions of Enterprises Above Designated Size in Wholesale and Retail Trade by Sector

指标		法人企业(个) Number of Corporation (unit)		从业人员(人) Persons Employed (person)	
		2019	2020	2019	2020
总计	**Total**	**22841**	**25167**	**837933**	**845634**
批发业	**Wholesale**	**16545**	**19039**	**463805**	**495085**
食品、饮料及烟草制品批发	Food,Beverages,Tobacoo and Its Products	888	978	69409	69114
#米、面制品及食用油批发	Rice，Flour and Its Production，Edible Oil	130	142	5932	6011
烟草制品批发	Tobacoo and Its Production	12	12	9023	9012
纺织、服装及日用品批发	Textile，Garments and Articles for Daily Use	4704	4948	148779	151542
#服装批发	Garments	816	852	43797	47280
文化、体育用品及器材批发	Culture，Sports Articles and Equipment	691	827	19540	23569
医药及医疗器材批发	Medicines and Medical Appliances	558	670	39623	40732
矿产品、建材及化工产品批发	Mineral Production，Building Materials and Chemical Production	6797	8140	102573	113407
#煤炭及制品批发	Coal and Related Production	382	366	4467	4356
石油及制品批发	Petroleurn and Related Production	678	698	21228	20662
金属及金属矿批发	Metal Materials and Mineral	2585	3275	31989	36524
建材批发	Building Materials	779	989	11809	13374
化肥批发	Fertilizer	61	62	1422	1223
机械设备、五金交电及电子产品批发	Machinery Equipment，Hardware and Electric Production	2243	2678	69134	77992
#汽车批发	Motor Vehicles	460	638	16620	19964
五金产品批发	Hardware products Wholesale	485	556	12813	13896
计算机、软件及辅助设备批发	Computers，Software and Auxiliary Equipment	98	124	3242	3347
贸易经纪与代理	Manage and Agencies in Trade	97	88	1794	2092
其他批发	Others	394	494	8416	12518

续表 Continued

指标		法人企业(个) Number of Corporation (unit)		从业人员(人) Persons Employed (person)	
		2019	2020	2019	2020
零售业	**Retail Sale**	**6296**	**6128**	**374128**	**350549**
综合零售	Synthesizs	506	541	98665	96780
#百货零售	Consumer Goods	162	153	20848	19330
超级市场零售	Supermarkets	280	325	71782	71634
食品、饮料及烟草制品专门零售	Food, Beverages, Tobacoos and Its Production	389	410	14174	15281
纺织、服装及日用品专门零售	Textile Garments and Articles for Daily Use	289	210	31636	17792
#服装零售	Garments Articles	151	89	24171	12180
文化、体育用品及器材专门零售	Culture, Sports Articles and Equipment	254	230	12479	10395
#体育用品零售	Sports Articles	14	12	556	314
#图书零售	Books,newspaper	92	92	5856	5571
医药及医疗器材专门零售	Medicines and Medical Appliances	331	316	30821	30961
#药品零售	Medicines	321	307	30541	30720
汽车、摩托车、燃料及零配件专门零售	Motor Vehicles Motorcycles Fuel	2623	2577	115420	110903
汽车零售	Motor Vehicles	1904	1862	98013	94798
机动车燃料零售	Fuel for Motor Vehicles Use	685	683	16635	15320
家用电器及电子产品专门零售	Household Appliance Electric Production	581	539	25556	20315
#日用家电设备零售	Household Appliance	271	246	11516	8503
计算机、软件及辅助设备零售	Computer, Software and Auxiliary Equipment	139	134	3087	3002
通信设备零售	Communication Equipment	90	86	8747	6348
五金、家具及室内装修材料专门零售	Hardware Furniture Decoration Indoors	228	139	4757	3638
货摊、无店铺及其他零售	Non-shop and Other Retail Sale	1095	1166	40620	44484
#邮购及电子销售	Mail, telephone and TV retail	6	5	725	619

10-4 按登记注册类型分限额以上批发零售贸易业商品销售总额

Total Sales of Enterprises Above Designated Size in Wholesale and Retail Trade by Types of Registration

单位：亿元(100 million yuan)

指标		合计Total		批发Wholesale		零售Retail Sale	
		2019	2020	2019	2020	2019	2020
总计	**Total**	**78098.09**	**89665.45**	**68673.77**	**80679.70**	**9424.32**	**8985.74**
批发业合计	**Wholesale Trade**	**68345.96**	**80208.76**	**67481.24**	**79150.69**	**864.71**	**1058.07**
#国有及国有控股企业投资	State-owned and State Holding Enterprises	13988.52	17400.73	13822.24	17243.14	166.29	157.59
内资企业	Domestic Funded Enterprises	62746.35	75005.93	62000.05	74150.92	746.30	855.01
国有企业	State-owned Enterprises	1135.89	1882.66	1123.24	1882.61	12.65	0.05
集体企业	Collective Owned Enterprises	6.25	4.07	6.22	4.04	0.03	0.03
股份合作企业	Cooperative Enterprises	21.10	16.29	20.93	16.08	0.16	0.21
联营企业	Joint Ownership Enterprises		0.86		0.86		
国有联营企业	State Joint Ownership Enterprises		0.86		0.86		
集体联营企业	Collective Joint Ownership Enterprises						
其他联营企业	Other Joint Ownership Enterprises						
有限责任公司	Limited Liability Corporations	18874.92	23184.26	18697.87	22932.90	177.04	251.36
国有独资公司	State Sole Funded Corporations	1894.93	1607.82	1874.06	1596.25	20.87	11.57
其他有限责任公司	Other Limited Liability Corporations	16979.98	21576.44	16823.81	21336.65	156.17	239.80
股份有限公司	Share-holding Corporations Ltd.	3883.92	3774.98	3806.52	3736.72	77.40	38.26
私营企业	Private Enterprises	38812.33	46138.41	38333.94	45573.45	478.39	564.96
私营独资企业	Private Funded Enterprises	41.25	107.78	39.86	106.66	1.38	1.13
私营合伙企业	Private Partnership Corporations	6.38	3.94	6.35	3.94	0.03	
私营有限责任公司	Private Limited Liability Corporations	37940.25	44883.12	37485.92	44337.58	454.32	545.54
私营股份有限公司	Private Share-holding Corporations Ltd.	824.45	1143.56	801.80	1125.27	22.65	18.29
港澳台商投资企业	Enterprises With Funds From Hong Kong Macao and Taiwan	1423.73	1275.82	1361.48	1230.89	62.25	44.93
合资经营企业	Joint-venture Enterprises	175.89	200.04	174.82	199.36	1.07	0.68
独资经营企业	Enterprises with Sole Hong Kong,Macao and Taiwan	1.58	804.72	1.58	767.19		37.53
外商投资企业	Foreign Funded Enterprises	4175.87	3927.01	4119.71	3768.89	56.16	158.13
中外合资经营企业	Joint-venture Enterprises	1663.04	598.73	1656.77	578.24	6.27	20.50
中外合作经营企业	Cooperation Enterprises	3.16	5.12	3.16	5.12		
外资企业	Enterprises With Sole Foreign Investment	2158.81	2917.25	2108.91	2799.52	49.89	117.73
外商投资股份有限公司	Foreign Invesment Share-holding Corporations Ltd.	71.59	157.61	71.59	157.61		

续表 Continued　　单位：亿元(100 million yuan)

指标		合计Total		批发Wholesale		零售Retail Sale	
		2019	2020	2019	2020	2019	2020
零售业合计	**Retail Trade**	**9752.14**	**9456.69**	**1192.53**	**1529.01**	**8559.61**	**7927.67**
#国有及国有控股企业投资	State owned and State Holding Enterprises	1579.80	1111.80	329.25	226.06	1250.55	885.74
内资企业	Domestic Funded Enterprises	7817.21	7502.70	978.74	1203.92	6838.47	6298.78
国有企业	State-owned Enterprises	16.10	138.15	0.27	39.95	15.83	98.20
集体企业	Collective Owned Enterprises	15.20	13.78	1.73	0.91	13.48	12.87
股份合作企业	Cooperative Enterprises	22.26	18.85	1.14	2.98	21.13	15.88
联营企业	Joint Ownership Enterprises	6.46	7.68	0.65	1.24	5.81	6.45
国有联营企业	State Joint Ownership Enterprises	2.57	2.78	0.27	0.29	2.30	2.48
国有与集体联营企业	State-collective Joint Enterprises	2.35	2.54	0.18	0.34	2.17	2.19
其他联营企业	Other Joint Ownership Enterprises	1.54	2.37	0.21	0.60	1.33	1.77
有限责任公司	Limited Liability Corporations	2421.44	2520.67	298.43	406.31	2123.01	2114.36
国有独资公司	State Sole Funded Corporations	211.10	69.82	46.47	4.42	164.64	65.40
其他有限责任公司	Other Limited Liability Corporations	2210.33	2450.85	251.96	401.88	1958.37	2048.96
股份有限公司	Share-holding Corporations Ltd.	529.96	331.69	191.31	105.87	338.64	225.82
私营企业	Private Enterprises	4801.39	4470.10	485.01	646.53	4316.39	3823.57
私营独资企业	Private Funded Enterprises	30.83	27.35	4.02	3.92	26.81	23.42
私营合伙企业	Private Partnership Corporations	9.46	8.30	1.46	0.84	8.00	7.46
私营有限责任公司	Private Limited Liability Corporations	4637.47	4320.02	453.88	612.19	4183.59	3707.83
私营股份有限公司	Private Share-holding Corporations Ltd.	123.64	114.43	25.66	29.58	97.98	84.86
港澳台商投资企业	Enterprises With Funds From Hong Kong Macao and Taiwan	623.24	713.93	25.63	70.81	597.61	643.11
合资经营企业	Joint-venture Enterprises	184.67	198.13	4.32	6.05	180.36	192.08
合作经营企业	Cooperation Enterprises From Hong Kong,Macao and Taiwan	2.65	2.41		0.32	2.65	2.10
独资经营企业	Enterprises with Sole Hong Kong,Macao and Taiwan	425.91	463.47	21.16	53.25	404.75	410.22
港、澳、台商投资股份有限公司	Share-holding Corporations Ltd.with Funds From Hong Kong,Macao and Taiwan	3.10	7.39		0.11	3.10	7.28
外商投资企业	Foreign Funded Enterprises	1311.69	1240.06	188.15	254.28	1123.53	985.78
中外合资经营企业	Joint-venture Enterprises	422.61	240.68	63.06	63.25	359.55	177.43
中外合作经营企业	Cooperation Enterprises	13.48	6.96		0.62	13.48	6.33
外资企业	Enterprises With Sole Foreign Investment	866.76	992.42	125.09	190.40	741.67	802.02

10-5 分行业限额以上批发零售贸易业销售总额
Total Sales of Enterprises Above Designated Size in Wholesale and Retail Trade by Sector

单位：亿元(100 million yuan)

指标	Item	销售总额 Sales					
		合计 Total		批发 Wholesale		零售 Retail Sale	
		2019	2020	2019	2020	2019	2020
总计	**Total**	**78098.09**	**89665.45**	**68673.77**	**80679.70**	**9424.32**	**8985.74**
批发业	**Wholesale**	**68345.96**	**80208.76**	**67481.24**	**79150.69**	**864.71**	**1058.07**
食品、饮料及烟草制品批发	Food,Beverages,Tobacoo and Its Products	3779.57	4036.62	3720.01	3949.51	59.56	87.11
#米、面制品及食用油批发	Rice,Flour and Its Products, Edible Oil	367.88	343.78	359.33	339.51	8.55	4.27
烟草制品批发	Tobacoo and Its Products	1155.51	1211.88	1155.42	1211.82	0.10	0.05
纺织、服装及日用品批发	Textile,Garments and Articles for Daily Use	9088.00	8627.06	8875.87	8378.48	212.13	248.58
#服装批发	Garments	1860.59	1752.23	1811.28	1686.64	49.31	65.60
文化、体育用品及器材批发	Culture,Sports Articles and Equipment	1337.10	1692.83	1315.64	1664.99	21.45	27.84
医药及医疗器材批发	Medicines and Medical Appliances	2189.64	2211.07	2171.52	2184.37	18.12	26.70
矿产品、建材及化工产品批发	Mineral Products,Building Materials and Chemical Products	42257.20	52566.04	41948.30	52158.99	308.90	407.05
#煤炭及制品批发	Coal and Related Products	3244.45	3263.69	3241.84	3243.44	2.62	20.25
石油及制品批发	Petroleurn and Related Products	4879.32	5172.85	4707.27	4979.70	172.05	193.16
金属及金属矿批发	Metal Materials and Mineral	20900.26	27955.78	20857.23	27852.87	43.04	102.92
建材批发	Building Materials	2006.19	2596.64	1995.44	2577.56	10.74	19.08
化肥批发	Fertilizer	142.50	140.47	142.50	140.47		
机械设备、五金交电及电子产品批发	Machinery Equipment,Hardware and Electric Products	7041.54	8036.89	6888.17	7875.65	153.37	161.25
#汽车批发	Motor Vehicles,Motorcycles and Parts	2709.78	2893.41	2628.23	2816.92	81.55	76.49
五金产品批发	Household Appliances	1084.69	1029.90	1075.86	1019.52	8.83	10.38
计算机、软件及辅助设备批发	Computers,Software and Auxiliary Equipment	132.14	231.45	123.34	219.87	8.80	11.58
贸易经纪与代理	Manage and Agencies in Trade	138.69	100.94	138.58	99.44	0.11	1.51
其他批发	Others	2251.99	2415.91	2165.50	2319.29	86.49	96.63

续表 Continued　　单位：亿元(100 million yuan)

指标	Item	销售总额 Sales					
		合计 Total		批发 Wholesale		零售 Retail Sale	
		2019	2020	2019	2020	2019	2020
零售业	**Retail Sale**	**9752.14**	**9456.69**	**1192.53**	**1529.01**	**8559.61**	**7927.67**
综合零售	Synthesizs	1337.23	1332.68	105.19	136.71	1232.04	1195.97
#百货零售	Consumer Goods	535.41	512.08	11.97	9.76	523.44	502.32
超级市场零售	Supermarkets	756.96	757.21	89.15	109.54	667.81	647.67
食品、饮料及烟草制品专门零售	Food,Beverages,Tobacoos and Its Products	137.90	145.49	13.98	20.53	123.92	124.96
纺织、服装及日用品专门零售	Textile Garments and Articles for Daily Use	343.09	212.28	54.64	48.22	288.45	164.07
#服装零售	Garments Articles	243.46	133.39	30.74	28.59	212.72	104.80
文化、体育用品及器材专门零售	Culture,Sports Articles and Equipments	198.71	114.76	31.63	9.36	167.08	105.40
#体育用品及器材零售	Sports Articles	7.86	5.10	1.21	0.01	6.65	5.09
图书报刊零售	Books	68.20	61.27	0.37	2.00	67.83	59.27
医药及医疗器材专门零售	Medicines and Medical Appliances	274.11	277.20	29.83	42.47	244.28	234.74
#药品零售	Medicines	270.63	273.32	28.97	40.96	241.66	232.36
汽车、摩托车、燃料及零配件专门零售	Motor Vehicles Motorcycles Fuel	5380.34	5020.02	669.08	839.24	4711.25	4180.78
#汽车零售	Motor Vehicles	3665.51	3697.00	199.28	439.54	3466.23	3257.45
机动车燃料零售	Fuel for Motor Vehicles Use	1703.19	1310.22	468.54	398.66	1234.65	911.56
家用电器及电子产品专门零售	Household Appliance Electric Products	453.59	450.46	119.88	171.89	333.72	278.57
#日用家电设备零售	Household Appliance	242.48	268.54	54.47	117.59	188.00	150.95
计算机、软件及辅助设备零售	Computer,Software and Auxiliary Equipment	39.99	30.48	6.92	3.91	33.07	26.57
通信设备零售	Communication Equipment	132.23	112.72	53.69	40.63	78.54	72.09
五金、家具及室内装修材料专门零售	Hardware Furniture Decoration Indoors	69.87	50.83	11.28	7.70	58.59	43.13
货摊、无店铺及其他零售	Non-shop and Other Retail Sale	1557.29	1852.96	157.01	252.91	1400.28	1600.05
#邮购及电视电话零售	Mail Order and Electron Vendition	21.85	25.89	1.23	0.02	20.62	25.87

10-6 限额以上批发零售贸易业商品分类销售额（2016-2020年）
Total Sales of Enterprises Above Designated Size(2016-2020)

单位：亿元(100 million yuan)

商品分类	Commodity	合计Total				
		2016	2017	2018	2019	2020
食品、饮料、烟酒类	Food,Beverage,Tobacco and Liquor	3962.68	3798.87	4127.24	4886.58	5596.96
肉禽蛋类	Meat,Poultry and Eggs	193.70	186.97	235.29	359.90	449.11
其他食品类	Other Food	1857.90	1609.81	1658.66	2087.47	2627.40
饮料类	Beverages	647.87	701.12	825.20	926.72	934.56
烟酒类	Tobacco and Liquor	1263.22	1300.97	1408.09	1512.50	1585.88
服装鞋帽、针、纺织品类	Garments,Shoes,Hats,Knit and Textile Goods	4493.17	4164.84	4803.64	5826.25	5686.58
服装类	Garments	1926.27	1668.23	1839.12	2103.82	1956.12
鞋帽类	Shoes and Hats	425.12	411.68	453.98	502.87	406.49
针、纺织品类	Knit and Textile Goods	2141.79	2084.93	2510.53	3219.57	3241.44
化妆品类	Cosmetics	168.82	189.42	267.45	314.10	421.15
金银珠宝类	Jewelry	401.03	288.27	299.86	284.84	243.69
日用品类	Articles For Daily Use	1118.62	1146.20	1324.66	1596.72	1881.50
儿童玩具类	Toy For Children	52.54	46.17	52.84		
五金、电料类	Hardware & Electric Materials	456.55	495.44	566.68	681.39	753.58
体育、娱乐用品类	Sports and Recreation	53.75	56.52	55.14	78.94	119.80
书报杂志类	Newspapers and Magazines	107.23	110.99	126.16	152.79	159.60
电子出版物及音像制品类	Electronic Publication and Audiovisual Products	7.90	7.89	9.11	9.05	9.51
家用电器及音像器材类	Household Appliances and Audiovisual Equipment	1144.63	1304.85	1394.87	1615.30	1694.42
中西药品类	Traditional Chinese & Western Medicines	1648.79	1735.29	1776.16	1949.86	1974.67
西药	Western Medicines	1218.31	1260.10	1300.93	1414.32	1430.21
中草药及中成药	Chinese Herbal Medicine and Other Traditional Chinese Medicine	287.05	291.14	281.77	304.46	308.24
文化办公用品类	Culture and Official Articles	603.57	630.59	692.29	695.78	867.35
家具类	Furniture	221.41	161.68	210.87	257.80	326.61
通讯器材类	Communication Appliances	626.12	766.15	945.41	1226.62	1549.29
煤炭及制品类	Coal and Related Products	1428.20	2027.82	2854.24	3070.04	3090.84
木材及制品类	Timber and Related Products	472.11	454.63	504.73	724.21	953.03
石油及制品类	Oil and Related Products	4729.99	6092.16	6707.94	6662.90	6408.57
化工材料及制品类	Chemical Materials and Related Products	5328.00	7001.30	9789.92	10508.90	12490.88
化肥类	Fertilizer	112.10	119.11	137.28	144.66	148.20
金属材料类	Metal Materials	9413.72	11892.68	14138.09	19683.98	26709.68
建筑及装潢材料类	Building and Decoration Materials	689.00	650.68	847.87	1481.26	1954.83
机电成品及设备类	Mechanical and Electrical Products and Appliances	985.50	1220.05	1556.09	1763.92	1672.59
农机类	Agricutural Mechanical Products	8.89	9.54	10.82	10.72	16.96
汽车类	Motor Vehicles	5066.00	6093.04	6485.02	6292.32	6386.73
种子饲料类	Seed and Forage	45.58	61.68	75.55	77.34	143.07
棉麻类	Cotton & Ambery	72.05	104.75	146.19	209.31	213.17
其他类	Others	2349.66	2414.02	2861.25	3423.19	3942.39

续表1 Continued 单位：亿元(100 million yuan)

商品分类	Commodity	批发额Wholesale				
		2016	2017	2018	2019	2020
食品、饮料、烟酒类	Food,Beverage,Tobacco and Liquor	3011.46	2948.43	3274.07	3896.54	4480.24
肉禽蛋类	Meat,Poultry and Eggs	103.82	103.69	154.59	252.96	313.02
其他食品类	Other Food	1211.53	1037.61	1076.24	1420.99	1893.94
饮料类	Beverages	554.86	611.30	732.74	823.69	825.77
烟酒类	Tobacco and Liquor	1141.26	1195.84	1310.50	1398.90	1447.52
服装鞋帽、针、纺织品类	Garments,Shoes,Hats,Knit and Textile Goods	3542.87	3316.90	3922.20	4873.92	4835.89
服装类	Garments	1185.30	990.07	1129.45	1350.19	1300.44
鞋帽类	Shoes and Hats	306.04	305.61	336.94	365.65	289.27
针、纺织品类	Knit and Textile Goods	2051.53	2021.23	2455.80	3158.08	3171.72
化妆品类	Cosmetics	58.92	77.41	121.10	141.14	199.14
金银珠宝类	Jewelry	208.45	145.31	155.34	153.45	121.58
日用品类	Articles For Daily Use	794.19	858.56	994.56	1144.02	1463.04
儿童玩具类	Toy For Children	35.49	31.93	39.34		
五金、电料类	Hardware & Electric Materials	417.04	467.43	541.00	655.89	734.65
体育、娱乐用品类	Sports and Recreation	32.26	32.98	35.93	48.37	72.78
书报杂志类	Newspapers and Magazines	44.85	45.17	53.04	56.26	86.44
电子出版物及音像制品类	Electronic Publication and Audiovisual Products	5.76	5.84	6.84	6.73	6.73
家用电器及音像器材类	Household Appliances and Audiovisual Equipment	734.53	871.81	981.83	1098.65	1264.56
中西药品类	Traditional Chinese & Western Medicines	897.75	937.81	1551.57	1695.36	1728.02
西药	Western Medicines	672.85	674.13	1148.92	1243.52	1254.99
中草药及中成药	Chinese Herbal Medicine and Other Traditional Chinese Medicine	149.23	152.09	235.23	257.47	269.06
文化办公用品类	Culture and Official Articles	464.04	491.71	560.95	575.11	722.66
家具类	Furniture	129.35	106.13	145.02	181.46	241.36
通讯器材类	Communication Appliances	455.32	565.48	718.24	942.77	1293.93
煤炭及制品类	Coal and Related Products	1424.19	2026.65	2853.29	3068.77	3089.96
木材及制品类	Timber and Related Products	472.11	454.63	504.73	724.21	953.03
石油及制品类	Oil and Related Products	3504.75	4761.08	5314.53	5223.48	5330.86
化工材料及制品类	Chemical Materials and Related Products	5328.00	7001.30	9789.92	10508.90	12490.88
化肥类	Fertilizer	112.10	119.11	137.28	144.66	148.20
金属材料类	Metal Materials	9413.72	11892.68	14138.09	19683.98	26709.68
建筑及装潢材料类	Building and Decoration Materials	546.25	592.94	800.34	1432.84	1920.23
机电成品及设备类	Mechanical and Electrical Products and Appliances	965.35	1204.82	1543.08	1753.37	1664.52
农机类	Agricutural Mechanical Products	8.89	9.54	10.82	10.72	16.96
汽车类	Motor Vehicles	1714.74	2619.34	3105.70	2774.70	3143.95
种子饲料类	Seed and Forage	45.58	61.68	75.55	77.34	143.07
棉麻类	Cotton & Ambery	71.78	104.72	146.18	209.29	213.06
其他类	Others	2169.63	2246.05	2729.41	3277.88	3820.97

续表2 Continued　　单位：亿元(100 million yuan)

商品分类	Commodity	零售额Retail Sale				
		2016	2017	2018	2019	2020
食品、饮料、烟酒类	Food,Beverage,Tobacco and Liquor	951.22	850.44	853.16	990.04	1116.71
肉禽蛋类	Meat,Poultry and Eggs	89.88	83.28	80.70	106.94	136.09
其他食品类	Other Food	646.37	572.21	582.41	666.48	733.47
饮料类	Beverages	93.01	89.82	92.46	103.03	108.79
烟酒类	Tobacco and Liquor	121.96	105.14	97.59	113.60	138.36
服装鞋帽、针、纺织品类	Garments,Shoes,Hats,Knit and Textile Goods	950.30	847.94	881.44	952.34	850.69
服装类	Garments	740.96	678.16	709.66	753.63	655.68
鞋帽类	Shoes and Hats	119.08	106.08	117.04	137.21	117.22
针、纺织品类	Knit and Textile Goods	90.26	63.70	54.73	61.49	69.72
化妆品类	Cosmetics	109.90	112.01	146.36	172.96	222.01
金银珠宝类	Jewelry	192.57	142.96	144.52	131.39	122.11
日用品类	Articles For Daily Use	324.43	287.64	330.10	452.70	418.46
儿童玩具类	Toy For Children	17.06	14.25	13.50		
五金、电料类	Hardware & Electric Materials	39.50	28.01	25.68	25.50	18.93
体育、娱乐用品类	Sports and Recreation	21.48	23.54	19.22	30.57	47.03
书报杂志类	Newspapers and Magazines	62.38	65.82	73.12	96.52	73.16
电子出版物及音像制品类	Electronic Publication and Audiovisual Products	2.14	2.04	2.27	2.32	2.78
家用电器及音像器材类	Household Appliances and Audiovisual Equipment	410.10	433.04	413.04	516.65	429.86
中西药品类	Traditional Chinese & Western Medicines	751.04	797.48	224.59	254.49	246.65
西药	Western Medicines	545.46	585.97	152.02	170.81	175.23
中草药及中成药	Chinese Herbal Medicine and Other Traditional Chinese Medicine	137.81	139.04	46.54	46.98	39.18
文化办公用品类	Culture and Official Articles	139.52	138.88	131.34	120.67	144.69
家具类	Furniture	92.06	55.55	65.84	76.34	85.25
通讯器材类	Communication Appliances	170.80	200.67	227.17	283.86	255.36
煤炭及制品类	Coal and Related Products	4.00	1.17	0.94	1.26	0.88
木材及制品类	Timber and Related Products					
石油及制品类	Oil and Related Products	1225.24	1331.09	1393.41	1439.42	1077.71
化工材料及制品类	Chemical Materials and Related Products					
化肥类	Fertilizer					
金属材料类	Metal Materials					
建筑及装潢材料类	Building and Decoration Materials	142.75	57.74	47.53	48.43	34.60
机电成品及设备类	Mechanical and Electrical Products and Appliances	20.15	15.23	13.02	10.55	8.07
农机类	Agricutural Mechanical Products					
汽车类	Motor Vehicles	3351.26	3473.69	3379.32	3517.62	3242.77
种子饲料类	Seed and Forage					
棉麻类	Cotton & Ambery	0.27	0.04	0.01	0.02	0.11
其他类	Others	180.03	167.97	131.84	145.31	121.42

10-7 限额以上批发零售贸易企业财务状况（2011-2020年）

Financial Conditions of Wholesale and Retail Trade Above Designated Siae(2011-2020)

单位：亿元(100 million yuan)

指标	Item	2011	2012	2013	2014	2015	2016	2017	2018	2019	2020
法人企业数(个)	Corporation Units(unit)	11943	12917	14603	15852	16574	17317	18514	19596	22839	25167
从业人员(人)	Employed Persons(person)	601464	641490	691577	739077	757248	758326	772544	795228	849202	845634
流动资产合计	Total Circulating Assets	10011	11187	13177	14579	15011	15960	17536	19097	23031	26968
资产总计	Total Assets	12417	13926	16605	18649	19423	20827	22699	25139	30091	34870
负债合计	Total Liabilities	9650	10851	12893	14525	14854	15834	17099	18685	22610	25743
营业收入	Business Income	26914	29084	34510	39123	37633	39951	49272	57773	71406	80875
营业成本	Operating Costs	25435	27524	32564	37050	35406	37553	46571	54745	67633	76749
税金及附加	Taxes and Surcharges	74	83	99	107	156	177	185	200	215	224
营业利润	Operating Profit	1404	1476	1739	1880	1963	2221	2516	2828	1117	1312
销售费用	Selling Expenses	655	738	832	926	985	1104	1306	1511	1821	1986
管理费用	Management Expenses	354	398	466	515	560	583	601	704	821	869
财务费用	Financial Expenses	183	206	197	224	190	201	249	247	262	290
利润总额	Total Profits	408	353	493	521	546	699	816	909	1208	1408
本年应付职工薪酬	Total Wages Payable In the Year	292	390	421	505	520	581	689	737	965	890

注：指标"营业收入"、"营业成本"、"税金及附加"和"营业利润"2019年前分别为"商品销售收入净额"、"商品销售成本"、"商品销售税金及附加费"和"主营业务利润"，以后各表同。
The indicators of "business income", "operating cost", "taxes and surcharges" and "operating profit" are "net sales revenue of goods", "cost of goods sales", "taxes and surcharges of goods sales" and "profits of main business" respectively before 2019，The same applies to the relevant tables following.

10-8 按登记注册类型分限额以上批发零售贸易企业资产及负债情况（2020年）
Assets and Liabilities of Enterprises Above Designated Size in Wholesale and Retail Trade by Types of Registration (2020)

单位：亿元 (100 million yuan)

指标	Item	资产合计 Total Assets	流动资产 Circulating Assets	负债合计 Total Liabilities	所有者权益合计 Total Creditor's Equity
总计	**Total**	**34869.97**	**26968.40**	**25743.25**	**9104.05**
批发企业合计	**Wholesale Trade**	**30732.70**	**24049.71**	**22697.03**	**8013.94**
#国有及国有控股企业	State-owend and State Holding Enterprises	6495.20	4619.52	4102.72	2389.67
内资企业	Domestic Funded Enterprises	27779.05	21682.42	20626.51	7129.25
国有企业	State-owned Enterprises	1052.94	765.44	493.62	559.31
集体企业	Collective Owned Enterprises	4.60	3.78	3.39	1.21
股份合作企业	Cooperative Enterprises	6.75	5.99	4.00	2.75
联营企业	Joint Ownership Enterprises	0.04	0.04		0.04
国有联营企业	State Joint Ownership Enterprises	0.04	0.04		0.04
集体联营企业	Collective Joint Ownership Enterprises				
其他联营企业	State-collective Joint Enterprises				
有限责任公司	Limited Liability Corporations	8274.79	6336.07	5947.12	2323.04
国有独资公司	State Sole Funded Corporations	836.00	631.84	556.78	279.14
其他有限责任公司	Other Limited Liability Corporations	7438.79	5704.22	5390.34	2043.91
股份有限公司	Share-holding Corporations Ltd.	2470.19	1454.74	1353.47	1116.58
私营企业	Private Enterprises	15967.30	13114.40	12823.18	3125.61
私营独资企业	Private Funded Enterprises	37.68	32.07	27.90	9.72
私营合伙企业	Private Partnership Corporations	2.76	2.60	2.74	0.02
私营有限责任公司	Private Limited Liability Corporations	15413.12	12757.37	12451.06	2944.01
私营股份有限公司	Enterprises With Funds From Hong Kong Macao and Taiwan	513.73	322.36	341.48	171.85
港澳台商投资企业	Enterprises With Funds From Hong Kong Macao and Taiwan	886.03	722.36	498.34	387.85
合资经营企业	Joint-venture Enterprises	185.43	131.49	114.89	70.71
独资经营企业	Enterprises with Sole Hong Kong, Macao and Taiwan	419.05	348.75	283.13	135.92
外商投资企业	Foreign Funded Enterprises	2067.63	1644.93	1572.17	496.84
中外合资经营企业	Joint-venture Enterprises	497.96	286.34	331.34	168.01
中外合作经营企业	Cooperation Enterprises	36.66	36.42	34.55	2.11
外资企业	Enterprises With Sole Foreign Investment	1072.90	1004.46	898.70	174.20
外商投资股份有限企业	Foreign Invesment Share-holding Corporations Ltd.	256.15	118.58	119.72	136.43

续表 Continued 单位：亿元（100 million yuan）

指标	Item	资产合计 Total Assets	流动资产 Circulating Assets	负债合计 Total Liabilities	所有者权益合计 Total Creditor's Equity
零售业合计	**Retail Sale**	**4137.27**	**2918.69**	**3046.23**	**1090.11**
#国有及国有控股企业	State-owend and State Holding Enterprises	499.80	278.75	262.85	237.00
内资企业	Domestic Funded Enterprises	3325.54	2376.67	2535.54	789.13
国有企业	State-owned Enterprises	9.17	7.01	4.29	4.88
集体企业	Collective Owned Enterprises	7.58	5.30	4.45	3.14
股份合作企业	Cooperative Enterprises	8.01	6.20	4.05	3.96
联营企业	Joint Ownership Enterprises	1.35	1.01	0.38	0.97
国有联营企业	State Joint Ownership Enterprises	0.44	0.38	0.10	0.35
国有与集体联营企业	State-collective Joint Enterprises	0.52	0.42	0.05	0.48
其他联营企业	Other Joint Ownership Enterprises	0.38	0.21	0.23	0.15
有限责任公司	Limited Liability Corporations	1091.89	749.85	810.86	281.18
国有独资公司	State Sole Funded Corporations	81.01	54.74	43.96	37.03
其他有限责任公司	Other Limited Liability Corporations	1010.87	695.12	766.90	244.15
股份有限公司	Share-holding Corporations Ltd.	224.82	97.56	122.46	102.36
私营企业	Private Enterprises	1981.58	1509.28	1588.61	392.24
私营独资企业	Private Funded Enterprises	11.09	8.57	8.18	2.90
私营合伙企业	Private Partnership Corporations	2.39	1.51	1.71	0.68
私营有限责任公司	Private Limited Liability Corporations	1871.29	1431.98	1538.70	331.86
私营股份有限公司	Private Share-holding Corporations Ltd.	96.81	67.22	40.02	56.79
港澳台商投资企业	Funded by Enterpreneurs From Hong Kong Macao and Taiwan	331.48	229.48	221.68	108.70
合资经营企业	Joint-venture Enterprises	108.85	65.84	60.32	48.53
合作经营企业	Cooperation Enterprises From Hong Kong,Macao and Taiwan	3.03	3.03	0.39	2.64
港、澳、台商独资经营企业	Enterprises with Sole Hong Kong, Macao and Taiwan	202.23	145.13	153.59	47.54
港、澳、台商投资股份有限公司	Share-holding Corporations Ltd. with Funds From Hong Kong, Macao and Taiwan	4.61	3.50	2.66	1.94
外商投资企业	Foreign Funded Enterprises	480.25	312.55	289.01	192.28
中外合资经营企业	Joint-venture Enterprises	86.11	48.86	34.59	51.52
中外合作经营企业	Cooperation Enterprises	3.84	3.33	3.50	0.33
外资企业	Foreign Invesment Share-holding Corporations Ltd.	390.31	260.35	250.91	140.43

10-9 分行业限额以上批发零售贸易企业资产及负债情况（2020年）
Assets and Liabilities of Enterprises Above Designated Size in Wholesale and Retail Trade by Sector (2020)

单位：亿元(100 million yuan)

指标		资产合计 Total Assets	流动资产 Circulating Assets	负债合计 Total Liabilities	所有者权益合计 Total Creditor's Equity
总计	**Total**	**34869.97**	**26968.40**	**25743.25**	**9104.05**
批发业	**Wholesale**	**30732.70**	**24049.71**	**22697.03**	**8013.94**
农、林、牧产品批发	Agricultural and Animal Products	322.53	222.47	233.57	88.08
食品、饮料及烟草制品批发	Food,Beverages,Tobacoo and Its Products	2163.69	1801.22	1267.01	896.47
#米、面制品及食用油批发	Rice,Flour and Its Products,Edible Oil	287.04	198.83	214.35	72.69
烟草制品批发	Tobacoo and Its Products	513.99	425.97	100.61	413.38
纺织、服装及日用品批发	Textile,Garments and Articles for Daily Use	3893.06	3293.41	3044.46	846.28
#服装批发	Garments	1126.18	804.21	775.53	350.73
文化、体育用品及器材批发	Culture,Sports Articles and Equipment	776.62	634.01	569.87	206.46
医药及医疗器材批发	Medicines and Medical Appliances	1327.69	1007.82	847.21	479.97
矿产品、建材及化工产品批发	Mineral Products,Building Materials and Chemical Products	17987.25	13535.89	13394.08	4576.56
#煤炭及制品批发	Coal and Related Products	960.44	816.52	740.97	215.29
石油及制品批发	Petroleurn and Related Products	2359.94	1740.06	1734.27	625.53
金属及金属矿批发	Metal Materials and Mineral	8899.03	6631.11	6791.99	2095.23
建材批发	Building Materials	1355.05	1073.40	1029.56	325.08
化肥批发	Fertilizer	113.39	80.86	75.15	38.24
机械设备、五金交电及电子产品批发	Machinery Equipment,Hardware and Electric Products	3550.90	2915.79	2746.90	805.20
#汽车批发	Motor Vehicles,Motorcycles and Parts	929.08	786.75	821.85	109.14
五金产品批发	Household Appliances	439.23	309.44	274.72	164.49
计算机、软件及辅助设备批发	Computers,Software and Auxiliary Equipment	100.96	95.87	73.53	27.40
贸易经纪与代理	Manage and Agencies in Trade	37.17	34.62	30.76	6.41
其他批发	Others	673.79	604.49	563.15	108.49

续表 Continued 单位：亿元(100 million yuan)

指标		资产合计 Total Assets	流动资产 Circulating Assets	负债合计 Total Liabilities	所有者权益合计 Total Creditor's Equity
零售业	**Retail Sale**	**4137.27**	**2918.69**	**3046.23**	**1090.11**
综合零售	Synthesizs	1094.90	656.48	798.24	297.81
#百货零售	Consumer Goods	628.67	346.28	419.52	209.16
超级市场零售	Supermarkets	438.68	291.06	348.30	91.51
食品、饮料及烟草制品专门零售	Food,Beverages,Tobacoos and Its Products	101.90	74.80	66.53	35.29
纺织、服装及日用品专门零售	Textile Garments and Articles for Daily Use	206.07	143.23	152.96	52.68
#服装零售	Garments Articles	148.30	96.96	112.22	35.65
文化、体育用品及器材专门零售	Culture,Sports Articles and Equipments	152.97	115.25	93.23	59.70
#体育用品及器材零售	Sports Articles	11.67	9.79	9.55	2.12
#图书报刊零售	Books	99.91	67.75	56.57	43.34
医药及医疗器材专门零售	Medicines and Medical Appliances	113.73	96.05	82.76	31.66
#药品零售	Medicines	111.60	94.18	81.68	30.61
汽车、摩托车、燃料及零配件专门零售	Motor Vehicles Motorcycles Fuel	1572.53	1086.28	1135.63	435.58
汽车零售	Motor Vehicles	1220.52	945.34	990.50	229.40
机动车燃料零售	Fuel for Motor Vehicles Use	344.50	136.98	138.89	205.03
家用电器及电子产品专门零售	Household Appliance Electric Products	206.75	174.19	158.70	48.05
#日用家电设备零售	Household Appliance	120.29	105.64	100.58	19.71
计算机、软件及辅助设备零售	Computer,Software and Auxiliary Equipment	15.57	14.13	8.74	6.83
通信设备零售	Communication Equipment	39.85	35.74	28.67	11.12
五金、家具及室内装修材料专门零售	Hardware Furniture Decoration Indoors	42.85	28.98	35.54	6.85
货摊、无店铺及其他零售	Non-shop and Other Retail Sale	645.56	543.43	522.64	122.50
#邮购及电视电话零售	Mail Order and Electron Vendition	7.10	6.56	1.71	5.39

10-10 按登记注册类型分限额以上批发零售贸易企业主要财务指标情况（2020年）
Main Financial Indicators of Enterprises Above Designated Size in Wholesale and Retail Trade by Types of Registration(2020)

单位：亿元(100 million yuan)

指标	Item	营业收入 Business Income	营业成本 Operating Costs	税金及附加 Taxes and Surcharges	营业利润 Operating Profit	销售费用 Sales Expenses
批发和零售贸易业合计	**Total**	**80875.47**	**76749.48**	**224.27**	**1312.33**	**1985.59**
批发企业合计	**Wholesale Trade**	**72718.02**	**69658.01**	**198.56**	**1163.70**	**1322 39**
#国有及国有控股	State-owned and State Holding Enterprises	16167.67	15457.79	157.62	397.75	167.62
内资企业	Domestic Funded Enterprises	68044.64	65301.16	194.22	1044.77	1138.90
国有企业	State-owned Enterprises	2477.59	2085.05	146.49	198.53	50.69
集体企业	Collective Owned Enterprises	3.70	3.43	0.01	0.02	0.10
股份合作企业	Cooperative Enterprises	14.62	13.69	0.02	0.25	0.40
其他联营企业	Other Joint Ownership Enterprises	0.74	0.78		-0.07	0.03
有限责任公司	Limited Liability Corporations	20639.15	19967.12	16.27	319.04	305.03
国有独资公司	State Sole Funded Corporations	1441.61	1412.81	0.89	10.65	9.62
其他有限责任公司	Other Limited Liability Corporations	19197.55	18554.30	15.38	308.39	295.41
股份有限公司	Share-holding Corporations Ltd.	3329.64	3191.92	2.57	134.47	50.88
私营企业	Private Enterprises	41575.16	40035.30	28.86	392.47	731.74
私营独资企业	Private Funded Enterprises	100.60	97.27	0.10	3.03	0.66
私营合伙企业	Private Partnership Corporations	3.56	3.37		0.03	0.07
私营有限责任公司	Private Limited Liability Corporations	40432.32	38940.25	28.07	376.68	713.03
私营股份有限公司	Private Share-holding Corporations Ltd.	1038.68	994.41	0.68	12.73	17.98
港、澳、台商投资企业	Enterprises With Funds From Hong Kong, Macao and Taiwan	1159.03	1047.21	1.62	58.35	58.57
港澳台商合资经营企业	Joint-venture Enterprises	183.94	167.36	0.40	4.26	5.78
港澳台商独资经营企业	Enterprises with Sole Hong-Kong,Macao and Taiwan	732.61	685.28	0.56	-0.28	29.83
外商投资企业	Foreign Funded Enterprises	3514.34	3309.64	2.71	60.58	124.91
中外合资经营企业	Joint-venture Enterprises	546.48	522.43	0.50	11.74	15.91
中外合作经营企业	Cooperation Enterprises	4.86	4.39		0.04	0.02
外商企业	Enterprises With Sole Foreign Investment	2590.18	2449.48	1.93	49.45	75.20
外商投资股份有限公司	Foreign Invesment Share-holding Corporations Ltd.	134.95	119.36	0.21	1.33	10.49

续表 1 Continued　　单位：亿元(100 million yuan)

指标	Item	营业收入 Business Income	营业成本 Operating Costs	税金及附加 Taxes and Surcharges	营业利润 Operating Profit	销售费用 Sales Expenses
零售企业总计	**Retail Sale**	**8157.46**	**7091.46**	**25.71**	**148.63**	**663.20**
#国有及国有控股	State-owend and State-holding Enterprises	902.32	788.19	3.41	38.83	60.31
内资企业	Domestic Funded Enterprises	6684.78	5861.16	18.42	95.94	515.63
国有企业	State-owned Enterprises	17.15	14.34	0.03	1.25	0.91
集体企业	Collective Owned Enterprises	12.56	10.87	0.04	0.27	0.72
股份合作企业	Cooperative Enterprises	16.58	13.39	0.05	1.08	1.02
联营企业	Joint Ownership Enterprises	6.80	5.43	0.02	0.95	0.33
国有联营企业	State Joint Ownership Enterprises	2.46	1.81	0.01	0.49	0.12
集体联营企业	Collective Joint Ownership Enterprises					
国有与集体联营企业	State-collective Joint Enterprises	2.24	1.77	0.01	0.33	0.14
其他联营企业	Other Joint Ownership Enterprises	2.10	1.86		0.13	0.07
有限责任公司	Limited Liability Corporations	2314.31	2046.40	5.70	49.45	163.34
国有独资公司	State Sole Funded Corporations	70.05	55.89	0.28	2.90	8.46
其他有限责任公司	Other Limited Liability Corporations	2244.26	1990.51	5.42	46.55	154.88
股份有限公司	Share-holding Corporations Ltd.	296.53	255.37	0.85	7.35	32.27
私营企业	Private Enterprises	4019.58	3514.21	11.72	35.57	317.00
私营独资企业	Private Funded Enterprises	20.61	17.57	0.05	0.40	1.07
私营合伙企业	Private Partnership Corporations	7.16	5.74	0.02	0.19	0.78
私营有限责任公司	Private Limited Liability Corporations	3886.40	3402.76	10.79	32.14	303.02
私营股份有限公司	Private Share-holding Corporations Ltd.	105.41	88.14	0.86	2.83	12.13
其他企业	others	1.28	1.16		0.03	0.04
港澳台商投资企业	Enterprises With Funds From Hong Kong Macao and Taiwan	669.21	552.34	3.52	20.24	72.58
与港澳台商合资经营	Joint-venture Enterprises	184.95	157.12	1.80	12.62	12.06
与港澳台商合作经营	Cooperation Enterprises From Hong-Kong, Macao and Taiwan	2.47	1.83	0.02	0.01	0.24
港澳台商独资经营	Enterprises with Sole Hong-Kong,Macao and Taiwan	437.01	369.19	1.52	4.92	46.80
港澳台商投资股份有限公司	Share-holding Corporations Ltd. with Funds From Hong Kong,Macao and Taiwan	7.12	5.63	0.02	0.33	0.06
外商投资企业	Foreign Funded Enterprises	803.46	677.96	3.78	32.44	74.99
中外合资经营企业	Joint-venture Enterprises	219.33	179.76	0.39	7.77	25.95
中外合作经营企业	Cooperation Enterprises	6.73	5.38	0.24	0.08	0.96
外商企业	Enterprises With Sole Foreign Investment	577.40	492.82	3.15	24.59	48.08
外商投资股份有限公司	Foreign Invesment Share-holding Corporations Ltd.					

续表 2 Continued　　单位：亿元(100 million yuan)

指标	Item	管理费用 Management Expenses	财务费用 Financial Expenses	利润总额 Profits	应付职工薪酬(本年贷方累计发生额) Total Wages Payable in the Year	本年应交增值税 Value Added Taxes Payable in the year
批发和零售贸易业合计	**Total**	869.24	290.37	1407.65	890.26	500.36
批发企业合计	**Wholesale Trade**	636.73	252.74	1247.25	593.00	404.03
#国有及国有控股	State-owned and State Holding Enterprises	108.89	19.65	414.80	130.37	117.86
内资企业	Domestic Funded Enterprises	579.98	237.61	1123.21	534.30	374.04
国有企业	State-owned Enterprises	41.54	-11.46	200.29	56.00	53.66
集体企业	Collective Owned Enterprises	0.13	0.01	0.05	0.12	0.02
股份合作企业	Cooperative Enterprises	0.28	0.08	0.24	0.27	0.10
其他联营企业	Other Joint Ownership Enterprises	0.01		-0.04		0.03
有限责任公司	Limited Liability Corporations	117.76	55.87	344.60	142.68	98.56
国有独资公司	State Sole Funded Corporations	10.55	5.09	20.18	9.13	6.37
其他有限责任公司	Other Limited Liability Corporations	107.21	50.78	324.43	133.55	92.19
股份有限公司	Share-holding Corporations Ltd.	35.55	29.27	137.43	36.60	10.28
私营企业	Private Enterprises	384.65	163.82	440.56	298.55	211.39
私营独资企业	Private Funded Enterprises	0.80	0.45	3.04	0.68	3.02
私营合伙企业	Private Partnership Corporations	0.07	0.01	0.03	0.06	0.03
私营有限责任公司	Private Limited Liability Corporations	373.85	156.14	423.48	289.37	205.25
私营股份有限公司	Private Share-holding Corporations Ltd.	9.93	7.22	14.02	8.44	3.10
港、澳、台商投资企业	Enterprises With Funds From Hong Kong, Macao and Taiwan	29.51	9.16	59.86	32.54	10.53
港澳台商合资经营企业	Joint-venture Enterprises	5.16	4.09	5.14	4.29	1.61
港澳台商独资经营企业	Enterprises with Sole Hong-Kong,Macao and Taiwan	16.23	3.38	0.28	13.83	4.49
外商投资企业	Foreign Funded Enterprises	27.24	5.96	64.18	26.17	19.46
中外合资经营企业	Joint-venture Enterprises	5.37	4.02	12.12	6.98	2.86
中外合作经营企业	Cooperation Enterprises	0.19	0.21	0.02	0.10	0.25
外商企业	Enterprises With Sole Foreign Investment	17.88	-0.28	52.61	14.94	14.53
外商投资股份有限公司	Foreign Invesment Share-holding Corporations Ltd.	2.63	1.59	1.29	2.57	1.46

续表 3 Continued　　单位：亿元(100 million yuan)

指标	Item	管理费用 Management Expenses	财务费用 Financial Expenses	利润总额 Profits	应付职工薪酬(本年贷方累计发生额) Total Wages Payable in the Year	本年应交增值税 Value Added Taxes Payable in the year
零售企业总计	**Retail Sale**	232.51	37.63	160.41	297.26	96.33
#国有及国有控股	State-owend and State-holding Enterprises	17.36	1.26	40.09	31.57	11.16
内资企业	Domestic Funded Enterprises	185.73	35.41	107.09	237.67	73.97
国有企业	State-owned Enterprises	0.60	-0.01	1.32	0.59	0.25
集体企业	Collective Owned Enterprises	0.66	0.01	0.45	0.56	0.11
股份合作企业	Cooperative Enterprises	0.91	0.14	1.25	0.66	0.35
联营企业	Joint Ownership Enterprises	0.08	-0.01	0.95	0.13	0.16
国有联营企业	State Joint Ownership Enterprises	0.04		0.49	0.04	0.08
集体联营企业	Collective Joint Ownership Enterprises					
国有与集体联营企业	State-collective Joint Enterprises		-0.01	0.33	0.05	0.06
其他联营企业	Other Joint Ownership Enterprises	0.03	.	0.13	0.04	0.03
有限责任公司	Limited Liability Corporations	46.88	7.48	52.80	74.32	26.51
国有独资公司	State Sole Funded Corporations	3.49	-0.51	3.41	5.93	0.52
其他有限责任公司	Other Limited Liability Corporations	43.40	7.99	49.39	68.39	25.99
股份有限公司	Share-holding Corporations Ltd.	6.26	1.90	7.69	9.52	2.25
私营企业	Private Enterprises	130.29	25.89	42.59	151.86	44.33
私营独资企业	Private Funded Enterprises	1.26	0.18	0.30	1.11	0.32
私营合伙企业	Private Partnership Corporations	0.37	0.05	0.20	0.25	0.15
私营有限责任公司	Private Limited Liability Corporations	125.21	25.93	38.88	143.31	42.99
私营股份有限公司	Private Share-holding Corporations Ltd.	3.46	-0.28	3.21	7.19	0.86
其他企业	others	0.04	0.01	0.04	0.05	
港澳台商投资企业	Enterprises With Funds From Hong Kong Macao and Taiwan	23.12	0.33	19.99	29.12	12.62
与港澳台商合资经营	Joint-venture Enterprises	5.25	-0.44	12.76	4.53	3.43
与港澳台商合作经营	Cooperation Enterprises From Hong-Kong, Macao and Taiwan	0.37			0.22	0.05
港澳台商独资经营	Enterprises with Sole Hong-Kong,Macao and Taiwan	14.82	0.73	4.53	22.68	7.79
港澳台商投资股份有限公司	Share-holding Corporations Ltd. with Funds From Hong Kong,Macao and Taiwan	1.05	0.01	0.36	0.07	0.10
外商投资企业	Foreign Funded Enterprises	23.67	1.89	33.32	30.47	9.74
中外合资经营企业	Joint-venture Enterprises	5.26	0.54	8.07	8.56	2.52
中外合作经营企业	Cooperation Enterprises	0.05	0.02	0.08	0.42	0.02
外商企业	Enterprises With Sole Foreign Investment	18.36	1.34	25.17	21.50	7.20
外商投资股份有限公司	Foreign Invesment Share-holding Corporations Ltd.					

10-11 分行业限额以上批发零售贸易企业主要财务指标情况（2020年）
Main Financial Indicators of Enterprises Above Designated Size in Wholesale and Retail Trade by Sector (2020)

单位：亿元(100 million yuan)

指标	Item	营业收入 Business Income	营业成本 Operating Costs	税金及附加 Taxes and Surcharges	营业利润 Operating Profit	销售费用 Sales Expenses
批发企业合计	**Wholesale**	**72718.02**	**69658.01**	**198.56**	**1163.70**	**1322.39**
农、林、牧产品批发	Agriculture, forest, animal husbandry products wholesale	477.32	465.79	0.27	0.66	5.48
食品、饮料及烟草制品批发	Food, Beverages, Tobacoo and Its Products	3696.64	3116.05	148.79	257.27	164.89
#米、面制品及食用油批发	Rice, Flour and Its Products, Edible Oil	324.98	311.77	0.37	-2.75	9.91
烟草制品批发	Tobacoo and Its Products	1074.48	746.27	145.08	168.39	15.64
纺织、服装及日用品批发	Textile, Garments and Articles for Daily Use	8032.46	7332.61	9.98	175.63	346.87
#服装批发	Garments	1656.39	1443.06	4.36	72.22	90.49
文化、体育用品及器材批发	Culture, Sports Articles and Equipment	1561.72	1459.29	1.32	28.51	38.74
医药及医疗器材批发	Medicines and Medical Appliances	2004.39	1758.95	4.05	62.41	141.38
矿产品、建材及化工产品批发	Mineral Products, Building Materials and Chemical Products	47345.17	46419.02	24.69	535.35	368.61
#煤炭及制品批发	Coal and Related Products	2899.23	2810.15	2.36	52.18	32.06
石油及制品批发	Petroleurn and Related Products	5299.57	5140.09	4.74	66.21	84.53
金属及金属矿批发	Petroleurn and Related Products	24717.43	24387.64	9.48	208.01	100.92
建材批发	Building Materials	2343.61	2239.89	2.17	60.22	36.00
化肥批发	Fertilizer	130.07	124.04	0.08	3.79	2.68
机械设备、五金交电及电子产品批发	Machinery Equipment, Hardware and Electric Products	7291.53	6884.16	6.03	92.20	210.38
#汽车批发	Motor Vehicles	2593.77	2476.07	2.03	-8.46	99.51
五金产品批发	Hardware products Wholesale	959.10	895.11	0.71	16.07	23.87
计算机、软件及辅助设备批发	Computers, Software and Auxiliary Equipment	208.80	198.87	0.16	0.10	3.46
贸易经纪与代理	Manage and Agencies in Trade	100.46	93.85	0.04	0.19	3.44
其他批发	Others	2208.33	2128.29	3.38	11.49	42.59

续表1 Continued　　单位：亿元(100 million yuan)

指标	Item	营业收入 Business Income	营业成本 Operating Costs	税金及附加 Taxes and Surcharges	营业利润 Operating Profit	销售费用 Sales Expenses
零售企业合计	**Retail Sale**	**8157.46**	**7091.46**	**25.71**	**148.63**	**663.20**
综合零售	Synthesizs	1256.80	1042.74	6.08	32.68	136.08
#百货零售	Consumer Goods	473.94	396.38	4.60	26.97	24.49
超级市场零售	Supermarkets	725.64	602.23	1.37	8.44	99.85
食品、饮料及烟草制品专门零售	Food，Beverages，Tobacoos and Its Products	134.52	114.74	0.27	-0.24	12.74
纺织服装及日用品专门零售	Textile Garments and Articles for Daily Use	191.89	131.48	1.31	8.01	39.28
#服装零售	Garments Articles	121.83	83.93	1.03	5.87	22.94
文化、体育用品及器材专门零售	Culture，Sports Articles and Equipment	103.90	82.86	0.78	3.10	11.83
#体育用品及器材零售	Sports Articles	4.54	3.25	0.02	-0.59	1.00
图书报刊零售	Books,newspaper	61.90	47.80	0.27	4.49	6.86
医药及医疗器材专门零售	Medicines and Medical Appliances	253.39	207.63	0.59	7.18	29.63
#药品零售	Medicines	249.73	204.91	0.57	6.90	29.35
汽车、摩托车、燃料及零配件专门零售	Motor Vehicles Motorcycles Fuel	4142.26	3814.12	11.01	78.49	146.73
#汽车零售	Motor Vehicles	3415.28	3183.18	8.22	40.96	102.49
机动车燃料零售	Fuel for Motor Vehicles Use	715.15	620.63	1.53	37.71	43.30
家用电器及电子产品专门零售	Household Appliance Electric Products	400.30	359.17	0.67	-2.67	31.36
#日用家电设备零售	Household Appliances Retail	230.99	207.69	0.41	-4.09	22.15
计算机、软件及辅助设备零售	Computer，Software and Auxiliary Equipment	28.80	24.76	0.07	0.47	1.31
通信设备零售	Communication Equipment	105.06	95.35	0.11	0.70	5.51
五金、家具及室内装修材料专门零售	Hardware Furniture Decoration Indoors	45.84	34.07	0.23	0.03	6.34
货摊、无店铺及其他零售	Stalls, No Satores and Other Retail	1628.56	1304.64	4.78	22.04	249.22
#邮购及电视、电话零售	Mail, telephone and TV retail	23.77	21.78	0.02	0.37	1.18

续表2 Continued 单位：亿元(100 million yuan)

指标	Item	管理费用 Management Expenses	财务费用 Financial Expenses	利润总额 Profits	应付职工薪酬 Total Wages Payable in the Year	本年应交增值税 Value Added Taxes Payable in the year
批发企业合计	**Wholesale**	**636.73**	**252.74**	**1247.25**	**593.00**	**404.03**
农、林、牧产品批发	Agriculture, forest, animal husbandry products wholesale	6.17	3.43	4.29	5.32	0.36
食品、饮料及烟草制品批发	Food, Beverages, Tobacoo and Its Products	80.11	-7.14	267.74	103.56	67.60
#米、面制品及食用油批发	Rice, Flour and Its Products, Edible Oil	6.03	2.93	2.45	5.87	1.14
烟草制品批发	Tobacoo and Its Products	31.54	-15.78	168.19	40.37	45.01
纺织、服装及日用品批发	Textile, Garments and Articles for Daily Use	149.21	45.09	194.09	151.74	83.71
#服装批发	Garments	49.86	14.33	78.78	47.16	15.66
文化、体育用品及器材批发	Culture, Sports Articles and Equipment	24.33	9.04	30.67	23.26	17.66
医药及医疗器材批发	Medicines and Medical Appliances	51.88	9.61	68.06	48.83	31.79
矿产品、建材及化工产品批发	Mineral Products, Building Materials and Chemical Products	204.06	160.46	562.79	153.45	134.72
#煤炭及制品批发	Coal and Related Products	11.24	7.98	58.16	7.19	15.47
石油及制品批发	Petroleurn and Related Products	30.60	18.75	69.64	30.46	28.90
金属及金属矿批发	Petroleurn and Related Products	79.37	79.10	216.74	52.27	53.83
建材批发	Building Materials	19.22	8.70	61.87	12.90	12.98
化肥批发	Fertilizer	1.91	0.86	4.86	1.82	0.24
机械设备、五金交电及电子产品批发	Machinery Equipment, Hardware and Electric Products	99.96	27.37	99.12	92.12	34.75
#汽车批发	Motor Vehicles	24.68	3.27	-6.88	23.61	10.76
五金产品批发	Hardware products Wholesale	17.13	6.10	17.17	14.58	5.45
计算机、软件及辅助设备批发	Computers, Software and Auxiliary Equipment	4.09	0.46	0.36	3.28	0.78
贸易经纪与代理	Manage and Agencies in Trade	2.24	0.84	0.55	1.96	0.12
其他批发	Others	18.76	4.05	19.93	12.75	33.32

续表3 Continued

单位：亿元(100 million yuan)

指标	Item	管理费用 Management Expenses	财务费用 Financial Expenses	利润总额 Profits	应付职工薪酬 Total Wages Payable in the Year	本年应交增值税 Value Added Taxes Payable in the year
零售企业合计	**Retail Sale**	**232.51**	**37.63**	**160.41**	**297.26**	**96.33**
综合零售	Synthesizs	52.50	7.43	36.15	78.88	11.76
#百货零售	Consumer Goods	30.09	3.87	27.31	17.12	6.39
超级市场零售	Supermarkets	18.90	3.07	9.13	57.83	4.72
食品、饮料及烟草制品专门零售	Food，Beverages，Tobacoos and Its Products	8.37	0.61	0.98	8.83	1.26
纺织服装及日用品专门零售	Textile Garments and Articles for Daily Use	9.52	0.85	8.66	15.89	5.47
#服装零售	Garments Articles	6.04	0.59	6.23	11.21	3.48
文化、体育用品及器材专门零售	Culture，Sports Articles and Equipment	7.18	-0.20	3.78	10.23	1.17
#体育用品及器材零售	Sports Articles	0.89	0.21	-0.56	0.48	0.32
图书报刊零售	Books,newspaper	3.65	-0.83	4.94	6.86	0.15
医药及医疗器材专门零售	Medicines and Medical Appliances	10.72	0.64	8.12	19.84	4.81
#药品零售	Medicines	10.41	0.63	7.84	19.61	4.69
汽车、摩托车、燃料及零配件专门零售	Motor Vehicles Motorcycles Fuel	80.38	24.12	83.78	100.81	35.22
#汽车零售	Motor Vehicles	68.31	20.63	46.06	85.58	25.57
机动车燃料零售	Fuel for Motor Vehicles Use	11.44	3.44	37.89	14.45	9.53
家用电器及电子产品专门零售	Household Appliance Electric Products	10.93	1.42	-2.26	14.13	4.91
#日用家电设备零售	Household Appliances Retail	4.24	0.53	-3.94	6.71	3.38
计算机、软件及辅助设备零售	Computer，Software and Auxiliary Equipment	2.08	0.12	0.51	1.97	0.49
通信设备零售	Communication Equipment	3.22	0.59	0.88	3.69	0.68
五金、家具及室内装修材料专门零售	Hardware Furniture Decoration Indoors	4.43	0.62	0.09	3.23	1.08
货摊、无店铺及其他零售	Stalls, No Satores and Other Retail	48.48	2.15	21.11	45.43	30.66
#邮购及电视、电话零售	Mail, telephone and TV retail	0.48	-0.06	0.39	0.72	0.16

注：指标"营业收入"、"营业成本"、"税金及附加"和"营业利润"2019年前分别为"商品销售收入净额"、"商品销售成本"、"商品销售税金及附加费"和"主营业务利润"，以后各表同。
The indicators of "business income", "operating cost", "taxes and surcharges" and "operating profit" are "net sales revenue of goods", "cost of goods sales", "taxes and surcharges of goods sales" and "profits of main business" respectively before 2019，The same applies to the relevant tables following.

10-12 限额以上住宿餐饮业基本情况（2020年）
Main Indicator of Hotels and Catering Services Above Designated Size (2020)

单位：亿元(100 million yuan)

指标	Item	法人企业（个）Number of Corporation (unit)	从业人员数（人）Persons Employed (person)	营业额 Business Volume
总计	**Total**	**3898**	**300736**	**733.28**
住宿业	**Hotels**	**1735**	**136471**	**302.11**
#国有及国有控股	State-owend and State-holding Enterprises	158	21146	47.64
按登记注册类型分组	**By Registration**			
内资企业	Domestic Funded Enterprises	1655	122922	268.74
国有企业	State-owned Enterprises	48	6140	14.49
集体企业	Collective Owned Enterprises	13	851	1.54
股份合作企业	Cooperative Enterprises	5	431	0.66
联营企业	Joint Ownership Enterprises	2	331	0.69
国有与集体联营企业	State-collective Joint Enterprises	2	331	0.69
有限责任公司	Limited Liability Corporations	270	31953	71.84
国有独资公司	State Sole Funded Corporations	32	4335	9.57
其他有限责任公司	Other Limited Liability Corporations	238	27618	62.27
股份有限公司	Share-holding Corporations Ltd.	11	6632	12.38
私营企业	Private Enterprises	1306	76584	167.14
私营独资企业	Private Funded Enterprises	51	1617	3.04
私营合伙企业	Private Partnership Corporations	27	915	1.31
私营有限责任公司	Private Limited Liability Corporations	1219	72652	159.74
私营股份有限公司	Private Share-holding Corporations Ltd.	9	1400	3.05
其他企业	others			
港、澳、台商投资企业	Enterprises With Funds From Hong Kong, Macao and Taiwan	35	8544	19.81
合资经营企业	Joint-venture Enterprises	14	4213	8.78
合作经营企业	Cooperation Enterprises From Hong Kong, Macao and Taiwan	1	42	0.04
独资经营企业	Enterprises with Sole Hong Kong,Macao and Taiwan	19	4246	10.92
外商投资企业	Foreign Funded Enterprises	45	5005	13.56
中外合资经营企业	Joint-venture Enterprises	11	1742	5.42
外资企业	Enterprises With Sole Foreign Investment	33	2766	6.82
按住宿行业中类分组	By Category			
旅游饭店	Restaurant for Tourism	952	110346	240.22
一般旅馆	Ordinary Hotels	716	24772	58.01
其他住宿服务	Others	67	1353	3.88

续表 Continued　　单位：亿元(100 million yuan)

指标	Item	法人企业(个) Number of Corporation (unit)	从业人员数(人) Persons Employed (person)	营业额 Business Volume
餐饮业	**Catering Services**	**2163**	**164265**	**431.17**
#国有及国有控股	State-owend and State-holding Enterprises	37	10300	22.10
按登记注册类型分组	By Registration			
内资企业	Domestic Funded Enterprises	2119	133747	337.14
国有企业	State-owned Enterprises	9	718	1.67
集体企业	Collective Owned Enterprises	2	35	0.05
股份合作企业	Cooperative Enterprises	6	457	1.09
有限责任公司	Limited Liability Corporations	140	20849	51.80
国有独资公司	State Sole Funded Corporations	11	4067	6.59
其他有限责任公司	Other Limited Liability Corporations	129	16782	45.21
股份有限公司	Share-holding Corporations Ltd.	5	929	1.92
私营企业	Private Enterprises	1957	110759	280.61
私营独资企业	Private Funded Enterprises	241	6261	14.26
私营合伙企业	Private Partnership Corporations	34	1473	3.53
私营有限责任公司	Private Limited Liability Corporations	1666	96696	248.23
私营股份有限公司	Private Share-holding Corporations Ltd.	16	6329	14.59
其他企业	Others			
港、澳、台商投资企业	Funded by Entrepreneurs From Hong Kong Macao and Taiwan	17	12592	21.83
合资经营企业	Joint-venture Enterprises	6	1639	3.07
合作经营企业	Cooperation Enterprises From Hong Kong, Macao and Taiwan			
独资经营企业	Enterprises with Sole Hong Kong,Macao and Taiwan	11	10953	18.77
外商投资企业	Foreign Funded Enterprises	27	17926	72.20
中外合资经营企业	Joint-venture Enterprises	5	15498	63.47
外资企业	Cooperation Enterprises	22	2428	8.74
中外合作经营企业	Enterprises With Sole Foreign Investment			
按餐饮行业中类分组	**By Category**			
正餐服务	Dinner Services	1948	119121	294.85
快餐服务	Snack Services	88	34904	105.66
饮料及冷饮服务	Beverages and Cold Drink Services	50	4423	13.66
其他餐饮服务	Others	77	5817	17.01

10-13 限额以上餐饮企业财务状况（2013 - 2020年）
Financial Indicators of Enterprises in Catering Services Above Designated Size(2013—2020)

单位：亿元(100 million yuan)

指标	Item	2013	2014	2015	2016	2017	2018	2019	2020
法人企业数(个)	Corporation Unit	1506	1544	1554	1526	1595	1659	1951	2163
从业人员(人)	Employed Persons	136523	131722	129407	128213	135257	143641	155497	164265
流动资产合计	Total Circulating Assets	122.77	124.78	129.68	140.71	161.74	159.67	183.40	203.77
资产总计	Total Assets	299.61	312.97	340.46	354.38	384.21	386.98	430.64	465.33
负债合计	Total Liabilities	235.70	252.00	267.18	278.78	301.25	310.98	334.22	383.39
营业收入	Business Income	257.59	263.66	281.42	302.01	315.53	356.18	419.35	406.69
营业成本	Operating Costs	134.08	132.88	142.00	157.39	161.79	183.58	220.06	220.47
税金及附加	Taxes and Surcharges	13.64	13.77	14.25	6.78	1.87	1.70	1.74	0.72
营业利润	Operating Profit	109.87	117.01	125.17	137.85	151.86	170.89	13.19	6.41
销售费用	Selling Expenses	77.17	80.49	81.95	86.34	93.43	758.06	123.76	122.38
管理费用	Management Expenses	34.97	36.57	38.20	40.44	44.09	50.58	57.13	54.27
财务费用	Financial Expenses	6.25	5.87	6.43	5.80	5.94	5.63	6.40	6.90
利润总额	Total Profits	-4.69	-1.14	3.03	13.01	15.64	16.28	14.38	8.70
本年应付职工薪酬	Total Wages Payable in this year	49.31	50.25	52.48	57.22	61.58	72.74	109.00	85.16

注：指标“营业收入”、“营业成本”、“税金及附加”和“营业利润”2019年前分别为“商品销售收入净额”、“商品销售成本”、“商品销售税金及附加费”和“主营业务利润”，以后各表同。
The indicators of "business income", "operating cost", "taxes and surcharges" and "operating profit" are "net sales revenue of goods", "cost of goods sales", "taxes and surcharges of goods sales" and "profits of main business" respectively before 2019，The same applies to the relevant tables following.

10-14 限额以上住宿餐饮企业资产负债情况（2020年）
Assets and Liabilities of Hotel and Catering Services Above Designated Size (2020)

单位：亿元(100 million yuan)

指标	Item	资产合计 Total Assets	流动资产 Circulating Assets	负债合计 Total Liabilities	所有者权益合计 Total Creditor's Equity
总计	**Total**	**1744.19**	**729.01**	**1426.16**	**318.06**
住宿业	**Hotels**	**1278.85**	**525.24**	**1042.77**	**238.17**
#国有及国有控股	State-owend and State-holding Enterprises	264.56	101.34	147.92	115.89
按登记注册类型分组	**By Registration**				
内资企业	Domestic Funded Enterprises	1090.61	448.52	875.63	217.15
国有企业	State-owned Enterprises	53.29	13.10	22.99	30.30
集体企业	Collective Owned Enterprises	3.30	1.31	2.41	0.88
股份合作企业	Cooperative Enterprises	1.76	0.59	1.15	0.61
联营企业	Joint Ownership Enterprises	2.31	0.43	1.92	0.40
国有与集体联营企业	State-collective Joint Enterprises	2.31	0.43	1.92	0.40
有限责任公司	Limited Liability Corporations	371.96	157.20	266.64	104.57
国有独资公司	State Sole Funded Corporations	71.73	37.44	38.97	32.58
其他有限责任公司	Other Limited Liability Corporations	300.23	119.76	227.67	71.99
股份有限公司	Share-holding Corporations Ltd.	59.91	30.14	29.78	30.13
私营企业	Private Enterprises	598.09	245.76	550.75	50.26
私营独资企业	Private Funded Enterprises	5.06	1.60	3.92	1.14
私营合伙企业	Private Partnership Corporations	2.57	0.87	2.50	0.08
私营有限责任公司	Private Limited Liability Corporations	569.23	234.57	526.56	45.59
私营股份有限公司	Private Share-holding Corporations Ltd.	21.23	8.72	17.77	3.46
其他企业	others				
港澳台商投资企业	Enterprises With Funds From Hong Kong, Macao and Taiwan	136.38	59.18	127.45	8.93
合资经营企业	Joint-venture Enterprises	66.50	44.35	74.91	-8.41
合作经营企业	Cooperation Enterprises From Hong Kong, Macao and Taiwan	0.19		0.25	-0.06
独资经营企业	Enterprises with Sole Hong Kong,Macao and Taiwan	69.13	14.77	52.03	17.10
外商投资企业	Foreign Funded Enterprises	51.86	17.54	39.69	12.09
中外合资经营企业	Joint-venture Enterprises	15.33	5.12	13.59	1.71
外资企业	Enterprises With Sole Foreign Investment	31.48	11.12	25.15	6.30
按住宿行业中类分组	**By Category**				
旅游饭店	Restaurant for Tourism	1148.97	471.94	936.79	214.66
一般旅馆	Ordinary Hotels	123.41	50.38	101.89	21.13
其他住宿服务	Others	6.47	2.92	4.09	2.38

续表 1 Continued　　单位：亿元(100 million yuan)

指标	Item	资产合计 Total Assets	流动资产 Circulating Assets	负债合计 Total Liabilities	所有者权益合计 Total Creditor's Equity
餐饮业	**Catering Services**	**465.33**	**203.77**	**383.39**	**79.88**
#国有及国有控股	State-owend and State-holding Enterprises	43.67	23.43	30.12	13.55
按登记注册类型分组	**By Registration**				
内资企业	Domestic Funded Enterprises	397.63	187.35	327.29	68.05
国有企业	State-owned Enterprises	1.82	1.12	1.14	0.68
集体企业	Collective Owned Enterprises	0.03	0.01	0.02	0.01
股份合作企业	Cooperative Enterprises	0.80	0.16	1.29	-0.49
有限责任公司	Limited Liability Corporations	83.72	39.33	68.73	15.03
国有独资公司	State Sole Funded Corporations	7.38	3.24	7.37	0.01
其他有限责任公司	Other Limited Liability Corporations	76.34	36.09	61.36	15.02
股份有限公司	Share-holding Corporations Ltd.	2.60	1.83	1.66	0.94
私营企业	Private Enterprises	308.66	144.91	254.44	51.89
私营独资企业	Private Funded Enterprises	6.35	3.29	4.11	2.24
私营合伙企业	Private Partnership Corporations	3.74	1.27	2.75	0.97
私营有限责任公司	Private Limited Liability Corporations	289.63	134.58	244.28	43.05
私营股份有限公司	Private Share-holding Corporations Ltd.	8.94	5.76	3.31	5.63
其他企业	Others				
港、澳、台商投资企业	Funded by Entrepreneurs From Hong Kong Macao and Taiwan	25.58	5.74	23.17	2.62
合资经营企业	Joint-venture Enterprises	3.60	1.41	3.01	0.81
合作经营企业	Cooperation Enterprises From Hong Kong, Macao and Taiwan				
独资经营企业	Enterprises with Sole Hong Kong,Macao and Taiwan	21.98	4.34	20.16	1.82
外商投资企业	Foreign Funded Enterprises	42.12	10.67	32.92	9.20
中外合资经营企业	Joint-venture Enterprises	32.19	6.86	21.36	10.83
外资企业	Cooperation Enterprises	9.94	3.81	11.56	-1.63
中外合作经营企业	Enterprises With Sole Foreign Investment				
按餐饮行业中类分组	**By Category**				
正餐服务	Dinner Services	397.05	174.01	329.54	65.47
快餐服务	Snack Services	54.49	19.57	41.36	13.11
饮料及冷饮服务	Beverages and Cold Drink Services	5.11	3.07	6.43	-1.32
其他餐饮服务	Others	8.69	7.11	6.05	2.63

续表 2 Continued 单位：亿元(100 million yuan)

指标	Item	营业收入 Business Income	营业成本 Operating Costs	税金及附加 Taxes and Surcharges	销售费用 Selling Expenses
总计	**Total**	**698.48**	**333.18**	**2.47**	**226.75**
住宿业	**Hotels**	**291.80**	**112.70**	**1.75**	**104.36**
#国有及国有控股	State-owend and State-holding Enterprises	46.60	17.49	0.63	17.07
按登记注册类型分组	**By Registration**				
内资企业	Domestic Funded Enterprises	258.48	103.06	1.48	91.63
国有企业	State-owned Enterprises	13.90	4.85	0.09	5.13
集体企业	Collective Owned Enterprises	1.48	0.54	0.01	0.64
股份合作企业	Cooperative Enterprises	0.47	0.23		0.18
联营企业	Joint Ownership Enterprises	0.66	0.36		0.22
国有与集体联营企业	State-collective Joint Enterprises	0.66	0.36		0.22
有限责任公司	Limited Liability Corporations	70.45	26.89	0.75	26.11
国有独资公司	State Sole Funded Corporations	9.92	3.57	0.06	3.21
其他有限责任公司	Other Limited Liability Corporations	60.53	23.32	0.69	22.90
股份有限公司	Share-holding Corporations Ltd.	11.81	2.51	0.02	6.98
私营企业	Private Enterprises	159.71	67.67	0.60	52.36
私营独资企业	Private Funded Enterprises	2.73	1.43		0.73
私营合伙企业	Private Partnership Corporations	1.22	0.70	0.01	0.24
私营有限责任公司	Private Limited Liability Corporations	152.85	63.88	0.55	50.80
私营股份有限公司	Private Share-holding Corporations Ltd.	2.90	1.66	0.04	0.60
其他企业	others				
港澳台商投资企业	Enterprises With Funds From Hong Kong, Macao and Taiwan	19.83	5.31	0.19	7.64
合资经营企业	Joint-venture Enterprises	8.77	2.30	0.06	3.61
合作经营企业	Cooperation Enterprises From Hong Kong, Macao and Taiwan	0.04	0.02		0.03
独资经营企业	Enterprises With Sole Hong Kong,Macao and Taiwan	10.96	2.97	0.13	4.00
外商投资企业	Foreign Funded Enterprises	13.49	4.33	0.08	5.09
中外合资经营企业	Joint-venture Enterprises	5.59	1.98	0.04	1.09
外资企业	Enterprises With Sole Foreign Investment	6.63	2.17	0.04	2.90
按住宿行业中类分组	**By Category**				
旅游饭店	Restaurant for Tourism	232.87	85.52	1.53	85.44
一般旅馆	Ordinary Hotels	55.32	25.50	0.22	18.11
其他住宿服务	Others	3.61	1.69	0.01	0.81

续表 3 Continued 单位：亿元(100 million yuan)

指标	Item	营业收入 Business Income	营业成本 Operating Costs	税金及附加 Taxes and Surcharges	销售费用 Selling Expenses
餐饮业	**Catering Services**	**406.69**	**220.47**	**0.72**	**122.38**
#国有及国有控股	State-owend and State-holding Enterprises	21.32	13.89	0.03	5.80
按登记注册类型分组	**By Registration**				
内资企业	Domestic Funded Enterprises	318.14	177.11	0.62	94.71
国有企业	State-owned Enterprises	1.61	0.94		0.17
集体企业	Collective Owned Enterprises	0.05	0.03		0.02
股份合作企业	Cooperative Enterprises	0.56	0.35		0.14
有限责任公司	Limited Liability Corporations	49.53	28.50	0.09	15.77
国有独资公司	State Sole Funded Corporations	6.54	4.82		1.54
其他有限责任公司	Other Limited Liability Corporations	42.99	23.68	0.09	14.23
股份有限公司	Share-holding Corporations Ltd.	1.92	1.21		0.69
私营企业	Private Enterprises	264.48	146.08	0.53	77.92
私营独资企业	Private Funded Enterprises	11.87	8.08	0.03	1.82
私营合伙企业	Private Partnership Corporations	2.93	1.79		0.63
私营有限责任公司	Private Limited Liability Corporations	235.87	130.61	0.49	68.84
私营股份有限公司	Private Share-holding Corporations Ltd.	13.81	5.60	0.01	6.63
其他企业	Others				
港、澳、台商投资企业	Funded by Entrepreneurs From Hong Kong Macao and Taiwan	20.16	6.99	0.01	11.31
合资经营企业	Joint-venture Enterprises	2.45	0.77		1.40
合作经营企业	Cooperation Enterprises From Hong Kong, Macao and Taiwan				
独资经营企业	Enterprises with Sole Hong Kong,Macao and Taiwan	17.71	6.21	0.01	9.90
外商投资企业	Foreign Funded Enterprises	68.38	36.38	0.09	16.37
中外合资经营企业	Joint-venture Enterprises	60.37	30.86	0.08	14.00
外资企业	Cooperation Enterprises	8.01	5.52	0.01	2.37
中外合作经营企业	Enterprises With Sole Foreign Investment				
按餐饮行业中类分组	**By Category**				
正餐服务	Dinner Services	277.41	151.70	0.67	83.19
快餐服务	Snack Services	99.68	49.02	0.04	31.86
饮料及冷饮服务	Beverages and Cold Drink Services	13.09	8.33	0.01	3.90
其他餐饮服务	Others	16.50	11.42	0.01	3.44

续表 4 Continued 单位：亿元(100 million yuan)

指标	Item	管理费用 Management Expenses	财务费用 Financial Expenses	利润总额 Profits	本年应付工资薪酬(本年贷方累计发生额) Total Wages Payable in the year
总计	**Total**	**154.67**	**24.90**	**-26.06**	**167.24**
住宿业	**Hotels**	**100.40**	**18.00**	**-34.77**	**82.08**
#国有及国有控股	State-owend and State-holding Enterprises	17.10	1.90	-3.15	17.53
按登记注册类型分组	**By Registration**				
内资企业	Domestic Funded Enterprises	86.92	14.09	-28.28	72.50
国有企业	State-owned Enterprises	5.60	0.07	-1.57	5.36
集体企业	Collective Owned Enterprises	0.41		-0.08	0.48
股份合作企业	Cooperative Enterprises	0.10	0.03	-0.06	0.20
联营企业	Joint Ownership Enterprises	0.27		-0.19	0.27
国有与集体联营企业	State-collective Joint Enterprises	0.27		-0.19	0.27
有限责任公司	Limited Liability Corporations	22.72	5.38	-5.87	22.56
国有独资公司	State Sole Funded Corporations	3.77	0.14	-0.21	3.31
其他有限责任公司	Other Limited Liability Corporations	18.96	5.25	-5.66	19.26
股份有限公司	Share-holding Corporations Ltd.	2.71	-0.03	0.20	3.53
私营企业	Private Enterprises	55.11	8.63	-20.71	40.09
私营独资企业	Private Funded Enterprises	0.52	0.06	-0.03	0.69
私营合伙企业	Private Partnership Corporations	0.26	0.03	0.01	0.37
私营有限责任公司	Private Limited Liability Corporations	53.55	8.24	-20.25	38.28
私营股份有限公司	Private Share-holding Corporations Ltd.	0.78	0.30	-0.45	0.74
其他企业	others				
港澳台商投资企业	Enterprises With Funds From Hong Kong, Macao and Taiwan	7.53	3.29	-3.81	6.02
合资经营企业	Joint-venture Enterprises	2.91	2.28	-2.09	2.91
合作经营企业	Cooperation Enterprises From Hong Kong, Macao and Taiwan		0.00	-0.01	0.02
独资经营企业	Enterprises with Sole Hong Kong,Macao and Taiwan	4.53	1.00	-1.66	3.08
外商投资企业	Foreign Funded Enterprises	5.96	0.62	-2.68	3.56
中外合资经营企业	Joint-venture Enterprises	2.97	-0.01	-0.62	1.17
外资企业	Enterprises With Sole Foreign Investment	2.42	0.63	-1.48	1.84
按住宿行业中类分组	**By Category**				
旅游饭店	Restaurant for Tourism	80.94	16.42	-26.99	67.69
一般旅馆	Ordinary Hotels	18.28	1.49	-7.63	13.73
其他住宿服务	Others	1.19	0.09	-0.15	0.66

续表 5 Continued 单位：亿元(100 million yuan)

指标	Item	管理费用 Management Expenses	财务费用 Financial Expenses	利润总额 Profits	本年应付工资薪酬(本年贷方累计发生额) Total Wages Payable in the year
餐饮业	**Catering Services**	**54.27**	**6.90**	**8.70**	**85.16**
#国有及国有控股	State-owend and State-holding Enterprises	2.96	0.01	2.69	7.56
按登记注册类型分组	**By Registration**				
内资企业	Domestic Funded Enterprises	45.88	6.29	0.27	63.98
国有企业	State-owned Enterprises	0.52		-0.03	0.42
集体企业	Collective Owned Enterprises			0.00	0.03
股份合作企业	Cooperative Enterprises	0.12		-0.06	0.17
有限责任公司	Limited Liability Corporations	6.91	0.60	1.94	12.86
国有独资公司	State Sole Funded Corporations	0.89	0.01	-0.34	3.07
其他有限责任公司	Other Limited Liability Corporations	6.02	0.59	2.28	9.79
股份有限公司	Share-holding Corporations Ltd.	0.28	0.01	-0.26	0.81
私营企业	Private Enterprises	38.04	5.67	-1.32	49.69
私营独资企业	Private Funded Enterprises	1.60	0.06	0.39	2.51
私营合伙企业	Private Partnership Corporations	0.52	0.01	0.01	0.63
私营有限责任公司	Private Limited Liability Corporations	34.71	5.55	-2.32	43.88
私营股份有限公司	Private Share-holding Corporations Ltd.	1.22	0.05	0.58	2.66
其他企业	Others				
港、澳、台商投资企业	Funded by Entrepreneurs From Hong Kong Macao and Taiwan	1.67	0.64	-0.52	8.75
合资经营企业	Joint-venture Enterprises	0.26	0.02	-0.11	0.47
合作经营企业	Cooperation Enterprises From Hong Kong, Macao and Taiwan				
独资经营企业	Enterprises with Sole Hong Kong,Macao and Taiwan	1.41	0.62	-0.41	8.28
外商投资企业	Foreign Funded Enterprises	6.72	-0.02	8.95	12.43
中外合资经营企业	Joint-venture Enterprises	5.52	-0.10	10.11	10.85
外资企业	Cooperation Enterprises	1.20	0.07	-1.15	1.58
中外合作经营企业	Enterprises With Sole Foreign Investment				
按餐饮行业中类分组	**By Category**				
正餐服务	Dinner Services	42.95	6.39	-1.09	57.32
快餐服务	Snack Services	8.35	0.46	10.01	22.21
饮料及冷饮服务	Beverages and Cold Drink Services	1.40	0.02	-0.39	2.86
其他餐饮服务	Others	1.58	0.03	0.17	2.77

10-15 商品交易市场情况（1978-2020年）
Basic Conditions of Business Markets of Commodity(1978-2020)

年份	交易市场数(个) Business Markets (unit)	10亿元以上(个) Above 1000 Million Yuan (unit)	100亿元以上(个) Above 10000 Million Yuan (unit)	商品市场成交额(亿元) Transaction (100 million yuan)
1978	1051			8.6
1979	1322			11.3
1980	1415			12.2
1981	1656			14.7
1982	1736			18.1
1983	1788			21.6
1984	2241			26.9
1985	2345			44.0
1986	3653			59.1
1987	3706			80.9
1988	3632			96.3
1989	3669			149.0
1990	3797			161.9
1991	3802			204.6
1992	3865			321.3
1993	4127			651.2
1994	4207			1480.5
1995	4349			2165.7
1996	4388	57	3	2545.3
1997	4488	57	2	2798.0
1998	4619	58	2	3209.6
1999	4347	69	3	3606.0
2000	4348	68	4	4023.0
2001	4278	78	6	4652.0
2002	4193	77	6	4997.0
2003	4036	93	9	5591.0
2004	4049	114	9	6384.0
2005	4008	120	10	7173.0
2006	4064	125	13	8247.0
2007	4096	133	15	9325.0
2008	4087	139	15	9794.0
2009	4194	180	18	10744.9
2010	4146	202	22	12717.3
2011	4212	210	25	14500.0
2012	4297	233	31	15816.6
2013	4316	225	38	17800.0
2014	4321	225	33	19500.0
2015	4243	243	33	20500.0
2016	3951	294	32	20500.0
2017	3824	284	35	21500.0
2018	3759	268	39	21900.0
2019	3783	274	39	23058.2
2020	3342	253	34	21239.2

10-16 亿元以上商品交易市场成交情况
Basic Conditions of Business Markets of Commodity Above 100 Million Yuan

单位：万元(10000 yuan)

指标	Item	摊位数量(个) Number of Stall(unit)			成交额 Value		
		2018	2019	2020	2018	2019	2020
总计	**Total**	**379362**	**415003**	**385473**	**152881672**	**182671744**	**166210443**
食品、饮料、烟酒类	Food,Beverage,Tobacco and Liquor	115900	108185	100793	41280153	41258502	38594010
服装鞋帽、针、纺织品类	Garments,Shoes,Hats, Knit and Textile Goods	139971	135466	119858	53308526	54218745	51425265
化妆品类	Cosmetics	1971	2032	1902	487892	503695	533198
金银珠宝类	Jewelry	5157	5331	7431	4214401	4661710	4659878
日用品类	Articles For Daily Use	16730	16017	15481	4602349	4696639	4313700
五金、电料类	Hardware & Electric Materials	18296	16403	16679	6748891	6877949	6343383
体育、娱乐用品类	Sports and Recreation	1319	1005	827	226760	268498	229617
书报杂志类	Newspapers and Magazines	104	57	71	21676	3476	3443
电子出版物及音像制品类	Electronic Publication and Audiovisual Products	183	167	167	33277	29831	22947
家用电器和音像器材类	Household Appliances and Audiovisual Equipment	2484	2477	2289	911003	937918	925320
中西药品类	Traditional Chinese & Western Medicines	1424	1406	1390	360909	379010	324829
#中草药及中成药	Chinese Herbal Medicine and Other Traditional Chinese Medicine	981	953	865	152532	147843	110240
文化办公用品类	Culture and Official Articles	7477	7422	7517	1467299	1579168	1176724
家具类	Furniture	15363	17332	16548	4548707	4728703	4696076
通讯器材类	Communication Appliances	2279	2551	2315	242954	296753	356272
煤炭及制品类	Coal and Related Products	38	43	49	533733	553179	451590
木材及制品类	Timber and Related Products	4018	2845	1528	1312401	486015	327734
石油及制品类	Oil and Related Production	200	210	205	341420	472545	531400
化工材料及制品类	Chemical Materials and Related Products	4641	4647	4793	10272233	11222727	11011044
金属材料类	Metal Materials	10052	10221	8451	20626637	21077203	11574140
建筑及装潢材料类	Building and Decoration Materials	29070	26382	24939	6889195	6130297	5956451
机电成品及设备类	Mechanical and Electrical Products and Appliances	4031	5238	3471	2347569	2038277	1726612
#农机类	Agricutural Mechanical Products	11	12	11	1570	1601	740
汽车类	Motor Vehicles	10886	8895	10019	13937310	14367072	13646699
种子饲料类	Seed and Forage	130	129	176	56774	62612	87714
棉麻类	Cotton & Ambery	606	631	674	809436	830211	843815
其他类	Others	39857	39911	37900	4022276	4991009	6448582

10-17 个体经济发展情况
Developments in Individual Economy

单位：万元(10000 yuan)

项目	Item	2016	2017	2018	2019
户数(户)	**Number of Households(household)**	**3526088**	**3896468**	**4226281**	**4641461**
农、林、牧、渔业	Farming,Forestry,Animal Husbandry and Fishery	59295	69256	78304	88993
采矿业	Ming and Quarrying	351	328	299	281
制造业	Manufacturing	597647	644873	670736	688186
电力、燃气及水的生产和供应业	Production and Supply of Electricity and Heating Power	449	482	569	567
建筑业	Construction	9940	14887	20745	31041
交通运输、仓储和邮政业	Transport,Storage and Post	96607	111876	120271	125116
信息传输、计算机服务和软件业	Information Transmission,Computer Services and Software	6180	7805	10227	14553
批发和零售业	Wholesale and Retail Trade	1974257	2110575	2261954	2503273
住宿和餐饮业	Hotels and Catering Services	362098	450929	519160	574974
房地产业	Real Estate	8481	10821	13424	15938
租赁和商务服务业	Renting and Business Services	60793	75429	91134	115125
居民服务和其他服务业	Resident Services and Other Services	311260	352779	392774	426338
卫生、社会保障和社会福利业	Health Care,Sports and Social Welfare	4671	5365	6456	7490
文化、体育和娱乐业	Culture,Sports and Entertainment	19629	23870	27877	34718
其他行业	Others	14430	17193	12351	14868
从业人员(人)	**Number of Employed Persons(person)**	**8002985**	**8359482**	**8961468**	**9675752**
农、林、牧、渔业	Farming,Forestry,Animal Husbandry and Fishery	206611	233046	257385	284748
采矿业	Ming and Quarrying	1548	1384	1257	1111
制造业	Manufacturing	2187626	2264485	2332277	2372037
电力、燃气及水的生产和供应业	Production and Supply of Electricity and Heating Power	978	1029	1224	1223
建筑业	Construction	35689	55565	74986	108399
交通运输、仓储和邮政业	Transport,Storage and Post	162550	182035	195387	205520
信息传输、计算机服务和软件业	Information Transmission,Computer Services and Software	10640	13134	16820	23014
批发和零售业	Wholesale and Retail Trade	3352335	3461336	3706231	4070677
住宿和餐饮业	Hotels and Catering Services	979135	1053902	1171151	1272576
房地产业	Real Estate	26852	31675	37350	42195
租赁和商务服务业	Renting and Business Services	128954	155162	182583	223574
居民服务和其他服务业	Resident Services and Other Services	806332	784345	862360	929086
卫生、社会保障和社会福利业	Health Care,Sports and Social Welfare	11115	12822	15136	17006
文化、体育和娱乐业	Culture,Sports and Entertainment	58227	67957	77135	90087
其他行业	Others	34393	41605	30186	34499

10-18 私营经济发展情况
Developments of Private-owned Economy

项目	Item	2016	2017	2018	2019
户数(户)	**Number of Households(household)**	**1521441**	**1800585**	**2068110**	**2349483**
农、林、牧、渔业	Farming,Forestry,Animal Husbandry and Fishery	29691	31966	33527	34398
采矿业	Ming and Quarrying	876	870	883	903
制造业	Manufacturing	442948	471693	495619	515937
电力、燃气及水的生产和供应业	Production and Supply of Electricity and Heating Power	3456	5053	5384	5496
建筑业	Construction	60240	75005	90830	108261
交通运输、仓储和邮政业	Transport,Storage and Post	30256	36227	41293	46408
信息传输、计算机服务和软件业	Information Transmission,Computer Services and Software	64091	88373	110499	134854
批发和零售业	Wholesale and Retail Trade	505918	592772	688973	811365
住宿和餐饮业	Hotels and Catering Services	21046	24845	28135	30992
房地产业	Real Estate	28403	36785	43981	50110
租赁和商务服务业	Renting and Business Services	163594	214786	249967	274683
居民服务和其他服务业	Resident Services and Other Services	40869	46177	51036	54522
卫生、社会保障和社会福利业	Health Care,Sports and Social Welfare	2966	4229	5454	7216
文化、体育和娱乐业	Culture,Sports and Entertainment	25465	36938	50711	62540
其他行业	Others	101622	134866	171818	211798
从业人员(人)	**Number of Employed Persons(person)**	**14683860**	**15126392**	**13500288**	**13684473**
农、林、牧、渔业	Farming,Forestry,Animal Husbandry and Fishery	160014	166457	170902	168801
采矿业	Ming and Quarrying	17685	17061	16960	16817
制造业	Manufacturing	6600428	6569513	5880670	5747176
电力、燃气及水的生产和供应业	Production and Supply of Electricity and Heating Power	30732	36955	38037	37680
建筑业	Construction	1167303	1081530	815105	842782
交通运输、仓储和邮政业	Transport,Storage and Post	197541	214442	223783	226896
信息传输、计算机服务和软件业	Information Transmission,Computer Services and Software	321719	396865	452687	492959
批发和零售业	Wholesale and Retail Trade	2916719	3127643	2873656	2957316
住宿和餐饮业	Hotels and Catering Services	175215	184035	191137	193024
房地产业	Real Estate	499442	210617	230288	244370
租赁和商务服务业	Renting and Business Services	1562332	1892175	1263380	1287216
居民服务和其他服务业	Resident Services and Other Services	263782	277811	225878	226235
卫生、社会保障和社会福利业	Health Care,Sports and Social Welfare	22378	27382	32162	37504
文化、体育和娱乐业	Culture,Sports and Entertainment	146147	186256	220539	243276
其他行业	Others	602423	737650	865104	962421

10-19 个体和私营经济发展情况（2019年）
Developments on Individual an d Private-owned Economy(2019)

项目	Item	个体 Individuals	#城镇 Urban Areas	私营 Privates	#城镇 Urban Areas
户数(户)	**Number of Households(household)**	**4641461**	**3118988**	**2349483**	**1787781**
农、林、牧、渔业	Farming,Forestry,Animal Husbandry and Fishery	88993	42107	34398	18971
采矿业	Ming and Quarrying	281	145	903	434
制造业	Manufacturing	688186	332754	515937	272854
电力、燃气及水的生产和供应业	Production and Supply of Electricity and Heating Power	567	276	5496	3371
建筑业	Construction	31041	18576	108261	84374
交通运输、仓储和邮政业	Transport,Storage and Post	125116	79292	46408	32917
信息传输、计算机服务和软件业	Information Transmission,Computer Services and Software	14553	11420	134854	122981
批发和零售业	Wholesale and Retail Trade	2503273	1747415	811365	672733
住宿和餐饮业	Hotels and Catering Services	574974	428678	30992	24128
房地产业	Real Estate	15938	14286	50110	39959
租赁和商务服务业	Renting and Business Services	115125	86897	274683	240394
居民服务和其他服务业	Resident Services,Repair and Other Services	426338	314703	54522	42887
卫生、社会保障和社会福利业	Health Care,Sports and Social Welfare	7490	5825	7216	4989
文化、体育和娱乐业	Culture,Sports and Entertainment	34718	24919	62540	55442
其他行业	Others	14868	11695	211798	171347
从业人员(人)	**Number of Employed(person)**	**9675752**	**6447334**	**13684473**	**8978909**
农、林、牧、渔业	Farming,Forestry,Animal Husbandry and Fishery	284748	143207	168801	84100
采矿业	Ming and Quarrying	1111	525	16817	4747
制造业	Manufacturing	2372037	1149360	5747176	2758525
电力、燃气及水的生产和供应业	Production and Supply of Electricity and Heating Power	1223	608	37680	21743
建筑业	Construction	108399	56365	842782	608828
交通运输、仓储和邮政业	Transport,Storage and Post	205520	142673	226896	152125
信息传输、计算机服务和软件业	Information Transmission,Computer Services and Software	23014	18216	492959	438412
批发和零售业	Wholesale and Retail Trade	4070677	2945460	2957316	2330518
住宿和餐饮业	Hotels and Catering Services	1272576	972708	193024	151239
房地产业	Real Estate	42195	39228	244370	186303
租赁和商务服务业	Renting and Business Services	223574	171430	1287216	1110488
居民服务和其他服务业	Resident Services,Repair and Other Services	929086	704310	226235	173593
卫生、社会保障和社会福利业	Health Care,Sports and Social Welfare	17006	13452	37504	28798
文化、体育和娱乐业	Culture,Sports and Entertainment	90087	63246	243276	208587
其他行业	Others	34499	26546	962421	720903

10-20 规模以上服务业企业主要经济指标（2020年）
Main Indicators of Service Enterprises Above Designated Size(2020)

单位：亿元(100 million yuan)

项目	Item	单位数（个）Number of Enterprises (unit)	资产总计 Total assets	固定资产原价 Original value of fixed assets	本年折旧 This Year Depreciation
总　计	**Total**	**12828**	**52156.0**	**13302.5**	**839.8**
按登记注册类型分	**By Registered Type**				
国有企业	State-owned	235	1202.3	359.8	13.7
集体企业	Collective Owned	89	480.6	167.3	4.5
股份合作企业	Share-cooperations	27	98.7	52.3	1.5
联营企业	Joint	3	3.3	1.4	
有限责任公司	Limited Liability Corporations	2703	24183.2	6159.2	264.6
股份有限公司	Share-holding Corporations Ltd.	272	4582.4	1485.1	75.1
私营企业	Private	8895	9437.8	1962.7	168.7
其他企业	Others	77	50.6	26.2	2.1
港澳台商投资企业	Investment from HongKong, Macao and Taiwan	230	9252.1	1628.5	207.3
外商投资企业	Investment from Foreign	297	2864.9	1459.9	102.3
按国民经济行业分	**by Sector**				
交通运输、仓储和邮政业	Transportation,Storage and Post	3331	10274.8	5287.9	266.0
信息传输、软件和信息技术服务业	Information Transmission,Software and Information Technology Services	1673	14227.9	3497.9	354.4
房地产业（除房地产开发经营）	Real Estate	1216	8743.6	1222.7	43.9
租赁和商务服务业	Renting and Business Services	2870	8119.8	1222.8	73.9
科学研究和技术服务业	Scientific Research and Technical Services	1459	2909.6	342.0	26.2
水利、环境和公共设施管理业	Water Conservancy，Environment and Public Utility	418	5547.6	1192.8	39.8
居民服务、修理和其他服务业	Service for the Residents , Repair and Others	483	171.5	33.1	3.0
教育	Education	177	117.4	46.5	3.4
卫生和社会工作	Health Care and Social Work	439	367.1	152.7	10.8
文化、体育和娱乐业	Culture,Sports and Recreation	762	1676.7	304.2	18.4

续表1 Continued 单位：亿元(100 million yuan)

项目	Item	负债合计 Total Liabilities	所有者权益 Owner's Equity	营业收入 The Business revenue	营业成本 Costs in Business
总 计	**Total**	29178.6	22977.4	22834.5	16030.9
按登记注册类型分	**By Registered Type**				
国有企业	State-owned	470.1	732.1	348.6	304.2
集体企业	Collective Owned	178.3	302.3	35.2	20.8
股份合作企业	Share-cooperations	27.2	71.5	9.3	3.4
联营企业	Joint	2.5	0.8	1.4	0.5
有限责任公司	Limited Liability Corporations	14062.5	10120.7	5367.6	4299.6
股份有限公司	Share-holding Corporations Ltd.	1993.6	2588.9	742.8	493.7
私营企业	Private	6478.6	2959.3	8703.2	6780.7
其他企业	Others	32.6	18.0	45.7	29.7
港澳台商投资企业	Investment from HongKong, Macao and Taiwan	4289.3	4962.9	4475.8	1365.6
外商投资企业	Investment from Foreign	1643.9	1221.0	3104.9	2732.6
按国民经济行业分	**by Sector**				
交通运输、仓储和邮政业	Transportation,Storage and Post	5981.8	4293.0	4774.2	4422.0
信息传输、软件和信息技术服务业	Information Transmission,Software and Information Technology Services	7233.3	6994.6	10548.4	5566.2
房地产业（除房地产开发经营）	Real Estate	4951.0	3792.5	785.2	521.3
租赁和商务服务业	Renting and Business Services	4757.9	3362.0	3444.2	2992.8
科学研究和技术服务业	Scientific Research and Technical Services	1655.4	1254.2	1989.6	1530.4
水利、环境和公共设施管理业	Water Conservancy，Environment and Public Utility	3326.3	2221.3	295.2	239.9
居民服务、修理和其他服务业	Service for the Residents , Repair and Others	113.1	58.4	257.5	214.6
教育	Education	80.5	36.9	96.0	54.0
卫生和社会工作	Health Care and Social Work	226.6	140.6	290.0	200.2
文化、体育和娱乐业	Culture,Sports and Recreation	852.7	823.9	354.2	280.4

续表2 Continued　　单位：亿元(100 million yuan)

项目	Item	税金及附加 Sales Taxes and Extra Charges in Business	销售费用 Sales Charges	管理费用 Management Expenses
总　计	**Total**	97.5	1224.9	2591.7
按登记注册类型分	**By Registered Type**			
国有企业	State-owned	1.9	11.5	35.4
集体企业	Collective Owned	1.9	1.4	14.1
股份合作企业	Share-cooperations	0.5	0.2	3.7
联营企业	Joint		0.1	0.5
有限责任公司	Limited Liability Corporations	29.9	162.4	603.3
股份有限公司	Share-holding Corporations Ltd.	7.1	66.9	78.9
私营企业	Private	32.4	380.6	614.4
其他企业	Others		4.4	8.7
港澳台商投资企业	Investment from HongKong, Macao and Taiwan	16.8	500.0	1124.7
外商投资企业	Investment from Foreign	7.0	97.2	108.1
按国民经济行业分	**by Sector**			
交通运输、仓储和邮政业	Transportation,Storage and Post	15.1	65.2	228.3
信息传输、软件和信息技术服务业	Information Transmission,Software and Information Technology Services	30.7	867.9	1675.3
房地产业（除房地产开发经营）	Real Estate	20.8	39.0	112.8
租赁和商务服务业	Renting and Business Services	17.2	117.0	220.6
科学研究和技术服务业	Scientific Research and Technical Services	7.6	34.8	177.1
水利、环境和公共设施管理业	Water Conservancy，Environment and Public Utility	2.3	12.7	45.8
居民服务、修理和其他服务业	Service for the Residents , Repair and Others	1.2	12.6	22.9
教育	Education	0.2	16.2	16.9
卫生和社会工作	Health Care and Social Work	0.4	25.5	42.8
文化、体育和娱乐业	Culture,Sports and Recreation	1.9	34.1	49.2

续表3 Continued

单位：亿元(100 million yuan)

项目	Item	财务费用 Financial Expenses	营业利润 Operating Profits	利润总额 Profits	所得税费用 Income tax payable
总　计	**Total**	209.6	2825.8	3009.6	377.9
按登记注册类型分	**By Registered Type**				
国有企业	State-owned	-7.7	14.8	20.7	4.7
集体企业	Collective Owned	-0.2	-1.4	0.6	0.3
股份合作企业	Share-cooperations	-0.2	2.4	1.7	
联营企业	Joint		0.2	0.3	0.1
有限责任公司	Limited Liability Corporations	162.5	310.2	402.9	73.2
股份有限公司	Share-holding Corporations Ltd.	5.7	146.7	148.0	18.3
私营企业	Private	71.0	687.1	720.3	92.5
其他企业	Others	0.2	2.6	3.7	0.9
港澳台商投资企业	Investment from HongKong, Macao and Taiwan	-23.9	1498.3	1522.0	138.9
外商投资企业	Investment from Foreign	2.4	164.9	189.4	49.0
按国民经济行业分	**by Sector**				
交通运输、仓储和邮政业	Transportation,Storage and Post	120.0	161.2	215.9	55.1
信息传输、软件和信息技术服务业	Information Transmission,Software and Information Technology Services	-53.2	2154.0	2214.6	219.7
房地产业（除房地产开发经营）	Real Estate	57.9	124.6	134.3	28.3
租赁和商务服务业	Renting and Business Services	47.5	173.7	194.8	25.2
科学研究和技术服务业	Scientific Research and Technical Services	1.3	192.2	197.6	29.5
水利、环境和公共设施管理业	Water Conservancy, Environment and Public Utility	31.7	-17.5	4.5	4.6
居民服务、修理和其他服务业	Service for the Residents , Repair and Others	0.4	8.3	9.3	2.5
教育	Education	0.6	8.0	8.8	2.6
卫生和社会工作	Health Care and Social Work	3.4	18.9	20.0	4.8
文化、体育和娱乐业	Culture,Sports and Recreation	0.2	2.4	9.5	5.8

续表4 Continued

单位：亿元(100 million yuan)

项目	Item	应付职工薪酬 Total Wages Pagable	应交增值税 Value Added Taxes Payable	平均用工人数（万人） Average Number of Employed Persons (10000 persons)
总　计	**Total**	3473.6	454.6	278.1
按登记注册类型分	**By Registered Type**			
国有企业	State-owned	92.9	6.5	7.3
集体企业	Collective Owned	6.3	1.3	0.6
股份合作企业	Share-cooperations	1.5	0.4	0.2
联营企业	Joint	0.6		
有限责任公司	Limited Liability Corporations	937.2	94.9	68.4
股份有限公司	Share-holding Corporations Ltd.	158.6	17.3	10.7
私营企业	Private	1413.9	179.3	165.1
其他企业	Others	20.1	0.3	1.3
港澳台商投资企业	Investment from HongKong, Macao and Taiwan	641.9	125.7	13.4
外商投资企业	Investment from Foreign	200.6	28.9	11.0
按国民经济行业分	**by Sector**			
交通运输、仓储和邮政业	Transportation,Storage and Post	526.5	72.8	51.1
信息传输、软件和信息技术服务业	Information Transmission,Software and Information Technology Services	1219.7	209.0	37.1
房地产业（除房地产开发经营）	Real Estate	209.2	30.8	30.7
租赁和商务服务业	Renting and Business Services	828.5	77.8	106.3
科学研究和技术服务业	Scientific Research and Technical Services	379.4	43.4	20.8
水利、环境和公共设施管理业	Water Conservancy，Environment and Public Utility	75.4	5.1	9.9
居民服务、修理和其他服务业	Service for the Residents , Repair and Others	49.4	8.7	7.5
教育	Education	40.2	0.6	3.0
卫生和社会工作	Health Care and Social Work	83.1	0.2	6.8
文化、体育和娱乐业	Culture,Sports and Recreation	62.2	6.3	4.7

注：限额以上服务业企业统计不包括批发零售业，住宿餐饮业，房地产开发业，金融业。
Above designated size services unit statistics do not include wholesale and retail trade,hotel and restaurant industry,the real estate development industry,finance.

浙/江/统/计/年/鉴

主要统计指标解释

■ 社会消费品零售总额

指各种经济类型的批发零售贸易业、餐饮业和除制造业和农业外的其他行业对城乡居民和社会集团的消费品零售额。这个指标反映通过各种商品流通渠道向居民和社会集团供应的生活消费品来满足他们生活需要，是研究人民生活，社会消费品购买力、货币流通等问题的重要指标。社会消费品零售总额包括：(1) 售给城乡居民作为生活用的商品和修建房屋用的建筑材料；(2) 售给社会集团的各种办公用品和公用消费品 ;(3) 售给机关、团体、学校、部队、企业、事业单位的职工食堂和旅店 (招待所) 附设专门供本店旅客食用，不对外营业的食堂的各种食品、燃料；企业、单位和国营农场直接售给本单位职工和职工食堂的自己生产的产品；(4) 售给部队干部、战士生活用的粮食、副食品、衣着品、日用品、燃料；(5) 售给来华的外国人、华侨、港澳 (台) 同胞的消费品；(6) 居民自费购买的中、西药品、中药材及医疗用品；(7) 报社、 出版社直接售给居民和社会集团的报纸、图书、杂志、集邮公司出售的新、旧纪念邮票、特种邮票、首日封、集邮册、集邮工具等；(8) 旧货寄售商店自购、自销部分的商品；(9) 煤气公司、液化石油气站售给居民和社会集团的煤气灶具和罐装液化石油气。不包括售给国民经济各部门企业、事业单位 (包括国有经济的农场) 生产经营用的各种原材料、燃料、设备、工具等和售给批发零售贸易业、餐饮业作为转卖用的商品、旧货寄售商店受托寄售卖出的商品、服务业的营业收入、邮局出售邮票的收入、自来水、电力、煤气生产 (供应) 单位的产品供应收入。

■ 商品销售总额

指对本企业 (单位) 以外的单位和个人出售 (包括对国 (境) 外直接出口) 的商品。这个指标反映批发零售贸易业在国内市场上销售商品以及出口商品的总量。商品销售总额包括：(1) 售给城乡居民和社会集团消费用的商品；(2) 售给工业、农业、建筑业、运输邮电业、批发零售贸易业、餐饮业、服务业等作为生产、经营使用的商品；(3) 售给批发零售贸易业作为转卖或加工后转卖的商品；(4) 对国 (境) 外直接出口的商品。不包括：出售本企业 (单位) 自用的废旧包装用品，未通过买卖行为付出的商品，经本单位介绍，由买卖双方直接结算，本单位只收取手续费的业务，购货退回的商品以及商品损耗和损失等。

■ 消费品市场成交额

指在全国消费品交易市场成交的全部商品金额。消费品市场包括农副产品市场和工业消费品市场。

■ 亿元商品交易市场成交额

年成交额达到亿元以上，经工商部门批准，专门从事商品批发、零售业务活动的市场，其市场所有摊位销售总额称为亿元商品交易市场成交额。

■ 连锁企业 (或称连锁店、连锁公司)

指在核心企业或总店的领导下，由分散的、经营同类商品或服务的企业或活动单位，采取共同方针，实行集中采购和分散销售的有机结合，通过规范化经营，实行集中采购和分散销售的有机结合，通过规范化经营，实现规模效益的经济联合组织形式。一般连锁店应由若干个分店组成。其经营特征：（1）经营同类商品；（2）使用统一商号；（3）统一采购配送，采购与销售相分离（部分商品可根据物流合理和保质保鲜原则，由供应商直接送货到门店，其余均由总部统一配送）。

连锁门店包括下列两种形式：

直营连锁：指正规连锁。连锁门店均由总部独资或控股开设，在总部的直接领导下统一经营。

加盟连锁：指特许连锁。各连锁门店（被特许人）通过合同形式，取得使用总部（特许人）商标、商号、经营技术和销售总部开发的商品的特许权，各加盟连锁门店为独立法人，在总部指导下统一经营。

ZHEJIANG STATISTICAL YEARBOOK

Explanatory Notes on Main Statistical Indicators

□ Total Retail Sales of Consumer Goods

refer to the sum of retail sales of consumer goods by the establishments in wholesale trade, retail sale trade, catering trade and other industries except manufacturing and agriculture of different types of ownership, to urban and rural residents and social groups. This indicator is used to show the supply of consumers goods through various channels to households and institutions to meet their demands, and is therefore very important for the study of the issues on people's livelihood, on the purchasing power of consumer goods and on the circulation of money. The retail sales of consumer goods include: (1) commodities sold to urban and rural residents for residential use and building materials sold to them for the construction or repair of houses; (2) food and fuels sold to canteens of institutions, enterprises, schools, military units and to canteens of hotels and hostels that only serve their guests, and commodities produced by enterprises,institutions or state farms and sold directly to their employees or their canteens; (3) grain and non-staple food,clothing, daily articles and fuels sold to military personnel; (4)consumer goods sold to foreigners, overseas Chinese,and Chinese compatriots from Taiwan, Hong Kong and Macao during their stay in the mainland of China; (5) Chinese and western medicines, herbs and medical facilities purchased by residents; (6) newspapers, books and magazines directly sold to residents and social groups by publishers, new and old commemorative stamps, special stamps,first-day covers, stamp albums and other stamp-collection articles sold by stamp companies; (7) consumer goods purchased and then sold by second-hand shops; (8)stoves and other heating facilities and liquified gas sold by gas companies to households and institutions. Excluded under this heading are: raw materials, fuels, equipment, tools sold to enterprises, institutions and state farms for production purpose; commodities sold to trade establishments for re-selling; commissioned sales at second-hand shops; operational income of urban public utilities; stamps sold at post offices; income of water, power, gas production and supply establishments from the supply of their products.

□ Total Sales of Commodities

refer to selling of commodities by the establishments to other establishments and individuals(including direct export) . This indicator is used to show the total value of sales of commodities at domestic markets and export. The total sales include: (1) commodities sold to urban and rural residents and social groups for their consumption; (2) commodities sold to establishments in industry, agriculture, construction, transportation, post and telecommunications, wholesale and retail trades, catering trade and public utility for their production and operation; (3)commodities sold to wholesale and retail establishments for re-selling, with or without further processing; and (4) commodities for direct export to other countries. Excluded are selling of waste packaging materials used by the establishments(units) themselves, commodities transferred without buying or selling procedures, commission income from brokerage in transactions whose settlement is directly handled by buyers and sellers , rejected commodities in the purchase, loss in commodities, etc.

□ Volume of Transaction at Consumer Goods Markets

refers to the value of transaction of all goods at consumer goods markets in the country,including both markets for farm and sideline products and for industrial consumption goods.

□ Volume of Transaction at Large Commodity Markets(with transaction value over 100 million yuan)

refers to markets approved by the industrial and commercial administration departments, which specialize

EXPLANATORY NOTES ON MAIN STATISTICAL INDICATORS

in wholesale and retail of modities with transaction value over 100 million yuan. The stall of sales of all sellers in the markets makes up the transaction value of the markets.

□ Chain Enterprises(also called chain stores or called corporations)

refer to a form of joint economic entities unit which scattered enterprises or establishments engaged in pithing homogeneous commodities or services, with the central leadership of core enterprise or headquarters and guided by policies, conduct centralized purchase and distributed selling commodities, in order to gain better efficiency through standardized operation. Consisting of a number of branch stores the chain stores have in general following features: (1)homogeneous commodities, (2)unique name of stores, (3)centralized purchase and delivery which is separated from the headquarters cept some items which, from logistics, quality or considerations, might be delivered by the suppliers directy.

Chain stores have two categories:

(a)Chain stores under direct management: These are chain stores invested or controlled by the headquarters operate under the direct and unified management from the headquarters.

(b)Chain stores through license arrangement: These are contracts, chain stores(their owners)obtain licenses from the headquarters to use designated trade marks,names,operates know-how,and to sell the commodity developed by the headquarters. Under this arrangement. Each store in the chairs an independent legal entity and operates under the guidance the headquarters.

2021
浙江统计年鉴
ZHEJIANG STATISTICAL YEARBOOK

CHAPTER 11

对外经济贸易和旅游
Foreign Economy and Trade,Tourism

11-1 进出口总值（1986-2020年）
Total Value of Imports and Exports(1986-2020)

单位：万美元、万元(USD 10000,RMB 10000)

年份 Year	进出口总值 Total Value of Imports and Exports	出口 Export	#一般贸易 Ordinary Trade	进口 Import	#一般贸易 Ordinary Trade
1986	129291	109128		20163	
1987	149984	123406		26578	
1988	198628	149004		49624	
1989	251387	187222		64165	
1990	277342	218881		58461	
1991	385052	290628		94424	
1992	499907	357127	258763	142780	48230
1993	673269	432313	326388	240956	78690
1994	899144	608657	474070	290487	75292
1995	1151230	769782	593336	381448	92160
1996	1254126	804147	572545	449979	102558
1997	1427732	1011113	739172	416619	106496
1998	1485382	1086623	820244	398759	148712
1999	1830540	1287125	1001423	543415	314525
2000	2783265	1944279	1540108	838986	528135
2001	3279969	2297747	1825752	982222	635302
2002	4195650	2941102	2426940	1254548	859007
2003	6141083	4159499	3418932	1981584	1361717
2004	8521312	5814638	4674761	2706674	1665622
2005	10739123	7680353	6023916	3058770	1858590
2006	13914686	10089427	7731170	3825259	2143288
2007	17685633	12827293	9935900	4858341	2922772
2008	21110927	15426700	12185303	5684227	3440144
2009	18773488	13301032	10664403	5472456	3744581
2010	25353311	18046487	14500708	7306824	4943317
2011	30937777	21634949	17648423	9302827	6534332
2012	31240276	22451854	17968381	8788421	6243733
2013	33578871	24874624	19629669	8704246	6320295
2014	35504894	27332897	21676500	8171997	5819584
2015	215621649	171701752	133571930	43919897	32301600
2016	222020808	176664804	139364170	45356004	34807096
2017	256053153	194397631	155023115	61655522	47953668
2018	285115595	211745029	169599484	73370566	55589960
2019	308381472	230763226	182513447	77618246	59578541
2020	338382772	251705615	198541323	86677157	68752029

注：2015年起以人民币为计价单位，以后各表同。
The data of this table is valued to RMB since 2015,The same applies to the tables following.

11-2 出口总值分类表（2014-2020年）
Total Value of Exports by Category(2014-2020)

单位：万美元、万元(USD 10000,RMB 10000)

项目	Item	2014	2015	2016	2017	2018	2019	2020
出口总值	**Total**	**27332897**	**171701752**	**176664804**	**194397631**	**211745029**	**230763226**	**251705615**
#机电产品	Electrical and Mechanical Products	11249163	72317490	74904798	84043878	92076534	98871159	113555100
总值中:	**Among Total**							
国有企业	State-owned Enterprises	1954347	10811052	9641795	10527712	11426279	11189405	10949684
三资企业	Foreign Funded Enterprises	6258027	35133806	33219739	34353579	35071257	34750508	33723862
集体企业	Collective Owned Enterprises	898275	5139242	4964105	5116295	5325274	4961582	4587501
私营企业	Private Enterprises	18147611	120207379	128468988	144037996	159542380	178849184	201837157
其他企业	Others	74637	410274	370177	361862	379840	1012547	607412
总值中:	**Among Total**							
工业制成品	Manufactured Goods	26401846	166515263	171550015	188668019	205059667	224103666	245079162
初级产品	Primary Goods	931051	5186489	5114789	5729612	6685362	6659560	6626453

注: 2015年起以人民币为计价单位。The data of this table is valued to RMB since 2015.

11-3 进口总值分类表（2014-2020年）
Total Value of Imports by Category(2014-2020)

单位：万美元、万元(USD 10000,RMB 10000)

项目	Item	2014	2015	2016	2017	2018	2019	2020
进口总值	**Total**	**8171997**	**43919897**	**45356004**	**61655522**	**73370566**	**77618246**	**86677157**
#机电产品	Electrical and Mechanical Products	1450632	8225716	8535271	10666725	12751334	13707911	14558995
总值中:	**Among Total**							
国有企业	State-owned Enterprises	933934	4807373	5712719	9224338	12033650	13505218	16377591
三资企业	ForeignFundedEnterprises	3419079	17049377	16428866	20456837	22261690	22128033	20590565
集体企业	CollectiveOwnedEnterprises	401151	2039608	1937108	2551161	3244898	2804564	2520784
私营企业	Private Enterprises	3381090	20009685	21263480	29290251	35747857	39014495	47068544
其他企业	Others	36743	13852	13831	132932	82471	165935	119673
总值中:	**Among Total**							
工业制成品	Manufactured Goods	5387537	29070712	28883406	38721737	46642597	47260102	49927174
初级产品	Primary Goods	2784460	14849185	16472599	22933786	26727969	30358144	36749983

注: 2015年起以人民币为计价单位。The data of this table is valued to RMB since 2015.

11-4 浙江省与各国（地区）的进出口总额
Zhejiang's Foreign Trade with Relate Countries (Regions)

单位：万元(RMB 10000)

国别(地区)	Country(Region)	出口 Exports			进口 Imports		
		2018	2019	2020	2018	2019	2020
总值	**Total**	**211745029**	**230763226**	**251705615**	**73370566**	**77618246**	**86677157**
#亚太经济合作组织	APEC	101451113	106964297	122745220	48451913	50126879	54758101
亚洲	**Asia**	**69477039**	**80726279**	**86116867**	**40510915**	**43522793**	**48851199**
#中国香港	Hong Kong,China	2487052	2719569	3372533	277495	528745	358087
日本	Japan	8374351	8732884	9419408	7441320	7227499	6736118
台湾省	Taiwan,China	2118214	2487608	2554243	5718096	5352504	4874140
韩国	Korea Rep	5511525	6082089	7222963	6553275	6678763	6938600
东南亚联盟	The Association of Southeast Asian Nations	20220373	25213606	28888832	11369085	12774306	15398455
非洲	**Africa**	**16598995**	**19583921**	**20105708**	**3253334**	**3315729**	**3501769**
欧洲	**Europe**	**55283448**	**60164118**	**65627491**	**11104450**	**11064862**	**12321757**
#欧洲联盟	EU	46622454	50150175	46923020	9053224	8719952	8300171
#英国	United Kingdom	6600083	7256542	8153047	913781	930847	802034
德国	Germany	8403379	9014437	10364729	2819682	2377960	2557872
意大利	Italy	4525102	4832358	5393135	968809	943146	966111
法国	France	3923628	4364839	4776634	1293168	1449817	1341796
比利时	Belgium	2058415	2282743	2701186	519530	397614	477880
#俄罗斯	Russia	5898578	6528402	6844873	1288275	1597987	2186952
拉丁美洲	**Latin America**	**19866448**	**21223593**	**21495598**	**6372977**	**7871260**	**8453553**
北美洲	**North America**	**45076522**	**43222230**	**51330415**	**6095689**	**4594798**	**6107101**
#美国	United States	41485897	39484294	46684493	4700107	3192990	4764119
加拿大	Canada	3585996	3734621	4643160	1394907	1398170	1340439
大洋洲	**Oceania**	**5442578**	**5842962**	**7029533**	**6030810**	**7116074**	**7357867**
#澳大利亚	Australia	4371911	4566954	5428719	5066717	6031629	6252691

11-5 进出口货物分贸易方式总值表（2017-2020年）
Total Value of Imports and Exports by Type(2017-2020)

单位：亿元(100 million yuan)

贸易方式	Type	出口Exports				进口Imports			
		2017	2018	2019	2020	2017	2018	2019	2020
总值	**Total**	**19439.76**	**21174.50**	**23076.32**	**25170.56**	**6165.55**	**7337.06**	**7761.82**	**8667.72**
一般贸易	Ordinary Trade	15502.31	16959.95	18251.34	19854.13	4795.37	5559.00	5957.85	6875.20
租赁贸易	Renting Trade	1.16	0.52	0.74	1.23	0.92		0.60	0.57
来料加工装配贸易	Processing and Assembling Raw Material Supplied by Foreign Firms	133.90	132.80	159.79	138.89	76.83	100.73	114.15	77.95
进料加工贸易	Processing Imported Raw Materials	1700.50	1741.33	1614.34	1644.28	641.55	711.65	665.99	717.58
外商投资企业作为投资进口的设备物品	Equipment and Articles for Investment and Import from Foreign-invested Enterprises					11.89	4.96	7.99	7.10
出料加工贸易	Processing Exported Raw Materials	0.54	0.73		0.04	0.59	1.08	0.01	0.01
保税监管场所进出境货物	Bonded cargo entry and exit monitoring sites	121.22	181.00	217.77	286.99	475.58	682.78	638.96	507.13
海关特殊监管区域物流货物	Customs supervision of goods logistics	53.78	82.77	110.57	161.64	152.46	261.77	348.47	451.37
国家间、国际组织无偿援助和赠送的物资	Free Assistance and Gifts from Countriesand International Organizations	0.02			0.02				
华侨、港澳台同胞、外籍华人捐赠物资	Assistant Goods From Overseas Chinese Compatriots from Hong Kong,Macao and Taiwan		0.05				0.03		
来料加工装配进口的设备	Assembling Imported Equipment						0.08	0.28	0.09
对外承包工程出口货物	Exported Commodities for Contracted Projects	16.61	21.30	35.16	36.29				
其他	Others	1909.72	2054.06	2686.62	3047.06	10.37	14.97	27.52	30.72

11-6 出口主要商品情况（2016-2020年）
Statistics on Export of Commodities(2016-2020)

单位：万元(RMB 10000)

项目名称	Item	2016	2017	2018	2019	2020
机电产品	Electrical and Mechanical Products	74904798	84043878	92076534	98871159	113555100
高新技术产品	High-tech Products	11117144	12631349	14082936	16050174	20254283
农副产品	Farm Products	6241266	6685174	7175979	6996301	6818395
服装及衣着附件	Garments and Related Products	19618625	19608519	20406957	19988505	17633268
纺织纱线、织物及制品	Spinning,Textile and Related Products	22938780	24610971	26860518	29136079	31749533
鞋类	Shoes	5701199	5788392	5888188	6011219	4478408
家具及其零件	Furniture and Related Parts	6734852	7827066	8671077	8735381	10266242
塑料制品	Plastic Articles	6177697	6716904	7468574	12596094	14593342
玩具	Toys	1810732	2404032	2562201	3296166	3999267
体育用品及设备	Sporting Goods and Equipment	1215525	1248679	1377583	1580650	2739545
陶瓷产品	Ceramic Products	899919	943981	1016028	1432425	2183469
自动数据处理设备及其部件	Automatic Data Processing Equipment and Related Parts	732538	875636	937475	1219276	1571741
灯具、照明装置及零件	Lighting Fixtures, Lighting Fixtures and Parts	4226125	3659076	3822381	4176592	5217082
箱包及类似容器	Travelling Articles and Bags	3070241	3267287	3566975	3814641	2784858
汽车零配件	Parts of Moter Vehicles	4484943	5122921	5656682	6262706	6137171
钢材	Steel Products	2691523	2982002	3265728	3317441	3719969
船舶	Seawater Aquatic Production	1647538	1400966	1145741	1354072	950337
医药品	Medical and Pharmaceutical Products	1600246	1837339	2037638	2070259	3004149
电线和电缆	Electric Wire and Cables	1684141	1900202	2044371	1987576	2086652
水海产品	Freshwater and Seawater Aquatic Production	1210765	1271428	1376041	1350454	1177752

11-7 进口主要商品情况（2016-2020年）
Statistics on Import of Commodities(2016-2020)

单位：万元(RMB 10000)

商品名称	Item	2016	2017	2018	2019	2020
机电产品	Electrical and Mechanical Products	8535271	10666725	12751334	13707911	14558995
高新技术产品	High-tech Products	5280752	6907330	7823218	8943999	9142825
农副产品	Farm Products	5503729	6812551	7276591	7781562	8208365
钢材	Steel Products	508450	591279	897681	877766	1615322
初级形状的塑料	Plastics of Primary Forms	3752299	5006104	5887097	6551020	6672373
二甲苯	Xylene	1551528	1905211	3094062	3033078	2040020
纺织纱线、织物及其制品	Textile Yarn, Fabric and Its Products	1266583	1433770	1381614	1256942	1208477
未锻轧铜及铜材	Unwrought Braided Copperand Copper Materials	1126553	1876860	2660437	2694008	4969378
自动数据处理设备及其部件	Automatic Data Processing Equipment and Related Parts	139966	178402	269345	827324	944541
液晶显示板	LCD Panel	657498	658942	661842	618854	672505
原油	Crude Oil	435735	620781	344015	2210674	5392923
集成电路	Integrated Circuit	1687147	2224475	2560874	3219826	3047866
汽车零配件	Auto Parts	151005	198385	407080	492129	760996
铁矿砂及其精矿	Iron ore in Sand Form and Refinedore	2914691	4204365	4444772	6155719	7406912
煤及褐煤	Coal and Lignite	871409	1234608	1594971	1382909	1370977
塑料制品	Plastic	134222	149196	173022	596121	676724
纸浆	Paper Pulp	1015196	1317684	1636249	1440586	1612013
乙二醇	Glycol	693244	1257482	1735898	1335079	1125498
原木	Log	912033	1171237	1201715	1058881	841161
计量检测分析自控仪器及器具	Automatic Instruments for Measurement Examination Analysis	510309	574646	650262	720637	796805
成品油	Processed Oil	1635280	2524507	4543692	3943559	2540701

11-8 利用外资协议合同（项目）和金额（1979-2020年）
Total Amount of Foreign Capital Utilized Through the Signed Agreements and Contracts(1979-2020)

年份 Year	协议合同(项目)(个) Projects(unit)			协议金额(万美元) Value(USD 10000)		
	合计 Total	对外借款 Foreign Loans	外商直接投资 Direct Foreign Investment	合计 Total	对外借款 Foreign Loans	外商直接投资 Direct Foreign Investment
1979				1120		
1980	4		4	620		138
1981	1	1		749	385	
1982	1		1	552		1
1983	2		2	440		94
1984	25	2	23	8506	4005	3955
1985	58	3	55	9154	4352	3650
1986	33	3	30	5224	2414	2307
1987	68	29	39	14291	7745	4525
1988	185	33	152	26815	14865	11326
1989	226	41	185	37107	23910	12212
1990	296	2	294	24792	11274	13313
1991	592	7	585	37480	5634	31728
1992	2343	5	2338	324084	32076	290922
1993	4497	10	4487	404330	29274	374562
1994	2537	9	2528	321573	27839	289317
1995	1861	25	1836	422153	92950	325031
1996	1243	35	1208	429083	107750	312866
1997	888	36	852	486522	294123	121008
1998	1013	48	965	225795	41999	183390
1999	1154	41	1113	302839	85528	214793
2000	1742	100	1642	306977	56029	250948
2001	2311	1	2310	717502	209462	501588
2002	3364		3364	720846	38453	678912
2003	4442		4442	1317478	108301	1205014
2004	3824		3824	1567591	106407	1456066
2005	3396		3396	1858137	209649	1612667
2006	3583		3583	2175249	192344	1910261
2007	2919		2919	2585485	271271	2040043
2008	1858		1858	2115422	290101	1781995
2009	1738		1738	1761290	142406	1601785
2010	1944		1944	2313902	260493	2004666
2011	1691		1691	2637868	579475	2058393
2012	1597		1597	2666132	558919	2107213
2013	1572		1572	2438359		2438359
2014	1550		1550	2441203		2441203
2015	1778		1778	2782198		2782198
2016	2145		2145	2808140		2808140
2017	3030		3030	3468697		3468697
2018	3529		3529	4305661		4305661
2019	3580		3580	4364885		4364885
2020	2821		2821	3510058		3510058

11-9 实际利用外资金额（1984-2020年）
Amount of Foreign Capital Actually Used(1984-2020)

单位：万美元(USD 10000)

年份 Year	合计 Total	对外借款 Foreign Loans	外商直接投资 Direct Foreign Investment	其他投资 Other Foreign Investment
1984	4887	4005	252	630
1985	6452	4352	1634	466
1986	4891	2414	1853	624
1987	11360	7745	2337	1278
1988	18124	14419	2957	748
1989	26918	21503	5181	234
1990	16235	11305	4844	86
1991	17186	7947	9162	77
1992	40971	10496	29398	1077
1993	121991	18226	103271	494
1994	137073	22038	114449	586
1995	153965	27692	125775	498
1996	238313	77825	152021	8467
1997	306641	84905	150345	71391
1998	241656	109448	131802	406
1999	252499	97036	153262	2201
2000	248919	87022	161266	631
2001	451934	223301	221162	7471
2002	469547	148515	316002	5030
2003	757824	207160	544936	5728
2004	974631	298657	668128	7846
2005	1393826	582049	772271	39506
2006	1450582	486127	888935	75520
2007	1432049	119126	1036576	276347
2008	1244995	192632	1007294	45069
2009	1087685	74715	993974	18996
2010	1322584	172425	1100175	49984
2011	1539807	353257	1166601	19949
2012	1622327	287791	1306926	27610
2013	1415898		1415898	
2014	1579725		1579725	
2015	1696024		1696024	
2016	1757748		1757748	
2017	1790210		1790210	
2018	1863874		1863874	
2019	1355920		1355920	
2020	1578475		1578475	

11-10 按行业分的外商直接投资
Foreign Direct Investment by Sector

单位：万美元（USD 10000）

指标	Item	项目(个) Number of Projects (unit)		合同外资 Compact of Foregin Captial		实际利用外资 Foregin Investments Actually Used	
		2019	2020	2019	2020	2019	2020
总计	**Total**	**3580**	**2821**	**4364885**	**3510058**	**1355920**	**1578475**
第一产业	**Primary Industry**	**14**	**12**	**6202**	**5752**	**1891**	**1782**
第二产业	**Secondary Industry**	**564**	**423**	**1078626**	**978181**	**468051**	**542172**
#制造业	Manufacturing	532	389	1004937	828659	437050	496925
纺织业	Textile Industry	23	15	22447	28439	11015	12705
化学原料及化学制品制造业	Raw Chemical Materials and Chemical Products	26	16	63377	36670	91230	62393
医药制造业	Medical and Pharmaceutical Products	20	23	105635	82462	49565	65213
通用设备制造业	Ordinary Machinery	73	45	92160	57356	39553	22819
专用设备制造业	For Special Purpose Equipment Manufacturing	80	74	64323	159348	23238	26760
计算机、通信和其他电子设备制造业	Telecommunications Equipment, Computer and Other Electronic Equipment Manufacturing	45	44	99782	98380	26967	56328
#电力、热力、燃气及水的生产和供应业	Electricity, Thermal, Gas and Water Production and Supply Industry	11	18	13085	78772	11372	13032
#建筑业	Construction	20	16	64130	73393	20633	34452
第三产业	Tertiary Industry	**3002**	**2386**	**3280057**	**2526125**	**885978**	**1034521**
#交通运输、仓储和邮政业	Transport,Storage and Post	42	24	120917	50691	56300	54340
信息传输、计算机服务和软件业	Information Transmission, Computer Services and Software	359	388	541487	512326	208261	205524
批发和零售业	Wholesale and Retail Trade	1667	956	323102	506484	88964	102159
住宿和餐饮业	Hotels and Catering Services	63	46	14170	3534	3661	1092
金融业	Banking	19	20	15371	185628	44702	73845
房地产业	Real Estate	40	40	365072	183595	247380	289885
租赁和商务服务业	Renting and Business Services	249	370	1108219	557576	120345	163878
科学研究、技术服务和地质勘查业	Scientific Research，Technic Service and Geological Prospecting	441	427	692348	477735	97875	123374
水利、环境和公共设施管理业	Water Conservancy，Environment and Public Utility	10	12	13267	10941	1158	6985
居民服务和其他服务业	Service for the Residents and Other	19	17	46942	7222	1525	4250
教育	Education	28	15	1860	160	3000	3052
卫生和社会工作	Health and Social Work	6	5	19053	12342	6083	1100
文化、体育和娱乐业	Culture,Sports and Entertainment	52	62	8358	14938	4594	1535

11-11 按国别(地区)分的外商直接投资
Foreign Direct Investment by Country(Region)

国别(地区)	Country (Region)	项目(个) Number of Projects (unit)		合同外资金额(万美元) Compact of Foregin Captial (USD 10000)		实际利用外资(万美元) Foregin Investments Actually Used (USD 10000)	
		2019	2020	2019	2020	2019	2020
总计	**Total**	**3580**	**2821**	**4364885**	**3510058**	**1355920**	**1578475**
#中国香港	Hong Kong,China	959	942	2994153	2469329	998370	1234307
台湾省	Taiwan,China	315	339	76565	146564	4939	6578
日本	Japan	79	52	34849	67120	29490	24997
新加坡	Singapore	87	82	144755	96105	49244	70541
韩国	Korea Rep	140	110	388801	23499	10111	15188
英国	United Kingdom	70	41	80118	26968	13950	18441
法国	France	44	25	3322	23989	15840	6430
德国	Germany	42	39	31214	53244	21556	14552
意大利	Italy	47	24	6622	16538	950	4876
美国	United States	233	200	188118	88076	20040	26621
加拿大	Canada	62	69	19532	10875	1085	1369
澳大利亚	Australia	60	46	18588	18865	2349	6966
维尔京群岛	Virgin Islands	36	30	138011	210933	68392	67839

注: 年末实有企业指在工商行政管理部门登记注册的外商投资企业。 The number of Foregin-invested enterprises at year-end refer to thr enterprises registered at Industry and Commerce Administrative Department.

11-12 对外经济合作情况（2014 - 2020年）
Labour Services Contracted Projects with Foreign and Regions(2014—2020)

项目		Item		2014	2015	2016	2017	2018	2019	2020
新签对外承包工程和劳务合作合同额	(万美元)	Amount of Newly Signed Contracts	(USD 10000)	423539	587412	553693	516116	411499	538543	402265
对外承包工程和劳务合作营业额	(万美元)	Business Income	(USD 10000)	533922	618719	683295	728427	756048	782190	657886
对外承包工程和劳务合作在年底在外人数	(人)	Population in Foreign Countries and Regions	(person)	31279	32234	33921	27873	34594	32582	21926
境外投资企业数	(个)	Number of Enterprises Investing Abroad	(unit)	577	760	803	527	737	763	631
境外企业中方投资额	(万美元)	Amount of Investing Abroad	(USD 10000)	581489	539701	1689363	964207	1838091	1190853	1102978

11-13 国际旅游发展情况（1979-2020年）
Development of International Tourism(1979-2020)

单位：人(person)

年份 Year	入境旅游者人数(人) International Tourists	#外国人 Foreigners	#港澳台同胞 Compatriots from Hong Kong,Macao and Taiwan,China	旅游创汇收入(万美元) Foreign Exchange Earnings
1979	93094	49021	42901	
1980	138877	68583	68218	
1981	171710	102088	67005	
1982	180271	109309	67972	
1983	184287	114524	64618	1458
1984	213098	131977	73916	1900
1985	272870	178282	84621	2519
1986	293968	190695	90501	4175
1987	330062	206192	104005	4289
1988	392672	169782	182901	5624
1989	294062	84800	187607	3568
1990	496218	116429	342248	5440
1991	554091	176605	351881	7489
1992	685367	234282	403458	10210
1993	728408	289559	393251	11679
1994	612689	329529	261226	18055
1995	672717	366491	283353	23591
1996	729012	412970	293000	29184
1997	811468	453449	328430	34495
1998	819615	414273	364074	36122
1999	947788	506650	408454	41009
2000	1125898	643840	482058	51397
2001	1469502	818686	650816	70693
2002	2041761	1214635	827126	92763
2003	1817986	1069318	748668	87249
2004	2766680	1776392	990288	130047
2005	3480089	2328941	1151148	171626
2006	4272786	2817266	1455520	213490
2007	5111789	3436358	1675431	270790
2008	5396682	3661293	1735389	302408
2009	5706385	3776024	906547	322358
2010	6847102	4474054	2373048	393020
2011	7736908	5150408	2586500	454173
2012	8659290	5705072	2954218	515174
2013	8662817	5765720	2897097	539293
2014	9310301	6144460	3165841	575348
2015	10120384	6722552	3397832	678847
2016	11203019	7316202	3886817	743063
2017	12117339	8014956	4102383	827600
2018	4567577	3234062	1333515	259579
2019	4671137	3298281	1372855	266823
2020	383484	276711	106773	16367

注：2018年起入境旅游者口径和范围调整为入境过夜游客。The caliber and scope of international tourists has been adjusted to overnight inbound tourists since 2018

1979-1999年旅游者人数中包括华侨。 Total Tourists number from 1979-1999 in this table included Overseas Chinese.

11-14 旅游事业发展情况（2014-2020年）
Development of Tourism(2014-2020)

项目	Item	2014	2015	2016	2017	2018	2019	2020
国内旅游	**Domestic Tourism**							
人数(万人次)	Number of Tourism (10000 person-times)	47875	52532	57300	62868	68386	72180	56978
收入（亿元)	Earnings(100 million yuan)	5947	6720	7600	8764	9834	10727	8264
入境旅游	**International Tourism**							
人数合计（人次)	Total(person-time)	9310301	10120384	11203019	12117339	4567577	4671137	383484
#外国人	Foreigners	6144460	6722552	7316202	8014956	3234062	3298281	276711
港澳同胞	Compatriots from Hong Kong and Macao,China	1485451	1570727	1871789	1922931	478914	469372	43874
台湾同胞	Compatriots from Taiwan, China	1680390	1827105	2015028	2179452	854601	903483	62899
创汇收入(万美元)	**Foreign Exchange Earnings(USD 10000)**	**575348**	**678847**	**743063**	**827600**	**259579**	**266823**	**16367**

11-15 接待入境旅游者人数（2014-2020年）
Number of Inbound Tourists(2014 2020)

单位:人次(person-time)

国别(地区)	Country(Region)	2014	2015	2016	2017	2018	2019	2020
日本	Japan	515107	531329	552598	728221	311413	277727	25130
韩国	Korea Rep	955953	1103341	1168191	1028193	398352	478206	25569
马来西亚	Malaysia	257037	255174	268975	332428	113162	150608	17137
美国	United States	450717	485003	555743	636518	336958	348388	21119
新加坡	Singapore	195472	204909	204592	239499	79867	74636	4686
泰国	Thailand	134234	148543	168613	199976	54900	61460	2309
德国	Germany	221007	226266	246935	273711	110937	111215	8245
意大利	Italy	250023	281502	300172	284715	66556	63223	5864
法国	France	184472	203637	232813	240555	65746	74229	4723
印度尼西亚	Indonesia	79890	81134	88534	94286	42343	44233	16035
澳大利亚	Australia	121192	127899	143038	160630	71190	77905	3801
英国	United Kingdom	186097	194909	225166	262943	92006	93204	5060
印度	India	126043	165778	200255	219223	117528	128070	2962
菲律宾	Philippines	56034	69264	74537	88862	29516	31468	1583
加拿大	Canada	121996	126603	158602	183323	76308	74080	5410
西班牙	Spain	121430	149311	149413	151428	37223	36181	4917
荷兰	Netherlands	67075	74562	86305	109470	44046	41676	2018
俄罗斯	Russia	121211	110206	106592	134727	49080	53048	4339
瑞典	Sweden	20907	21101	25694	48024	34646	35157	1663
瑞士	Switzerland	32424	31578	36006	43145	10162	11088	660
新西兰	New Zealand	37642	39945	53840	56001	11082	13537	653
中国香港	Hong Kong,China	1097730	1143473	1326690	1374149	380436	372169	36609
中国澳门	Macao，China	387721	427254	545099	548782	98477	97203	7265
中国台湾	Taiwan,China	1680390	1827105	2015028	2179452	854601	903483	62899

注: 自2018年年报开始，全省入境旅游统计口径调整为“住宿单位接待入境过夜游客”。
Since 2018, the statistical caliber of inbound tourism in the whole province has been adjusted to "accommodation units receive inbound overnight tourists".

浙/江/统/计/年/鉴

主要统计指标解释

利用外资

指我国各级政府、部门、企业和其他经济组织通过对外借款、吸收外商直接投资以及用其他方式筹措的境外现汇、设备、技术等。

对外借款

指通过对外正式签订借款协议，从境外筹措的资金，包括外国政府贷款、国际金融组织贷款、外国银行商业贷款、出口信贷以及对外发行债券等。1996 年及以前还包括对外发行股票。

外商直接投资

是指外国企业和经济组织或个人（包括华侨、港澳台胞以及我国在境外注册的企业）按我国有关政策、法规，用现汇、实物、技术等在我国境内开办外商独资企业、与我国境内的企业或经济组织共同举办中外合资经营企业、合作经营企业或作合作开发资源的投资（包括外商投资收益的再投资）。

外商其他投资

指除对外借款和外商直接投资以外的各种利用外资的形式。包括企业在境内外股票市场公开发行的以外币计价的股票（目前主要是在香港证券市场发行的 H 股和在境内证券市场发行的 B 股）发行价总额，国际租赁进口设备的应付款，补偿贸易中外商提供的进口设备、技术、物料的价款，加工装配贸易中外商提供的进口设备、物料的价款。

对外劳承包工程及劳务合作

包括对外承包工程、对外劳务合作及对外设计咨询。其中对外承包工作指各对外承包公司以招标议标承包方式承揽的下列业务：（1）承包国外工程建设项目，（2）承包我国对外经授项目，（3）承包我国驻外机构的工程建设项目，（4）承包我国境内利用外资进行建设的工程项目，（5）与外国承包公司合营或联合承包工程项目时我国公司分包部分，（6）对外承包兼营的房屋开发业务。对外承包工程的营业额是以货币表现的本期内完成的对外承包工程的工作量，包括以前年度签订的合同和本年度新签订的合同在报告期内完成的工作量。对外劳务合作指以收取工资的形式向业主或承包商提供技术和劳动服务的活动。我国对外承包公司在境外开办的合营企业，中国公司同时又提供劳务的，其劳务部分也纳入劳务合作统计。劳务合作营业额按报告期内向雇主提交的结算数（包括工资、加班费和奖金等）统计。对外设计咨询指以服务成果向业主收费的技术服务项目。包括承担地形地貌测绘，地质资源勘探与普查，建设区域规划，提供设计文件、图纸、生产工艺技术资料和工程技术经济咨询，工程项目的可行性考察、研究和评估，进行技术指导和培训人员等; 也包括承担国(境)内利用外资进行建设的工程项目的上述规定的设计咨询项目的收取外币部分。

旅游人数

指来我国参观、访问、旅行、探亲、访友、休养、考察、参加会议和从事经济、科技、文化、教育、体育、宗教等活动的外国人、华侨、港澳和台湾同胞的人数。不包括外国在我国的常住机构，如领使馆、通讯社、企业办事处的工作人员；来我国常驻的外国专家、留学生以及在岸逗留不过夜人员。

国际旅游（外汇）收入

指入境旅游的外国人、华侨、港澳台同胞在中国大陆旅游过程中发生的一切旅游支出。

ZHEJIANG STATISTICAL YEARBOOK

Explanatory Notes on Main Statistical Indicators

□ Utilization of Foreign Capital

refers to remittance, equipment and technology financed from abroad, by loans, foreign direct investment and other forms undertaken by the Chinese governments at all levels, by various departments, enterprises and other economic units.

□ Foreign Borrowings

refer to funds borrowed from abroad through formal signing of borrowing agreements with foreign institutions, including loans of foreign governments, loans of international financial institutions, commercial loans of foreign banks, export credit, and funds raised by Chinese bonds (and shares before 1996) issued abroad.

□ Foreign Direct Investment

refers to the investments inside China by foreign enterprises and economic organizations or individuals (including overseas Chinese, compatriots from Hong Kong and Macao, and Chinese enterprises registered abroad),following the relevant policies and laws of China, for the establishment of ventures exclusively with foreign own investment, sino-foreign joint ventures and cooperative enterprises or for co-operative exploration of resources with enterprises or economic organizations in China. It includes the re-investment of the foreign entrepreneurs with the profits gained from the investment.

□ Other Foreign Investment

refers to all forms of utilization of foreign capitals other than foreign borrowings and foreign direct investment. It includes the total value of stock shares in foreign currencies issued by enterprises at domestic or foreign stock exchanges (now mainly consisting of H shares issued at Hong Kong Security Market and B shares issued at domestic security markets), rent payable for the imported equipment through international leasing arrangement, cost of imported equipment, technology and materials provided by foreign counterparts in compensation trade and processing and assembly trade.

□ Overseas Contracted Project and Overseas Labour Services

It includes Overseas Contracted Project 、 Overseas Labour Services and Overseas Design and Consultation Services. Overseas Contracted Project refers to projects undertaken by Chinese contractors (project contracting companies) through bidding process. They include: (1) overseas civil engineering construction projects financed by foreign investors; (2) overseas projects financed by the Chinese government through its foreign aid programs; (3) construction projects of Chinese diplomatic missions, trade offices and other institutions stationed abroad; (4) construction projects in China financed by foreign investment; (5) sub-contracted projects to be taken by Chinese contractors through a joint umbrella project with foreign contractor(s); (6) housing development projects. The business income from international contracted projects is the work volume of contracted projects completed during the reference period, expressed in monetary terms, including completed work on projects signed in previous years. Overseas Labour Services refer to the activities of providing technology and labour services to employers or contractors in the forms of receiving salaries and wages. Labour services providing by contractual joint ventures of Chinese international contracting corporations should be included in the statistics of service co-operation with foreign countries. The business income of labour service cooperation is the income in the form of wages and salaries, overtime pay, bonuses and other remuneration received from the employers during the reference period. Overseas Design and Consultation Services refer to projects with income for technical services provided to overseas operators. It includes geographic and topographic mapping, geological resource prospecting and survey,

EXPLANATORY NOTES ON MAIN STATISTICAL INDICATORS

planning of construction areas, provision of design documents, blueprints, materials on production process and techniques, as well as engineering, technical and economic consultation, and feasibility study, research and evaluation of projects. Also included under this category are the above-mentioned services of foreign-financed projects in China that are paid in foreign currencies.

□ Number of Tourists

refers to the number of foreigners,overseas Chinese, and compatriots from Hong Kong, Macao and Taiwan coming to China for sightseeing, visits, tours, family reunions, vacations, study tours and other activities of an economic, scientific and technological, cultural, physical culture and religious nature. This does not include the number of employees of foreign organizations stationed in China such as embassies, consulates, news agencies, the offices of corporations and enterprises and foreign experts and students residing in China and the persons staying briefly in China but not for passing the night .

□ Foreign Exchange Earnings from International Tourism

refer to the total expenditures of the foreigners, overseas Chinese, compatriots from Hong Kong, Macao and Taiwan in the process of their tourism in the mainland of China.

2021
浙江统计年鉴
ZHEJIANG STATISTICAL YEARBOOK

CHAPTER 12

财政、金融和保险
Public Finance,Banking and Insurance

12-1 一般预算总收入和总支出（1978-2020年）
Total Financial Budgettary Revenue and Expenditure(1978-2020)

单位:亿元(100 million yuan)

年份 Year	总收入 Total Revenue	#地方 The local	总支出 Total Expenditure	#一般公共服务支出 Expenditure of Public Service	#教育支出 Expenditure on Education	#城乡社区事务支出 Expenditure Urban and Lural Community Affairs	#农林水事务支出 Expenditure on Agriculture, Forestry and Land Reclamation, and Water Conservancy Affairs
1978	27.45		17.43				
1979	25.87		17.74				
1980	31.13		17.34				
1981	34.34		17.12				
1982	36.64		18.88				
1983	41.79		21.94				
1984	46.67		28.80				
1985	58.25		37.40				
1986	68.61		50.96				
1987	76.36		51.24				
1988	85.55		63.14				
1989	98.21		74.77				
1990	101.59		80.23				
1991	108.94		88.43				
1992	118.36		95.31				
1993	166.64		125.04				
1994	209.39	94.63	153.03				
1995	248.50	116.82	180.29				
1996	291.75	139.63	213.71				
1997	340.52	157.33	240.16				
1998	401.80	198.10	286.81				
1999	477.40	245.47	344.04				
2000	658.42	342.77	431.30				
2001	917.76	418.00	597.30				
2002	1166.58	566.85	749.90				
2003	1468.89	706.56	896.77				
2004	1805.16	900.99	1062.94				
2005	2115.36	1066.60	1265.53				
2006	2567.66	1298.20	1471.86	272.88	310.77	127.37	114.03
2007	3239.89	1649.50	1806.79	328.91	383.89	154.63	142.15
2008	3730.06	1933.39	2208.58	372.46	453.99	193.95	177.42
2009	4122.04	2142.51	2653.35	397.69	519.33	224.61	236.08
2010	4895.41	2608.47	3207.88	434.29	606.54	272.30	290.37
2011	5925.00	3150.80	3842.59	471.55	751.42	338.43	373.32
2012	6408.49	3441.23	4161.88	503.61	877.86	307.82	408.20
2013	6908.41	3796.92	4730.47	538.88	950.07	332.93	513.03
2014	7521.70	4122.02	5159.57	527.74	1030.99	389.01	524.59
2015	8549.47	4809.94	6645.98	584.45	1264.93	541.21	739.08
2016	9225.07	5301.98	6974.25	660.26	1300.03	788.93	722.41
2017	10301.16	5804.38	7530.32	765.03	1430.15	910.17	696.69
2018	11705.95	6598.21	8629.53	875.33	1572.47	1158.88	724.46
2019	12268.24	7048.58	10053.03	1009.96	1764.69	1627.68	744.24
2020	12421.49	7248.24	10082.01	1051.55	1881.09	1021.67	764.89

12-2 地方一般预算收入和支出（2016-2020年）
The Local Financial Budgetary Revenue and Expenditure(2016-2020)

单位：亿元(100 million yuan)

项目	Item	2016	2017	2018	2019	2020
一般预算收入合计	**The Local Budgetary Financial Revenue**	**5301.98**	**5804.38**	**6598.21**	**7048.58**	**7248.24**
税收收入小计	The Amount of Tax Revenue	4540.08	4940.74	5586.63	5898.75	6261.75
国内增值税	Value-added Taxe	1472.21	2201.37	2408.84	2374.58	2317.15
营业税	Business Taxe	678.78				
企业所得税	Company Income Tax	704.87	822.19	972.46	1116.09	1145.02
个人所得税	Personal Income Tax	317.10	395.24	465.86	412.94	468.79
城市维护建设税	City Maintenance and Construction Tax	300.65	329.09	370.55	363.26	356.74
房产税	Tax on Real Estates	184.30	195.35	233.29	207.25	234.12
契税	Contract Tax	304.79	381.59	459.45	571.34	838.16
其它地方各税	Others	577.39	615.92	676.16	853.28	901.76
非税收入小计	The Amount of Non Tax Revenue	761.89	863.64	1011.58	1149.83	986.49
教育费附加收入	Extra Charge for Education	140.26	153.06	174.21	171.08	165.71
行政事业性收费收入	Adiministrative Fees Income	49.00	68.99	96.75	144.83	141.44
罚没收入	Penalty and Confiscatory Income	123.40	123.66	172.45	199.44	152.98
其它收入	Others	513.92	566.27	622.99	685.01	627.83
国有企业计划亏损补贴	Subsidies for the Loss of State-owned Enterprises	-64.69	-48.34	-54.83	-50.54	-101.46
一般预算支出合计	**The Local Financial Budgetary Expenditure**	**6974.25**	**7530.32**	**8629.53**	**10053.03**	**10082.01**
一般公共服务	Public Service	660.26	765.03	875.33	1009.96	1051.55
公共安全	Public Safe	518.58	548.44	614.24	662.70	691.96
教育	Education	1300.03	1430.15	1572.47	1764.69	1881.09
科学技术	Science and Technology	269.04	303.50	379.66	516.06	472.13
文化旅游体育与传媒	Culture,Tourism,Physical Culture and the Media	158.72	159.66	174.59	203.26	229.62
社会保障和就业	Social Security and Employment	631.19	801.78	914.93	1073.94	1130.02
卫生健康	Medical and Health Sevice	542.44	584.17	626.20	735.61	838.85
节能环保	Environment Protect	161.40	190.15	194.75	269.55	220.59
城乡社区	Urban and Rural Community	788.93	910.17	1158.88	1627.68	1021.67
农林水	Agriculture,Forestry and Land Reclamation and Water Conservancy	722.41	696.69	724.46	744.24	764.89
交通运输	Transportation	463.75	320.53	391.23	444.59	470.50
工业商业等事务	Industrial and Business Affairs	399.43	453.27	549.77	470.11	714.52
其他支出	Others	358.07	366.78	453.01	530.64	594.62

12-3 金融机构存贷款年末余额（1978-2020年）
Deposits and Loans of Financial Institutions(year-end, 1978-2020)

单位:亿元(100 million yuan)

年份 Year	全部金融机构本外币存款余额 Deposits	全部金融机构人民币存款余额 RMB Deposits	住户本外币存款年末余额 Residents' Deposits	住户人民币存款年末余额 Residents'RMB Deposits	全部金融机构本外币贷款余额 Loans	全部金融机构人民币贷款余额 RMB Loans
1978		35.79		7.73		48.90
1979		44.92		11.79		54.91
1980		60.74		16.95		73.30
1981		74.26		21.47		85.85
1982		88.20		28.52		97.88
1983		108.14		37.34		109.42
1984		143.17		49.58		161.39
1985		185.66		67.73		210.81
1986		248.68		97.92		288.97
1987		306.44		129.12		365.87
1988		354.26		144.03		433.41
1989		441.13		214.98		505.48
1990		606.01		306.74		618.14
1991		789.64		402.09		749.93
1992		1036.72		514.44		972.09
1993		1316.53		664.64		1247.76
1994		1910.98		990.26		1627.87
1995		2623.60		1377.22		2103.65
1996		3400.19		1844.74		2584.09
1997		4297.07		2293.55		3273.73
1998		5264.21		2847.29		3897.12
1999		6273.15		3261.34		4650.50
2000		7299.57		3594.65		5423.52
2001		8823.12		4262.38		6482.22
2002	11899.34	11242.84	5700.77	5233.73	8791.38	8612.81
2003	15415.67	14758.15	6889.28	6452.21	12418.60	12014.28
2004	17855.05	17236.62	7741.65	7364.06	14982.54	14350.75
2005	21117.94	20494.16	9123.12	8746.02	17122.14	16557.67
2006	25005.92	24413.94	10801.70	10473.47	20757.83	20153.94
2007	29030.34	28504.46	11381.16	11160.73	24939.89	24144.42
2008	35481.20	34806.43	14804.54	14501.49	29649.22	28958.36
2009	45112.01	44336.49	18169.41	17833.44	39223.91	37997.98
2010	54482.29	53441.45	21093.62	20612.16	46938.54	45288.07
2011	60893.14	59727.91	23945.23	23470.25	53239.34	51276.64
2012	66679.08	64886.28	26902.40	26406.81	59509.12	56982.64
2013	73732.36	71986.58	29360.48	28922.97	65338.54	62597.56
2014	79241.90	77145.38	31167.48	30666.41	71361.00	68566.32
2015	90301.61	87393.30	34787.31	34218.62	76466.32	74070.20
2016	99530.29	96438.16	38755.05	38077.05	81804.50	79926.05
2017	107320.53	104000.60	40804.33	40192.49	90233.30	88606.47
2018	116512.74	113727.51	46457.80	45812.16	105774.91	104099.82
2019	131298.52	128258.10	53733.26	53132.67	121750.56	120289.29
2020	152233.51	147666.93	61568.65	60969.85	143611.59	142126.03

注: 1、2008年起含外资金融机构。Data of this table include foreign financial institutions since 2008.
2、2015年起金融机构存贷款余额指标口径有所调整；住户存款年末余额2015年前为城乡居民储蓄存款年末余额。
The data of deposits and loans are adjusted since 2015,the data of residents' deposits refer to the data of household savings before 2015.

12-4 金融机构人民币信贷收支表
Credit Funds Balance Sheet of Financial Institution (RMB)

单位:亿元(100 million yuan)

项目	Item	2017	2018	2019	2020
资金来源合计	**ALL Sources**	**111929.83**	**124550.35**	**143006.91**	**169164.27**
各项存款	**Deposits**	**104000.60**	**113727.51**	**128258.10**	**147666.93**
境内存款	Domestic Deposit	103767.65	113458.07	127986.61	147353.10
住户存款	Household Deposits	40192.49	45812.16	53132.67	60969.85
活期存款	Current Deposits	17240.95	19398.94	21933.97	23921.25
定期及其他存款	Regular and other Deposits	22951.54	26413.23	31198.70	37048.60
非金融企业存款	Non Financial Enterprise Deposits	34905.81	37672.35	43681.80	53237.78
广义政府存款	General Government Deposits	20825.82	23255.07	25199.49	25441.56
非银行业金融机构存款	Non Banking Financial Institutions Deposits	7843.53	6718.48	5972.64	7703.90
境外存款	Offshore Deposits	232.95	269.44	271.49	313.83
金融债券	Bonds	1464.11	1614.59	2114.32	2382.75
卖出回购资产	Sell Assets Repurchased	40.16	13.47	10.78	22.51
借款及非银行金融机构拆入	Borrowing and non Bank Financial Institutions Borrowing	3.93	32.61	91.60	116.90
其他	Others	6421.03	5752.23	6818.91	9443.73
资金运用合计	**All Uses**	**111929.83**	**124550.35**	**143006.91**	**169164.27**
各项贷款	**Loans**	**88606.47**	**104099.82**	**120289.29**	**142126.03**
境内贷款	Domestic Loans	88576.04	104016.55	120197.52	142024.00
住户贷款	HouseholdLoans	33841.96	42549.14	50577.63	60955.04
短期贷款	Short-term Loans	12201.23	16537.27	18831.53	21103.34
中长期贷款	Medium-term &Long-term Loans	21640.72	26011.87	31746.10	39851.70
非金融企业及机团体贷款	Non Financial Enterprise and Government Agency Loans	54684.39	61460.48	69586.29	80998.82
非银行业金融机构贷款	Non Banking Financial Institutions Loans	49.69	6.92	33.60	70.14
境外贷款	Offshore Loans	30.44	83.27	91.77	102.03
债券投资	Bond Investment	7435.93	9022.81	11404.29	15217.38
股权及其他投资	Equity and other Investment	10303.79	8921.48	8652.41	9145.32
买入返售资产	Buy Assets Repurchased	130.51	477.48	461.24	337.87
存放非银行业金融机构款项	Deposit of non Banking Financial Institutions	41.47	19.92	17.85	31.42
联行往来（净）	Interbank Transactions(net)	3488.14			
外汇买卖	Foreign exchange trading				
应收及预付款	Collectable Account and advance Payment	994.23	1055.12	1174.34	1303.27
投资性房地产	Investment Property	9.59	10.75	10.25	8.77
固定资产	Fitness Assets	919.70	942.97	997.24	994.22

12-5 保险公司主要业务经济技术指标（2014-2020年）
Economic Technical Indicators of Insurance Companies(2014-2020)

单位:亿元(100 million yuan)

项目	Item	2014	2015	2016	2017	2018	2019	2020
保费收入	**Premium**	**1258.04**	**1435.33**	**1784.86**	**2146.88**	**2273.2**	**2627.28**	**2867.65**
财产险	Property Insurance	584.47	646.72	696.56	760.76	826.82	900.02	940.10
#机动车辆保险	Motor Vehicle Insurance	469.75	522.38	553.18	590.88	618.17	649.06	661.65
人身意外伤害险	Unforeseen Human Injury Insurance	35.43	43.66	52.16	59.19	68.28	74.81	71.27
健康险	Health Insurance	74.16	112.78	213.45	237.91	264	329.28	414.06
寿险	Life Insurance	563.97	632.16	822.69	1089.02	1114.09	1323.17	1442.22
各项赔款和给付	**Settled Claim and Payment**	**474.63**	**558.82**	**633.24**	**653.37**	**761.88**	**877.56**	**908.05**
财产险	Property Insurance	349.77	379.69	414.23	430.77	490.33	579.61	577.81
#机动车辆保险	Motor Vehicle Insurance	281.17	311.29	339.16	344.85	379.84	420.12	406.39
人身意外伤害险	Unforeseen Human Injury Insurance	6.86	8.7	11.04	14.19	17.08	19.71	23.23
健康险	Health Insurance	25.74	27.62	35.8	49.42	76.64	101.91	129.76
寿险	Life Insurance	92.25	142.81	172.17	159	177.83	176.33	177.25
退保金	Insurance Withdrawn	164.36	169.95	159.55	207.96	254.07	242.09	145.03
手续费及佣金支出	**Service Charges and Expenditure for Commission**	**100.92**	**136.35**	**214.3**	**293.52**	**331.11**	**341.5**	**333.83**

12-6 社会融资及证券交易
Socail Financing and Securities Trading

单位:亿元、家 (100 million yuan,unit)

项目	Item	2016	2017	2018	2019	2020
本年社会融资规模	**Social Financing and Stock Exchange**	**7485**	**13331**	**19499**	**22162**	**32155**
人民币贷款	Renminbi Loan	5816	8718	15490	16003	21772
企业债券融资	Corporate Bond Financing	1270	911	1544	2679	5193
非金融企业境内股票融资	Domestic Stock Financing of Non-financial Enterprises	1294	1166	384	333	953
证券交易额	**Stock Exchange Volume**	**380852**	**378797**	**324404**	**421655**	**625477**
境内上市公司	**Domestic Listed Companies**	**329**	**415**	**432**	**458**	**518**
境内上市公司融资	**Financing of Domestic Listed Companies**	**7484**	**9077**	**10112**	**11408**	**13885**
#当年新增	New Domestic Listed Companies Financing in the Year	2303	1593	1035	1296	2477

浙/江/统/计/年/鉴

主要统计指标解释

■ 财政收入

指国家财政参与社会产品分配所取得的收入，是实现国家职能的财力保证。主要包括：

（1）各项税收：包括国内增值税、国内消费税、进口货物增值税和消费税、出口货物退增值税和消费税、企业所得税、个人所得税、资源税、城市维护建设税、房产税、印花税、城镇土地使用税、土地增值税、车船税、船舶吨税、车辆购置税、关税、耕地占用税、契税、烟叶税、环境保护税等。

（2）非税收入：包括专项收入、行政事业性收费收入、罚没收入、国有资本经营收入、国有资源（资产）有偿使用收入和其他收入。

■ 财政支出

国家财政将筹集起来的资金进行分配使用，以满足经济建设和各项事业的需要，主要包括：

(1) 一般公共服务

(2) 公共安全

(3) 教育

(4) 科学技术

(5) 文化体育传媒

(6) 社会保障和就业

(7) 医疗卫生

(8) 环境保护

(9) 城乡社区事务

(10) 农林水事务

(11) 交通运输

(12) 工业商业等事务

■ 信贷资金

指金融机构以信用方式积聚和分配的货币资金。金融机构信贷资金的来源有各项存款、金融债券发行、应付及暂收款、对国际金融机构负债、流通中货币、各项准备、所有者权益和其他项目等；信贷资金的运用有各项贷款、有价证券及投资、应收入预付款、委托投资、金银占款、外汇占款、库存现金、财政借款及在国际金融机构中的资产等。

■ 存款

指企业、机关、团体或居民根据资金必须收回的原则，把货币资金存入银行或其他信贷机构保管并取得一定利息的一种信用活动形式。根据存款对象或性质的不同可划分为企业存款、财政存款、机关团体存款、基本建设存款、储蓄存款、农村存款、委托存款、其他存款等科目。它是银行信贷资金的主要来源。

■ 贷款

指银行或其他信贷机构根据资金必须归还的原则，按一定利率，为企业、个人等提供资金的一种信用活动形式。我国银行贷款分为短期贷款、中期流动资金贷款、中长期贷款、信托贷款、融资租赁，委托贷款、票据融资、各项垫款等。

■ 保险公司

在中国境内的、经过保险监督管理部门批准设立，并依法登记注册的各类商业保险公司。

■ 保险金额

指保险人承担赔偿或者给付保险责任的最高限额。

■ 保费

指投保人为取得保险人在约定范围内所承担赔偿责任而支付给保险人的费用。

■ 赔款

指保险人根据保险合同的规定，向被保险人支付的赔偿保险责任损失的金额。

■ 给付

包括死伤医疗给付和满期给付。死伤医疗给付是指保险人根据人寿保险及长期健康保险合同的规定，因被保险人在保险期内发生保险责任范围内的保险事故支付给被保险人（或受益人）的金额。满期给付是指被保险人生存期满，保险人按人寿保险合同规定支付给被保险人的满期保险金额。

ZHEJIANG STATISTICAL YEARBOOK

Explanatory Notes on Main Statistical Indicators

□ Financial Revenue

refers to income for the government finance through participating in the distribution of social products. It is the financial guarantee to ensure government functioning. It includes the following main items:

(1) Various tax revenues including domestic value added tax (VAT), domestic consumption tax, VAT and consumption tax from imports, VAT and consumption tax rebate for exports, corporate income tax, individual income tax, resource tax, city maintenance and construction tax, house property tax, stamp tax, urban land use tax, land appreciation tax, tax on vehicles and boat operation, ship tonnage tax, vehicle purchase tax, tariffs, farm land occupation tax, deed tax, and tobacco tax, environment protection tax, etc.

(2) Non-tax revenue, including special program receipts, charge income of administrative and institutional units, penalty receipts, operating income from government capital, income from use of state-owned resources (assets) and others non-tax receipts.

□ Financial Expenditure

refers to the distribution and use of the funds the government finance has raised, so as to meet the needs of economic construction and various causes. It includes the following main items:

(1) Public Service

(2) Pubic Safe

(3) Education

(4) Science and Technology

(5) Culture, Physical Culture and the Media

(6) Social Security and Employment

(7) Medical and Health Service

(8) Environment Protect

(9) Urban and Rural Community Affairs

(10)Agriculture, Forestry and Land Reclamation, and Water Conservancy Affairs

(11)Transportation

(12)Industrial and Business Affairs

□ Credit Funds

refer to the funds issued as loans by banking institutions. The sources of credit funds of the banking institutions included deposits, issue of financial bonds, account-pay-able and temporary gathering, liabilities to international financial institutions, currency in circulation, various reserves, owners'rights and interests and other items. The credit funds can be used in forms of loans, securities and investment, account receivable and advance payment, entrusted investment, gold, foreign exchange, cash on hand, government debt and assets in the international financial institutions.

□ Deposit

is a form of credit by which enterprises, institutions, organizations or households can put money into banks and other credit institutions for safekeeping and interest earning under the principle of free withdrawal.According to different depositors, deposits are divided into enterprise deposits, treasury deposits, deposits of government agencies and organizations, capital construction deposits, savings deposits, rural saving deposits,entrusted deposits and other deposits. Deposits are major sources of the credit funds of banks.

□ Loan

is a form of credit by which banks and other creditinstitutions provide funds at certain interest rate to enterprises and individuals in the light of the principle of unconditional repayment. Loans from Chinese banks include circulating capital loans, fixed assets loans, loans to urban and rural individuals engaged in industrial and commercial business and agricultural loans.

EXPLANATORY NOTES ON MAIN STATISTICAL INDICATORS

□ Insurance Companies

refer to commercial insurance companies of various forms registered by law and established in China with the approval of insurance regulatory agencies.

□ Amount Insured

refers to the maximum that the insurant will get for the claim of the case insured.

□ Premium

is the fee paid by the insurant to the insurer to obtain the obligation of compensation from the insurance within the agreed terms.

□ Settled Claim

is the compensation paid by the insurer to the insurant in accordance with the insurance contract.

□ Payment

includes payment fordeath, injury or medical teatment and mature payment. Payment for death, injury or medical treatment refers to the money paid to the insurant(or the beneficiary) in accordance with the life or health insurance contract when the insurant encounters accidents within the insured period covered in the contract. Mature payment refers to the mature payment to the insurant in accordance with the life insurance contract at the end of the insured period.

2021 浙江统计年鉴

ZHEJIANG STATISTICAL YEARBOOK

CHAPTER 13

城市建设和环境保护

City Construction and Environment

13-1 城市公用事业（2014-2020年）
Urban Public Utilities(2014-2020)

项目		Item		2014	2015	2016	2017	2018	2019	2020
自来水全年供水总量	**(万吨)**	**Annual Supply of Tap Water**	**(10000 tons)**	**308411**	**327217**	**329034**	**357435**	**371711**	**389283**	**424104**
#生活用水量		Water Consumption for Residential Use		145737	155160	159059	178508	189754	203591	227295
人均日生活用水量	(升)	Daily Water Consumption for Residential Use Per Capita	(Litres)	197.01	196.18	187.17	200.21	204.36	217.72	220.06
用水普及率	(%)	Percentage of Population with Access to Tap Water	(%)	99.93	99.95	99.97	100.00	100.00	100.00	100.00
公共交通车辆运营数	**(辆)**	**Number of Public Transportation Vehicles**	**(Vehicle)**	**31890**	**34678**	**37896**	**41515**	**37732**	**38426**	**40947**
每万人拥有公交车辆	(辆)	Number of Public Transportation VehiclesOwned 10000 Population	(Vehicle)	15.72	16.00	16.27	16.99	14.82	14.98	14.45
城市道路面积	**(万平方米)**	**Area of PavedRoads**	**(10000 sq.m)**	**37323**	**39293**	**41286**	**42203**	**45946**	**48780**	**54048**
人均拥有道路面积	(平方米)	Area of Paved Roads	(sq.m)	18.40	18.12	17.73	17.27	18.05	19.02	19.08
排水管道长度	**(公里)**	**Length of Sewer Pipelines**	**(km)**	**35960**	**38203**	**40550**	**45674**	**48525**	**51185**	**52572**
液化石油气供气总量	**(万吨)**	**Total Supply of LPG**	**(10000 tons)**	**70.18**	**69.59**	**75.97**	**69.12**	**73.06**	**76.94**	**83.91**
液化石油气家庭用量	(万吨)	Consumption of LPG for Residential Use	(10000 tons)	47.86	47.67	53.10	45.11	50.29	50.84	57.69
用气普及率	(%)	Percentage of Population with Access to LPG	(%)	99.81	99.91	99.95	99.97	100.00	100.00	100.00
城市绿化覆盖面积	**(公顷)**	**Afforestation in Cities**	**(hectare)**	**149641**	**155192**	**172242**	**177783**	**186930**	**191900**	**199604**
园林绿地面积	(公顷)	Green Areas in Gardens	(hectare)	132619	138039	154314	159214	167370	172280	179350
#公园绿地面积	(公顷)	Public Green Areas	(hectare)	26155	28593	30675	32544	34958	35977	38499
人均公园绿地	(平方米)	Public Green Areas Per Capita	(sq.m)	12.90	13.19	13.17	13.32	13.73	14.03	13.59
公园个数	(个)	Number of Parks	(unit)	1106	1171	1197	1252	1340	1401	1547
公园面积	(公顷)	Areas of Parks	(hectare)	15949	16655	18213	19110	20432	21269	22109
环境卫生		**Environmental Sanitation**								
污水处理率(%)	(%)	Sewage Treatment Rate	(%)	90.68	91.95	93.89	94.98	95.75	96.95	97.69
生活垃圾清运量	(万吨)	Volume of Living Garbage Disposal	(10000 tons)	1229.05	1332.63	1433.55	1454.66	1474.62	1530.24	1444.93

注: 1、人均指标统计口径包含暂住人口。The data of Per capita indicators were adjusted.

2、公共交通车辆运营数包含轨道交通,2018年前计量单位为标台。
The operation number of public transport vehicles includes rail transit, and the unit of measurement before 2018 is the standard unit.

13-2 自然资源（2016-2020年）
Natural Resources(2016-2020)

项目				2016	2017	2018	2019	2020
人口		Population						
年末人口总数	(万人)	Year-end Population	(10000 persons)	4910.85	4957.63	4999.84	5038.91	5069.00
人口密度	(人/平方公里)	Density of Population	(person/sq.km)	465	469	473		
土地		Land						
土地面积	(万平方公里)	Land Area	(10000 sq.km)	10.55	10.56	10.56		
农用地面积	(%)	Agricultural Land Area	(%)	81.5	81.4	81.3		
建设用地面积	(%)	Construction Land Area	(%)	12.3	12.4	12.6		
未利用地面积	(%)	Unutilized Land Area	(%)	6.2	6.2	6.1		
气候(主要城市)		Climate(Main Cities)						
年平均降雨量	(毫米)	Total Precipitation	(millimeter)	1826.0	1448.7	1571.3	1792.6	1560.4
年平均气温	(摄氏度)	Average Tempreature	(℃)	18.3	18.2	18.2	18.1	18.4
森林		Forest						
林地面积	(万公顷)	Area of Afforetated Land	(mille hectare)	660.00	660.95	660.23	659.35	658.87
森林覆盖率	(%)	Forest-coverage Rate	(%)	61.00	61.17	61.15	61.15	61.17
林木蓄积量	(万立方米)	Total Standing Stock Volume	(10000 cu.m)	34996	36725	38491	40102	41995
水资源		Water Resources						
水资源总量	(亿标立方米)	Hydropower Resources	(100 million cu.m)	1322.16	895.35	866.54	1321.36	1026.60
总供水量	(亿标立方米)	Total Amount of Water Supply	(100 million cu.m)	181.15	179.50	173.81	165.79	163.94
用水量构成	(%)	Component of Water Use	(%)					
农田灌溉		Farmlands Irrigation		39.15	39.72	39.08	38.31	39.14
林牧渔畜		Agriculture，Animal Husbandry and Fishery		5.56	5.33	5.29	5.34	5.91
工业		Indrstry		26.70	25.67	25.31	24.62	21.80
居民生活		Consumption for Life		15.62	15.86	16.43	17.34	18.00
城镇公共用水		Urban Public Consumption		9.94	10.33	10.72	11.15	10.90
环境配水		Supplement for Environment						
生态环境用水		Eco-Environmental Water Consumption		3.03	3.09	3.16	3.24	4.25
淡水已养殖面积	(千公顷)	Cultivated Freshwater Area	(1000 hectare)	202.09	198.04	179.77	173.04	172.29
海水已养殖面积	(千公顷)	Cultivated Seawater Area	(1000 hectare)	88.82	75.95	80.93	82.02	82.53
海岸线总长度	(公里)	Length of Mainland Coastline	(km)	6486	6486	6630	6630	6630
矿产资源(保有储量)	(万吨)	Mineral Resources (Ensured Reserves)	(10000 tons)					
铁矿石		Iron Ore		19702	23158	21194	21216	16316
煤		Coal		9306	9306	9307	9307	9307
沸石(矿石)		Zeolite		12817	12830	12830	12830	12830
叶蜡石(矿石)		Pyrophylite		4694	4920	4826	4886	4567
普通萤石		Fluorite		3812	3918	4158	4943	5754
明矾石		Alumstone		16821	16820	16820	16820	16820
水泥用灰岩		Cement Limestone		363867	381133	363848	386672	344391

注: 2015年土地面积来源于第二次土地调查。The data of land area in 2015 is from the second land survey

13-3 各市水资源总量（2014-2020年）
Total Amount of Water Resource by City(2014-2020)

单位：亿立方米(100 million cu.m)

城市	City	2014	2015	2016	2017	2018	2019	2020
合 计	**Total**	**1130.69**	**1405.11**	**1322.16**	**895.35**	**866.54**	**1321.36**	**1026.60**
杭州市	Hangzhou	163.01	239.06	213.10	146.87	146.24	188.12	218.89
宁波市	Ningbo	85.06	126.04	110.54	81.83	75.11	132.18	80.68
温州市	Wenzhou	159.01	155.74	184.66	104.68	128.47	145.95	83.93
嘉兴市	Jiaxing	23.52	38.76	40.61	27.31	36.51	33.21	42.17
湖州市	Huzhou	39.45	60.64	84.32	36.61	52.26	51.97	59.85
绍兴市	Shaoxing	72.40	106.77	80.03	62.03	59.21	92.64	78.43
金华市	Jinhua	115.13	139.17	118.28	88.88	69.95	141.05	106.76
衢州市	Quzhou	120.27	163.73	128.16	103.22	80.64	137.35	123.97
舟山市	Zhoushan	7.94	11.78	11.58	9.90	6.93	15.04	9.73
台州市	Taizhou	112.31	106.18	100.22	62.27	77.97	149.67	60.32
丽水市	Lishui	232.59	257.23	250.66	171.74	133.26	234.19	161.87

13-4 各市供水总量（2014-2020年）
Total Amount of Water Supply by City(2014-2020)

单位：亿立方米(100 million cu.m)

城市	City	2014	2015	2016	2017	2018	2019	2020
合 计	**Total**	**220.24**	**186.06**	**181.15**	**179.50**	**173.81**	**165.79**	**163.94**
杭州市	Hangzhou	57.38	34.79	34.24	33.47	32.47	30.96	29.76
宁波市	Ningbo	22.97	20.66	20.31	20.58	20.76	20.43	21.01
温州市	Wenzhou	21.79	19.13	18.78	18.49	17.81	17.03	16.43
嘉兴市	Jiaxing	19.34	18.96	18.81	18.89	18.76	17.85	17.99
湖州市	Huzhou	16.97	16.50	15.23	15.08	14.01	12.68	12.44
绍兴市	Shaoxing	20.17	18.52	18.36	18.52	18.09	17.56	17.35
金华市	Jinhua	17.88	17.51	17.19	17.10	16.28	15.71	15.32
衢州市	Quzhou	13.91	13.46	12.83	12.14	11.65	10.96	10.72
舟山市	Zhoushan	1.45	1.49	1.55	1.60	1.62	1.62	2.15
台州市	Taizhou	20.03	17.34	16.64	16.53	15.44	14.58	14.14
丽水市	Lishui	8.35	7.70	7.21	7.10	6.90	6.40	6.63

注: 2015年起，供水总量不含环境配水量。
Total water supply does not include environmental water allocation since 2015.

13-5 主要城市平均气温（2020年）
Average Temperature in Major Cities (2020)

单位：摄氏度(℃)

城市	City	1月 Jan.	2月 Feb.	3月 Mar.	4月 Apr.	5月 May	6月 June	7月 July	8月 Aug.	9月 Sep.	10月 Oct.	11月 Nov.	12月 Dec.	年平均 Annual Average
杭 州	Hangzhou	7.2	9.8	13.1	16.4	23.5	26.1	26.8	31.0	23.8	19.1	15.0	6.9	18.2
宁 波	Ningbo	8.2	9.8	12.6	15.7	22.8	26.3	27.6	30.0	24.0	19.3	15.7	8.1	18.4
温 州	Wenzhou	11.3	11.7	14.1	16.4	23.4	27.2	29.0	29.4	24.9	21.1	18.3	11.0	19.8
嘉 兴	Jiaxing	6.8	9.2	12.6	15.6	22.8	25.7	26.9	30.4	23.9	18.8	14.8	6.7	17.9
湖 州	Huzhou	6.1	8.8	12.6	16.0	23.1	25.8	26.3	30.7	23.8	18.4	14.2	6.1	17.7
绍 兴	Shaoxing	7.6	10.0	13.4	16.7	23.9	26.8	27.6	31.3	24.4	19.5	15.4	7.4	18.7
金 华	Jinhua	8.5	11.1	14.2	17.4	24.6	27.5	29.0	31.2	24.1	19.8	16.2	8.4	19.3
衢 州	Quzhou	8.1	10.6	13.9	16.9	24.1	27.0	28.2	30.5	23.2	19.2	15.4	8.0	18.8
舟 山	Zhoushan	8.8	9.6	11.9	14.8	21.3	25.1	26.5	28.9	24.0	19.6	16.3	8.9	18.0
台 州	Taizhou	10.0	10.9	13.5	16.1	23.0	26.9	28.9	29.9	24.8	20.8	17.8	10.4	19.4
丽 水	Lishui	10.4	12.1	14.7	17.2	24.9	28.0	29.6	30.2	24.0	20.2	17.2	9.3	19.9

注：本表由省气象局整理提供。表13-6至13-7同。
The data on this table are provided by Provincial Meteorological Bureau.Table from 13-6 to 13-7 are the same.

13-6 主要城市降水量（2020年）
Precipitation in Major Cities (2020)

单位：毫米(millimeters)

城市	City	1月 Jan.	2月 Feb.	3月 Mar.	4月 Apr.	5月 May	6月 June	7月 July	8月 Aug.	9月 Sep.	10月 Oct.	11月 Nov.	12月 Dec.	全年 Annual Total
杭 州	Hangzhou	195.9	82.4	155.1	45.8	152.2	383.1	236.5	66.1	222.3	39.9	32.4	21.2	1632.9
宁 波	Ningbo	142.7	73.0	124.1	36.9	144.7	431.7	133.9	167.7	201.9	17.9	35.6	17.1	1527.2
温 州	Wenzhou	46.6	75.5	224.3	69.7	105.7	245.3	175.9	371.4	142.7	3.6	9.0	31.1	1500.8
嘉 兴	Jiaxing	185.3	60.5	123.7	40.5	178.3	387.7	314.6	132.3	136.1	23.8	39.3	15.9	1638.0
湖 州	Huzhou	189.6	73.7	125.7	66.4	112.9	373.8	471.5	107.6	164.7	48.2	46.9	17.4	1798.4
绍 兴	Shaoxing	215.3	79.4	192.9	47.9	161.9	313.0	262.7	87.7	227.7	34.1	40.1	21.6	1684.3
金 华	Jinhua	161.8	74.2	215.8	81.3	237.1	386.8	182.0	31.8	172.9	16.4	27.4	21.9	1609.4
衢 州	Quzhou	175.5	106.4	195.3	102.7	332.4	535.1	364.9	28.7	186.7	35.1	40.7	28.9	2132.4
舟 山	Zhoushan	139.8	110.8	136.3	45.8	137.5	325.2	166.6	22.3	241.6	7.0	47.9	31.7	1412.5
台 州	Taizhou	72.9	66.6	155.2	61.0	193.0	226.4	69.8	182.8	167.2	5.4	11.2	27.8	1239.3
丽 水	Lishui	81.3	82.0	165.5	49.0	224.3	243.3	113.7	202.9	214.1	11.6	8.8	24.7	1421.2

13-7 主要城市日照时数（2020年）
Sunshine Hours in Major Cities (2020)

单位：小时(hours)

城市	City	1月 Jan.	2月 Feb.	3月 Mar.	4月 Apr.	5月 May	6月 June	7月 July	8月 Aug.	9月 Sep.	10月 Oct.	11月 Nov.	12月 Dec.	全年 Annual Total
杭 州	Hangzhou	73.9	108.5	109.2	197.5	155.1	106.4	102.7	258.0	122.9	134.0	131.9	110.5	1610.6
宁 波	Ningbo	69.9	118.0	98.8	186.1	122.6	77.4	77.5	234.5	111.3	133.3	105.1	113.3	1447.8
温 州	Wenzhou	77.1	88.9	60.1	137.6	98.7	83.8	127.6	156.3	92.2	113.7	87.3	44.2	1167.5
嘉 兴	Jiaxing	49.8	119.2	116.3	192.5	98.4	63.8	62.6	239.9	121.7	131.1	118.7	124.2	1438.2
湖 州	Huzhou	52.9	112.5	124.5	209.7	141.3	72.7	69.3	238.2	135.6	144.7	122.5	126.5	1550.4
绍 兴	Shaoxing	69.8	107.9	103.0	181.2	133.4	77.1	77.9	232.1	102.7	115.2	127.6	108.2	1436.1
金 华	Jinhua	63.7	96.6	88.1	184.2	137.0	92.1	123.9	246.5	93.0	135.4	138.6	91.2	1490.3
衢 州	Quzhou	69.2	93.6	77.6	181.4	130.3	85.4	130.8	237.1	90.4	131.0	150.0	86.9	1463.7
舟 山	Zhoushan	60.6	134.7	126.8	199.9	136.4	110.6	122.5	259.6	146.4	174.4	103.0	107.0	1681.9
台 州	Taizhou	94.1	122.2	97.9	184.7	104.6	100.5	125.1	218.9	114.7	159.1	107.6	107.7	1537.1
丽 水	Lishui	76.8	98.2	69.8	171.3	133.2	96.4	156.5	216.6	90.1	123.4	125.3	54.3	1411.9

13-8 主要城市空气指标（2020年）
Air quality indicators for major cities (2020)

城市	City	二氧化硫年平均浓度(微克/立方米) Average Concentration of Sulfur Dioxide (Microgram/ Cubic Meter)	二氧化氮年平均浓度(微克/立方米) Annual Average Concentration of Nitrogen Dioxide (Microgram/ Cubic Meter)	可吸入颗粒物(PM10)年平均浓度(微克/立方米) Annual Average Concentration of Inhalable Particulate Matter(PM10) (Microgram/ Cubic Meter)	一氧化碳日均值第95百分位浓度(毫克/立方米) Daily Average 95% Concentration of Carbon Monoxide (Milligram/ Cubic Meter)	臭氧(O3)最大8小时第90百分位浓度(微克/立方米) Maximum 8-hour 90th Percentile Concentration of Ozone (O3) (Microgram/ Cubic Meter)	细颗粒物(PM2.5)年平均浓度(微克/立方米) Annual Average Concentration of Fine Particulate Matter (PM2.5) (Microgram/ Cubic Meter)	空气质量达到和好于二级的天数比例(%) The proportion of days in which air quality reaches and is better than grade 2 (%)
浙江省	Zhejiang	6	29	45	0.9	145	25	93.3
杭州市	Hangzhou	6	38	55	1.1	151	30	91.3
宁波市	Ningbo	8	32	39	1.0	146	23	92.9
温州市	Wenzhou	6	30	51	0.8	140	25	97.0
嘉兴市	Jiaxing	7	32	46	1.1	160	28	87.2
湖州市	Huzhou	6	35	53	1.0	160	26	87.7
绍兴市	Shaoxing	5	30	49	1.0	148	28	90.7
金华市	Jinhua	6	32	49	0.9	153	28	92.1
衢州市	Quzhou	6	29	42	1.0	140	26	96.4
舟山市	Zhoushan	5	17	31	0.9	136	17	97.8
台州市	Taizhou	4	20	45	0.7	139	25	94.5
丽水市	Lishui	5	20	40	0.9	124	21	98.9

13-9 废水排放及处理利用情况（2014-2020年）
Discharging and Using of Industrial Waste Water(2014-2020)

单位:万吨(10000 tons)

项目	Item	2014	2015	2016	2017	2018	2019	2020
废水排放总量	**Waste Water Discharged**	**418262**	**433822**	**430857**	**453935**	**463895**	**476707**	**412130**
工业	Industry	149380	147353	129913	122917	119936	119583	100263
城镇生活及其他	For Living and Others	268360	285847	300216	330264	343261	356300	311017
集中式治理设施污水排放	Centralized Treatment Facilities	521	622	728	754	698	824	850
工业重复用水率(%)	**Rate of Water Utilized Repeatedly in Industry(%)**	**83.40**	**78.23**					

13-10 工业废气排放情况（2014-2020年）
Discharge of Industrial Waste Gas(2014-2020)

项目		Item		2014	2015	2016	2017	2018	2019	2020
工业废气排放总量	(亿标立方米)	Total Volume of Industrial Waste Gas Discharged	(100 million cu.m)	26958	26841	22185	31310	28498	32834	38753
二氧化硫排放量	(万吨)	Volume of Industrial SO2 Discharged	(10000 tons)	56.0	52.4	24.5	18.1	12.9	8.9	5.0
氮氧化物排放量	(万吨)	Volume of Industrial Nitrogen Oxide Discharged	(10000 tons)	51.9	45.9	23.2	20.6	17.8	16.4	11.6
烟(粉)尘排放总量	(万吨)	Volume of Industrial Smoke dust	(10000 tons)	35.9	31.1	16.3	12.9	10.5	11.7	7.7

注: 2016年起污染物排放量核算方法进行了调整。
The method of pollutant discharge calculation is adjusted since 2016.

13-11 工业固体废物排放及处理利用情况（2013-2020年）
Discharge and Treatment of Industrial Solid Wastes(2013-2020)

单位:万吨(10000 tons)

项目	Item	2013	2014	2015	2016	2017	2018	2019	2020
工业固体废物产生量	Volume of Industrial Solid Wastes Produced	4404	4700	4678	4496	4828	5134	5315	5035
工业固体废物排放量	Volume of Industrial Solid Wastes Discharged				0.28				
工业固体废物利用处置量	Utilization and Disposal of Industrial Solid Waste	4371	4660	4650	4499	4825	5135	5344	5066
工业固体废物贮存总量	Volume of Industrial Solid Wastes Accumulated	53.8	52.6	43.7	40.1	79.2	41.9	24.7	24.3
工业固体废物综合利用率(%)	Comprehensive utilization ratio of Industrial Solid Wastes(%)	93.24	92.75	92.55	89.34	89.85	92.11	93.80	
一般工业固体废物综合利用率(%)	Comprehensive Utilization Rate of General Industrial Solid Waste (%)								98.51

浙/江/统/计/年/鉴

主要统计指标解释

■ 工业废水排放量

指经过企业厂区所有排放口排到企业外部的工业废水量。包括生产废水、外排的直接冷却水、超标排放的矿井地下水和与工业废水混排的厂区生活污水，不包括外排的间接冷却水（清污不分流的间按冷却水应计算在内）。

■ 工业废水排放达标量

指各项指标都达到国家或地方排放标准的外排工业废水量，包括未经处理外排达标的和经过处理后外排达标的两部分。国家排放标准见 GB8978-88。

■ 工业废气排放量

指企业厂区内燃料燃烧和生产工艺过程中产生的各种排入空气的含有污染物的气体的总量，以标准状态 (273K,101325Pa) 计。

■ 工业固体废物产生量

指企业在生产过程中产生的固体状、半固体状和高浓度液体状废弃物的总量，包括危险废物、冶炼废渣、粉煤灰、炉渣、煤矸石、尾矿、放射性废物和其他废物等；不包括矿山开采的剥离废石和掘进废石（煤矸石和呈酸性或碱性的废石除外）。酸性或碱性废石是指采掘的废石其流经水、雨淋水的 pH 值小于 4 或 pH 值大于 10.5 者。

■ 工业固体废物综合利用量

指通过回收、加工、循环、交换等方式，从固体废物中提取或者使其转化为可以利用的资源、能源和其他原材料的固体废物量（包括当年利用往年的工业固体废物累计贮存量）。如用作农业肥料、生产建筑材料、筑路等。综合利用量由原产生固体废物的单位统计。

ZHEJIANG STATISTICAL YEARBOOK

Explanatory Notes on Main Statistical Indicators

□ Volume of Industrial Waste Water Discharged

refers to the volume of industrial waste water discharged, through all outlets, to the outside of industrial enterprises, including waste water produced, direct-cooling water, underground water from mines that does not meet the standard of discharge, and the domestic sewage mixed up with industrial waste water when discharged, but excluding discharged indirect-cooling water.

□ Volume of Waste Water up to the Standard for Discharge

refers to the volume of discharged industrial waste water that, with or without treatment, has come up to the national or local standards for discharge.

□ Volume of Waste Gas Emission

refers to waste gas emitted from burning of fuels and from production process in the area of the factory, and is measured by 10000 standard cubic metres each year under normal condition.

□ Volume of Industrial Solid Wastes Produced

refers to the total volume of solid, semi-solid or highconcentration liquid residue produced by industrial enterprises in their production process, including dangerous wastes, residues from melting,slag,powdered coal ash, gangue, chemical residues, tailings, radioactive residues and other residues, but excluding stripped or dug stones in mining (except gangue and acid or alkali stones which are stones washed or soaked by water with a pH value smaller than 4 or larger than 10.5.)

□ Volume of Industrial Solid Wastes Utilized in a Comprehensive Way

refers to the volume of solid wastes from which useful materials can be extracted or which can be changed to be utilizable resources, energy or other materials, including the volume of industrial solid wastes stored up in the previous years and utilized in the current year, such as the solid wastes utilized as fertilizers, building materials, for making roads or for other purpose. Statistical data on utilization of industrial solid wastes are collected by solid wastes producing units.

2021
浙江统计年鉴
ZHEJIANG STATISTICAL YEARBOOK

CHAPTER 14

教育、科技、专利、测绘和标准计量

Education,Science,Patent,Surveying and Mapping and Standard Calculating

14-1 高等学校基本情况（1978-2020年）
Basic Statistics on Institutions of Higher Education(1978-2020)

年份 year	学校数 (所) Number of Schools (unit)	招生数 (人) New Students Enrollment (person)		在校学生数 (人) Stuednts Enrollment (person)		毕业生数 (人) Graduates (person)		教职员工数 (人) Number of School Staff and Workers (person)	
		本专科 Regular College Course and Specialized Subject	研究生 Graduates	本专科 Regular College Course and Specialized Subject	研究生 Graduates	本专科 Regular College Course and Specialized Subject	研究生 Graduates		#专任教师 Teachers
1978	20	14241		24223		3743		11961	5389
1979	20	9498		32227		1013		13889	6275
1980	22	9387		37815		3710		15619	6886
1981	22	9208		41020		5852		16365	6933
1982	22	10162		36088		14968		18181	7701
1983	24	12750		39008		10411		19274	8219
1984	27	15030		44883		9002		20431	8690
1985	35	19026		52688		11044		22497	9908
1986	37	17877		57352		13027		24723	10804
1987	37	18190		60072		15017		25620	11223
1988	37	19364		60419		18712		26472	11578
1989	37	18270		61045		17323		26772	11574
1990	37	18264		60327		18417		26787	11578
1991	36	18651		59822		18175		27004	11208
1992	35	21217		62226		18267		27821	11105
1993	36	27716		73586		15971		27898	11148
1994	37	30482		87428		17895		28212	11345
1995	37	28094		92857		22443		28194	11491
1996	36	30541		96480		27133		28107	11530
1997	35	33145		102302		26386		28123	11595
1998	32	36668	2155	113543	5991	24296		28327	11816
1999	36	59300	3216	151318	7460	30561	1578	30532	13140
2000	35	93516	4130	212375	9895	32477	1600	40037	18981
2001	38	120195	5577	293078	13237	37230	1882	44347	22168
2002	60	152470	6111	393145	16297	48431	2645	48481	25993
2003	64	173519	6863	484639	19269	78685	3514	48691	29945
2004	68	195617	8029	572759	22062	103123	4858	60833	35766
2005	67	215362	9577	651307	25637	133051	5558	58924	38402
2006	68	237157	10996	719869	27125	162531	8731	69730	42143
2007	77	249749	12326	777982	31409	183863	7387	73704	45622
2008	77	265696	13691	832224	35812	203203	8944	75986	47795
2009	78	261361	16184	866496	43381	218226	7941	77852	49516
2010	80	260111	16575	884867	47991	233741	11156	79785	50969
2011	104	271285	17565	907482	51846	238448	13046	81304	52290
2012	105	280824	18748	932292	54369	247537	15112	83843	54154
2013	106	283353	19535	959629	57801	244860	15592	85381	56000
2014	108	284285	20164	978216	60511	253708	16535	87375	58076
2015	108	287809	21496	991149	63528	263981	17117	88744	59472
2016	108	288798	22246	996143	67232	273342	17801	90214	60477
2017	108	293745	27368	1002346	74404	276580	18717	92654	62357
2018	109	309687	29760	1019449	82547	280634	20676	94462	63433
2019	109	350371	31771	1074688	92368	283396	20875	99551	66734
2020	110	369410	43064	1148737	110093	286558	23743	104059	70445

注: 1、2011年起包含独立学院。 The data include independent College since 2011 .
2、2017年起研究生含全日制和非全日制。 The number of postgraduate students in school includes full-time and part-time students since 2017.

14-2 中等职业学校基本情况（1978-2020年）
Basic Statistics on Secondary Professional Schools(1978-2020)

年份	学校数(所) Number of Schools (unit)	招生数(万人) New Students Enrollment (10000 persons)	在校学生数(万人) Students Enrollment (10000 persons)	毕业生数(万人) Graduates (10000 persons)	教职员工数(万人) Staff and Workers (10000 persons)	#专任教师 Teachers
1978	73	1.29	2.79	0.14	0.54	0.24
1979	75	1.24	3.42	0.61	0.55	0.30
1980	81	1.13	3.10	1.44	0.67	0.33
1981	83	1.16	2.67	1.59	0.75	0.35
1982	92	1.19	2.77	1.08	0.85	0.39
1983	96	1.30	3.07	0.98	0.87	0.41
1984	104	1.64	3.66	1.16	0.96	0.44
1985	119	1.99	4.36	1.29	1.12	0.49
1986	130	2.14	5.22	1.27	1.25	0.58
1987	134	2.26	5.79	1.66	1.34	0.65
1988	136	2.31	6.31	1.81	1.40	0.70
1989	140	2.31	6.61	2.02	1.49	0.72
1990	141	2.23	6.67	2.12	1.50	0.73
1991	141	2.41	6.77	2.29	1.52	0.72
1992	142	2.72	7.20	2.27	1.54	0.72
1993	144	3.59	8.48	2.28	1.55	0.72
1994	155	4.92	10.87	2.32	1.58	0.74
1995	158	6.00	13.91	2.90	1.61	0.78
1996	161	7.30	17.72	3.44	1.63	0.80
1997	151	5.68	15.74	3.99	1.64	0.81
1998	150	5.65	16.70	4.58	1.60	0.79
1999	149	5.16	16.52	5.08	1.49	0.78
2000	86	3.54	14.80	5.08	0.97	0.53
2001	82	3.10	12.93	4.77	0.57	0.31
2002	62	4.22	12.25	4.67	0.59	0.34
2003	57	4.67	12.07	4.12	0.60	0.36
2004	53	4.33	12.81	3.22	0.57	0.37
2005	51	4.36	12.94	3.83	0.55	0.37
2006	49	3.39	11.36	4.10	0.50	0.37
2007	402	21.38	63.13	20.56	3.36	2.69
2008	392	21.09	59.36	20.84	3.32	2.69
2009	377	22.81	59.02	19.21	3.32	2.72
2010	358	22.62	60.64	17.29	3.35	2.77
2011	338	22.09	61.59	17.39	3.49	2.91
2012	319	18.89	58.40	19.06	3.58	3.04
2013	300	17.84	54.76	19.33	3.62	3.10
2014	274	16.73	50.60	18.97	3.64	3.16
2015	258	17.74	49.97	16.82	3.65	3.21
2016	239	17.85	49.98	15.98	3.64	3.23
2017	231	17.52	51.02	15.11	3.65	3.28
2018	230	17.01	50.68	16.15	3.72	3.36
2019	231	19.03	52.31	16.33	3.84	3.47
2020	236	20.03	54.85	16.10	3.92	3.57

注: 2007年起数据口径调整为职业高中和普通中等专业学校.
The data scope were adjusted since 2007,including the vocational high schools and the general secondary specialized schools.

14-3 普通高等教育分类情况（2020年）
Institutions of Higher Education by Type (2020)

分类	Item	学校数(所) Number of Schools (unit)	本、专科学生(人) Regular College Courae and Specialized Subject (person)			教职员工数(人) Number of School Staff and Workers (person)	
			毕业生数 Graduates	招生数 New Students Enrollment	在校学生数 Students Enrollment		#专任教师 Teachers
总计	**Total**	**110**	**286558**	**369410**	**1148737**	**104059**	**70445**
普通本科	**Institutions of Higher Education**	**60**	**152455**	**182404**	**661251**	**76830**	**51025**
#民办本科（含中外合作办学）	Private Institutions (Including Sino foreign cooperation in running schools)	27	58684	73388	246644	17462	13078
#独立学院	Indenpendency Institutions	19	37377	47920	157625	9501	7507
高职（高专）院校	**Higher(Colleges) Professional Institutions**	**50**	**134103**	**187006**	**487486**	**27229**	**19420**
#民办	Private Higher Professional Institutions	10	23172	41643	97310	4402	3308

14-4 各级成人教育基本情况（2018-2020年）
Adult Education by Level (2018-2020)

类别	Item	学校数(所) school (Unit)			毕(结)业生数(万人) Graduates (10000 persons)			在校学生数(万人) Students Enrollment (10000 persons)		
		2018	2019	2020	2018	2019	2020	2018	2019	2020
成人高等学历教育	**Adult Higher Education**	**9**	**8**	**8**	**9.59**	**9.40**	**10.51**	**22.75**	**26.41**	**31.65**
广播电视大学	Radio and TV Universities	2	2	2	0.49	0.49	0.41	1.19	1.17	1.25
职工高等学校	Schools of Higher Education for Staff and Workers	4	4	4	0.14	0.08	0.00	0.12	0.00	0.00
教育学院	Pedagogical Colleges	3	2	2	0.21	0.16	0.21	0.74	0.61	0.77
普通高校	Institutions of Higher Education	75	76	78	8.75	8.67	9.89	20.70	24.63	29.64
成人中等学历教育	**Secondary Education for Adults**	**16**	**14**	**13**	**0.89**	**0.90**	**0.73**	**1.93**	**1.90**	**2.06**
成人中学	**Secondary Schools for Adults**	**253**	**252**	**238**	**2.16**	**2.42**	**2.36**	**2.49**	**2.84**	**2.66**
成人技术培训学校	**Technical Training Schools for Adults**	**4620**	**5614**	**6066**	**456.11**	**574.64**	**587.67**	**407.22**	**494.52**	**487.43**
成人初等学校	**Primary Schools for Adults**	**258**	**232**	**163**	**6.65**	**3.27**	**2.24**	**6.45**	**3.13**	**2.00**

14-5 技工学校基本情况（1980-2020年）
Basic Statistics on Technical Schools(1980-2020)

年份	学校数 (所) Number of Schools (unit)	在校学生数 (人) Students Enrollment (person)	毕业生数 (人) Graduates (person)	招生数 (人) New Students Enrollment (person)	教职员工数 (人) Number of School Staff and Workers (person)
1980	140	17093	5895	5139	2709
1981	139	12180	8718	4115	4462
1982	141	9386	5798	3813	3987
1983	142	8536	3935	4260	4266
1984	101	11152	2696	6110	4673
1985	94	14065	4138	6790	5146
1986	94	17122	3529	6717	5936
1987	92	19006	4663	6907	5960
1988	91	18243	6121	6125	5881
1989	94	17323	6377	6060	4464
1990	96	16365	5815	6176	5826
1991	94	18230	5083	7489	6131
1992	98	21663	5414	9480	6373
1993	99	31998	7523	14204	6541
1994	102	38658	10523	17603	6993
1995	104	15149	12140	20852	7273
1996	107	49246	15415	20438	7335
1997	107	56633	13709	24026	6758
1998	106	62052	17268	23916	6560
1999	99	63128	18081	22681	6197
2000	95	60968	21029	22630	7204
2001	97	59068	20410	23983	5914
2002	96	62572	17684	27123	5774
2003	87	70650	15933	33494	5616
2004	83	88652	19062	40536	6335
2005	79	97783	21954	39406	5441
2006	76	101968	25444	39318	7128
2007	72	95295	22940	35323	6348
2008	71	97072	23944	35621	6316
2009	68	103862	26374	37892	5785
2010	68	108791	26328	39120	6875
2011	68	113036	25681	39173	7660
2012	66	106085	26618	35537	8431
2013	66	118587	27273	37351	8877
2014	71	121196	33376	39893	10059
2015	71	122661	34419	42372	10194
2016	78	137923	33880	47800	11229
2017	77	141668	33106	47189	11381
2018	77	153607	31044	48712	11933
2019	78	162770	35166	53695	11859
2020	83	173716	35267	56389	13452

14-6 特殊教育情况（1980-2020年）
Basic Statistics on Special Education(1980-2020)

年份 year	学校数（所）Number of Schools (unit)	在校学生数（人）Students Enrollment (person)	毕业生数（人）Graduates (person)	招生数（人）New Students Enrollment (person)	教职员工数（人）Number of School Staff and Workers (person)	#专任教师 Teachers
1980	7	1293	73	203	174	116
1981	7	1347	109	204	177	117
1982	7	1407	118	224	186	136
1983	8	1478	129	271	225	162
1984	11	1668	81	340	258	186
1985	13	1784	150	380	311	231
1986	15	1979	125	412	334	242
1987	18	2303	128	553	410	294
1988	24	2621	201	641	507	370
1989	32	2985	135	594	600	435
1990	43	3443	222	832	729	555
1991	46	3963	142	784	847	639
1992	47	6907	346	918	963	735
1993	53	13202	548	4288	1081	824
1994	55	18038	1172	2774	1291	1003
1995	56	23690	1791	2831	1433	1130
1996	60	22691	1778	2261	1462	1169
1997	61	23919	2190	2306	1419	1154
1998	63	22812	3086	2486	1453	1172
1999	62	21840	3315	2437	1382	1120
2000	62	19749	3701	2445	1396	1139
2001	64	19358	2783	2593	1385	1068
2002	64	16484	2603	2158	1424	1122
2003	63	15357	2561	1947	1445	1133
2004	62	14195	2124	1663	1475	1194
2005	62	12889	1782	1465	1531	1233
2006	63	12160	1717	1535	1576	1281
2007	63	12993	1567	1612	1603	1326
2008	64	12924	1603	1864	1680	1413
2009	64	12268	1649	1751	1605	1351
2010	67	13010	1718	1904	1837	1586
2011	78	13048	1544	2174	2095	1794
2012	79	14425	1550	2741	2185	1915
2013	82	16327	1777	2812	2331	2038
2014	84	15884	2101	2444	2422	2132
2015	86	16236	2367	2418	2538	2266
2016	84	16660	2598	2567	2656	2379
2017	86	18532	2910	3069	2853	2566
2018	85	19526	3046	3479	2869	2589
2019	86	20913	2909	3521	3121	2852
2020	86	21455	3415	3450	3175	2933

注: 2017年开始，学生中含送教上门。The ways of study have included "home delivery" teaching since 2017.

14-7 普通中学基本情况（1978-2020年）
Basic Statistics on Regular Secondary Schools (1978-2020)

年份 year	学校数（所） Number of Schools (unit)	招生数（万人） New Students Enrollment (10000 persons)	在校学生数（万人） Students Enrollment (10000 persons)	毕业生数（万人） Graduates (10000 persons)	教职员工数（万人） Workers and Staff (10000 persons)	#专任教师 Teachers
1978	4097	83.92	214.65	83.59	12.29	9.94
1979	3680	72.29	181.12	80.45	11.04	9.04
1980	3391	64.67	170.04	49.05	11.45	8.53
1981	3243	61.03	155.75	50.75	10.88	8.07
1982	3115	59.93	151.08	44.01	10.34	7.89
1983	3161	61.28	154.91	39.43	10.44	7.90
1984	3199	61.95	166.13	39.50	10.56	7.87
1985	3235	63.29	177.46	41.84	10.94	8.24
1986	3296	65.09	184.04	47.49	11.14	8.41
1987	3346	62.41	182.95	50.19	11.26	8.56
1988	3389	54.34	169.74	52.04	11.53	8.83
1989	3384	58.19	163.34	52.09	11.76	8.95
1990	3353	64.78	169.62	49.92	11.59	8.98
1991	3381	66.01	180.75	46.02	11.87	9.24
1992	3283	66.14	188.38	49.55	12.17	9.53
1993	3259	63.08	185.02	55.67	12.36	9.73
1994	3315	72.82	194.02	56.88	12.72	10.12
1995	3255	80.67	210.54	58.84	13.37	10.77
1996	3240	75.03	223.64	57.41	14.15	11.55
1997	3186	71.92	222.74	68.10	14.74	12.19
1998	3128	76.23	217.67	75.49	15.11	12.52
1999	2995	85.72	228.15	69.91	15.78	13.14
2000	2940	92.51	249.55	66.83	16.52	13.93
2001	2900	89.34	263.00	71.57	17.70	14.73
2002	2781	92.10	270.30	81.36	18.25	15.33
2003	2695	90.99	270.07	88.09	18.78	15.83
2004	2609	84.72	266.14	86.48	19.17	16.29
2005	2524	86.45	261.08	89.71	19.49	16.69
2006	2459	91.93	262.32	88.60	19.82	17.01
2007	2404	90.14	266.55	82.99	20.05	17.34
2008	2377	90.40	269.80	83.40	20.36	17.76
2009	2353	85.47	262.27	87.73	20.56	18.02
2010	2314	83.30	255.15	85.97	20.82	18.29
2011	2314	80.03	244.50	85.30	21.05	18.26
2012	2306	78.85	236.88	81.15	21.15	18.34
2013	2296	77.76	232.24	78.19	21.14	18.29
2014	2280	75.60	228.99	75.72	21.31	18.47
2015	2275	74.87	225.27	74.93	21.44	18.66
2016	2291	79.04	226.87	74.23	21.77	18.98
2017	2315	72.52	233.18	81.62	22.12	19.43
2018	2333	79.74	238.39	72.13	22.53	19.79
2019	2345	82.35	242.12	76.62	22.95	20.25
2020	2370	83.73	244.54	79.45	23.46	20.68

14-8 小学基本情况（1978-2020年）
Basic Statistics on Primary Schools(1978-2020)

年份 year	学校数 (万所) Number of Schools (unit)	招生数 (万人) New Students Enrollment (10000 persons)	在校学生数 (万人) Students Enrollment (10000 persons)	毕业生数 (万人) Graduates (10000 persons)	教职员工数 (万人) Workers and Staff (10000 persons)	#专任教师 Teachers	小学学龄儿童入学率 (%) Percentage of Schoolage Children Enrolled(%)
1978	4.45	104.85	501.43	81.56	18.07	17.35	97.60
1979	4.26	86.44	486.77	72.47	18.38	17.54	97.40
1980	4.17	83.58	482.42	71.07	18.45	17.26	97.00
1981	4.10	74.19	459.83	78.66	17.66	16.50	97.20
1982	3.94	70.63	430.59	81.06	17.09	15.94	97.00
1983	3.82	70.20	407.20	83.03	16.44	15.25	97.40
1984	3.75	70.10	395.46	76.47	16.08	14.82	97.80
1985	3.65	67.78	384.91	75.34	16.09	14.62	98.10
1986	3.56	69.38	378.09	72.15	15.84	14.42	98.30
1987	3.45	57.33	365.15	67.32	15.55	14.16	98.60
1988	3.36	63.19	366.04	58.54	15.78	14.39	98.90
1989	3.27	72.30	375.73	60.16	16.11	14.65	99.10
1990	3.18	64.60	372.43	65.81	14.88	13.46	99.30
1991	2.97	57.85	362.64	65.64	14.97	13.50	99.30
1992	2.73	57.90	355.21	63.74	15.10	13.63	99.40
1993	2.53	64.74	359.23	59.33	15.23	13.77	99.50
1994	2.37	72.71	366.15	66.20	15.46	13.98	99.70
1995	2.26	66.19	362.98	70.01	15.84	14.34	99.70
1996	2.14	63.84	363.80	63.90	16.30	14.85	99.80
1997	1.97	61.39	368.57	57.72	16.84	15.40	99.88
1998	1.69	56.19	365.23	59.59	17.17	15.69	99.92
1999	1.38	65.46	363.31	67.83	17.53	16.00	99.95
2000	1.18	61.58	353.76	71.58	17.57	16.04	99.93
2001	1.00	58.45	346.28	66.66	17.64	15.99	99.97
2002	0.90	57.78	343.75	64.48	17.65	16.01	99.99
2003	0.77	52.45	340.29	59.78	17.54	15.91	99.98
2004	0.67	51.42	344.31	53.24	17.61	16.01	99.99
2005	0.61	48.96	342.40	55.25	17.79	16.22	99.99
2006	0.55	52.99	339.43	62.04	17.98	16.38	99.99
2007	0.48	54.85	335.46	62.81	18.12	16.56	99.99
2008	0.44	55.78	332.28	62.48	18.28	16.78	99.99
2009	0.41	53.91	325.14	57.24	18.45	17.01	99.99
2010	0.40	60.21	333.33	54.13	18.61	17.19	99.99
2011	0.38	62.88	344.06	51.78	18.53	17.44	99.99
2012	0.37	60.72	346.73	53.83	19.03	17.95	99.99
2013	0.34	60.75	349.58	54.04	19.44	18.35	99.99
2014	0.33	59.81	354.50	53.75	20.19	19.04	99.99
2015	0.33	59.88	356.99	52.73	20.50	19.48	99.99
2016	0.33	59.51	355.02	56.95	20.92	20.00	99.99
2017	0.33	61.31	354.01	58.56	21.33	20.51	99.99
2018	0.33	66.18	360.57	56.73	21.87	21.04	99.99
2019	0.33	65.57	367.11	57.32	22.43	21.61	99.99
2020	0.33	64.59	372.73	56.90	22.98	22.19	99.99

14-9 幼儿园基本情况（1979-2020年）
Basic Statistics on Kindergartens(1979-2020)

年份 year	园数（所） Number of Kindergartens (unit)	班数（个） Number of Classes (unit)	在园幼儿数（万人） Number of Children Enrollment (10000 persons)	教职员工数（人） Staff and Workers (person)	#专任教师 Teachers
1979	3100	8908	28.34	13400	10095
1980	7067	14951	43.39	20601	17473
1981	5235	14605	41.97	20737	17473
1982	6409	14916	44.52	22209	18212
1983	6120	15440	47.19	23198	18839
1984	11511	20043	60.65	28735	24074
1985	12468	21902	65.41	30801	26180
1986	12375	24286	71.90	34210	29012
1987	13366	25980	81.25	37548	31680
1988	12590	26048	80.32	38205	32261
1989	12153	26277	74.85	38955	32703
1990	11824	26684	75.16	39859	33556
1991	11242	28308	85.72	41706	34425
1992	9860	29035	94.30	41052	34024
1993	9179	29396	97.63	43522	35887
1994	11705	31178	99.33	48006	39453
1995	11794	31530	99.43	49377	40220
1996	11915	32654	98.95	50389	40678
1997	12920	34637	100.21	54459	43503
1998	14068	37270	105.90	58867	46500
1999	14864	38637	108.38	61549	47902
2000	15073	41271	112.45	67773	51168
2001	12501	43167	115.13	72593	48195
2002	11920	44483	117.61	75000	49442
2003	11560	44651	117.96	83022	54056
2004	11367	46490	127.85	91772	58732
2005	11472	47153	132.22	98629	62679
2006	11437	48666	138.91	106202	67046
2007	10411	51048	147.78	115965	73164
2008	10212	53755	159.34	127635	79741
2009	10067	55922	167.06	139977	87271
2010	9863	60856	183.05	157174	95101
2011	9649	63850	187.14	168497	100019
2012	9573	65192	188.63	180518	107289
2013	9209	64058	186.88	190186	110251
2014	8871	64112	185.75	200295	112297
2015	8908	66323	190.16	212385	116415
2016	8771	66232	191.82	223377	119957
2017	8645	67142	195.80	231543	125042
2018	8453	67165	193.41	240263	129643
2019	8261	67859	193.74	250051	135413
2020	8009	69364	198.56	264601	142698

14-10 各级学校女学生和女教师数（2011-2020年）
Female Students and Teachers by Level of Schools(2011-2020)

类别	Category	2011	2012	2013	2014	2015	2016	2017	2018	2019	2020
女学生数　(万人)	**Number of Female Students (10000 persons)**	**355.04**	**353.1**	**352.16**	**352.06**	**351.33**	**350.88**	**353.26**	**359.17**	**366.88**	**375.27**
普通高等学校	Institutions of Higher Education	48.59	50.72	52.79	54.26	54.79	54.65	54.37	55.22	57.43	60.63
中等职业学校	Specialized Secondary Schools	30.99	29.08	26.63	24.36	23.59	23.12	23.52	23.24	24.15	25.80
普通中学	Regular Secondary Schools	117.42	114.13	111.86	110.37	108.65	109.68	112.54	114.61	115.92	116.60
小学	Primary Schools	158.04	159.17	160.88	163.07	164.30	163.43	162.83	166.10	169.38	172.24
女学生占学生总数　(%)	Percentage of Female Students to Total Students (%)	47.69	47.80	47.87	47.92	47.88	47.83	47.70	47.67	47.59	47.56
普通高等学校	Institutions of Higher Education	53.55	54.40	55.01	55.46	55.27	54.86	54.24	54.17	53.44	52.78
中等职业学校	Specialized Secondary Schools	47.53	47.02	46.02	45.64	45.05	44.40	44.22	44.17	44.55	45.33
普通中学	Regular Secondary Schools	48.02	48.18	48.17	48.20	48.23	48.34	48.26	48.08	47.88	47.68
小学	Primary Schools	45.93	45.91	46.02	46.00	46.02	46.03	46.00	46.07	46.14	46.21
女教师数　(万人)	**Number of Female Teachers (10000 persons)**	**25.59**	**26.40**	**27.06**	**28.01**	**28.85**	**29.80**	**30.93**	**31.98**	**33.27**	**34.48**
普通高等学校	Institutions of Higher Education	2.32	2.42	2.51	2.63	2.70	2.75	2.84	2.90	3.08	3.27
中等职业学校	Specialized Secondary Schools	1.64	1.73	1.78	1.77	1.81	1.84	1.88	1.93	2.03	2.10
普通中学	Regular Secondary Schools	9.71	9.82	9.91	10.11	10.34	10.64	11.05	11.42	11.82	12.18
小学	Primary Schools	11.92	12.43	12.86	13.50	14.00	14.57	15.16	15.73	16.34	16.93
女教师占教师总数　(%)	Percentage of Female Teachers to Total Teachers (%)	58.12	58.76	59.46	60.16	60.89	61.65	62.45	63.23	63.86	64.37
普通高等学校	Institutions of Higher Education	44.31	44.65	44.89	45.28	45.37	45.51	45.61	45.74	46.18	46.45
中等职业学校	Specialized Secondary Schools	53.04	53.53	54.26	54.49	55.05	55.76	56.12	56.60	57.02	57.53
普通中学	Regular Secondary Schools	53.18	53.53	54.22	54.73	55.40	56.06	56.87	57.71	58.37	58.90
小学	Primary Schools	68.38	69.24	70.10	70.92	71.87	72.86	73.90	74.77	75.61	76.30

14-11 每万人口中在校学生数和构成（1979-2020年）
Students Enrollment Per 10 Thousand Population and Its Composition(1979-2020)

年份 Year	各级学校在校学生占全省人口(%) Students Enrollment as Percentage of Total Population	平均每万人口中 Number of Students Per 10000 Population			大、中、小学生占学生总数 Students of Different Level as Percentage of Total Students(%)		
		大学生(人) University and College Students (person)	中学生(人) Secondary School Students (person)	小学生(人) Primary School Students (person)	大学生(人) University and College Students (person)	中学生(人) Secondary School Students (person)	小学生(人) Primary School Students (person)
1979	17.79	8.50	486.60	1283.56	0.5	27.4	72.2
1980	17.27	9.88	456.50	1260.71	0.6	26.4	73.0
1981	16.11	10.60	412.65	1187.73	0.7	25.6	73.7
1982	15.01	9.20	394.84	1097.23	0.6	26.3	73.1
1983	14.43	9.84	405.18	1027.48	0.7	28.1	71.2
1984	14.38	11.24	436.36	990.36	0.8	30.3	68.9
1985	14.37	13.08	469.11	955.22	0.9	32.6	66.5
1986	14.29	14.09	486.19	928.95	1.0	34.0	65.0
1987	13.80	14.58	479.78	886.03	1.1	34.8	64.2
1988	13.36	14.49	443.83	877.83	1.1	33.2	65.7
1989	13.32	14.50	424.92	892.71	1.1	31.9	67.0
1990	13.33	14.25	439.14	879.43	1.1	32.9	66.0
1991	13.29	14.04	463.63	850.99	1.1	34.9	64.0
1992	13.25	14.52	481.58	828.79	1.1	36.3	62.6
1993	13.28	17.06	477.71	832.84	1.3	36.0	62.7
1994	13.72	20.14	508.46	843.42	1.5	37.0	61.5
1995	14.07	21.25	554.97	830.70	1.5	39.5	59.0
1996	14.37	21.93	588.29	826.80	1.5	41.0	57.5
1997	14.48	23.13	591.39	833.44	1.6	40.8	57.6
1998	14.34	25.52	587.47	821.32	1.8	41.0	57.2
1999	14.58	33.87	611.26	813.24	2.3	41.9	55.8
2000	14.86	47.19	554.41	785.92	3.2	43.9	52.9
2001	14.61	61.97	667.40	732.27	4.3	45.2	50.5
2002	14.94	82.31	691.96	719.69	5.5	46.3	48.2
2003	15.01	99.78	699.06	700.65	6.7	46.6	46.7
2004	15.11	116.29	695.51	699.08	7.7	46.0	46.3
2005	14.97	130.49	668.96	686.05	9.1	44.6	46.3
2006	14.86	141.93	674.74	669.25	9.6	45.4	45.0
2007	14.66	157.02	658.03	650.76	10.7	44.9	44.4
2008	14.54	166.53	650.11	637.48	11.5	44.7	43.8
2009	14.18	172.47	628.70	616.33	12.2	44.3	43.5
2010	13.83	171.28	599.78	612.00	12.4	43.4	44.3
2011	13.59	172.23	569.83	617.70	12.7	41.9	45.4
2012	13.22	173.56	538.06	609.90	13.1	40.7	46.2
2013	12.92	175.90	516.71	599.46	13.6	40.0	46.4
2014	12.74	176.36	495.26	601.87	13.8	38.9	47.3
2015	12.53	176.22	480.38	596.48	14.1	38.3	47.6
2016	12.38	175.13	478.66	584.69	14.1	38.7	47.2
2017	12.32	174.51	483.58	573.76	14.2	39.3	46.6
2018	12.36	175.67	485.30	574.79	14.2	39.3	46.5
2019	12.46	183.07	487.38	575.85	14.7	39.1	46.2
2020	12.63	194.96	490.59	568.46	15.4	38.9	45.7

注：从2001年起按常住人口计算。The data in the table were calculated by resident population since 2001.

14-12 学校教师负担学生数（1979-2020年）
Students-Teachers Ratio by Level of Schools(1979-2020)

年份 Year	高等学校 Institutions of Higher Education		中等学校 Secondary Schools		小学 Primary Schools	
	教师数 (万人) Number of Teachers (10000 persons)	平均每个教师负担学生 (人) Student Teacher Ratio (person)	教师数 (万人) Number of Teachers (10000 persons)	平均每个教师负担学生 (人) Student Teacher Ratio (person)	教师数 (万人) Number of Teachers (10000 persons)	平均每个教师负担学生 (人) Student Teacher Ratio (person)
1979	0.63	5.10	9.34	19.80	17.54	27.80
1980	0.69	5.50	8.95	19.50	17.26	28.00
1981	0.69	5.90	8.51	18.80	16.50	27.90
1982	0.77	4.70	8.35	18.60	15.94	27.00
1983	0.82	4.70	8.45	19.00	15.25	26.70
1984	0.87	5.20	8.54	20.40	14.82	26.70
1985	0.99	5.30	9.12	20.70	14.62	26.30
1986	1.08	5.30	9.45	20.90	14.42	26.20
1987	1.12	5.40	9.71	20.40	14.16	25.80
1988	1.16	5.20	10.12	18.30	14.39	25.40
1989	1.16	5.30	10.28	17.40	14.65	25.60
1990	1.16	5.20	10.36	18.00	13.46	27.70
1991	1.12	5.30	10.62	18.60	13.50	26.90
1992	1.11	5.60	10.97	18.80	13.63	26.10
1993	1.11	6.60	11.27	18.30	13.77	26.10
1994	1.13	7.70	11.75	18.80	13.98	26.20
1995	1.15	8.10	12.57	19.30	14.34	25.30
1996	1.15	8.40	13.43	19.30	14.85	24.50
1997	1.16	8.80	13.46	19.40	15.40	23.93
1998	1.18	9.60	14.66	17.80	15.69	23.28
1999	1.31	11.55	15.40	17.73	16.00	22.71
2000	1.90	11.17	14.83	18.24	16.04	22.05
2001	2.22	13.20	17.08	18.48	15.99	21.66
2002	2.60	15.12	18.01	18.35	16.01	21.47
2003	2.99	16.21	18.82	18.04	15.91	21.39
2004	3.58	16.00	19.57	17.50	16.01	21.51
2005	3.84	17.60	19.36	17.04	16.22	21.11
2006	4.21	17.10	20.26	16.40	16.38	20.70
2007	4.56	17.74	20.02	16.47	16.56	20.26
2008	4.78	18.16	20.82	16.28	16.78	19.80
2009	4.95	18.38	21.10	15.72	17.01	19.11
2010	5.10	18.30	21.61	15.12	17.19	19.39
2011	5.23	18.34	21.74	14.60	17.44	19.73
2012	5.42	18.22	21.97	13.92	17.95	19.32
2013	5.60	18.17	22.01	13.58	18.35	19.05
2014	5.81	17.89	22.37	13.04	19.04	18.62
2015	5.95	17.73	22.66	12.69	19.48	18.33
2016	6.05	17.58	23.10	12.58	20.00	17.75
2017	6.24	17.27	23.64	12.62	20.51	17.26
2018	6.34	17.37	24.12	12.62	21.04	17.14
2019	6.67	17.49	24.68	12.59	21.61	16.99
2020	7.04	17.87	25.34	12.50	22.19	16.79

注: 2010年起中等学校教师数包括了技工学校专任教师数。
Since 2010 the number of secondary school teachers in technical schools, including the number of full-time teachers.

14-13 R&D经费投入情况（1990-2020年）
Basic Statistics on R&D Activities Funds(1990-2020)

单位：亿元(100 million yuan)

年份 Year	研究与试验发展经费支出 Expenditure on R&D	按执行部门分 By Sector				按经费来源分 By Source			
		研究机构 Research and Development Institutions	高等院校 Colleges and Universities	工业企业 Enterprises	其他部门 Others	政府资金 Government Appropriation Funds	企业资金 Selfraised Funds by Enterprises	国外资金 Overseas Capital	其他资金 Other
1990	2.04	0.96	0.51	0.52	0.05				
1991	2.27	0.87	0.69	0.64	0.06				
1992	3.46	1.21	1.25	0.90	0.09				
1993	4.43	1.48	1.77	1.04	0.13				
1994	7.88	1.33	1.82	4.52	0.21				
1995	9.14	1.85	2.42	4.63	0.24				
1996	10.50	2.23	2.43	5.56	0.29				
1997	15.19	2.96	3.04	7.85	1.34				
1998	19.70	3.10	3.00	11.80	1.80				
1999	27.05	3.04	3.71	17.80	2.50				
2000	36.59	3.21	3.33	26.54	3.51	5.73	26.93	0.53	3.40
2001	44.74	3.32	5.09	32.04	4.29	6.59	32.73	0.64	4.78
2002	57.65	2.97	6.58	42.58	5.52	6.77	42.20	0.17	8.51
2003	77.76	4.35	7.88	59.62	5.91	9.46	57.70	0.32	10.28
2004	115.55	4.62	13.33	91.10	6.50	13.78	97.42	0.63	3.72
2005	163.29	11.58	13.90	130.41	7.40	24.12	134.74	0.55	3.88
2006	224.03	12.38	15.99	183.39	12.27	28.00	190.28	1.12	4.63
2007	286.32	13.63	18.18	235.55	18.96	30.94	246.39	2.50	6.49
2008	345.76	13.89	19.15	283.73	28.99	37.08	296.46	4.39	7.83
2009	398.84	12.85	23.91	330.10	31.98	36.63	354.22	2.48	5.51
2010	494.23	15.36	34.55	407.43	36.89	48.00	435.45	3.27	7.53
2011	612.93	18.07	40.81	501.87	52.18	53.56	539.41	9.51	10.45
2012	722.59	21.83	44.72	588.61	67.43	60.41	644.37	3.13	14.68
2013	817.27	24.17	47.28	684.36	61.46	66.16	733.62	2.38	15.12
2014	907.85	27.12	49.76	768.15	62.83	70.65	817.35	2.58	17.27
2015	1011.18	30.28	56.14	853.57	71.19	75.29	911.30	2.00	22.60
2016	1130.63	35.03	54.65	935.79	105.16	78.72	1033.25	2.10	16.56
2017	1266.34	36.24	62.19	1030.14	137.77	91.58	1151.55	1.56	21.66
2018	1445.69	47.41	72.36	1147.39	178.53	113.89	1302.68	2.18	26.94
2019	1669.80	55.22	93.00	1274.23	247.35	136.33	1506.98	0.34	26.15
2020	1858.59	56.02	103.60	1395.90	303.07	164.95	1674.98	1.57	17.09

14-14 R&D人员投入情况（1990-2020年）
R&D Personnel(1990-2020)

单位:万人年(10000 man-year)

年份 Year	研究与试验发展人员 R&D Personnel	按执行部门分By Sector			
		研究机构 Research and Development Institutions	高等院校 Colleges and Universities	工业企业 Enterprises	其他部门 Others
1990	1.23				
1991	1.30				
1992	1.39				
1993	1.49				
1994	1.56				
1995	1.63				
1996	1.71				
1997	1.76				
1998	2.31				
1999	2.74				
2000	2.86	0.29	0.53	1.62	0.43
2001	3.92	0.27	0.57	2.43	0.65
2002	4.46	0.28	0.77	2.66	0.74
2003	4.96	0.29	0.82	3.13	0.72
2004	5.85	0.28	1.03	3.98	0.56
2005	8.01	0.32	1.06	6.11	0.52
2006	10.81	0.34	1.05	8.80	0.63
2007	13.05	0.45	1.08	10.55	0.96
2008	16.03	0.41	1.13	13.03	1.46
2009	18.51	0.40	1.20	15.09	1.81
2010	22.35	0.42	1.30	18.57	2.05
2011	26.29	0.46	1.29	21.71	2.82
2012	27.81	0.54	1.34	22.86	3.07
2013	31.10	0.51	1.42	26.35	2.82
2014	33.84	0.56	1.41	29.03	2.84
2015	36.47	0.71	1.61	31.67	2.48
2016	37.66	0.71	1.77	32.18	2.99
2017	39.81	0.78	2.00	33.36	3.66
2018	45.80	0.89	2.07	39.41	3.43
2019	53.47	0.88	2.68	45.18	4.73
2020	58.28	0.98	2.89	48.05	6.36

14-15 县级以上政府部门属研究与开发机构情况（1986-2020年）
Basic Statistics on Research and Development Organizations Attached to Government at County Level and Above(1986-2020)

年份 Year	机构数 (个) Institutions (unit)	从事科技活动人员数 (人) Specialized Technical Persons (person)	科技经费收入 (万元) Income (10000 yuan)	政府拨款 Government Appropriations	科技经费支出 (万元) Spending on Science and technology (10000 yuan)	#人员费用 Charge for Person
1986	153		14015	8877	12580	3067
1987	152		17721	10431	15234	3001
1988	156		18920	14073	27715	4065
1989	161		24889	11974	25070	4026
1990	163		33801	15801	29169	5123
1991	164		29623	9330	26494	5001
1992	165		40512	14410	37017	6156
1993	162		47139	14289	45206	9001
1994	161		53069	18251	48025	13993
1995	161		62021	11784	59248	15589
1996	161		72172	25110	63407	18189
1997	162		91503	31795	83434	20806
1998	164		126704	47919	107580	23018
1999	160		126740	50194	113565	28392
2000	146		120587	54365	108129	27263
2001	127		89248	51719	82109	26341
2002	110	5470	89540	54571	80771	28286
2003	104	5095	115029	65770	97981	38157
2004	92	4792	116542	80373	102949	34213
2005	99	5798	144821	109676	120907	31646
2006	99	6178	176610	128341	142664	38853
2007	100	6677	211682	155461	167207	44752
2008	98	7123	247818	177210	203732	51972
2009	97	7517	259300	188672	217138	57000
2010	95	7771	281040	205659	250360	60634
2011	94	8247	324294	223070	289858	71232
2012	97	8971	375690	270412	336575	80561
2013	97	9255	412979	309667	369037	92073
2014	97	9199	431374	311697	408097	104341
2015	96	9603	431581	304650	414042	122536
2016	96	9629	487236	358527	444288	138555
2017	93	10602	526443	383723	483779	171450
2018	92	10698	593654	431147	532198	203675
2019	90	10882	688624	513718	652444	236683
2020	75	11083	712184	525411	672236	246785

注: 从事科技活动人员数包括本单位在职科技活动人员，也包括外聘的流动学者和非本单位在读研究生,和表14-18的科技活动人员口径一致。
Specialized technical persons include the on-the-job technical staff in the unit,including external flow scholars and the graduate students outside the unit,same as the table 14-18.

14-16 县级以上政府部门属研究与开发机构课题情况
Basic Statistics on Topics in Research and Development Organizations Attache to Government at County Level and Above

分类	Item	课题数(项) Number of Topics (topic)			投入人员(人年) Persons (person-year)			投入经费(万元) Funds (10000 yuan)		
		2018	2019	2020	2018	2019	2020	2018	2019	2020
总计		**4647**	**4816**	**5153**	**6423**	**7128**	**6938**	**224425**	**246716**	**258709**
按活动类型分	**By Type**									
基础研究	Fundational Research	759	745	817	833	923	906	18795	25259	28700
应用研究	Applied Research	1065	1132	1059	1600	1806	1578	57834	76036	65567
试验发展	Experimental Development	1604	1584	1605	2451	2608	2592	81463	76162	89678
R&D成果应用	Applying in R&D Results	504	509	652	581	682	703	19656	17254	24630
科技服务	Technology Service	715	846	1020	957	1110	1160	46677	52005	50134

14-17 县级以上政府部门属研究与机构科学论文与科技著作
Basic Statistics on Papers in Research and Development Organizations Attached to Government at County Level and Above

单位：篇（paper）

项目	Item	科学论文 Papers of Science			#国外发表 Publishing Abroad			科技著作 Works of Science and Technology		
		2018	2019	2020	2018	2019	2020	2018	2019	2020
合计		**4892**	**5271**	**4690**	**1610**	**1969**	**1933**	**196**	**211**	**166**
国务院部门属	Attaching to the Sate Council	1590	1932	1867	1084	1391	1432	36	42	59
省属	Attaching to Province	2913	2923	2541	484	523	425	147	161	100
市属	Attaching to City	389	416	282	42	55	76	13	8	7

14-18 县级以上政府部门属研究与开发机构课题情况（1986-2020年）

Basic Statistics on Topics in Research and Development Organizations Attache to Government at County Level and Above(1986-2020)

年份 Year	课题数 (项) Number of Topics (topic)	投入人员 (人年) Persons (person-year)	投入经费 (万元) Funds (10000 yuan)	人均经费 (元/人年) Funds per Capital (yuan/person-year)	课题平均经费 (元/项) Funds per Topic (yuan/topic)
1986	2568	6506	3590	5518	13980
1987	3272	6892	4467	6481	13652
1988	3066	7053	5180	7344	16895
1989	3134	7405	5644	7622	18009
1990	3120	6276	5551	8845	17792
1991	3457	5506	4720	8572	13653
1992	3452	5533	6772	12239	19618
1993	2941	4948	7418	14992	25223
1994	2540	4401	9262	21045	36465
1995	2453	4301	10058	23385	41003
1996	2315	4331	12792	29536	55257
1997	2440	4390	17798	40542	72943
1998	2534	5568	25194	45248	99424
1999	2558	5070	26927	53110	105266
2000	1989	4040	29664	73426	149140
2001	1790	2818	21663	76874	121022
2002	1746	2812	23329	89262	133614
2003	1700	2944	30816	104674	181271
2004	1540	2769	42463	153351	275734
2005	2121	3383	58242	172161	274597
2006	2834	3787	65945	174135	232392
2007	3539	4372	82918	189657	234298
2008	3151	4542	92146	202875	292434
2009	3132	4457	101017	226648	322532
2010	3278	4211	113576	269713	346480
2011	3223	4401	123464	280536	383072
2012	3743	5358	133137	248483	355697
2013	4044	5411	129391	239126	319958
2014	4217	5715	140051	245059	332111
2015	4430	6350	152245	239756	343668
2016	4353	6197	189743	306185	435890
2017	4578	6052	201217	332480	439530
2018	4647	6423	224425	349408	482946
2019	4816	7128	246716	346122	512284
2020	5153	6938	258709	372887	502055

14-19 县级以上政府部门属研究与开发机构情况（2020年）
Basic Statistics on Research and Development Organizations Attached to Government at County Level and Above(2020)

项目	Item	机构数（个）Institutions (unit)	从事科技活动人员数（人）Specialized Technical Persons (person)	经费收入（万元）Income (10000yuan)	#政府拨款 Government Appropriations	经费支出（万元）Expenditures (10000 yuan)	#科技费用 Charge of Science
总计		**75**	**11083**	**775546**	**535988**	**758305**	**672236**
按隶属关系分							
中央	Central Enterprises	10	3676	272111	207017	256598	245131
地方	The Local	65	7407	503434	328971	501707	427105
按机构地域分							
杭州市	Hangzhou District	36	6194	473787	277677	479237	410486
宁波市	Ningbo District	7	2251	163005	142957	130829	126557
温州市	Wenzhou District	11	1289	53321	44803	63049	54808
嘉兴市	Jiaxing District	2	569	41669	32347	38741	36536
湖州市	Huzhou District	4	228	18662	15285	17840	16858
绍兴市	Shaoxing District	2	50	1711	763	1709	1683
金华市	Jinhua District	3	140	6333	6304	6484	6396
衢州市	Quzhou District	2	50	2817	2750	2769	2497
舟山市	Zhoushan District	4	88	3520	3487	3580	3382
台州市	Taizhou District	2	130	5600	5007	9171	8348
丽水市	Lishui District	2	94	5119	4609	4898	4684

注: 该表中的经费收入和经费支出均指的是全部经费收入和支出。
The data of income and expenditrue in the table refers to the data of all income and expenditure.

14-20 高等学校科技活动情况（1986-2020年）

Basic Statistics on Scientific Technological Activities on Higher Education(1986-2020)

年份 Year	科技活动机构数（个） Institutions (unit)	科技活动人员(人) Persons Engaged in Scientific and Technological Activities(person)	经费拨入总额（万元） Funds (10000 yuan)	#政府拨款 Government Appropriations	经费支出总额（万元） Expenditures (10000 yuan)	#仪器设备费 Expenditures for Instrument and Equipment
1986	31	16086	2760	2061	2191	943
1987	32	15363	2954	1836	2557	823
1988	45	19874	3167	1789	2757	639
1989	44	20166	4514	2039	3926	884
1990	45	20267	5320	2773	4068	881
1991	43	20251	6442	3234	5505	1101
1992	58	20597	11083	5250	9996	2128
1993	234	20940	26974	9129	26563	4917
1994	262	20933	25766	8965	24830	3449
1995	259	21098	28731	7522	24805	3067
1996	259	22111	32341	7404	29516	3417
1997	295	22247	38327	10791	34538	4497
1998	433	23092	45677	11598	45008	4592
1999	365	23869	58749	13654	51850	3035
2000	430	28555	81153	23554	74714	8225
2001	534	34716	108576	37059	90486	11448
2002	405	19659	150651	61506	112630	17339
2003	421	21763	178362	67396	136090	19425
2004	203	29031	209249	90951	178960	27796
2005	191	25077	271011	136055	203204	37122
2006	160	25436	314684	170843	257099	53033
2007	161	26496	350014	178132	261104	41679
2008	169	28594	398755	225555	297278	51504
2009	575	53160	449992	242782	391720	72279
2010	471	56822	596839	348846	539237	61563
2011	494	60216	660167	376049	635506	108295
2012	524	62209	718381	410322	686972	98605
2013	595	64507	722863	406115	675602	96108
2014	601	65855	750889	433034	725606	88192
2015	634	74942	847205	498600	751587	86076
2016	717	87309	972426	580644	873965	94396
2017	823	89458	1091217	627515	994536	122007
2018	846	92824	1301272	724200	1208697	153233
2019	973	96977	1720699	855391	1454735	190943
2020	1027	100816	1817161	910371	1631637	205451

14-21 高等学校自然科学领域研究与发展课题情况（1986-2020年）
Basic Statistics on Topics of Natural Scientific Research and Development in Institutions of Higher Education(1986-2020)

年份 Year	课题数 (项) Number of Topics (topic)	投入人员 (人年) Persons (person-year)	投入经费 (万元) Funds (10000 yuan)	课题平均经费 (元/项) Funds per Topic (yuan/topic)
1986	1684		2295	13569
1987	1849		2681	14500
1988	2163		2616	12094
1989	2285		3848	16840
1990	2925		4667	15956
1991	3400		5053	14862
1992	4083		7905	19361
1993	4263		12961	30403
1994	4398		17082	38840
1995	4264		16211	38018
1996	4415		17900	40544
1997	4713		23901	50713
1998	5173		24912	48158
1999	5412		25385	46905
2000	5268		29482	55964
2001	6375	3821	40110	62918
2002	8736	4295	37511	42938
2003	13385	6363	90175	67370
2004	16003	8354	154804	96734
2005	18789	8676	133346	70970
2006	19896	8844	126763	63713
2007	19945	8966	150157	75286
2008	21657	9687	192980	89107
2009	22235	9581	210106	94493
2010	22391	10073	346706	154842
2011	22193	9847	351999	158608
2012	23938	9745	342897	143244
2013	25264	9984	385379	152541
2014	25510	9857	424142	166265
2015	28514	10885	436645	153133
2016	32389	11844	424460	131051
2017	36800	13177	450101	122310
2018	38483	13876	563041	146309
2019	41857	15630	689134	164640
2020	45025	16995	772688	171613

14-22 高等学校自然科学领域研究与发展课题情况
Basic Statistics on Topics of Natural Scientific Research and Development in Institutions of Higher Education

项目	Item	课题数(项) Number of Topics (topic)		投入人员 (人年) Persons (person)		投入经费 (万元) Funds (10000 yuna)		课题平均经费(元) Funds per Topic (yuan)	
		2019	2020	2019	2020	2019	2020	2019	2020
总计	**Total**	**41857**	**45025**	**15630**	**16995**	**689134**	**772688**	**164640**	**171613**
按活动类型分	By Type of Activities								
基础研究	Fundational Research	13607	14273	5296	5676	257936	249961	189561	175128
应用研究	Applied Research	20781	22385	7625	8331	272790	351687	131269	157109
试验发展	Experimental Development	2817	3295	990	1015	36230	43775	128612	132853
研究与试验发展成果应用	Applying in R&D Results	2035	2626	769	956	81626	79491	401113	302708
科技服务	Technology Service	2617	2446	949	1016	40550	47774	154950	195315

14-23 高等学校自然科学领域研究与发展机构科技著作
Scientific and Technical Works of Research and Development Organizations in Institutions of Higher Education

项目	Item	出版科技专著(部) Science and Technology Workers Published (work)				发表学术论文(篇) Academic Papers Published (paper)				#国外及全国性学术刊物 Published in foreign Academic Publications			
		2017	2018	2019	2020	2017	2018	2019	2020	2017	2018	2019	2020
合计	**Total**	**163**	**174**	**197**	**169**	**37257**	**38371**	**40016**	**43221**	**17535**	**21411**	**26777**	**27791**
自然科学	Natural Sciences	29	22	16	17	8282	7729	6290	8125	4306	4401	4436	5923
工程与技术	Engineering and Technology	77	96	96	83	15618	15011	17757	18481	7629	8897	12781	11391
医学科学	Medical Sciences	42	42	72	56	10255	12588	12578	12886	4574	6236	7038	7957
农业科学	Agricultural Sciences	15	14	13	13	3102	3043	3391	3729	1026	1877	2522	2520

14-24 规模以上工业企业研发活动情况（2018-2020年）
Basic Statistics on R&D Activities of Industrial Enterprises above Designated Size(2018-2020)

单位：亿元(100 million yuan)

项目		Item		2018	2019	2020
有R&D活动的企业数	(个)	Number of Enterprises with R&D Activities	(unit)	16505	20217	23846
企业有研发机构	(个)	Number of R&D Intitutions	(unit)	10141	13850	17924
从业人员年平均人数	(万人)	Average Number of Employed Person	(10000 persons)	662	671	681
研发活动人员	(万人)	Number of Persons with R&D Activities	(10000 persons)	51.35	57.46	61.68
参加项目人员	(万人)	Number of Persons with R&D Projects	(10000 persons)	47.91	53.75	57.83
企业内部的日常研发经费支出		Daily Expenditure on R&D Activities of Enterprises		1476.95	1746.07	2009.70
人工费用		Labor Costs		559.60	682.66	777.73
直接投入费用		Direct Input Costs		666.41	776.50	914.87
委托外单位开发经费支出		Expenditure on Entrustment		82.17	83.72	89.85
折合全时R&D人员	(万人年)	Full-time Equivalent of R&D Personnel	(10000 man-year)	39.41	45.18	48.05
R&D经费支出		Expenditure on R&D Activities		1147.39	1274.23	1395.90
新产品开发经费支出		Expenditure on New Product Development		1270.04	1531.68	1765.30
新产品销售收入		Sales income of New Porduct		23308.16	26099.37	28302.50
出口		Export		4531.86	5142.15	5720.43
专利申请数	(项)	Number of Patent Application	(item)	100254	114326	138589
发明专利	(项)	Patent of Invention	(item)	27998	30914	35319
拥有发明专利数	(项)	Owning Invention Patent	(item)	62341	75770	93159
技术改造经费支出		Expenditure for Technology Transform		227.16	203.32	236.03
引进境外技术经费支出		Expenditure for Acquisition of Abroad Technology		9.47	9.43	14.69
引进境外技术的消化吸收经费支出		Expenditure for Assimilation of Abroad Technology		1.56	0.85	0.51
购买境内技术经费支出		Expenditure for Purchasing of Domestic Technology		20.72	24.71	16.88

14-25 规模以上工业企业研发活动情况（2020年）
Basic Statistics on R&D Activities of Industrial Enterprises above Designated Size(2020)

项目	Item	有R&D活动的企业数(个) Number of Enterprises with R&D Acticities (unit)	企业办研发机构(个) Number of R&D Intitutios (unit)	企业办机构仪器设备原价(万元) Value of Instrument and Equipment Owned by Intitutions (10000 yuan)
总计	**Total**	**23846**	**17924**	**10727034**
按企业规模分	**By size**			
大型企业	Large-sized Industrial Enterprises	496	609	2731778
中型企业	Medium-sized Industrial Enterprises	2954	2843	3683406
小型企业	Small-sized Industrial Enterprises	19805	14162	4269163
微型企业	Micro enterprises	591	310	42687
按登记注册类型分	**By Registered Type**			
内资企业	Domestic Funded Enterprises	21673	15849	8368011
国有企业	State-owned Enterprises	10	15	6363
集体	Collective Owned Enterprises	4	6	6807
股份合作企业	Cooperative Enterprises	146	70	31471
联营企业	Joint Ownership Enterprises	1		
有限责任公司	Limited Liability Corporations	1148	962	1145315
股份有限公司	Share-holding Corporations Ltd.	694	741	1579500
私营企业	Private Enterprises	19670	14055	5598555
其他企业	Other Enterprises			
港、澳、台商投资企业	Entrepreneurs with Funds From Hong Kong,Macao and Taiwan	1024	978	1272754
合资经营企业	Joint-venture Enterprises	503	429	487256
合作经营企业	Cooperation Enterprises	8	6	1166
港、澳、台商独资经营企业	Enterprises with Sole Investment	435	437	459879
港、澳、台商投资股份有限公司	Share-holding Corporations Ltd.	77	103	324253
其他港澳台投资企业	Other Enterprises	1	3	201
外商投资企业	Foreign Funded Enterprises	1149	1097	1086269
中外合资经营企业	Joint-venture Enterprises	525	496	454810
中外合作经营企业	Cooperation Enterprises	6	7	10257
外资企业	Enterprises With Sole Foreign Investment	555	523	503202
外商投资股份有限公司	Foreign Invesment Share-holding Corporations Ltd.	59	67	117146
其他外商投资企业	Other Enterprises	4	4	855
按隶属关系分	**By Jurisdiction of Management**			
中央企业	Central Enterprises	54	49	108680
地方企业	Local Enterprise	23792	17875	10618354

续表 Continued

R&D人员 (人年) R&D Personnel (man-year)	R&D经费支出 (万元) Expenditure on R&D Activities (10000 yuan)	新产品开发经费支出 (万元) Expenditure on New Product Development (10000 yuan)	新产品销售收入 (万元) Sales income of New Porduct (10000 yuan)	发明专利申请数 (项) Number of Patent Invention Application (item)	有效发明专利数 (项) Number of Owning Invention Patent (item)
480493	**13958988**	**17652995**	**283024993**	**35319**	**93159**
105250	4403083	5077730	105131868	11462	24261
142187	4179401	5305977	90554910	8735	25244
230860	5315967	7162789	86174847	14859	43069
2196	60538	106499	1163368	263	585
402896	11212142	14223524	221392894	29888	72878
276	6665	9234	185710	47	127
52	1289	3366	14690	17	23
1180	28274	37158	404157	28	151
	10	10			
38691	1574455	1902097	47293406	3596	8104
57383	2202791	2756169	39068217	7979	15526
305314	7398658	9515490	134426715	18221	48947
41297	1447166	1700463	28435222	2369	11500
15365	477304	618856	11332847	818	2452
153	4465	5113	67259	5	28
19237	773258	824436	12865156	1111	7158
6510	191075	250980	4159723	430	1848
33	1064	1079	10237	5	14
36300	1299681	1729008	33196877	3062	8781
16799	599224	754026	11256834	1332	3616
183	2490	4106	56488	9	15
15635	539892	726725	19443553	1139	3556
3547	151503	232781	2345200	548	1585
137	6573	11369	94802	34	9
1800	94631	114638	1004687	518	1285
478692	13864357	17538357	282020306	34801	91874

14-26 大中型工业企业研发活动情况（2020年）
Basic Statistics on R&D Activities of Large and Medium sized Industrial Enterprises(2020)

项目	Item	企业数(个) Number of Enterprises (unit)	有R&D活动的企业数(个) Number of Enterprises with R&D Activities (unit)	企业办研发机构(个) Number of R&D Intitutions (unit)
总计	**Total**	**4426**	**3450**	**3452**
按登记注册类型分	**By Status of Registration**			
内资企业	Domestic Funded Enterprises	3489	2791	2721
国有企业	State-owned Enterprises	12	5	12
集体	Collective Owned Enterprises	4	2	5
股份合作企业	Cooperative Enterprises	7	5	7
有限责任公司	Limited Liability Corporations	449	315	301
股份有限公司	Share-holding Corporations Ltd.	390	362	473
私营企业	Private Enterprises	2627	2102	1923
其他企业	Others			
港、澳、台商投资企业	Funded by Enterpreneurs From Hong Kong Macao and Taiwan	433	329	357
合资经营企业	Joint-venture Enterprises	193	153	145
合作经营企业	Cooperation Enterprises From Hong Kong,Macao and Taiwan	2	1	2
港、澳、台商独资经营企业	Enterprises with Sole Hong Kong, Macao and Taiwan	177	121	128
港、澳、台商投资股份有限公司	Share-holding Corporations Ltd. with Funds From Hong Kong,Macao and Taiwan	61	54	82
其他港澳台投资企业	Other Hong Kong, Macao and Taiwan investment			
外商投资企业	Foreign Funded Enterprises	504	330	374
中外合资经营企业	Joint-venture Enterprises	202	140	152
中外合作经营企业	Cooperation Enterprises	5	3	3
外资企业	Enterprises With Sole Foreign Investment	262	159	178
外商投资股份有限公司	Foreign Invesment Share-holding Corporations Ltd.	33	27	39
其他外商投资企业	Other foreign investment	2	1	2
按隶属关系分	By Relationship			
中央企业	Central Enterprises	47	21	22
地方企业	The Local	4379	3429	3430

企业办机构仪器设备原价（万元） Original Value of Machines (10000 yuan)	R&D人员（人年） Number of Persons with R&D Activities (man-year)	R&D经费支出（万元） Expenditure on R&D Activities (10000 yuan)	新产品开发经费支出（万元） Expenditure on New Product Development (10000 yuan)	新产品销售收入（万元） Sales income of New Product (10000 yuan)	发明专利申请数（项） Number of Patent Applications (item)	有效发明专利数（项） Patent of Inventions Owned (item)
6415183.6	**247437**	**8582483.8**	**10383707.0**	**195686777.5**	**20197**	**49505**
4706799.6	190771	6389049.5	7724923.1	144476167.7	16273	34553
5587.2	246	5838.1	7072.8	152651.9	28	121
6711.0	41	930.4	2967.5	13545.2	13	18
11159.3	211	10625.7	12671.3	161194.2	10	42
825554.2	25247	1145459.5	1338412.7	39736711.1	2281	5031
1431913.6	51475	2035958.4	2492816.2	36222233.0	7004	12928
2425874.3	113551	3190237.4	3870982.6	68189832.3	6937	16413
1012934.9	31895	1199694.4	1356660.1	24036671.0	1745	8989
340905.8	10453	339781.3	446168.4	9204856.3	433	1124
154.9	43	425.6	1423.8	39286.3	2	15
357335.1	15249	680396.0	679089.8	10968585.7	904	6238
314539.1	6149	179091.5	229978.1	3823942.7	406	1612
695449.1	24770	993739.9	1302123.8	27173938.8	2179	5963
273145.9	11310	456349.5	561355.4	8314080.7	962	2388
9267.0	130	1347.0	1766.4	40085.1	7	4
309572.5	10332	396805.2	524518.2	16635718.1	779	2433
102701.7	2894	133246.3	203755.5	2099111.8	399	1131
762.0	104	5991.9	10728.3	84943.1	32	7
98718.0	1273	74911.9	77287.4	536569.3	399	1007
6316465.6	246164	8507571.9	10306419.6	195150208.2	19798	48498

14-27 大中型工业企业研发活动情况（2018-2020年）
Basic Statistics on R&D Activities of Large and Medium sized Industrial Enterprises(2018-2020)

项目		Item		2018	2019	2020
企业数	(个)	Number of Enterprises Activities	(unit)	4476	4328	4426
有R&D活动企业数	(个)	Number of Enterprises with R&D Activities	(unit)	3178	3285	3450
企业有研发机构	(个)	Number of R&D Intitutions	(unit)	2850	3076	3452
从业人员年平均人数	(万人)	Average Number of Employed Person	(10000 persons)	318.31	309.05	314.87
R&D活动人员	(万人)	Number of Persons with R&D Activities	(10000 persons)	29.03	30.34	31.10
参加项目人员	(万人)	Number of Persons with R&D Projects	(10000 persons)	27.33	28.68	29.48
企业内部的日常研发经费支出		Daily Expenditure on R&D Activities of Enterprises		933.57	1061.08	1187.33
人工费用		Labor Costs		363.52	420.89	466.65
直接投入费用		Material Costs		407.39	453.19	513.18
委托外单位开发经费支出		Expenditure on Entrustment		70.22	64.06	67.45
折合全时R&D人员	(万人年)	Full-time Equivalent of R&D Personnel	(person-year)	22.75	24.21	24.74
R&D经费支出		Expenditure on R&D Activities		724.19	779.57	858.25
新产品开发经费支出		Expenditure on New Product Development		806.89	936.24	1038.37
新产品销售收入		Sales income of New Porduct		16536.24	17754.01	19568.68
出口		Export		3350.89	3627.75	4156.84
专利申请数	(项)	Number of Patent Application	(item)	50132	55673	63418
发明专利	(项)	Patent of Invention	(item)	16325	18381	20197
拥有发明专利数	(项)	Owning Invention Patent	(item)	35216	41180	49505
技术改造经费支出		Expenditure for Technology Transform		193.24	164.02	191.42
引进境外技术经费支出		Expenditure for Acquisition of Abroad Technology		8.23	8.85	13.61
引进境外技术的消化吸收经费支出		Expenditure for Assimilation of Abroad Technology		1.35	0.67	0.36
购买境内技术经费支出		Expenditure for Purchasing of Domestic Technology		15.59	20.38	12.78

14-28 科协系统科技活动情况
Basic Statistics on Scientific and Technological Activities

项目		Item		科协合计 Total Associations with Science and Technology System		省科协 Associations at province Level		市科协 Associations at City level		县级科协 Associations	
				2019	2020	2019	2020	2019	2020	2019	2020
机构数	**(个)**	**Institutions**	**(Number)**	**101**	**101**	**1**	**1**	**11**	**11**	**89**	**89**
人员数	**(人)**	**Personnel**	**(person)**	**1575**	**1563**	**228**	**239**	**564**	**533**	**783**	**791**
学术活动		**Academic Activities**									
学术会议		**Academic Meetings**									
次数	(次)	Number	(Times)	360	299	5	5	276	210	79	84
参加人数	(人)	Participants	(person)	77529	60339	1620	3800	63452	38671	12457	17868
干部教育培训											
办培训班	(个)	Training Classes	(Number)	102	72	16	8	20	9	66	55
培训人数	(人次)		(Times)	8110	5892	2357	830	592	1063	5161	3999
科普活动		Activities for Popular Science									
宣讲活动	(次)		(Times)	12490	11704	175	187	4867	3628	7448	7889
受众	(人次)		(Times)	312159229	223011211	300014350	205167520	9226546	12754418	2918333	5089273
出版		**Publications**									
编著科技图书	(种)	Books Edited	(Species)	66	65	2	0	22	9	42	56
年发行总量	(册)	Number of Annual Published	(tome)	298265	278265	20000	0	152230	60000	126035	176750

14-29 科协系统省级学会情况（2014-2020年）
Basic Statistics on Academy in Science Systems(2014-2020)

项目		Item		2014	2015	2016	2017	2018	2019	2020
机构数	**(个)**	**Institutions**	**(unit)**	**169**	**170**	**173**	**173**	**175**	**176**	**175**
会员数	**(人)**	**Personnel**	**(person)**	**219027**	**231067**	**220897**	**235037**	**274195**	**276952**	**241186**
学术活动		**Academic Activities**								
学术会议		**Domestic Academic Meetings**								
次数	(次)	Number	(Time)	927	1105	1058	780	829	852	610
参加人数	(人)	Participants	(person)	127614	173171	182818	223252	223508	264382	575103
交流论文数	(篇)	Papers Presented	(paperr)	33283	35226	39773	26284	24887	34355	16067
科技培训		Training								
继续教育	(个)	Continuing Education	(unit)	344	443	334	326	239	456	436
培训人数	(人次)	Participants	(person-Time)	51386	82564	59965	76936	73540	70106	86157
科普活动		**Activities for Popular Science**								
宣讲活动	(次)	Propaganda Activity	(Time)	1455	1967	1254	452	342	2183	1897
受众人数	(人次)	Audience Numbers	(Time)	323308	352079	1984109	1863481	3561227	5307130	18351392
青少年科技竞赛次数	(次)	Teenagers Participating in Science technology Competitions	(Time)	39	48	49	26	30	33	50
出版		**Publications**								
主办科技期刊	(种)	Journals by held	(kind)	54	56	53	60	54	35	42
年发行总数	(册)	Number of Copies Distributed	(cope)	2144011	2109891	995120	1862500	1929077	887280	485589
编著科技图书	(种)	Academic Newspaper	(kind)	51	51	70	34	37	49	46
年发行总量	(册)	Number of Copies Distributed	(cope)	291400	306300	362232	362730	318750	242700	144551

14-30 专利申请量和授权量（2013-2020年）
Patent Applications Accepted and Approved(2013-2020)

项目	Item	2013	2014	2015	2016	2017	2018	2019	2020
申请量合计(项)	**Number of Patent Applications Accepted(item)**	**294014**	**261434**	**307263**	**393147**	**377115**	**455526**	**435824**	
发明	Inventions	42744	52405	67674	93254	98975	143064	112974	
实用新型	Utility Models	127122	116011	150172	199244	191372	219176	218590	
外观设计	Outward Designs	124148	93018	89417	100649	86768	93286	104260	
授权量合计(项)	**Number of Patent Applications Approved(item)**	**202350**	**188544**	**234983**	**221456**	**213805**	**284592**	**285325**	**391700**
发明	Inventions	11139	13372	23345	26576	28742	32550	33963	49888
实用新型	Utility Models	106238	99508	124465	123744	114311	172435	168331	231693
外观设计	Outward Designs	84973	75664	87173	71136	70752	79607	83031	110119

14-31 测绘主要指标完成情况（2012-2020年）
Major Indicators of Surveying and Mapping Department(2013-2020)

项目	Item	2012	2013	2014	2015	2016	2017	2018	2019	2020
基础测绘经费总投入（万元）	Total investment of basic surveying and mapping funds (10000 yuan)	40576	50675	74789	71238	67943	48512	40452	61232	63424
测绘资质单位数（家）	Number of surveying and mapping qualification Units (unit)						723	799	837	845
测绘服务总值（亿元）	Gross Output Value of Surveying and Mapping (100 million yuan)	27.95	32.39	33.64	37.43	50.40	54.13	66.18	81.41	85.20
年末测绘人数（人）	Personnel (person)	11742	12488	14587	16061	18576	20011	21939	23332	22529
1:1万地形图测制与更新（幅）	1:10000 Topographic Maps and Updated (Suit)	1657	1639	1502	1446	1446	1446	4336	1504	4336
1:2千地形图测制与更新（幅）	1:2000 Topographic Maps and Updated (Suit)						22076	12262	50200	105000

14-32 标准计量、特种设备和质量监督情况表（2016-2020年） Basic Statistics on Standard Measuring , Special Equipment and Quality Supervising(2016-2020)

项目				2016	2017	2018	2019	2020
国家质检中心	(家)	Number of National Quality Inspection Center	(unit)	49	49	49	50	52
省级质检中心	(家)	Number of Provincial Quality Inspection Center	(unit)	100	101	104	105	107
各级政府质量奖获奖企业数	(家)	Number of Government Quality Award Winning Enterprises at All Levels	(unit)	1712	1993	2371	2683	3172
现行有效地方标准数	(项)	Number of Effective Local Standards	(nape)	623	733	789	829	855
企业产品标准自我声明公开数	(项)	Number of Product Standards by Enterprises	(nape)	62180	102877	136372	169677	207331
依法设置的计量检定机构数	(所)	Number of Metrological Verification Institutions	(unit)	76	76	76	75	75
省级检定机构数	(所)	Provincial Level	(unit)	1	1	1	1	1
市级检定机构数	(所)	City level	(unit)	12	12	12	12	12
县（市、区）级检定机构数	(所)	County(District) Level	(unit)	63	63	63	62	62

续表 Continued

项目				2016	2017	2018	2019	2020
依法授权的计量检定机构数	(个)	Number of Metrological Verification Institutions Authorized in accordance with the Law	(unit)	51	56	84	70	78
省级授权机构数	(个)	Provincial Level	(unit)	8	8	9	8	10
市级授权机构数	(个)	City level	(unit)	43	48	75	62	68
全省最高等级社会公用计量标准数	(个)	Number of Social Common Measurement Standards by Highest Level	(unit)	200	183	321	335	351
全省其他等级社会公用计量标准数	(个)	Number of Social Common Measurement Standards at Other Levels	(unit)	3176	3193	3039	3298	3346
强制检定计量器具实际检出数	(万台件)	Actual Quantity Checked by Measurement Implement Tested Compulsively	(10000pointsq)	643.18	776.13	728.02	925.04	928.08
全省检验检测机构数	(个)	Number of Provincial Inspection and Testing Institutions	(unit)	1674	1766	2062	2128	2224
产品质量监督抽查批次数	(批次)	Number of Random Inspection Batches for Product Quality Supervision	(unit)	17960	17620	17239	17522	37217
特种设备综合检验机构数	(个)	Number of Comprehensive Inspection Institutions for Special Equipment	(unit)	18	18	18	19	19
省特种设备检验机构数	(个)	Provincial Level	(unit)	1	1	1	1	1
市特种设备检验机构数	(个)	City level	(unit)	11	11	11	11	11
行业特种设备检验机构数	(个)	Sector	(unit)	6	2	6	7	7
固定资产总值	(万元)	Total Value of Fixed Assets	(unit)	578220	614091	109303	121252	137491
打击假冒伪劣案件立案数	(个)	Number of Fake and Shoddy Cases Registered	(unit)	4365	5962	7750	9380	9402

注：产品质量监督抽查批次数2020年前为产品质量监督检验受检企业数。
The number of random inspection batches for product quality supervision shall be the number of inspected enterprises for product quality supervision and inspection before 2020.

14-33 按行业分的事业单位专业技术人员（2020年）
Specialized Technical Personnel in Government-affiliated Institutions by Sector(2020)

单位：人(person)

项目	Item	总计 Total	按职务分By Post		
			高级岗位 Senior	中级岗位 Medium	初级岗位 Junior
总计	**Total**	**950635**	**192374**	**402982**	**355279**
教育	Education	524912	115315	242422	167175
科研	Scientific Research	5412	2103	2373	936
文化	Culture	11141	2470	4838	3833
卫生	Health	291500	56238	105470	129792
体育	Sports	1438	241	598	599
新闻出版	Press and Publications	2007	556	918	533
广播电视	Radion and television	9989	1419	4364	4206
社会福利	Social welfare	2149	94	948	1107
救助减灾	Resuce and disaster mitigation	194	9	73	112
统计调查	Statistical Survey	613	37	222	354
技术推广与实验	Technology promotion and experiment	8543	1732	3835	2976
公共设施与管理	Public facilities and management	22428	4007	9365	9056
物资仓储	Material storage	68	7	24	37
监测	Supervise	2108	564	921	623
勘探与勘察	Exploration and investigation	2203	750	1213	240
测绘	Mapping	806	263	404	139
检验检测与鉴定	Inspection,testing and identification	2004	453	830	721
法律服务	Legal service	509	14	141	354
资源管理事务	Resource management services	3632	532	1690	1410
质量技术监督事务	Quality and technical supervision service	2850	768	1198	884
经济监管事务	Economic regulation	1611	171	686	754
知识产权事务	Intellctual property matters	171	25	70	76
公证与认证	Notarization and certification	382	49	147	186
信息与咨询	Information and consultation	1725	277	727	721
人才交流	Talent exchange	241	29	90	122
机关后勤服务	Office logistics service	1556	94	639	823
其他服务	Others	50443	4157	18776	27510

14-34 按行业分的企业单位专业技术人员（2020年）
Specialized Technical Personnel in Enterprises by Sector(2020)

单位：人(person)

项目	Item	总数 Total	按职务分 By Post				
			高级职务 Senior	#正高级职务 Chief Senior	中级职务 Medium	初级职务 Junior	未聘任专业技术职务 Not Appointed
总计	**Total**	**191761**	**17358**	**1078**	**49408**	**60183**	**64812**
农、林、牧、渔业	Farming,Forestry,Animal Husbandry and Fishery	1289	93	5	393	681	122
采矿业	Ming and Quarrying	399	55	1	161	153	30
制造业	Manufacturing	17551	1945	131	5536	5472	4598
电力、热力、燃气及水生产和供应业	Electricity,Heat,Gas and Water Production and Supply	18528	1548	40	5400	7930	3650
建筑业	Construction	28060	3386	207	8125	9015	7534
批发和零售业	Wholesale and Retail Trade	22527	695	16	3079	5221	13532
交通运输、仓储及邮政业	Transport,Storage and Post	41227	4122	261	10590	14649	11866
住宿和餐饮业	Hotels and Catering Services	1066	81	1	166	261	558
信息传输、软件和信息技术服务业	Information Transmission Software and Information Technology Services	3971	120	3	365	491	2995
金融业	Finance	14785	408	12	3536	4328	6513
房地产业	Real Estate	5630	768	10	2259	1813	790
租赁和商务服务业	Leasing and Commercial Services	7583	442	5	1505	1682	3954
科学研究和技术服务业	Scientific Research and Technic Service	6849	1579	116	2502	1519	1249
水利、环境和公共设施管理业	Water Conservancy, Environment and Public Facilities Management	7862	1034	64	2565	2937	1326
居民服务、修理和其他服务业	Resident Services,Repair and Other Services	3190	183	4	969	1376	662
教育	Education	449	32	7	154	119	144
卫生和社会工作	Health Care and Social Work	1569	203	39	561	745	60
文化、体育与娱乐业	Culture,Sports and Recreation	9226	664	156	1542	1791	5229
公共管理、社会保障和社会组织	Public Security,Social Security and Social Organization						

续表 Continued　　单位：人(person)

项目	Item	按专业分 By Occupation					
		#工程技术人员 Engine-ering	#农业技术人员 Agricu-lature	#科学技术人员 Scientific Research	#卫生技术人员 Medical Profess-ionals	#教学人员 Teaching	#其他专技人员 Others
总计	**Total**	93812	1032	625	5560	923	89809
农、林、牧、渔业	Farming,Forestry,Animal Husbandry and Fishery	481	243	4	2	3	556
采矿业	Ming and Quarrying	191			11	0	197
制造业	Manufacturing	11440	205	408	26	147	5325
电力、热力、燃气及水生产和供应业	Electricity,Heat,Gas and Water Production and Supply	11709	7	8	18	4	6782
建筑业	Construction	23774	4	1	0	6	4275
批发和零售业	Wholesale and Retail Trade	884	372	1	3781	5	17484
交通运输、仓储及邮政业	Transport,Storage and Post	21550	96	3	109	163	19306
住宿和餐饮业	Hotels and Catering Services	144				156	766
信息传输、软件和信息技术服务业	Information Transmission Software and Information Technology Services	2330		78		3	1560
金融业	Finance	779		4	5	19	13978
房地产业	Real Estate	3220	3		6	9	2392
租赁和商务服务业	Leasing and Commercial Services	1693	40	9	120	15	5706
科学研究和技术服务业	Scientific Research and Technic Service	6206		104	13	5	521
水利、环境和公共设施管理业	Water Conservancy, Environment and Public Facilities Management	5831	11	4		7	2009
居民服务、修理和其他服务业	Resident Services,Repair and Other Services	1249	25		31	4	1881
教育	Education	38			8	325	78
卫生和社会工作	Health Care and Social Work	71			1429		69
文化、体育与娱乐业	Culture,Sports and Recreation	2222	26	1	1	52	6924
公共管理、社会保障和社会组织	Public Security,Social Security and Social Organization						

浙 / 江 / 统 / 计 / 年 / 鉴

主要统计指标解释

普通高等学校

指按照国家规定的设置标准和审批程序批准举办，通过国家统一招生考试，招收高中毕业生为主要培养对象，实施高等教育的全日制大学、独立设置的学院和高等专科学校、短期职业大学。

成人高等学校

指按照国家有关规定审批，招收通过全国成人高教统一招生考试的具有高中毕业或同等学历的在职从业人员利用脱产、半脱产、业余或函授等多种形式对其实施高等学历教育，培养高等教育专科或本科毕业水平的专门人才，修业年限、课程设置和总学时数均按高等学历教育要求付诸实施的学校。包括广播电视大学、职工高等学校、农民高等学校、管理干部学院、教育学院、独立设置的函授学院等。

小学学龄儿童入学率

指调查范围内已入小学学习的学龄儿童占校内外学龄儿童总数（包括弱智儿童在内，但不包括盲聋哑儿童）的比重。计算公式

$$\text{小学学龄儿童入学率}=\frac{\text{已入学的小学学龄儿童数}}{\text{校内外小学学龄儿童总数}}\times 100\%$$

测绘服务总值

指从事测绘及相关活动的测绘资质单位在报告期内完成各种测绘项目或提供各种服务实现的总值（总产出）。

基础测绘经费总投入

指报告期内省、市、县三级政府对基础测绘投入的经费。

独立研究与开发机构

指有明确的任务和研究方向，有一定学术水平的业务骨干和一定数量的研究人员，具有研究、开发、开展学术工作的基本条件，主要进行科学研究与技术开发活动，并且在行政上有独立的组织形式，财务上独立核算盈亏，有权与其他单位签订合同，在银行有单独户头的单位。包括国务院各部门、中国科学院、中国社会科学院和各省、自治区、直辖市以及地（市）以上（含地，市）各部门所属的国有独立的科学研究与技术开发机构。

科学家和工程师

指具有大学本科及以上学历的和不具备上述学历但有高、中级职称的人员。

Explanatory Notes on Main Statistical Indicators

□ Regular Institutions of Higher Education

refer to educational establishments set up according to the government evaluation and approval procedures, enrolling graduates from senior secondary schools and providing higher education courses and training for senior professionals.They include full-time universities, colleges, high professional schools and short-term professional universities.

□ Institutions of Higher Education for Adults

refer to educational establishments, set up in line with relevant rules approved by the government, enrolling staff and workers with senior secondary school or equivalent education, and providing higher education courses in many forms of full-time, part-time, spare-time, or correspondence for adults. Professionals thus trained receive a qualification equivalent to graduates studying regular courses at regular universities, colleges and professional colleges. Institutions of higher learning for adults include Radio and TV universities, schools of high education for staff and workers and peasants, colleges for management cadres, pedagogical colleges, independent correspondence colleges.

□ Enrollment Rate of Primary School-age Children

refers to the proportion of school-age children enrolled at schools to the total number of school-age children both in and outside schools (including retarded children, but excluding blind, deaf and mute children). The formula is:

$$\text{Enrollment Rate of Primary School-age Children} = \frac{\text{Total Primary School-age Children at Schools}}{\text{Total Primary School-age Children Both at and Outside Schools}} \times 100\%$$

□ The Total Value of Surveying and Mapping Services

refers to the total value (total output) achieved by surveying and mapping qualified units engaged in surveying and mapping and related activities in completing various surveying and mapping projects or providing various services during the reporting period.

□ The Total Investment of Basic Surveying and Mapping Funds

refers to the funds invested by provincial, municipal and county governments in basic surveying and mapping during the reporting period.

□ Independent Research and Development Institutions

refer to the state-owned insitutions which have direct mission and research purpose, a certain number of core member with higher research level and a certain number of research personnel, favorable conditions for R&D and engaging in scientific rese arch and technological development. The institutions also have their own indepen dent organization and finance, authority to sign contracts with other units, with their own accounts in banks. Independent research and development institutions include the institutions attached to central government agencies,Chinese Acade my of Sciences. Chinese Academy of Social Sciences and the institutions attached to local governments.

□ Scientists and Engineers

refer to persons who have completed university or higher education or obtained titles of senior and middle-level professional positions.

2021 浙江统计年鉴

ZHEJIANG STATISTICAL YEARBOOK

CHAPTER 15

文化、体育和卫生

Culture,Sports and Public Health

15-1 文化部门文化、艺术、文物机构数（1978-2020年）
Number of Institutions for Culture, Arts and Heritage (1978-2020)

单位：个(unit)

年份 Year	电影放映单位 Film Prijection Units	艺术表演团体 Art Performance Troupes	文化馆、站 Cultural Centers, Stations	#文化馆 Cultural Centers	公共图书馆 Public Libraries	博物馆 Meseums
1978	4375	128	1125	76	63	19
1979	4320	161	1332	79	69	17
1980	4218	170	1659	79	69	19
1981	4126	147	1753	79	70	20
1982	4095	135	2124	82	73	20
1983	4625	131	2954	86	73	20
1984	5242	133	3607	91	74	21
1985	5592	126	3598	93	76	21
1986	5375	122	3617	95	78	35
1987	5089	112	3619	93	80	40
1988	4896	98	3501	87	80	45
1989	4673	90	3547	87	80	47
1990	4580	90	3554	85	80	51
1991	4436	91	3695	85	80	55
1992	4050	89	2065	84	80	55
1993	3600	89	2033	84	81	58
1994	3327	87	2010	84	82	58
1995	3029	83	1974	83	81	59
1996	2817	85	2114	83	81	61
1997	2766	86	2014	83	81	63
1998	2723	82	2016	83	82	68
1999	2381	82	1956	84	83	69
2000	2129	79	1932	84	83	65
2001	1868	80	1640	86	83	69
2002	1984	80	1676	86	83	70
2003	83	77	1650	87	83	70
2004	1758	71	1634	87	84	73
2005	1505	68	1592	87	90	73
2006	1829	68	1593	87	92	72
2007	1626	71	1582	87	93	75
2008		71	1593	87	94	81
2009	100	72	1613	88	96	90
2010	136	70	1612	89	97	90
2011	160	77	1449	104	97	89
2012	196	65	1447	102	97	103
2013	263	60	1432	102	98	103
2014	325	57	1420	102	98	105
2015	418	57	1417	102	100	108
2016	520	59	1466	102	102	111
2017	650	59	1472	101	101	117
2018	725	58	1475	101	103	119
2019	755	59	1464	101	103	143
2020	737	59	1446	102	104	158

注：1、2003年电影放映单位为发行机构数，2009年起为城市影院数。
The film projection units in 2003 refer to publishing institutions,as it refers to the number of urban theater since 2009.
2、2011年"群艺馆"更名为"文化馆"，2011年之前"文化馆"单位数未包括"群艺馆"。
"Art House" were renamed "Museum" in 2011,before 2011 the number of "museum" did not include the number of "Mass Art".
3、本表博物馆数为隶属文物部门的博物馆数。
The number of museums in this table is the number of museums under the cultural relics department.

15-2 文化文物部门机构人员数（2020年）
Number of Cultural and Cultural Relics Department Institutions and Persons(2020)

单位：个、人(unit、person)

类别	Category	总计 Total		执行事业会计制度 According to the Institution Accounting System		执行企业会计制度 According to the Enterprise Accounting System		隶属文化部门 Subordination to Cultural Department	
		机构数 Institutions	人数 Persons	机构数 Institutions	人数 Persons	机构数 Institutions	人数 Persons	机构数 Institutions	人数 Persons
总计	**Total**	**16602**	**255558**	**2444**	**34272**	**14158**	**221286**	**2281**	**36028**
一、文化合计	**Cultural Department**	**16012**	**244374**	**1867**	**23341**	**14145**	**221033**	**1945**	**26918**
艺术表演团体	Art Performance Troupes	1236	41169	43	2727	1193	38442	57	4115
其中：公有制艺术表演团体	Public-owned	61	4177	43	2727	18	1450	57	4115
艺术表演场馆	Art Performance Venue	313	5942	35	324	278	5618	58	1231
其中：公有制艺术表演场馆	Public-owned	67	1306	35	324	32	982	58	1231
公共图书馆	Public Library	104	3876	104	3876			104	3876
文化馆	Cultural Center	102	2255	102	2255			102	2255
文化站	Cultural Station	1344	5931	1344	5931			1344	5931
其中：乡镇综合文化站	Multi-use Culture Station of Township	941	3806	941	3806			941	3806
艺术展览创作机构	Art Exhibition and Creative Organization	15	232	15	232			12	214
其中：美术馆	Art Gallery	12	218	12	218			10	210
文化和旅游部门教育机构	Art Education	6	1878	6	1878			6	1878
文化和旅游科研机构	Cultural Scientific Research Institutions	4	58	4	58			4	58
文化市场经营机构	Cultural Market Management Organization	9792	92248			9792	92248		
文化和旅游行政主管部门	Administrative Department of Culture	102	4545	102	4545			102	4545
其他文化和旅游机构	Other Cultural Institutions	160	2970	112	1515	48	1455	156	2815
其中：文化市场执法机构	Law Enforcement Agencies	29	470	29	470			29	470
二、文物合计	**Cultural Relics Department**	**590**	**11184**	**577**	**10931**	**13**	**253**	**336**	**9110**
博物馆	Museum	406	6550	406	6550			158	4624
文物保护管理机构	Cultural Relics Protection Administration	86	2467	86	2467			83	2358
文物科研机构	Cultural Relics Scientific Research Institution	5	274	5	274			5	274
文物行政部门	Cultural Relics Store	79	1627	79	1627			79	1627
其他文物机构	Other	14	266	1	13	13	253	11	227

15-3 电影放映情况（2011-2020年）
Considions of Film Projection(2011-2020)

项目		Item		2011	2012	2013	2014	2015
城市影院数	**(个)**	**Number of Urban Theaters**	**(unit)**	**160**	**196**	**263**	**325**	**418**
放映场次	(万场)	Number of Projection	(10000 shows)	108	151	232	305	422
观众人数	(万人次)	Number of Audiences	(10000 person-times)	2624	3440	4862	6426	9696
放映收入	(万元)	Projection Income	(10000 yuan)	97533	137500	180368	236817	349204

续表 Continued

项目		Item		2016	2017	2018	2019	2020
城市影院数	**(个)**	**Number of Urban Theaters**	**(unit)**	**520**	**650**	**725**	**755**	**737**
放映场次	(万场)	Number of Projection	(10000 shows)	596	774	932	1023	70
观众人数	(万人次)	Number of Audiences	(10000 person-times)	10017	12501	13789	13399	4052
放映收入	(万元)	Projection Income	(10000 yuan)	345700	411692	449187	459193	136068

15-4 文化馆(站)业务活动和经费情况
Basic Statistics on Activities and Expenditures of Cultural Centers

项目		Item		总计 Total			文化馆 Cultural Centers			文化站 Cultural Stations		
				2018	2019	2020	2018	2019	2020	2018	2019	2020
单位数	(个)	Number of Units	(unit)	1475	1464	1446	101	101	102	1374	1363	1344
举办展览	(个)	Number of Exhibitions	(unit)	14903	17739	15656	3031	3793	3339	11872	13946	12317
组织文艺活动	(次)	Entertainment Activities	(Times)	115327	148863	122326	22675	33051	26834	92652	115812	95492
举办训练班班次	(次)	Number of Training Classes	(Times)	81366	106079	95271	31277	43391	38998	50089	62688	56273
培训人次	(千人次)	Persons Training Courses	(1000 person-times)	5284	6291	5025	1491	2029	1631	3793	4262	3393
由本馆（站）指导单位		Units Responsible for Guilding Centers(Stations)										
群众业余文艺团队	(个)	Part time Art Groups	(Number)	37483	39555	39604	7947	10293	11585	29536	29262	28019
总支出	(万元)	Total Expenditures	(10000 yuan)	265603	283997	285887	88434	94831	100365	177169	189166	185522
基本支出	(万元)	Basic Expenditure	(10000 yuan)	131031	134010	141000	54885	56589	58898	76146	77421	82102

注：2020年起，文化馆（站）事业支出改为基本支出。From 2020, the business expenditure of cultural centers (stations) will be changed to basic expenditure.

15-5 博物馆、文物保护管理单位基本情况
Basic Statistics on Museums and Cultural Relic Protection Management Agencies

项目		Item		博物馆 Museums			文物保护管理单位 Projection & Management Agencies		
				2018	2019	2020	2018	2019	2020
单位数	**(个)**	**Number of Units**	**(unit)**	**119**	**143**	**158**	**94**	**90**	**83**
藏　品	**(件/套)**	**Number of Collections**	**(case)**	**1022871**	**1084722**	**1148773**	**110731**	**100200**	**95970**
#一级品		Grade One	(Piece)	1915	1995	1994	169	111	102
业务活动		**Vocational Activities**							
陈列、展览	(个)	Number of Displays	(unit)	1415	1526	1545	227	185	149
参观人数	(万人次)	Number of Visitors	(10000 person-times)	5077	5983	2250	2540	3119	1407
本年收入	**(万元)**	**Total Income**	**(10000 yuan)**	**141769**	**158319**	**179494**	**132336**	**151806**	**115881**
本年支出	**(万元)**	**Total Expenditure**	**(10000 yuan)**	**144381**	**158591**	**179480**	**119257**	**115641**	**108920**
固定资产净值	**(万元)**	**Net Value of Fixed Assets**	**(10000 yuan)**	**278089**	**319272**	**269368**	**290816**	**254472**	**195813**

注：2020年起，固定资产原值改为固定资产净值。From 2020, the original value of fixed assets will be changed to the net value of fixed assets.

15-6 公共图书馆基本情况（2011-2020年）
Basic Statistics on Public Libraries(2011-2020)

项目		Item		2011	2012	2013	2014	2015
单位数	(个)	Number of Units	(unit)	97	97	98	98	100
从业人员	(人)	Staff and Workers	(person)	3091	3096	3273	3483	3577
总藏量	(万册件)	Total Collections	(10000 volume-time)	3964	4539	5165	5634	6250
有效借书证数	(万个)	Number of Library Cards Borrowed	(10000 units)	203	241	322	926	1639
书刊文献外借人次	(万人次)	Number of Persons Borrowing Books and Papers	(10000 person-times)	1766	1677	1912	1953	2253
书刊文献外借册次	(万册次)	Number of Books and Papers Borrowed by the Readers	(10000 volume-times)	3660	3900	3919	4936	5727
经费总支出	(万元)	Total Expenditure	(10000 yuan)	56470	73446	76969	83152	100338
本年新购藏量	(万册)	Number of Books Purchased During the Year	(10000 volumes)	450	628	480	437	643
固定资产净值	(万元)	Net Value of Fixed Assets	(10000 yuan)	142779	167655	191237	207624	232383
实际使用房建筑面积	(万平方米)	Space of Actual Building Area	(10000 sq.m)	63	69	75	86	95
阅览室座席数	(千个)	Seating Capacity of Reading Rooms	(1000 seats)	36	40	42	51	61

续表 Continued

项目		Item		2016	2017	2018	2019	2020
单位数	(个)	Number of Units	(unit)	102	101	103	103	104
从业人员	(人)	Staff and Workers	(person)	3616	3607	3849	4055	3876
总藏量	(万册件)	Total Collections	(10000 volume-time)	6969	7813	8608	9433	9867
有效借书证数	(万个)	Number of Library Cards Borrowed	(10000 units)	845	1041	957	1286	718
书刊文献外借人次	(万人次)	Number of Persons Borrowing Books and Papers	(10000 person-times)	2706	2862	2432	2543	1468
书刊文献外借册次	(万册次)	Number of Books and Papers Borrowed by the Readers	(10000 volume-times)	6520	6982	7149	7846	5546
经费总支出	(万元)	Total Expenditure	(10000 yuan)	108932	129175	143649	166239	136592
本年新购藏量	(万册)	Number of Books Purchased During the Year	(10000 volumes)	711	753	673	816	894
固定资产净值	(万元)	Net Value of Fixed Assets	(10000 yuan)	273537	275283	338817	367265	348921
实际使用房建筑面积	(万平方米)	Space of Actual Building Area	(10000 sq.m)	106	108	120	131	132
阅览室座席数	(千个)	Seating Capacity of Reading Rooms	(1000 seats)	65	69	78	85	86

注:1、总藏量未包含电子图书。The data of total collections does not include electronic books.
2、2020年起，公共图书馆固定资产原值改为固定资产净值。From 2020, the original value of fixed assets of public libraries will be changed to the net value of fixed assets.

15-7 报纸和杂志出版数量
Number of Newspaper and Magazines Published

项目	Item	种数(种) Number of Publications (kind)			总印量(万册、万份) Total Printed Copies (10000 Copies)			总印张(千印张) Total Printed Sheets (1000 sheets)		
		2018	2019	2020	2018	2019	2020	2018	2019	2020
报纸	**Newspaper**	**66**	**66**	**66**	**211181**	**200192**	**181008**	**6481101**	**6071515**	**5207065**
综合报	Synthetical Newspapers	42	42	42	177182	167952	152480	5863211	5507242	4704653
专业报	Special Newspapers	16	16	16	25051	24136	20764	438593	416323	370701
杂志	**Magazines**	**231**	**235**	**236**	**7366**	**7010**	**6430**	**313925**	**299223**	**298580**
综合	Synthesis	21	21	21	23	22	21	1556	1422	1355
哲学、社会科学	Philosophy and Social Science	49	49	49	1895	1803	1640	100222	98434	94814
自然科学技术	Natural Science and Technology	113	117	118	410	411	364	24399	24576	22818
文化教育	Culture and Education	31	31	31	4711	4485	4169	171360	160035	167713
文学艺术	Literature and Arts	17	17	17	327	289	235	16387	14756	11880

15-8 图书出版数量
Number of books Published

项目	Item	本版图书种数(种) Number of Publications (kind)		租型图书种数(种) Number of Publications for lease (kind)		总印数(万册、万份) Total Printed Copies (10000 Copies)		总印张(千印张) Total Printed Sheets (10000 sheets)	
		2019	2020	2019	2020	2019	2020	2019	2020
图书总计	**Total**	**16079**	**14477**	**386**	**387**	**44892**	**41513**	**3361516**	**3152468**
使用《中国标准书号》部分合计	Publications with"China Standard Book Number"	15964	14419	386	387	44839	41455	3356637	3148469
#哲学	Philosophy	178	152			120	168	16333	22681
社会科学总论	General Social Science	226	231			168	107	21547	14522
文化、科学、教育、体育	Culture,Science,Education and Sports	8410	7633	386	387	36012	34423	2521351	2455907
文学	Literature	2001	2014			4118	3007	374326	288992
艺术	Arts	2184	1696			1393	801	122700	85977
自然科学总论	General Natural Science	24	29			20	19	3563	3231
不使用《中国标准书号》部分合计	Publications without"China Standard Book Number"	115	58			52	58	4879	3999

15-9 电视节目制作情况（2012-2020年）
Production of Television Programs(2012-2020)

项目		Item		2012	2013	2014	2015
基本情况		Basic Statistics					
省市级电视台	(座)	Television Station	(set)	12	12	12	12
电视节目套数	(套)	Sets of Television Programs	(set)	116	116	117	118
电视发射台及转播台	(座)	Number of TV Transmission Stations and Relaying Stations at 1 kw and Higher Level	(set)	97	100	100	176
播出时间	(小时)	Broadcasting Hours(Hour/per week)	(hours)	733784	738055	755633	753757
新闻资讯节目		New and Informating Programs		94558	98587	103248	109730
专题服务节目		Special Subject Service Programs		73588	84682	93206	93996
综艺益智节目		Programs of General Entertainment		38789	32970	31496	35552
影视剧节目		Movie and Teleplay Programs		329109	322553	324315	322198
广告节目		Advertisement		123652	122328	126074	117372
其他节目		Other Programs		74085	66935	77292	74906
电视人口覆盖率	(%)	Viewer Rating	(%)	99.60	99.64	99.65	99.69
中央电视台(一套节目)	(%)	CCTV-1	(%)	98.91	99.00	99.01	99.06
浙江电视台(一套节目)	(%)	ZJTV-1	(%)	99.16	99.24	99.26	99.29
有线电视实际用户数	(万户)	Number of Cable TV Users	(10000 households)	1357.34	1449.05	1499.71	1562.57

续表 Continued

项目		Item		2016	2017	2018	2019	2020
基本情况		Basic Statistics						
省市级电视台	(座)	Television Station	(set)	12	12	12	12	12
电视节目套数	(套)	Sets of Television Programs	(set)	118	116	116	116	116
电视发射台及转播台	(座)	Number of TV Transmission Stations and Relaying Stations at 1 kw and Higher Level	(set)	164	168	180	186	190
播出时间	(小时)	Broadcasting Hours(Hour/per week)	(hours)	755972	740705	744396	738453	706896
新闻资讯节目		New and Informating Programs		116754	115792	116054	114860	110315
专题服务节目		Special Subject Service Programs		104435	107359	113963	112319	104475
综艺益智节目		Programs of General Entertainment		36906	36350	34420	31124	24339
影视剧节目		Movie and Teleplay Programs		305808	289295	288290	293763	300736
广告节目		Advertisement		119556	119209	122085	114962	106847
其他节目		Other Programs		72511	72699	69581	71425	60184
电视人口覆盖率	(%)	Viewer Rating	(%)	99.72	99.75	99.80	99.82	99.84
中央电视台(一套节目)	(%)	CCTV-1	(%)	99.71	99.74	99.80	99.82	99.84
浙江电视台(一套节目)	(%)	ZJTV-1	(%)	99.66	99.72	99.78	99.81	99.84
有线电视实际用户数	(万户)	Number of Cable TV Users	(10000 households)	1526.08	1419.56	1434.67	1346.73	1321.40

15-10 广播节目制作情况（2010-2020年）
Production of Broadcasting Programs(2010-2020)

项目		Item		2010	2011	2012	2013	2014
基本情况		**Basic Statistics**						
省市级广播电台	(座)	Broadcasting Stations	(set)	12	12	12	12	12
广播节目套数	(套)	Set of Broadcasting Programs	(set)	107	107	108	110	111
中短波广播发射台和转播台	(座)	Number of Broadcasting Transmission Stations and Relaying Stations	(set)	37	37	36	36	36
县级广播电视台	(个)	Number of Boradcast Stations at County and Higher Level	(unit)	66	66	66	66	66
广播人口综合覆盖率	(%)	Listener Rating	(%)	99.17	99.20	99.54	99.56	99.57
中央人民广播电台第一套节目	(%)	Channel 1,Central People Broadcasting Station	(%)	98.26	98.40	98.81	98.81	98.82
浙江电台第一套节目	(%)	Zhejiang Channel 1	(%)	98.61	98.56	98.97	99.02	99.03
全年公共广播节目播出时间	(小时)	Broadcasting Hours Per Day	(hours)	709854	713198	714622	740977	749740
新闻咨讯类节目		News Programs		123775	140654	145666	156168	157189
专题服务类节目		Special Subject Programs		158029	176263	174486	188969	185000
综艺类节目		Programs of Entertainment		179135	178555	179916	177619	173893
广播剧类节目		Educational Programs		25821	26072	26662	28500	27580
广告类		Advertisement		74354	72488	72741	73229	75670
其他类节目		Service Programs		148739	119166	115105	116492	130406

续表 Continued

项目		Item		2015	2016	2017	2018	2019	2020
基本情况		**Basic Statistics**							
省市级广播电台	(座)	Broadcasting Stations	(set)	12	12	12	12	12	12
广播节目套数	(套)	Set of Broadcasting Programs	(set)	113	113	112	112	112	112
中短波广播发射台和转播台	(座)	Number of Broadcasting Transmission Stations and Relaying Stations	(set)	37	36	38	33	36	36
县级广播电视台	(个)	Number of Boradcast Stations at County and Higher Level	(unit)	66	66	66	66	66	66
广播人口综合覆盖率	(%)	Listener Rating	(%)	99.60	99.65	99.68	99.73	99.73	99.77
中央人民广播电台第一套节目	(%)	Channel 1,Central People Broadcasting Station	(%)	99.86	99.47	99.51	99.56	99.56	99.77
浙江电台第一套节目	(%)	Zhejiang Channel 1	(%)	99.09	99.44	99.52	99.58	99.58	99.65
全年公共广播节目播出时间	(小时)	Broadcasting Hours Per Day	(hours)	761835	778581	770768	770765	768027	773410
新闻咨讯类节目		News Programs		157933	168162	160904	156898	150880	155532
专题服务类节目		Special Subject Programs		185974	179690	163848	162958	162024	172024
综艺类节目		Programs of Entertainment		175431	175715	187907	182589	177913	173677
广播剧类节目		Educational Programs		28619	26689	21678	24301	18988	20314
广告类		Advertisement		77091	78293	78198	83128	84590	76684
其他类节目		Service Programs		136787	150032	158233	160891	173632	175179

15-11 体育系统职工人数（2020年）
Number of Staff and Workers in Sports Commissions(2020)

单位：人(person)

类别	Category	总计 Total	体育行政机关 Sports Commiss-ion Organization	运动项目管理部门 Sprots Manag-ement	职业运动技术学院 Profes-sional Sprots and Technical College	体育运动学校 Physical Education and Sports Schools	竞技（业余）体校 Amateur Sports Schools	体育场所 Public Sports Places	训练基地 Training bases	体育科研机构 Sports Science Research	其他事业单位 Others Institutions
总计	**Total**	**5383**	**868**	**604**	**1354**	**442**	**813**	**447**	**67**	**32**	**756**
公务员	Government	607	607								
运动员	Office Worker	1362		421	941						
专职教练员(教练员)	Athletes Full-time Coaches	1047	19	56	141	191	485	40	40	3	72
专职教师(文化教师)	Full-time Teachers	353			63	125	153				12
科研人员	Scientific and Technical Personnel	52		8	13	5	6			13	7
医务人员	Medical Personnel	59			38	4	7	4	1	4	1
管理人员	Administrative Personnel	1103	83	69	136	74	100	219	20	5	397
工勤人员	Workers	88	13	1		3		58			13
其他人员	Others	712	146	49	22	40	62	126	6	7	254

注：业余体校包括重点业余体校和普通业余体校。
Sparetime sports schools included key and ordinary spare schools.

15-12 等级运动员和社会体育指导员人数（2011-2020年）
Number of Athletes and Social Sports Instructors(2011-2020)

单位：人(person)

项目	Item	2011	2012	2013	2014	2015	2016	2017	2018	2019	2020
等级运动员	Number of Athletes in Grades	1950	2889	2256	2496	2420	3684	2074	2567	2739	3032
国际级健将	International Master of Sports	9	12	10	10	16	10	7	6	10	2
国家级健将	National Master of Sports	122	126	85	75	125	119	83	30	126	12
一级	First Grade Sportsmen	633	517	545	622	922	489	712	792	716	957
二级	Second Grade Sportsmen	1186	2234	1616	1789	1357	3066	1272	1739	1887	2061
社会体育指导员	International Referees							18418	29652	17933	25530
一级	National Referees							2490	1168	1125	797
二级	First Grade Referees							3760	7369	5860	3201
三级	Second Grade Referees							12168	21115	10948	21532

15-13 运动员分项获奖情况（2015-2020年）
Awards Own by Athletes by Item(2015-2020)

单位：项(Item)

项目	Item	世界冠军 World Championships								
		2015	2016	2017	2018	2019	2020	2015	2016	2017
合计	**Total**	**14**	**13**	**19**	**74**	**15**	**2**	**20**	**39**	**22**
举重	Weightlifting	2		6	3	4			3	3
游泳	Swimming	4	1	3	22	3			10	
田径	Track and Field							5	4	1
棋类	Chess	1	4	1	1	1	2	1	2	1
羽毛球	Badminton	3	4	1	15	2		3	4	2
射击	Shooting			1	12			4	5	3
拳击	Boxing									
体操	Gymnastics				2					5
皮划艇	Canoe/Kayak					1				2
其他	Others	4	4	7	19	4		7	11	5

续表 Continued

单位：项(Item)

项目	Item	亚洲冠军 Asia Championships			全国冠军 National Championships					
		2018	2019	2020	2015	2016	2017	2018	2019	2020
合计	**Total**	**52**	**27**		**418**	**391**	**432**	**529**	**472**	**304**
举重	Weightlifting		4		45	33	59	27	14	2
游泳	Swimming	12			104	88	118	49	90	13
田径	Track and Field	2	3		29	21	39	40	36	23
棋类	Chess	1			16	8	8	5	12	3
羽毛球	Badminton	5	2		7	1	7	10	18	7
射击	Shooting	3	9		9	7	14	32	36	20
拳击	Boxing				1	3	2	2		7
体操	Gymnastics	2			21	29	29	42	59	9
皮划艇	Canoe/Kayak	1			20	22	12	57	27	29
其他	Others	26	9		166	179	144	265	180	191

15-14 群众体育活动和体育场地情况
Basic Statistics on Activities of Mass Sports and Number of Sports Ground

项目		Item		2017	2018	2019	2020
群众体育活动		**Activities of Mass Sports**					
#省级	(次)	Provincial Level	(Times)	516	515	612	428
参加人数	(万人)	Number of active persons	(10000 persons)	8	10	14	8
#市级	(次)	City level	(Times)	1748	1975	2158	1511
参加人数	(万人)	Number of active persons	(10000 persons)	85	75	93	65
#县级	(次)	County level	(Times)	5706	10100	8058	5641
参加人数	(万人)	Number of active persons	(10000 persons)	255	337	383	268
国民体质监测		**Monitor Wational constitution**					
站点数	(个)	Sites	(Number)	1100	1196	1215	1227
累计受测人员数	(万人)	Accumulative persons involved monitoring	(10000 persons)	391	425.7	441.9	454.8
本年受测人员数	(万人)	Persons involved monitoring this year	(10000 persons)	29	34.7	16.2	12.9
测试达标人员数	(万人)	Number of persons reached the Standards	(10000 persons)	27	32.2	15.1	12.1
测试达标率	(%)	Attainment rate	(Percentage)	92	92.9	93.4	93.8
体育场地		**Sports Ground**					
数量	(个)	Number of Sports Ground	(Number)	143512	151251	183472	193218
场地面积	(万平方米)	Space of sports Ground	(Million Square meters)	11028	12412	13703	14957
人均体育场地面积	(平方米)	Per capita Area of Sports Ground	(Square meters)	1.97	2.16	2.34	2.32

15-15 卫生事业情况（2015-2020年）
Statistics on Health Undertakings(2015-2020)

项目	Item	2015	2016	2017	2018	2019	2020
医疗卫生机构数合计(个)	**Total Number of Medical and Health Institutions(unit)**	**31139**	**31548**	**31981**	**32755**	**34126**	**34400**
医院	Hospital	1049	1131	1204	1288	1374	1429
疗养院	Sanatoriam	13	15	14	13	12	12
社区卫生服务中心（站）	Center of Community Service	6020	5870	5687	5310	4922	4733
卫生院	Commune Hospital	1199	1201	1161	1168	1092	1069
门诊部	Clinics	1247	1390	1605	1831	2229	2418
诊所医务室卫生所	Consulting Room	9098	9673	10201	11090	12312	12856
专科防治所站	Specialized Prevention Station	16	16	16	16	15	14
疾控中心防疫站	Sanitation and Antiepidemic Institutions	101	101	100	100	100	103
#卫生防疫站	Sanitaion Station						
妇幼保健机构	Maternity and Child Care Institutions	88	87	88	89	92	92
卫生监督所	Sanitation Supervisory Station	103	103	102	102	102	99
医学科学研究机构	Research Institutions of Medical Science	7	7	7	6	5	5
医学在职培训机构	Training Institutions	41	41	37	37	35	32
村卫生室	Clinics by Village	11867	11677	11535	11483	11593	11300
其他卫生机构	Others	290	236	224	222	243	238
床位合计数(张)	**Total Beds(bed)**	**272503**	**290388**	**314016**	**332116**	**350268**	**361317**
#医院	Hospital	239444	255279	277598	293720	307197	316997
社区服务中心(站)	Center of Community Service	7413	7286	7472	8283	8425	10010
卫生院	Commune Hospital	15697	17162	18093	19031	21278	20385
门诊部	Clinics	277	239	184	219	209	273
妇幼保健机构	Maternity and Child Care Institutions	7549	7985	8485	8820	11019	11461
专科防治所站	Specialized Prevention Sation	548	448	448	446	357	427
其他卫生机构	Others	1575	1989	1736	1597	1783	1764
卫生人员合计(人)	**Persons Engaged in Health Institutions(persons)**	**491172**	**523632**	**557296**	**589703**	**628466**	**659781**
卫生技术人员	Medical Technical Personnel	405458	432393	460505	486231	520251	548024
医生	Doctors	158056	168167	179474	190802	205625	217677
其他技术人员	Others	18793	20444	22499	24792	26789	27377
管理人员	Management Personnel	17142	18455	20148	21510	22812	24044
工勤人员	Logistics Workers	41609	44326	46347	49843	51660	53704
乡村医生和卫生员	Doctors and Health Workers in Rural Area	8170	8014	7797	7327	6954	6632
在卫生技术人员中	Among them						
执业医师	Licenced Doctors	135772	144998	155782	166144	180044	191541
执业助理医师	Licenced Assistant Doctors	22284	23169	23692	24658	25581	26136
注册护士	Registered Nurses	159945	174486	188163	201514	219811	233067
药剂人员	Medical Pharmacists	25763	26871	27950	29048	30287	31436
检验人员	Laboratory Technicians	20477	21975	23315	24514	26049	27380
其他	Others	41217	40894	41603	40353	38479	38464
平均每千人口拥有卫生技术人员（按常住人口计算）	Number of Medical Technical Personnel Per 1000 Population(Calculated by Number of Permanent population)	6.77	7.13	7.46	7.76	8.16	8.47
#医生	Doctors	2.64	2.77	2.91	3.05	3.22	3.37
平均每千人口拥有卫生技术人员（按户籍人口计算）	Number of Medical Technical Personnel Per 1000 Population(Calculated by Number of Household population)	8.32	8.81	9.29	9.72	10.32	10.81
#医生	Doctors	3.24	3.42	3.62	3.82	4.08	4.29

注：自2010年开始，卫生机构中包含村卫生室，卫生人员中包含乡村医生和卫生员。
Since 2010, health agencies are included in the village clinics, health personnel include rural doctors and health workers.

15-16 医疗卫生机构诊疗次数和入院人数（2020年）

Number of Hospital Patients (2020)

类别	Item	机构数(个) Number of Institu-tions (unit)	诊疗人次数(万人次) Total Number of Patients Treate (10000 person times)		入院人数(人) Hospial Admiss-ions (person)	每百门急诊次入院人数(人) Hospital Admiss-ions Per 100 Patient Time (person)
			小计 Total	#门、急诊 Out-Patients and Emer-gency Patients		
医院合计	**Hospitals**	**1429**	**25917.36**	**25653.76**	**8771246**	**3.42**
综合医院	**General Hospitals**	**591**	**17729.96**	**17589.91**	**6316814**	**3.59**
中医医院	**Hospitals of Chinese Medicine**	**189**	**4731.10**	**4683.77**	**1152314**	**2.46**
中西医结合医院	**Hospitals which Integrate Traditional Chinese Therapeutics with Western Therapeutics**	**35**	**722.79**	**710.47**	**208475**	**2.93**
专科医院	**Specialized Hospitals**	**535**	**2707.68**	**2646.91**	**1041861**	**3.94**
传染病院	Hospitals for Infectious Diseases	3	57.64	57.28	18801	3.28
精神病院	Mental Hospitals	76	450.61	447.08	207181	4.63
肿瘤医院	Tumor Hospitals	4	93.74	93.74	188588	20.12
眼科病院	Ophthalmoology Hospitals	57	253.38	250.71	96212	3.84
妇幼保健院	**Hospitals for Maternity and Childern Care**	**66**	**1949.35**	**1893.85**	**523698**	**2.77**
社区卫生服务中心	**Center of Community Service**	**495**	**9549.08**	**9141.59**	**64773**	**0.07**
卫生院	**Rural Hospitals**	**1069**	**9996.13**	**9647.92**	**266740**	**0.28**
门诊部	**Clinics**	**2418**	**2146.10**	**1719.23**	**996**	

15-17 医疗机构病床使用情况（2020年）

Utilization of Beds of Medical Institutions (2020)

类别	Item	入院人数(人) Hospital Admissions (persons)	病床使用率(%) Utilization Rate of Beds (%)	病床周转次数(次) Turnover of Beds (time)	出院者平均住院日(日) Average Hospitalization Period (day)
合计	**Total**	**9648173**	**74.19**	**28.5**	**9.3**
#医院	Hospital	8771246	77.94	29.3	9.5
#社区卫生服务中心	Center of Community Service	64773	30.87	7.5	14.6
#卫生院	Rural Hospitals	266740	40.37	14.7	9.6

15-18 县(区)村卫生室基本情况
Basic Conditions of Rual Clinics on Country

项目	Item	总计 Total		村办 Villiage-run		乡卫生院设点 Township-run	
		2019	2020	2019	2020	2019	2020
机构数	(个)Number of Institutions (unit)	11593	11300	7521	6876	1151	1711
执业(助理)医师	(人)Licensed(Assistant)Doctors (person)	5862	6133	4066	4324		
注册护士	(人)Registered Nurse (person)	1122	1600	739	1068		
乡村医生和卫生员	(人)Rural Doctors and Health Workers (person)	6954	6628	4604	4478	487	469
乡村医生	(人)Rural Doctors (person)	6637	6257	4424	4201	466	456
当年考核合格的乡村医生数	(人)Doctor Number (person)	4075	3877	2748	2669	319	296
卫生员	(人)Health Workers (person)	317	371	180	277	21	13
年内培训人次数	(人次)Training Number (Times)	27487	25359	18810	17348	1658	1660
总收入	(万元)Total Income (1000 yuan)	178471.8	165630.2	120724.7	121519.1	10077.6	9490.5
医疗收入	(万元)Pharmaceutical Income	147372.1	132463.8	99758.7	98143	8400.1	7895.5
药品收入	(万元)Medical Income	117063.7	103204.8	80588.9	76757.2	7092.4	6796.8
上级补助收入	(万元)Subsidies of Higher Level	17714.2	17021.8	13210.9	12990.3	1043.5	831
总费用	(万元)Total Expenditure (1000 yuan)	940315.1	145743.8	892421.9	108370.3	8702.3	8131.6
人员经费	(万元)Persons Expenditure	835126.9	48432.9	818861.4	35513.6	2433.6	1989.7
药品费	(万元)Medicines Expenditure	96725	88210.7	68095.8	66063.9	5894.1	5817
诊疗人次数	(人)Patients Treated (10000 persons)	50885155	46218018	33615988	32529482	1940398	1969752
其中:出诊人次数	(人)Medical Treatment Outside (10000 persons)	679460	510640	435163	285536	21677	33051
报告疑似传染病例数	(数)The Number of Suspected Infections Diseses (person)	1835	31233	1611	31092	34	9
参加乡镇卫生院例会次数	(次)The Number of Rural Hospital to Psticipate in Regular Meetings (Times)	80987	74171	54765	52432	4228	4089

按设置/主办单位分By Ownership						按行医方式分By Type					
联合办 Combination		私人办 Privata-run		其他 Others		中医 Chinese Medicine		西医 Western Medicine		中西医结合 Combining Chinese Medicine With Western Medicine	
2019	2020	2019	2020	2019	2020	2019	2020	2019	2020	2019	2020
142	138	1886	1727	893	848	215	216	8945	8715	2433	2369
113	112	1033	1080	650	617	206	205	3175	3311	2481	2617
7	7	286	389	90	136	21	31	625	753	476	816
69	62	1317	1161	477	458	79	72	5790	5556	1085	1000
69	62	1231	1112	447	426	62	59	5610	5308	965	890
32	29	712	630	264	253	37	34	3469	3303	569	540
		86	49	30	32	17	13	180	248	120	110
267	230	4693	4175	2059	1946	490	517	22283	20432	4714	4410
1741.1	1521.7	29977.3	19166.4	15951.1	13932.5	4023	3873	119495.4	112554.5	54953.5	49202.7
1526.7	1338.2	25359.4	15183.6	12327.3	9903.5	3370.9	3055.5	98224.9	90872.6	45776.3	38535.8
1175	1018.8	20412.5	11943.3	7794.8	6688.7	2404.5	2295.2	79581.1	71934.4	35078.2	28975.2
161.8	123.8	2354.4	2228.2	943.8	848.5	223.5	224.8	13454.7	12860.9	4036	3936.2
1484.3	1350.2	24806.6	16655	12899.8	11236.7	3291	3285.5	889195.7	99253.1	47828.4	43205.2
565.4	493.8	8833.3	6193.1	4433.1	4242.8	1106.6	1130.5	819065.7	33495.9	14954.6	13806.5
877.6	816	14433.9	8904	7423.6	6609.8	1953	1915.2	65595.6	60824	29176.4	25471.5
582706	474821	9162953	6471125	5583110	4772838	1229917	1171113	33343444	31036341	16311794	14010564
3513	1971	167951	104091	51156	85991	12433	4827	574601	452471	92426	53342
15	18	162	100	13	14	37	31	1031	30805	767	397
417	408	15689	12970	5888	4272	1354	1398	64805	59116	14828	13657

15-19 城市和农村前十位疾病死亡原因和构成
Main 10 Causes of Death by Diseases in Urban and Rural Areas

2019				2020			
位次 No.	城市死因	Cause of Death in Urban Area	占死亡总数(%) As % of Total Death	位次 No.	城市死因	Cause of Death in Urban Area	占死亡总数(%) As % of Total Death
1	恶性肿瘤	Malignant Tumour	30.72	1	恶性肿瘤	Malignant Tumour	30.88
2	脑血管病	Cerebrovasular Disease	17.86	2	脑血管病	Cerebrovasular Disease	18.07
3	心脏病	Heart Trouble	14.95	3	心脏病	Heart Trouble	15.52
4	呼吸系统疾病	Respiratory Disease	12.21	4	损伤和中毒	Trauma and Toxicosis	9.74
5	损伤和中毒	Trauma and Toxicosis	9.07	5	呼吸系统疾病	Respiratory Disease	9.54
6	内分泌，营养和代谢的其他疾病	Other Diseases of Endocrine, Nutrilion and Supersession	3.09	6	内分泌，营养和代谢的其他疾病	Other Diseases of Endocrine, Nutrilion and Supersession	3.21
7	神经系统疾病	Mental Disease	2.29	7	消化系统疾病	Disease of Digestion System	2.53
8	消化系统疾病	Disease of Digestion System	2.26	8	神经系统疾病	Mental Disease	2.50
9	泌尿生殖系统疾病	Urinary Disease	1.17	9	泌尿生殖系统疾病	Urinary Disease	1.16
10	传染病和寄生虫病	Infections and Parasite Disease	1.03	10	传染病和寄生虫病	Infections and Parasite Disease	1.01
	合计	Total	94.65		合计	Total	94.16

2019				2020			
位次 No.	农村死因	Cause of Death in Urban Area	占死亡总数(%) As % of Total Death	位次 No.	农村死因	Cause of Death in Urban Area	占死亡总数(%) As % of Total Death
1	恶性肿瘤	Malignant Tumour	29.38	1	恶性肿瘤	Malignant Tumour	29.75
2	脑血管病	Cerebrovasular Disease	18.80	2	脑血管病	Cerebrovasular Disease	19.76
3	心脏病	Heart Trouble	14.11	3	心脏病	Heart Trouble	14.65
4	呼吸系统疾病	Respiratory Disease	12.05	4	损伤和中毒	Trauma and Toxicosis	10.02
5	损伤和中毒	Trauma and Toxicosis	9.94	5	呼吸系统疾病	Respiratory Disease	9.59
6	内分泌，营养和代谢的其他疾病	Other Diseases of Endocrine, Nutrilion and Supersession	3.25	6	内分泌，营养和代谢的其他疾病	Other Diseases of Endocrine, Nutrilion and Supersession	3.30
7	神经系统疾病	Mental Disease	2.57	7	神经系统疾病	Mental Disease	2.62
8	消化系统疾病	Disease of Digestion System	2.45	8	消化系统疾病	Disease of Digestion System	2.60
9	泌尿生殖系统疾病	Urinary Disease	1.17	9	泌尿生殖系统疾病	Urinary Disease	1.16
10	传染病和寄生虫病	Infections and Parasite Disease	1.14	10	传染病和寄生虫病	Infections and Parasite Disease	1.14
	合计	Total	94.86		合计	Total	94.59

浙/江/统/计/年/鉴

主要统计指标解释

文化事业机构

指从事专业文化工作和为专业文化工作服务的独立建制的单独核算的单位。不包括这些单位另外举办独立核算的其他机构和各部门的业余文化组织。

艺术表演团体

指从事戏曲、音乐、舞蹈、杂技等专业艺术表演，有独立帐户，实行单独核算的团体。不包括半工半艺、半农半艺和民间职业剧团。

电影放映单位

指具有放映机器设备、固定或不固定的放映场所与专职或兼职的放映技术人员，经有关部门登记批准，经常为一定的观众对象放映电影的机构。包括经批准对外开放进行营业，并与电影发行放映管理机构分帐的专用放映单位和军委系统租片单位。

等级运动员人数

指经考核正式批准授予等级运动员称号的人数。运动员等级分为国际级运动健将、运动健将、一级运动员、二级运动员、三级运动员、少年级运动员 。

等级裁判员人数

指经考核正式批准授予等级裁判员称号的人数。裁判员等级分为国际裁判、国家级裁判、一级裁判、二级裁判、三级裁判。

医院

指名称为医院，设有固定床位能收容病人住院并能为病人提供医疗、 护理服务的医疗机构。包括县及县以上医院、农村乡卫生院、其他医院三部分。按所属性质分为卫生部门、工业及其他部门，集体经济单位三类。其中县及县以上医院按业务性质分为综合医院和专科医院。

卫生技术人员

指卫生事业机构支付工资的全部固定职工和合同制职工中现任职务为卫生技术工作的专业人员。包括中医师、西医师、中西医结合高级医师、护师、中药师、西药师、检验师、其他技师、中医士、西医士、护士、助产士、中药剂士、西药剂士 、检验士、其他技士、其他中医、护理员、中药剂员、西药剂员、检验员，其他初级卫生技术人员。

医生

指领取职业医生证书，从事医疗工作的专业人员。分为中医医生、西医医生和助理中西医医生。

ZHEJIANG STATISTICAL YEARBOOK

Explanatory Notes on Main Statistical Indicators

□ Cultural Institutions

refer to units which have their own organizational system and independent accounting system and specialize in or serve cultural development. They exclude other establishments run by these cultural institutions and amateur cultural groups established by various departments.

□ Art Troupe

refers to the troupe which is engaged in drama, opera, music, dance, acrobatics or other art performance, opens independent accounts with banks and has self-supporting accounting system; excluding the troupes which are engaged partly in industrial or agricultural activities, partly in art performance and the professional troupes organized by the people.

□ Film Projection Units

refer to units with film projection equipment, full or part-time projectionists,permanent or non-permanent places, approved by related administrative departments to show films regularly for certain groups of audience, including those film projection units which have been approved to give commercial shows and run business with independent accounting system as well as those film-renting units of the military system.

□ Number of Athletes in Grades

refers to the number of at athletes who have been given titles through examination.The titles of athletes include international masters of sports, masters of sports, first-grade,second-grade and third-grade sportsmen and young athletes.

□ Number of Referees in Grades

refers to the number of referees who have been given titles after examination. They are classified as international referees, national referees and referees of the first, second and third grades.

□ Hospitals

refer to medical institutions named as "hospital" with permanent hospital beds, which are able to take in patients and provide them with medical and nursing services. Hospitals are classified into three categories: hospitals at or above the county level,hospitals of rural townships, and other hospitals.According to their ownership,hospitals can be classified into three categories:hospitals under the public health departments, hospitals under industrial and other departments and Collective Owned hospitals.Hospitals at or above county level are divided into comprehensive and specialized hospitals.

□ Medical Technical Personnel

refers to all permanent medical staff and workers employed by medical institutions, including doctors of Chinese and Western medicine, senior doctors who integrate traditional Chinese thrapeutics with Western thrapeutics in practice, senior nurses,pharmacists of Chinese and Western medicine, laboratory specialists, other specialists, paramedics of Chinese and Western medicine, nurses, midwives, druggists in Chinese and Western medicine, laboratory technicians, other technicians, other practitioners of Chinese medicine, nursing attendants, pharmacological workers of Chinese and Western medicine, laboratory workers, and other primary medical personnel.

□ Doctors

refer to qualified professional medical workers approved to practice by public health departments. They are classified into doctors of Chinese medicine, doctors of Western medicine, Assistant Doctors.

2021 浙江统计年鉴

ZHEJIANG STATISTICAL YEARBOOK

CHAPTER 16

档案、司法、社会福利和工会组织

Archives, Judicature, Social Welfare and Labour Union

16-1 档案事业机构和人员数
Number of Persons and Institutions of Archives

项目	Item	机构数(个) Number of Institutions (unit)				专职人员数(人) Full-time Persons (person)			
		2017	2018	2019	2020	2017	2018	2019	2020
总计	**Total**	**6113**	**213**	**215**	**213**	**7014**	**5055**	**5148**	**5308**
档案行政管理部门	Administrative Department of Archives	99	99	101	101	1342	1216	179	193
档案馆	Archives	114	114	114	112	568	589	1594	1559
档案室(处、科)	Archive Offices(Sections)	5900				5104	3250	3375	3556

续表 Continued

项目	Item	#女性 Female				#大专以上文化程度 College and Higher Level			
		2017	2018	2019	2020	2017	2018	2019	2020
总计	**Total**	**4816**	**3463**	**3423**	**3522**	**6526**	**4792**	**4880**	**5069**
档案行政管理部门	Administrative Department of Archives	587	534	82	87	1302	1206	178	193
档案馆	Archives	305	315	733	709	559	585	1582	1546
档案室(处、科)	Archive Offices(Sections)	3924	2614	2608	2726	4665	3001	3120	3330

16-2 档案馆档案资料馆藏和利用情况（2008-2020年）
Conditions and Files Stored and Used in the Archives(2008-2020)

项目		Item		2008	2009	2010
馆藏档案		**Archives Stored**				
全 宗	(个)	Whole Volume	(unit)	17888	18260	18606
案 卷	(万卷、件)	Files	(10000 volumes,part)	1118	1173	1310
录音录像影片	(盘)	Records,Films on Videotape	(copy)	17801	23855	23282
照 片	(万张)	Pictures	(10000 Pieces)	144.94	158.87	170.00
馆藏资料	**(万册)**	**Number of Material Stored(10000 volumes)**		**116.53**	**124.75**	**127.00**
档案馆面积	**(平方米)**	**Areas of Archives**	**(sq.m)**	**298709**	**318659**	**351321**
#库房建筑面积		Areas of Storerooms		126447	127168	126535
档案资料利用		**Use of Archive Material**				
利用人次	(万人次)	Number of Persons Using Material	(10000 person-times)	21.85	26.36	27.00
利用档案	(万卷、件)	Number of Archives Used	(10000 volumes,part)	74.75	56.09	56.06
利用资料	(万册)	Number of Material Used	(10000 volumes)	2.69	3.69	4.00
复 制	(万页)	Copies	(10000 pages)	90.66	87.27	102.41
开放档案		**Opening Archives**				
全 宗	(个)	Whole Volume	(Number)	10517.00	10580	11062
案 卷	(万卷、件)	Files	(10000 volumes,part)	256.22	282.83	301.96

注: 2013年起案卷的计量单位改为万卷、件。

2011	2012	2013	2014	2015	2016	2017	2018	2019	2020
19289	19491	19608	20016	20342	20638	20906	20993	21358	21933
1399	1446	2269	2609	2946	3140	3506	3865	4274	4978
24778	29194	32213	36608	39933	40974	34010	35038	40509	43843
177.56	185.40	181.00	234.00	251.00	257.00	258.57	190.00	203.00	219.00
124.95	124.22	179.45	133.00	133.00	135.00	147.00	146.00	153.00	157.00
399899	389569	391816	468545	486864	570315	691479	725842	792426	881079
132358	132231	140090	154880	162963	185242	215564	229112	263314	299754
64.06	50.66	47.36	45.00	47.52	47.12	48.72	47.00	42.00	38.00
186.00	138.49	121.81	142.00	177.52	140.62	150.44	150.71	156.00	197.00
2.67	7.10	7.15	15.50	5.60	6.78	6.16	7.00	2.55	2.50
137.11									
11866	11711	11958	12375	12389	12664	13122			
321.61	328.11	458.23	448.37	446.86	559.42	693.00	468.00	543.00	753.00

Since 2013, the unit of measurement of case files has been changed to 10000 volumes and pieces.

16-3 工会、妇联工作情况（2010-2020年）
Basic Statistics on Unions and Women Federation(2010-2020)

项目		Item		2010	2011
工会情况		**Basic Statistics on Unions**			
基层工会组织数	(个)	Number of Grass Roots Unions	(Number)	117501	134706
全省已建立工会组织的基层单位职工和会员人数		Membership and Number of Staff and Workers in Grass Roots Unions			
在岗职工人数	(万人)	Number of Staff and Workers	(10000 persons)	1569.35	1770.70
#女职工	(万人)	Female	(10000 persons)	687.79	778.49
会员人数	(万人)	Membership	(10000 persons)	1468.97	1669.22
#女会员	(万人)	Female	(10000 persons)	652.65	739.90
工会专职干部	(万人)	Full-time Cadres	(10000 persons)	1.38	1.80
提出合理化建议	(万件)	Advanced Rationalization Proposals	(10 Kilo-Piece)	34.14	36.00
组织职工技术培训数	(万人)	Enterprise	(10000 persons)		
建立劳动保护监督检查委员会	(个)	Commissions for Labour protection Supervising and inspecting	(Number)	48577	66083
建立了工会劳动法律监督组织	(个)	Organization of Labor Law Supervision Established by Grass Roots Unions	(Number)	45075	53883
建立劳动争议调解委员会	(个)	Labour dispute mediation Committee	(Number)	53437	63753
劳动争议调解委员会受理劳动争议	(件)	Number of Technical Training for Staff and Workers	(Piece)		
劳动争议调解委员会调解成功劳动争议	(件)	Disputes resolvedthrough mediation by the committees	(Piece)	6421	10459
全省签订综合集体合同数	(件)	Number of Comprehensive Collective Contract	(Piece)		
全省签订工资专项集体合同数	(件)	Number of Special Collective Contract	(Piece)		
参加工会开展的职工医疗互助活动人数	(万人)	Number of Workers Who Take Part in the Employee Medical Assistance	(10000 persons)		
妇联工作情况		**Condition of the Women Federation**			
妇联的基层组织数	(个)	Number of Grass Roots Women Federation	(Number)	34337	33508
接受技术培训人数	(万人)	Number of Women Participating in Technical Training	(10000 persons)	70.33	38.68
创建巾帼文明岗数量	(人)	The Demonstration Posts of Women Civilization	(person)	2423	2437
评选巾帼建功标兵数量	(人)	Number of Persons	(person)	912	864
来信来访处理情况		Treatment of the Letters From the People and the Persons Coming to Visit			
婚姻家庭权益信访案件	(件)	Petition Cases of Marriage and Family Rights and Interests	(Piece)		
侵犯妇女财产权利信访案件	(件)	Petition Letter and Visit Cases about Woman's Property Right be Violated	(Piece)	1487	892
"最美家庭"户数	(万户)	Number of "Most Beautiful Families"	(10 Kilo-door)		

2012	2013	2014	2015	2016	2017	2018	2019	2020
143885	149865	153220	151330	150155	149731	148909	137855	136655
2011.04	2098.18	2142.22	2097.11	2119.73	2136.37	2135.56	1949.30	1960.41
862.39	891.27	905.43	885.30	890.73	893.88	889.90	822.74	827.13
1925.75	2010.34	2055.15	2027.83	2056.51	2071.79	2069.47	1883.21	1881.77
831.71	865.38	880.33	864.98	872.33	875.18	869.53	802.29	805.08
1.75	1.26	1.37	1.51	1.49	1.69	1.85	1.86	1.92
46.53	42.12	90.30	51.95	36.26	28.10	26.30	20.78	22.55
		49.80	52.40	37.01	42.05	50.25	45.65	44.91
70031	88385	102998	101724	104568	108255	110032	106103	104381
57646	68971	7286	72450	77183	54548	78560	100197	96185
62278	83380	92207	95704	96653	73867	83341	74005	75200
		21489	16078	9705	9030	7771	4110	10728
8733	12668	12513	11303	5724	4937	3431	3261	9133
		116206	129603	124209	103204	84778	83886	85963
		114088	126777	121722	103114	88419	88948	88247
		422.33	698.87	736.50	828.54	736.30	851.00	919.50
33548	33993	35209	32780	33465	32777	30044	26854	25886
25.94	38.09	24.31	32.69	78.04	24.37	90.18	78.16	62.57
1955	3385	2249	2312	1505	2047	2330	2234	2149
885	961	782	652	718	679	792	385	700
					6108	4390	4650	5573
1034	901	860	787	475	575	894	506	516
					8.16	12.71	10.65	10.15

16-4 律师、公证及调解工作基本情况（2010-2020年）
Basic Statistics on Lawyers, Notarization and Mediation(2010-2020)

项目		Item		2010	2011
律师工作		**Lawyers**			
律师事务所	(个)	Number of Law Offices	(unit)	868	957
律师工作人员	(人)	Number of Lawyers	(person)	12994	14623
专职律师	(人)	Full Time Lawyer	(person)	8248	9411
兼职律师	(人)	Part Time lawyer	(person)	479	479
公职律师	(人)	Public Office Lawyers	(person)	238	320
公司律师	(人)	Corporate Lawyer	(person)	28	33
法律援助律师	(人)	Legal Aid Lawyers	(person)	296	362
港澳台律师	(人)	Lawyers from Hong Kong, Macao and Taiwan	(person)		
实习律师	(人)	Apprentice Lawyers	(person)	1837	1977
律所行政人员	(人)	Law Firm Executives	(person)	1868	2041
聘请担任常年法律顾问单位	(处)	Number of Units with Permanent Legal Advisors	(solum)	33076	35941
民事诉讼代理	(件)	Agent of Civil Cases	(Piece)	152714	158360
刑事辩护及代理	(件)	Defending and Agent of Criminal Cases	(Piece)	28410	25576
非诉讼法律事务	(件)	Agent of Non litigious Legal Affairs	(Piece)	16645	18364
解答法律咨询	(人次)	Legal Advisory Services	(Times)	191413	196616
代写法律事务文书	(件)	Agent of Legal Document Written on Behalf of Clients	(Piece)	23091	20927
公证工作		**Notarization**			
公证处	(个)	Number of Notary Offices	(unit)	92	92
公证人员	(人)	Notarial Personnel	(person)	1044	1133
#公证员	(人)	Notaries	(person)	383	395
公证员助理	(人)	Assistant Notaries	(person)	378	443
办理国内公证文书	(件)	Number of Domestic Notarized Documents	(case)	486654	483449
人民调解工作		**People's Mediation**			
专职司法助理员	(人)	Number of Full-time Judicial Assistants	(person)	5005	3527
人民调解委员会	(个)	Number of People's Mediation Committees	(unit)	46688	45805
调解人员	(人)	Number of Mediators	(person)	174422	174570
调解民事纠纷	(件)	Number of Civil Disputes Mediated	(case)	408744	492858
法律援助机构	(个)	Assistance Institution of Law	(unit)	102	102
工作人员	(人)	Staff and Workers	(person)	505	501
承办案件总数	(件)	Number of Cases Accepted	(case)	41691	44917
受援人总数	(人)	Number of Persons Being Assisted	(person)	47376	53153

2012	2013	2014	2015	2016	2017	2018	2019	2020
1021	1072	1158	1269	1348	1465	1518	1572	1636
15698	16657	18680	20115	22201	24530	26912	30784	35302
10486	11261	12353	13515	14946	16527	18039	20060	22345
506	524	545	561	564	581	588	616	642
309	639	858	1141	1404	1788	2026	2444	3635
31	50	67	71	79	88	102	153	346
347	317	319	291	300	308	311	356	325
		2	2	3	5	7	8	9
1859	1809	2081	2027	2195	2213	2613	3205	3290
2160	2057	2455	2507	2710	3020	3226	3942	4710
63978	37623	39614	42472	41295	47407	54636	61679	72739
173321	181043	226327	274484	310155	346392	393212	453149	459235
27396	23992	32733	37155	43934	48163	52844	67051	51103
15949	16716	16120	18618	19316	25697	30291	34128	42463
190738	201693	201913	221203	124574	114519	142839	129550	107507
20201	21688	19384	17504	11163	12115	18166	16956	15617
92	92	92	92	92	92	92	92	83
1186	1252	1305	1284	1337	1454	1558	1762	1750
408	410	418	450	467	479	511	536	554
447	509	489	444	473	451	453	592	596
494958	606423	497469	552671	626542	654289	569655	532639	501157
4533	3598	3533	3522	3421	3139	2846	2566	2689
45050	44032	42731	42136	41180	38944	35009	31865	31573
173677	170704	158310	156698	153955	150309	130304	127303	126438
562072	601314	598686	589883	590448	608523	643754	617658	450844
102	103	102	103	103	105	102	102	103
530	529	540	530	517	549	573	571	549
58965	75129	84383	92667	99149	83567	101913	105685	85966
73053	84921	98292	105057	101528	84449	102513	105933	86048

16-5 司法公证文书分类（2016-2020年）
Classification of Judicial Notarization Documents（2016-2020）

单位：件（case）

分类	Item	2016	2017	2018	2019	2020
办理公证（出证）总数	**Total Number of Notarization (Certification)**	**832961**	**841528**	**765726**	**727873**	**592836**
国内公证数	Domestic Notarization	626542	654289	569655	532639	501157
涉外公证数	foreign-related Notarization	199420	181268	190065	189421	88295
涉港澳台公证数	Notarization Involving Hong Kong，Macao and Taiwan	6999	5971	6006	5813	3384
公证文书分类	**Classification of Judicial Notarization Documents**					
合同（协议）	Contract (Agreement)	120196	113118	90303	61961	45175
委托	Entrust	80481	96860	142646	144359	144908
声明	Statement	21829	29758	41617	45698	51372
赠与	Gift	765	718	1863	2455	1287
遗嘱	Will	4358	5133	7778	8191	6364
现场监督	On-the-spot Supervision	45476	62335	45268	43472	39231
出生、死亡、生存、居住	Birth,Death,Live			24451	22935	10162
学历（学位）、职务（职称）、经历	Education Background (Degree), Job Title（Professional Technical Title） and Experience			5222	4650	2187
继承	Succession document	61752	69585	76150	79038	67678
保全证据	Preserve Evidence	23935	27613	40880	41109	41949
公司章程	Articles of Association			146	161	132
收养、亲属关系、婚姻状况	Adoption,Relationship and Marital Status	80	61	33003	31909	10237
有无违法犯罪记录	Having or not Having Illegal and Criminal Record	2026	1336	20858	21262	12102
证书（执照）	Certificate (Licence)	4771	5560	57471	59254	37080
签名（印鉴）	Signature (Seal)	142054	132794	44957	40824	49434
文本相符	Text Matching	26530	20361	49577	44496	24998
赋予执行效力	Give Effect to Execution	59973	48651	29587	27193	23223
执行证书	Execution Certificate	1797	1115	357	238	159
抵押登记	Mortgage Registration	17940	23171	27770	26200	1130
提存	Deposit	339	478	532	1131	2080
保管	Safekeeping	107	58	27	367	170
其他	Other	5024	9118	25263	20970	21778

16-6 调解民间纠纷分类（2010-2020年）
Civil Disputes Mediated by Type(2010-2020)

单位：件（case）

分类	Item	2010	2011	2012	2013	2014
合　计	**Total**	**408744**	**492858**	**562072**	**601314**	**598686**
婚　姻	Marriages	45628	52534	50762	51544	53516
邻　里	Neighbor Disputes	88362	99751	103940	102239	103261
合　同	Contracts	15369	14851	17146	18421	21734
损害赔偿	Compensation for Damages	60703	60728	57361	65421	70811
劳　动	Labour Dispates	32529	36342	34956	34692	35437
环境污染	Environmental Pollution					
电子商务	Electronic Commerce					
征地拆迁	Land Acquisition and Demolition					
医疗纠纷	Medical Care					
物业纠纷	Estate Management					
房屋、宅基地	Housing and Housing Sites	22931	24610	24092	21413	19495
其　他	Others	107123	167669	234847	90239	85134

续表 Continued

单位：件（case）

分类	Item	2015	2016	2017	2018	2019	2020
合　计	**Total**	**589883**	**571600**	**608523**	**643754**	**617658**	**450844**
婚　姻	Marriages	52286	54213	56007	56585	55760	30263
邻　里	Neighbor Disputes	98119	105644	106348	108918	91525	53197
合　同	Contracts	22962	23258	28184	30999	31160	34855
损害赔偿	Compensation for Damages	74776	75280	76808	83863	80907	73260
劳　动	Labour Dispates	34978	33401	34379	37388	36921	27604
环境污染	Environmental Pollution				4698	4445	660
电子商务	Electronic Commerce				10648	10970	
征地拆迁	Land Acquisition and Demolition				14786	14252	4422
医疗纠纷	Medical Care				4015	4111	3652
物业纠纷	Estate Management				19049	18979	21040
房屋、宅基地	Housing and Housing Sites	16283	16442	17004	14963	14782	6368
其　他	Others	76935	263362	280854	105586	106182	94335

16-7 社会工作单位基本情况（2010-2020年）
Basic Information of Social Work Units (2010-2020)

项目		Item		2010	2011	2012	2013	2014
提供住宿的社会服务机构	(个)	Social Service Institutions Providing Accommodation	(unit)	1695	1863	1979	2089	2030
养老机构	(个)	Pension Institutions	(unit)					
精神疾病服务机构	(个)	Psychiatric Services	(unit)					
儿童福利和救助机构	(个)	Child Welfare and Relief Agencies	(unit)					
其他提供住宿机构	(个)	Other	(unit)					
社会服务机构床位数	(万张)	Number of Beds in Social Service Institutions	(10000 bed)	19.42	21.80	24.92	27.96	29.82
社会服务机构收养人数	(万人)	Number of Adoptions by Social Service Institutions	(10000 persons)	10.88	11.96	12.70	14.04	14.22
殡葬事业单位	(个)	Funeral and Interment Services Institutions	(unit)	240	240	251	217	225

续表 Continued

项目		Item		2015	2016	2017	2018	2019	2020
提供住宿的社会服务机构	(个)	Social Service Institutions Providing Accommodation	(unit)	1348	1422	1502	1538	1765	1857
养老机构	(个)	Pension Institutions	(unit)				1464	1675	1752
精神疾病服务机构	(个)	Psychiatric Services	(unit)				2	2	2
儿童福利和救助机构	(个)	Child Welfare and Relief Agencies	(unit)				17	34	52
其他提供住宿机构	(个)	Other	(unit)				55	54	51
社会服务机构床位数	(万张)	Number of Beds in Social Service Institutions	(10000 bed)	22.92	38.40	28.05	29.63	32.04	34.39
社会服务机构收养人数	(万人)	Number of Adoptions by Social Service Institutions	(10000 persons)	10.20	11.10	12.11	12.78	12.80	12.80
殡葬事业单位	(个)	Funeral and Interment Services Institutions	(unit)	225	225	216	215	240	232

16-8 享受国家抚恤、补助人员情况（2010-2020年）
Personnel Enjoying State Pension and Subsidy (2010-2020)

单位：人、户(person,household)

项目	Item	2010	2011	2012	2013	2014
享受定期抚恤人数	Number of Persons Receiving Periodical Commiseration	5501	5382	5419	4872	4897
革命伤残人员抚恤人数	Number of Persons Receiving Disability Commiseration	22004	21879	22232	22285	22246
享受定期补助优抚对象数	Number of Persons Receiving Periodical Subsidies	90653	119449	182445	235293	249113
#在乡复员军人数	Rural Demobilized Soldier	31910	29711	27418	23048	20736
在乡退伍军人数	Rural Veteran	30780	34688	26224	23536	20193

续表 Continued

单位：人、户(person,household)

项目	Item	2015	2016	2017	2018	2019	2020
享受定期抚恤人数	Number of Persons Receiving Periodical Commiseration	4758	4426	4309	4241	4030	3786
革命伤残人员抚恤人数	Number of Persons Receiving Disability Commiseration	22369	22598	22344	22632	23091	23223
享受定期补助优抚对象数	Number of Persons Receiving Periodical Subsidies	271970	279624	290730	329532	340489	324949
#在乡复员军人数	Rural Demobilized Soldier	18517	16284	14068	11433	9916	8722
在乡退伍军人数	Rural Veteran	17948	16398	15928	15520	15272	14614

16-9 最低生活保障和救济情况（2010-2020年）
Basic Statistics of Lowest Cost-of-Living and Relief(2010-2020)

项目		Item		2010	2011	2012	2013	2014
最低生活保障人数	**（万人）**	**Number of Person Receiving Lowest Cost-of-Living**	**(10000 persons)**	**70.67**	**71.09**	**68.56**	**66.05**	**60.78**
#城镇		Urban		8.98	8.76	7.85	7.18	6.43
#农村(不含特困)		Rural		61.70	62.33	60.71	58.87	54.35
保障资金总额	**（亿元）**	**Amount of Security Money**	**(100 million yuan)**	**14.71**	**18.98**	**22.19**	**24.32**	**24.41**
#城镇		Urban		3.44	4.17	4.37	4.38	4.20
#农村(不含特困)		Rural		11.27	14.81	17.82	19.94	20.21

续表 Continued

项目		Item		2015	2016	2017	2018	2019	2020
最低生活保障人数	（万人）	Number of Person Receiving Lowest Cost-of-Living	(10000 persons)	67.54	82.26	81.40	72.59	65.50	61.35
#城镇		Urban		7.32	10.89	22.17	21.98	19.43	6.17
#农村(不含特困)		Rural		60.22	71.37	59.23	50.61	48.68	55.19
保障资金总额	（亿元）	Amount of Security Money	(100 million yuan)	26.44	35.10	42.13	45.71	48.42	58.47
#城镇		Urban		4.49	6.35	13.49	14.55	15.14	7.08
#农村(不含特困)		Rural		21.95	28.75	28.64	31.16	33.28	51.39

16-10 内地居民婚姻登记情况（2010-2020年）
Conditions of Marriages (2010-2020)

项目		Item		2010	2011	2012	2013	2014
准予登记结婚数	**(对)**	**Registered Marriages**	**(couple)**	**431568**	**440931**	**441984**	**422174**	**436802**
初婚数	(人)	First Marriages	(person)	757741	775973	770792	712969	732704
恢复结婚数	(对)	Resume Marriages	(couple)	7527	8796	10229	11758	10305
再婚数	(人)	Remarriages	(person)	105395	105889	113176	131379	140900
男	(人)	Male	(person)	48384	51631	53731	69154	67692
女	(人)	Female	(person)	57011	54258	59445	62225	73208
准予登记离婚数	**(对)**	**Divorces Approved**	**(couple)**	**87671**	**90442**	**98082**	**108097**	**111040**
内地居民登记离婚	(对)	Mainland residents to register a divorce	(couple)	87309	90024	97628	107546	110637
涉外及华侨、港澳台居民登记离婚	(对)	Concerning foreign affairs and overseas Chinese, Hong Kong, Macao and Taiwan residents to register a divorce	(couple)	362	418	454	551	403

续表 Continued

项目		Item		2015	2016	2017	2018	2019	2020
准予登记结婚数	**(对)**	**Registered Marriages**	**(couple)**	**392478**	**366823**	**344449**	**337295**	**293615**	**277726**
初婚数	(人)	First Marriages	(person)	648666	605781	572689	561895	435469	419639
恢复结婚数	(对)	Resume Marriages	(couple)	10619	13195	24952	24329	23354	21183
再婚数	(人)	Remarriages	(person)	136290	127865	116209	112695	151761	135813
男	(人)	Male	(person)	66321	62457	53836	52791	71230	63471
女	(人)	Female	(person)	69969	65408	62373	59904	80531	72342
准予登记离婚数	**(对)**	**Divorces Approved**	**(couple)**	**115062**	**122870**	**132855**	**129619**	**130272**	**117420**
内地居民登记离婚	(对)	Mainland residents to register a divorce	(couple)	114669	122483	132547	129249	129911	117241
涉外及华侨、港澳台居民登记离婚	(对)	Concerning foreign affairs and overseas Chinese, Hong Kong, Macao and Taiwan residents to register a divorce	(couple)	393	387	308	370	361	179

16-11 社会保险参保人员基本情况(2015-2020年)
Basic Statistics of Persons Participating in Social Insurance(2015-2020)

单位:万人 (10000 persons)

项目	Item	2015	2016	2017	2018	2019	2020
基本养老保险参保人数	**Number of Basic Endowment Insurance Participants**	**3790.17**	**3740.06**	**3913.07**	**4081.25**	**4231.15**	**4355.07**
城镇职工基本养老保险参保人数	Insured Number of Basic Endowment Insurance for Urban Employees	2504.28	2506.94	2712.37	2883.41	3031.72	3211.13
企业职工基本养老保险参保人数	Insured Number of Basic Endowment Insurance for Enterprise Employees	2398.40	2323.02	2500.66	2664.68	2807.34	2989.29
机关事业单位参保人数	Insured Number of Institutions	105.88	183.92	211.71	218.73	224.38	221.84
城乡居民社会养老保险参保人数	Number of Urban and Rural Residents Covered by Social Endowment Insurance	1285.89	1233.12	1200.70	1197.84	1199.43	1143.94
失业保险参保人数	**Number of People Covered by Unemployment Insurance**	**1260.25**	**1317.00**	**1382.85**	**1478.36**	**1561.72**	**1687.83**
工伤保险参保人数	**Insured Number of Work Injury Insurance**	**1930.12**	**1880.72**	**1977.17**	**2087.84**	**2257.44**	**2547.33**

16-12 医疗保险参保人员基本情况(2015-2020年)
Basic Information of Medical Insurance Participants(2015-2020)

单位:万人 (10000 persons)

项目	Item	2015	2016	2017	2018	2019	2020
基本医疗保险参保人数	**Number of Basic Medical Insurance Participants**	**4964.14**	**4993.28**	**5251.64**	**5368.70**	**5461.46**	**5556.53**
职工基本医疗保险参保人数	Number of Employees Participating in Basic Medical Insurance	1992.70	2017.49	2117.44	2277.04	2426.61	2579.49
城乡居民基本医疗保险参保人数	Number of Urban and Rural Residents Participating in Basic Medical Insurance	2971.44	2975.79	3134.20	3091.66	3034.85	2977.04
生育保险参保人数	**Number of Persons Covered by Maternity Insurance**	**1285.18**	**1294.36**	**1392.97**	**1477.34**	**1561.06**	**2066.80**
医疗救济支出（亿元）	**Medical Relief Expenditure (100 million yuan)**	**10.45**	**12.38**	**15.20**	**20.09**	**23.30**	**22.50**

浙/江/统/计/年/鉴

主要统计指标解释

社会福利事业单位

指集中收养社会孤老，残，幼的机构。包括由民政部门管理的社会福利院、儿童福利院、精神病人福利院和城镇集体办的福利院，以及农村集体举办的敬老院。

社会福利事业单位收养人数

包括民政部门管理和城镇及农村集体举办的社会福利事业单位中收养的老人，少年儿童，缺乏生活自理能力的残疾人员和精神病人。

社会福利企业单位

指以安置城镇有一定劳动能力的盲，聋，哑和肢体残疾人员就业为目的，享受国家减免税待遇的国有或集体经济性质的企业。包括福利工厂、福利商业服务业、假肢厂和安置农场等单位。

律师

指受聘参加法律顾问处工作，提任法律顾问、刑（民）事代理人、刑事辩护人、办理非诉讼事件、解答法律询问、代定法律事务文书等主要从事律师业务的专职法律工作者和兼职律师。

公证人员

指在国家公证机关依法办理公证事务的司法人员。包括公证员、 助理公证员和在公证员和在公证处工作的其他人员。

办理公证文书

指公证处在一定时期内办结的公证文书件数。公证文书系按司法部规定或批准的格式制作。包括国内公证和涉外公证两部分。其中国内公证分为经济合同公证和民事法律关系公证两大类。

调解人员

在人民调解委员会担负调解民间一般民事纠纷和轻微违法行为所引起和纠纷的工作人员。包括调解委员会的委员和调解小组的调解员。

调解民间纠纷

指调解委员会依照法律规定，根据自愿原则，用说服教育的方法调解民间发生的有关民事权利和义务的争执，促成当事双方达到协议和谅解，解决纠纷。包括婚姻家庭纠纷，财产权益纠纷等。不包括法院受理调解的民事案件数。

受理劳动争议案件数

是指劳动争议仲裁委员会根据国家有关规定，对劳动争议当事人的申请予以审查，符合受理条件而正式立案，准备处理的劳动争议案件数。

离休、退休、通职人员

指正式办理了离休、退休、退职手续，并享受相应的离休、退休、退职待遇的人员。

保险福利费用

指企业、事业、机关单位在工资以外实际支付给职工和离休、退休、退职人员个人以及用于集体的劳动保险和福利费用。

ZHEJIANG STATISTICAL YEARBOOK

Explanatory Notes on Main Statistical Indicators

□ Social Welfare Institutions

refer to institutions taking care of old people without children, handicapped people and orphans. They include social welfare institutions run by civil affairs departments, children's welfare institutions social welfare institutions for mental patients, and Collective Owned old people's homes in tual areas.

□ Number of People Taken in by Social Welfare Institutions

refers to the number of old people, children, totally dependent handicapped people and mental patiens taken in by scoial welfare institutions run by civil affairs departments and those run by collective units in urban and rural aress.

□ Social Welfare Enterprises

are Collective Owned enterprises which employ the blind, deaf-mute, and other handicapped people who are able to work in cities and towns and enjoy exemption from state taxes, including welfare plants, welfare commercial services, artificial limb plants and farms, etc.

□ Lawyers

are legal workers who are employed full-time by legal counseling firms to act as legal advisres, agents in criminal or civil lawsuits, or defenders in criminal lawsuits, or to handle non-litigious legal affairs, to advise on matters of law or to write legal papers for others. Both full-time and part-time lawyers are included.

□ Notary Personnel

refers to judicial workers of the state notary offices handing notarization work according to law. They include notaries, assistant notaries, and other people working for notary offices.

□ Notarized Documents

refer to the documents settled by notary offices in a year. The notarial documents are drawn up in accordance with the regulations of the Ministry of Justice, including domestic documents and foreign-related documents. Domestic documents are divided into two major categoriees, documents on economic contracts and documents on civil legal relations.

□ Mediators

refer to workers on people's mediation committees responsible for mediating in civil dispites and cases of slight infraction of the law. They include members of the mediation committees and mediators of mediation groups.

□ Mediation of Civil Disputes

refers to mediation committees'work in mediating in civi ldisputes concerning civil rights and duties through persuasion and education in accordance with the provisions of law on a voluntary basis, so as to solve disputes by helping the parties involved come to an agreement and understanding. These disputes include divorce cases and disputes over property ownership, but exclude the civil cases to be handled by the court.

□ Number of Labour Dispute Cases Accepted

refers to the number of cases of labour dispute submitted that, after being reviewed by the labour dispute arbitration committees in line with the relevant state regulations, are accepted and registered for trearment.

□ Retired or Resigned Personnel

refers to the persons who have formally gone through the formalities for their retorement or quitting work and enjoy the corresponding treatments.

□ Insurance and welfare funds

refers to labour insurance and welfare fund paid by enterprises, organizations and institutions to their staff and workers as well as retired and resigned in addition to their wages and salaries.

2021 浙江统计年鉴

ZHEJIANG STATISTICAL YEARBOOK

CHAPTER 17

各市、县国民经济主要经济指标

Major Indicators of National Economy by City, Prefecture and County

17-1 各市土地面积和行政区划（2020年）
Land Area and Administrative Divisions by City （2020）

城市	City	土地面积(平方公里) Land Area (sq.m)	市辖区(个) Districts Under City Administration	县(县级市)(个) Counties (Cities) (unit)	建制镇(个) Towns (unit)	乡(个) Townships (unit)	村(个) Villages (unit)
杭州市	Hangzhou	16850	10	3	75	23	1922
宁波市	Ningbo	9816	6	4	73	10	2169
温州市	Wenzhou	12144	4	8	92	26	2951
嘉兴市	Jiaxing	4223	2	5	42		744
湖州市	Huzhou	5820	2	3	38	6	916
绍兴市	Shaoxing	8279	3	3	49	7	1587
金华市	Jinhua	10942	2	7	74	30	2841
衢州市	Quzhou	8845	2	4	43	39	1482
舟山市	Zhoushan	1459	2	2	17	5	280
台州市	Taizhou	10050	3	6	61	24	3024
丽水市	Lishui	17275	1	8	54	88	1890

17-2 各市国民经济主要指标（2020年）
Main Indicators of National Economy by City (2020)

城市	City	年末常住人口(万人) Total Population with Permanent Residence (10000 persons)	生产总值(亿元) Gross Domestic Product (100 million yuan)	第一产业 Primary Industry	第二产业 Secondary Industry	第三产业 Tertiary Industry
杭州市	Hangzhou	1196.5	16106	326	4821	10959
宁波市	Ningbo	942.0	12409	339	5694	6376
温州市	Wenzhou	958.7	6871	160	2834	3877
嘉兴市	Jiaxing	541.1	5510	124	2861	2525
湖州市	Huzhou	337.2	3201	140	1588	1473
绍兴市	Shaoxing	529.1	6001	219	2712	3070
金华市	Jinhua	706.2	4704	157	1814	2733
衢州市	Quzhou	227.8	1639	92	660	887
舟山市	Zhoushan	115.9	1512	153	590	769
台州市	Taizhou	662.7	5263	295	2298	2670
丽水市	Lishui	250.8	1540	105	555	880

续表 1 Continued

城市	City	工业 Industry	人均生产总值 (元) Per Capita GDP (yuan)	社会消费品零售总额 (亿元) Total Retail Sales of Consumer Goods (100 million yuan)	进口总额 (亿元) Total imports (100 million)
杭州市	Hangzhou	4221	136617	6055.47	2240.93
宁波市	Ningbo	5045	132614	4238.26	3379.91
温州市	Wenzhou	2268	71766	3497.79	311.65
嘉兴市	Jiaxing	2560	102541	2092.34	779.14
湖州市	Huzhou	1420	95579	1424.43	106.39
绍兴市	Shaoxing	2245	113746	2322.50	192.02
金华市	Jinhua	1555	67329	2611.93	253.34
衢州市	Quzhou	530	72192	751.82	104.81
舟山市	Zhoushan	532	130130	511.72	1079.21
台州市	Taizhou	1901	79889	2396.07	137.62
丽水市	Lishui	434	61811	727.48	42.94

续表 2 Continued

城市	City	出口总额 (亿元) Total exports (100 million)	财政总收入 (亿元) Total Financial Revenue (100 million yuan)	一般公共预算收入 (亿元) General Public Revenue (100 million yuan)	一般公共预算支出 (亿元) General Public Budget Expenditure (100 million yuan)
杭州市	Hangzhou	3693.23	3854.19	2093.39	2069.66
宁波市	Ningbo	6406.97	2835.60	1510.84	1742.09
温州市	Wenzhou	1878.09	961.61	601.98	1027.17
嘉兴市	Jiaxing	2273.18	1003.07	598.80	712.18
湖州市	Huzhou	1025.79	582.00	336.56	484.42
绍兴市	Shaoxing	2386.04	853.02	543.52	667.16
金华市	Jinhua	4613.25	680.88	423.25	703.41
衢州市	Quzhou	253.59	228.74	140.91	459.65
舟山市	Zhoushan	588.10	254.50	159.20	312.69
台州市	Taizhou	1760.86	682.83	401.24	700.14
丽水市	Lishui	300.71	240.15	143.86	527.10

续表 4 Continued

城市	City	住户存款年末余额(亿元) Savings Deposits of Residents (100 million yuan)	城镇居民人均可支配收入(元) Per Capita Disposable Income of Urban Residents (yuan)	农村居民人均可支配收入(元) Per Capita Disposable Income of Rural Residents (yuan)
杭州市	Hangzhou	14193.63	68666	38700
宁波市	Ningbo	8522.07	68008	39132
温州市	Wenzhou	8550.37	63481	32428
嘉兴市	Jiaxing	4827.26	64124	39801
湖州市	Huzhou	2784.70	61743	37244
绍兴市	Shaoxing	5236.76	66694	38696
金华市	Jinhua	6037.89	61545	30365
衢州市	Quzhou	1567.39	49300	26290
舟山市	Zhoushan	1125.33	63702	39096
台州市	Taizhou	6024.88	62598	32188
丽水市	Lishui	2099.57	48532	23637

17-3 各市年末人口数（2020年）
Population at the End of the Year by City (2020)

单位：万人（10000 persons）

城市	City	常住人口 Resident Population	其中：城镇常住人口 Urban Resident Population	户籍人口 Registered Residence Population	总户数（万户） Total Households (10000 households)
杭州市	Hangzhou	1196.50	996.64	813.83	254.75
宁波市	Ningbo	942.00	734.79	613.66	240.04
温州市	Wenzhou	958.70	691.80	833.75	243.80
嘉兴市	Jiaxing	541.10	386.02	367.38	115.94
湖州市	Huzhou	337.20	221.34	268.06	88.01
绍兴市	Shaoxing	529.10	374.34	447.64	164.01
金华市	Jinhua	706.20	480.81	493.90	196.50
衢州市	Quzhou	227.80	131.15	256.87	96.81
舟山市	Zhoushan	115.90	83.33	96.20	37.61
台州市	Taizhou	662.70	410.73	606.98	194.24
丽水市	Lishui	250.80	154.99	270.74	109.37

17-4 各市环境保护情况（2020年）
Environmental Protection by City (2020)

城市	City	工业废水排放量（万吨） Industrial Wastewater Discharge (10000 tons)	工业废气排放量（万立方米） Industrial Waste Gas Emission (10000 cu.m)	一般工业固体废物综合利用率（%） Comprehensive Utilization Rate of General Industrial Solid Waste (%)	空气质量优良天数比例（%） Proportion of days with excellent air quality (%)	可吸入细颗粒物（PM2.5）年平均浓度（微克/立方米） Annual Average Concentration of Fine Particulate Matter (PM2.5) (Microgram/ Cubic Meter)
杭州市	Hangzhou	14222	40867832	99.03	91.3	30.0
宁波市	Ningbo	13450	77819944	99.61	92.9	23.0
温州市	Wenzhou	3730	23049037	99.16	98.3	23.0
嘉兴市	Jiaxing	16774	60018057	99.76	87.2	28.0
湖州市	Huzhou	6069	24656835	99.97	87.7	26.0
绍兴市	Shaoxing	23600	29974850	95.26	90.7	28.0
金华市	Jinhua	5723	17734775	99.57	94.9	26.0
衢州市	Quzhou	8285	29367145	99.25	96.4	26.0
舟山市	Zhoushan	1812	34849507	89.23	97.8	17.0
台州市	Taizhou	4199	3567695	98.48	94.5	25.0
丽水市	Lishui	2402	13626827	94.67	99.8	20.0

17-5 各市农、林、牧、渔业总产值（2020年）
Gross Output Value of Farming, Forestry, Animal Husbandry and Fishery by City (2020)

单位：亿元

城市	City	农、林、牧、渔业总产值 Total Output Value	农业产值 Farming	林业产值 Forestry	牧业产值 Animal Husbandry	渔业产值 Fishery	农林牧渔专业及辅助性活动产值 The Output Value of Professional and Support Activities in Agriculture, Forestry,Animal Husbandry and Fishery
杭州市	Hangzhou	500.65	296.05	63.10	70.87	49.99	20.62
宁波市	Ningbo	534.08	245.72	16.90	51.24	197.90	22.33
温州市	Wenzhou	254.06	113.22	6.95	41.62	86.72	5.55
嘉兴市	Jiaxing	211.46	121.43	2.89	29.57	35.24	22.32
湖州市	Huzhou	238.94	105.54	22.31	22.81	74.99	13.28
绍兴市	Shaoxing	331.39	213.94	29.71	44.89	38.57	4.28
金华市	Jinhua	253.01	155.69	7.11	67.30	14.49	8.43
衢州市	Quzhou	148.33	74.46	13.33	49.28	8.76	2.50
舟山市	Zhoushan	280.88	10.21	0.22	4.13	265.09	1.23
台州市	Taizhou	525.03	171.29	6.70	31.57	308.87	6.60
丽水市	Lishui	161.78	101.15	23.02	31.63	3.89	2.09

17-6 各市播种面积（2020年）
Sown Area by City (2020)

城市	City	农作物播种面积（千公顷） Swon Area of Farm Crop (1000 hectares)	#粮食 Grain	#谷物 Gereal	#油料 Oilbearing Crops	#棉花 Cotton	#蔬菜 Vegetable	#瓜果类 Melons and Fruits
杭州市	Hangzhou	248.16	90.84	70.42	26.73	0.16	99.34	10.61
宁波市	Ningbo	237.83	111.29	93.21	11.39	1.74	86.44	18.79
温州市	Wenzhou	215.40	100.04	86.63	8.45	0.00	71.36	12.02
嘉兴市	Jiaxing	253.31	150.54	136.73	4.83	0.62	85.33	6.11
湖州市	Huzhou	137.05	79.11	67.53	9.71	0.12	40.48	3.95
绍兴市	Shaoxing	217.69	121.94	102.44	14.32	0.26	55.01	9.08
金华市	Jinhua	177.15	78.15	57.64	19.71	1.34	50.63	10.06
衢州市	Quzhou	173.28	89.26	71.82	29.64	0.33	38.92	5.30
舟山市	Zhoushan	15.54	5.26	2.90	1.60	0.00	6.92	1.51
台州市	Taizhou	200.34	85.50	68.34	6.70	0.22	78.98	16.19
丽水市	Lishui	138.67	72.88	46.59	4.20	0.01	46.23	3.04

17-7 各市主要农产品产量（2020年）
Output of Major Farm Products by City (2020)

单位：吨

城市	City	粮食 Grain	#谷物 Cereal	油菜籽 Rapeseeds	棉花 Cotton	水果 Fruit	#柑桔 Citrus	茶叶 Tea	蚕茧 Silkworm Cocoons
杭州市	Hangzhou	508643	427918	61388	243	831148	192589	29575	2303
宁波市	Ningbo	674376	615061	18117	2216	1319815	271387	11620	
温州市	Wenzhou	656360	567375	13519	2	618212	118676	7317	3
嘉兴市	Jiaxing	975225	922781	12506	1002	555169	69918	27	8897
湖州市	Huzhou	525088	474896	23073	152	245825	4953	11258	4065
绍兴市	Shaoxing	789902	707429	22603	384	605455	15231	41952	144
金华市	Jinhua	451950	382231	33325	1995	659564	73724	24987	98
衢州市	Quzhou	550892	487722	55088	557	803790	555971	7856	36
舟山市	Zhoushan	28729	20676	1988	3	76333	26193	70	
台州市	Taizhou	520867	463267	10888	291	1499253	504278	5488	5
丽水市	Lishui	374977	291103	5006	12	338092	84609	37004	275

单位：吨

城市	City	生猪年末存栏头数（万头） Year-end Hogs (10000 heads)	牛年末存栏头数（头） Year-end Cattle (head)	羊年末存栏只数(万只) Year-end Sheep and Goats (1000 heads)	肉产量（吨） Output of Meat (tons)	#猪肉 Pork (ton)	禽蛋产量(吨) Poultry Eggs (ton)	牛奶产量（吨） Cow Milk (ton)	水产品产量（吨） Output of Aquatic Production (ton)
杭州市	Hangzhou	105	12062	20	109826	80287	73911	30951	193307
宁波市	Ningbo	61	15737	6	76688	61621	39825	30220	1025052
温州市	Wenzhou	71	34897	11	89880	53025	34093	11937	640458
嘉兴市	Jiaxing	27	1393	35	78961	17979	27028	6854	167227
湖州市	Huzhou	28	2068	41	63328	19938	22470	5954	532832
绍兴市	Shaoxing	51	7830	8	84191	58579	23668	19997	123052
金华市	Jinhua	94	24155	5	129403	98599	21452	65073	90006
衢州市	Quzhou	93	16231	4	141098	80392	50281	7848	73448
舟山市	Zhoushan	6	302	1	5568	4494	1059		1791610
台州市	Taizhou	47	18299	5	62689	22006	25859	4307	1490372
丽水市	Lishui	44	16526	5	59346	45080	12054	159	26715

17-8 各市农业现代化情况（2020年）
Agricultural Modernization by City （2020）

单位：吨

城市	City	农业机械总动力 (万千瓦) Total Power of Agricultural Machinery (10000 million kw)	农村用电量 (万千瓦小时) Electricity Consumed in Rural Area (10000 million kw.h)	农用化肥施用量 (折纯) (吨) Consumption of Chemical Fertilizer (pure) (ton)	机耕面积 (千公顷) Area Ploughed by Tractors (1000 hectares)	有效灌溉面积 (千公顷) Irrigated Area (1000 hectares)
杭州市	Hangzhou	195.88	1080575	80640	148.27	157.10
宁波市	Ningbo	245.48	1929046	85468	231.08	175.53
温州市	Wenzhou	181.35	950737	71256	149.11	115.47
嘉兴市	Jiaxing	116.67	1520605	81869	160.46	167.38
湖州市	Huzhou	143.05	385269	37257	81.08	135.00
绍兴市	Shaoxing	173.43	2324831	73828	144.49	154.91
金华市	Jinhua	188.29	586340	78473	121.77	169.00
衢州市	Quzhou	132.51	119352	52950	111.67	104.74
舟山市	Zhoushan	119.55	174347	3999	8.57	14.56
台州市	Taizhou	220.59	1238294	80435	138.96	127.60
丽水市	Lishui	95.61	72004	49936	74.42	94.41

17-9 各市规模以上工业企业单位数（2020年）
Number of Industrial Enterprises Above Designated Size by City (2020)

单位：个(unit)

城市	City	工业企业单位数 Number of Enterprises	内资企业 Domestic-funded Enterprises	港澳台商投资企业 Enterprises with Investment from Hong Kong,Macao and Taiwan	外商投资企业 Enterprises with Foreign Investment
杭州市	Hangzhou	5992	5248	284	460
宁波市	Ningbo	8571	7237	648	686
温州市	Wenzhou	6724	6609	49	66
嘉兴市	Jiaxing	6364	5369	387	608
湖州市	Huzhou	3792	3473	159	160
绍兴市	Shaoxing	4561	4172	221	168
金华市	Jinhua	4629	4459	87	83
衢州市	Quzhou	1131	1077	16	38
舟山市	Zhoushan	391	366	8	17
台州市	Taizhou	4611	4465	70	76
丽水市	Lishui	1207	1183	7	17

17-10 各市规模以上工业总产值（2020年）
Gross Output Value of Industry by City Above Designated Size (2020)

单位:亿元（100 million yuan）

城市	City	工业总产值 Gross Output Value of Industry	内资企业 Domestic-funded Enterprises	港澳台商投资企业 Enterprises with Investment from Hong Kong, Macao and Taiwan	外商投资企业 Enterprises with Foreign Investment
杭州市	Hangzhou	14712.08	10977.96	1094.55	2639.57
宁波市	Ningbo	18103.66	12867.50	3251.92	1984.24
温州市	Wenzhou	5652.87	5326.78	75.38	250.71
嘉兴市	Jiaxing	10391.36	7728.82	923.91	1738.63
湖州市	Huzhou	4988.44	4109.57	364.50	514.38
绍兴市	Shaoxing	7045.30	5934.17	558.47	552.65
金华市	Jinhua	4279.27	4011.12	144.52	123.63
衢州市	Quzhou	1893.91	1619.92	40.26	233.73
舟山市	Zhoushan	1533.63	1349.96	82.69	100.98
台州市	Taizhou	5120.14	4647.19	95.79	377.17
丽水市	Lishui	1471.16	1444.21	16.47	10.48

17-11 各市工业企业经济指标（2020年）
Main Indicators of Industrial Enterprises by City (2020)

单位:亿元 (100 million yuan)

城市	City	流动资产合计 Circulating Funds	固定资产净额 Net Fixed Assets	营业收入 Business Income	营业成本 Operating Costs
杭州市	Hangzhou	12384.26	3254.11	16629.49	13266.08
宁波市	Ningbo	12154.99	4268.59	18430.47	15234.37
温州市	Wenzhou	3656.65	1239.85	5339.53	4397.92
嘉兴市	Jiaxing	6803.84	3398.08	10914.80	9324.66
湖州市	Huzhou	3185.88	1350.64	5145.96	4307.19
绍兴市	Shaoxing	4924.98	1809.28	6623.44	5468.29
金华市	Jinhua	3031.47	1235.17	4479.21	3809.48
衢州市	Quzhou	1311.44	707.12	2038.87	1725.55
舟山市	Zhoushan	1090.21	1202.94	1525.80	1186.27
台州市	Taizhou	3861.62	1971.80	5337.73	4316.68
丽水市	Lishui	978.60	351.53	1517.50	1298.88

续表 Continued

单位:亿元 (100 million yuan)

城市	City	利税总额 Total Profits and Taxes	税金及附加 Taxes and Surcharges	应交增值税 VAT Payable	利润总额 Total Profits
杭州市	Hangzhou	2006.46	300.79	403.27	1302.40
宁波市	Ningbo	2312.07	411.47	397.86	1502.74
温州市	Wenzhou	536.14	24.39	143.84	367.91
嘉兴市	Jiaxing	955.64	47.90	249.27	658.47
湖州市	Huzhou	536.23	27.68	141.69	366.86
绍兴市	Shaoxing	760.58	30.19	170.35	560.04
金华市	Jinhua	348.88	20.24	114.42	214.23
衢州市	Quzhou	203.66	8.94	47.38	147.34
舟山市	Zhoushan	217.37	29.11	13.65	174.60
台州市	Taizhou	561.45	33.11	132.73	395.61
丽水市	Lishui	163.24	6.26	39.47	117.51

17-12 各市客运量和货运量（2020年）
Passenger Traffic and Freight Traffic by City (2020)

城市	City	客运量(万人) Passenger Traffic (10000 persons)			货运量(万吨) Freight Traffic (10000 tons)		
		公路 Highways	水运 Waterways	航空 Civil Aviation	公路 Highways	水运 Waterways	航空 Civil Aviation
杭州市	Hangzhou	4535.00	339.00	2822.00	34837.00	6482.50	80.20
宁波市	Ningbo	2426.40	138.10	897.20	38860.00	30044. 0	11.91
温州市	Wenzhou	11151.54	35.02	878.72	13699.07	4952.46	7.36
嘉兴市	Jiaxing	1359.00	119.62		16934.00	10652.64	
湖州市	Huzhou	3454.67	86.98		12094.36	7648.76	
绍兴市	Shaoxing	1023.00	56.81		16053.00	1733.89	
金华市	Jinhua	4961.00	1.62	136.62	15774.00	38.01	1.89
衢州市	Quzhou	2265.00	0.42	38.61	11743.00	19.52	0.07
舟山市	Zhoushan	1162.00	2479.92	114.15	7235.00	31965.00	0.09
台州市	Taizhou	5076.00	26.27	55.73	17053.00	12401.00	0.60
丽水市	Lishui	1447.00	76.00		5300.00	255.00	

17-13 各市公路里程、邮电通信和用电量情况（2020年）
Length of Highways, Posts and Telecommunications and Electricity by City (2020)

城市	City	境内公路里程（公里）Length of Highways (km)	#高速公路 Expressway	民用汽车拥有量（辆）Civil Motor Vehicles (unit)	固定电话用户（万户）Telephone Subscribers (10000 subscribers)	年末移动电话用户数（万户）Number of Mobile Telephones Subscribers (10000 subscribers)
杭州市	Hangzhou	16919	801	2858459	204.55	1868.9
宁波市	Ningbo	11433	567	2971436	241.8	1335.9
温州市	Wenzhou	15084	566	2486086	121.87	1193.81
嘉兴市	Jiaxing	8276	419	1588382	85.12	698.14
湖州市	Huzhou	8139	418	950291	64.14	444.87
绍兴市	Shaoxing	10381	535	1611460	106.2	664.28
金华市	Jinhua	13215	408	2237017	74.56	918.74
衢州市	Quzhou	8661	422	499467	33.67	241.32
舟山市	Zhoushan	1929	42	210925	22.13	192.72
台州市	Taizhou	13239	500	1869405	97.45	895.49
丽水市	Lishui	15804	419	459844	26.15	263.79

续表 Continued

城市	City	国际互联网用户数（万户）Users of International Computer Network (10000 subscribers)	电信业务收入（万元）Telecom Business Income (10000 yuan)	全年用电量（亿千瓦小时）Total Electricity Consumption (100 million kw.h)	#工业用电 Industrial Consumption	#城乡居民生活用电 Residential Consumption
杭州市	Hangzhou	547.58	2120950	807.97	409.19	143.97
宁波市	Ningbo	438.34	1187778	832.15	603.17	101.33
温州市	Wenzhou	401.83	1293216	449.48	253.29	110.50
嘉兴市	Jiaxing	196.15	620550	549.10	431.41	51.84
湖州市	Huzhou	222.28	407898	302.23	217.68	35.68
绍兴市	Shaoxing	224.45	584238	453.40	343.99	52.29
金华市	Jinhua	301.94	856975	403.84	261.47	66.95
衢州市	Quzhou	93.76	198639	187.97	143.88	21.21
舟山市	Zhoushan	59.91	155489	103.38	64.42	10.92
台州市	Taizhou	261.19	777098	348.85	224.55	69.89
丽水市	Lishui	102.19	210317	118.10	73.97	22.89

17-14 各市房地产投资（2020年）
Investment in Real Estate by City (2020)

单位:亿元(100 million yuan)

城市	City	房地产开发投资 Real Estate Development	#住宅 Residential Buildings	商品房屋销售面积（万平方米） Floor Space of Commerical Houses Sold (10000 sq.m)	商品房屋销售额 Total Value of Commerical Houses Sold
杭州市	Hangzhou	3575.33	2215.60	1699.34	4595.49
宁波市	Ningbo	2372.70	1532.83	1858.20	3049.52
温州市	Wenzhou	1218.16	940.99	1204.71	1905.53
嘉兴市	Jiaxing	1100.65	896.78	1184.35	1667.58
湖州市	Huzhou	629.21	523.22	896.16	1100.09
绍兴市	Shaoxing	900.31	684.99	1248.37	1815.88
金华市	Jinhua	566.92	425.81	660.37	1044.18
衢州市	Quzhou	208.10	169.34	214.71	264.43
舟山市	Zhoushan	223.61	167.55	129.72	180.59
台州市	Taizhou	899.21	658.70	858.36	1122.23
丽水市	Lishui	273.29	202.59	296.02	399.51

17-15 各市国内贸易情况（2020年）
The Situation of Domestic Trade by City (2020)

城市	City	社会消费品零售总额(亿元) Total Retail Sales of Consumer Goods (100 million yuan)	限额以上批发零售业商品销售额(亿元) Total Sales of Wholesale and Retailsale Trade Above Designated Size (100 million yuan)	限额以上批发零售企业数(个) Number of Wholesale and retail enterprises above the Designated Size (unit)	零售 Retail
杭州市	Hangzhou	6055.47	30395.57	5776	1446
宁波市	Ningbo	4238.26	29202.72	6293	1020
温州市	Wenzhou	3497.79	7879.87	2724	707
嘉兴市	Jiaxing	2092.34	3665.42	1763	403
湖州市	Huzhou	1424.43	3646.36	982	318
绍兴市	Shaoxing	2322.50	4199.84	2836	555
金华市	Jinhua	2611.93	2585.73	1772	633
衢州市	Quzhou	751.82	673.73	606	193
舟山市	Zhoushan	511.72	3444.32	493	84
台州市	Taizhou	2396.07	2589.36	1453	549
丽水市	Lishui	727.48	1314.97	469	273

17-16 各市外贸及利用外资情况（2020年）
The Situation of Foreign Trade and the Use of Foreign Capital by City (2020)

城市	City	进口总额(亿元) Total imports (100 million)	出口总额(亿元) Total exports (100 million)	外国和港澳台地区在华直接投资 Foreign Funded Enterprises and Enterprises Funded by Entrepreneurs from Hong Kong,Macao & Taiwan	
				新签项目(合同)数(个) Newly Signed Contracts(unit)	实际使用外资金额(万元) Amount of Foreign Capital Actually Use (10000 yuan)
杭州市	Hangzhou	2240.93	3693.23	804	4967397
宁波市	Ningbo	3379.91	6406.97	486	1702168
温州市	Wenzhou	311.65	1878.09	115	225676
嘉兴市	Jiaxing	779.14	2273.18	344	1825487
湖州市	Huzhou	106.39	1025.79	173	834910
绍兴市	Shaoxing	192.02	2386.04	258	497585
金华市	Jinhua	253.34	4613.25	452	32534
衢州市	Quzhou	104.81	253.59	14	44550
舟山市	Zhoushan	1079.21	588.10	64	277172
台州市	Taizhou	137.62	1760.86	78	250500
丽水市	Lishui	42.94	300.71	32	41419

17-17 各市旅游事业情况（2020年）
Tourism by City（2020）

城市	City	入境游客（人次）Number of Inbound Tourists (person)	入境旅游收入（万美元）Income from Inbound Tourism (USD 10000)	国内游客（万人次）Number of Domestic Tourists (10000 person)	国内旅游收入（亿元）Domestic Tourism Revenue (100 million yuan)
杭州市	Hangzhou	143084	5903	17559	3331
宁波市	Ningbo	56007	1596	19561	1998
温州市	Wenzhou	29028	1392	11939	1293
嘉兴市	Jiaxing	46923	3036	10104	1171
湖州市	Huzhou	18241	670	11211	1284
绍兴市	Shaoxing	10428	404	9721	1074
金华市	Jinhua	45914	2077	11812	1297
衢州市	Quzhou	1303	46	5984	404
舟山市	Zhoushan	16009	816	5236	731
台州市	Taizhou	14692	355	11414	1247
丽水市	Lishui	1854	73	6586	656

17-18 各市财政收支情况（2020年）
Total Financial Revenue and Expenditure by City（2020）

单位：万元（10000 yuan）

城市	City	财政总收入（亿元）Total Financial Revenue (100 million)	一般公共预算收入 General Public Revenue	一般公共预算支出 General Public Budget Expenditure	#一般性公共服务支出 Expenses for Public Service	#教育支出 Expenses for Education
杭州市	Hangzhou	3854.19	20933893	20696554	1903776	4033432
宁波市	Ningbo	2835.60	15108432	17420878	1696064	2695754
温州市	Wenzhou	961.61	6019813	10271684	1271871	2206497
嘉兴市	Jiaxing	1003.07	5988000	7121830	691700	1402850
湖州市	Huzhou	582.00	3365565	4844230	487079	841881
绍兴市	Shaoxing	853.02	5435174	6671630	757568	1366574
金华市	Jinhua	680.88	4232520	7034142	776394	1379283
衢州市	Quzhou	228.74	1409050	4596505	552521	600370
舟山市	Zhoushan	254.50	1591996	3126851	496243	325608
台州市	Taizhou	682.83	4012385	7001415	835412	1491485
丽水市	Lishui	240.15	1438556	5270971	573473	839689

17-19 各市金融情况（2020年）
Finance by City (2020)

单位：亿元（100 million yuan）

城市	City	金融机构年末存款余额 Deposits	住户存款年末余额(亿元) Savings Deposits of Residents	金融机构年末贷款余额 Loans
杭州市	Hangzhou	51893.03	14193.63	49184.60
宁波市	Ningbo	23166.68	8522.07	25051.98
温州市	Wenzhou	15031.96	8550.37	13565.33
嘉兴市	Jiaxing	10489.04	4827.26	10026.16
湖州市	Huzhou	5856.70	2784.70	5923.47
绍兴市	Shaoxing	10725.46	5236.76	10095.63
金华市	Jinhua	10990.27	6037.89	9949.31
衢州市	Quzhou	3108.21	1567.39	3030.13
舟山市	Zhoushan	2479.31	1125.33	2703.25
台州市	Taizhou	10452.09	6024.88	9832.45
丽水市	Lishui	3474.18	2099.57	2763.72

17-20 各市社会保险福利情况（2020年）
Basic Statistics on Social Insurance Welfare by City（2020）

单位：人（person）

城市	City	城乡居民基本养老保险参保人数 Number of Urban and Rural Residents Participating in Basic Endowment Insurance	城乡居民基本医疗保险参保人数 Urban and Rural Households Participating in the Basic Health Care Program	失业保险人数 Persons Participating in the Unemployment Insurance Program
杭州市	Hangzhou	8325516	3645652	5234553
宁波市	Ningbo	1101044	3160645	3183982
温州市	Wenzhou	2138902	5694956	1445465
嘉兴市	Jiaxing	634304	1683679	1563738
湖州市	Huzhou	517200	1309765	879729
绍兴市	Shaoxing	949161	2581962	1314925
金华市	Jinhua	1299976	3349651	1175120
衢州市	Quzhou	866542	1667440	388188
舟山市	Zhoushan	181545	527718	258163
台州市	Taizhou	1931529	4219930	1127796
丽水市	Lishui	1009113	1890769	306607

续表 Continued

单位：人（person）

城市	City	养老服务机构数(个) Number of Pension Service Institutions (unit)	养老服务机构床位数(张) Number of Beds in Pension Services (unit)	居民最低生活保障线以下人数(人) Residents under Minimum Life Guarantee Relief (person)
杭州市	Hangzhou	299	50773	18850
宁波市	Ningbo	277	67334	7696
温州市	Wenzhou	272	23418	9271
嘉兴市	Jiaxing	87	30767	4465
湖州市	Huzhou	180	30358	3428
绍兴市	Shaoxing	107	31658	4993
金华市	Jinhua	138	44143	2019
衢州市	Quzhou	149	24241	2548
舟山市	Zhoushan	88	10289	1336
台州市	Taizhou	304	47672	66759
丽水市	Lishui	125	20446	74055

17-21 各市各类学校在校学生数（2020年）
Student Enrollment by Type of School and by City (2020)

城市	City	高等学校 (人) Institutions of Higher Education (person)	中等职业学校 (人) Vocational Secondary Schools (person)	普通中学 (万人) Regular Secondary Schools (10000 persons)	小学 (万人) Primary Schools (10000 persons)
杭州市	Hangzhou	465963	81592	37.40	64.53
宁波市	Ningbo	168310	69158	31.01	51.73
温州市	Wenzhou	120734	89495	40.91	63.31
嘉兴市	Jiaxing	76304	51943	16.36	28.15
湖州市	Huzhou	33770	29833	11.69	18.07
绍兴市	Shaoxing	116744	47848	22.21	26.80
金华市	Jinhua	104648	89681	27.35	43.60
衢州市	Quzhou	16851	28034	10.84	13.26
舟山市	Zhoushan	25162	6665	3.39	5.06
台州市	Taizhou	39955	98544	31.34	42.56
丽水市	Lishui	21920	29913	12.05	15.66

17-22 各市R&D经费支出及专利申请（2020年）
Expenditure on R&D Activities and Patent Application by City (2020)

城市	City	R&D经费支出 (万元) Expenditure on R&D Activities (10000 yuan)	专利申请受理量 (项) Patent Application Accepted (item)	专利申请授权量 (项) Patent Application Approved (item)	#发明 Invention
杭州市	Hangzhou	5787919	143912	92399	17327
宁波市	Ningbo	3548354	80043	60520	5331
温州市	Wenzhou	1577327	65585	52199	7189
嘉兴市	Jiaxing	1825254	45651	34966	4733
湖州市	Huzhou	988198	29288	17712	1352
绍兴市	Shaoxing	1549307	45729	35574	3583
金华市	Jinhua	945070	52054	42446	3993
衢州市	Quzhou	293750	9865	6557	682
舟山市	Zhoushan	263820	2947	2805	863
台州市	Taizhou	1190029	40200	34828	4401
丽水市	Lishui	281869	15078	11606	426

17-23 各市文化和卫生事业主要指标（2020年）
Main Indicators of Culture and Public Healthy by City (2020)

城市	City	体育场馆数（个）Number of Sports Grounds and Gymnasiums (unit)	剧场、影剧院数（个）Number of Theaters and Music Halls (unit)	公共图书馆图书藏量（万册）Total Collections of Books in Public Libraries (10000 copies)	医院数（个）Number of Health Institutions (unit)	医院床位数（张）Number of Beds in Health Institutions (bed)	医生数（人）Doctors (person)
杭州市	Hangzhou	48	76	2626	353	84251	51135
宁波市	Ningbo	42	34	1164	195	38420	31891
温州市	Wenzhou	36	104	1428	150	38678	31472
嘉兴市	Jiaxing	73	71	1078	94	24206	15322
湖州市	Huzhou	45	41	362	72	16826	9851
绍兴市	Shaoxing	110	10	744	96	24096	17831
金华市	Jinhua	14	74	576	149	30883	19994
衢州市	Quzhou	6	24	379	91	13655	7532
舟山市	Zhoushan	8	20	245	35	6033	4027
台州市	Taizhou	12	12	925	135	28286	20054
丽水市	Lishui	14	9	314	59	13016	8569

17-24 各市城乡居民收入情况（2020年）
Income of Urban and Rural Residents by City (2020)

单位：元 (yuan)

城市	City	城镇居民人均可支配收入 Per Capita Disposable Income of Urban Residents	工资性收入 Wage Income	经营净收入 Net Operating Income	财产净收入 Net Income from Property	转移净收入 Net Income Transferred	农村居民人均可支配收入 Per Capita Disposable Income of Rural Residents
杭州市	Hangzhou	68666	39720	5640	10182	13124	38700
宁波市	Ningbo	68008	39156	12270	7877	8705	39132
温州市	Wenzhou	63481	32594	10758	11356	8773	32428
嘉兴市	Jiaxing	64124	40058	6828	6047	11191	39801
湖州市	Huzhou	61743	33900	12061	5996	9785	37244
绍兴市	Shaoxing	66694	37267	12625	7786	9015	38696
金华市	Jinhua	61545	33878	9074	9606	8987	30365
衢州市	Quzhou	49300	29726	6671	4751	8152	26290
舟山市	Zhoushan	63702	42202	6893	5446	9161	39096
台州市	Taizhou	62598	36226	11022	8290	7061	32188
丽水市	Lishui	48532	25844	7285	6625	8778	23637

17-25 各市城镇居民人均消费支出情况（2020年）
Per Capita Consumption Expenditure of Urban Residents by City (2020)

单位：元（yuan）

城市	City	城镇居民人均消费支出 Per Capita Consumption Expenditure of Urban Residents	食品烟酒 Food, Tobacco and Alcohol	衣着 Clothing	居住 Residence	生活用品及服务 Daily Necessities and Services
杭州市	Hangzhou	41916	10717	2177	11434	2288
宁波市	Ningbo	38702	10808	2239	10216	2557
温州市	Wenzhou	39860	11141	2409	11325	2529
嘉兴市	Jiaxing	36384	9697	2044	8615	2152
湖州市	Huzhou	35488	9865	2579	8741	1930
绍兴市	Shaoxing	36392	9911	2551	9703	1606
金华市	Jinhua	36828	8891	2405	9183	2175
衢州市	Quzhou	26801	6934	1846	7369	1543
舟山市	Zhoushan	36478	10904	3181	7858	1869
台州市	Taizhou	36131	10564	2844	8685	2226
丽水市	Lishui	31756	8843	2712	9408	1329

续表 Continued

单位：元（yuan）

城市	City	交通和通信 Transportation and Communications	教育文化娱乐 Education, Culture and Entertainment	医疗保健 Medical Care	其他用品及服务 Other Supplies and Services
杭州市	Hangzhou	6883	3704	3651	1062
宁波市	Ningbo	5790	3626	2069	1397
温州市	Wenzhou	4600	5094	1828	933
嘉兴市	Jiaxing	6454	4030	2467	924
湖州市	Huzhou	5560	3687	2097	1029
绍兴市	Shaoxing	5324	4026	2335	935
金华市	Jinhua	6402	3978	2999	795
衢州市	Quzhou	2986	3603	1929	591
舟山市	Zhoushan	4368	4198	2384	1716
台州市	Taizhou	5695	3382	1805	930
丽水市	Lishui	3258	2248	3249	709

17-26 各市、县国民经济主要指标（2020年）
Main Indicators of National Economy by City and County （2020）

市县名称	City and County	土地面积 (平方公里) Land Area (sq.km)	年末常住人口 (万人) Total Population with Permanent Residence(10000 persons)	生产总值 (亿元) Gross Domestic Product (100 million yuan)	第一产业 Primary Industry	第二产业 Secondary Industry
萧山区	Xiaoshan	1414	201.60	1828.50	57.90	693.40
余杭区	Yuhang	1228	241.40	3051.60	52.60	676.90
富阳区	Fuyang	1821	83.30	812.10	49.50	345.00
临安区	Tonglu	3119	63.50	600.40	46.00	280.00
桐庐县	Tonglu	1829	45.40	376.30	25.40	160.80
淳安县	Chunan	4418	32.90	240.60	38.40	62.40
建德市	Jiande	2314	44.30	391.90	37.20	182.00
海曙区	Haishu	595	104.31	1201.18	16.18	361.08
江北区	Jiangbei	208	48.97	666.70	8.57	204.62
北仑区	Beilun	599	83.09	2020.49	8.46	989.85
镇海区	Zhenhai	246	51.14	1030.06	6.52	657.62
鄞州区	Yinzhou	814	161.23	2266.14	27.15	608.95
奉化区	Fenghua	1268	57.82	685.77	32.73	412.28
象山县	Xiangshan	1382	56.86	563.00	81.69	234.64
宁海县	Ninghai	1843	69.71	722.55	48.20	354.75
余姚市	Yuyao	1501	125.62	1220.72	50.19	701.46
慈溪市	Cixi	1361	183.26	2008.30	58.38	1168.38
鹿城区	Lucheng	293	117.82	1172.32	2.04	279.89
龙湾区	Longwan	319	72.70	717.40	2.96	383.09
瓯海区	Ouhai	466	96.32	701.24	6.66	286.26
洞头区	Dongtou	254	14.88	114.42	6.52	47.44
永嘉县	Yongjia	2677	86.95	461.89	17.23	195.58
平阳县	Pingyang	1042	86.32	534.51	20.59	247.74
苍南县	Cangnan	1086	84.40	363.09	28.01	127.92
文成县	Wencheng	1296	28.82	112.01	9.71	28.34
泰顺县	Taishun	1768	26.60	121.99	10.10	41.60
瑞安市	Ruian	1350	152.00	1037.09	25.82	464.59
乐清市	Yueqing	1391	145.42	1263.01	21.23	591.85
龙港市	Longgang	184	46.47	316.40	9.02	144.61
南湖区	Nanhu	439	84.24	797.85	13.40	350.47
秀洲区	Xiuzhou	548	68.04	704.53	14.17	338.91
嘉善县	Jiashan	507	64.95	655.77	22.10	347.98
海盐县	Haiyan	585	45.73	544.51	17.83	313.74
海宁市	Haining	863	107.87	1030.78	18.61	574.81
平湖市	Pinghu	554	67.15	779.00	14.16	452.98
桐乡市	Tongxiang	727	103.12	1002.98	24.17	481.42
吴兴区	Wuxing	863	101.70	1002.00	24.00	447.00
南浔区	NanXun	702	54.40	468.00	27.00	271.00
德清县	Deqing	938	54.90	544.00	25.00	305.00
长兴县	ChangXing	1431	67.50	702.00	37.00	347.00
安吉县	Anji	1886	58.70	487.00	28.00	216.00
越城区	Yuecheng	493	105.60	1008.52	13.09	360.91
柯桥区	keqiao	1066	110.29	1516.73	38.69	733.94
上虞区	Shangyu	1406	84.37	1043.82	52.14	514.58

续表1 Continued

市县名称	City and County	土地面积(平方公里) Land Area (sq.km)	年末常住人口(万人) Total Population with Permanent Residence(10000 persons)	生产总值(亿元) Gross Domestic Product (100 million yuan)	第一产业 Primary Industry	第二产业 Secondary Industry
新昌县	Xinchang	1214	40.30	461.46	22.41	221.20
诸暨市	Zhuji	2311	120.41	1362.36	50.91	617.62
嵊州市	Shengzhou	1789	68.12	601.27	42.02	259.37
婺城区	Wucheng	1391	95.86	654.48	21.64	199.55
金东区	JIndong	658	50.77	259.27	14.90	112.61
武义县	Wuyi	1568	46.32	271.33	16.56	130.35
浦江县	Pujiang	918	46.15	234.46	11.40	97.04
磐安县	Panan	1195	17.74	120.70	12.85	46.03
兰溪市	Lanxi	1312	57.57	400.16	28.30	198.23
义乌市	Yiwu	1105	186.24	1485.60	23.76	422.03
东阳市	Dongyang	1747	108.97	638.16	18.75	272.85
永康市	Yongkang	1047	96.58	639.78	8.99	335.31
柯城区	Kecheng	607	52.94	236.48	8.30	45.17
衢江区	Qujiang	1748	37.44	209.35	21.78	75.84
常山县	Changshan	1097	26.01	160.15	8.33	67.69
开化县	Kaihua	2231	25.89	150.50	14.15	52.85
龙游县	Longyou	1143	36.05	247.61	15.23	104.17
江山市	Jiangshan	2019	49.46	312.64	23.98	136.43
定海区	Dinghai	574	50.00	569.56	12.77	202.85
普陀区	Putuo	462	38.37	439.86	68.93	110.28
岱山县	Daishan	326	20.84	384.79	36.27	256.05
嵊泗县	Shengsi	97	6.69	116.49	35.24	19.57
椒江区	Jiaojiang	364	82.70	691.90	22.87	276.58
黄岩区	Huangyan	988	70.80	557.38	19.26	253.70
路桥区	Luqiao	328	62.90	669.39	14.20	266.92
玉环市	Yuhuan	510	64.40	632.56	38.60	334.84
三门县	Sanmen	1105	38.00	273.39	34.91	114.23
天台县	Tiantai	1432	47.50	301.70	16.63	120.18
仙居县	Xianju	2000	43.20	260.50	16.72	108.83
温岭市	Wenling	1074	141.70	1136.87	81.39	502.45
临海市	Linhai	2251	111.50	738.48	49.70	323.38
莲都区	Liandu	1493	56.22	406.97	21.23	119.28
青田县	Qingtian	2477	50.92	249.13	10.01	97.80
缙云县	Jinyun	1494	40.54	243.44	12.04	106.71
遂昌县	Suichang	2540	19.44	130.81	12.18	46.84
松阳县	Songyang	1401	20.50	119.49	13.40	45.17
云和县	Yunhe	990	12.92	86.99	4.91	43.99
庆元县	Qingyuan	1897	14.26	78.93	7.56	28.26
景宁县	Jingning	1939	11.10	74.76	6.80	16.86
龙泉市	Longquan	3044	24.90	147.16	16.18	51.13

续表2 Continued

市县名称	City and County	第三产业 Tertiary Industry	工业 Industry Industry	人均生产总值(元) Per-capita GDP (yuan)	社会消费品零售总额(亿元) Total Retail Sales of Consumer Goods (100 million yuan)	财政总收入(亿元) Total Financia Revenue (100 million yuan)
萧山区	Xiaoshan	1077.20	618.20	92324	719.97	461.03
余杭区	Yuhang	2322.10	626.20	130049	855.05	825.91
富阳区	Fuyang	417.50	296.80	98194	372.10	138.72
临安区	Tonglu	274.40	236.30	95076	190.92	109.60
桐庐县	Tonglu	190.10	131.20	83339	137.44	58.30
淳安县	Chunan	139.80	37.90	73026	83.74	40.13
建德市	Jiande	172.80	149.00	88559	114.07	55.64
海曙区	Haishu	823.92	283.21	115387	785.77	187.97
江北区	Jiangbei	453.51	167.01	137748	375.36	141.80
北仑区	Beilun	1022.18	928.22	247609	373.15	612.08
镇海区	Zhenhai	365.92	608.31	203368	152.37	135.31
鄞州区	Yinzhou	1630.04	477.61	142167	878.74	456.56
奉化区	Fenghua	240.76	368.32	118645	152.56	100.06
象山县	Xiangshan	246.67	164.89	99033	208.88	81.68
宁海县	Ninghai	319.60	306.59	103666	271.28	103.98
余姚市	Yuyao	469.07	656.75	98050	397.42	185.23
慈溪市	Cixi	781.54	1083.82	109923	642.75	355.51
鹿城区	Lucheng	890.39	200.45	99332	744.97	56.66
龙湾区	Longwan	331.35	336.11	98693	390.21	93.94
瓯海区	Ouhai	408.32	206.15	72815	319.38	69.79
洞头区	Dongtou	60.45	27.20	79181	36.11	21.85
永嘉县	Yongjia	249.08	141.34	53161	247.82	60.69
平阳县	Pingyang	266.18	204.66	62142	233.23	57.54
苍南县	Cangnan	207.15	73.91	43084	244.21	40.40
文成县	Wencheng	73.97	11.83	39262	48.67	15.71
泰顺县	Taishun	70.29	9.90	46008	54.99	23.95
瑞安市	Ruian	546.69	388.22	68385	519.82	127.56
乐清市	Yueqing	649.93	547.02	86709	520.13	156.82
龙港市	Longgang	162.78	137.63	68191	138.26	25.33
南湖区	Nanhu	433.98	295.02	96022	408.40	182.65
秀洲区	Xiuzhou	351.45	304.15	104391	158.77	130.22
嘉善县	Jiashan	285.69	316.39	101576	235.77	117.06
海盐县	Haiyan	212.95	290.78	119477	158.61	100.05
海宁市	Haining	437.36	509.46	96451	475.01	168.91
平湖市	Pinghu	311.86	422.20	115983	236.26	150.81
桐乡市	Tongxiang	497.39	421.61	97804	419.53	153.37
吴兴区	Wuxing	530.00	377.00	99979	668.81	142.86
南浔区	NanXun	170.00	253.00	85798	115.09	67.22
德清县	Deqing	214.00	279.00	99456	147.60	116.18
长兴县	ChangXing	318.00	314.00	104164	297.31	121.76
安吉县	Anji	243.00	197.00	83839	195.62	100.11
越城区	Yuecheng	634.53	271.52	95883	620.56	121.87
柯桥区	keqiao	744.10	620.46	138251	354.35	202.04
上虞区	Shangyu	477.10	426.32	124106	452.41	156.72

续表3 Continued

市县名称	City and County	第三产业 Tertiary Industry	工业 Industry Industry	人均生产总值(元) Per-capita GDP (yuan)	社会消费品零售总额(亿元) Total Retail Sales of Consumer Goods (100 million yuan)	财政总收入(亿元) Total Financia Revenue (100 million yuan)
新昌县	Xinchang	217.85	194.03	114770	165.98	70.29
诸暨市	Zhuji	693.83	506.07	113321	462.46	145.47
嵊州市	Shengzhou	299.88	222.28	88274	266.74	71.46
婺城区	Wucheng	433.30	156.93	68868	455.39	91.32
金东区	JIndong	131.75	89.49	52047	237.93	37.68
武义县	Wuyi	124.42	121.98	59075	98.56	44.71
浦江县	Pujiang	126.02	83.45	50870	97.39	29.61
磐安县	Panan	61.82	34.15	67907	36.62	18.28
兰溪市	Lanxi	173.63	181.78	69612	147.93	49.06
义乌市	Yiwu	1039.81	373.70	81147	946.25	162.27
东阳市	Dongyang	346.55	202.09	59218	283.52	123.73
永康市	Yongkang	295.49	311.50	66867	308.35	94.07
柯城区	Kecheng	183.01	23.84	106142	207.51	20.21
衢江区	Qujiang	111.73	64.15	56110	75.15	30.15
常山县	Changshan	84.13	49.97	61786	71.28	19.90
开化县	Kaihua	83.50	29.91	58255	88.58	16.16
龙游县	Longyou	128.21	83.66	68649	160.25	31.69
江山市	Jiangshan	152.23	109.42	63425	149.03	34.96
定海区	Dinghai	353.94	159.80	114187	221.31	52.60
普陀区	Putuo	260.65	115.39	113747	179.89	44.89
岱山县	Daishan	92.48	247.81	184552	76.05	27.26
嵊泗县	Shengsi	61.68	8.10	171317	34.46	12.09
椒江区	Jiaojiang	392.46	232.95	84739	290.47	75.17
黄岩区	Huangyan	284.42	229.12	79117	247.75	67.35
路桥区	Luqiao	388.27	211.97	106505	380.33	70.75
玉环市	Yuhuan	259.13	306.95	98377	211.86	80.34
三门县	Sanmen	124.25	95.72	72133	103.84	26.61
天台县	Tiantai	164.88	96.22	64122	129.92	34.27
仙居县	Xianju	134.96	86.14	61008	105.97	32.96
温岭市	Wenling	553.03	379.80	80715	669.12	118.98
临海市	Linhai	365.40	263.96	66530	256.80	101.86
莲都区	Liandu	266.45	87.33	72777	203.51	93.85
青田县	Qingtian	141.32	81.40	49505	106.11	30.12
缙云县	Jinyun	124.69	85.54	60437	105.43	27.59
遂昌县	Suichang	71.78	37.87	67582	63.15	18.59
松阳县	Songyang	60.92	36.51	58588	56.84	13.69
云和县	Yunhe	38.09	39.16	67648	37.04	13.31
庆元县	Qingyuan	43.11	20.35	55565	45.73	8.15
景宁县	Jingning	51.10	9.25	67999	38.26	20.21
龙泉市	Longquan	79.84	37.52	59301	71.42	14.64

续表4 Continued

市县名称	City and County	一般公共预算收入(亿元) General Public Revenue (100 million yuan)	一般公共预算支出(亿元) General Public Budget Expenditure (100 million yuan)	住户存款年末余额(亿元) Savings Deposits of Residents (100 million yuan)	城镇居民人均可支配收入(元) Per Capita Disposable Income of Urban Residents (yuan)	农村居民人均可支配收入(元) Per Capita Disposable Income of Rural Residents (yuan)
萧山区	Xiaoshan	300.03	275.65	2305.04	73116	43847
余杭区	Yuhang	441.06	413.64	1751.11	70681	44117
富阳区	Fuyang	90.14	102.52	659.95	63302	38089
临安区	Tonglu	68.56	90.47	468.51	59760	35816
桐庐县	Tonglu	34.22	56.41	358.52	56450	34176
淳安县	Chunan	22.77	76.68	213.82	48985	22465
建德市	Jiande	34.23	59.32	344.65	54962	30762
海曙区	Haishu	115.83	101.92		71391	39888
江北区	Jiangbei	84.29	73.78		70464	41544
北仑区	Beilun	309.06	281.02		70249	41414
镇海区	Zhenhai	84.50	87.74		71163	40469
鄞州区	Yinzhou	273.47	230.20		73860	42794
奉化区	Fenghua	64.51	85.33		58983	34945
象山县	Xiangshan	51.81	83.96	383.33	60773	35557
宁海县	Ninghai	67.91	86.70	392.54	64188	36166
余姚市	Yuyao	114.20	128.89	1130.40	65212	39339
慈溪市	Cixi	200.53	217.33	1678.85	67089	40950
鹿城区	Lucheng	35.29	74.57	2166.82	71082	38787
龙湾区	Longwan	55.08	71.16	739.02	63930	40281
瓯海区	Ouhai	43.10	68.90	881.13	65586	39265
洞头区	Dongtou	14.96	31.64	70.21	52279	32295
永嘉县	Yongjia	40.80	111.07	591.41	51810	26388
平阳县	Pingyang	36.49	91.75	521.28	52739	26736
苍南县	Cangnan	26.35	78.33	393.43	49725	25630
文成县	Wencheng	10.22	51.03	273.53	43705	20528
泰顺县	Taishun	13.80	48.86	172.33	42479	20347
瑞安市	Ruian	81.91	103.70	1303.02	67301	35872
乐清市	Yueqing	94.38	126.38	1266.09	67069	38070
龙港市	Longgang	17.05	25.77	172.09	55298	29656
南湖区	Nanhu	34.73	44.62		58424	38856
秀洲区	Xiuzhou	27.53	39.51		57915	38215
嘉善县	Jiashan	71.79	101.15	591.35	65266	40741
海盐县	Haiyan	58.18	78.21	438.22	66006	40336
海宁市	Haining	100.93	105.22	972.56	67462	41129
平湖市	Pinghu	90.01	99.54	543.20	65797	39903
桐乡市	Tongxiang	93.98	103.90	894.42	62379	40358
吴兴区	Wuxing	86.35	46.35		63816	38219
南浔区	NanXun	40.46	55.22		59847	37051
德清县	Deqing	67.08	78.22	470.54	62225	38357
长兴县	ChangXing	67.55	90.20	498.33	62428	37813
安吉县	Anji	59.76	86.22	384.22	59518	35699
越城区	Yuecheng	60.04	83.38	1121.32	61861	38633
柯桥区	keqiao	137.23	129.69	1240.52	72071	43459
上虞区	Shangyu	93.69	121.05	860.69	68309	38044

续表5 Continued

市县名称	City and County	一般公共预算收入(亿元) General Public Revenue (100 million yuan)	一般公共预算支出(亿元) General Public Budget Expenditure (100 million yuan)	住户存款年末余额(亿元) Savings Deposits of Residents (100 million yuan)	城镇居民人均可支配收入(元) Per Capita Disposable Income of Urban Residents (yuan)	农村居民人均可支配收入(元) Per Capita Disposable Income of Rural Residents (yuan)
新昌县	Xinchang	43.72	64.57	325.55	62833	32859
诸暨市	Zhuji	90.32	117.65	1097.51	70740	42296
嵊州市	Shengzhou	45.82	72.18	591.16	63748	34367
婺城区	Wucheng	72.01	143.31		58746	26560
金东区	JIndong	23.77	32.74		51155	29285
武义县	Wuyi	27.45	56.47	342.85	44759	21076
浦江县	Pujiang	20.03	39.76	326.95	49943	24948
磐安县	Panan	11.07	39.87	130.79	43589	20950
兰溪市	Lanxi	29.61	76.10	375.01	46610	23021
义乌市	Yiwu	106.01	137.27	1972.19	80137	42158
东阳市	Dongyang	72.65	99.67	909.83	58189	33686
永康市	Yongkang	60.67	78.22	886.48	61281	32820
柯城区	Kecheng	13.32	56.87		52862	28138
衢江区	Qujiang	18.12	61.60		41733	23532
常山县	Changshan	12.19	54.78	162.43	41890	24033
开化县	Kaihua	10.20	56.13	157.39	39475	20647
龙游县	Longyou	19.63	65.96	241.86	51024	26721
江山市	Jiangshan	21.31	72.18	380.59	51987	28415
定海区	Dinghai	32.03	43.51	578.30	69857	39227
普陀区	Putuo	30.46	61.06	337.58	62310	38593
岱山县	Daishan	18.13	54.34	154.71	56646	39238
嵊泗县	Shengsi	8.31	30.61	54.74	56526	37620
椒江区	Jiaojiang	44.33	55.49	510.03	69053	33872
黄岩区	Huangyan	39.80	58.93	740.34	63103	33102
路桥区	Luqiao	38.39	40.39	841.19	76052	36888
玉环市	Yuhuan	47.85	68.50	545.85	74492	37645
三门县	Sanmen	16.16	53.79	256.15	50538	28309
天台县	Tiantai	20.40	53.26	321.04	50746	26370
仙居县	Xianju	19.82	53.50	318.09	45741	24454
温岭市	Wenling	72.12	107.44	1307.87	65277	36244
临海市	Linhai	59.49	105.34	818.13	58319	32150
莲都区	Liandu	56.43	137.17	548.99	51669	30365
青田县	Qingtian	19.03	67.90	625.18	49728	27215
缙云县	Jinyun	17.25	65.67	253.50	47774	23466
遂昌县	Suichang	11.43	42.66	129.88	50425	22264
松阳县	Songyang	8.19	47.22	137.63	42494	20804
云和县	Yunhe	8.14	32.99	80.74	46584	22022
庆元县	Qingyuan	5.25	39.08	99.08	42642	20364
景宁县	Jingning	8.96	43.81	67.14	41735	21625
龙泉市	Longquan	9.17	50.60	157.45	50473	25476

注: 人均生产总值按常住人口计算,以后各表同。Per Capita GDP is calculated by population with permanent residence.The same applies to the relevant tables following.

17-27 各市、县年末人口数（2020年）

Population at the End of the Year by City and County（2020）

单位：万人（10000 persons）

市县名称	City and County	常住人口 Resident Population	其中：城镇常住人口 Urban Resident Population	户籍人口 Registered Residence Population	总户数（万户）Total Households (10000 households)
萧山区	Xiaoshan	201.60	162.87	121.20	35.52
余杭区	Yuhang	241.40	195.20	121.90	36.33
富阳区	Fuyang	83.30	58.49	69.11	22.06
临安区	Tonglu	63.50	37.66	54.03	18.95
桐庐县	Chunan	45.40	31.94	41.92	15.01
淳安县	Linan	32.90	15.36	45.62	14.69
建德市	Jiande	44.30	23.38	50.99	17.62
海曙区	Haishu	104.31	90.79	63.76	25.71
江北区	Jiangbei	48.97	40.66	27.10	11.37
北仑区	Beilun	83.09	63.75	43.54	17.55
镇海区	Zhenhai	51.14	45.98	28.43	11.54
鄞州区	Yinzhou	161.23	132.58	95.53	38.08
奉化区	Fenghua	57.82	34.70	47.94	18.36
象山县	Xiangshan	56.86	34.90	54.42	18.25
宁海县	Ninghai	69.71	43.87	63.33	24.28
余姚市	Yuyao	125.62	101.55	83.43	32.87
慈溪市	Cixi	183.26	146.00	106.17	42.02
鹿城区	Lucheng	117.82	106.57	79.38	27.35
龙湾区	Longwan	72.70	72.59	34.23	8.56
瓯海区	Ouhai	96.32	80.25	46.82	13.41
洞头区	Dongtou	14.88	7.86	15.45	5.18
永嘉县	Yongjia	86.95	48.29	98.83	30.18
平阳县	Pingyang	86.32	53.24	88.30	24.36
苍南县	Cangnan	84.40	57.52	96.63	24.15
文成县	Wencheng	28.82	12.51	40.95	14.36
泰顺县	Taishun	26.60	11.92	37.19	13.16
瑞安市	Ruian	152.00	101.25	125.92	34.11
乐清市	Yueqing	145.42	95.06	131.82	39.37
龙港市	Longgang	46.47	45.03	38.21	9.61
南湖区	Nanhu	84.24	73.80	53.75	19.73
秀洲区	Xiuzhou	68.04	45.37	41.97	13.20
嘉善县	Jiashan	64.95	47.46	40.98	13.45
海盐县	Haiyan	45.73	29.83	38.31	12.87
海宁市	Haining	107.87	75.45	70.80	20.45
平湖市	Pinghu	67.15	44.90	50.80	16.63
桐乡市	Tongxiang	103.12	69.16	70.77	19.62
吴兴区	Wuxing	101.70	77.75	63.74	21.69
南浔区	NanXun	54.40	30.76	48.90	14.27
德清县	Deqing	54.90	34.16	44.32	13.50
长兴县	ChangXing	67.50	43.09	63.77	22.98
安吉县	Anji	58.70	35.56	47.32	15.56
越城区	Yuecheng	105.60	86.09	77.17	27.56
柯桥区	keqiao	110.29	90.31	69.26	23.25
上虞区	Shangyu	84.37	56.91	77.75	28.61

续表 Continued

单位：万人（10000 persons）

市县名称	City and County	常住人口 Resident Population	其中：城镇常住人口 Urban Resident Population	户籍人口 Registered Residence Population	总户数（万户） Total Households (10000 households)
新昌县	Xinchang	40.30	26.13	43.22	17.23
诸暨市	Zhuji	120.41	76.29	108.30	41.97
嵊州市	Shengzhou	68.12	38.61	71.94	25.37
婺城区	Wucheng	95.86	73.57	65.63	26.24
金东区	Jindong	50.77	30.52	34.46	14.46
武义县	Wuyi	46.32	28.79	34.52	14.13
浦江县	Pujiang	46.15	20.93	40.08	14.09
磐安县	Panan	17.74	9.32	21.13	8.72
兰溪市	Lanxi	57.57	31.82	65.48	21.34
义乌市	Yiwu	186.24	148.14	85.34	37.77
东阳市	Dongyang	108.97	73.87	85.15	35.25
永康市	Yongkang	96.58	63.86	62.11	24.51
柯城区	Kecheng	52.94	40.62	44.18	18.16
衢江区	Qujiang	37.44	17.11	41.16	16.58
常山县	Changshan	26.01	12.78	34.16	12.45
开化县	Kaihua	25.89	13.11	36.06	12.30
龙游县	Longyou	36.05	18.59	39.98	16.83
江山市	Jiangshan	49.46	28.94	61.33	20.50
定海区	Dinghai	50.00	37.93	40.10	15.81
普陀区	Putuo	38.40	26.70	31.37	11.17
岱山县	Daishan	20.80	14.31	17.37	7.62
嵊泗县	Shengsi	6.70	4.39	7.37	3.00
椒江区	Jiaojiang	82.70	62.77	56.18	17.76
黄岩区	Huangyan	70.80	44.60	61.58	19.65
路桥区	Luqiao	62.90	41.33	46.18	13.29
玉环市	Yuhuan	64.40	46.88	43.71	14.31
三门县	Sanmen	38.00	20.33	44.64	15.34
天台县	Tiantai	47.50	25.18	60.15	19.57
仙居县	Xianju	43.20	22.42	52.12	14.38
温岭市	Wenling	141.70	92.11	122.07	42.80
临海市	Linhai	111.50	55.19	120.33	37.15
莲都区	Liandu	56.22	42.97	42.10	19.90
青田县	Qingtian	50.92	27.04	57.23	20.36
缙云县	Jinyun	40.54	23.04	46.96	20.83
遂昌县	Suichang	19.44	10.70	22.91	8.49
松阳县	Songyang	20.50	9.78	24.03	9.75
云和县	Yunhe	12.92	9.45	11.38	4.31
庆元县	Qingyuan	14.26	9.06	20.29	8.96
景宁县	Jingning	11.10	6.46	16.95	6.81
龙泉市	Longquan	24.90	16.57	28.90	9.95

17-28 各市、县环境保护情况（2020年）
Environmental Protection by City and County (2020)

市县名称	City and County	工业废水排放量（万吨）Industrial Wastewater Discharge (10000 tons)	工业废气排放量（万立方米）Industrial Waste Gas Emission (10000 cu.m)	一般工业固体废物综合利用率（%）Comprehensive Utilization Rate of General Industrial Solid Waste (%)	空气质量优良天数比例（%）Proportion of days with excellent air quality (%)	可吸入细颗粒物（PM2.5）年平均浓度（微克/立方米）Annual Average Concentration of Fine Particulate Matter (PM2.5) (Microgram/Cubic Meter)
萧山区	Xiaoshan	4997	7479046	97.50	89.5	34.1
余杭区	Yuhang	764	2461981	97.62	88.0	30.6
富阳区	Fuyang	1823	6698187	99.64	96.2	28.7
临安区	Tonglu	496	3066431	98.78	95.6	29.4
桐庐县	Chunan	216	1286896	97.89	98.1	27.1
淳安县	Linan	238	238806	100.00	96.2	20.0
建德市	Jiande	622	4244840	99.66	98.1	24.2
海曙区	Haishu	746	1410804	99.71	91.9	20.0
江北区	Jiangbei	89	850918	98.40	90.0	22.0
北仑区	Beilun	5753	33815017	99.82	92.6	20.0
镇海区	Zhenhai	2662	13596769	99.27	93.2	21.0
鄞州区	Yinzhou	525	2585353	99.73	89.9	25.0
奉化区	Fenghua	311	566078	99.95	92.1	25.0
象山县	Xiangshan	964	8171994	99.11	96.4	18.0
宁海县	Ninghai	300	8778852	99.72	93.7	23.0
余姚市	Yuyao	1068	2989477	99.32	88.3	28.0
慈溪市	Cixi	1032	5054683	99.62	89.3	29.0
鹿城区	Lucheng	186	860052	97.22	96.4	25.0
龙湾区	Longwan	625	2541097	98.33	97.9	24.0
瓯海区	Ouhai	349	478971	99.28	95.6	28.0
洞头区	Dongtou	24	110038	99.31	97.2	18.0
永嘉县	Yongjia	364	646137	99.94	99.7	24.0
平阳县	Pingyang	827	3611360	99.07	98.1	22.0
苍南县	Cangnan	75	27678	100.00	100.0	23.0
文成县	Wencheng	4	18613	100.00	99.2	22.0
泰顺县	Taishun	8	40845	100.00	100.0	18.0
瑞安市	Ruian	724	2127958	98.49	99.2	22.0
乐清市	Yueqing	304	9279510	99.21	98.4	23.0
龙港市	Longgang	271	3306777	99.77	97.7	24.0
南湖区	Nanhu	899	1492221	99.99	87.2	28.0
秀洲区	Xiuzhou	3482	4247193	100.00	87.2	28.0
嘉善县	Jiashan	1275	6294534	98.65	90.7	30.0
海盐县	Haiyan	1502	3526461	100.00	94.8	27.0
海宁市	Haining	3323	18432210	99.89	94.3	29.0
平湖市	Pinghu	3274	17439741	99.94	92.9	24.0
桐乡市	Tongxiang	2490	6057521	99.15	90.4	29.0
吴兴区	Wuxing				86.0	27.0
南浔区	NanXun				89.4	29.0
德清县	Deqing				91.8	26.0
长兴县	ChangXing				89.6	29.0
安吉县	Anji				94.5	28.0
越城区	Yuecheng	3568	8434569	92.45	90.7	28.0
柯桥区	keqiao	14481	8742416	97.90	89.3	31.0
上虞区	Shangyu	3170	7920227	97.76	95.1	26.0

续表 Continued

市县名称	City and County	工业废水排放量（万吨） Industrial Wastewater Discharge (10000 tons)	工业废气排放量（万立方米） Industrial Waste Gas Emission (10000 cu.m)	一般工业固体废物综合利用率（%） Comprehensive Utilization Rate of General Industrial Solid Waste (%)	空气质量优良天数比例（%） Proportion of days with excellent air quality (%)	可吸入细颗粒物（PM2.5）年平均浓度（微克/立方米） Annual Average Concentration of Fine Particulate Matter (PM2.5) (Microgram/ Cubic Meter)
新昌县	Xinchang	478	620787	88.64	96.4	26.0
诸暨市	Zhuji	839	3201638	71.27	93.2	29.0
嵊州市	Shengzhou	1063	1055213	90.58	96.7	29.0
婺城区	Wucheng					
金东区	Jindong					
武义县	Wuyi					
浦江县	Pujiang					
磐安县	Panan					
兰溪市	Lanxi					
义乌市	Yiwu					
东阳市	Dongyang					
永康市	Yongkang					
柯城区	Kecheng	121	574667	99.87	95.3	30.0
衢江区	Qujiang	1270	1220396	99.43	94.6	26.0
常山县	Changshan	320	2972290	100.00	99.7	27.0
开化县	Kaihua	235	756943	99.79	99.7	21.0
龙游县	Longyou	2137	1909697	99.83	98.0	30.0
江山市	Jiangshan	353	5447618	99.47	95.6	33.0
定海区	Dinghai				96.1	18.0
普陀区	Putuo				98.3	16.0
岱山县	Daishan				97.0	18.0
嵊泗县	Shengsi				97.4	14.0
椒江区	Jiaojiang				93.2	
黄岩区	Huangyan				95.7	
路桥区	Luqiao				95.2	
玉环市	Yuhuan				99.7	
三门县	Sanmen				100.0	
天台县	Tiantai				99.4	
仙居县	Xianju				100.0	
温岭市	Wenling				100.0	
临海市	Linhai				98.6	
莲都区	Liandu	705	2725847	95.06	98.9	21.0
青田县	Qingtian	158	585325	96.53	99.7	22.0
缙云县	Jinyun	156	4138981	100.00	100.0	22.0
遂昌县	Suichang	772	238774	98.46	100.0	21.0
松阳县	Songyang	290	818777	41.73	100.0	21.0
云和县	Yunhe	82	4920754	100.00	100.0	20.0
庆元县	Qingyuan	40	32566	100.00	100.0	19.0
景宁县	Jingning	1	15801	100.00	100.0	20.0
龙泉市	Longquan	196	150002	99.83	100.0	18.0

17-29 各市、县农、林、牧、渔业总产值（2020年）

Gross Output Value of Farming,Forestry,Animal Husbandry and Fishery by City and County (2020)

单位:万元(10000 yuan)

市县名称	City and County	农、林、牧、渔业总产值 Total Output Value of Agriculture	农业产值 Farming	林业产值 Forestry	牧业产值 Animal Husbandry	渔业产值 Animal Husbandry	农林牧渔专业及辅助性活动产值 The Output Value of Professional and Support Activities in Agriculture, Forestry,Animal Husbandry and Fishery
萧山区	Xiaoshan	941763	596253	16233	169651	98363	61263
余杭区	Yuhang	842439	450891	90189	38964	197584	64811
富阳区	Fuyang	697968	420593	136827	89774	40872	9902
临安区	Tonglu	670393	316529	223140	105564	8703	16457
桐庐县	Chunan	379603	241309	55041	51396	18824	13033
淳安县	Linan	542133	373962	72959	55880	27754	11578
建德市	Jiande	594181	369741	36627	146302	21122	20389
海曙区	Haishu	227597	187313	10573	9975	8336	11400
江北区	Jiangbei	133135	58743	4401	17747	45056	7188
北仑区	Beilun	122408	102181	2323	7016	3908	6980
镇海区	Zhenhai	94463	84849	1515	3153	387	4559
鄞州区	Yinzhou	393072	281865	11469	7697	60266	31775
奉化区	Fenghua	549287	217049	45805	55630	212079	18724
象山县	Xiangshan	1458008	236000	15698	111579	1049178	45553
宁海县	Ninghai	689695	202184	25415	63364	370228	28504
余姚市	Yuyao	784463	533961	46244	97697	70832	35729
慈溪市	Cixi	884250	548770	5507	138519	158768	32686
鹿城区	Lucheng	38122	17373	501	18804	1202	242
龙湾区	Longwan	40175	26166	113	6778	6964	154
瓯海区	Ouhai	98856	80105	1468	14505	1124	1654
洞头区	Dongtou	127779	1684	448	1581	123704	362
永嘉县	Yongjia	251065	159846	15354	61538	10206	4121
平阳县	Pingyang	367013	112129	14138	108715	124351	7680
苍南县	Cangnan	435083	155954	12768	56291	202858	7212
文成县	Wencheng	137411	114644	11226	7975	1798	1768
泰顺县	Taishun	149020	95478	7484	43338	1010	1710
瑞安市	Ruian	406150	158736	4325	35424	199561	8104
乐清市	Yueqing	330167	151200	1455	41936	114432	21144
龙港市	Longgang	142103	43656	61	17329	79806	1251
南湖区	Nanhu	234218	135431	2016	31040	46073	19658
秀洲区	Xiuzhou	223144	124946	4042	16568	58134	19454
嘉善县	Jiashan	405081	286313	2394	7405	68989	39980
海盐县	Haiyan	287034	150710	8666	57615	40990	29053
海宁市	Haining	313361	167119	2320	55685	55211	33026
平湖市	Pinghu	240358	136915	2639	31049	33695	36060
桐乡市	Tongxiang	411355	212873	6835	96304	49342	46001
吴兴区	Wuxing	389153	136374	32047	40046	156778	23908
南浔区	NanXun	487639	112600	306	80644	245192	48897
德清县	Deqing	439648	82225	52509	52980	218501	33433
长兴县	ChangXing	643353	454296	48403	33958	87595	19101
安吉县	Anji	429592	269944	89864	20436	41868	7480
越城区	Yuecheng	212879	118571	8438	27848	54262	3760
柯桥区	keqiao	568056	392663	52928	53768	62769	5928
上虞区	Shangyu	844106	511842	49828	91857	177190	13389
新昌县	Xinchang	304618	251153	25063	17060	5095	6247

单位:万元

市县名称	City and County	农、林、牧、渔业总产值 Total Output Value of Agriculture	农业产值 Farming	林业产值 Forestry	牧业产值 Animal Husbandry	渔业产值 Animal Husbandry	农林牧渔专业及辅助性活动产值 The Output Value of Professional and Support Activities in Agriculture, Forestry,Animal Husbandry and Fishery
诸暨市	Zhuji	764812	458021	103671	119691	74659	8770
嵊州市	Shengzhou	619426	407180	57186	138666	11704	4690
婺城区	Wucheng	235218	121009	7615	66347	23225	17022
金东区	Jindong	277551	185376	2112	74455	10372	5236
武义县	Wuyi	262821	177373	12688	56891	7187	8682
浦江县	Pujiang	163026	114792	3465	37191	4051	3527
磐安县	Panan	182237	141852	17292	20167	333	2593
兰溪市	Lanxi	506216	218472	3600	218698	51935	13511
义乌市	Yiwu	354624	258240	7752	68281	12819	7532
东阳市	Dongyang	276431	200382	12544	35812	13478	14215
永康市	Yongkang	132269	88938	3134	16775	15879	7543
柯城区	Kecheng	110874	74587	10381	8464	13071	4371
衢江区	Qujiang	328748	196509	28775	79169	21495	2800
常山县	Changshan	131681	78723	18822	23657	6183	4296
开化县	Kaihua	203965	120532	31292	40054	8591	3496
龙游县	Longyou	300285	89952	17923	166114	22292	4004
江山市	Jiangshan	407729	184291	26093	175345	15972	6028
定海区	Dinghai	227815	47763	436	28664	147199	3753
普陀区	Putuo	1298607	34452	828	11369	1248361	3597
岱山县	Daishan	702552	18515	858	1200	680845	1134
嵊泗县	Shengsi	579789	1341	57	78	574493	3820
椒江区	Jiaojiang	457745	114641	416	14240	327399	1049
黄岩区	Huangyan	263112	242403	3456	8917	3625	4711
路桥区	Luqiao	242893	106575	461	2923	129632	3302
玉环市	Yuhuan	734774	71749	1398	11541	641013	9073
三门县	Sanmen	717586	110722	4151	30673	571730	310
天台县	Tiantai	258918	154897	14967	83572	3894	1588
仙居县	Xianju	260487	187759	21800	41396	6963	2569
温岭市	Wenling	1488517	321616	895	51631	1074766	39609
临海市	Linhai	826312	402536	19500	70770	329706	3800
莲都区	Liandu	318200	206547	27686	70508	8647	4812
青田县	Qingtian	153154	89169	19820	30726	11537	1902
缙云县	Jinyun	184805	107504	21312	50679	3562	1748
遂昌县	Suichang	191921	120885	39214	26889	2815	2118
松阳县	Songyang	205153	143662	25828	31778	2680	1205
云和县	Yunhe	79559	58149	7308	8830	2074	3198
庆元县	Qingyuan	121100	65894	25428	25680	2193	1905
景宁县	Jingning	111319	68864	16159	22580	2000	1716
龙泉市	Longquan	252617	150820	47489	48630	3386	2292

17-30 各市、县农作物播种面积
Sown Area by City and County

单位：千公顷（1000 hectares）

县市名称	City and County	农作物播种面积 Sown Area of Farm Corps	#粮食 Grain	#谷物 Cereal	油料 Oil-bearing Crops	棉花 Cotton	蔬菜 Vegetables	瓜果类 Melons and Fruits
萧山区	Xiaoshan	56.44	18.60	15.67	4.18	0.05	30.38	2.20
余杭区	Yuhang	42.76	17.30	15.87	1.51	0.02	22.53	0.58
富阳区	Fuyang	35.06	15.30	12.47	3.70		10.86	1.92
临安区	Tonglu	23.66	7.10	5.09	1.83		8.41	0.95
桐庐县	Chunan	21.87	8.17	6.19	3.04		7.39	1.34
淳安县	Linan	32.74	11.43	5.47	6.12	0.07	9.38	1.02
建德市	Jiande	33.85	12.57	9.29	6.23	0.02	9.18	2.59
海曙区	Haishu	18.06	9.70	9.05	0.51	0.01	4.12	0.95
江北区	Jiangbei	5.08	2.82	2.63	0.19		1.79	0.12
北仑区	Beilun	2.88	0.69	0.38	0.09		1.73	0.35
镇海区	Zhenhai	8.09	3.01	2.54	0.12		3.71	0.98
鄞州区	Yinzhou	24.95	12.88	12.09	0.54	0.02	8.70	1.56
奉化区	Fenghua	14.44	9.96	7.65	0.45		2.42	0.68
象山县	Xiangshan	22.15	11.14	9.32	0.94		7.99	1.69
宁海县	Ninghai	25.64	15.55	12.47	1.15	0.40	5.05	3.30
余姚市	Yuyao	49.20	27.08	25.19	1.36	0.01	18.50	1.69
慈溪市	Cixi	67.35	18.46	11.88	6.06	1.30	32.43	7.48
鹿城区	Lucheng	4.67	2.22	1.87	0.18		1.80	0.10
龙湾区	Longwan	5.44	1.71	1.29	0.08		3.08	0.55
瓯海区	Ouhai	10.88	2.59	1.98	0.18		7.75	0.05
洞头区	Dongtou	2.67	0.91	0.11	0.33		1.09	0.33
永嘉县	Yongjia	27.30	14.19	11.08	2.10		6.98	1.58
平阳县	Pingyang	29.81	16.42	13.97	1.47		7.24	1.99
苍南县	Cangnan	30.74	17.20	14.17	0.58		9.24	2.03
文成县	Wencheng	18.27	7.30	4.97	0.61		7.19	0.70
泰顺县	Taishun	18.07	9.29	4.98	0.18		5.48	0.15
瑞安市	Ruian	33.91	16.43	15.10	1.69		12.00	2.82
乐清市	Yueqing	31.09	20.39	17.11	0.97		7.40	1.31
龙港市	Longgang	2.63			0.10		2.11	0.41
南湖区	Nanhu	31.33	16.62	13.22	0.18	0.05	13.09	1.22
秀洲区	Xiuzhou	31.69	21.45	20.70	0.58	0.07	9.08	0.38
嘉善县	Jiashan	37.07	21.67	20.84	0.53		13.45	1.34
海盐县	Haiyan	31.97	22.63	20.73	0.21	0.02	8.19	0.69
海宁市	Haining	33.49	19.37	17.07	1.49	0.11	10.94	0.66
平湖市	Pinghu	40.91	28.45	27.23	0.44	0.09	10.90	0.61
桐乡市	Tongxiang	46.84	20.35	16.93	1.40	0.28	19.69	1.22
吴兴区	Wuxing	21.89	11.74	9.97	1.07		7.83	0.65
南浔区	NanXun	25.32	15.17	14.04	2.61	0.04	6.06	0.78
德清县	Deqing	12.80	7.46	5.93	0.35	0.08	4.37	0.43
长兴县	ChangXing	50.76	30.76	25.61	3.89		14.24	1.15
安吉县	Anji	26.28	13.99	11.98	1.80		7.97	0.95
越城区	Yuecheng	15.55	10.24	9.79	0.52	0.01	3.75	0.76
柯桥区	keqiao	26.38	12.51	10.47	1.09	0.01	9.99	1.03
上虞区	Shangyu	59.47	36.68	33.15	4.05	0.12	15.42	2.36

单位：千公顷（1000 hectares）

县市名称	City and County	农作物播种面积 Sown Area of Farm Corps	#粮食 Grain	#谷物 Cereal	油料 Oil-bearing Crops	棉花 Cotton	蔬菜 Vegetables	瓜果类 Melons and Fruits
新昌县	Xinchang	19.64	7.89	4.87	4.29	0.08	5.14	0.80
诸暨市	Zhuji	56.40	33.91	28.63	2.19	0.01	7.52	2.30
嵊州市	Shengzhou	40.26	20.72	15.52	2.19	0.05	13.19	1.83
婺城区	Wucheng	17.05	9.43	8.11	2.26	0.04	3.91	0.86
金东区	Jindong	9.66	2.52	1.15	1.11	0.01	4.34	1.43
武义县	Wuyi	20.53	9.37	7.22	1.99	0.01	6.36	0.81
浦江县	Pujiang	14.53	4.59	2.17	2.30	0.06	5.26	1.07
磐安县	Panan	14.46	4.68	2.62	0.39		3.57	0.76
兰溪市	Lanxi	32.42	14.53	9.55	7.48	1.15	6.73	1.54
义乌市	Yiwu	20.24	7.42	6.10	1.64		8.69	1.10
东阳市	Dongyang	33.13	16.50	12.77	2.11	0.09	7.52	1.82
永康市	Yongkang	15.11	9.09	7.93	0.45		4.26	0.66
柯城区	Kecheng	11.94	4.09	2.80	1.41		5.65	0.43
衢江区	Qujiang	41.52	20.55	17.05	5.20	0.01	8.97	2.71
常山县	Changshan	19.18	9.74	7.32	3.43	0.04	4.48	0.57
开化县	Kaihua	22.54	10.22	7.02	5.91	0.02	5.43	0.36
龙游县	Longyou	35.45	20.15	16.75	7.02	0.08	5.22	0.73
江山市	Jiangshan	42.65	24.51	20.88	6.68	0.19	9.17	0.50
定海区	Dinghai	8.04	3.14	1.91	0.64		3.38	0.65
普陀区	Putuo	4.30	1.19	0.51	0.63		1.91	0.56
岱山县	Daishan	2.96	0.89	0.49	0.32		1.43	0.30
嵊泗县	Shengsi	0.24	0.04				0.19	
椒江区	Jiaojiang	10.64	4.85	3.43	0.15	0.01	4.18	1.41
黄岩区	Huangyan	19.62	5.70	4.06	0.27		11.89	0.47
路桥区	Luqiao	15.49	5.10	4.08			7.48	2.23
玉环市	Yuhuan	8.05	2.11	1.01	0.76		3.97	1.09
三门县	Sanmen	18.29	7.56	5.87	0.69	0.08	6.33	3.14
天台县	Tiantai	24.54	10.85	8.85	2.00	0.04	7.76	1.04
仙居县	Xianju	23.78	12.17	9.53	1.66		5.84	0.83
温岭市	Wenling	40.97	18.64	15.02	0.42	0.04	16.60	3.02
临海市	Linhai	38.97	18.53	16.49	0.75	0.04	14.94	2.96
莲都区	Liandu	21.05	8.43	3.68	0.88		9.77	1.14
青田县	Qingtian	16.41	9.42	6.35	0.48	0.01	4.85	0.48
缙云县	Jinyun	17.92	8.80	5.75	0.58		6.80	0.53
遂昌县	Suichang	19.25	10.71	6.67	0.74		5.20	0.14
松阳县	Songyang	14.16	7.67	4.18	0.42		4.66	0.09
云和县	Yunhe	5.61	3.48	2.20	0.10		1.54	0.19
庆元县	Qingyuan	9.10	6.00	4.30	0.05		2.35	0.05
景宁县	Jingning	12.72	6.40	4.12	0.18		4.03	0.22
龙泉市	Longquan	22.45	11.97	9.33	0.77		7.03	0.22

17-31 各市、县主要农产品产量（2020年）
Output of Major Farm Products by City and County (2020)

单位：吨 (ton)

市县名称	City and County	粮食 Grain	#谷物 Cereal	油菜籽 Rapeseeds	棉花 Cotton	水果 Fruit	#柑桔 Citrus	茶叶 Tea	蚕茧 Silkworm Cocoons
萧山区	Xiaoshan	98908	88874	9529	75	125073	429	495	
余杭区	Yuhang	112509	106196	3436	34	58776	1247	7187	16
富阳区	Fuyang	98045	84517	8198		130312	2663	7070	24
临安区	Tonglu	39004	28529	3393		60221	1342	2579	606
桐庐县	Chunan	46553	37762	5706		92056	2580	3813	74
淳安县	Linan	42513	23770	10703	106	130811	66914	4710	1304
建德市	Jiande	68506	55663	20250	28	232376	117289	3105	280
海曙区	Haishu	66277	63929	576	14	56262	1719	1073	
江北区	Jiangbei	19817	19049	276		25006	1115	49	
北仑区	Beilun	3347	2248	101		30303	10803	347	
镇海区	Zhenhai	18921	17084	266		36559	2991	79	
鄞州区	Yinzhou	85306	81927	674	16	116396	23248	991	
奉化区	Fenghua	63889	54541	260		70918	5929	1034	
象山县	Xiangshan	72802	65700	1104	3	208966	127939	421	
宁海县	Ninghai	85560	77239	1093	482	224098	91150	4077	
余姚市	Yuyao	171376	164613	2529	16	178755	1888	3497	
慈溪市	Cixi	87082	68731	11238	1685	372552	4605	52	
鹿城区	Lucheng	14651	13512	326		9324	3360	22	
龙湾区	Longwan	9425	7645	146		28238	2847		
瓯海区	Ouhai	15064	12831	373		28287	23970	40	
洞头区	Dongtou	3105	696	593		14375	3024		
永嘉县	Yongjia	82102	70814	3440	2	124957	27874	748	
平阳县	Pingyang	102596	93046	2490		79829	11326	1054	3
苍南县	Cangnan	104179	92380	615		78765	23012	936	
文成县	Wencheng	45726	35437	770		49922	799	494	
泰顺县	Taishun	54719	35290	208		33810	1450	3755	
瑞安市	Ruian	101919	97030	2868		98816	12559	104	
乐清市	Yueqing	122875	108693	1433		63289	7648	164	
龙港市	Longgang			258		8600	807		
南湖区	Nanhu	100413	87743	433	84	95564	798		13
秀洲区	Xiuzhou	147931	145339	1474	90	73470	958		263
嘉善县	Jiashan	144065	140909	1181	1	69948	3884		
海盐县	Haiyan	140831	134152	513	35	82502	16304	27	363
海宁市	Haining	121745	112288	3812	183	120264	45087		2740
平湖市	Pinghu	188307	184413	1187	114	34562	1668		
桐乡市	Tongxiang	131934	117938	3906	495	78859	1219		5517
吴兴区	Wuxing	81038	72553	2674		31467	198	584	131
南浔区	NanXun	112370	107067	6680	40	24668	2646		2194
德清县	Deqing	47901	41103	846	107	21651	151	715	881
长兴县	ChangXing	202309	180778	9334	2	130814	1925	5927	688
安吉县	Anji	81470	73394	3539	3	37225	33	4032	171
越城区	Yuecheng	71111	69226	1211	15	34465	117	329	
柯桥区	keqiao	81787	73501	2103	8	54047	587	7702	
上虞区	Shangyu	233861	220737	8278	168	185069	2064	2419	16

续表1 Continued　　　　单位：吨（ton）

市县名称	City and County	粮食 Grain	#谷物 Cereal	油菜籽 Rapeseeds	棉花 Cotton	水果 Fruit	#柑桔 Citrus	茶叶 Tea	蚕茧 Silkworm Cocoons
新昌县	Xinchang	43982	31763	6549	116	40517	1328	5398	44
诸暨市	Zhuji	226007	202967	2329	9	150622	3904	8586	48
嵊州市	Shengzhou	133154	109235	2133	68	140735	7231	17518	36
婺城区	Wucheng	54851	50337	3549	78	36008	4980	2361	
金东区	Jindong	13495	7343	1743	8	103944	18317	23	
武义县	Wuyi	58363	52164	3281	8	54434	7093	14384	65
浦江县	Pujiang	21975	13880	3920	63	102581	1392	1020	
磐安县	Panan	23124	15708	264		20805	46	2553	7
兰溪市	Lanxi	80918	63763	14576	1730	98843	12278	1853	5
义乌市	Yiwu	43936	38528	2125		96481	11069	621	
东阳市	Dongyang	95626	84766	3157	108	104080	13317	2161	6
永康市	Yongkang	59662	55742	710		42388	5232	11	16
柯城区	Kecheng	22769	18128	2402		171135	152915	57	
衢江区	Qujiang	129390	115859	10177	13	257266	133015	1602	
常山县	Changshan	60141	51348	6168	56	170012	145137	213	13
开化县	Kaihua	59815	49149	10610	26	16591	1260	2351	23
龙游县	Longyou	122855	110917	14415	144	136728	107984	2094	
江山市	Jiangshan	155922	142321	11316	318	52058	15660	1539	
定海区	Dinghai	18411	14419	747		36413	8002	8	
普陀区	Putuo	5552	3015	802	3	29104	15195	36	
岱山县	Daishan	4571	3241	439		10678	2928	26	
嵊泗县	Shengsi	195	2			138	68		
椒江区	Jiaojiang	26497	22855	285	20	88716	20643		
黄岩区	Huangyan	34374	28602	242		136812	65407	36	
路桥区	Luqiao	31589	28063	2	4	86388	3981		
玉环市	Yuhuan	10875	6725	1303	7	89319	37787	7	
三门县	Sanmen	44396	38982	869	121	151728	57684	627	
天台县	Tiantai	67768	60632	3065	53	97731	21886	2926	
仙居县	Xianju	77485	68349	3115		112181	6476	489	
温岭市	Wenling	114473	102818	667	40	267261	15880	78	
临海市	Linhai	113410	106240	1340	46	469117	274534	1325	5
莲都区	Liandu	35885	21672	810		129971	28016	1817	
青田县	Qingtian	48438	37903	635	9	67686	23737	351	
缙云县	Jinyun	44106	33926	1042	3	56408	1274	2514	275
遂昌县	Suichang	54503	41778	942		9745	526	12732	
松阳县	Songyang	35757	23769	627		30396	14467	13308	
云和县	Yunhe	18107	14129	133		8370	862	1205	
庆元县	Qingyuan	32962	27563	53		13864	10975	575	
景宁县	Jingning	34644	27797	113		9695	2196	2175	
龙泉市	Longquan	70574	62564	651		11957	2556	2327	

续表2 Continued　　单位：吨（ton）

市县名称	City and County	生猪年末存栏头数(万头) Year-end Hogs (10000 heads)	牛年末存栏头数(头) Year-end Cattle (head)	羊年末存栏只数(万只) Year-end Sheep and Goats(10000 heads)	肉产量(吨) Output of Meat (ton)	#猪肉(吨) Pork (ton)	禽蛋产量(吨) Poultry Eggs (ton)	牛奶产量(吨) Cow Milk (ton)	水产品产量(吨) Output of Aquatic Production (ton)
萧山区	Xiaoshan	43.18	3841	10.69	35052	29500	1920	17185	36823
余杭区	Yuhang	6.28	128	2.13	9700	2995	2549		63117
富阳区	Fuyang	9.02	1007	1.46	15931	10781	3463		18527
临安区	Tonglu	13.45	2864	3.65	16321	13159	5739	9196	5207
桐庐县	Chunan	8.08	934	0.43	6362	5264	2793		9045
淳安县	Linan	9.11	530	0.34	7451	6385	4624		13443
建德市	Jiande	15.39	2758	1.50	19010	12203	52823	4570	9755
海曙区	Haishu	1.44	170	0.11	1528	1301	350	209	2120
江北区	Jiangbei	1.03	3736		1361	1197	8	18553	29413
北仑区	Beilun	1.18	419	0.13	1127	944	186		1267
镇海区	Zhenhai	0.08	668	0.02	455	13	729	1027	262
鄞州区	Yinzhou	1.37	492	0.02	927	769	643		16467
奉化区	Fenghua	8.09	788	0.56	9078	7816	3507	410	151471
象山县	Xiangshan	10.90	1025	1.48	16431	12530	11481		590700
宁海县	Ninghai	9.52	3168	0.64	9062	7414	2318	4537	165270
余姚市	Yuyao	11.88	4306	1.03	15308	11725	2888	4016	24913
慈溪市	Cixi	15.64	965	1.83	21412	17912	17715	1468	43169
鹿城区	Lucheng	1.56	445	0.08	7159	762	988		1023
龙湾区	Longwan	3.36	41		656	370	1976	530	1404
瓯海区	Ouhai	1.36	1275	0.19	2885	816	313	2	910
洞头区	Dongtou	0.50	51	0.19	543	356	501		174290
永嘉县	Yongjia	9.50	9391	3.99	11709	6511	2608		4348
平阳县	Pingyang	15.03	4874	1.69	19505	14765	5113	335	62402
苍南县	Cangnan	9.84	4694	1.99	12286	8529	7143	482	154733
文成县	Wencheng	0.14	1185	0.76	1898	263	391		1222
泰顺县	Taishun	8.51	2426	0.92	10712	7789	342	6990	731
瑞安市	Ruian	9.50	5255	0.57	10834	6253	6157	1651	101824
乐清市	Yueqing	9.51	4983	0.52	10153	5155	5950	1947	75415
龙港市	Longgang	1.84	277	0.08	1539	1456	2611		62086
南湖区	Nanhu	4.33		1.19	6740	2874	1573		20969
秀洲区	Xiuzhou	2.58	1343	1.37	3545	825	1456	6482	32339
嘉善县	Jiashan	2.81	3	0.29	3280	58	2716	372	31672
海盐县	Haiyan	5.17		3.05	27335	2608	2473		18093
海宁市	Haining	3.12		11.13	19819	3336	4119		22009
平湖市	Pinghu	2.69	47	0.89	5737	3433	1360		22055
桐乡市	Tongxiang	6.51		17.54	12506	4845	13332		20090
吴兴区	Wuxing	5.36	19	5.81	9516	2281	3803		94878
南浔区	NanXun	6.41		13.43	28136	5748	6683		185793
德清县	Deqing	5.57	1350	8.32	10217	5790	4725	5927	157099
长兴县	ChangXing	5.56	491	11.73	8864	1992	6702		70831
安吉县	Anji	5.50	208	1.29	6595	4128	558	27	20207
越城区	Yuecheng	3.50		1.13	4412	3989	517		19830
柯桥区	keqiao	4.59	46	0.61	7869	7053	1772		21642
上虞区	Shangyu	9.86	4820	2.70	11377	9461	1619	19965	46113

续表3 Continued

单位：吨（ton）

市县名称	City and County	生猪年末存栏头数(万头) Year-end Hogs (10000 heads)	牛年末存栏头数(头) Year-end Cattle (head)	羊年末存栏只数(万只) Year-end Sheep and Goats(10000 heads)	肉产量(吨) Output of Meat (ton)	#猪肉(吨) Pork (ton)	禽蛋产量(吨) Poultry Eggs (ton)	牛奶产量(吨) Cow Milk (ton)	水产品产量(吨) Output of Aquatic Production (ton)
新昌县	Xinchang	4.30	496	0.15	5493	4894	1066		3731
诸暨市	Zhuji	10.30	1692	2.56	18635	14903	13217	32	26690
嵊州市	Shengzhou	18.84	776	0.83	36405	18279	5477		5046
婺城区	Wucheng	23.77	11432	0.25	24134	22375	2914	45029	10289
金东区	Jindong	16.68	5405	0.35	19430	17192	529	17905	8732
武义县	Wuyi	12.62	1388	0.51	19088	16824	2542	77	7633
浦江县	Pujiang	4.37	445	0.84	6275	6014	370		5018
磐安县	Panan	1.87	221	0.13	2677	2251	871	7	345
兰溪市	Lanxi	15.20	4057	1.99	32148	22962	11322	2054	23495
义乌市	Yiwu	13.06	111	0.13	17018	4419	244		3921
东阳市	Dongyang	3.19	890	0.59	6016	4590	2372		10863
永康市	Yongkang	2.96	206	0.15	2615	1973	288		15701
柯城区	Kecheng	2.08	1124	0.54	2222	1508	824	2	9498
衢江区	Qujiang	28.50	4761	0.65	16431	11500	12480	3241	14634
常山县	Changshan	5.09	2164	0.73	9887	3948	3150	4578	6721
开化县	Kaihua	6.65	776	0.14	7989	6911	985		5276
龙游县	Longyou	32.33	4183	1.18	65405	40725	6873		21815
江山市	Jiangshan	18.08	3223	1.10	39165	15800	25969	27	15504
定海区	Dinghai	4.81	265	0.25	3563	2820	630		191560
普陀区	Putuo	1.37	12	0.12	1856	1658	397		859303
岱山县	Daishan	0.12	19	0.29	129	16	29		335785
嵊泗县	Shengsi		6	0.10	20		3		404962
椒江区	Jiaojiang	1.55	1260	0.29	441	134	828	2876	211984
黄岩区	Huangyan	1.56	804	0.17	1722	1135	1713	128	2325
路桥区	Luqiao	1.28	128	0.13	793	358	678	96	54502
玉环市	Yuhuan	1.51	373	0.35	2184	750	463		255127
三门县	Sanmen	5.37	1199	0.46	4985	3524	6026	37	305904
天台县	Tiantai	6.27	6243	0.98	18576	6847	3405	13	2719
仙居县	Xianju	7.29	2442	0.57	5687	2737	1558	304	5160
温岭市	Wenling	9.93	1287	0.32	7103	2855	8318	224	532209
临海市	Linhai	12.62	4563	1.28	21199	3667	2870	629	120442
莲都区	Liandu	9.82	1650	0.56	13245	7788	1139	88	4725
青田县	Qingtian	6.89	3401	1.10	7956	7076	1375	1	5165
缙云县	Jinyun	6.26	695	1.56	8382	6055	4562	8	3825
遂昌县	Suichang	3.76	1675	0.15	4717	4143	2335		2090
松阳县	Songyang	4.58	1683	0.26	5807	4682	1106	43	2553
云和县	Yunhe	1.34	1527	0.05	1826	1218	736	9	1873
庆元县	Qingyuan	3.18	1662	0.24	4458	4099	232		876
景宁县	Jingning	2.14	2848	0.28	3263	2624	182		1815
龙泉市	Longquan	6.16	1385	0.32	9692	7395	387	10	3793

17-32 各市、县农业现代化情况
Agricultural Modernization by City and County

市县名称	City and County	农业机械总动力(千瓦) Total Power of Agricultural Machinery (kw)	农村用电量(万千瓦小时) Electricity Consumed in Rural Area (10000 kw.h)	农用化肥施用量(折纯)(吨) Consumption of Chemical Fertilizer (pure) (ton)	机耕面积(千公顷) Area Ploughed by Tractors (1000 hectares)	有效灌溉面积(千公顷) Irrigated Area (1000 hectares)
萧山区	Xiaoshan	366370	159267	18514	37.37	23.87
余杭区	Yuhang	311926	190788	10668	22.90	26.89
富阳区	Fuyang	263050	467243	7331	15.88	22.66
临安区	Tonglu	290205	133364	10448	12.51	19.92
桐庐县	Chunan	125432	70909	9318	11.80	14.81
淳安县	Linan	286902	15979	6679	11.75	9.68
建德市	Jiande	154766	22939	16483	19.31	15.79
海曙区	Haishu	139347	193607	6090	14.87	10.13
江北区	Jiangbei	35865	16183	2200	4.17	5.79
北仑区	Beilun	119443	48947	3287	4.42	6.37
镇海区	Zhenhai	42792	6069	2231	6.08	5.09
鄞州区	Yinzhou	141209	123502	5972	20.26	14.12
奉化区	Fenghua	201071	143032	13669	12.69	23.15
象山县	Xiangshan	742284	95219	8748	23.40	16.31
宁海县	Ninghai	242067	187170	8287	25.40	17.85
余姚市	Yuyao	460026	301316	11720	55.16	39.74
慈溪市	Cixi	328016	814001	23264	64.19	36.99
鹿城区	Lucheng	33624	7293	1177	3.24	3.10
龙湾区	Longwan	20285	26995	640	1.81	2.67
瓯海区	Ouhai	37747	170319	4189	5.86	5.04
洞头区	Dongtou	241784	14548	314	0.49	0.09
永嘉县	Yongjia	148024	259276	11748	22.63	14.50
平阳县	Pingyang	272975	127455	9898	23.72	14.99
苍南县	Cangnan	261666	59935	5982	12.95	19.69
文成县	Wencheng	73368	13649	5559	8.19	8.60
泰顺县	Taishun	68989	11320	7038	4.71	9.53
瑞安市	Ruian	360474	118957	13253	30.09	19.52
乐清市	Yueqing	212187	120334	9505	28.05	17.74
龙港市	Longgang	78212	20657	1953	5.99	
南湖区	Nanhu	83251	99432	9076	14.76	16.23
秀洲区	Xiuzhou	182929	144805	11677	26.09	22.65
嘉善县	Jiashan	200657	209552	9753	26.86	22.40
海盐县	Haiyan	115539	168586	10630	24.18	22.30
海宁市	Haining	155805	235194	13003	21.20	29.22
平湖市	Pinghu	200830	279469	11977	26.73	23.13
桐乡市	Tongxiang	227653	383567	15753	20.63	31.45
吴兴区	Wuxing	181516	79457	4544	13.15	20.50
南浔区	NanXun	317439	77147	4957	15.10	34.86
德清县	Deqing	276826	137084	4501	5.48	23.94
长兴县	ChangXing	389261	56940	13101	32.38	33.57
安吉县	Anji	265451	34641	10154	14.98	22.13
越城区	Yuecheng	126886	114889	4954	17.95	10.00
柯桥区	keqiao	145228	1130210	6016	12.84	14.38
上虞区	Shangyu	355468	221647	19555	46.71	33.22

续表 Continued

市县名称	City and County	农业机械总动力(千瓦) Total Power of Agricultural Machinery (kw)	农村用电量(万千瓦小时) Electricity Consumed in Rural Area (10000 kw.h)	农用化肥施用量(折纯)(吨) Consumption of Chemical Fertilizer (pure) (ton)	机耕面积(千公顷) Area Ploughed by Tractors (1000 hectares)	有效灌溉面积(千公顷) Irrigated Area (1000 hectares)
新昌县	Xinchang	213944	48226	9476	5.93	13.39
诸暨市	Zhuji	599228	695359	22791	39.69	44.03
嵊州市	Shengzhou	293533	114500	11036	21.36	39.89
婺城区	Wucheng	153954	33352	10195	4.92	28.16
金东区	Jindong	213305	44662	8526	7.42	15.26
武义县	Wuyi	168332	18632	10824	22.00	15.20
浦江县	Pujiang	76827	27597	3225	4.62	13.62
磐安县	Panan	221150	10135	3431	4.01	5.35
兰溪市	Lanxi	179104	71434	18348	29.60	35.86
义乌市	Yiwu	175959	135525	8640	12.25	17.31
东阳市	Dongyang	373086	160583	7873	22.40	22.19
永康市	Yongkang	232897	84421	7411	8.60	16.05
柯城区	Kecheng	182788	14692	3882	5.45	9.45
衢江区	Qujiang	225588	22071	13185	20.50	22.76
常山县	Changshan	87011	23055	5364	14.55	12.65
开化县	Kaihua	123426	11684	4732	15.38	11.86
龙游县	Longyou	319698	16715	12839	26.44	24.23
江山市	Jiangshan	386548	31135	12948	29.35	23.79
定海区	Dinghai	95583	102214	1662	4.88	6.35
普陀区	Putuo	358383	52610	1165	1.76	5.83
岱山县	Daishan	535452	15523	1149	1.66	2.35
嵊泗县	Shengsi	196099	4000	23	0.06	0.03
椒江区	Jiaojiang	85931	153256	6125	4.68	12.87
黄岩区	Huangyan	43425	65192	11028	8.91	9.40
路桥区	Luqiao	131131	245662	5714	11.05	10.33
玉环市	Yuhuan	159747	100155	2326	3.57	5.58
三门县	Sanmen	212269	68749	6407	17.94	13.13
天台县	Tiantai	136015	35749	6661	17.20	13.78
仙居县	Xianju	161199	49911	9053	18.32	13.60
温岭市	Wenling	885535	291456	14989	26.53	24.27
临海市	Linhai	390672	228163	18132	30.75	24.64
莲都区	Liandu	101750	5702	9813	9.33	11.72
青田县	Qingtian	60482	15619	1938	8.48	9.08
缙云县	Jinyun	122924	20282	6393	14.33	10.26
遂昌县	Suichang	116563	7655	7968	10.14	9.71
松阳县	Songyang	126382	7493	8896	6.40	9.63
云和县	Yunhe	69369	1674	531	3.44	6.95
庆元县	Qingyuan	89883	2501	3965	7.14	13.98
景宁县	Jingning	83093	2799	4057	4.33	6.70
龙泉市	Longquan	180795	8279	6375	10.84	16.38

17-33 各市、县规模以上工业企业单位数（2020年）
Number of Industrial Enterprises Above Designated Size by City and County (2020)

单位：个(unit)

市县名称	City and County	工业企业单位数 Number of Enterprises	内资企业 Domestic Funded Enterprises	港澳台商投资企业 Enterprises with Investment from Hong Kong, Macao and Taiwan	外商投资企业 Enterprises with Foreign Investment
萧山区	Xiaoshan	1480	1290	87	27
余杭区	Yuhang	1277	1136	22	14
富阳区	Fuyang	616	578	14	24
临安区	Tonglu	656	630	16	10
桐庐县	Chunan	355	323	16	16
淳安县	Linan	83	77	3	3
建德市	Jiande	366	358	6	2
海曙区	Haishu	726	640	42	44
江北区	Jiangbei	337	263	32	42
北仑区	Beilun	849	516	149	184
镇海区	Zhenhai	579	458	54	67
鄞州区	Yinzhou	1251	1071	94	86
奉化区	Fenghua	580	525	21	34
象山县	Xiangshan	563	503	24	36
宁海县	Ninghai	633	564	36	33
余姚市	Yuyao	1316	1124	114	78
慈溪市	Cixi	1737	1573	82	82
鹿城区	Lucheng	364	358		6
龙湾区	Longwan	1025	987	21	17
瓯海区	Ouhai	702	686	4	12
洞头区	Dongtou	63	62	1	
永嘉县	Yongjia	495	488	2	5
平阳县	Pingyang	576	566	4	6
苍南县	Cangnan	333	330	1	2
文成县	Wencheng	43	42		1
泰顺县	Taishun	32	31		1
瑞安市	Ruian	1205	1191	7	7
乐清市	Yueqing	1572	1558	7	7
龙港市	Longgang	314	310	2	2
南湖区	Nanhu	519	443	27	49
秀洲区	Xiuzhou	703	547	58	98
嘉善县	Jiashan	854	665	55	134
海盐县	Haiyan	683	625	30	28
海宁市	Haining	1656	1499	69	88
平湖市	Pinghu	805	572	73	160
桐乡市	Tongxiang	1144	1018	75	51
吴兴区	Wuxing	558	498	20	40
南浔区	NanXun	1076	1025	30	21
德清县	Deqing	785	700	47	38
长兴县	ChangXing	851	779	30	42
安吉县	Anji	522	471	32	19
越城区	Yuecheng	588	489	51	48
柯桥区	keqiao	1209	1132	54	23
上虞区	Shangyu	755	665	50	40

续表 Continued　　　　单位：个(unit)

市县名称	City and County	工业企业单位数 Number of Enterprises	内资企业 Domestic Funded Enterprises	港澳台商投资企业 Enterprises with Investment from Hong Kong, Macao and Taiwan	外商投资企业 Enterprises with Foreign Investment
新昌县	Xinchang	315	296	7	12
诸暨市	Zhuji	1088	1033	26	29
嵊州市	Shengzhou	606	557	33	16
婺城区	Wucheng	483	427	30	26
金东区	Jindong	411	400	6	5
武义县	Wuyi	600	594	1	5
浦江县	Pujiang	358	334	11	13
磐安县	Panan	127	125	2	
兰溪市	Lanxi	474	458	4	12
义乌市	Yiwu	740	707	20	13
东阳市	Dongyang	511	501	4	6
永康市	Yongkang	925	913	9	3
柯城区	Kecheng	74	73		1
衢江区	Qujiang	127	121	2	4
常山县	Changshan	124	121	1	2
开化县	Kaihua	79	75	4	
龙游县	Longyou	246	236	4	6
江山市	Jiangshan	303	293	3	7
定海区	Dinghai	192	183	2	7
普陀区	Putuo	130	122	5	3
岱山县	Daishan	60	52	1	7
嵊泗县	Shengsi	9	9		
椒江区	Jiaojiang	482	463	11	8
黄岩区	Huangyan	464	450	9	5
路桥区	Luqiao	483	465	9	9
玉环市	Yuhuan	861	836	9	16
三门县	Sanmen	239	232	1	6
天台县	Tiantai	191	180	4	7
仙居县	Xianju	195	187	4	4
温岭市	Wenling	1128	1105	10	13
临海市	Linhai	568	547	13	8
莲都区	Liandu	322	315	2	5
青田县	Qingtian	174	168	1	5
缙云县	Jinyun	216	213	2	1
遂昌县	Suichang	83	81		2
松阳县	Songyang	108	106	1	1
云和县	Yunhe	72	71		1
庆元县	Qingyuan	65	64	1	
景宁县	Jingning	30	29		1
龙泉市	Longquan	137	136		1

17-34 各市、县规模以上工业总产值（2020年）
Gross Output Value of Industry Above Designated Size by City and County（2020）

单位：亿元(100 million yuan)

市县名称	City and County	工业总产值 Gross Output Value of Industry	内资企业 Domestic-Funded Enterprises	港澳台商投资企业 Enterprises with Investment from Hong Kong, Macao and Taiwan	外商投资企业 Enterprises with Foreign Investment
萧山区	Xiaoshan	2504.29	2017.30	291.98	195.01
余杭区	Yuhang	2093.52	1781.02	114.38	198.12
富阳区	Fuyang	1155.45	1068.63	10.90	75.92
临安区	Tonglu	996.14	940.23	36.13	19.78
桐庐县	Chunan	439.37	390.75	23.32	25.30
淳安县	Linan	85.01	78.65	1.28	5.09
建德市	Jiande	507.40	472.79	9.58	25.04
海曙区	Haishu	1223.79	1011.54	160.60	51.65
江北区	Jiangbei	901.52	752.62	56.52	92.39
北仑区	Beilun	4110.09	1681.04	1613.66	815.40
镇海区	Zhenhai	2278.35	1814.77	227.89	235.68
鄞州区	Yinzhou	1669.77	1230.92	254.77	184.08
奉化区	Fenghua	763.55	630.74	74.18	58.64
象山县	Xiangshan	650.15	534.97	40.98	74.20
宁海县	Ninghai	984.29	900.50	44.56	39.23
余姚市	Yuyao	1994.77	1275.71	530.91	188.15
慈溪市	Cixi	3527.38	3034.70	247.85	244.83
鹿城区	Lucheng	384.29	382.17		2.12
龙湾区	Longwan	915.11	845.36	21.28	48.48
瓯海区	Ouhai	540.85	517.76	1.58	21.51
洞头区	Dongtou	115.18	112.76	2.42	
永嘉县	Yongjia	340.49	335.85	1.20	3.45
平阳县	Pingyang	416.43	404.41	1.97	10.05
苍南县	Cangnan	180.53	172.11	1.06	7.35
文成县	Wencheng	21.94	21.74		0.20
泰顺县	Taishun	19.56	18.64		0.92
瑞安市	Ruian	914.93	843.55	5.98	65.41
乐清市	Yueqing	1568.00	1470.89	6.41	90.70
龙港市	Longgang	235.55	201.54	33.49	0.52
南湖区	Nanhu	1316.18	1069.61	56.53	190.04
秀洲区	Xiuzhou	1007.11	596.86	152.55	257.70
嘉善县	Jiashan	1394.03	918.59	144.08	331.36
海盐县	Haiyan	1032.63	910.94	69.70	51.98
海宁市	Haining	2045.32	1751.01	117.98	176.33
平湖市	Pinghu	1945.90	1075.20	233.22	637.48
桐乡市	Tongxiang	1650.19	1406.60	149.86	93.73
吴兴区	Wuxing	1039.25	901.83	75.89	61.52
南浔区	NanXun	950.01	802.67	46.56	100.77
德清县	Deqing	988.32	796.52	111.97	79.83
长兴县	ChangXing	1261.43	996.42	69.06	195.95
安吉县	Anji	749.44	612.12	61.01	76.31
越城区	Yuecheng	1336.81	1107.40	85.16	144.25
柯桥区	keqiao	2065.26	1882.55	131.42	51.30
上虞区	Shangyu	1580.37	1210.57	263.25	106.55

续表 Continued 单位：亿元(100 million yuan)

市县名称	City and County	工业总产值 Gross Output Value of Industry	内资企业 Domestic-Funded Enterprises	港澳台商投资企业 Enterprises with Investment from Hong Kong, Macao and Taiwan	外商投资企业 Enterprises with Foreign Investment
新昌县	Xinchang	469.44	430.34	9.54	29.56
诸暨市	Zhuji	1129.59	887.33	41.01	201.24
嵊州市	Shengzhou	463.83	415.99	28.09	19.75
婺城区	Wucheng	553.12	416.99	66.94	69.19
金东区	Jindong	299.53	284.76	12.39	2.38
武义县	Wuyi	530.66	521.23	0.58	8.85
浦江县	Pujiang	173.75	161.83	4.22	7.69
磐安县	Panan	89.24	85.85	3.39	
兰溪市	Lanxi	641.49	626.53	1.78	13.18
义乌市	Yiwu	699.08	655.20	27.88	16.00
东阳市	Dongyang	480.31	469.69	7.06	3.56
永康市	Yongkang	812.08	789.03	20.28	2.77
柯城区	Kecheng	78.82	78.45		0.37
衢江区	Qujiang	191.15	153.73	3.30	34.12
常山县	Changshan	133.60	126.95	5.09	1.56
开化县	Kaihua	94.87	75.59	19.28	
龙游县	Longyou	266.57	225.40	9.01	32.15
江山市	Jiangshan	271.81	255.92	1.70	14.19
定海区	Dinghai	410.29	311.68	63.58	35.02
普陀区	Putuo	231.05	206.76	18.67	5.62
岱山县	Daishan	889.87	829.09	0.43	60.35
嵊泗县	Shengsi	2.43	2.43		
椒江区	Jiaojiang	686.07	642.06	9.03	34.97
黄岩区	Huangyan	466.20	450.09	11.38	4.73
路桥区	Luqiao	630.01	549.16	16.86	63.98
玉环市	Yuhuan	831.98	702.04	12.67	117.27
三门县	Sanmen	327.89	320.11	0.95	6.83
天台县	Tiantai	227.02	214.58	2.03	10.41
仙居县	Xianju	198.34	176.57	8.68	13.09
温岭市	Wenling	836.89	795.73	19.89	21.26
临海市	Linhai	915.75	796.84	14.29	104.62
莲都区	Liandu	361.02	355.21	2.65	3.17
青田县	Qingtian	233.22	218.59	11.49	3.14
缙云县	Jinyun	290.21	287.35	0.78	2.08
遂昌县	Suichang	173.93	173.30		0.63
松阳县	Songyang	135.37	134.53	0.57	0.28
云和县	Yunhe	137.05	136.87		0.18
庆元县	Qingyuan	51.73	50.74	0.99	
景宁县	Jingning	14.88	14.38		0.50
龙泉市	Longquan	73.75	73.23		0.51

17-35 各市、县工业企业经济指标（2020年）
Main Indicators of Industrial Enterprises by City and County (2020)

单位：亿元(100 million yuan)

市县名称	City and County	流动资产合计 Circulating Funds	固定资产净额 Net Fixed Assets	营业收入 Business Income	营业成本 Operating Costs
萧山区	Xiaoshan	2029.95	588.09	3027.72	2649.33
余杭区	Yuhang	1724.04	419.91	2220.64	1733.92
富阳区	Fuyang	916.60	304.13	1479.17	1290.28
临安区	Tonglu	788.99	192.52	1059.76	874.96
桐庐县	Chunan	276.08	114.88	432.14	358.01
淳安县	Linan	70.22	34.75	109.52	87.72
建德市	Jiande	264.17	168.18	516.45	402.22
海曙区	Haishu	708.42	328.14	1251.57	1088.78
江北区	Jiangbei	516.10	120.06	960.75	836.35
北仑区	Beilun	3675.84	1093.74	4154.39	3527.46
镇海区	Zhenhai	1125.35	612.93	2195.28	1736.22
鄞州区	Yinzhou	1254.57	385.04	1753.90	1447.62
奉化区	Fenghua	537.04	162.54	905.40	632.94
象山县	Xiangshan	517.27	182.00	629.75	526.51
宁海县	Ninghai	669.32	248.97	994.17	832.46
余姚市	Yuyao	1385.67	430.50	2010.75	1644.58
慈溪市	Cixi	1765.42	704.65	3574.51	2961.47
鹿城区	Lucheng	160.14	75.06	232.43	184.05
龙湾区	Longwan	610.92	214.30	904.33	743.69
瓯海区	Ouhai	333.78	72.34	458.61	371.66
洞头区	Dongtou	95.43	49.95	141.19	125.41
永嘉县	Yongjia	275.30	69.49	297.10	237.72
平阳县	Pingyang	204.73	96.16	409.96	352.38
苍南县	Cangnan	104.47	44.69	172.54	148.19
文成县	Wencheng	14.56	8.77	21.76	19.07
泰顺县	Taishun	9.24	9.36	19.34	15.90
瑞安市	Ruian	629.19	217.89	889.11	738.59
乐清市	Yueqing	1115.40	291.95	1558.41	1266.27
龙港市	Longgang	103.49	89.90	234.75	194.98
南湖区	Nanhu	801.25	331.30	1396.44	1226.44
秀洲区	Xiuzhou	827.21	339.87	1062.39	856.20
嘉善县	Jiashan	974.75	313.62	1442.50	1240.29
海盐县	Haiyan	704.48	579.08	1053.28	840.10
海宁市	Haining	1319.35	506.42	2135.88	1851.72
平湖市	Pinghu	1165.64	724.78	2012.01	1716.05
桐乡市	Tongxiang	1011.16	603.01	1812.29	1593.85
吴兴区	Wuxing	716.18	333.87	1153.29	995.50
南浔区	NanXun	632.61	182.31	993.17	858.47
德清县	Deqing	616.48	242.44	986.45	803.46
长兴县	ChangXing	778.00	385.89	1254.66	1053.21
安吉县	Anji	442.61	206.14	758.38	596.55
越城区	Yuecheng	837.45	432.71	1311.56	1095.54
柯桥区	keqiao	1057.71	555.00	1658.78	1382.71
上虞区	Shangyu	1298.88	355.89	1508.93	1211.40

续表1 Continued 单位：亿元(100 million yuan)

市县名称	City and County	流动资产合计 Circulating Funds	固定资产净额 Net Fixed Assets	营业收入 Business Income	营业成本 Operating Costs
新昌县	Xinchang	517.29	130.71	478.43	369.57
诸暨市	Zhuji	892.27	216.53	1225.85	1054.71
嵊州市	Shengzhou	321.38	118.45	439.90	354.34
婺城区	Wucheng	478.75	177.73	593.96	491.48
金东区	Jindong	190.00	72.24	299.53	253.69
武义县	Wuyi	294.09	95.51	534.79	457.42
浦江县	Pujiang	95.95	57.95	174.67	150.30
磐安县	Panan	60.01	30.83	92.71	76.31
兰溪市	Lanxi	416.55	154.99	626.17	531.86
义乌市	Yiwu	587.18	353.10	722.03	629.90
东阳市	Dongyang	361.40	135.64	599.49	510.92
永康市	Yongkang	547.54	157.20	835.85	707.59
柯城区	Kecheng	68.35	43.56	82.46	68.15
衢江区	Qujiang	167.57	62.69	210.35	171.70
常山县	Changshan	92.89	61.95	137.45	111.74
开化县	Kaihua	49.60	22.49	107.32	92.35
龙游县	Longyou	178.79	115.72	281.79	228.32
江山市	Jiangshan	219.18	91.15	295.75	240.54
定海区	Dinghai	349.82	236.07	462.30	395.64
普陀区	Putuo	234.43	171.20	265.70	222.80
岱山县	Daishan	502.76	793.46	795.05	565.36
嵊泗县	Shengsi	3.19	2.20	2.75	2.47
椒江区	Jiaojiang	553.66	257.08	731.69	584.76
黄岩区	Huangyan	363.17	117.84	499.35	392.21
路桥区	Luqiao	424.99	131.75	698.87	615.40
玉环市	Yuhuan	528.98	240.33	821.11	668.43
三门县	Sanmen	229.49	587.09	333.15	252.89
天台县	Tiantai	224.26	66.92	237.47	174.48
仙居县	Xianju	158.60	103.30	195.55	141.37
温岭市	Wenling	553.07	212.32	841.66	689.61
临海市	Linhai	825.40	255.17	978.88	797.52
莲都区	Liandu	383.51	82.03	364.09	300.32
青田县	Qingtian	172.59	94.80	247.48	213.56
缙云县	Jinyun	130.88	43.72	295.36	256.62
遂昌县	Suichang	126.94	32.78	205.52	178.47
松阳县	Songyang	62.29	26.66	133.02	112.50
云和县	Yunhe	27.84	19.68	141.57	130.90
庆元县	Qingyuan	25.19	19.80	44.98	37.11
景宁县	Jingning	9.90	7.58	14.89	11.54
龙泉市	Longquan	39.47	24.48	70.57	57.85

续表2 Continued　　单位：亿元(100 million yuan)

市县名称	City and County	利税总额 Total Profits and Taxes	税金及附加 Taxes and Surcharges	应交增值税 VAT Payable	利润总额 Total Profits
萧山区	Xiaoshan	226.52	10.72	56.13	159.67
余杭区	Yuhang	251.29	10.44	55.32	185.53
富阳区	Fuyang	116.19	4.94	41.92	69.33
临安区	Tonglu	112.58	4.38	21.71	86.49
桐庐县	Chunan	45.37	1.81	12.37	31.19
淳安县	Linan	12.87	0.88	3.28	8.71
建德市	Jiande	75.05	3.05	14.28	57.72
海曙区	Haishu	76.96	5.80	25.18	45.98
江北区	Jiangbei	69.63	3.37	11.29	54.97
北仑区	Beilun	579.78	38.55	75.93	465.30
镇海区	Zhenhai	385.42	166.72	54.77	163.93
鄞州区	Yinzhou	156.14	8.12	32.95	115.07
奉化区	Fenghua	228.24	138.76	32.44	57.04
象山县	Xiangshan	66.33	2.83	13.64	49.86
宁海县	Ninghai	93.20	4.21	24.43	64.56
余姚市	Yuyao	248.49	9.30	41.24	197.95
慈溪市	Cixi	407.87	33.81	85.99	288.07
鹿城区	Lucheng	30.04	1.33	7.47	21.24
龙湾区	Longwan	88.04	4.56	24.63	58.85
瓯海区	Ouhai	38.46	2.63	15.79	20.04
洞头区	Dongtou	3.44	1.26	2.15	0.03
永嘉县	Yongjia	28.79	1.49	9.74	17.56
平阳县	Pingyang	30.28	1.63	10.12	18.53
苍南县	Cangnan	12.36	0.57	5.07	6.72
文成县	Wencheng	1.49	0.10	0.77	0.62
泰顺县	Taishun	1.68	0.19	0.41	1.08
瑞安市	Ruian	72.97	3.58	21.16	48.23
乐清市	Yueqing	202.39	6.11	39.87	156.41
龙港市	Longgang	26.20	0.95	6.66	18.59
南湖区	Nanhu	112.25	5.10	50.20	56.95
秀洲区	Xiuzhou	111.04	5.72	18.65	86.67
嘉善县	Jiashan	98.67	5.50	24.11	69.06
海盐县	Haiyan	154.44	6.31	34.68	113.45
海宁市	Haining	150.70	7.25	50.90	92.55
平湖市	Pinghu	193.18	12.28	36.91	143.99
桐乡市	Tongxiang	135.36	5.74	33.82	95.80
吴兴区	Wuxing	106.86	4.13	38.63	64.10
南浔区	NanXun	73.15	3.97	21.14	48.04
德清县	Deqing	110.81	5.10	25.42	80.29
长兴县	ChangXing	143.84	10.77	31.01	102.06
安吉县	Anji	101.57	3.72	25.49	72.36
越城区	Yuecheng	121.66	6.26	31.94	83.46
柯桥区	keqiao	184.63	8.37	51.21	125.05
上虞区	Shangyu	213.01	6.39	34.91	171.71

续表3 Continued

单位：亿元(100 million yuan)

市县名称	City and County	利税总额 Total Profits and Taxes	税金及附加 Taxes and Surcharges	应交增值税 VAT Payable	利润总额 Total Profits
新昌县	Xinchang	88.41	2.61	13.36	72.44
诸暨市	Zhuji	116.88	4.03	25.49	87.36
嵊州市	Shengzhou	35.98	2.52	13.43	20.03
婺城区	Wucheng	54.93	2.73	11.96	40.24
金东区	Jindong	26.25	1.20	11.09	13.96
武义县	Wuyi	33.80	1.96	12.62	19.22
浦江县	Pujiang	12.75	0.79	4.18	7.78
磐安县	Panan	8.44	0.37	1.92	6.15
兰溪市	Lanxi	59.37	3.65	16.88	38.84
义乌市	Yiwu	53.83	3.35	20.64	29.84
东阳市	Dongyang	44.15	2.32	10.27	31.56
永康市	Yongkang	55.36	3.87	24.85	26.64
柯城区	Kecheng	6.20	0.40	1.80	4.00
衢江区	Qujiang	26.15	1.04	4.82	20.29
常山县	Changshan	18.62	0.74	4.12	13.76
开化县	Kaihua	8.38	0.29	1.61	6.48
龙游县	Longyou	26.48	1.54	6.61	18.33
江山市	Jiangshan	35.82	1.84	8.08	25.90
定海区	Dinghai	28.71	2.88	6.09	19.74
普陀区	Putuo	20.22	1.80	4.87	13.55
岱山县	Daishan	168.21	24.42	2.57	141.22
嵊泗县	Shengsi	0.23	0.01	0.13	0.09
椒江区	Jiaojiang	64.92	4.29	13.90	46.73
黄岩区	Huangyan	69.52	3.06	17.25	49.21
路桥区	Luqiao	44.56	2.36	10.83	31.37
玉环市	Yuhuan	88.41	4.78	24.06	59.57
三门县	Sanmen	45.27	1.98	12.72	30.57
天台县	Tiantai	38.74	2.17	7.12	29.45
仙居县	Xianju	26.04	1.09	5.48	19.47
温岭市	Wenling	81.11	5.51	21.56	54.04
临海市	Linhai	102.90	7.88	19.83	75.19
莲都区	Liandu	46.74	1.49	8.36	36.89
青田县	Qingtian	15.21	0.79	4.17	10.25
缙云县	Jinyun	26.57	1.45	10.08	15.04
遂昌县	Suichang	38.26	0.61	3.10	34.55
松阳县	Songyang	12.71	0.52	3.33	8.86
云和县	Yunhe	11.57	0.73	6.43	4.41
庆元县	Qingyuan	3.24	0.16	1.13	1.95
景宁县	Jingning	1.58	0.06	0.43	1.09
龙泉市	Longquan	7.37	0.45	2.45	4.47

17-36 各市、县客运量和货运量（2020年）
Passenger Traffic and Freight Traffic by City and County (2020)

市县名称	City and County	客运量(万人) Passenger Traffic (10000 persons)		货运量(万吨) Freight Traffic (10000 tons)	
		公路 Highways	水运 Waterways	公路 Highways	水运 Waterways
萧山区	Xiaoshan	166	13	2865	
余杭区	Yuhang	72		1749	
富阳区	Fuyang	58		1842	
临安区	Tonglu	106	7	1384	
桐庐县	Chunan	393	18	10895	
淳安县	Linan	310	139	573	
建德市	Jiande	897	21	1239	
海曙区	Haishu	612		1141	206
江北区	Jiangbei	481		4745	10091
北仑区	Beilun	47		17666	9859
镇海区	Zhenhai	17	9	1909	4496
鄞州区	Yinzhou	341	10	5519	1033
奉化区	Fenghua	188		4174	544
象山县	Xiangshan	306	108	298	3190
宁海县	Ninghai	91	10	675	610
余姚市	Yuyao	128	1	1217	8
慈溪市	Cixi	216		1517	8
鹿城区	Lucheng				324
龙湾区	Longwan				27
瓯海区	Ouhai				
洞头区	Dongtou	618		111	2782
永嘉县	Yongjia	2889		1467	461
平阳县	Pingyang	870	22	1012	
苍南县	Cangnan	789		953	
文成县	Wencheng	780	2	96	
泰顺县	Taishun	1217		51	
瑞安市	Ruian	1195	4	1191	236
乐清市	Yueqing	1333		2132	791
龙港市	Longgang	61		370	332
南湖区	Nanhu	84		3588	
秀洲区	Xiuzhou	267		1655	
嘉善县	Jiashan	284	31	3150	1559
海盐县	Haiyan	87		1552	1876
海宁市	Haining	163		1817	838
平湖市	Pinghu	249		3310	1369
桐乡市	Tongxiang	225	57	1861	1899
吴兴区	Wuxing				
南浔区	NanXun				
德清县	Deqing	505	50	1404	700
长兴县	ChangXing	489	32	4919	3792
安吉县	Anji	745		2311	1398
越城区	Yuecheng	328	2	2214	397
柯桥区	keqiao	94	39	4765	208
上虞区	Shangyu	161		3278	561

续表 Continued

市县名称	City and County	客运量(万人) Passenger Traffic (10000 persons)		货运量(万吨) Freight Traffic (10000 tons)	
		公路 Highways	水运 Waterways	公路 Highways	水运 Waterways
新昌县	Xinchang	92	2	1406	
诸暨市	Zhuji	218	13	2658	545
嵊州市	Shengzhou	131		1734	23
婺城区	Wucheng				
金东区	Jindong				
武义县	Wuyi	397		473	
浦江县	Pujiang	347		315	
磐安县	Panan	249		158	
兰溪市	Lanxi	793		789	38
义乌市	Yiwu	943		5521	
东阳市	Dongyang	843		1893	
永康市	Yongkang	546		1735	
柯城区	Kecheng				3
衢江区	Qujiang				12
常山县	Changshan	233		3337	
开化县	Kaihua	305		1241	
龙游县	Longyou	358		830	4
江山市	Jiangshan	457		1758	
定海区	Dinghai		45		11656
普陀区	Putuo		1524		11811
岱山县	Daishan		614		4595
嵊泗县	Shengsi		182		3903
椒江区	Jiaojiang	353	26	2175	6256
黄岩区	Huangyan	129		3699	532
路桥区	Luqiao	492		2181	626
玉环市	Yuhuan	795		1358	488
三门县	Sanmen	321		488	846
天台县	Tiantai	389		605	
仙居县	Xianju	835		573	
温岭市	Wenling	1980		2101	2717
临海市	Linhai	276		2192	936
莲都区	Liandu	305	53	1077	
青田县	Qingtian	472	3	992	255
缙云县	Jinyun	180		604	
遂昌县	Suichang	140		644	
松阳县	Songyang	39		299	
云和县	Yunhe	60	18	607	
庆元县	Qingyuan	46		170	
景宁县	Jingning	63	1	242	
龙泉市	Longquan	142	1	665	

17-37 各市、县公路里程邮电通信和用电量情况（2020年）

Length of Highways,Posts and Telecommunications,Electricity Consumption by City and County (2020)

市县名称	City and County	境内公路里程(公里) Length of Highways (km)	#高速公路 Expressway	民用汽车拥有量(辆) Civilb Motor Vehicles(unit)	固定电话用户(万户) Telephone Subscribers (10000 subscribers)	年末移动电话用户数(万户) Number of Mobile Telephones Subscribers (10000subscribers)
萧山区	Xiaoshan	1993	100	542624	31.03	261.33
余杭区	Yuhang	2438	155	459552	21.46	276.97
富阳区	Fuyang	2025	86	172545	8.09	108.64
临安区	Tonglu	2954	104	150344	7.17	82.85
桐庐县	Chunan	1969	29	97942	5.15	59.34
淳安县	Linan	2862	66	69883	5.17	47.14
建德市	Jiande	2033	135	93549	4.53	49.77
海曙区	Haishu	995	49	350733		
江北区	Jiangbei	349	25	193706		
北仑区	Beilun	556	55	309771		
镇海区	Zhenhai	338	22	149008		
鄞州区	Yinzhou	1020	95	585358		
奉化区	Fenghua	1363	55	165834		
象山县	Xiangshan	1508	46	156732		
宁海县	Ninghai	1652	75	180432		
余姚市	Yuyao	2017	65	372217		
慈溪市	Cixi	1634	82	507645		
鹿城区	Lucheng	312	19		1.60	147.30
龙湾区	Longwan	297	35		0.93	80.06
瓯海区	Ouhai	702	38		0.77	103.84
洞头区	Dongtou	241	3	23530	1.17	13.07
永嘉县	Yongjia	2830	107	250927	9.16	96.10
平阳县	Pingyang	1688	47	183233	6.42	93.42
苍南县	Cangnan	1497	53	255723	8.19	124.09
文成县	Wencheng	1724	34	51871	1.50	22.12
泰顺县	Taishun	2275	34	52718	1.83	32.81
瑞安市	Ruian	1945	90	447351	16.67	175.64
乐清市	Yueqing	1356	92	368508	19.27	179.15
龙港市	Longgang	219	14	4142	3.80	18.45
南湖区	Nanhu	702	51			
秀洲区	Xiuzhou	1168	77			
嘉善县	Jiashan	838	62	175149	9.18	80.65
海盐县	Haiyan	1008	40	146015	7.17	54.45
海宁市	Haining	1454	101	286554	15.30	118.40
平湖市	Pinghu	1207	44	185647	9.66	82.93
桐乡市	Tongxiang	1898	44	324405	13.69	127.08
吴兴区	Wuxing	940	84		25.97	155.08
南浔区	NanXun	1300	48		8.32	66.24
德清县	Deqing	1343	94	151159	9.35	67.86
长兴县	ChangXing	2298	133	187703	11.44	84.23
安吉县	Anji	2259	59	165236	9.07	71.37
越城区	Yuecheng	647	40	378714	30.02	194.82
柯桥区	keqiao	1523	45	357926	20.69	113.31
上虞区	Shangyu	1611	87	218636	15.62	95.89

续表1 Continued

市县名称	City and County	境内公路里程(公里) Length of Highways (km)	#高速公路 Expressway	民用汽车拥有量(辆) Civilb Motor Vehicles(unit)	固定电话用户(万户) Telephone Subscribers (10000 subscribers)	年末移动电话用户数(万户) Number of Mobile Telephones Subscribers (10000subscribers)
新昌县	Xinchang	1424	58	101594	6.05	48.99
诸暨市	Zhuji	2776	163	383677	22.64	136.97
嵊州市	Shengzhou	2399	142	170913	11.19	74.30
婺城区	Wucheng	1629	24			
金东区	Jindong	1206	58			
武义县	Wuyi	1445	26	119096	3.86	52.11
浦江县	Pujiang	923	13	138197	3.33	54.28
磐安县	Panan	1260	21	36656	1.53	19.55
兰溪市	Lanxi	1515	36	129262	4.71	63.46
义乌市	Yiwu	1559	76	714359	24.52	267.35
东阳市	Dongyang	2471	95	324294	10.27	124.41
永康市	Yongkang	1208	58	348761	8.07	119.03
柯城区	Kecheng	741	23	117979	15.82	80.61
衢江区	Qujiang	1764	42	82943	2.91	27.51
常山县	Changshan	1131	89	53372	2.40	23.99
开化县	Kaihua	1636	112	49554	2.21	25.76
龙游县	Longyou	1539	80	74496	5.24	36.15
江山市	Jiangshan	1851	76	113599	5.09	47.30
定海区	Dinghai	800	42	117130	11.24	105.07
普陀区	Putuo	556		64148	7.03	48.25
岱山县	Daishan	388		23328	2.63	26.15
嵊泗县	Shengsi	184		5938	1.12	9.99
椒江区	Jiaojiang	646	27	202328		
黄岩区	Huangyan	1284	21	228481		
路桥区	Luqiao	635	10	249401		
玉环市	Yuhuan	782	32	175700	11.53	85.09
三门县	Sanmen	1379	57	80619	6.01	40.46
天台县	Tiantai	2048	68	99222	5.98	53.18
仙居县	Xianju	1988	106	97337	4.36	47.68
温岭市	Wenling	2059	45	418361	16.49	185.52
临海市	Linhai	2419	134	274071	12.02	132.95
莲都区	Liandu	1321	69	118577	9.04	70.79
青田县	Qingtian	2458	67	56950	3.97	37.46
缙云县	Jinyun	1475	35	80810	4.30	42.42
遂昌县	Suichang	1836	29	35135	1.62	21.02
松阳县	Songyang	1556	53	34707	2.01	20.79
云和县	Yunhe	929	44	22070	1.20	14.31
庆元县	Qingyuan	1601	21	24497	1.16	15.86
景宁县	Jingning	1978	12	20350	1.02	13.27
龙泉市	Longquan	2650	89	52365	1.84	27.87

续表2 Continued

市县名称	City and County	电信业务收入(万元) Telecom Business Income (10000 yuan)	全年用电量(万千瓦小时) Total Electricity Consumption (10000 kw.h)	#工业用电 Industrial Consumption	#城乡居民生活用电 Residential Consumption
萧山区	Xiaoshan	227635			
余杭区	Yuhang	255153	1222855	533554	294797
富阳区	Fuyang	85395	695854	473780	101102
临安区	Tonglu	65287	428161	271915	72420
桐庐县	Chunan	45340	256795	153206	52026
淳安县	Linan	30408	143111	64093	30498
建德市	Jiande	37317	392404	302671	42592
海曙区	Haishu		569078	305994	103723
江北区	Jiangbei		328560	183219	49483
北仑区	Beilun		1550980	1323811	79285
镇海区	Zhenhai		1102015	959043	54661
鄞州区	Yinzhou		961539	464597	195751
奉化区	Fenghua		400221	267881	60754
象山县	Xiangshan		289104	171782	59786
宁海县	Ninghai		393156	253664	80809
余姚市	Yuyao		1140505	892588	130092
慈溪市	Cixi		1613746	1236467	198921
鹿城区	Lucheng	171611	451707	145734	144610
龙湾区	Longwan	88833	586846	396385	83839
瓯海区	Ouhai	105272	427181	221235	89449
洞头区	Dongtou	14131	41610	16560	12477
永嘉县	Yongjia	94054	315738	175396	85642
平阳县	Pingyang	98613	411947	247122	103011
苍南县	Cangnan	131674	362409	201652	103961
文成县	Wencheng	18927	54157	15156	20889
泰顺县	Taishun	27483	58397	18661	22244
瑞安市	Ruian	180610	774748	485416	188134
乐清市	Yueqing	187866	689974	381806	189052
龙港市	Longgang	11563	262930	170684	61676
南湖区	Nanhu		753669	478248	102963
秀洲区	Xiuzhou		535962	434533	45585
嘉善县	Jiashan	73851	597544	456425	69834
海盐县	Haiyan	44814	478892	388555	44021
海宁市	Haining	100579	1039950	808930	100998
平湖市	Pinghu	71267	942668	808113	60612
桐乡市	Tongxiang	108469	1146975	942364	94436
吴兴区	Wuxing	160310	724676	450951	100843
南浔区	NanXun	55656	486482	368750	55230
德清县	Deqing	58114	885290	728929	74974
长兴县	ChangXing	66813	537238	381646	55615
安吉县	Anji	67005	385778	243741	70109
越城区	Yuecheng	168657	798115	527748	108446
柯桥区	keqiao	106580	1585088	1359138	101535
上虞区	Shangyu	82991	667424	507438	73826

续表3 Continued

市县名称	City and County	电信业务收入(万元) Telecom Business Income (10000 yuan)	全年用电量(万千瓦小时) Total Electricity Consumption (10000 kw.h)	#工业用电 Industrial Consumption	#城乡居民生活用电 Residential Consumption
新昌县	Xinchang	40372	232331	154753	40857
诸暨市	Zhuji	123127	924315	681066	132041
嵊州市	Shengzhou	62511	301596	184639	66176
婺城区	Wucheng		313348	186544	46326
金东区	Jindong		466471	239052	104722
武义县	Wuyi	39778	298540	226498	34955
浦江县	Pujiang	45779	241294	167913	42575
磐安县	Panan	15328	66290	39368	13650
兰溪市	Lanxi	47353	524088	432745	49330
义乌市	Yiwu	248420	1010684	555780	187453
东阳市	Dongyang	99798	549742	349284	101885
永康市	Yongkang	107386	561545	411079	88620
柯城区	Kecheng	50376	471628	344714	56311
衢江区	Qujiang	24610	287302	222386	31747
常山县	Changshan	19037	170418	126766	23291
开化县	Kaihua	20130	89563	46356	23386
龙游县	Longyou	28995	289680	213620	35626
江山市	Jiangshan	34322	268274	183967	41077
定海区	Dinghai	73596	274875	128717	49476
普陀区	Putuo	41783	167535	73215	35955
岱山县	Daishan	20325	490020	392170	17010
嵊泗县	Shengsi	9779	56615	5320	6788
椒江区	Jiaojiang		338807	212996	64875
黄岩区	Huangyan		409366	284038	69560
路桥区	Luqiao		327089	190520	71914
玉环市	Yuhuan	84755	508112	388557	76408
三门县	Sanmen	32050	194524	126777	36889
天台县	Tiantai	38081	174696	92972	49366
仙居县	Xianju	37460	140724	70886	39170
温岭市	Wenling	171461	624155	377042	149491
临海市	Linhai	91589	545023	362507	107034
莲都区	Liandu	75789	275530	136488	57202
青田县	Qingtian	26793	169434	99838	41083
缙云县	Jinyun	27815	220241	160695	36975
遂昌县	Suichang	14768	107483	76841	17498
松阳县	Songyang	13469	82298	49028	18352
云和县	Yunhe	10665	159314	137172	12688
庆元县	Qingyuan	11248	42814	21961	10956
景宁县	Jingning	10054	28672	5608	9998
龙泉市	Longquan	19717	85271	42121	24103

17-38 各市、县国内贸易情况（2020年）
Domestic and Foreign Trade by City and County (2020)

市县名称	City and County	社会消费品零售总额(亿元) Total Retail Sales of Consumer Goods (100 million yuan)	限额以上批发、零售业商品销售额(亿元) Total Sales of Wholesale and Retailsale Trade Above Designated Size (100 million yuan)	限额以上批发零售企业数(个) Number of Wholesale and retail enterprises above Designaged Size(unit)	#零售 Retail
萧山区	Xiaoshan	719.97	4179.84	874	166
余杭区	Yuhang	855.05	2799.10	779	227
富阳区	Fuyang	372.10	1093.79	399	92
临安区	Tonglu	190.92	240.14	163	78
桐庐县	Chunan	137.44	136.71	157	51
淳安县	Linan	83.74	202.15	87	41
建德市	Jiande	114.07	80.86	95	46
海曙区	Haishu	785.77	2478.60	806	183
江北区	Jiangbei	375.36	3267.62	776	88
北仑区	Beilun	373.15	12343.99	850	71
镇海区	Zhenhai	152.37	1527.68	621	39
鄞州区	Yinzhou	878.74	6802.02	1901	196
奉化区	Fenghua	152.56	186.63	136	47
象山县	Xiangshan	208.88	284.92	207	53
宁海县	Ninghai	271.28	258.08	158	66
余姚市	Yuyao	397.42	668.30	317	73
慈溪市	Cixi	642.75	1384.88	521	151
鹿城区	Lucheng	744.97	2010.46	590	133
龙湾区	Longwan	390.21	3211.57	502	99
瓯海区	Ouhai	319.38	623.69	432	107
洞头区	Dongtou	36.11	144.79	46	11
永嘉县	Yongjia	247.82	335.76	144	36
平阳县	Pingyang	233.23	169.45	148	41
苍南县	Cangnan	244.21	112.00	105	52
文成县	Wencheng	48.67	32.95	37	25
泰顺县	Taishun	54.99	17.60	21	16
瑞安市	Ruian	519.82	663.91	333	89
乐清市	Yueqing	520.13	484.17	291	76
龙港市	Longgang	138.26	73.53	75	22
南湖区	Nanhu	408.40	839.84	281	109
秀洲区	Xiuzhou	158.77	529.61	218	35
嘉善县	Jiashan	235.77	278.65	150	31
海盐县	Haiyan	158.61	187.27	149	33
海宁市	Haining	475.01	537.99	363	59
平湖市	Pinghu	236.26	536.45	245	46
桐乡市	Tongxiang	419.53	755.60	357	90
吴兴区	Wuxing	668.81	904.41	255	111
南浔区	NanXun	115.09	202.52	184	33
德清县	Deqing	147.60	856.87	238	34
长兴县	ChangXing	297.31	1584.82	180	57
安吉县	Anji	195.62	97.74	125	83
越城区	Yuecheng	620.56	987.38	661	139
柯桥区	keqiao	354.35	1511.68	1181	66
上虞区	Shangyu	452.41	464.33	240	82

续表 Continued

市县名称	City and County	社会消费品零售总额 (亿元) Total Retail Sales of Consumer Goods (100 million yuan)	限额以上批发、零售业商品销售额 (亿元) Total Sales of Wholesale and Retailsale Trade Above Designated Size (100 million yuan)	限额以上批发零售企业数 (个) Number of Wholesale and retail enterprises above Designaged Size(unit)	#零售 Retail
新昌县	Xinchang	165.98	196.93	111	34
诸暨市	Zhuji	462.46	883.39	508	179
嵊州市	Shengzhou	266.74	156.12	135	55
婺城区	Wucheng	455.39	701.91	311	98
金东区	Jindong	237.93	248.30	175	83
武义县	Wuyi	98.56	81.46	87	25
浦江县	Pujiang	97.39	52.51	96	52
磐安县	Panan	36.62	13.83	24	13
兰溪市	Lanxi	147.93	209.88	150	62
义乌市	Yiwu	946.25	601.10	512	139
东阳市	Dongyang	283.52	344.97	167	69
永康市	Yongkang	308.35	331.76	250	92
柯城区	Kecheng	207.51	319.70	269	67
衢江区	Qujiang	75.15	85.66	85	30
常山县	Changshan	71.28	38.60	48	17
开化县	Kaihua	88.58	16.66	23	14
龙游县	Longyou	160.25	136.31	89	22
江山市	Jiangshan	149.03	76.81	92	43
定海区	Dinghai	221.31	2729.97	325	55
普陀区	Putuo	179.89	595.69	129	20
岱山县	Daishan	76.05	35.30	25	6
嵊泗县	Shengsi	34.46	83.37	14	3
椒江区	Jiaojiang	290.47	605.85	219	76
黄岩区	Huangyan	247.75	269.64	112	33
路桥区	Luqiao	380.33	668.34	253	93
玉环市	Yuhuan	211.86	154.36	163	53
三门县	Sanmen	103.84	37.77	41	21
天台县	Tiantai	129.92	30.51	61	36
仙居县	Xianju	105.97	61.96	53	21
温岭市	Wenling	669.12	472.84	387	139
临海市	Linhai	256.80	288.09	164	77
莲都区	Liandu	203.51	431.55	146	67
青田县	Qingtian	106.11	77.53	67	32
缙云县	Jinyun	105.43	23.01	34	29
遂昌县	Suichang	63.15	56.68	36	14
松阳县	Songyang	56.84	39.17	52	41
云和县	Yunhe	37.04	10.73	38	32
庆元县	Qingyuan	45.73	8.17	28	20
景宁县	Jingning	38.26	640.02	29	13
龙泉市	Longquan	71.42	28.11	39	25

17-39 各市、县外贸及利用外资情况（2020年）
Foreign Trade and Utilization of Foreign Capital by City and County（2020）

市县名称	City and County	进口总额(万元) Total imports (10000 yuan)	出口总额(万元) Total exports (10000 yuan)	外国和港澳台地区在华直接投资 Foreign Funded Enterprises and Enterprises Funded by Entrepreneurs from Hong Kong,Macao & Taiwan	
				新签项目(合同)数(个) Newly Signed Contracts(unit)	实际使用外资金额(万元) Amount of Foreign Capital Actually Use (10000 yuan)
萧山区	Xiaoshan	1800436	6090153	137	579382
余杭区	Yuhang	374801	4931768	122	742926
富阳区	Fuyang	1594689	1341160	19	193817
临安区	Tonglu	497316	1301818	14	111738
桐庐县	Chunan	50805	702331	7	98033
淳安县	Linan	14157	114146	3	6987
建德市	Jiande	69614	764021	12	76906
海曙区	Haishu	985529	6485745	53	152543
江北区	Jiangbei	1528050	4339049	72	82624
北仑区	Beilun	18204752	13274447	108	570953
镇海区	Zhenhai	2596891	2619485	18	123919
鄞州区	Yinzhou	5695755	15549359	115	356727
奉化区	Fenghua	227053	1943852	25	79368
象山县	Xiangshan	157738	1528289	10	12512
宁海县	Ninghai	151217	3022633	13	83376
余姚市	Yuyao	3079370	6650580	32	70781
慈溪市	Cixi	1167939	8644730	40	176711
鹿城区	Lucheng	133209	4622451	12	27603
龙湾区	Longwan	1600731	3567482	9	27127
瓯海区	Ouhai	599016	1900373	21	7463
洞头区	Dongtou	222121	85765	24	21278
永嘉县	Yongjia	17751	630560	5	17250
平阳县	Pingyang	30105	937811	8	71223
苍南县	Cangnan	17708	225741	5	14022
文成县	Wencheng	10142	39688	3	1524
泰顺县	Taishun	263	52499	4	138
瑞安市	Ruian	372277	2927252	18	16174
乐清市	Yueqing	38561	1959469	6	16843
龙港市	Longgang	25106	381701		5028
南湖区	Nanhu	358825	2033624	61	450649
秀洲区	Xiuzhou	262884	1934476	34	180836
嘉善县	Jiashan	1291858	3676472	50	292401
海盐县	Haiyan	295262	1504045	30	182174
海宁市	Haining	477075	4979546	53	228442
平湖市	Pinghu	3188551	3545937	41	269123
桐乡市	Tongxiang	1067070	2799460	48	221862
吴兴区	Wuxing	55257	240887	39	195861
南浔区	NanXun	20871	156591	14	36509
德清县	Deqing	33432	277425	43	257809
长兴县	ChangXing	31319	315579	53	198662
安吉县	Anji	12693	489364	24	146069
越城区	Yuecheng	462803	5682469	23	25445
柯桥区	keqiao	288509	8629753	186	143418
上虞区	Shangyu	327969	2782822	18	231711

续表 Continued

市县名称	City and County	进口总额 (万元) Total imports (10000 yuan)	出口总额 (万元) Total exports (10000 yuan)	外国和港澳台地区在华直接投资 Foreign Funded Enterprises and Enterprises Funded by Entrepreneurs from Hong Kong,Macao & Taiwan	
				新签项目(合同)数 (个) Newly Signed Contracts(unit)	实际使用外资金额 (万元) Amount of Foreign Capital Actually Use (10000 yuan)
新昌县	Xinchang	46791	1473969	4	5539
诸暨市	Zhuji	776781	4496957	21	77623
嵊州市	Shengzhou	17350	794441	6	13850
婺城区	Wucheng	51524	2135174	51	4797
金东区	Jindong	820084	2066178	12	1635
武义县	Wuyi	15461	2410272	8	
浦江县	Pujiang	7347	812512	5	1462
磐安县	Panan	5949	368026	3	
兰溪市	Lanxi	172588	1490258	6	1016
义乌市	Yiwu	1233056	30062268	342	22100
东阳市	Dongyang	185316	2578856	18	20
永康市	Yongkang	42026	4208997	7	1504
柯城区	Kecheng	13445	224958	4	4428
衢江区	Qujiang	280921	420832	3	1035
常山县	Changshan	65722	191481		
开化县	Kaihua	16227	183107	3	
龙游县	Longyou	107640	391292	2	4552
江山市	Jiangshan	3082	376853	1	5856
定海区	Dinghai	6477651	996963	5	51793
普陀区	Putuo	1150985	3374481	10	62104
岱山县	Daishan	206356	713957	4	47006
嵊泗县	Shengsi	325199	12021	1	20099
椒江区	Jiaojiang	110431	1537600	10	122181
黄岩区	Huangyan	89629	1919183	11	2787
路桥区	Luqiao	537294	1759716	5	21623
玉环市	Yuhuan	83730	2623337	15	3614
三门县	Sanmen	18126	678881		14554
天台县	Tiantai	25792	558351	1	8760
仙居县	Xianju	18792	573064	7	11732
温岭市	Wenling	165950	4198018	13	37694
临海市	Linhai	224653	2571342	9	27555
莲都区	Liandu	65870	496905	9	22617
青田县	Qingtian	53016	736549	7	41
缙云县	Jinyun	41546	770559	3	11636
遂昌县	Suichang	13084	159340		
松阳县	Songyang	1301	118220	1	3766
云和县	Yunhe	3154	128613	3	2138
庆元县	Qingyuan	241	231392	1	138
景宁县	Jingning	251008	162641	8	945
龙泉市	Longquan	143	202871		138

17-40 各市、县财政收支情况（2020年）

Total Financial Revenue and Expenditure by City and County （2020）

单位：亿元(100 million yuan)

市县名称	City and County	财政总收入 Total Financial Revenue	一般公共预算收入 General Public Revenue	一般公共预算支出 General Public Budget Expenditure	一般性公共服务支出 Expenses for Public Service	#教育事业费 Expenses for Education
萧山区	Xiaoshan	461.03	300.03	275.65	27.84	56.85
余杭区	Yuhang	825.91	441.06	413.64	40.90	76.01
富阳区	Fuyang	138.72	90.14	102.52	10.62	23.74
临安区	Tonglu	109.60	68.56	90.47	8.43	17.56
桐庐县	Chunan	58.30	34.22	56.41	4.03	15.10
淳安县	Linan	40.13	22.77	76.68	6.71	9.47
建德市	Jiande	55.64	34.23	59.32	6.22	10.54
海曙区	Haishu	187.97	115.83	101.92	19.41	20.62
江北区	Jiangbei	141.80	84.29	73.78	9.87	10.63
北仑区	Beilun	612.08	309.06	281.02	18.56	23.48
镇海区	Zhenhai	135.31	84.50	87.74	9.36	13.98
鄞州区	Yinzhou	456.56	273.47	230.20	24.39	33.45
奉化区	Fenghua	100.06	64.51	85.33	14.88	15.48
象山县	Xiangshan	81.68	51.81	83.96	9.17	15.01
宁海县	Ninghai	103.98	67.91	86.70	9.32	19.47
余姚市	Yuyao	185.23	114.20	128.89	12.30	24.54
慈溪市	Cixi	355.51	200.53	217.33	16.89	42.37
鹿城区	Lucheng	56.66	35.29	74.57	11.90	18.50
龙湾区	Longwan	93.94	55.88	71.16	11.30	13.77
瓯海区	Ouhai	69.79	43.10	68.90	11.77	13.80
洞头区	Dongtou	21.85	14.96	31.64	4.28	4.45
永嘉县	Yongjia	60.69	40.80	111.07	11.79	24.25
平阳县	Pingyang	57.54	36.49	91.75	14.59	16.35
苍南县	Cangnan	40.40	26.35	78.33	8.74	18.76
文成县	Wencheng	15.71	10.22	51.03	5.20	8.58
泰顺县	Taishun	23.95	13.80	48.86	4.75	7.79
瑞安市	Ruian	127.56	81.91	103.70	13.44	29.01
乐清市	Yueqing	156.82	94.38	126.38	10.94	30.83
龙港市	Longgang	25.33	17.05	25.77	2.76	7.20
南湖区	Nanhu	182.65	34.73	44.62	3.58	8.34
秀洲区	Xiuzhou	130.22	27.53	39.51	4.50	8.33
嘉善县	Jiashan	117.06	71.79	101.15	10.38	19.05
海盐县	Haiyan	100.05	58.18	78.21	7.91	16.75
海宁市	Haining	168.91	100.93	105.22	11.15	25.90
平湖市	Pinghu	150.81	90.01	99.54	9.50	19.96
桐乡市	Tongxiang	153.37	93.98	103.90	8.40	21.87
吴兴区	Wuxing	143.00	86.35	46.35	5.30	9.89
南浔区	NanXun	67.00	40.46	55.22	6.07	10.09
德清县	Deqing	116.00	67.08	78.22	9.53	13.76
长兴县	ChangXing	122.00	67.55	90.20	8.65	16.98
安吉县	Anji	100.00	59.76	86.22	6.44	15.02
越城区	Yuecheng	121.87	60.04	83.38	10.85	17.41
柯桥区	keqiao	202.04	137.23	129.69	13.47	30.17
上虞区	Shangyu	156.72	93.69	121.05	13.28	21.54

续表 Continued 单位：亿元(100 million yuan)

市县名称	City and County	财政总收入 Total Financial Revenue	一般公共预算收入 General Public Revenue	一般公共预算支出 General Public Budget Expenditure	一般性公共服务支出 Expenses for Public Service	#教育事业费 Expenses for Education
新昌县	Xinchang	70.29	43.72	64.57	6.84	12.51
诸暨市	Zhuji	145.47	90.32	117.65	13.14	24.68
嵊州市	Shengzhou	71.46	45.82	72.18	7.31	13.49
婺城区	Wucheng	91.32	72.01	143.31	17.09	23.21
金东区	Jindong	37.68	23.77	32.74	5.35	5.74
武义县	Wuyi	44.71	27.45	56.47	4.81	8.91
浦江县	Pujiang	29.61	20.03	39.76	4.94	9.52
磐安县	Panan	18.28	11.07	39.87	5.01	7.59
兰溪市	Lanxi	49.06	29.61	76.10	6.60	12.77
义乌市	Yiwu	162.27	106.01	137.27	17.21	32.47
东阳市	Dongyang	123.73	72.65	99.67	8.31	21.57
永康市	Yongkang	94.07	60.67	78.22	8.32	16.15
柯城区	Kecheng	20.21	13.32	56.87	6.29	7.68
衢江区	Qujiang	30.15	18.12	61.60	9.29	10.64
常山县	Changshan	19.90	12.19	54.78	5.72	6.68
开化县	Kaihua	16.16	10.20	56.13	6.53	6.49
龙游县	Longyou	31.69	19.63	65.96	7.72	8.26
江山市	Jiangshan	34.96	21.31	72.18	6.96	10.25
定海区	Dinghai	52.60	32.03	43.51	4.33	6.33
普陀区	Putuo	44.89	30.46	61.06	5.68	7.13
岱山县	Daishan	27.26	18.13	54.34	4.74	5.25
嵊泗县	Shengsi	12.09	8.31	30.61	3.80	2.99
椒江区	Jiaojiang	75.17	44.33	55.49	7.87	12.02
黄岩区	Huangyan	67.35	39.80	58.93	6.05	13.82
路桥区	Luqiao	70.75	38.39	40.39	5.21	9.67
玉环市	Yuhuan	80.34	47.85	68.50	10.18	13.34
三门县	Sanmen	26.61	16.16	53.79	6.69	10.08
天台县	Tiantai	34.27	20.40	53.26	6.53	13.12
仙居县	Xianju	32.96	19.82	53.50	5.44	10.11
温岭市	Wenling	118.98	72.12	107.44	11.30	25.10
临海市	Linhai	101.86	59.49	105.34	10.32	22.43
莲都区	Liandu	93.85	56.43	137.17	14.55	21.27
青田县	Qingtian	30.12	19.03	67.90	8.19	12.04
缙云县	Jinyun	27.59	17.25	65.67	5.56	12.69
遂昌县	Suichang	18.59	11.43	42.66	4.89	7.45
松阳县	Songyang	13.69	8.19	47.22	4.74	6.51
云和县	Yunhe	13.31	8.14	32.99	4.06	4.57
庆元县	Qingyuan	8.15	5.25	39.08	4.88	6.39
景宁县	Jingning	20.21	8.96	43.81	5.40	4.83
龙泉市	Longquan	14.64	9.17	50.60	5.07	8.21

17-41 各市、县金融业、社会保险、福利情况（2020年）
Basic Statistics on Finance and Social Insurance and Welfare by City and County (2020)

市县名称	City and County	金融机构年末存款余额(亿元) Deposits in Financial Institutions (100 million yuan)	#住户存款年末余额(亿元) Saving Deposits of Residents (10000 million yuan)	金融机构年末贷款余额(亿元) Loans in Financial Institutions (100 million yuan)	城乡居民基本养老保险参保人数(万人) Number of Urban and Rural Residents Participating in Basic Endowment Insurance (10000 persons)	城乡居民基本医疗保险参保人数(万人) Urban and Rural Households Participating in the Basic Health Care Program (10000 persons)
萧山区	Xiaoshan	5408.90	2305.04	5076.27		45.08
余杭区	Yuhang	4201.22	1751.11	3162.15		47.60
富阳区	Fuyang	1551.99	659.95	1809.88		30.40
临安区	Tonglu	1154.86	468.51	972.85	42.24	27.36
桐庐县	Chunan	694.73	358.52	696.58	31.28	21.27
淳安县	Linan	392.99	213.82	357.64	33.78	25.48
建德市	Jiande	637.08	344.65	563.34	33.35	26.89
海曙区	Haishu				4.45	22.75
江北区	Jiangbei				1.45	8.28
北仑区	Beilun				3.69	18.08
镇海区	Zhenhai				1.72	9.45
鄞州区	Yinzhou				5.69	28.82
奉化区	Fenghua				11.22	26.26
象山县	Xiangshan	741.21	383.33	1019.23	12.45	31.35
宁海县	Ninghai	845.22	392.54	1127.73	19.65	40.02
余姚市	Yuyao	2061.79	1130.40	1601.07	20.70	44.40
慈溪市	Cixi	3165.34	1678.85	2566.69	27.75	63.62
鹿城区	Lucheng				16.55	26.04
龙湾区	Longwan					22.47
瓯海区	Ouhai					37.05
洞头区	Dongtou	133.98	70.21	139.14	3.83	9.62
永嘉县	Yongjia	934.00	591.41	871.37	35.27	69.66
平阳县	Pingyang	790.14	521.28	801.50	25.16	62.99
苍南县	Cangnan	617.98	393.43	717.68	37.63	108.29
文成县	Wencheng	378.81	273.53	237.22	10.75	31.24
泰顺县	Taishun	268.08	172.33	182.16	14.89	31.69
瑞安市	Ruian	1935.36	1303.02	1601.24	33.99	75.02
乐清市	Yueqing	1849.04	1266.09	1605.37	35.81	95.41
龙港市	Longgang	268.36	172.09	458.50		
南湖区	Nanhu					
秀洲区	Xiuzhou					
嘉善县	Jiashan	1285.22	591.35	1118.08	6.66	20.64
海盐县	Haiyan	805.53	438.22	894.12	7.37	16.28
海宁市	Haining	1994.87	972.56	1792.16	12.36	36.25
平湖市	Pinghu	1096.18	543.20	1147.27	10.00	18.45
桐乡市	Tongxiang	1766.87	894.42	1676.52	13.74	40.71
吴兴区	Wuxing				10.21	30.09
南浔区	NanXun				15.56	30.07
德清县	Deqing	963.86	470.54	1014.92	5.79	17.40
长兴县	ChangXing	1042.32	498.33	1028.57	11.52	28.20
安吉县	Anji	783.04	384.22	924.97	8.64	25.22
越城区	Yuecheng	3323.33	1121.32	3395.23	8.42	43.23
柯桥区	keqiao	2351.52	1240.52	2297.97	8.12	37.91
上虞区	Shangyu	1535.70	860.69	1364.60	16.60	41.55

续表1 Continued

市县名称	City and County	金融机构年末存款余额(亿元) Deposits in Financial Institutions (100 million yuan)	#住户存款年末余额(亿元) Saving Deposits of Residents (10000 million yuan)	金融机构年末贷款余额(亿元) Loans in Financial Institutions (100 million yuan)	城乡居民基本养老保险参保人数(万人) Number of Urban and Rural Residents Participating in Basic Endowment Insurance (10000 persons)	城乡居民基本医疗保险参保人数(万人) Urban and Rural Households Participating in the Basic Health Care Program (10000 persons)
新昌县	Xinchang	704.35	325.55	678.48	9.45	22.82
诸暨市	Zhuji	1810.70	1097.51	1534.72	33.56	68.36
嵊州市	Shengzhou	999.85	591.16	824.63	18.76	44.32
婺城区	Wucheng					
金东区	Jindong					
武义县	Wuyi	555.40	342.85	448.78	10.33	26.14
浦江县	Pujiang	474.85	326.95	388.94	12.95	30.46
磐安县	Panan	247.01	130.79	216.02	6.00	16.42
兰溪市	Lanxi	636.82	375.01	601.04	25.01	43.95
义乌市	Yiwu	3663.53	1972.19	3352.39	13.89	44.62
东阳市	Dongyang	1502.10	909.83	1135.30	21.62	61.65
永康市	Yongkang	1428.26	886.48	1116.49	18.55	44.87
柯城区	Kecheng				6.25	23.23
衢江区	Qujiang				15.73	28.20
常山县	Changshan	272.30	162.43	236.10	11.77	21.04
开化县	Kaihua	258.46	157.39	245.02	15.50	25.65
龙游县	Longyou	412.04	241.86	372.42	14.52	25.93
江山市	Jiangshan	593.96	380.59	473.49	22.89	42.69
定海区	Dinghai	1526.49	578.30	1871.60	3.85	20.88
普陀区	Putuo	542.35	337.58	554.41	6.36	17.47
岱山县	Daishan	314.70	154.71	209.97	4.39	11.06
嵊泗县	Shengsi	95.77	54.74	67.27	2.23	3.37
椒江区	Jiaojiang	1179.97	510.03	882.85	8.35	34.39
黄岩区	Huangyan	1099.83	740.34	814.33	19.35	41.10
路桥区	Luqiao	1381.74	841.19	1085.24	16.69	31.00
玉环市	Yuhuan	843.37	545.85	716.94	10.57	28.86
三门县	Sanmen	349.37	256.15	561.09	16.05	31.19
天台县	Tiantai	498.97	321.04	527.77	18.67	43.37
仙居县	Xianju	549.72	318.09	470.54	15.10	36.75
温岭市	Wenling	2028.76	1307.87	1927.99	53.38	88.75
临海市	Linhai	1321.40	818.13	1231.18	34.98	86.59
莲都区	Liandu	1192.93	548.99	1188.53	10.73	28.41
青田县	Qingtian	801.41	625.18	336.14	24.23	33.01
缙云县	Jinyun	398.30	253.50	332.10	16.64	34.99
遂昌县	Suichang	243.50	129.88	185.81	9.62	16.70
松阳县	Songyang	200.81	137.63	176.78	10.43	18.08
云和县	Yunhe	131.74	80.74	112.09	3.94	8.37
庆元县	Qingyuan	151.41	99.08	129.64	7.65	15.28
景宁县	Jingning	125.84	67.14	106.28	7.20	12.38
龙泉市	Longquan	228.24	157.45	196.35	10.46	21.85

续表2 Continued

市县名称	City and County	失业保险人数(万人) Person Participating in the Unemployment Insurance Program (10000 persons)	养老服务机构数(个) Number of Pension Service Institutions (unit)	养老服务机构床位数(张) Number of Beds in Pension Services (unit)	居民最低生活保障线以下人数(人) Residents under Minimum Life Guarantee Relie (person)
萧山区	Xiaoshan	63.86	47	8295	2137
余杭区	Yuhang	79.78	21	3390	1562
富阳区	Fuyang	23.91	30	5197	390
临安区	Tonglu	15.37	29	3145	406
桐庐县	Chunan	11.54	35	3414	820
淳安县	Linan	5.15	29	2929	434
建德市	Jiande	9.10	23	3596	606
海曙区	Haishu	36.06	40	7248	1843
江北区	Jiangbei	18.96	8	3529	807
北仑区	Beilun	35.64	21	3946	869
镇海区	Zhenhai	18.22	17	4436	544
鄞州区	Yinzhou	52.71	28	8628	1254
奉化区	Fenghua	14.78	26	6445	607
象山县	Xiangshan	12.07	61	7889	428
宁海县	Ninghai	14.09	20	7324	295
余姚市	Yuyao	34.71	37	9173	468
慈溪市	Cixi	40.55	15	4839	581
鹿城区	Lucheng	18.96	14	2088	3939
龙湾区	Longwan	17.36	6	603	190
瓯海区	Ouhai	11.56	18	1970	324
洞头区	Dongtou	1.58	8	630	41
永嘉县	Yongjia	9.97	38	2330	601
平阳县	Pingyang	10.67	36	3376	856
苍南县	Cangnan	6.53	37	3925	1154
文成县	Wencheng	1.32	7	626	104
泰顺县	Taishun	1.97	6	722	81
瑞安市	Ruian	22.51	51	3896	990
乐清市	Yueqing	23.08	35	2552	218
龙港市	Longgang	4.20	16	700	625
南湖区	Nanhu		8	2992	963
秀洲区	Xiuzhou		5	1363	267
嘉善县	Jiashan	20.22	12	4350	567
海盐县	Haiyan	13.43	10	3242	376
海宁市	Haining	27.08	17	7000	702
平湖市	Pinghu	22.26	15	5149	942
桐乡市	Tongxiang	23.20	15	4666	440
吴兴区	Wuxing		23	6375	1399
南浔区	NanXun		22	4533	539
德清县	Deqing	15.88	34	5533	375
长兴县	ChangXing	18.49	49	7091	617
安吉县	Anji	16.74	50	5402	498
越城区	Yuecheng	32.32	21	6679	1546
柯桥区	keqiao	31.68	6	4225	1505
上虞区	Shangyu	20.90	7	2491	1114

续表3 Continued

市县名称	City and County	失业保险人数(万人) Person Participating in the Unemployment Insurance Program (10000 persons)	养老服务机构数(个) Number of Pension Service Institutions (unit)	养老服务机构床位数(张) Number of Beds in Pension Services (unit)	居民最低生活保障线以下人数(人) Residents under Minimum Life Guarantee Relie (person)
新昌县	Xinchang	11.01	10	4999	188
诸暨市	Zhuji	23.16	21	6485	278
嵊州市	Shengzhou	12.42	42	6779	362
婺城区	Wucheng		16	6060	638
金东区	Jindong		9	2509	131
武义县	Wuyi	6.73	14	3392	128
浦江县	Pujiang	4.83	16	3542	256
磐安县	Panan	2.44	12	2036	91
兰溪市	Lanxi	8.33	24	6869	343
义乌市	Yiwu	33.04	11	6818	131
东阳市	Dongyang	16.20	27	7865	178
永康市	Yongkang	11.83	9	5052	123
柯城区	Kecheng	5.56	19	3466	830
衢江区	Qujiang	4.51	23	3930	82
常山县	Changshan	3.39	24	3640	470
开化县	Kaihua	2.67	16	2406	342
龙游县	Longyou	5.35	18	4110	301
江山市	Jiangshan	6.91	46	5728	523
定海区	Dinghai		20	3237	453
普陀区	Putuo		22	2616	470
岱山县	Daishan	2.83	21	2270	212
嵊泗县	Shengsi	1.17	14	509	159
椒江区	Jiaojiang	11.20	24	4579	4027
黄岩区	Huangyan	12.66	42	6086	7246
路桥区	Luqiao	10.99	14	3218	2863
玉环市	Yuhuan	12.64	27	3644	5259
三门县	Sanmen	5.36	25	2690	7806
天台县	Tiantai	7.09	36	4434	9617
仙居县	Xianju	5.79	21	3666	9802
温岭市	Wenling	19.93	54	10367	10885
临海市	Linhai	15.16	61	8988	9254
莲都区	Liandu	11.74	21	5194	10640
青田县	Qingtian	3.44	24	3570	15717
缙云县	Jinyun	4.11	19	2326	10222
遂昌县	Suichang	2.46	11	2096	5883
松阳县	Songyang	1.86	8	1094	6104
云和县	Yunhe	1.51	11	1072	3865
庆元县	Qingyuan	1.34	8	1483	5958
景宁县	Jingning	1.66	11	1276	5210
龙泉市	Longquan	2.53	12	2335	10456

17-42 各市、县各类学校在校学生数（2020年）
Student Enrollment by Type of School ,City and County（2020）

市县名称	City and County	高等学校（人）Institutions of Higher Education (person)	中等职业学校（人）Specialized Secondary Schools (person)	普通中学（万人）Regular Secondary Schools (10000 persons)	小学（万人）Primary Schools (10000 persons)
萧山区	Xiaoshan	35652	11469	5.89	10.39
余杭区	Yuhang	27782	11210	5.81	12.37
富阳区	Fuyang	4403	7261	3.47	4.53
临安区	Tonglu	15230	3667	2.14	3.31
桐庐县	Chunan	9222	2034	1.71	2.56
淳安县	Linan		3016	1.39	1.56
建德市	Jiande		1473	1.73	2.26
海曙区	Haishu			2.29	5.71
江北区	Jiangbei			1.22	2.65
北仑区	Beilun		3436	2.23	4.04
镇海区	Zhenhai		2660	1.70	2.79
鄞州区	Yinzhou			3.52	9.09
奉化区	Fenghua		4032	1.96	2.98
象山县	Xiangshan		4747	2.34	3.56
宁海县	Ninghai		8464	3.13	4.63
余姚市	Yuyao		9147	3.98	7.10
慈溪市	Cixi		11593	5.29	9.04
鹿城区	Lucheng		1068	2.52	7.00
龙湾区	Longwan		2389	1.12	3.03
瓯海区	Ouhai		3980	2.17	4.95
洞头区	Dongtou		848	0.45	0.71
永嘉县	Yongjia		9908	4.33	5.79
平阳县	Pingyang		12030	4.60	6.28
苍南县	Cangnan		9610	4.63	6.35
文成县	Wencheng		1386	1.05	1.57
泰顺县	Taishun		2582	1.37	2.01
瑞安市	Ruian		12940	5.60	9.02
乐清市	Yueqing		10956	6.42	10.98
龙港市	Longgang		2327	2.03	3.83
南湖区	Nanhu			1.22	4.03
秀洲区	Xiuzhou			1.25	3.01
嘉善县	Jiashan	3828	4446	2.01	3.67
海盐县	Haiyan		4604	1.60	2.55
海宁市	Haining	15058	11197	2.88	4.90
平湖市	Pinghu		7306	1.94	3.31
桐乡市	Tongxiang	5564	8859	3.09	5.18
吴兴区	Wuxing			1.43	5.30
南浔区	NanXun			1.05	2.75
德清县	Deqing		3521	2.03	2.80
长兴县	ChangXing		9032	2.70	3.78
安吉县	Anji	3895	7380	2.38	3.29
越城区	Yuecheng	76838	9880	3.68	5.65
柯桥区	keqiao	16334	9469	3.62	4.92
上虞区	Shangyu	16271	7028	3.10	3.91

续表 Continued

市县名称	City and County	高等学校（人）Institutions of Higher Education (person)	中等职业学校（人）Specialized Secondary Schools (person)	普通中学（万人）Regular Secondary Schools (10000 persons)	小学（万人）Primary Schools (10000 persons)
新昌县	Xinchang		4689	1.94	2.16
诸暨市	Zhuji	7301	10910	7.28	6.96
嵊州市	Shengzhou		5872	2.59	3.20
婺城区	Wucheng	54225	12535	4.12	6.14
金东区	Jindong	7351	12694	2.05	2.71
武义县	Wuyi		2998	1.52	2.92
浦江县	Pujiang		7414	2.22	3.18
磐安县	Panan		1964	0.91	1.03
兰溪市	Lanxi	8293	8703	2.62	3.05
义乌市	Yiwu	17200	16998	5.53	11.65
东阳市	Dongyang	17579	7341	4.69	7.21
永康市	Yongkang		10914	3.69	5.72
柯城区	Kecheng			0.98	2.44
衢江区	Qujiang		2442	1.52	2.03
常山县	Changshan		1895	1.26	1.63
开化县	Kaihua		1940	1.38	1.57
龙游县	Longyou		5148	1.52	1.86
江山市	Jiangshan		6724	2.62	3.07
定海区	Dinghai			0.78	1.70
普陀区	Putuo			0.65	1.58
岱山县	Daishan		653	0.42	0.62
嵊泗县	Shengsi			0.19	0.22
椒江区	Jiaojiang		10624		4.75
黄岩区	Huangyan		9661		4.29
路桥区	Luqiao		4348		4.22
玉环市	Yuhuan		5285	2.45	4.38
三门县	Sanmen		9399	2.01	2.59
天台县	Tiantai		8098	3.05	3.04
仙居县	Xianju		8110	3.08	2.86
温岭市	Wenling		12497	5.44	8.37
临海市	Linhai		25451	5.85	7.26
莲都区	Liandu	21920	6079	2.69	3.84
青田县	Qingtian		4690	2.05	2.81
缙云县	Jinyun		5781	2.33	2.81
遂昌县	Suichang		2305	0.89	0.99
松阳县	Songyang		2186	0.98	1.21
云和县	Yunhe		1734	0.51	0.80
庆元县	Qingyuan		1956	0.76	0.88
景宁县	Jingning		1764	0.67	0.76
龙泉市	Longquan		3418	1.18	1.57

17-43 各市、县专利申请（2020年）
Patent Application by City and County（2020）

市县名称	City and County	专利申请受理量（项）Patent Application Accepted(item)	专利申请授权量（项）Patent Application Approved(item)	#发明 Invention
萧山区	Xiaoshan	14820	11012	621
余杭区	Yuhang	27643	19127	1434
富阳区	Fuyang	7207	4705	824
临安区	Tonglu	7164	4753	309
桐庐县	Chunan	2976	2220	97
淳安县	Linan	889	542	26
建德市	Jiande	2585	1113	72
海曙区	Haishu	6379	4588	436
江北区	Jiangbei	4796	3492	554
北仑区	Beilun	7086	5341	355
镇海区	Zhenhai	4043	2957	481
鄞州区	Yinzhou	17926	12844	1647
奉化区	Fenghua	3271	2244	174
象山县	Xiangshan	2131	1674	230
宁海县	Ninghai	5190	4190	171
余姚市	Yuyao	11350	9014	502
慈溪市	Cixi	17871	14176	781
鹿城区	Lucheng	7491	6587	2274
龙湾区	Longwan	9856	8065	698
瓯海区	Ouhai	9219	6905	1703
洞头区	Dongtou	673	482	37
永嘉县	Yongjia	4317	3616	196
平阳县	Pingyang	4665	4333	235
苍南县	Cangnan	2192	1555	81
文成县	Wencheng	909	713	19
泰顺县	Taishun	1167	431	60
瑞安市	Ruian	11233	8638	945
乐清市	Yueqing	11703	9640	889
龙港市	Longgang	2160	1234	52
南湖区	Nanhu	8004	6650	1431
秀洲区	Xiuzhou	7331	6312	1139
嘉善县	Jiashan	7116	4931	388
海盐县	Haiyan	5353	3412	184
海宁市	Haining	7204	5805	757
平湖市	Pinghu	4667	3963	308
桐乡市	Tongxiang	5976	3893	526
吴兴区	Wuxing	11535	6474	589
南浔区	NanXun	7576	4225	476
德清县	Deqing	3959	2249	113
长兴县	ChangXing	6780	4228	312
安吉县	Anji	5826	3302	331
越城区	Yuecheng	9917	7780	484
柯桥区	keqiao	6841	5987	871
上虞区	Shangyu	9133	6556	352

续表 Continued

市县名称	City and County	专利申请受理量(项) Patent Application Accepted(item)	专利申请授权量(项) Patent Application Approved(item)	#发明 Invention
新昌县	Xinchang	6514	5213	679
诸暨市	Zhuji	8418	6641	812
嵊州市	Shengzhou	4906	3397	385
婺城区	Wucheng	5903	4287	468
金东区	Jindong	3782	2722	149
武义县	Wuyi	4516	4149	201
浦江县	Pujiang	3737	2781	349
磐安县	Panan	1210	882	163
兰溪市	Lanxi	2396	1895	216
义乌市	Yiwu	11460	9811	1204
东阳市	Dongyang	5971	4111	776
永康市	Yongkang	13079	11808	467
柯城区	Kecheng	2953	1817	337
衢江区	Qujiang	1253	830	46
常山县	Changshan	1231	838	30
开化县	Kaihua	774	416	21
龙游县	Longyou	1774	1433	86
江山市	Jiangshan	1880	1223	162
定海区	Dinghai	2116	1909	589
普陀区	Putuo	509	618	261
岱山县	Daishan	241	203	7
嵊泗县	Shengsi	81	75	6
椒江区	Jiaojiang	6814	5333	952
黄岩区	Huangyan	7848	7819	434
路桥区	Luqiao	4626	4183	784
玉环市	Yuhuan	4551	4200	293
三门县	Sanmen	2186	1755	303
天台县	Tiantai	1967	1596	148
仙居县	Xianju	1278	786	113
温岭市	Wenling	5480	4891	658
临海市	Linhai	5450	4265	716
莲都区	Liandu	5050	3481	171
青田县	Qingtian	841	757	54
缙云县	Jinyun	3043	1823	76
遂昌县	Suichang	529	282	13
松阳县	Songyang	809	593	25
云和县	Yunhe	1474	2376	25
庆元县	Qingyuan	634	521	12
景宁县	Jingning	411	257	15
龙泉市	Longquan	2287	1516	35

17-44 各市、县文化和卫生事业主要指标（2020年）
The Culture and Public Health by City and county（2020）

市县名称	City and County	体育场馆数（个）Number of Sports and Gymnsiums (unit)	剧场和影剧院数（个）Number of Theaters and Music Halls (unit)	公共图书馆图书藏量（万册）Total Collections of Books in Public Libraries (10000 copies)	医院数（个）Number of Hospitals (unit)	医院床位数（张）Number of Beds in Hospital (unit)	医生数（人）Doctors (person)
萧山区	Xiaoshan	5	17	293.16	59	10731	6118
余杭区	Yuhang	4	18	115.87	33	5826	4662
富阳区	Fuyang	2	5	60.64	15	3213	2326
临安区	Tonglu	2	1	90.96	29	3092	2070
桐庐县	Chunan	6		79.81	19	2263	1717
淳安县	Linan	1	4	76.21	12	2401	1184
建德市	Jiande	1		83.76	10	2234	1350
海曙区	Haishu	2	8	51.07	32	5825	5641
江北区	Jiangbei	3	5	23.94	17	3636	1980
北仑区	Beilun	3	2	93.15	16	2421	2146
镇海区	Zhenhai	5	1	63.35	10	2486	1690
鄞州区	Yinzhou	5	6	273.48	41	8760	6662
奉化区	Fenghua	3	2	63.82	13	2624	1821
象山县	Xiangshan	4	1	63.02	15	2097	1884
宁海县	Ninghai	2	1	50.64	11	2150	2103
余姚市	Yuyao	3	1	78.35	12	2746	3422
慈溪市	Cixi	4	7	232.68	28	5675	4542
鹿城区	Lucheng	6		119.76	41	17062	8866
龙湾区	Longwan	1		63.76	11	1016	1609
瓯海区	Ouhai	4		117.47	11	1471	1631
洞头区	Dongtou	1		41.70	2	318	367
永嘉县	Yongjia	3		82.72	10	2032	2686
平阳县	Pingyang	2		80.94	12	3360	2637
苍南县	Cangnan	2		77.33	13	3019	2218
文成县	Wencheng	3		52.11	4	649	876
泰顺县	Taishun	3		49.08	2	576	901
瑞安市	Ruian	3		145.97	14	3603	4370
乐清市	Yueqing	7		109.24	20	4077	4326
龙港市	Longgang	1		7.12	10	1495	985
南湖区	Nanhu	25	8		25	8133	4217
秀洲区	Xiuzhou	7	7		9	1474	1112
嘉善县	Jiashan	8	9	151.40	13	2906	1712
海盐县	Haiyan	5	8	95.49	8	1813	1309
海宁市	Haining	8	9	216.74	13	4043	2623
平湖市	Pinghu	8	7	116.22	10	2443	1903
桐乡市	Tongxiang	12	13	212.66	16	3394	2446
吴兴区	Wuxing	13	6	12.65	25	7275	3916
南浔区	NanXun	4	8	64.03	8	1364	1031
德清县	Deqing	16	5	52.90	9	1558	1418
长兴县	ChangXing	7	9	65.02	19	3984	2038
安吉县	Anji	5	5	51.30	11	2645	1448
越城区	Yuecheng	26	4	262.86	25	6540	4086
柯桥区	keqiao	22	1	155.56	14	4095	3573
上虞区	Shangyu	27	1	92.97	12	3112	2300

续表 Continued

市县名称	City and County	体育场馆数 (个) Number of Sports and Gymnsiums (unit)	剧场和影剧院数 (个) Number of Theaters and Music Halls (unit)	公共图书馆图书藏量 (万册) Total Collections of Books in Public Libraries (10000 copies)	医院数 (个) Number of Hospitals (unit)	医院床位数 (张) Number of Beds in Hospital (unit)	医生数 (人) Doctors (person)
新昌县	Xinchang	11	1	53.41	9	2569	1415
诸暨市	Zhuji	14	2	113.56	19	4768	4454
嵊州市	Shengzhou	10	1	65.56	17	3012	2003
婺城区	Wucheng		11	19.61	32	9226	4453
金东区	Jindong		3	11.77	9	435	738
武义县	Wuyi		5	40.76	10	1961	1047
浦江县	Pujiang	3	6	55.31	11	2291	1314
磐安县	Panan		2	34.16	6	795	555
兰溪市	Lanxi	3	4	44.40	20	2390	1630
义乌市	Yiwu	3	26	127.80	32	5737	4763
东阳市	Dongyang	1	10	55.95	14	4678	3072
永康市	Yongkang	1	7	57.58	15	3370	2422
柯城区	Kecheng		6	94.18	31	5854	2774
衢江区	Qujiang		2	38.24	7	1007	811
常山县	Changshan	1	3	38.81	9	1301	789
开化县	Kaihua	1	5	38.29	8	1517	797
龙游县	Longyou	1	3	38.90	25	1834	1030
江山市	Jiangshan	2	5	42.03	11	2142	1331
定海区	Dinghai	1	6	46.51	10	629	946
普陀区	Putuo	2	6	34.45	11	1519	1181
岱山县	Daishan	1	2	35.58	5	585	506
嵊泗县	Shengsi	1	3	15.67	2	225	224
椒江区	Jiaojiang	1	1	89.15	28	4044	3216
黄岩区	Huangyan	1	1	83.39	12	2882	2033
路桥区	Luqiao	1	1	83.30	16	3446	1797
玉环市	Yuhuan	2	1	84.66	9	2055	1625
三门县	Sanmen	1	3	59.17	6	1078	970
天台县	Tiantai	1	1	57.94	7	2081	1627
仙居县	Xianju		1	79.03	8	1668	1472
温岭市	Wenling	2	1	168.22	25	5992	4067
临海市	Linhai	1	1	119.75	24	5040	3247
莲都区	Liandu	4	2	85.61	15	5223	3047
青田县	Qingtian	1	1	37.20	7	1454	943
缙云县	Jinyun			53.57	10	2026	1041
遂昌县	Suichang	2	1	31.60	6	822	639
松阳县	Songyang	3		23.97	6	925	632
云和县	Yunhe	2	1	28.60	5	555	428
庆元县	Qingyuan	1		13.80	3	569	550
景宁县	Jingning		3	16.75	3	553	422
龙泉市	Longquan	1	1	24.96	4	889	867

17-45 各市、县城乡居民收入情况（2020年）
Income of Urban and Rural Residents by City and County (2020)

单位：元 (yuan)

市县名称	City and County	城镇居民人均可支配收入 Per Capita Disposable Income of Urban Residents	工资性收入 Wage Income	经营净收入 Net Operating Income	财产净收入 Net Income from Property	转移净收入 Net Income Transferred	农村居民人均可支配收入 Per Capita Disposable Income of Rural Residents
萧山区	Xiaoshan	73116	41804	7482	11599	12231	43847
余杭区	Yuhang	70681	47385	8863	6723	7710	44117
富阳区	Fuyang	63302	35111	15858	6998	5335	38089
临安区	Tonglu	59760	35106	8674	8239	7741	35816
桐庐县	Chunan	56450	34225	10865	3452	7908	34176
淳安县	Linan	48985	32745	2819	4442	8979	22465
建德市	Jiande	54962	22495	3249	7291	21927	30762
海曙区	Haishu	71391	39622	12422	9138	10209	39888
江北区	Jiangbei	70464	31419	9410	10311	19324	41544
北仑区	Beilun	70249	49745	9974	4837	5693	41414
镇海区	Zhenhai	71163	47471	8784	6754	8154	40469
鄞州区	Yinzhou	73860	43781	5988	11731	12360	42794
奉化区	Fenghua	58983	38734	4634	6465	9150	34945
象山县	Xiangshan	60773	32662	12760	8719	6632	35557
宁海县	Ninghai	64188	33493	17622	8329	4743	36166
余姚市	Yuyao	65212	35754	13055	9098	7305	39339
慈溪市	Cixi	67089	35588	17116	6465	7920	40950
鹿城区	Lucheng	71082	35370	7091	12667	15954	38787
龙湾区	Longwan	63938	36489	18076	7003	2370	40281
瓯海区	Ouhai	65586	30841	13750	12073	8922	39265
洞头区	Dongtou	52279	29435	5562	6629	10653	32295
永嘉县	Yongjia	51810	27086	7707	11262	5755	26388
平阳县	Pingyang	52739	29013	8433	8731	6562	26736
苍南县	Cangnan	49725	17587	18951	9305	3882	25630
文成县	Wencheng	43705	22350	7001	8426	5928	20528
泰顺县	Taishun	42479	26649	6018	3552	6260	20347
瑞安市	Ruian	67301	34695	10585	14505	7516	35872
乐清市	Yueqing	67069	33478	7752	13591	12248	38070
龙港市	Longgang						
南湖区	Nanhu	58424	29621	5744	4323	18736	38856
秀洲区	Xiuzhou	57915	42591	5502	4920	4902	38215
嘉善县	Jiashan	65266	38750	10224	6913	9379	40741
海盐县	Haiyan	66006	38013	12706	3844	11443	40336
海宁市	Haining	67462	38393	11242	9111	8716	41129
平湖市	Pinghu	65797	44484	6691	3417	11205	39903
桐乡市	Tongxiang	62379	40380	8479	7050	6470	40358
吴兴区	Wuxing	63816	34218	11920	4890	12788	38219
南浔区	NanXun	59847	27597	21621	5671	4958	37051
德清县	Deqing	62225	35960	11078	5151	10037	38357
长兴县	ChangXing	62428	34010	9477	6614	12326	37813
安吉县	Anji	59518	35906	11254	7379	4979	35699
越城区	Yuecheng	61861	36287	9407	7701	8465	38633
柯桥区	keqiao	72071	38421	19326	7623	6701	43459
上虞区	Shangyu	68309	45896	9751	4967	7695	38044

续表 Continued 单位：元 (yuan)

市县名称	City and County	城镇居民人均可支配收入 Per Capita Disposable Income of Urban Residents	工资性收入 Wage Income	经营净收入 Net Operating Income	财产净收入 Net Income from Property	转移净收入 Net Income Transferred	农村居民人均可支配收入 Per Capita Disposable Income of Rural Residents
新昌县	Xinchang	62833	38944	9631	6567	7691	32859
诸暨市	Zhuji	70740	34526	21172	7152	7890	42296
嵊州市	Shengzhou	63748	32815	13548	7092	10293	34367
婺城区	Wucheng	58746	33464	5358	7908	12016	26560
金东区	Jindong	51155	30104	9525	5009	6517	29285
武义县	Wuyi	44759	22963	3708	8965	9123	21076
浦江县	Pujiang	49943	26942	11290	8501	3210	24948
磐安县	Panan	43589	27893	5751	4726	5219	20950
兰溪市	Lanxi	46610	24557	8144	3761	10148	23021
义乌市	Yiwu	80137	34137	13954	22259	9787	42158
东阳市	Dongyang	58189	26220	12016	7356	12597	33686
永康市	Yongkang	61281	34140	9007	10773	7361	32820
柯城区	Kecheng	52862	32092	4362	5807	10601	28138
衢江区	Qujiang	41733	23052	12607	4733	1341	23532
常山县	Changshan	41890	25800	4641	3630	7819	24033
开化县	Kaihua	39475	21305	4417	2678	11075	20647
龙游县	Longyou	51024	33876	4852	2698	9598	26721
江山市	Jiangshan	51987	30987	8604	2742	9654	28415
定海区	Dinghai	69857	46759	7941	3201	11956	39227
普陀区	Putuo	62310	37552	8530	2666	13562	38593
岱山县	Daishan	56646	39691	5375	2921	8659	39238
嵊泗县	Shengsi	56526	40583	2769	4822	8352	37620
椒江区	Jiaojiang	69053	42855	7161	11835	7202	33872
黄岩区	Huangyan	63103	34897	10353	7128	10725	33102
路桥区	Luqiao	76052	36982	16486	13439	9145	36888
玉环市	Yuhuan	74492	41252	15245	14118	3877	37645
三门县	Sanmen	50538	33101	9711	5254	2473	28309
天台县	Tiantai	50746	27347	12158	5677	5564	26370
仙居县	Xianju	45741	26564	12673	4687	1816	24454
温岭市	Wenling	65277	30182	16228	9537	9330	36244
临海市	Linhai	58319	36615	6553	6451	8700	32150
莲都区	Liandu	51669	31628	6694	7269	6078	30365
青田县	Qingtian	49728	21685	6403	6739	14901	27215
缙云县	Jinyun	47774	26093	6535	7407	7739	23466
遂昌县	Suichang	50425	30171	6740	6557	6957	22264
松阳县	Songyang	42494	20737	7445	5456	8856	20804
云和县	Yunhe	46584	25092	4713	9958	6821	22022
庆元县	Qingyuan	42642	27166	7645	3706	4125	20364
景宁县	Jingning	41735	25076	6169	2161	8329	21625
龙泉市	Longquan	50473	27336	8779	6443	7915	25476

17-46 各市、县城镇居民人均消费支出（2020年）
Per Capita Consumption Expenditure of Urban Residents by City and County (2020)

单位：元 (yuan)

市县名称	City and County	城镇居民人均消费支出 Per Capita Consumption Expenditure of Urban Residents	食品烟酒 Food, Tobacco and Alcohol	衣着 Clothing	居住 Residence	生活用品及服务 Daily Necessities and Services
萧山区	Xiaoshan	43155	10088	2341	11094	2119
余杭区	Yuhang	42222	11633	2382	9562	2301
富阳区	Fuyang	36378	10110	2409	9162	2416
临安区	Tonglu	36544	10944	2233	9005	2309
桐庐县	Chunan	29254	10001	1525	6892	2381
淳安县	Linan	26242	9271	1726	6702	1795
建德市	Jiande	36116	9265	937	8491	3295
海曙区	Haishu	40730	10476	1968	12196	2703
江北区	Jiangbei	36964	11457	1599	13361	1760
北仑区	Beilun	37355	10322	2125	8185	2001
镇海区	Zhenhai	41513	11557	2645	9247	2654
鄞州区	Yinzhou	47464	11762	2735	14181	3736
奉化区	Fenghua	38371	11251	2328	10701	2112
象山县	Xiangshan	32180	8642	2418	8365	1807
宁海县	Ninghai	38652	9821	2751	11060	3096
余姚市	Yuyao	37676	11653	2590	9272	2124
慈溪市	Cixi	39883	11304	2970	9087	2082
鹿城区	Lucheng	47723	13889	2634	14885	3057
龙湾区	Longwan	38971	10990	2419	10514	2447
瓯海区	Ouhai	37743	10923	2062	11888	1714
洞头区	Dongtou	31522	10324	2254	8070	2427
永嘉县	Yongjia	31996	9605	1957	9856	1097
平阳县	Pingyang	32819	9687	2488	7783	1608
苍南县	Cangnan	27650	8290	2630	6398	1872
文成县	Wencheng	34150	10177	2406	8373	1397
泰顺县	Taishun	32415	9005	1578	7935	1382
瑞安市	Ruian	36652	10969	2109	9250	1309
乐清市	Yueqing	43240	11852	2976	11913	2984
龙港市	Longgang					
南湖区	Nanhu	36948	10910	1835	7187	2761
秀洲区	Xiuzhou	35335	10179	1892	7438	1689
嘉善县	Jiashan	35818	9629	2104	9761	2154
海盐县	Haiyan	38777	9528	2482	6507	2508
海宁市	Haining	30040	10209	2310	7076	2383
平湖市	Pinghu	34960	10157	1810	6579	1998
桐乡市	Tongxiang	32243	9208	2441	6399	2293
吴兴区	Wuxing	37632	10497	2865	8538	2213
南浔区	NanXun	29037	9574	2185	5718	1263
德清县	Deqing	37543	10303	2308	8169	1990
长兴县	ChangXing	35220	9260	3361	8985	2480
安吉县	Anji	37526	11088	2629	9181	1956
越城区	Yuecheng	34070	9287	2507	8954	1580
柯桥区	keqiao	36240	9872	2819	9054	1578
上虞区	Shangyu	35736	10781	4129	6687	1693

续表1 Continued　　单位：元（yuan）

市县名称	City and County	城镇居民人均消费支出 Per Capita Consumption Expenditure of Urban Residents	食品烟酒 Food, Tobacco and Alcohol	衣着 Clothing	居住 Residence	生活用品及服务 Daily Necessities and Services
新昌县	Xinchang	32591	8846	2241	7079	1649
诸暨市	Zhuji	35046	10531	2168	8401	1394
嵊州市	Shengzhou	28280	7860	2167	7315	1689
婺城区	Wucheng	32169	9351	1921	7383	1587
金东区	Jindong	30224	8159	2299	7472	2297
武义县	Wuyi	29943	8223	1996	8812	1497
浦江县	Pujiang	28984	7599	2067	7314	1978
磐安县	Panan	29322	7482	2927	4466	1550
兰溪市	Lanxi	24971	7324	1586	5480	1703
义乌市	Yiwu	42594	10338	3163	11632	1982
东阳市	Dongyang	40394	7615	2901	10788	2390
永康市	Yongkang	38516	12151	3211	7872	2394
柯城区	Kecheng	28984	8696	2189	5018	1866
衢江区	Qujiang	22066	6677	1546	5817	1108
常山县	Changshan	23153	7865	2105	5052	1067
开化县	Kaihua	22187	6961	1712	4239	1179
龙游县	Longyou	27566	7895	3098	2773	1982
江山市	Jiangshan	24993	7474	2713	1709	1188
定海区	Dinghai	37580	12945	2441	10299	2022
普陀区	Putuo	31429	10640	3065	3820	1552
岱山县	Daishan	29169	9482	2950	3493	2082
嵊泗县	Shengsi	31690	11230	2945	4288	1788
椒江区	Jiaojiang	42641	12845	3799	8350	2828
黄岩区	Huangyan	35138	9631	2905	9456	1831
路桥区	Luqiao	39618	11272	3507	8284	2803
玉环市	Yuhuan	43046	13197	4098	8221	3245
三门县	Sanmen	27218	6628	2146	6851	2264
天台县	Tiantai	27518	7510	1789	7255	1895
仙居县	Xianju	27098	8100	2735	4537	1742
温岭市	Wenling	41086	11750	3183	10237	2103
临海市	Linhai	34646	9733	2662	8637	2138
莲都区	Liandu	34247	9024	2472	9708	1358
青田县	Qingtian	34344	9762	2446	10363	1120
缙云县	Jinyun	33091	9636	2226	10747	702
遂昌县	Suichang	33720	9280	3161	7994	2738
松阳县	Songyang	27197	8635	2694	8189	875
云和县	Yunhe	27758	8232	2035	7598	1161
庆元县	Qingyuan	26396	8365	3156	6200	1169
景宁县	Jingning	26818	8529	2316	6630	1285
龙泉市	Longquan	33197	9089	3004	9237	1629

续表2 Continued　　单位：元（yuan）

市县名称	City and County	交通和通信 Transportation and Communications	教育文化娱乐 Education, Culture and Entertainment	医疗保健 Medical Care	其他用品及服务 Other Supplies and Services
萧山区	Xiaoshan	8342	4551	3625	995
余杭区	Yuhang	8726	4416	2408	794
富阳区	Fuyang	5105	4837	1687	652
临安区	Tonglu	5617	2636	2937	863
桐庐县	Chunan	3495	2347	2055	558
淳安县	Linan	2459	2250	1452	587
建德市	Jiande	2651	1621	9435	421
海曙区	Haishu	5027	3281	4222	857
江北区	Jiangbei	3107	2358	2303	1019
北仑区	Beilun	7904	4534	1420	864
镇海区	Zhenhai	7865	3576	2256	1713
鄞州区	Yinzhou	5915	4374	2596	2165
奉化区	Fenghua	5730	3556	1816	877
象山县	Xiangshan	3965	3316	2570	1097
宁海县	Ninghai	4754	3869	1951	1350
余姚市	Yuyao	6047	3460	2123	407
慈溪市	Cixi	6402	3898	3061	1079
鹿城区	Lucheng	5495	4820	2104	839
龙湾区	Longwan	5949	4434	1310	908
瓯海区	Ouhai	4801	4502	1248	605
洞头区	Dongtou	3258	3006	1501	682
永嘉县	Yongjia	4372	2959	932	1218
平阳县	Pingyang	3923	5297	1434	599
苍南县	Cangnan	3390	3050	1380	640
文成县	Wencheng	6163	2978	1806	850
泰顺县	Taishun	5327	4306	2380	502
瑞安市	Ruian	6125	4133	1855	902
乐清市	Yueqing	5438	5223	1755	1099
龙港市	Longgang				
南湖区	Nanhu	6016	3857	3269	1113
秀洲区	Xiuzhou	6324	4406	2571	836
嘉善县	Jiashan	5308	4314	1744	804
海盐县	Haiyan	8987	4828	2975	962
海宁市	Haining	6310	4492	2371	897
平湖市	Pinghu	6517	4155	2749	995
桐乡市	Tongxiang	4919	4127	2183	673
吴兴区	Wuxing	6322	4102	2129	966
南浔区	NanXun	4967	2921	1907	501
德清县	Deqing	6892	4720	2595	566
长兴县	ChangXing	4552	4452	1181	949
安吉县	Anji	7298	3329	1123	922
越城区	Yuecheng	4667	4065	2170	840
柯桥区	keqiao	5301	3977	2214	1425
上虞区	Shangyu	5378	4484	1766	818

续表3 Continued 单位：元（yuan）

市县名称	City and County	交通和通信 Transportation and Communications	教育文化娱乐 Education, Culture and Entertainment	医疗保健 Medical Care	其他用品及服务 Other Supplies and Services
新昌县	Xinchang	6104	3538	2253	881
诸暨市	Zhuji	5986	3434	2291	841
嵊州市	Shengzhou	4750	2486	1473	540
婺城区	Wucheng	4953	3455	2770	750
金东区	Jindong	3635	3864	1969	529
武义县	Wuyi	3242	3120	2703	350
浦江县	Pujiang	3410	2356	3550	710
磐安县	Panan	5137	3611	3112	1037
兰溪市	Lanxi	3012	2227	2866	773
义乌市	Yiwu	7958	4128	2557	836
东阳市	Dongyang	6827	4168	4586	1119
永康市	Yongkang	5031	4496	2182	1179
柯城区	Kecheng	3911	4168	2408	728
衢江区	Qujiang	2765	2648	1175	330
常山县	Changshan	2445	2964	1205	450
开化县	Kaihua	3257	3025	1534	280
龙游县	Longyou	3934	3701	3210	972
江山市	Jiangshan	6207	3284	1754	665
定海区	Dinghai	3688	2771	1840	1574
普陀区	Putuo	3798	3428	3193	1933
岱山县	Daishan	3006	3351	2969	1836
嵊泗县	Shengsi	2822	5159	1785	1673
椒江区	Jiaojiang	7031	4250	1727	1811
黄岩区	Huangyan	5683	2964	1362	1306
路桥区	Luqiao	7054	3451	2096	1151
玉环市	Yuhuan	6654	4491	1885	1255
三门县	Sanmen	4758	2296	1615	660
天台县	Tiantai	4327	2569	1745	428
仙居县	Xianju	6079	1730	1509	667
温岭市	Wenling	7294	3270	2360	889
临海市	Linhai	4510	3819	2245	900
莲都区	Liandu	4229	3505	3256	695
青田县	Qingtian	3054	1851	4770	978
缙云县	Jinyun	4390	3015	1697	678
遂昌县	Suichang	3290	4142	2371	744
松阳县	Songyang	2332	2499	1792	181
云和县	Yunhe	2360	3012	2803	557
庆元县	Qingyuan	2808	1749	2491	458
景宁县	Jingning	2439	1615	3342	662
龙泉市	Longquan	3473	3526	2331	908

2021
浙江统计年鉴
ZHEJIANG STATISTICAL YEARBOOK

CHAPTER 18

附 录
Appendix

附表1 各季消费者信心指数（2020年）

指标	1季度	2季度	3季度	4季度
按地区分				
杭州		115.3	123.9	130.9
宁波		122.3	132.1	140.9
温州		118.4	127.2	132.7
嘉兴		122.7	132.9	144.0
湖州		130.5	137.7	143.5
绍兴		117.8	125.5	137.0
金华		118.3	124.7	139.1
衢州		126.0	132.6	140.0
舟山		122.5	128.6	130.8
台州		125.0	135.0	142.7
丽水		125.0	134.7	139.8
全省		121.7	130.1	137.9
按城乡分				
城市		124.2	130.8	139.1
农村		118.0	129.2	136.0
按年龄分				
18-30岁		128.4	135.4	141.8
31-40岁		120.1	128.2	137.4
41-50岁		118.2	128.1	135.7
51-60岁		119.1	127.6	136.9
61-65岁		129.8	139.0	138.2
按收入状况分（家庭平均月收入）				
3000元以下		90.7	102.5	111.3
3000-5000元		114.0	120.7	128.3
5000-8000元		123.0	130.2	136.7
8000-10000元		124.9	132.0	139.6
10000-15000元		130.9	135.1	144.3
15000-20000元		131.5	137.9	144.3
20000元以上		131.8	137.9	150.0

注：因疫情原因，2020年一季度无调查数据，后表同。

附表2 各季就业信心指数（2020年）

指标	1季度	2季度	3季度	4季度
按地区分				
杭州		121.2	135.9	139.7
宁波		131.9	145.2	151.2
温州		129.8	142.7	141.5
嘉兴		126.9	147.3	152.0
湖州		141.6	153.9	155.0
绍兴		123.8	136.3	145.9
金华		129.3	141.7	148.3
衢州		136.2	145.2	152.3
舟山		129.7	139.4	137.5
台州		134.9	149.1	154.5
丽水		134.7	150.9	150.3
全省		130.5	144.0	147.5
按城乡分				
城市		131.4	143.8	148.1
农村		129.3	144.3	146.7
按年龄分				
18-30岁		137.2	150.1	150.8
31-40岁		129.8	142.9	148.4
41-50岁		126.6	140.5	145.1
51-60岁		127.4	140.9	144.6
61-65岁		132.7	148.4	146.4
按收入状况分（家庭平均月收入）				
3000元以下		108.1	122.9	128.3
3000-5000元		129.2	139.5	141.5
5000-8000元		134.2	147.1	148.5
8000-10000元		131.1	145.5	148.7
10000-15000元		135.8	146.9	153.0
15000-20000元		135.3	147.0	150.4
20000元以上		130.6	144.9	152.9

附表3 各季收入信心指数（2020年）

指标	1季度	2季度	3季度	4季度
按地区分				
杭州市		113.6	124.6	126.6
宁波市		117.4	130.3	134.9
温州市		112.1	124.3	127.8
嘉兴市		122.8	132.2	139.2
湖州市		124.2	138.4	136.9
绍兴市		114.8	126.4	131.6
金华市		113.0	120.9	134.1
衢州市		120.2	131.5	132.2
舟山市		119.7	128.3	127.7
台州市		120.5	135.3	136.4
丽水市		119.8	133.8	133.8
全省		117.6	129.2	132.5
按城乡分				
城市		121.5	130.8	134.0
农村		111.6	126.8	130.2
按年龄分				
18-30岁		124.1	134.5	136.3
31-40岁		115.7	126.3	131.0
41-50岁		114.0	127.8	130.6
51-60岁		114.9	127.7	132.9
61-65岁		131.0	141.9	136.0
按收入状况分（家庭平均月收入）				
3000元以下		78.4	90.1	101.3
3000-5000元		104.6	113.3	120.7
5000-8000元		116.8	127.7	129.8
8000-10000元		122.7	132.7	134.4
10000-15000元		130.2	137.0	139.1
15000-20000元		131.3	141.8	140.2
20000元以上		135.7	143.3	150.2

附表4 浙江省投入产出延长表

单位：万元

产出 投入	中间使用						
	农林牧渔产品和服务	煤炭采选产品	石油和天然气开采产品	金属矿采选产品	非金属矿和其他矿采选产品	食品和烟草	纺织品
农林牧渔产品和服务	2119077	0	0	9	502	5990602	3783936
煤炭采选产品	0	18015	0	4767	14774	265525	723727
石油和天然气开采产品	0	0	0	0	14	36800	441650
金属矿采选产品	0	0	0	82127	8	1	0
非金属矿和其他矿采选产品	44	0	0	907	550922	112611	12005
食品和烟草	2513982	0	0	47	778	6709912	61757
纺织品	174	0	0	72	1038	79903	21826574
纺织服装鞋帽皮革羽绒及其制品	41572	0	0	241	1391	50100	639234
木材加工品和家具	24372	0	0	33	4035	149022	70443
造纸印刷和文教体育用品	34129	0	0	102	3099	1128311	453046
石油、炼焦产品和核燃料加工品	131790	0	0	2006	80564	238740	204858
化学产品	3011621	0	0	4116	78190	1179186	12795776
非金属矿物制品	39629	0	0	332	49221	145685	81029
金属冶炼和压延加工品	37811	0	0	1063	10537	59688	216832
金属制品	161781	0	0	475	13679	185819	232987
通用设备	39219	0	0	1073	16071	64495	773153
专用设备	148794	0	0	1296	29397	25236	119713
交通运输设备	180083	0	0	681	684	5900	19759
电气机械和器材	7060	0	0	344	2372	16673	33508
通信设备、计算机和其他电子设备	4806	0	0	39	452	3956	10769
仪器仪表	2999	326	0	77	88	2893	12541
其他制造产品和废品废料	595	0	0	0	1	5711	13826
金属制品、机械和设备修理服务	400	665	0	2985	35236	89455	427483
电力、热力的生产和供应	1017170	2970	0	9875	156926	1145976	5837282
燃气生产和供应	2928	0	0	22	0	549	55
水的生产和供应	0	84	0	191	3557	51594	266746
建筑	76381	19	0	53	6078	26245	82781
批发和零售	896209	297	0	6817	12435	2614778	2415820
交通运输、仓储和邮政	733873	1486	0	3927	239790	1185257	1346640
住宿和餐饮	37111	468	0	1198	11958	89741	286887
信息传输、软件和信息技术服务	37786	1742	0	340	1640	16877	47657
金融	515611	415	0	5469	86028	255909	1155918
房地产	0	0	0	6	6	16806	54685
租赁和商务服务	18075	0	0	3148	66952	271158	274490
研究和试验发展	0	0	0	0	0	0	0
综合技术服务	1130723	0	0	54	604	22107	138855
水利、环境和公共设施管理	9170	0	0	71	276	1006	4545
居民服务、修理和其他服务	13448	312	0	512	52258	148127	107519
教育	31480	178	0	50	730	7046	22336
卫生和社会工作	90138	0	0	0	0	0	0
文化、体育和娱乐	0	0	0	237	1663	10259	31340
公共管理、社会保障和社会组织	45635	0	0	40	334	2578	10835
中间投入合计	**13155676**	**26977**	**0**	**134802**	**1534288**	**22412237**	**55038997**
劳动者报酬	20002903	5672	0	38671	261271	2365416	6731248
生产税净额	-775493	3296	0	18092	210391	4895713	2675108
固定资产折旧	2000341	741	0	19583	119970	896106	2454178
营业盈余	0	9562	0	15869	274532	2187414	5049044
增加值合计	**21227751**	**19271**	**0**	**92215**	**866164**	**10344649**	**16909578**
总投入	**34383427**	**46248**	**0**	**227017**	**2400452**	**32756886**	**71948575**

续1 单位：万元

投入 \ 产出	中间使用						
	纺织服装鞋帽皮革羽绒及其制品	木材加工品和家具	造纸印刷和文教体育用品	石油、炼焦产品和核燃料加工品	化学产品	非金属矿物制品	金属冶炼和压延加工品
农林牧渔产品和服务	571865	731206	473903	302	583289	8724	3784
煤炭采选产品	239568	123723	381735	262238	1368343	490888	990123
石油和天然气开采产品	20035	18445	84159	11849290	198441	221790	145684
金属矿采选产品	57	283	504	0	225190	145731	4546766
非金属矿和其他矿采选产品	67	1644	42143	13	246700	3842348	192086
食品和烟草	2828213	14512	295873	497	2434853	12782	2006
纺织品	4511018	663347	1388104	129	4091241	49351	5709
纺织服装鞋帽皮革羽绒及其制品	11708327	211444	72566	3381	338654	17920	7808
木材加工品和家具	54997	5764132	629910	420	195810	36027	13620
造纸印刷和文教体育用品	808634	802168	12138431	1183	2218601	227250	91911
石油、炼焦产品和核燃料加工品	94578	154889	205760	2670032	1276914	767803	57600
化学产品	2227122	1933678	3192606	64900	67031692	1235549	379745
非金属矿物制品	21749	106945	300811	1577	258392	6236899	222134
金属冶炼和压延加工品	39695	1234703	3670164	11286	2103843	679020	19663826
金属制品	329868	729855	449646	1659	846541	89293	42814
通用设备	75211	114881	242880	21808	491329	102946	78394
专用设备	83799	98003	193653	9219	431526	75899	83905
交通运输设备	3905	4275	49263	209	91077	18802	5906
电气机械和器材	13472	16299	183574	2640	371000	51796	24768
通信设备、计算机和其他电子设备	10336	3650	127458	348	119220	20641	6372
仪器仪表	5771	791	11501	7104	45357	6490	6030
其他制造产品和废品废料	102186	86774	2753892	45307	2289966	348552	1037491
金属制品、机械和设备修理服务	539145	46240	238810	35931	457354	135697	93211
电力、热力的生产和供应	771261	462802	1427384	177873	6269699	1265693	829050
燃气生产和供应	0	0	279	0	567	41	58
水的生产和供应	40283	17253	52559	7574	174908	28961	102657
建筑	42685	22922	29533	3851	111688	16114	27711
批发和零售	10416868	2169423	3293752	2677730	4096385	1932998	2479511
交通运输、仓储和邮政	1611305	963359	1333679	362412	4631997	1673860	502906
住宿和餐饮	294025	124450	169900	3440	1090908	125512	39082
信息传输、软件和信息技术服务	74856	15917	34661	1826	84488	12729	3806
金融	803326	351120	871728	60305	1699628	386258	277268
房地产	124884	23314	52976	127	69003	36481	6617
租赁和商务服务	869699	234083	256307	70806	1494454	156017	91061
研究和试验发展	0	0	0	0	0	0	0
综合技术服务	55935	4249	68078	370	392070	800	3339
水利、环境和公共设施管理	3691	1170	2618	56	7419	2263	661
居民服务、修理和其他服务	104713	51336	101607	20698	380470	65185	62424
教育	31491	4888	9638	1599	36423	4978	4290
卫生和社会工作	0	0	0	0	0	0	0
文化、体育和娱乐	28512	9270	18306	441	68411	15003	4459
公共管理、社会保障和社会组织	6021	1859	3380	95	10637	3554	636
中间投入合计	**39649173**	**17319302**	**34853731**	**18378676**	**108334488**	**20548645**	**32137229**
劳动者报酬	7696620	2788393	4602696	185281	9016584	2066547	1740745
生产税净额	2115425	930312	2214221	2816277	5435219	1203938	1227010
固定资产折旧	1204751	561506	1696379	376790	5162785	921363	1084806
营业盈余	3437234	1723468	2878245	1983571	10586793	2114938	2168780
增加值合计	**14454030**	**6003679**	**11391541**	**5361919**	**30201381**	**6306786**	**6221341**
总投入	**54103203**	**23322981**	**46245272**	**23740595**	**138535869**	**26855431**	**38358570**

续2

单位：万元

产出 投入	中间使用						
	金属制品	通用设备	专用设备	交通运输设备	电气机械和器材	通信设备、计算机和其他电子设备	仪器仪表
农林牧渔产品和服务	4214	1437	2481	34285	4406	15050	851
煤炭采选产品	199565	392178	112728	573491	521717	249342	69110
石油和天然气开采产品	127292	100185	54319	31073	33211	13367	9357
金属矿采选产品	289531	1551860	40041	737654	84040	17876	638
非金属矿和其他矿采选产品	47661	9174	263455	5332	40179	787	2264
食品和烟草	9437	15540	7438	5731	12220	36797	8201
纺织品	43151	159465	16555	863471	129212	228668	12896
纺织服装鞋帽皮革羽绒及其制品	32304	52559	19000	30067	24479	19993	65801
木材加工品和家具	657748	160707	48608	83705	172124	47789	36757
造纸印刷和文教体育用品	890885	526741	725206	136663	1359737	432291	163508
石油、炼焦产品和核燃料加工品	261064	667418	106410	135992	346564	71794	58885
化学产品	1946736	1991332	1299561	3792526	7009920	1131087	820264
非金属矿物制品	229874	229126	274981	195774	797002	373572	94984
金属冶炼和压延加工品	12462777	13487457	4478306	2794251	13178627	3279245	731391
金属制品	5504811	4010601	2940270	374492	6352477	701500	312844
通用设备	683759	12315314	1486502	1166676	2045499	258008	117223
专用设备	82231	698900	3145160	374239	2483536	909880	345373
交通运输设备	57124	140514	107852	23131252	93905	223194	365404
电气机械和器材	155592	2850788	895762	1259814	14068952	1800944	309900
通信设备、计算机和其他电子设备	85755	947710	240978	129904	3212982	11141795	898117
仪器仪表	3908	432363	148102	176331	127338	799231	1709505
其他制造产品和废品废料	384261	135774	16662	71130	31299	80062	26756
金属制品、机械和设备修理服务	252312	248990	236986	123050	205887	219806	13920
电力、热力的生产和供应	1048763	1301699	426841	396575	910163	582040	161259
燃气生产和供应	3104	2072	865	1715	535	31	1
水的生产和供应	31860	45321	14957	11325	28118	32377	9848
建筑	22978	60841	77113	30253	45038	30352	12515
批发和零售	1755949	1033801	372822	1407351	2244785	783584	155259
交通运输、仓储和邮政	1221025	1847164	764812	1064000	1895337	661577	383149
住宿和餐饮	162929	318136	171055	87314	268330	467314	278469
信息传输、软件和信息技术服务	27894	52830	15939	10988	45148	69974	24436
金融	580551	1072345	257590	341592	813874	521219	1108807
房地产	48854	15159	16916	19046	43849	87084	12538
租赁和商务服务	276997	342662	181273	135605	468943	783725	888598
研究和试验发展	0	0	0	0	0	0	0
综合技术服务	17004	239163	39760	11417	429289	40520	2356
水利、环境和公共设施管理	2678	4457	2252	1442	3794	5567	3179
居民服务、修理和其他服务	168805	223457	99946	118614	168052	77317	48851
教育	9361	24057	13426	6321	13114	45210	68532
卫生和社会工作	0	0	0	0	0	0	0
文化、体育和娱乐	17845	33229	13822	8705	24437	36121	19848
公共管理、社会保障和社会组织	2703	6710	2593	1268	5667	11645	1920
中间投入合计	**29811292**	**47749236**	**19139345**	**39880434**	**59743786**	**26287735**	**9353514**
劳动者报酬	4125528	7396977	3443611	4139932	6799096	3259614	1247172
生产税净额	1521954	2826856	1312746	2829070	2906264	983836	440330
固定资产折旧	1159766	2354745	1106817	1639139	2375377	1002749	364104
营业盈余	1996631	4672024	2058518	4050742	4527218	2676019	1097305
增加值合计	**8803879**	**17250602**	**7921692**	**12658883**	**16607955**	**7922218**	**3148911**
总投入	**38615171**	**64999838**	**27061037**	**52539317**	**76351741**	**34209953**	**12502425**

续3 单位：万元

投入 \ 产出	中间使用						中间使用
	其他制造产品和废品废料	金属制品、机械和设备修理服务	电力、热力的生产和供应	燃气生产和供应	水的生产和供应	建筑	批发和零售
农林牧渔产品和服务	5648	192	80912	13	98	6749995	940364
煤炭采选产品	260264	2204	19210932	0	59	463434	0
石油和天然气开采产品	10418	741	230066	1683869	0	109	0
金属矿采选产品	119	0	0	0	0	1447	0
非金属矿和其他矿采选产品	0	0	92164	3	4814	2297948	1
食品和烟草	865	721	1320	147	259	20043	35137
纺织品	547133	9020	259	185	84	2488	92741
纺织服装鞋帽皮革羽绒及其制品	3260	4006	10802	1784	9178	376465	49002
木材加工品和家具	50204	2300	87999	158	308	1196445	72504
造纸印刷和文教体育用品	151021	2576	13621	2093	3618	238010	219454
石油、炼焦产品和核燃料加工品	35872	18699	283743	779	5496	3553218	814990
化学产品	762354	23706	105730	1222	211979	3898251	258578
非金属矿物制品	9669	2622	10482	100	2324	24074593	21132
金属冶炼和压延加工品	795326	31985	23614	2707	13319	29985657	2794
金属制品	228476	14614	18946	4202	11571	3925338	47336
通用设备	70652	20731	162458	1154	10746	860514	11521
专用设备	18673	23613	24073	2646	4842	450377	11177
交通运输设备	714	2306	3926	140	388	40438	689
电气机械和器材	74270	7008	133320	1579	4135	2850916	531478
通信设备、计算机和其他电子设备	47377	555	11023	579	1408	173518	801953
仪器仪表	3	625	14138	18786	10216	527556	534
其他制造产品和废品废料	3072790	3502	6719	193	734	8609	200
金属制品、机械和设备修理服务	35857	333955	671914	15152	60899	67638	68025
电力、热力的生产和供应	178167	58203	15362858	21190	304785	1023419	809882
燃气生产和供应	16789	11	0	983635	3	0	414
水的生产和供应	3795	2368	69043	469	465983	595785	74100
建筑	13844	6729	89378	2878	33415	2515871	134548
批发和零售	432007	0	840	0	653	6429779	9934889
交通运输、仓储和邮政	301380	17867	654867	262295	18457	1096385	6298434
住宿和餐饮	20611	17188	23640	1750	2093	447939	723895
信息传输、软件和信息技术服务	10689	5534	9761	2826	4617	107999	186975
金融	73589	33100	1235570	40731	45879	1977396	3498772
房地产	1060	195	10269	10279	97	43772	3482944
租赁和商务服务	19635	5748	89324	53153	12174	292164	8897625
研究和试验发展	0	0	0	0	0	0	0
综合技术服务	25217	17	6992	3203	43604	7632132	1205661
水利、环境和公共设施管理	347	265	315	29	44	6172	11206
居民服务、修理和其他服务	24245	6622	135397	0257	74068	385415	151565
教育	3702	979	8626	611	1625	48322	28074
卫生和社会工作	0	0	0	0	0	0	3376
文化、体育和娱乐	2298	1961	6652	574	1486	61561	57375
公共管理、社会保障和社会组织	554	419	1086	82	214	7740	8540
中间投入合计	**7308894**	**662887**	**38902779**	**3129453**	**1366572**	**104434858**	**39487885**
劳动者报酬	646237	222095	1915835	113439	341139	22644732	27729105
生产税净额	269458	51699	2464374	92419	132550	4164216	16818072
固定资产折旧	175183	19257	4961243	170237	460823	701000	2457802
营业盈余	10539112	18182	3052041	213201	13796	4644727	19893206
增加值合计	**11629990**	**311233**	**12393493**	**589296**	**948308**	**32154675**	**66898185**
总投入	**18938884**	**974120**	**51296272**	**3718749**	**2314880**	**136589533**	**106386070**

续4　单位：万元

产出 投入	中间使用						
	交通运输、仓储和邮政	住宿和餐饮	信息传输、软件和信息技术服务	金融	房地产	租赁和商务服务	研究和试验发展
农林牧渔产品和服务	1001	5548371	7932	5051	4832	1358801	41261
煤炭采选产品	778	0	0	0	0	55	0
石油和天然气开采产品	51	0	0	0	0	0	0
金属矿采选产品	0	109	0	0	0	0	0
非金属矿和其他矿采选产品	2264	373	1	58	268	1096	0
食品和烟草	48044	5695486	42454	95619	18554	134507	3638
纺织品	78912	143952	1685	0	7595	139896	9268
纺织服装鞋帽皮革羽绒及其制品	130434	50041	67024	134594	86025	135302	2849
木材加工品和家具	46094	59962	61774	50919	21288	17275	3751
造纸印刷和文教体育用品	160039	168179	939889	1472219	450894	1843689	31375
石油、炼焦产品和核燃料加工品	5544929	111347	93414	252069	122471	2670042	27023
化学产品	268841	424678	8537	5484	50637	155839	520952
非金属矿物制品	9318	56693	11900	4	10030	11380	7597
金属冶炼和压延加工品	20470	1085	0	1	855	1981	1
金属制品	85402	72219	21966	9089	59976	60246	47393
通用设备	122428	118366	36091	21336	36465	43600	4359
专用设备	13444	7672	12957	19781	38848	5286	39
交通运输设备	843408	3722	9684	38920	12568	451985	1934
电气机械和器材	67087	69984	283201	1187	38875	67141	18293
通信设备、计算机和其他电子设备	35099	55560	3542844	48321	38819	143343	15174
仪器仪表	22412	824	25762	9147	1195	8128	858909
其他制造产品和废品废料	1605184	41112	248032	20	9219	429484	386820
金属制品、机械和设备修理服务	155280	9266	20995	2276	56874	115330	257
电力、热力的生产和供应	1166917	1330639	616832	399695	979184	4624386	29707
燃气生产和供应	1552547	531051	0	0	5017	13544	121
水的生产和供应	65053	409192	61038	37032	180668	180905	3322
建筑	126986	107890	66662	87602	329497	688739	15169
批发和零售	1540209	710262	486957	411600	45748	1653766	123646
交通运输、仓储和邮政	21808982	116387	1022229	2011880	217506	2900106	181928
住宿和餐饮	245686	77228	683484	1589878	370061	3053392	113636
信息传输、软件和信息技术服务	110035	121889	5866693	903518	36726	185280	13914
金融	5380682	988232	442551	11201808	2826185	3633334	65285
房地产	710952	2500789	549557	2884481	1317062	6155900	73178
租赁和商务服务	658595	760213	1870667	1617852	440405	3057680	138472
研究和试验发展	0	0	0	0	0	0	18505
综合技术服务	65299	3713	70957	236185	341	1179	175
水利、环境和公共设施管理	4983	6898	10670	222136	11511	109417	4046
居民服务、修理和其他服务	411651	213849	41647	179325	9044	333929	15782
教育	46484	18518	28595	175761	7194	55459	3838
卫生和社会工作	9856	3460	0	0	0	0	0
文化、体育和娱乐	88794	117212	159206	217559	66041	344073	8165
公共管理、社会保障和社会组织	8699	4380	72058	35731	8808	285713	952
中间投入合计	**43263329**	**20660803**	**17485945**	**24378138**	**7917286**	**35071208**	**2790734**
劳动者报酬	15323691	9773348	6165597	7104079	1383321	17601338	938866
生产税净额	1545125	701695	1267896	2963467	2402103	3190493	102651
固定资产折旧	6132137	1658157	2515580	385935	5216692	4194095	97117
营业盈余	4937348	3518300	6881755	17756157	1833670	6615767	289648
增加值合计	**27938301**	**15651500**	**16830828**	**28209638**	**10835786**	**31601693**	**1428282**
总投入	**71201630**	**36312303**	**34316773**	**52587776**	**18753072**	**66672901**	**4219016**

续5 单位：万元

产出 投入	综合技术服务	水利、环境和公共设施管理	居民服务、修理和其他服务	教育	卫生和社会工作	文化、体育和娱乐	公共管理、社会保障和社会组织
农林牧渔产品和服务	600620	937915	17095	60320	9687	46459	0
煤炭采选产品	0	0	0	0	0	0	0
石油和天然气开采产品	0	0	0	0	0	0	0
金属矿采选产品	0	0	184	0	0	0	0
非金属矿和其他矿采选产品	84	88	288	128	1	15	0
食品和烟草	41728	2324	27172	59913	6012	337978	55416
纺织品	4636	6269	28339	2045	5098	544	23890
纺织服装鞋帽皮革羽绒及其制品	7329	7321	131528	56124	1433	253829	13716
木材加工品和家具	10751	8671	17518	103223	939	3404	26884
造纸印刷和文教体育用品	651969	58515	247513	322509	129834	1045121	619963
石油、炼焦产品和核燃料加工品	158700	103433	367589	510177	37030	48529	118582
化学产品	297099	290668	911114	260032	11265320	34715	69790
非金属矿物制品	17896	3646	350	187	28576	56	0
金属冶炼和压延加工品	18	3431	1606	82	27	22	0
金属制品	324077	135684	87496	3205	1005	51329	874
通用设备	25384	4546	59206	3595	8275	8303	9271
专用设备	205	406	1130	370	949010	932	0
交通运输设备	6437	8830	2794	3940	2937	4425	6983
电气机械和器材	149939	8357	8307	2457	1060	179812	0
通信设备、计算机和其他电子设备	485980	87721	95812	16323	8517	16842	70632
仪器仪表	1626407	4064	42335	603	27098	4820	874
其他制造产品和废品废料	1186813	35983	485595	42	58256	56518	1039
金属制品、机械和设备修理服务	14466	13161	2319	20009	3560	4988	13669
电力、热力的生产和供应	125047	697599	290794	224370	219421	193448	254667
燃气生产和供应	1116	332	34618	195	123	17326	0
水的生产和供应	18873	31357	82929	80957	38593	31092	90982
建筑	31075	83722	105567	446963	106212	42876	714708
批发和零售	375421	173057	282411	83681	836904	138691	141260
交通运输、仓储和邮政	1613856	431227	574161	434721	37943	226742	651409
住宿和餐饮	1645450	22457	441606	236810	50112	170212	397904
信息传输、软件和信息技术服务	153788	6949	26050	56725	22281	15987	161072
金融	221108	136432	613915	141508	100888	316076	194779
房地产	187572	94523	774867	565907	647490	395521	521457
租赁和商务服务	735132	111365	383119	153730	266732	158214	451293
研究和试验发展	0	0	0	0	0	0	0
综合技术服务	267012	2234	8033	405	43693	207	4237
水利、环境和公共设施管理	5764	81639	21278	3808	23029	3109	3189
居民服务、修理和其他服务	118741	45833	96369	1369826	470847	68251	2634131
教育	49651	5394	12254	519643	53904	11997	312343
卫生和社会工作	0	0	0	0	1333497	143	0
文化、体育和娱乐	122200	7333	25293	100926	31789	215413	154734
公共管理、社会保障和社会组织	6252	2486	16303	3304	23181	4159	1737516
中间投入合计	**11288596**	**3654972**	**6324857**	**5848763**	**16850314**	**4108105**	**9457264**
劳动者报酬	7590323	1700372	3726833	4599560	10390856	3048907	18574577
生产税净额	1224200	200977	232966	21587	14277	506666	23372
固定资产折旧	741213	478600	244070	460476	856898	720223	1259820
营业盈余	2693074	557506	1012341	104482	490202	1136483	656220
增加值合计	**12248810**	**2937455**	**5216210**	**5186105**	**11752233**	**5412279**	**20513989**
总投入	**23537406**	**6592427**	**11541067**	**11034868**	**28602547**	**9520384**	**29971253**

续6 单位：万元

产出 / 投入	中间使用合计	最终使用				
		最终消费支出				合计
		农村居民	城镇居民	居民消费支出小计	政府消费支出	
农林牧渔产品和服务	**30746490**	2144764	8083882	10228646	217240	**10445886**
煤炭采选产品	**26939283**	40863	11671	52534	0	**52534**
石油和天然气开采产品	**15310366**	0	0	0	0	**0**
金属矿采选产品	**7724166**	0	0	0	0	**0**
非金属矿和其他矿采选产品	**7769936**	0	0	0	0	**0**
食品和烟草	**21597913**	6511895	17925111	24437006	0	**24437006**
纺织品	**35174117**	153863	805271	959134	0	**959134**
纺织服装鞋帽皮革羽绒及其制品	**14868887**	1849148	8152479	10001627	0	**10001627**
木材加工品和家具	**9992630**	257280	1111561	1368841	0	**1368841**
造纸印刷和文教体育用品	**30913997**	825906	4294182	5120088	0	**5120088**
石油、炼焦产品和核燃料加工品	**22411793**	1141318	4224317	5365635	0	**5365635**
化学产品	**130951133**	944417	2722785	3667202	0	**3667202**
非金属矿物制品	**33938271**	37213	160810	198023	0	**198023**
金属冶炼和压延加工品	**109025503**	0	0	0	0	**0**
金属制品	**28491856**	57167	155683	212850	0	**212850**
通用设备	**21733442**	25445	136581	162026	0	**162026**
专用设备	**10925240**	2825	25455	28280	0	**28280**
交通运输设备	**25946957**	2339851	6187142	8526993	0	**8526993**
电气机械和器材	**26563664**	508419	1695469	2203888	0	**2203888**
通信设备、计算机和其他电子设备	**22662688**	530882	1974796	2505678	0	**2505678**
仪器仪表	**6703182**	90099	576603	666702	0	**666702**
其他制造产品和废品废料	**15067109**	102085	404128	506213	0	**506213**
金属制品、机械和设备修理服务	**5089453**	0	0	0	0	**0**
电力、热力的生产和供应	**53112511**	808463	2375956	3184419	0	**3184419**
燃气生产和供应	**3169664**	363277	782600	1145877	0	**1145877**
水的生产和供应	**3443709**	131689	611380	743069	0	**743069**
建筑	**6475482**	1246624	4624426	5871050	0	**5871050**
批发和零售	**64568355**	4407795	3868027	8275822	0	**8275822**
交通运输、仓储和邮政	**63306317**	441145	2219089	2660234	3363777	**6024011**
住宿和餐饮	**14363259**	1406608	9085442	10492050	0	**10492050**
信息传输、软件和信息技术服务	**8590842**	1087683	3195034	4282717	0	**4282717**
金融	**44332781**	4499555	17663665	22163220	104677	**22267897**
房地产	**21556223**	330176	4055837	4386013	1697771	**6083784**
租赁和商务服务	**27057345**	273596	3751312	4024908	1403838	**5428746**
研究和试验发展	**18505**	0	0	0	1949326	**1949326**
综合技术服务	**12217189**	0	0	0	5686175	**5686175**
水利、环境和公共设施管理	**586170**	23042	146488	169530	5817130	**5986660**
居民服务、修理和其他服务	**8889345**	1575969	2578928	4154897	0	**4154897**
教育	**1728122**	2402672	6997329	9400001	14301531	**23701532**
卫生和社会工作	**1440470**	1774014	4404450	6178464	19069223	**25247687**
文化、体育和娱乐	**2132553**	403006	2159659	2562665	2221797	**4784462**
公共管理、社会保障和社会组织	**2346287**	0	0	0	27624966	**27624966**
中间投入合计	**999883205**	**38738754**	**127167548**	**165906302**	**83457451**	**249363753**
劳动者报酬	**249448227**					
生产税净额	**74180828**					
固定资产折旧	**60408554**					
营业盈余	**140365125**					
增加值合计	**524402734**					
总投入	**1524285939**					

续7　　单位：万元

投入 \ 产出	最终使用				
	资本形成总额			出口	国内省外流出
	固定资本形成总额	存货变动	**合计**		
农林牧渔产品和服务	439866	-25736	**414130**	520512	9613863
煤炭采选产品	0	2086	**2086**	16	88791
石油和天然气开采产品	0	0	**0**	223228	0
金属矿采选产品	0	-42166	**-42166**	2496	3023863
非金属矿和其他矿采选产品	0	176022	**176022**	58845	28322
食品和烟草	0	4681909	**4681909**	3050708	10863338
纺织品	0	12282439	**12282439**	23857650	18496809
纺织服装鞋帽皮革羽绒及其制品	0	7292442	**7292442**	28520608	3049176
木材加工品和家具	350765	3279027	**3629792**	9307029	6001976
造纸印刷和文教体育用品	273910	8186892	**8460802**	10954095	9960416
石油、炼焦产品和核燃料加工品	0	2227186	**2227186**	965485	11715052
化学产品	0	18737087	**18737087**	24004380	33983383
非金属矿物制品	0	3896878	**3896878**	3761962	15767830
金属冶炼和压延加工品	0	7609984	**7609984**	4935453	3143699
金属制品	685328	7568686	**8254014**	12763776	2271338
通用设备	11411574	10005913	**21417487**	17482381	18923315
专用设备	15999291	9759006	**25758297**	6931360	10567147
交通运输设备	1584445	-3972127	**-2387682**	7984846	26146132
电气机械和器材	2908528	18695785	**21604313**	23059784	10158010
通信设备、计算机和其他电子设备	8415440	11382882	**19798322**	8184337	17030397
仪器仪表	1356887	3304237	**4661124**	3267243	8937848
其他制造产品和废品废料	0	2294524	**2294524**	3145775	8552976
金属制品、机械和设备修理服务	0	0	**0**	0	2024
电力、热力的生产和供应	0	0	**0**	0	1515995
燃气生产和供应	0	124567	**124567**	0	691584
水的生产和供应	0	84702	**84702**	0	66132
建筑	108574725	0	**108574725**	0	27578017
批发和零售	2246872	290326	**2537198**	15321611	38135897
交通运输、仓储和邮政	351831	173041	**524872**	5830483	18512527
住宿和餐饮	0	0	**0**	0	13042091
信息传输、软件和信息技术服务	12163301	0	**12163301**	0	37192587
金融	0	0	**0**	0	5953254
房地产	21522356	0	**21522356**	0	0
租赁和商务服务	0	0	**0**	0	34740125
研究和试验发展	2251185	0	**2251185**	0	0
综合技术服务	3444182	0	**3444182**	25	2189859
水利、环境和公共设施管理	0	0	**0**	0	19597
居民服务、修理和其他服务	0	0	**0**	0	4543513
教育	0	0	**0**	330526	1316006
卫生和社会工作	0	0	**0**	122021	1922391
文化、体育和娱乐	0	0	**0**	89309	3023215
公共管理、社会保障和社会组织	0	0	**0**	0	0
中间投入合计	**193980486**	**128015592**	**321996078**	**214675944**	**418768495**
劳动者报酬					
生产税净额					
固定资产折旧					
营业盈余					
增加值合计					
总投入					

续8 单位：万元

产出 投入	**最终使用合计**	进口	国内省外流入	其他	总产出
农林牧渔产品和服务	**20994391**	3348292	14009162	0	34383427
煤炭采选产品	**143427**	1235875	25800587	0	46248
石油和天然气开采产品	**223228**	620781	14912813	0	0
金属矿采选产品	**2984193**	5915856	4565486	0	227017
非金属矿和其他矿采选产品	**263189**	80000	5552673	0	2400452
食品和烟草	**43032961**	2446415	29427573	0	32756886
纺织品	**55596032**	1566291	17255283	0	71948575
纺织服装鞋帽皮革羽绒及其制品	**48863853**	576544	9052993	0	54103203
木材加工品和家具	**20307638**	768956	6208331	0	23322981
造纸印刷和文教体育用品	**34495401**	1449886	17714240	0	46245272
石油、炼焦产品和核燃料加工品	**20273358**	4553025	14391531	0	23740595
化学产品	**80392052**	17871224	54936092	0	138535869
非金属矿物制品	**23624693**	503142	30204391	0	26855431
金属冶炼和压延加工品	**15689136**	4501970	81854099	0	38358570
金属制品	**23501978**	382858	12995805	0	38615171
通用设备	**57985209**	2142817	12575996	0	64999838
专用设备	**43285084**	1748235	25401052	0	27061037
交通运输设备	**40270289**	530296	13147633	0	52539317
电气机械和器材	**57025995**	1016194	6221724	0	76351741
通信设备、计算机和其他电子设备	**47518734**	4022282	31949187	0	34209953
仪器仪表	**17532917**	785754	10947920	0	12502425
其他制造产品和废品废料	**14499488**	4781709	5846004	0	18938884
金属制品、机械和设备修理服务	**2024**	0	4117357	0	974120
电力、热力的生产和供应	**4700414**	0	6516653	0	51296272
燃气生产和供应	**1962028**	0	1412943	0	3718749
水的生产和供应	**893903**	0	2022732	0	2314880
建筑	**142023792**	0	11909741	0	136589533
批发和零售	**64270528**	2311738	20141075	0	106386070
交通运输、仓储和邮政	**30891893**	0	22996580	0	71201630
住宿和餐饮	**23534141**	0	1585097	0	36312303
信息传输、软件和信息技术服务	**53638605**	0	27912674	0	34316773
金融	**28221151**	0	19966156	0	52587776
房地产	**27606140**	0	30409291	0	18753072
租赁和商务服务	**40168871**	0	553315	0	66672901
研究和试验发展	**4200511**	0	0	0	4219016
综合技术服务	**11320241**	24	0	0	23537406
水利、环境和公共设施管理	**6006257**	0	0	0	6592427
居民服务、修理和其他服务	**8698410**	0	6046688	0	11541067
教育	**25348064**	11739521	4301797	0	11034868
卫生和社会工作	**27292099**	130022	0	0	28602547
文化、体育和娱乐	**7896986**	39696	469459	0	9520384
公共管理、社会保障和社会组织	**27624966**	0	0	0	29971253
中间投入合计	**1204804270**	**75069403**	**605332133**	**0**	**1524285939**
劳动者报酬					
生产税净额					
固定资产折旧					
营业盈余					
增加值合计					
总投入					

附表5 浙江省投入产出直接消耗系数表（2017年）

投入＼产出	农林牧渔产品和服务	煤炭采选产品	石油和天然气开采产品	金属矿采选产品	非金属矿和其他矿采选产品	食品和烟草	纺织品
农林牧渔产品和服务	0.061631	0.000000	0.000000	0.000040	0.000209	0.182881	0.052592
煤炭采选产品	0.000000	0.389530	0.000000	0.020998	0.006155	0.008106	0.010059
石油和天然气开采产品	0.000000	0.000000	0.000000	0.000000	0.000006	0.001123	0.006138
金属矿采选产品	0.000000	0.000000	0.000000	0.361766	0.000003	0.000000	0.000000
非金属矿和其他矿采选产品	0.000001	0.000000	0.000000	0.003995	0.229508	0.003438	0.000167
食品和烟草	0.073116	0.000000	0.000000	0.000207	0.000324	0.204840	0.000858
纺织品	0.000005	0.000000	0.000000	0.000317	0.000432	0.002439	0.303364
纺织服装鞋帽皮革羽绒及其制品	0.001209	0.000000	0.000000	0.001062	0.000579	0.001529	0.008885
木材加工品和家具	0.000709	0.000000	0.000000	0.000145	0.001681	0.004549	0.000979
造纸印刷和文教体育用品	0.000993	0.000000	0.000000	0.000449	0.001291	0.034445	0.006297
石油、炼焦产品和核燃料加工品	0.003833	0.000000	0.000000	0.008836	0.033562	0.007288	0.002847
化学产品	0.087589	0.000000	0.000000	0.018131	0.032573	0.035998	0.177846
非金属矿物制品	0.001153	0.000000	0.000000	0.001462	0.020505	0.004447	0.001126
金属冶炼和压延加工品	0.001100	0.000000	0.000000	0.004682	0.004390	0.001822	0.003014
金属制品	0.004705	0.000000	0.000000	0.002092	0.005699	0.005673	0.003238
通用设备	0.001141	0.000000	0.000000	0.004727	0.006695	0.001969	0.010746
专用设备	0.004327	0.000000	0.000000	0.005709	0.012246	0.000770	0.001664
交通运输设备	0.005237	0.000000	0.000000	0.003000	0.000285	0.000180	0.000275
电气机械和器材	0.000205	0.000000	0.000000	0.001515	0.000988	0.000509	0.000466
通信设备、计算机和其他电子设备	0.000140	0.000000	0.000000	0.000172	0.000188	0.000121	0.000150
仪器仪表	0.000087	0.007049	0.000000	0.000339	0.000037	0.000088	0.000174
其他制造产品和废品废料	0.000017	0.000000	0.000000	0.000000	0.000000	0.000174	0.000192
金属制品、机械和设备修理服务	0.000012	0.014379	0.000000	0.013149	0.014679	0.002731	0.005942
电力、热力的生产和供应	0.029583	0.064219	0.000000	0.043499	0.065374	0.034984	0.081131
燃气生产和供应	0.000085	0.000000	0.000000	0.000097	0.000000	0.000017	0.000001
水的生产和供应	0.000000	0.001816	0.000000	0.000841	0.001482	0.001575	0.003707
建筑	0.002221	0.000411	0.000000	0.000233	0.002532	0.000801	0.001151
批发和零售	0.026065	0.006422	0.000000	0.030029	0.005180	0.079824	0.033577
交通运输、仓储和邮政	0.021344	0.032131	0.000000	0.017298	0.099894	0.036183	0.018717
住宿和餐饮	0.001079	0.010119	0.000000	0.005277	0.004982	0.002740	0.003987
信息传输、软件和信息技术服务	0.001099	0.037666	0.000000	0.001498	0.000683	0.000515	0.000662
金融	0.014996	0.008973	0.000000	0.024091	0.035838	0.007812	0.016066
房地产	0.000000	0.000000	0.000000	0.000026	0.000002	0.000513	0.000760
租赁和商务服务	0.000526	0.000000	0.000000	0.013867	0.027891	0.008278	0.003815
研究和试验发展	0.000000	0.000000	0.000000	0.000000	0.000000	0.000000	0.000000
综合技术服务	0.032886	0.000000	0.000000	0.000238	0.000252	0.000675	0.001930
水利、环境和公共设施管理	0.000267	0.000000	0.000000	0.000313	0.000115	0.000031	0.000063
居民服务、修理和其他服务	0.000391	0.006746	0.000000	0.002255	0.021770	0.004522	0.001494
教育	0.000916	0.003849	0.000000	0.000220	0.000304	0.000215	0.000310
卫生和社会工作	0.002622	0.000000	0.000000	0.000000	0.000000	0.000000	0.000000
文化、体育和娱乐	0.000000	0.000000	0.000000	0.001044	0.000693	0.000313	0.000436
公共管理、社会保障和社会组织	0.001327	0.000000	0.000000	0.000176	0.000139	0.000079	0.000151
中间投入合计	**0.382617**	**0.583312**	**0.000000**	**0.593797**	**0.639166**	**0.684199**	**0.764977**
劳动者报酬	0.581760	0.122643	0.000000	0.170344	0.108842	0.072211	0.093556
生产税净额	-0.022554	0.071268	0.000000	0.079694	0.087646	0.149456	0.037181
固定资产折旧	0.058177	0.016022	0.000000	0.086262	0.049978	0.027356	0.034110
营业盈余	0.000000	0.206755	0.000000	0.069902	0.114367	0.066777	0.070176
增加值合计	**0.617383**	**0.416688**	**0.000000**	**0.406203**	**0.360834**	**0.315801**	**0.235023**
总投入	**1.000000**	**1.000000**	**1.000000**	**1.000000**	**1.000000**	**1.000000**	**1.000000**

续1

投入 \ 产出	纺织服装鞋帽皮革羽绒及其制品	木材加工品和家具	造纸印刷和文教体育用品	石油、炼焦产品和核燃料加工品	化学产品	非金属矿物制品	金属冶炼和压延加工品
农林牧渔产品和服务	0.010570	0.031351	0.010248	0.000013	0.004210	0.000325	0.000099
煤炭采选产品	0.004428	0.005305	0.008255	0.011046	0.009877	0.018279	0.025812
石油和天然气开采产品	0.000370	0.000791	0.001820	0.499115	0.001432	0.008259	0.003798
金属矿采选产品	0.000001	0.000012	0.000011	0.000000	0.001625	0.005427	0.118533
非金属矿和其他矿采选产品	0.000001	0.000070	0.000911	0.000001	0.001781	0.143075	0.005008
食品和烟草	0.052274	0.000622	0.006398	0.000021	0.017576	0.000476	0.000052
纺织品	0.083378	0.028442	0.030016	0.000005	0.029532	0.001838	0.000149
纺织服装鞋帽皮革羽绒及其制品	0.216407	0.009066	0.001569	0.000142	0.002445	0.000667	0.000204
木材加工品和家具	0.001017	0.247144	0.013621	0.000018	0.001413	0.001342	0.000355
造纸印刷和文教体育用品	0.014946	0.034394	0.262479	0.000050	0.016015	0.008462	0.002396
石油、炼焦产品和核燃料加工品	0.001748	0.006641	0.004449	0.112467	0.009217	0.028590	0.001502
化学产品	0.041164	0.082909	0.069036	0.002734	0.483858	0.046007	0.009900
非金属矿物制品	0.000402	0.004585	0.006505	0.000066	0.001865	0.232240	0.005791
金属冶炼和压延加工品	0.000734	0.052939	0.079363	0.000475	0.015186	0.025284	0.512632
金属制品	0.006097	0.031293	0.009723	0.000070	0.006111	0.003325	0.001116
通用设备	0.001390	0.004926	0.005252	0.000919	0.003547	0.003833	0.002044
专用设备	0.001549	0.004202	0.004188	0.000388	0.003115	0.002826	0.002187
交通运输设备	0.000072	0.000183	0.001065	0.000009	0.000657	0.000700	0.000154
电气机械和器材	0.000249	0.000699	0.003970	0.000111	0.002678	0.001929	0.000646
通信设备、计算机和其他电子设备	0.000191	0.000156	0.002756	0.000015	0.000861	0.000769	0.000166
仪器仪表	0.000107	0.000034	0.000249	0.000299	0.000327	0.000242	0.000157
其他制造产品和废品废料	0.001889	0.003721	0.059550	0.001908	0.016530	0.012979	0.027047
金属制品、机械和设备修理服务	0.009965	0.001983	0.005164	0.001513	0.003301	0.005053	0.002430
电力、热力的生产和供应	0.014255	0.019843	0.030866	0.007492	0.045257	0.047130	0.021613
燃气生产和供应	0.000000	0.000000	0.000006	0.000000	0.000004	0.000002	0.000002
水的生产和供应	0.000745	0.000740	0.001137	0.000319	0.001263	0.001078	0.002676
建筑	0.000789	0.000983	0.000639	0.000162	0.000806	0.000600	0.000722
批发和零售	0.192537	0.093017	0.071224	0.112791	0.029569	0.071978	0.064640
交通运输、仓储和邮政	0.029782	0.041305	0.028839	0.015265	0.033435	0.062329	0.013111
住宿和餐饮	0.005435	0.005336	0.003674	0.000145	0.007875	0.004674	0.001019
信息传输、软件和信息技术服务	0.001384	0.000682	0.000750	0.000077	0.000610	0.000474	0.000099
金融	0.014848	0.015055	0.018850	0.002540	0.012269	0.014383	0.007228
房地产	0.002308	0.001000	0.001146	0.000005	0.000498	0.001358	0.000173
租赁和商务服务	0.016075	0.010037	0.005542	0.002982	0.010787	0.005810	0.002374
研究和试验发展	0.000000	0.000000	0.000000	0.000000	0.000000	0.000000	0.000000
综合技术服务	0.001034	0.000182	0.001472	0.000016	0.002830	0.000030	0.000087
水利、环境和公共设施管理	0.000068	0.000050	0.000057	0.000002	0.000054	0.000084	0.000017
居民服务、修理和其他服务	0.003414	0.002201	0.002197	0.000872	0.002746	0.002427	0.001627
教育	0.000582	0.000210	0.000208	0.000067	0.000263	0.000185	0.000112
卫生和社会工作	0.000000	0.000000	0.000000	0.000000	0.000000	0.000000	0.000000
文化、体育和娱乐	0.000527	0.000397	0.000396	0.000019	0.000494	0.000559	0.000116
公共管理、社会保障和社会组织	0.000111	0.000080	0.000073	0.000004	0.000077	0.000132	0.000017
中间投入合计	**0.732843**	**0.742585**	**0.753671**	**0.774146**	**0.781996**	**0.765158**	**0.837811**
劳动者报酬	0.142258	0.119556	0.099528	0.007804	0.065085	0.076951	0.045381
生产税净额	0.039100	0.039888	0.047880	0.118627	0.039233	0.044830	0.031988
固定资产折旧	0.022268	0.024075	0.036682	0.015871	0.037267	0.034308	0.028281
营业盈余	0.063531	0.073896	0.062239	0.083552	0.076419	0.078753	0.056540
增加值合计	**0.267157**	**0.257415**	**0.246329**	**0.225854**	**0.218004**	**0.234842**	**0.162189**
总投入	**1.000000**	**1.000000**	**1.000000**	**1.000000**	**1.000000**	**1.000000**	**1.000000**

续2

产出 投入	金属制品	通用设备	专用设备	交通运输设备	电气机械和器材	通信设备、计算机和其他电子设备	仪器仪表
农林牧渔产品和服务	0.000109	0.000022	0.000092	0.000653	0.000058	0.000440	0.000068
煤炭采选产品	0.005168	0.006034	0.004166	0.010915	0.006833	0.007289	0.005528
石油和天然气开采产品	0.003296	0.001541	0.002007	0.000591	0.000435	0.000391	0.000748
金属矿采选产品	0.007498	0.023875	0.001480	0.014040	0.001101	0.000523	0.000051
非金属矿和其他矿采选产品	0.001234	0.000141	0.009736	0.000101	0.000526	0.000023	0.000181
食品和烟草	0.000244	0.000239	0.000275	0.000109	0.000160	0.001076	0.000656
纺织品	0.001117	0.002453	0.000612	0.016435	0.001692	0.006684	0.001031
纺织服装鞋帽皮革羽绒及其制品	0.000837	0.000809	0.000702	0.000572	0.000321	0.000584	0.005263
木材加工品和家具	0.017033	0.002472	0.001796	0.001593	0.002254	0.001397	0.002940
造纸印刷和文教体育用品	0.023071	0.008104	0.026799	0.002601	0.017809	0.012636	0.013078
石油、炼焦产品和核燃料加工品	0.006761	0.010268	0.003932	0.002588	0.004539	0.002099	0.004710
化学产品	0.050414	0.030636	0.048023	0.072185	0.091811	0.033063	0.065608
非金属矿物制品	0.005953	0.003525	0.010162	0.003726	0.010439	0.010920	0.007597
金属冶炼和压延加工品	0.322743	0.207500	0.165489	0.053184	0.172604	0.095856	0.058500
金属制品	0.142556	0.061702	0.108653	0.007128	0.083200	0.020506	0.025023
通用设备	0.017707	0.189467	0.054931	0.022206	0.026790	0.007542	0.009376
专用设备	0.002129	0.010752	0.116225	0.007123	0.032528	0.026597	0.027624
交通运输设备	0.001479	0.002162	0.003986	0.440266	0.001230	0.006524	0.029227
电气机械和器材	0.004029	0.043858	0.033102	0.023978	0.184265	0.052644	0.024787
通信设备、计算机和其他电子设备	0.002221	0.014580	0.008905	0.002473	0.042081	0.325689	0.071835
仪器仪表	0.000101	0.006652	0.005473	0.003356	0.001668	0.023363	0.136734
其他制造产品和废品废料	0.009951	0.002089	0.000616	0.001354	0.000410	0.002340	0.002140
金属制品、机械和设备修理服务	0.006534	0.003831	0.008757	0.002342	0.002697	0.006425	0.001113
电力、热力的生产和供应	0.027159	0.020026	0.015773	0.007548	0.011921	0.017014	0.012898
燃气生产和供应	0.000080	0.000032	0.000032	0.000033	0.000007	0.000001	0.000000
水的生产和供应	0.000825	0.000697	0.000553	0.000216	0.000368	0.000946	0.000788
建筑	0.000595	0.000936	0.002850	0.000576	0.000590	0.000887	0.001001
批发和零售	0.045473	0.015905	0.013777	0.026787	0.029401	0.022905	0.012418
交通运输、仓储和邮政	0.031620	0.028418	0.028262	0.020252	0.024824	0.019339	0.030646
住宿和餐饮	0.004219	0.004894	0.006321	0.001662	0.003514	0.013660	0.022273
信息传输、软件和信息技术服务	0.000722	0.000813	0.000589	0.000209	0.000591	0.002045	0.001955
金融	0.015034	0.016498	0.009519	0.006502	0.010660	0.015236	0.088687
房地产	0.001265	0.000233	0.000625	0.000363	0.000574	0.002546	0.001003
租赁和商务服务	0.007173	0.005272	0.006699	0.002581	0.006142	0.022909	0.071074
研究和试验发展	0.000000	0.000000	0.000000	0.000000	0.000000	0.000000	0.000000
综合技术服务	0.000440	0.003679	0.001469	0.000217	0.005623	0.001184	0.000188
水利、环境和公共设施管理	0.000069	0.000069	0.000083	0.000027	0.000050	0.000163	0.000254
居民服务、修理和其他服务	0.004371	0.003438	0.003693	0.002258	0.002201	0.002260	0.003907
教育	0.000242	0.000370	0.000496	0.000120	0.000172	0.001322	0.005481
卫生和社会工作	0.000000	0.000000	0.000000	0.000000	0.000000	0.000000	0.000000
文化、体育和娱乐	0.000462	0.000511	0.000511	0.000166	0.000320	0.001056	0.001588
公共管理、社会保障和社会组织	0.000070	0.000103	0.000096	0.000024	0.000074	0.000340	0.000154
中间投入合计	**0.772010**	**0.734605**	**0.707266**	**0.759059**	**0.782481**	**0.768424**	**0.748136**
劳动者报酬	0.106837	0.113800	0.127253	0.078797	0.089050	0.095283	0.099754
生产税净额	0.039413	0.043490	0.048511	0.053847	0.038064	0.028759	0.035220
固定资产折旧	0.030034	0.036227	0.040901	0.031198	0.031111	0.029312	0.029123
营业盈余	0.051706	0.071877	0.076069	0.077099	0.059294	0.078223	0.087767
增加值合计	**0.227990**	**0.265395**	**0.292734**	**0.240941**	**0.217519**	**0.231576**	**0.251864**
总投入	**1.000000**	**1.000000**	**1.000000**	**1.000000**	**1.000000**	**1.000000**	**1.000000**

续3

投入 \ 产出	其他制造产品和废品废料	金属制品、机械和设备修理服务	电力、热力的生产和供应	燃气生产和供应	水的生产和供应	建筑	批发和零售
农林牧渔产品和服务	0.000298	0.000197	0.001577	0.000003	0.000042	0.049418	0.008839
煤炭采选产品	0.013742	0.002263	0.374509	0.000000	0.000025	0.003393	0.000000
石油和天然气开采产品	0.000550	0.000761	0.004485	0.452805	0.000000	0.000001	0.000000
金属矿采选产品	0.000006	0.000000	0.000000	0.000000	0.000000	0.000011	0.000000
非金属矿和其他矿采选产品	0.000000	0.000000	0.001797	0.000001	0.002080	0.016824	0.000000
食品和烟草	0.000046	0.000740	0.000026	0.000040	0.000112	0.000147	0.000330
纺织品	0.028889	0.009260	0.000005	0.000050	0.000036	0.000018	0.000872
纺织服装鞋帽皮革羽绒及其制品	0.000172	0.004112	0.000211	0.000480	0.003965	0.002756	0.000461
木材加工品和家具	0.002651	0.002361	0.001716	0.000042	0.000133	0.008759	0.000682
造纸印刷和文教体育用品	0.007974	0.002644	0.000266	0.000563	0.001563	0.001743	0.002063
石油、炼焦产品和核燃料加工品	0.001894	0.019196	0.005531	0.000209	0.002374	0.026014	0.007661
化学产品	0.040253	0.024336	0.002061	0.000329	0.091572	0.028540	0.002431
非金属矿物制品	0.000511	0.002692	0.000204	0.000027	0.001004	0.176255	0.000199
金属冶炼和压延加工品	0.041994	0.032835	0.000460	0.000728	0.005754	0.219531	0.000026
金属制品	0.012064	0.015002	0.000369	0.001130	0.004999	0.028738	0.000445
通用设备	0.003731	0.021282	0.003167	0.000310	0.004642	0.006300	0.000108
专用设备	0.000986	0.024240	0.000469	0.000712	0.002092	0.003297	0.000105
交通运输设备	0.000038	0.002367	0.000077	0.000038	0.000168	0.000296	0.000006
电气机械和器材	0.003922	0.007194	0.002599	0.000425	0.001786	0.020872	0.004996
通信设备、计算机和其他电子设备	0.002502	0.000570	0.000215	0.000156	0.000608	0.001270	0.007538
仪器仪表	0.000000	0.000642	0.000276	0.005052	0.004413	0.003862	0.000005
其他制造产品和废品废料	0.162248	0.003595	0.000131	0.000052	0.000317	0.000063	0.000002
金属制品、机械和设备修理服务	0.001893	0.342827	0.013099	0.004074	0.026308	0.000495	0.000639
电力、热力的生产和供应	0.009407	0.059749	0.299493	0.005698	0.131663	0.007493	0.007613
燃气生产和供应	0.000886	0.000011	0.000000	0.264507	0.000001	0.000000	0.000004
水的生产和供应	0.000200	0.002431	0.001346	0.000126	0.201299	0.004362	0.000697
建筑	0.000731	0.006908	0.001742	0.000774	0.014435	0.018419	0.001265
批发和零售	0.022811	0.000000	0.000016	0.000000	0.000282	0.047074	0.093385
交通运输、仓储和邮政	0.015913	0.018342	0.012766	0.070533	0.007973	0.008027	0.059204
住宿和餐饮	0.001088	0.017645	0.000461	0.000471	0.000904	0.003279	0.006804
信息传输、软件和信息技术服务	0.000564	0.005681	0.000190	0.000760	0.001994	0.000791	0.001758
金融	0.003886	0.033979	0.024087	0.010953	0.019819	0.014477	0.032888
房地产	0.000056	0.000200	0.000200	0.002764	0.000042	0.000320	0.032739
租赁和商务服务	0.001037	0.005901	0.001741	0.014293	0.005259	0.002139	0.083635
研究和试验发展	0.000000	0.000000	0.000000	0.000000	0.000000	0.000000	0.000000
综合技术服务	0.001331	0.000017	0.000136	0.000861	0.018836	0.055876	0.011333
水利、环境和公共设施管理	0.000018	0.000272	0.000006	0.000008	0.000019	0.000045	0.000105
居民服务、修理和其他服务	0.001280	0.006798	0.002640	0.002220	0.032385	0.002822	0.001425
教育	0.000195	0.001005	0.000168	0.000164	0.000702	0.000354	0.000264
卫生和社会工作	0.000000	0.000000	0.000000	0.000000	0.000000	0.000000	0.000032
文化、体育和娱乐	0.000121	0.002013	0.000130	0.000154	0.000642	0.000451	0.000539
公共管理、社会保障和社会组织	0.000029	0.000430	0.000021	0.000022	0.000092	0.000057	0.000080
中间投入合计	**0.385920**	**0.680498**	**0.758394**	**0.841534**	**0.590342**	**0.764589**	**0.371175**
劳动者报酬	0.034122	0.227996	0.037348	0.030505	0.147368	0.165787	0.260646
生产税净额	0.014228	0.053073	0.048042	0.024852	0.057260	0.030487	0.158085
固定资产折旧	0.009250	0.019769	0.096717	0.045778	0.199070	0.005132	0.023103
营业盈余	0.556480	0.018665	0.059498	0.057331	0.005960	0.034005	0.186991
增加值合计	**0.614080**	**0.319502**	**0.241606**	**0.158466**	**0.409658**	**0.235411**	**0.628825**
总投入	**1.000000**	**1.000000**	**1.000000**	**1.000000**	**1.000000**	**1.000000**	**1.000000**

续4

投入 \ 产出	交通运输、仓储和邮政	住宿和餐饮	信息传输、软件和信息技术服务	金融	房地产	租赁和商务服务	研究和试验发展
农林牧渔产品和服务	0.000014	0.152796	0.000231	0.000096	0.000258	0.020380	0.009780
煤炭采选产品	0.000011	0.000000	0.000000	0.000000	0.000000	0.000001	0.000000
石油和天然气开采产品	0.000001	0.000000	0.000000	0.000000	0.000000	0.000000	0.000000
金属矿采选产品	0.000000	0.000003	0.000000	0.000000	0.000000	0.000000	0.000000
非金属矿和其他矿采选产品	0.000032	0.000010	0.000000	0.000001	0.000014	0.000016	0.000000
食品和烟草	0.000675	0.156847	0.001237	0.001818	0.000989	0.002017	0.000862
纺织品	0.001108	0.003964	0.000049	0.000000	0.000405	0.002098	0.002197
纺织服装鞋帽皮革羽绒及其制品	0.001832	0.001378	0.001953	0.002559	0.004587	0.002029	0.000675
木材加工品和家具	0.000647	0.001651	0.001800	0.000968	0.001135	0.000259	0.000889
造纸印刷和文教体育用品	0.002248	0.004631	0.027389	0.027995	0.024044	0.027653	0.007437
石油、炼焦产品和核燃料加工品	0.077876	0.003066	0.002722	0.004793	0.006531	0.040047	0.006405
化学产品	0.003776	0.011695	0.000249	0.000104	0.002700	0.002337	0.123477
非金属矿物制品	0.000131	0.001561	0.000347	0.000000	0.000535	0.000171	0.001801
金属冶炼和压延加工品	0.000287	0.000030	0.000000	0.000000	0.000046	0.000030	0.000000
金属制品	0.001199	0.001989	0.000640	0.000173	0.003198	0.000904	0.011233
通用设备	0.001719	0.003260	0.001052	0.000406	0.001944	0.000654	0.001033
专用设备	0.000189	0.000211	0.000378	0.000376	0.002072	0.000079	0.000009
交通运输设备	0.011845	0.000102	0.000282	0.000740	0.000670	0.006779	0.000458
电气机械和器材	0.000942	0.001927	0.008253	0.000023	0.002073	0.001007	0.004336
通信设备、计算机和其他电子设备	0.000493	0.001530	0.103239	0.000919	0.002070	0.002150	0.003597
仪器仪表	0.000315	0.000023	0.000751	0.000174	0.000064	0.000122	0.203580
其他制造产品和废品废料	0.022544	0.001132	0.007228	0.000000	0.000492	0.006442	0.091685
金属制品、机械和设备修理服务	0.002181	0.000255	0.000612	0.000043	0.003033	0.001730	0.000061
电力、热力的生产和供应	0.016389	0.036644	0.017975	0.007601	0.052215	0.069359	0.007041
燃气生产和供应	0.021805	0.014625	0.000000	0.000000	0.000268	0.000203	0.000029
水的生产和供应	0.000914	0.011269	0.001779	0.000704	0.009634	0.002713	0.000787
建筑	0.001783	0.002971	0.001943	0.001666	0.017570	0.010330	0.003595
批发和零售	0.021632	0.019560	0.014190	0.007827	0.002439	0.024804	0.029307
交通运输、仓储和邮政	0.306299	0.003205	0.029788	0.038258	0.011598	0.043498	0.043121
住宿和餐饮	0.003451	0.002127	0.019917	0.030233	0.019733	0.045797	0.026934
信息传输、软件和信息技术服务	0.001545	0.003357	0.170957	0.017181	0.001958	0.002779	0.003298
金融	0.075570	0.027215	0.012896	0.213012	0.150705	0.054495	0.015474
房地产	0.009985	0.068869	0.016014	0.054851	0.070232	0.092330	0.017345
租赁和商务服务	0.009250	0.020935	0.054512	0.030765	0.023484	0.045861	0.032821
研究和试验发展	0.000000	0.000000	0.000000	0.000000	0.000000	0.000000	0.004386
综合技术服务	0.000917	0.000102	0.002068	0.004491	0.000018	0.000018	0.000041
水利、环境和公共设施管理	0.000070	0.000190	0.000311	0.004224	0.000614	0.001641	0.000959
居民服务、修理和其他服务	0.005781	0.005889	0.001214	0.003410	0.000482	0.005008	0.003741
教育	0.000653	0.000510	0.000833	0.003342	0.000384	0.000032	0.000910
卫生和社会工作	0.000138	0.000095	0.000000	0.000000	0.000000	0.000000	0.000000
文化、体育和娱乐	0.001247	0.003228	0.004639	0.004137	0.003522	0.005161	0.001935
公共管理、社会保障和社会组织	0.000122	0.000121	0.002100	0.000679	0.000470	0.004285	0.000226
中间投入合计	**0.607617**	**0.568975**	**0.509545**	**0.463570**	**0.422186**	**0.526019**	**0.661466**
劳动者报酬	0.215215	0.269147	0.179667	0.135090	0.073765	0.263995	0.222532
生产税净额	0.021701	0.019324	0.036947	0.056353	0.128091	0.047853	0.024331
固定资产折旧	0.086124	0.045664	0.073305	0.007339	0.278178	0.062906	0.023019
营业盈余	0.069343	0.096890	0.200536	0.337648	0.097780	0.099227	0.068653
增加值合计	**0.392383**	**0.431025**	**0.490455**	**0.536430**	**0.577814**	**0.473981**	**0.338534**
总投入	**1.000000**	**1.000000**	**1.000000**	**1.000000**	**1.000000**	**1.000000**	**1.000000**

续5

投入 \ 产出	综合技术服务	水利、环境和公共设施管理	居民服务、修理和其他服务	教育	卫生和社会工作	文化、体育和娱乐	公共管理、社会保障和社会组织	**中间使用合计**
农林牧渔产品和服务	0.025518	0.142272	0.001481	0.005466	0.000339	0.004880	0.000000	**0.020171**
煤炭采选产品	0.000000	0.000000	0.000000	0.000000	0.000000	0.000000	0.000000	**0.017673**
石油和天然气开采产品	0.000000	0.000000	0.000000	0.000000	0.000000	0.000000	0.000000	**0.010044**
金属矿采选产品	0.000000	0.000000	0.000016	0.000000	0.000000	0.000000	0.000000	**0.005067**
非金属矿和其他矿采选产品	0.000004	0.000013	0.000025	0.000012	0.000000	0.000002	0.000000	**0.005097**
食品和烟草	0.001773	0.000353	0.002354	0.005429	0.000210	0.035500	0.001849	**0.014169**
纺织品	0.000197	0.000951	0.002455	0.000185	0.000178	0.000057	0.000797	**0.023076**
纺织服装鞋帽皮革羽绒及其制品	0.000311	0.001111	0.011397	0.005086	0.000050	0.026662	0.000458	**0.009755**
木材加工品和家具	0.000457	0.001315	0.001518	0.009354	0.000033	0.000358	0.000897	**0.006556**
造纸印刷和文教体育用品	0.027699	0.008876	0.021446	0.029226	0.004539	0.109777	0.020685	**0.020281**
石油、炼焦产品和核燃料加工品	0.006742	0.015690	0.031851	0.046233	0.001295	0.005097	0.003957	**0.014703**
化学产品	0.012622	0.044091	0.078945	0.023565	0.393857	0.003646	0.002329	**0.085910**
非金属矿物制品	0.000760	0.000553	0.000030	0.000017	0.000999	0.000006	0.000000	**0.022265**
金属冶炼和压延加工品	0.000001	0.000520	0.000139	0.000007	0.000001	0.000002	0.000000	**0.071526**
金属制品	0.013769	0.020582	0.007581	0.000290	0.000035	0.005391	0.000029	**0.018692**
通用设备	0.001078	0.000690	0.005130	0.000326	0.000289	0.000872	0.000309	**0.014258**
专用设备	0.000009	0.000062	0.000098	0.000034	0.033179	0.000098	0.000000	**0.007167**
交通运输设备	0.000273	0.001339	0.000242	0.000357	0.000103	0.000465	0.000233	**0.017022**
电气机械和器材	0.006370	0.001268	0.000720	0.000223	0.000037	0.018887	0.000000	**0.017427**
通信设备、计算机和其他电子设备	0.020647	0.013306	0.008302	0.001479	0.000298	0.001769	0.002357	**0.014868**
仪器仪表	0.069099	0.000616	0.003668	0.000055	0.000947	0.000506	0.000029	**0.004398**
其他制造产品和废品废料	0.050422	0.005458	0.042075	0.000004	0.002037	0.005937	0.000035	**0.009885**
金属制品、机械和设备修理服务	0.000615	0.001996	0.000201	0.001813	0.000124	0.000524	0.000456	**0.003339**
电力、热力的生产和供应	0.005313	0.105818	0.025196	0.020333	0.007671	0.020319	0.008497	**0.034844**
燃气生产和供应	0.000047	0.000050	0.003000	0.000018	0.000004	0.001820	0.000000	**0.002079**
水的生产和供应	0.000802	0.004757	0.007186	0.007336	0.001349	0.003266	0.003036	**0.002259**
建筑	0.001320	0.012700	0.009147	0.040505	0.003713	0.004504	0.023846	**0.004248**
批发和零售	0.015950	0.026251	0.024470	0.007583	0.029260	0.014568	0.004713	**0.042360**
交通运输、仓储和邮政	0.068566	0.065412	0.049749	0.039395	0.001327	0.023816	0.021734	**0.041532**
住宿和餐饮	0.069908	0.003406	0.038264	0.021460	0.001752	0.017879	0.013276	**0.009423**
信息传输、软件和信息技术服务	0.006534	0.001054	0.002257	0.005141	0.000779	0.001679	0.005374	**0.005636**
金融	0.009394	0.020695	0.053194	0.012824	0.003527	0.033200	0.006499	**0.029084**
房地产	0.007969	0.014338	0.067140	0.051284	0.022637	0.041545	0.017399	**0.014142**
租赁和商务服务	0.031232	0.016893	0.033196	0.013931	0.009325	0.016618	0.015058	**0.017751**
研究和试验发展	0.000000	0.000000	0.000000	0.000000	0.000000	0.000000	0.000000	**0.000012**
综合技术服务	0.011344	0.000339	0.000696	0.000037	0.001528	0.000022	0.000141	**0.008015**
水利、环境和公共设施管理	0.000245	0.012384	0.001844	0.000345	0.000805	0.000327	0.000106	**0.000385**
居民服务、修理和其他服务	0.005045	0.006952	0.008350	0.124136	0.016462	0.007169	0.087889	**0.005832**
教育	0.002109	0.000818	0.001062	0.047091	0.001885	0.001260	0.010421	**0.001134**
卫生和社会工作	0.000000	0.000000	0.000000	0.000000	0.046622	0.000015	0.000000	**0.000945**
文化、体育和娱乐	0.005192	0.001112	0.002192	0.009146	0.001111	0.022627	0.005163	**0.001399**
公共管理、社会保障和社会组织	0.000266	0.000377	0.001413	0.000299	0.000810	0.000437	0.057973	**0.001539**
中间投入合计	**0.479602**	**0.554420**	**0.548031**	**0.530026**	**0.589119**	**0.431506**	**0.315544**	**0.655968**
劳动者报酬	0.322479	0.257928	0.322919	0.416821	0.363284	0.320250	0.619746	**0.163649**
生产税净额	0.052011	0.030486	0.020186	0.001956	0.000499	0.053219	0.000780	**0.048666**
固定资产折旧	0.031491	0.072598	0.021148	0.041729	0.029959	0.075651	0.042034	**0.039631**
营业盈余	0.114417	0.084568	0.087716	0.009468	0.017138	0.119374	0.021895	**0.092086**
增加值合计	**0.520398**	**0.445580**	**0.451969**	**0.469974**	**0.410881**	**0.568494**	**0.684456**	**0.344032**
总投入	**1.000000**	**1.000000**	**1.000000**	**1.000000**	**1.000000**	**1.000000**	**1.000000**	**1.000000**

附表6 浙江省投入产出完全消耗系数表（2017年）

投入＼产出	农林牧渔产品和服务	煤炭采选产品	石油和天然气开采产品	金属矿采选产品	非金属矿和其他矿采选产品	食品和烟草	纺织品
农林牧渔产品和服务	0.092965	0.007070	0.000000	0.007502	0.009502	0.259654	0.097258
煤炭采选产品	0.060331	0.751511	0.000000	0.143720	0.129595	0.099329	0.195113
石油和天然气开采产品	0.011402	0.009933	0.000000	0.017206	0.045564	0.020231	0.027483
金属矿采选产品	0.007587	0.004046	0.000000	0.576700	0.012800	0.010260	0.015981
非金属矿和其他矿采选产品	0.002585	0.001154	0.000000	0.010294	0.306704	0.009160	0.004467
食品和烟草	0.108191	0.006832	0.000000	0.007303	0.009357	0.289542	0.029099
纺织品	0.012201	0.003143	0.000000	0.006812	0.009861	0.017682	0.465386
纺织服装鞋帽皮革羽绒及其制品	0.003574	0.001707	0.000000	0.003835	0.003922	0.005184	0.020180
木材加工品和家具	0.003441	0.001681	0.000000	0.002014	0.005478	0.011095	0.005767
造纸印刷和文教体育用品	0.018106	0.009554	0.000000	0.011642	0.018542	0.072934	0.036032
石油、炼焦产品和核燃料加工品	0.018142	0.014492	0.000000	0.029553	0.080843	0.031100	0.028465
化学产品	0.215037	0.019339	0.000000	0.077226	0.118325	0.168407	0.551165
非金属矿物制品	0.004859	0.001936	0.000000	0.005427	0.038522	0.011169	0.006931
金属冶炼和压延加工品	0.034102	0.019813	0.000000	0.046854	0.059638	0.048833	0.070797
金属制品	0.012217	0.003977	0.000000	0.009948	0.017473	0.016095	0.016983
通用设备	0.005553	0.003726	0.000000	0.013805	0.017329	0.008001	0.026652
专用设备	0.007594	0.002914	0.000000	0.012959	0.021329	0.005072	0.007982
交通运输设备	0.012903	0.003871	0.000000	0.011443	0.007585	0.006820	0.006068
电气机械和器材	0.004112	0.004420	0.000000	0.007160	0.006915	0.005378	0.008077
通信设备、计算机和其他电子设备	0.004852	0.015585	0.000000	0.005192	0.005599	0.005742	0.007188
仪器仪表	0.004224	0.015281	0.000000	0.002659	0.002393	0.002624	0.003779
其他制造产品和废品废料	0.011796	0.006636	0.000000	0.007467	0.015704	0.015969	0.021328
金属制品、机械和设备修理服务	0.006230	0.043565	0.000000	0.039761	0.039502	0.013778	0.028607
电力、热力的生产和供应	0.084462	0.180357	0.000000	0.136976	0.174429	0.120140	0.253101
燃气生产和供应	0.002578	0.003627	0.000000	0.002882	0.007558	0.004075	0.003887
水的生产和供应	0.001765	0.005761	0.000000	0.003686	0.005317	0.004754	0.010195
建筑	0.004019	0.002945	0.000000	0.002538	0.006606	0.003862	0.004934
批发和零售	0.062621	0.025889	0.000000	0.072765	0.047006	0.152052	0.104750
交通运输、仓储和邮政	0.073840	0.102712	0.000000	0.076024	0.235015	0.123061	0.113622
住宿和餐饮	0.010589	0.024968	0.000000	0.017723	0.019836	0.014018	0.020690
信息传输、软件和信息技术服务	0.006282	0.081625	0.000000	0.012068	0.010869	0.008202	0.013525
金融	0.045701	0.048794	0.000000	0.077472	0.110527	0.056374	0.079489
房地产	0.009331	0.011328	0.000000	0.014218	0.020893	0.016656	0.017158
租赁和商务服务	0.015526	0.013976	0.000000	0.037282	0.055125	0.034019	0.030555
研究和试验发展	0.000000	0.000000	0.000000	0.000000	0.000000	0.000000	0.000000
综合技术服务	0.038483	0.001501	0.000000	0.002559	0.003045	0.012736	0.010203
水利、环境和公共设施管理	0.000587	0.000339	0.000000	0.000966	0.000864	0.000503	0.000629
居民服务、修理和其他服务	0.004165	0.015413	0.000000	0.007613	0.034126	0.010251	0.009005
教育	0.001840	0.007674	0.000000	0.001534	0.001843	0.001538	0.002185
卫生和社会工作	0.003019	0.000038	0.000000	0.000036	0.000064	0.000738	0.000290
文化、体育和娱乐	0.000981	0.001250	0.000000	0.002769	0.002598	0.001568	0.002145
公共管理、社会保障和社会组织	0.001744	0.000382	0.000000	0.000639	0.000718	0.000793	0.000740

续1

投入 \ 产出	纺织服装鞋帽皮革羽绒及其制品	木材加工品和家具	造纸印刷和文教体育用品	石油、炼焦产品和核燃料加工品	化学产品	非金属矿物制品	金属冶炼和压延加工品
农林牧渔产品和服务	0.053328	0.062220	0.032639	0.003163	0.033379	0.011156	0.008513
煤炭采选产品	0.083302	0.104067	0.127253	0.036119	0.161277	0.157684	0.191065
石油和天然气开采产品	0.018088	0.024099	0.022410	0.566659	0.028919	0.055144	0.023214
金属矿采选产品	0.009838	0.045097	0.055711	0.001486	0.027796	0.033770	0.390036
非金属矿和其他矿采选产品	0.002709	0.005949	0.008385	0.000326	0.008346	0.245849	0.020065
食品和烟草	0.099171	0.020147	0.024695	0.001699	0.054911	0.010880	0.006836
纺织品	0.166779	0.075613	0.078794	0.001476	0.093232	0.015945	0.009990
纺织服装鞋帽皮革羽绒及其制品	0.280824	0.019180	0.006532	0.000765	0.009340	0.004027	0.002941
木材加工品和家具	0.005481	0.333295	0.028044	0.000533	0.007366	0.005644	0.003262
造纸印刷和文教体育用品	0.047570	0.082663	0.376938	0.003457	0.058440	0.030693	0.018664
石油、炼焦产品和核燃料加工品	0.026731	0.035906	0.029948	0.133643	0.042923	0.079198	0.025109
化学产品	0.199873	0.292820	0.259052	0.011884	1.014068	0.168144	0.084803
非金属矿物制品	0.004811	0.013927	0.017401	0.000697	0.009204	0.312742	0.019316
金属冶炼和压延加工品	0.046221	0.230028	0.289082	0.007082	0.115871	0.114449	1.094001
金属制品	0.017155	0.058405	0.027235	0.001338	0.022740	0.014594	0.010522
通用设备	0.009373	0.016364	0.017130	0.002113	0.015533	0.014114	0.012093
专用设备	0.005941	0.010971	0.011507	0.001050	0.010528	0.011008	0.010362
交通运输设备	0.005297	0.006405	0.007634	0.001425	0.007517	0.007969	0.006170
电气机械和器材	0.006409	0.007794	0.013546	0.001862	0.011934	0.008995	0.007417
通信设备、计算机和其他电子设备	0.008019	0.007279	0.012693	0.002691	0.008905	0.007841	0.007030
仪器仪表	0.002317	0.002381	0.003087	0.001036	0.003729	0.002896	0.003126
其他制造产品和废品废料	0.017435	0.031652	0.118075	0.004986	0.054096	0.037156	0.075181
金属制品、机械和设备修理服务	0.028880	0.016088	0.023337	0.004608	0.022386	0.026983	0.025633
电力、热力的生产和供应	0.101039	0.115290	0.136148	0.023916	0.189667	0.168186	0.136186
燃气生产和供应	0.004342	0.005018	0.004323	0.001427	0.005105	0.006678	0.003496
水的生产和供应	0.004777	0.004971	0.005739	0.001129	0.006410	0.005214	0.009582
建筑	0.004494	0.004482	0.003915	0.001070	0.004521	0.004355	0.004085
批发和零售	0.316207	0.199210	0.167223	0.145570	0.109530	0.148137	0.183325
交通运输、仓储和邮政	0.128368	0.151067	0.125783	0.044567	0.148495	0.207244	0.100880
住宿和餐饮	0.021360	0.020792	0.018177	0.003959	0.027204	0.019682	0.014807
信息传输、软件和信息技术服务	0.009754	0.009450	0.010545	0.002759	0.011997	0.011591	0.012428
金融	0.079026	0.079449	0.081732	0.019726	0.077325	0.086741	0.069015
房地产	0.029698	0.022485	0.020283	0.009230	0.019098	0.021719	0.017972
租赁和商务服务	0.061294	0.045385	0.036142	0.018552	0.043003	0.040107	0.035486
研究和试验发展	0.000000	0.000000	0.000000	0.000000	0.000000	0.000000	0.000000
综合技术服务	0.008779	0.006876	0.007239	0.002094	0.009641	0.003949	0.004065
水利、环境和公共设施管理	0.000680	0.000635	0.000628	0.000154	0.000628	0.000702	0.000606
居民服务、修理和其他服务	0.009740	0.008822	0.008894	0.002246	0.011054	0.014142	0.009305
教育	0.002001	0.001602	0.001665	0.000433	0.001977	0.001777	0.001727
卫生和社会工作	0.000178	0.000202	0.000115	0.000020	0.000120	0.000068	0.000046
文化、体育和娱乐	0.002365	0.002127	0.002047	0.000456	0.002413	0.002412	0.001817
公共管理、社会保障和社会组织	0.000747	0.000637	0.000548	0.000149	0.000615	0.000640	0.000459

续2

投入＼产出	金属制品	通用设备	专用设备	交通运输设备	电气机械和器材	通信设备、计算机和其他电子设备	仪器仪表
农林牧渔产品和服务	0.011910	0.010261	0.011326	0.014101	0.012940	0.016490	0.019351
煤炭采选产品	0.142280	0.127345	0.116099	0.117823	0.128194	0.121183	0.099291
石油和天然气开采产品	0.027400	0.026665	0.023697	0.019578	0.023517	0.019981	0.022768
金属矿采选产品	0.171389	0.173022	0.119026	0.098950	0.123201	0.086095	0.056827
非金属矿和其他矿采选产品	0.012906	0.009873	0.025119	0.007170	0.012938	0.010969	0.008119
食品和烟草	0.010756	0.009998	0.011440	0.012973	0.013856	0.016473	0.019903
纺织品	0.017873	0.017007	0.016990	0.060649	0.023620	0.029224	0.021311
纺织服装鞋帽皮革羽绒及其制品	0.004531	0.004210	0.004186	0.004778	0.004093	0.004608	0.011689
木材加工品和家具	0.029994	0.009352	0.010066	0.007369	0.010565	0.007771	0.009581
造纸印刷和文教体育用品	0.055525	0.035209	0.064562	0.026813	0.056986	0.050392	0.052286
石油、炼焦产品和核燃料加工品	0.033810	0.037518	0.030475	0.027632	0.032884	0.027969	0.033883
化学产品	0.181235	0.151827	0.192090	0.321532	0.301928	0.185001	0.229063
非金属矿物制品	0.019274	0.016331	0.026450	0.015666	0.028249	0.031039	0.021011
金属冶炼和压延加工品	0.836613	0.668326	0.591942	0.300359	0.624048	0.438427	0.282441
金属制品	0.178813	0.106849	0.163823	0.034155	0.140516	0.062284	0.056287
通用设备	0.034400	0.247054	0.089832	0.059210	0.055572	0.029403	0.027651
专用设备	0.009929	0.024589	0.141328	0.022145	0.054679	0.055240	0.046735
交通运输设备	0.008773	0.011319	0.014533	0.792183	0.010069	0.025308	0.068591
电气机械和器材	0.013631	0.075446	0.058300	0.061880	0.242234	0.106786	0.053234
通信设备、计算机和其他电子设备	0.011186	0.038254	0.026711	0.017233	0.085905	0.500931	0.134152
仪器仪表	0.002974	0.013247	0.010791	0.009964	0.008095	0.043490	0.164614
其他制造产品和废品废料	0.054188	0.036921	0.035996	0.026258	0.038708	0.032065	0.027681
金属制品、机械和设备修理服务	0.028087	0.023327	0.030943	0.019209	0.022405	0.028632	0.015359
电力、热力的生产和供应	0.135411	0.118091	0.111647	0.096334	0.116341	0.116788	0.102889
燃气生产和供应	0.004517	0.004205	0.004272	0.003979	0.004394	0.004267	0.004910
水的生产和供应	0.006661	0.005844	0.005481	0.004106	0.005645	0.006298	0.005727
建筑	0.004059	0.004209	0.006412	0.003668	0.004158	0.005030	0.005811
批发和零售	0.156822	0.110016	0.105333	0.112922	0.133532	0.110809	0.084693
交通运输、仓储和邮政	0.129830	0.121705	0.123290	0.117285	0.128927	0.114803	0.128307
住宿和餐饮	0.018583	0.019602	0.020698	0.015420	0.020344	0.035962	0.047260
信息传输、软件和信息技术服务	0.011093	0.010574	0.009511	0.008792	0.010511	0.013027	0.013494
金融	0.078579	0.078442	0.067997	0.061178	0.074489	0.085370	0.187769
房地产	0.020172	0.016851	0.016786	0.015235	0.018824	0.025347	0.034483
租赁和商务服务	0.038159	0.033272	0.033944	0.029228	0.038764	0.063788	0.115515
研究和试验发展	0.000000	0.000000	0.000000	0.000000	0.000000	0.000000	0.000000
综合技术服务	0.004693	0.008367	0.005828	0.004700	0.011489	0.006203	0.004868
水利、环境和公共设施管理	0.000661	0.000655	0.000617	0.000506	0.000634	0.000886	0.001469
居民服务、修理和其他服务	0.012070	0.011006	0.011544	0.009766	0.010298	0.010422	0.012435
教育	0.001743	0.001927	0.001964	0.001489	0.001785	0.003691	0.008537
卫生和社会工作	0.000059	0.000052	0.000055	0.000061	0.000061	0.000069	0.000079
文化、体育和娱乐	0.002181	0.002259	0.002186	0.001681	0.002188	0.003474	0.004564
公共管理、社会保障和社会组织	0.000530	0.000556	0.000537	0.000418	0.000575	0.001112	0.001108

续3

投入 \ 产出	其他制造产品和废品废料	金属制品、机械和设备修理服务	电力、热力的生产和供应	燃气生产和供应	水的生产和供应	建筑	批发和零售
农林牧渔产品和服务	0.008149	0.014890	0.008183	0.002517	0.010826	0.066900	0.019055
煤炭采选产品	0.071593	0.136847	0.945193	0.017084	0.192551	0.111751	0.029264
石油和天然气开采产品	0.009984	0.030551	0.019783	0.626050	0.014384	0.037558	0.016073
金属矿采选产品	0.027005	0.039955	0.005577	0.002667	0.014572	0.106178	0.003901
非金属矿和其他矿采选产品	0.002387	0.005704	0.004616	0.000506	0.007641	0.072656	0.000963
食品和烟草	0.005811	0.014949	0.005696	0.002143	0.011642	0.015463	0.007668
纺织品	0.057707	0.030733	0.003657	0.002007	0.015699	0.012640	0.004902
纺织服装鞋帽皮革羽绒及其制品	0.002143	0.010734	0.002092	0.001837	0.009555	0.006634	0.002397
木材加工品和家具	0.006052	0.008296	0.004768	0.000788	0.003407	0.015999	0.002250
造纸印刷和文教体育用品	0.021619	0.023738	0.010037	0.006144	0.019751	0.025298	0.016130
石油、炼焦产品和核燃料加工品	0.012635	0.050604	0.022358	0.016179	0.021709	0.061245	0.027693
化学产品	0.132421	0.126283	0.026165	0.010452	0.261289	0.148440	0.023928
非金属矿物制品	0.003751	0.012824	0.002898	0.001131	0.009356	0.243553	0.002446
金属冶炼和压延加工品	0.139604	0.198107	0.026688	0.012918	0.069768	0.550402	0.019047
金属制品	0.021791	0.042630	0.005540	0.003803	0.016814	0.048397	0.004346
通用设备	0.009567	0.049229	0.009414	0.002146	0.014403	0.018105	0.002489
专用设备	0.003820	0.046087	0.003883	0.002160	0.007830	0.011873	0.001908
交通运输设备	0.002349	0.010633	0.003576	0.004283	0.004053	0.006661	0.004686
电气机械和器材	0.008829	0.022165	0.008315	0.002231	0.009021	0.033712	0.009580
通信设备、计算机和其他电子设备	0.007668	0.009888	0.010256	0.002650	0.008500	0.012688	0.015943
仪器仪表	0.001434	0.004043	0.009059	0.008544	0.011259	0.011766	0.002125
其他制造产品和废品废料	0.204962	0.022271	0.006639	0.005985	0.016368	0.035217	0.007771
金属制品、机械和设备修理服务	0.009596	0.534147	0.053081	0.010497	0.064086	0.016754	0.004662
电力、热力的生产和供应	0.054021	0.186642	0.534986	0.024961	0.296424	0.104953	0.042741
燃气生产和供应	0.003325	0.003637	0.003144	0.364206	0.002611	0.003911	0.004013
水的生产和供应	0.002115	0.008025	0.006086	0.001053	0.255348	0.010198	0.003025
建筑	0.002118	0.013452	0.004918	0.002250	0.021461	0.022146	0.004513
批发和零售	0.057935	0.047704	0.021848	0.010823	0.033953	0.149651	0.121747
交通运输、仓储和邮政	0.057285	0.091570	0.091584	0.149311	0.069396	0.113026	0.119288
住宿和餐饮	0.007008	0.038388	0.017609	0.005230	0.015733	0.020799	0.019205
信息传输、软件和信息技术服务	0.005410	0.020124	0.045925	0.003530	0.014957	0.010000	0.006579
金融	0.027359	0.104184	0.079292	0.042070	0.072457	0.074956	0.083155
房地产	0.006897	0.017020	0.011741	0.012106	0.014307	0.018780	0.058594
租赁和商务服务	0.012457	0.026851	0.014502	0.026347	0.023651	0.034411	0.106750
研究和试验发展	0.000000	0.000000	0.000000	0.000000	0.000000	0.000000	0.000000
综合技术服务	0.003584	0.003580	0.001909	0.001977	0.027383	0.063373	0.014539
水利、环境和公共设施管理	0.000221	0.001033	0.000463	0.000276	0.000550	0.000627	0.000733
居民服务、修理和其他服务	0.004221	0.016006	0.013318	0.004896	0.046578	0.011054	0.004426
教育	0.000877	0.002987	0.004697	0.000693	0.002526	0.001893	0.001082
卫生和社会工作	0.000033	0.000060	0.000038	0.000029	0.000043	0.000207	0.000109
文化、体育和娱乐	0.000765	0.004575	0.001344	0.000902	0.002241	0.002384	0.002179
公共管理、社会保障和社会组织	0.000206	0.001082	0.000357	0.000242	0.000514	0.000587	0.000761

续4

投入 \ 产出	交通运输、仓储和邮政	住宿和餐饮	信息传输、软件和信息技术服务	金融	房地产	租赁和商务服务	研究和试验发展
农林牧渔产品和服务	0.006798	0.212927	0.014001	0.015434	0.012440	0.040767	0.029754
煤炭采选产品	0.043479	0.077167	0.056722	0.032837	0.074731	0.097258	0.070258
石油和天然气开采产品	0.088280	0.020643	0.013178	0.013142	0.012138	0.035086	0.020815
金属矿采选产品	0.006056	0.006723	0.016398	0.004847	0.007366	0.007116	0.022792
非金属矿和其他矿采选产品	0.001166	0.003323	0.002668	0.001200	0.002714	0.002345	0.004376
食品和烟草	0.006903	0.223134	0.013652	0.016109	0.011972	0.020976	0.022325
纺织品	0.008549	0.014156	0.009774	0.006163	0.006735	0.010412	0.027573
纺织服装鞋帽皮革羽绒及其制品	0.005174	0.004855	0.005269	0.006252	0.008495	0.005504	0.005941
木材加工品和家具	0.002825	0.005739	0.005899	0.003908	0.004178	0.003245	0.006080
造纸印刷和文教体育用品	0.017383	0.030771	0.062030	0.060907	0.051305	0.055420	0.038547
石油、炼焦产品和核燃料加工品	0.135440	0.018749	0.020822	0.021643	0.019867	0.063688	0.032879
化学产品	0.035761	0.100172	0.049309	0.026427	0.033338	0.042237	0.328915
非金属矿物制品	0.002507	0.006808	0.007044	0.002800	0.007337	0.005631	0.010564
金属冶炼和压延加工品	0.026391	0.031482	0.082775	0.023967	0.036488	0.033975	0.110379
金属制品	0.006056	0.009925	0.013350	0.004240	0.008920	0.006497	0.032578
通用设备	0.006361	0.008275	0.008016	0.003253	0.005917	0.005023	0.011961
专用设备	0.002127	0.003608	0.009206	0.002179	0.004533	0.002587	0.012614
交通运输设备	0.032429	0.004828	0.007057	0.005176	0.003966	0.016439	0.018965
电气机械和器材	0.005196	0.006231	0.028005	0.003186	0.006179	0.005660	0.020832
通信设备、计算机和其他电子设备	0.005117	0.007113	0.190463	0.008732	0.007460	0.008277	0.037718
仪器仪表	0.002036	0.002265	0.007559	0.001702	0.001687	0.002029	0.239580
其他制造产品和废品废料	0.044365	0.010246	0.023394	0.010177	0.008985	0.018448	0.129432
金属制品、机械和设备修理服务	0.009333	0.008626	0.009093	0.004300	0.011585	0.011062	0.009867
电力、热力的生产和供应	0.059622	0.112399	0.075544	0.047132	0.114023	0.148562	0.082310
燃气生产和供应	0.044285	0.022055	0.003572	0.003892	0.002736	0.004711	0.005173
水的生产和供应	0.003377	0.017203	0.005499	0.004022	0.015181	0.007461	0.004852
建筑	0.004741	0.007113	0.005556	0.005642	0.021696	0.015285	0.007531
批发和零售	0.066135	0.067478	0.053440	0.033331	0.026611	0.060135	0.085059
交通运输、仓储和邮政	0.479173	0.059198	0.091574	0.095510	0.053989	0.104442	0.132787
住宿和餐饮	0.015045	0.013608	0.037159	0.047596	0.033935	0.059575	0.047110
信息传输、软件和信息技术服务	0.008864	0.010799	0.211816	0.029898	0.011654	0.011971	0.011607
金融	0.162115	0.081021	0.060705	0.311693	0.231450	0.125273	0.095895
房地产	0.033462	0.088655	0.040465	0.090488	0.098535	0.122776	0.041964
租赁和商务服务	0.030397	0.040161	0.086900	0.053834	0.041554	0.066862	0.074937
研究和试验发展	0.000000	0.000000	0.000000	0.000000	0.000000	0.000000	0.004405
综合技术服务	0.003796	0.009807	0.005170	0.007688	0.003706	0.004151	0.004698
水利、环境和公共设施管理	0.000923	0.000788	0.000906	0.005823	0.001793	0.002468	0.001712
居民服务、修理和其他服务	0.011272	0.010724	0.005837	0.007703	0.004575	0.009943	0.010343
教育	0.001978	0.001718	0.002184	0.005097	0.001834	0.002204	0.003536
卫生和社会工作	0.000237	0.000698	0.000057	0.000062	0.000046	0.000135	0.000109
文化、体育和娱乐	0.003168	0.004725	0.007342	0.006825	0.005616	0.007280	0.004234
公共管理、社会保障和社会组织	0.000544	0.000826	0.003317	0.001388	0.001003	0.005168	0.000908

续5

投入 \ 产出	综合技术服务	水利、环境和公共设施管理	居民服务、修理和其他服务	教育	卫生和社会工作	文化、体育和娱乐	公共管理、社会保障和社会组织
农林牧渔产品和服务	0.050447	0.165138	0.020829	0.023635	0.017630	0.027487	0.010051
煤炭采选产品	0.043527	0.135684	0.068133	0.058519	0.085818	0.055965	0.029324
石油和天然气开采产品	0.018164	0.023729	0.033774	0.041884	0.016202	0.014106	0.011350
金属矿采选产品	0.014496	0.011609	0.011229	0.010890	0.017323	0.012695	0.006361
非金属矿和其他矿采选产品	0.002446	0.003207	0.002774	0.004658	0.005177	0.002568	0.002691
食品和烟草	0.026784	0.022922	0.022201	0.021929	0.025498	0.059745	0.010580
纺织品	0.012099	0.011629	0.020607	0.011982	0.040982	0.017198	0.006873
纺织服装鞋帽皮革羽绒及其制品	0.003372	0.004019	0.017874	0.011663	0.004952	0.037255	0.003595
木材加工品和家具	0.004253	0.004963	0.005384	0.016502	0.004101	0.005514	0.003487
造纸印刷和文教体育用品	0.055227	0.026919	0.050137	0.061495	0.037301	0.168087	0.041437
石油、炼焦产品和核燃料加工品	0.028574	0.039784	0.056886	0.077474	0.024641	0.020589	0.019062
化学产品	0.085097	0.145835	0.197770	0.107743	0.848550	0.067894	0.041552
非金属矿物制品	0.006007	0.007083	0.005807	0.013302	0.007714	0.005359	0.007938
金属冶炼和压延加工品	0.071635	0.055676	0.053135	0.054177	0.076835	0.064036	0.031913
金属制品	0.027177	0.031480	0.016906	0.008804	0.016589	0.015531	0.004801
通用设备	0.007706	0.006239	0.011466	0.005510	0.010816	0.006371	0.003296
专用设备	0.006585	0.004021	0.003541	0.002820	0.044625	0.003827	0.001536
交通运输设备	0.010228	0.008653	0.005349	0.004621	0.004616	0.004321	0.002779
电气机械和器材	0.017073	0.007258	0.006587	0.005374	0.008180	0.027760	0.003112
通信设备、计算机和其他电子设备	0.045533	0.024942	0.018129	0.008764	0.006863	0.008569	0.008122
仪器仪表	0.083355	0.003814	0.006338	0.002434	0.003652	0.002079	0.001513
其他制造产品和废品废料	0.074993	0.019441	0.064988	0.019559	0.029177	0.026465	0.012305
金属制品、机械和设备修理服务	0.007231	0.014027	0.008672	0.009986	0.012107	0.008412	0.004406
电力、热力的生产和供应	0.053421	0.207290	0.093375	0.080772	0.104877	0.075136	0.040538
燃气生产和供应	0.006083	0.004745	0.008911	0.004601	0.002895	0.005525	0.002722
水的生产和供应	0.004229	0.008659	0.012847	0.014071	0.005618	0.007023	0.006742
建筑	0.004295	0.016153	0.013557	0.047898	0.007417	0.007652	0.028917
批发和零售	0.055115	0.065982	0.069247	0.053208	0.088847	0.063556	0.027243
交通运输、仓储和邮政	0.141247	0.143749	0.121015	0.107064	0.079584	0.077791	0.060527
住宿和餐饮	0.082589	0.014393	0.052372	0.037672	0.017661	0.028298	0.023735
信息传输、软件和信息技术服务	0.013048	0.010463	0.010033	0.012369	0.007801	0.007660	0.010112
金融	0.061704	0.072099	0.121202	0.071135	0.053295	0.083130	0.039059
房地产	0.029404	0.030010	0.094569	0.082456	0.040505	0.060947	0.036823
租赁和商务服务	0.055611	0.034622	0.056279	0.036016	0.035986	0.034617	0.028758
研究和试验发展	0.000000	0.000000	0.000000	0.000000	0.000000	0.000000	0.000000
综合技术服务	0.015281	0.008856	0.004855	0.005538	0.006932	0.003536	0.003170
水利、环境和公共设施管理	0.000752	0.013051	0.002636	0.001100	0.001315	0.000875	0.000575
居民服务、修理和其他服务	0.009861	0.012147	0.013511	0.135497	0.023584	0.011377	0.097749
教育	0.003609	0.002266	0.002350	0.050473	0.003221	0.002264	0.012207
卫生和社会工作	0.000169	0.000479	0.000082	0.000086	0.048966	0.000108	0.000040
文化、体育和娱乐	0.007022	0.002425	0.004175	0.011533	0.002743	0.024493	0.006746
公共管理、社会保障和社会组织	0.000816	0.000986	0.002049	0.000928	0.001336	0.000869	0.061945

浙/江/统/计/年/鉴

主要统计指标解释

■ 消费者信心指数（Consumer Confidence Index，CCI）

是反映消费者信心强弱的指标，是综合反映并量化消费者对当前经济形势评价和对经济前景、收入水平、收入预期以及消费心理状态的主观感受，是预测经济走势和消费趋向的一个先行指标，是监测经济周期变化不可缺少的依据。消费者信心指数的取值均在“0-200”之间。“0”表示“极端悲观”，200 表示“极端乐观”，“100”为“乐观”和“悲观”的临界值。当信心指数大于 100 时，表明消费者趋于乐观，越接近 200 乐观程度越高；小于 100 时，表明消费者趋于悲观，越接近 0 悲观程度越深。

■ 就业信心指数

是反映消费者对当前和未来 6 个月就业形势信心强弱的指标，是消费者信心指数的重要组成部分。就业信心指数由就业信心满意指数和就业信心预期指数加权平均取得。就业信心指数的取值均在“0-200”之间。“0”表示“极端悲观”，200 表示“极端乐观”，“100”为“乐观”和“悲观”的临界值。当信心指数大于 100 时，表明消费者趋于乐观，越接近 200 乐观程度越高；小于 100 时，表明消费者趋于悲观，越接近 0 悲观程度越深。

■ 收入信心指数

是反映消费者对当前和未来 6 个月家庭收入情况信心强弱的指标，是消费者信心指数的重要组成部分。收入信心指数由收入信心满意指数和收入信心预期指数加权平均取得。收入信心指数的取值均在“0-200”之间。“0”表示“极端悲观”，200 表示“极端乐观”，“100”为“乐观”和“悲观”的临界值。当信心指数大于 100 时，表明消费者趋于乐观，越接近 200 乐观程度越高；小于 100 时，表明消费者趋于悲观，越接近 0 悲观程度越深。

■ 总产出

是我省常住单位在一定时期内生产的所有货物和服务的价值，既包括新增价值，也包括转移价值。它反映常住单位生产活动的总规划。总产出按生产者价格计算。常住单位是指在我国的经济领土内具有经济利益中心的单位。

■ 中间使用

指常住单位在本期生产活动中消耗和使用的非固定资产货物和服务的价值，其中包括国内生产和国外进口的各类货物和服务的价值。

■ 最终使用

指已退出或暂时退出本期生产活动而为最终需求所提供的货物和服务。

■ 总投入

指一定时期内我省常住单位进行生产活动所投入的总费用。

■ 中间投入

指常住单位在生产或提供货物和服务过程中，消耗和使用的所有非固定资产货物和服务的价值。

■ 增加值

指常住单位生产过程创造的新增价值和固定资产的转移价值。它包括固定资产折旧、劳动者报酬、生产税净额和营业盈余。

■ 直接消耗系数

也称为投入系数，记为 a_{ij}(i,j=1，2，…，n)，它是指在生产经营过程中第 j 部门（或产品）的单位总产出所直接消耗的第 i 部门（或产品）的数量。直接消耗系数的计算主法为：用第 j 部门的总投入 X_j 去除该部门生产经营中所直接消耗的第 i 部门的货换或服务的数量 χ_{ii}，用公式表示为：

$$a_{ij}=\frac{\chi_{ij}}{X_j} \quad (i,\ j=1,\ 2,\ \dots,\ n)$$

■ 完全消耗系数

通常记为 b_{ij}，它是指第 j 部门每提供一个单位最终使用时，对第 i 部门货物或服务的直接消耗和间接消耗之和。利用直接消耗系数矩阵 A 计算完全消耗系数矩阵 B 的公式为：

$$B=(I-A)^{-1}-I$$